Everything changes.

호모 데우스
미래의 역사

HOMO DEUS: A Brief History of Tomorrow
by Yuval Noah Harari
Copyright ⓒ 2015 by Yuval Noah Harari

Korean translation copyright ⓒ 2017 by Gimm-Young Publishers, Inc.
All rights reserved.
This Korean edition was published by arrangement with Yuval Noah Harari.

호모 데우스
미래의 역사

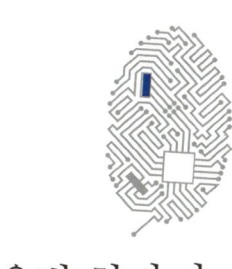

유발 하라리 | 김명주 옮김

옮긴이 김명주
성균관대학교 생물학과와 이화여자대학교 통번역대학원에서 공부했고, 지금은 주로 과학, 역사, 인문 분야의 책을 우리말로 옮긴다. 옮긴 책으로 《사피엔스: 그래픽 히스토리》《리처드 도킨스, 내 인생의 책들》《인간이 만든 물질, 물질이 만든 인간》《자연은 어떻게 발명하는가》 등이 있다.

호모 데우스
미래의 역사

1판 1쇄 발행 2017. 5. 15.
1판 86쇄 발행 2024. 8. 22.

지은이 유발 하라리
옮긴이 김명주

발행인 박강휘
편집 강지혜 디자인 이경희
발행처 김영사
등록 1979년 5월 17일(제406-2003-036호)
주소 경기도 파주시 문발로 197(문발동) 우편번호 10881
전화 마케팅부 031)955-3100, 편집부 031)955-3200 | 팩스 031)955-3111

이 책의 한국어판 저작권은 저작권자와 독점계약한 김영사에 있습니다.
저작권법에 의해 한국 내에서 보호를 받는 저작물이므로 무단 전재 및 복제를 금합니다.

값은 뒤표지에 있습니다.
ISBN 978-89-349-7784-1 03900

홈페이지 www.gimmyoung.com 블로그 blog.naver.com/gybook
인스타그램 instagram.com/gimmyoung 이메일 bestbook@gimmyoung.com

좋은 독자가 좋은 책을 만듭니다.
김영사는 독자 여러분의 의견에 항상 귀 기울이고 있습니다.

중요한 것들에 대해 애정 어린 가르침을 주신
스승 S.N. 고엔카(1924~2013)께 이 책을 바칩니다.

출간 7주년 기념 특별 서문

호모 데우스 앞에 놓인 갈림길

미래에 대한 글을 쓰는 건 까다로운 작업이다. 전작《사피엔스》에서 나는 국가, 신, 인권, 돈 등의 집단신화를 믿는 인간만의 독특한 능력 덕분에 우리 종이 지구라는 행성을 정복할 수 있었다고 말했다.《호모 데우스》에서는 그 이야기의 다음 장으로 초점을 옮겼다. 우리의 오래된 신화, 종교, 이념이 혁명적인 신기술과 손잡을 때 무

- 《호모 데우스》는 2015년 히브리어판이 최초 출간되었고, 2016년부터 영어를 비롯해 65개 언어로 번역 출간되면서 글로벌 베스트셀러로 자리매김했다. 한국어판은 2017년에 출간되었다.

슨 일이 벌어질지 생각해본 것이다.

유전공학을 기독교는 어떻게 받아들일까? 로봇이 인간의 노동력을 대체하면 사회주의는 어떻게 대응할까? 디지털 독재에 자유주의는 어떻게 대처할까? 실리콘밸리는 결국 새로운 기기만이 아니라 새로운 종교를 낳게 될까?

인공지능이 인간의 인지 능력을 빠르게 따라잡고 있다. 곧 컴퓨터는 사람보다 운전을 잘하고, 질병 진단을 잘해내고, 전투를 잘하고, 심지어는 사람의 감정마저도 사람보다 더 잘 이해하게 될 것이다. 컴퓨터가 수백만 명을 고용 시장에서 밀어내고 새로운 '무용 계급'을 만든다면 복지 국가는 어떻게 될까? 기업과 정부가 인간을 해킹하여 우리보다 우리를 더 잘 알게 된다면 인간의 자유는 어떻게 될까?

한편으로는 생명과학 덕분에 인간의 수명이 엄청나게 연장되고 인간은 몸뿐 아니라 마음까지 업그레이드할 수 있을지도 모른다. 그런데 이런 혜택을 모든 사람이 누릴 수 있을까? 아니면 이로 인해 부자와 빈자 사이에 전례 없는 생물학적 격차가 생길까? 혹시 인류가 부유한 초인간과 가난하고 평범한 호모 사피엔스, 두 종으로 갈라지는 건 아닐까? 세계 약소국들이 제국주의 정복자들의 희생양이 되는 건 아닐까?

현재 데이터 수집, 인공지능AI, 생명공학 분야에서 세계적인 군비 경쟁이 일어나고 있다. 소수의 몇몇 나라가 경쟁을 선도하는 반면 대부분의 다른 나라들은 뒤처져 있다. 이런 추세가 계속된다면 그 결과는 새로운 형태의 식민주의, 즉 데이터 식민주의일 것이다. 고대 로마부터 19세기 영국에 이르는 과거 제국주의 국가들은 병사를 파견해 국가와 영토를 정복했다. 21세기의 새로운 제국주의 국가는 병사를 보내는 것이 아니라 데이터를 빼냄으로써 한 국가를 정복할 수 있을 것이다. 이렇게 소수의 기업과 정부가 세계 정보를 독식하면 나머지 세계는 데이터 식민지로 전락할 것이다.

20년 후의 상황을 상상해 보자. 베이징이나 샌프란시스코의 누군가가 여러분 나라의 모든 정치인, 시장, 언론인, CEO의 모든 개인 정보를 확보하고 있다. 무슨 질병을 앓았고, 누구와 언제 성관계를 했으며, 무슨 농담을 했고, 어떤 뇌물을 받았는지까지. 그래도 여러분 나라를 독립 국가라고 할 수 있을까? 그건 데이터 식민지가 아닐까? 국가가 디지털 인프라와 AI 시스템에 전적으로 의존하는 한편 그것을 제어할 수단이 전혀 없다면 어떻게 될까?

데이터 식민지가 되면 경제적, 정치적 여파가 뒤따를 것이다. 19세기와 20세기에 미국이나 영국 같은 산업 강국의 식민지가 된 나라들은 주로 원재료를 제공한 반면, 가장 큰 이익을 내는 첨단 산업은 제국의 산업 중심지에 있었다. 이집트는 영국에 원면을 수출하고 완제품인 직물, 자동차, 기계를 수입했다.

비슷한 일이 21세기에도 일어날 수 있다. AI 산업의 원재료는 데이터이다. 미국과 중국의 AI 개발에 원동력이 되는 데이터는 세계

각지에서 오지만, 이윤과 권력은 세계 각지로 재분배되지 않는다. 이집트와 브라질에서 가져온 데이터 덕분에 샌프란시스코와 상하이의 기업들은 큰돈을 벌어도, 이집트와 브라질은 여전히 가난하게 산다.

19세기에 산업혁명을 놓친 국가는 100년에 걸친 제국주의와 그로 인한 수탈로 대가를 치렀다. 21세기에 정보기술 혁명과 생명공학 혁명을 놓치는 국가는 훨씬 큰 대가를 치를지도 모른다.

신기술이 제기하는 문제에 대해서는 인류 전체가 함께 고민해야 한다. 전 세계가 협력하지 않으면 규제는 불가능하다. 한 나라가 살인 로봇과 유전자 조작된 초인간의 생산을 금지한다고 될 일이 아니다. 그런 고위험 고수익 기술을 몇 나라만 개발해도, 곧 모든 나라가 뒤처질까봐 두려워 따라나설 것이다. 그런 기술에 대해 세계적 합의를 이끌어내지 못하면 우리는 전면적인 AI 군비경쟁과 생명공학 군비경쟁을 피할 수 없을 것이다. 게다가 그 군비경쟁에서 누가 이기느냐는 중요하지 않다. 누가 이기든 인류 전체가 패배하게 될 테니까. 그러므로 이 위협을 막아내려면 모든 인류가 함께 나서야 한다.

하지만 과연 인류가 이 위험한 기술을 규제하기 위해 협심 단결할 수 있을까? 나는 모르겠다. 《호모 데우스》를 처음 출판한 2016년은 이미 지나간 시대가 되었다. 당시만 해도 인류는 역사상 가장 협력적이고, 평화롭고, 번영한 시대를 구가하고 있었다. 그래서 이 책은 매우 낙관적인 어조로 인류가 지금까지 기근, 역병, 전쟁을 억제하는 데 얼마나 성공했는지 약술하는 것으로 시작한다.

그리고 첫 장에서 나는 기근, 역병, 전쟁이 앞으로도 수십 년 동안 수백만 명의 목숨을 앗아갈 테지만, 이제는 그 일들이 인류의 이해와 통제를 넘어서는 불가피한 비극이 아니라 관리할 수 있는 문제가 되었다고 말했다. 인류는 역사상 처음으로 파괴적인 전쟁과 전염병을 억제하고 모든 인간에게 기본적인 생물학적 필수품을 제공할 수 있는 과학적 지식, 기술적 도구, 정치적 지혜를 가지고 있다.

내가 전하고 싶었던 메시지는 자기만족이 아니라 책임이었다. 기근, 역병, 전쟁이 감소한 것은 어떤 기적이 일어나서가 아니라 인간의 현명한 결정 때문이었다. 우리는 앞으로도 계속 현명한 결정을 내려야 할 책임이 있으며, 생태 위기를 막고 인류가 새롭게 갖게 된 폭발적인 힘을 규제할 책임도 있다. 내가 《호모 데우스》를 쓴 목적은 그런 책임을 소홀히 하면 안 된다고 경고하기 위해서였다. 우리가 어리석은 결정을 내리기 시작하면 그동안 일군 평화와 번영의 시대는 오래가지 못할지도 모른다는 점을 강조하기 위해서였다.

하지만 나는 가장 암울한 순간에도 그 시대가 이렇게 빨리 끝날 거라고는 예상하지 못했다. 평화와 번영의 시대는 과학 지식과 세계적 협력의 결합 위에 세워졌다. 그런데 지난 몇 년 동안 세계 각지의 지도자들과 시대적 분위기에 의해 과학과 협력의 이상이 점점 더 많은 공격을 받아왔다. 지금의 세계 질서는 모두가 거주하지만 아무도 수리하지 않는 집과 닮았다. 그런 집은 머지않아 무너질 것이고 그 결과는 참담할 것이다.

코로나19 팬데믹은 시작에 불과하다. 2016년에 나는 전염병 퇴치에서 인류가 이뤄낸 성과를 살펴본 후 이렇게 조언했다. "새로운 에볼라나 미지의 변종 독감이 전 세계를 휩쓸어 수백만 명이 죽는 일이 다시 없을 거라고 확신할 수는 없지만, 적어도 그런 일을 불가피한 자연재해로 간주하는 일은 더 이상 없을 것이다. 오히려 용납할 수 없는 인간의 실패로 간주할 것"이다.

인류의 코로나19와의 싸움이 바로 그 용납할 수 없는 인간의 실패였다. 코로나19에 맞서 과학은 승리했으나 정치는 처참하게 실패했다. 전 세계 과학자들은 힘을 모아 코로나 바이러스의 정체를 밝히고, 전파를 막을 방법을 궁리하고, 백신을 개발했다. 인류가 팬데믹을 멈추기 위해 이렇게 강력한 수단을 가진 적은 일찍이 없었다. 그러나 정치인들은 이런 수단을 효과적으로 사용하는 데 실패했다. 전 세계를 아우르는 리더십은 보이지 않았고, 팬데믹을 멈추거나 그 경제적 여파에 대처하기 위한 세계적 차원의 계획도 나오지 않았다. 집에 어른이 한 명도 없는 것 같았다.

집에 어른이 한 명도 없다는 느낌은 다음 재난으로 이어졌다. 블라디미르 푸틴은 세계 질서가 붕괴한 것을 틈타 우크라이나에 무자비한 침공을 감행했다. 자신을 막을 사람이 아무도 없다고 생각한 것이다. 내가 이 서문을 쓰고 있는 지금 이 끔찍한 전쟁은 다섯 달째로 접어들고 있다. 사망자수가 계속 늘어나는 가운데 러시아의 잔악행위는 날이 갈수록 심해지고 있고, 핵전쟁의 망령이 전 세계를 뒤덮고 있다.

만일 푸틴의 도박이 성공한다면 결국 세계 질서가 붕괴하고 평화와 번영의 시대는 막을 내릴 것이다. 세계 각지의 독재자들은 다시 정복 전쟁에 나서도 된다고 생각할 것이고, 민주주의 정권은 스스로를 지키기 위해 무장할 수밖에 없을 것이다. 교사, 간호사, 사회복지사를 위해 써야할 돈이 탱크, 미사일, 사이버 무기에 쓰일 것이다. 새로운 전쟁, 가난, 질병의 시대가 올 것이다.

이런 일이 일어나면 많은 참사가 발생하겠지만, 무엇보다 인류는 생태 위기에 대처할 능력과, 인공지능과 생명공학의 폭발적 잠재력을 규제할 힘을 완전히 잃게 될 것이다. 경쟁하는 집단들이 아귀다툼을 벌이는 동시에, 붕괴하는 생물권에 적응하고 점점 발전하는 아바타, 사이보그, 외계 지능을 통제하기 위해 고군분투할 것이다. 인류라는 종이 살아남을 수 있을지도 장담할 수 없다.

아직은 늦지 않았다. 세계 질서가 흔들리고 있지만 아직 붕괴하지는 않았다. 아직은 재건할 수 있고, 우리가 창조하고 파괴하는 신과 같은 힘을 어떻게 사용하는 게 최선일지 머리를 맞대고 결정할 시간이 있다. 21세기의 새로운 기술은 지구상에 지옥을 창조할지도 모르지만 천국을 만들 수도 있다. 이 책의 목적은 새로운 기술

지옥과 기술 천국 양쪽을 헤아려보는 것이다. 우리 앞에 놓인 선택지들을 파악하는 것은 시급한 과제이다. 하루빨리 새로운 천국이 어떤 모습일지 생각해보지 않으면 순진한 유토피아에 현혹되기 쉬울 것이다. 또 새로운 지옥이 어떤 모습일지 생각하는 것을 미루다 보면 출구 없는 곳에 갇혀버릴지도 모른다.

나는 우리 인간이 현명한 선택을 하기를 진심으로 바란다.

2022년 7월
유발 노아 하라리

서문

다시, 한국의
독자들에게

《사피엔스》에서 나는 인간이 가진 신, 인권, 국가 또는 돈에 대한 집단신화를 믿는 독특한 능력 덕분에 이 행성을 정복할 수 있었다고 설명했다. 《호모 데우스》에서는, 우리의 오래된 신화들이 혁명적인 신기술과 짝을 이루면 어떤 일이 일어날지 검토할 것이다. 이슬람교는 유전공학을 어떻게 다룰까? 사회주의는 새롭게 부상하는 비노동 계급을 어떻게 대할까? 자유주의는 빅데이터로 인한 빅브라더의 출현에 어떻게 대처할까? 실리콘밸리는 결국 새로운 기기만이 아니라 새로운 종교를 만들어내지 않을까?

인공지능은 우리의 인지능력을 빠르게 따라잡고 있다. 작년에 알파고는 바둑에서 어떤 인간도 생각해내지 못했던 전략을 이용해 이세돌 9단을 꺾었다. 머지않아 컴퓨터는 자동차를 운전하고 질병을 진단하는 것은 물론, 인간의 감정을 이해하는 일까지도 인간보다 더 잘 해낼 것이다. 컴퓨터가 직업시장에서 인간을 밀어내고 거대한 규모의 '쓸모없는 계급'을 만들어낼 때 복지국가에는 무슨 일이 일어날까? 구글과 페이스북이 우리가 좋아하는 것과 우리의 정치적 선호를 우리 자신보다 더 잘 알게 되면 민주주의에 어떤 일이 일어날까?

한편 생명공학은 인간의 수명을 대폭 연장하고 인간의 몸과 마음을 업그레이드할 것이다. 이러한 기술 발전의 혜택이 모든 사람에게 공평하게 돌아갈까, 아니면 우리는 전례 없는 생물학적 빈부격차를 목도하게 될까? 능력이 향상된 초인간과 평범한 인간 사이의 격차는 호모 사피엔스와 네안데르탈인의 격차보다 더 클 것이다.

한반도만큼 기술의 약속과 위험을 잘 보여주는 장소는 없다. 지난 몇십 년 동안 남북한 사람들은 같은 기술을 이용해 남과 북에 완전히 다른 사회를 창조했다. 남쪽은 역동적인 자유민주주의 국가인 반면, 북쪽은 가난하고 무정한 독재국가이다. 둘의 차이는 너무 커서 우주에서도 구별할 수 있을 정도이다. 한반도의 밤을 찍은 유명한 위성사진을 보면, 남한은 빛의 바다처럼 보이는 반면, 북한은 어둠에 휩싸여 있다. 근본적으로 다른 이 두 사회의 접점은 세계에서 가장 폭발적인 균열지대 중 하나이다. 한반도는 언제라도 핵전쟁이 터질 수 있는 상황에 놓여 있으며, 이런 상황은 기술이 우리 종의 존재 자체를 위협할 수 있음을 상기시킨다.

기술혁명이 도래한다면 한반도 양쪽의 운명은 어떻게 될까? 아무도 모르지만 결과는 매우 놀라울 것이다. 우선, 남한은 이미 기술 선진국에 속하는 반면, 북한 정권은 새로운 기술적·경제적 현실에 적응하는 데 실패한 듯 보인다. 정보기술 산업을 발전시키지 못한 북한은 인공지능의 역할이 경제와 군사 양쪽에서 점점 더 중요해짐에 따라 그 어느 때보다 경제적으로 궁핍하고 군사적으로 약해질 것이다. 김정은 정권은 자국민을 부양하지 못하고 이웃 나라들을 공갈 협박하다가 결국 붕괴할 것이다.

또 다른 시나리오도 있다. 북한이 기술적으로 성큼 도약해, 예컨대 모든 차량이 자율주행하는 세계 최초의 국가가 되는 것이다. 중앙집권화된 저개발 독재국가에는 이점이 있다. 남한에서 인간의 운전을 전면 금지하고 완전한 자율주행 교통체계로 전환하려 한다면 무슨 일이 일어날지 생각해보라. 남한 사람들이 소유한 자가용 자동차가 수백만 대에 이르는 현실에서, 많은 사람들이 자신의 자유와 재산을 잃는 것에 반대할 것이다. 택시 기사, 버스 운전사, 트럭 운전사, 심지어 교통경찰들도 반대할 것이다. 그들 모두 직업을 잃게 될 것이기 때문이다. 파업과 시위도 잇따를 것이다. 또한 법적·철학적 난제들도 이 계획의 발목을 잡을 것이다. 만약 자율주행 차량이 사고를 일으키면 누구를 고소해야 할까? 또 자율주행 차량이 기능 오작동으로 브레이크가 말을 듣지 않아 무고한 다섯 명의 보행자를 그대로 치어죽이는 것과 핸들을 꺾어 차에 탄 승객들을 위험에 빠뜨리는 것 사이에서 선택해야 하는 상황을 생각해보라. 이 차량은 어떻게 해야 할까?

남한 같은 자유시장 민주주의에서 이런 난제들에 일일이 대처하기란 쉬운 일이 아니다. 그러면 북한은 어떨까. 그곳은 차량이 많지 않고, 택시 기사들이 시위를 벌일 수 없고, 트럭 운전사들이 파업할 수 없으며, 모든 법적·철학적 난제들이 어느 날 오후 펜 놀림 한 번으로 해결될 수 있는 곳이다. 딱 한 명만 설득하면, 그 나라는 하루 아침에 완전한 자동교통 시스템으로 전환할 수 있을 것이다.

세 번째 시나리오는 북한이 인공지능과 생명공학을 이용해 조지 오웰이 상상한 전체주의적 디스토피아가 되는 것이다. 모든 시민이 생체측정 기기를 착용해야 할 것이고, 그 기기는 사람들이 하는 모든 말과 행동을 감시할 뿐 아니라, 혈압과 뇌 활성까지 감시할 것이다. 소련 시절 KGB는 국민 개개인에 대해 모든 것을 알 수 없었고, 개인이 무슨 생각을 하는지 확신하지 못했다. 왜냐하면 KGB가 그렇게 하는 데 필요한 데이터와 연산능력을 갖추지 못했기 때문이다. 하지만 북한 정권은 인간 두뇌에 대한 증가하는 지식과 기계학습의 엄청난 저력을 이용해, 역사상 최초로 모든 국민이 매순간 무슨 생각을 하는지 알게 될지도 모른다. 당신이 벽에 걸린 김정은의

사진을 볼 때, 생체측정 기기가 당신의 분노 징후들(혈압이 높아지고 편도체 활성이 증가하는)을 포착한다면, 당신은 내일 아침 강제노동수용소에 들어가게 될 것이다.

컴퓨터 기술의 진보가 북한의 대외관계에 미치는 가장 큰 영향은 사이버 전쟁에서 드러날 것이다. 남한은 북한의 사이버 공격 위험에 늘 직면하겠지만, 남한의 입장에서 그런 공격을 단념시키거나 복수하기란 쉽지 않을 것이다. 북한의 후진성 자체가 북한을 보호할 것이다. 만일 북한이 남한의 온라인 금융 서비스를 붕괴시킨다면, 남한은 어떻게 대응할 것인가? 북한의 온라인 금융 서비스를 붕괴시킬 수는 없을 것이다. 북한에는 그런 것이 없기 때문이다. 그렇다고 보복으로 평양을 폭격할 것인가?

또한 인공지능의 부상으로 남북한 사이의 문화적 격차가 벌어지면 통일이 더 어려워질 것이다. 인공지능은 남한 사람들의 문화와 심리까지 바꿔놓을 것이고, 북한 사람들이 비슷한 혁명을 겪지 않을 경우 두 집단 사이의 격차는 그 어느 때보다 커질 것이다. 그런 일이 이미 일어나기 시작했다. 스마트폰, 유튜브, 인스타그램, 트위터 없이는 하루도 살지 못하는 남한의 10대와, 거리를 걸으면서도 끊임없이 손바닥 안의 작은 화면을 들여다보는 사람들을 보고 어리둥절해할 북한의 10대 사이의 문화적 격차를 한번 생각해보라.

결론적으로, 인류는 지금 전례 없는 기술의 힘에 접근하고 있지만, 그것으로 무엇을 해야 하는지 잘 모른다. 다가올 몇십 년 동안 우리는 유전공학, 인공지능, 나노기술을 이용해 천국 또는 지옥을 건설할 수 있을 것이다. 현명한 선택이 가져올 혜택은 어마어마한 반면, 현명하지 못한 결정의 대가는 인류 자체를 소멸에 이르게 할 것이다. 현명한 선택을 하느냐 마느냐는 우리에게 달려 있다.

2017년 봄
유발 노아 하라리

차례

출간 7주년 기념 특별 서문_ 호모 데우스 앞에 놓인 갈림길   6
서문_ 다시, 한국의 독자들에게   14

1 인류의 새로운 의제   22

제1부 호모 사피엔스 세계를 정복하다
2 인류세   114
3 인간의 광휘   153

제2부 호모 사피엔스 세계에 의미를 부여하다
4 스토리텔러   226
5 뜻밖의 한 쌍   256
6 근대의 계약   285
7 인본주의 혁명   314

제3부 호모 사피엔스 지배력을 잃다
8 실험실의 시한폭탄   394
9 중대한 분리   428
10 의식의 바다   489
11 데이터교   511

옮긴이의 말   553
참고문헌   559
도판 출처   605
찾아보기   607

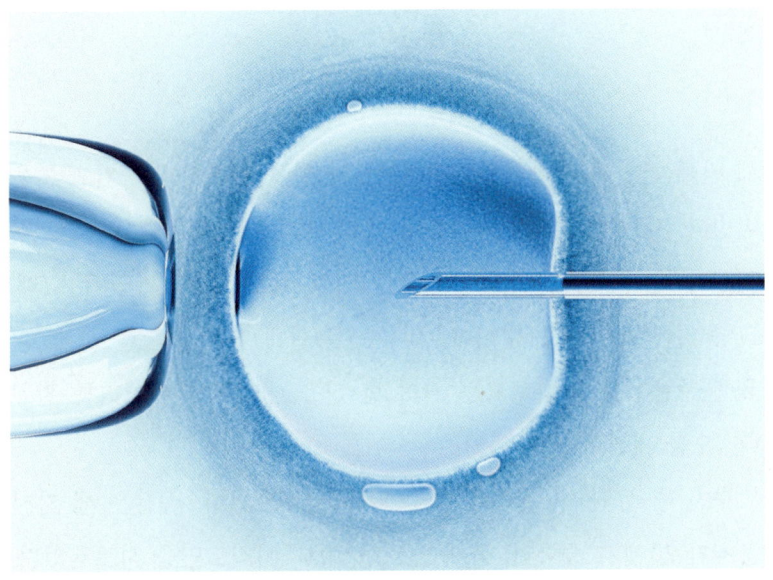

▲ 시험관 수정. 인간이 창조의 주인이 되다.

1
인류의 새로운 의제

 세 번째 천년이 시작하는 새벽, 인류가 일어나 기지개를 켜고 눈을 비빈다. 지난밤의 끔찍한 악몽이 아직 뇌리에서 떠나지 않는다. '무엇인가 가시철망에 휘감겨 있고 거대한 버섯구름도 있었어. 그래, 그냥 나쁜 꿈이었을 뿐이야.' 인류는 욕실에 가서 세수를 하고, 거울에 주름살을 비춰보고는 커피 한 잔을 내리고 다이어리를 펼친다. '오늘 해결할 일은 뭐지?'

 수천 년 동안 이 질문에 대한 답은 그대로였다. 똑같은 세 가지 문제가 20세기 중국인, 중세 인도인, 고대 이집트인을 사로잡았다. 기아, 역병, 전쟁은 언제나 이 목록의 최상위에 있었다. 대대로 인류는 모든 신과 천사와 성자에게 기도했고, 수없이 많은 도구와 제도와 사회 시스템을 발명했다. 하지만 굶주림, 전염병, 폭력으로 수백만 명씩 계속 죽어갔다. 많은 사상가와 예언자들이 기아, 역병, 전쟁은 신의 거대한 계획, 또는 불완전한 인간 본성의 일부라서 세상의 종말이 오지 않는 한 인류는 이 문제들에서 자유롭지 못할 거라는 결론에 이르렀다.

하지만 세 번째 천년이 밝아올 무렵 인류는 놀라운 사실을 깨닫는다. 대부분의 사람들은 좀처럼 생각하지 않는 일이지만, 지난 몇십 년 동안 우리는 기아, 역병, 전쟁을 통제하는 데 그럭저럭 성공했다는 것이다. 물론 완전히 해결한 것은 아니지만, 이 문제들은 이제 자연의 불가해하고 통제 불가능한 폭력이 아니라 관리할 수 있는 문제가 되었다. 이제 어떤 신이나 성자에게 이 문제들에서 우리를 구해달라고 기도할 필요가 없다. 우리는 기아, 역병, 전쟁을 막으려면 무엇을 해야 하는지 잘 알고 있고, 대개는 잘 막아낸다.

눈여겨볼 만한 실패 사례들도 여전히 있지만, 그런 실패의 순간에도 우리는 어깨를 으쓱하며 '불완전한 세계의 작동원리'라거나 '신의 뜻'이라고 말하지 않는다. 기아, 역병, 전쟁이 발생하면 우리는 누군가 잘못한 것이 틀림없다고 생각하고, 조사위원회를 설치하고, 다음번에는 잘하겠다고 다짐한다. 이런 접근방식은 실제로 효과가 있다. 그런 재앙들이 확실히 점점 줄어든다. 역사상 처음으로 너무 많이 먹어서 죽는 사람이 못 먹어서 죽는 사람보다 많고, 늙어서 죽는 사람이 전염병에 걸려 죽는 사람보다 많고, 자살하는 사람이 군인, 테러범, 범죄자의 손에 죽는 사람보다 많다. 21세기 초를 살아가는 보통 사람들은 가뭄, 에볼라, 알카에다의 공격으로 죽기보다 맥도날드에서 폭식해서 죽을 확률이 훨씬 높다.

따라서 대통령, CEO, 장군 들의 일정표에 여전히 경제위기와 군사적 충돌에 관한 내용이 가득 적혀 있다 해도, 인류는 이제 눈을 들어 역사의 거시적 척도에서 새로운 지평을 바라볼 수 있다. 우리가 기아, 역병, 전쟁을 통제하고 있는 게 사실이라면, 그다음으로 무엇이 인류의 최상위 의제로 떠오를까? 화재 없는 세상의 소방수처럼, 21세기 인류는 전대미문의 질문을 던질 필요가 있다. 이제 우리는 무엇을 할 것인가? 건강하고 풍족하고 평화로운 세계에서 우리는 무엇에 관심과 창의력을 쏟을 것인가? 생명공학과 정보기술이 우리에게 제공하는 막대한 힘을 생각하면 이 질문은 더더욱 시급하다. 그 힘으로 우리는 무엇을 할 것인가?

이 질문에 답하기 전에 기아, 역병, 전쟁에 대해 좀 더 이야기해야 한다. 우리가 이 문제들을 통제하고 있다는 주장을 터무니없고 순진한 것이라고 생각하거나 심지어 몰인정하다고 생각하는 사람들도 많을 것이다. 하루 2달러 이하로 근근이 살아가는 수십억 명의 사람들은 어떤가? 지금도 계속되고 있는 아프리카의 에이즈 위기나 시리아와 이라크에서 일어나고 있는 전쟁은 어떤가? 이런 근심을 해결하기 위해 21세기 초의 세계를 좀 더 자세히 살펴보고, 그런 다음 앞으로 몇십 년 동안 인류가 다뤄야 할 과제를 파헤쳐보자.

생물학적
빈곤선   수천 년 동안 인류 최악의 적이던 기아부터 시작해보자. 최근까지도 대부분의 인간들은 자칫하면 생물학적 빈곤선 아래로 떨어져 영양실조와 굶주림에 처할 수 있는 상태로 살았다. 작은 실수나 사소한 불운으로도 일가족 또는 마을 전체가 줄초상을 당하기 일쑤였다. 폭우가 내려 밀 농사를 망치거나 강도를 당해 염소떼를 잃으면 당신과 당신이 사랑하는 식구들은 굶어죽기 십상이었다.

집단 수준에서 일어나는 불운이나 실수가 대규모 기아를 초래했다. 고대 이집트나 중세 인도에 심한 가뭄이 들면 인구의 5퍼센트에서 10퍼센트가 사라지는 일도 드물지 않았다. 식량은 동이 났는데 교통수단이 너무 느리고 값비싸 충분한 식량을 수입할 수 없었고, 정부는 너무 무력해서 사람들을 구하지 못했다.

아무 역사책이나 잡히는 대로 들고 펼쳐보라. 십중팔구 굶어죽어가는 사람들에 관한 끔찍한 이야기와 마주할 것이다. 1694년 4월, 프랑스의 보베라는 소도시에서 한 공직자는 기아와 치솟는 식품 가격의 여파를 기술하면서, 그 소도시가 "일도 직업도 없는 탓에 빵을 살 돈이 없어서 굶주림과 생활고로 죽어가는 가난한 영혼들"로 가득하다고 말했다. "그 불쌍한 사람들은 어떻게든 연명하고 조금이나마 허기를 달래고자, 고양이라든가 가죽이 벗겨진 채 똥더미에 던져진 말고기 같은 불결한 것들을 먹는다. 그리고 (다른 사람들은) 암소와 황소를 도축할 때 흘러나오는 피라든가 요리사가 길거리에 내다버린 내장을 먹는다. 또 다른 가엾은 사람들은 쐐기풀과 잡초 또는 식물 뿌리와 약초를 물에 끓여 먹는다."¹

비슷한 상황이 프랑스 전역에서 발생했다. 날씨가 좋지 않아 전국에 두 해 연속 흉년이 들면서, 1694년 봄 곡식창고들이 텅 비었다. 부자들은 자신들이 비축해둔 식량에 지나치게 비싼 값을 매겼고, 가난한 사람들은 어쩔 수 없이 떼죽음을 맞았다. 1692년과 1694년 사이에 인구의 15퍼센트에 해당하는 약 280만 명의 프랑스인이 굶어죽었지만, 그동안 태양왕 루이 14세는 베르사유 궁전에서 정부情婦들과 놀아났다. 이듬해인 1695년에는 에스토니아에 기근이 닥처 인구의 5분의 1이 죽었다. 1696년은 핀란드 차례가 되어 인구의 4분의 1 내지 3분의 1이 죽었다. 스코틀랜드는 1695년과 1698년 사이에 심각한 기근을 겪었고, 몇몇 행정구역은 거주자의 20퍼센트를 잃었다.[2]

우리는 점심을 거르거나, 종교 기념일에 단식을 하거나, 새로운 마법의 다이어트를 위해 며칠 동안 야채즙만 먹어도 괴롭다. 하물며 며칠 동안 아무것도 먹지 못했는데 다음 끼니는 또 어디에 가서 때워야 할지 막막할 때는 어떨까? 오늘날 대부분의 사람들은 이런 지독한 고통을 겪지 않는다. 하지만 우리 조상들은 불쌍하게도 이런 고통에 매우 익숙했다. "우리를 기아에서 구해주옵소서"라고 신에게 소리칠 때 그것은 빈말이 아니었다.

지난 백 년 동안 기술적·경제적·정치적 발전으로 사회 안전망이 점점 더 튼튼해졌고 그와 함께 인류는 생물학적 빈곤선에서 멀어졌다. 지금도 일부 지역에 이따금씩 대기근이 닥치지만 그것은 이례적이며, 십중팔구 자연재해가 아니라 인간의 정치가 부른 인재이다. 세계에 자연적 기근은 더 이상 존재하지 않고, 오직 정치적 기근만 존재한다. 지금은 지구 대부분의 장소에서 누군가 실직하거나 전 재산을 잃어도 굶어죽을 일은 없다. 민영 보험제도, 정부기관, 국제 NGO 단체들이 그를 가난에서 구제하지는 못해도 생존에 필요한 하루치 칼로리는 제공할 것이다. 집단 수준에서는 세계적 무역망이 가뭄과 홍수를 사업 기회로 전환해 식량부족을 빠르고 값싸게 해결한다. 심지어 전쟁, 지진, 쓰나미가 국가 전체를 휩쓸어도 국제적인 구호 노력 덕분에 기아까지 가는 경우는 드물다. 지금도 배를 곯는 사람들이 하루 수억 명에 달하지만, 대부분의 나라에서 실제로 굶어죽는 사람은 극소수이다.

가난은 분명 많은 건강 문제를 일으키고, 지구에서 가장 잘사는 나라들에서조차 영양실조가 기대수명을 단축시킨다. 예를 들어 프랑스에는 영양 불안에 내몰린 사람이 600만 명(전체 인구의 약 10퍼센트)에 이른다. 그들은 아침에 일어났을 때 그날 점심에 먹을 것이 있을지 알지 못하며, 대개 배고픈 상태로 잠이 든다. 이들이 섭취하는 영양소는 불균형하고 건강에 이롭지 않다. 탄수화물, 당분, 염분 섭취는 많은 반면 단백질과 비타민은 부족하다.[3] 하지만 영양 불안은 기아가 아니며, 21세기 초의 프랑스는 1694년의 프랑스와 다르다. 지금은 보베나 파리 근처의 가장 가난한 빈민가에서도 사람들이 여러 주 동안 아무것도 먹지 못해 죽지는 않는다.

다른 많은 나라에도 같은 변화가 일어났다. 가장 주목할 만한 나라가 중국이다. 수천 년 동안 기아는 황제부터 공산당에 이르기까지 모든 중국 정권을 쫓아다니며 괴롭혔다. 몇십 년 전만 해도 중국은 식량부족 국가의 대명사였다. 재앙 같은 대약진 정책을 추진하는 동안 수천만 명의 중국인이 굶어죽었고, 전문가들은 상황이 더 나빠질 거라는 기계적인 예측을 내놓았다. 1974년 최초의 세계식량회의가 로마에서 열렸을 때, 각국 대표단 앞에는 암울한 시나리오들이 제시되었다. 그들은 중국이 10억 인구를 먹여살릴 방법은 없고, 세계에서 가장 인구가 많은 나라가 파국으로 치닫고 있다는 말을 들었다. 하지만 사실 중국은 역사상 가장 위대한 경제 기적을 향해 나아가고 있었다. 1974년 이래로 수억 명의 중국인이 빈곤에서 벗어났고, 비록 수억 명이 여전히 궁핍과 영양실조에 시달린다 해도 중국은 자국 역사상 처음으로 기아에서 해방되었다.

오히려 오늘날 대부분의 나라에서 기아보다 훨씬 더 심각한 문제는 과식이다. 전해오는 이야기에 따르면 18세기에 마리 앙투아네트는 굶주린 민중에게 빵이 없으면 케이크를 먹으라고 했다는데, 오늘날 가난한 사람들은 이 충고를 문자 그대로 따른다. 비벌리힐스에 사는 부자들은 양상추 샐러드와 퀴노아를 곁들인 찐 두부를 먹는 반면, 빈민가에 사는 가난한 사람들은 트윙키 케이크, 치토스, 햄버거, 피자를 배터지게 먹는다. 2014년에 21억 명 이상이 과체중이었던 반면, 영양실조를 겪는 사람은 8억 5,000만 명이었다. 2030년에는 인류의 절반이 과체중일 것으로 예상된다.[4] 2010년에 기아와 영양실조로 죽은 사람이 총 100만 명 정도였던 반면, 비만으로 죽은 사람은 300만 명이었다.[5]

보이지 않는 함대

기아 다음으로 인류의 두 번째 강적은 전염병과 감염병이었다. 끊임없이 밀려드는 상인, 공직자, 순례자 들로 항상 붐비는 도시는 인류 문명의 산실인 동시에 병원균의 이상적인 번식처였다. 따라서 고대 아테네나 중세 피렌체에 살던 사람들은 다음주에라도 병에 걸려 죽을 수 있고, 갑자기 전염병이 발생해 온 가족이 죽을 수도 있다는 것을 알았다.

그런 전염병 중 가장 유명한 '흑사병'이 1330년대에 동아시아 또

▲ 중세 사람들은 흑사병을 인간이 통제할 수도 이해할 수도 없는 끔찍한 악마의 힘으로 의인화했다.

는 중앙아시아 어딘가에서 시작했다. 벼룩에 기생하는 세균 예르시니아 페스티스(*Yersinia pestis*: 페스트균)가 벼룩에 물린 사람들을 감염시키기 시작했다. 흑사병은 수많은 쥐와 벼룩에 실려 아시아, 유럽, 북아프리카 전역으로 순식간에 퍼져나갔고, 채 20년이 지나지 않아 대서양 해안에 다다랐다. 7,500만 명에서 2억 명에 이르는 사람들이 죽었는데, 그것은 유라시아 전체 인구의 4분의 1이 넘는 수였다. 잉글랜드에서는 열 명 중 네 명이 죽어, 흑사병 이전 370만 명까지 늘었던 인구가 흑사병 이후 220만 명으로 줄었다. 피렌체는

10만 명의 시민 가운데 5만 명을 잃었다.[6]

참사를 맞았을 때 위정자들은 무력함 그 자체였다. 대규모 기도회와 행렬을 준비하는 것 말고는, 치료는 고사하고 병의 확산을 막을 방법조차 알지 못했다. 근대 이전 사람들은 질병이 나쁜 공기, 사악한 악마, 신의 분노 때문에 생긴다고 믿었고, 세균이나 바이러스의 존재를 짐작하지 못했다. 천사와 요정은 쉽게 믿었지만, 작은 벼룩이나 물 한 방울에 치명적인 포식자들의 함대가 실려 있을 거라고는 상상도 못했다.

흑사병은 역사상 유일한 전염병도 최악의 전염병도 아니었다. 아메리카, 오스트레일리아, 태평양의 섬들에 유럽인이 처음 발을 디디자 더 참혹한 전염병들이 발생했다. 탐험가들과 이주민들은 몰랐

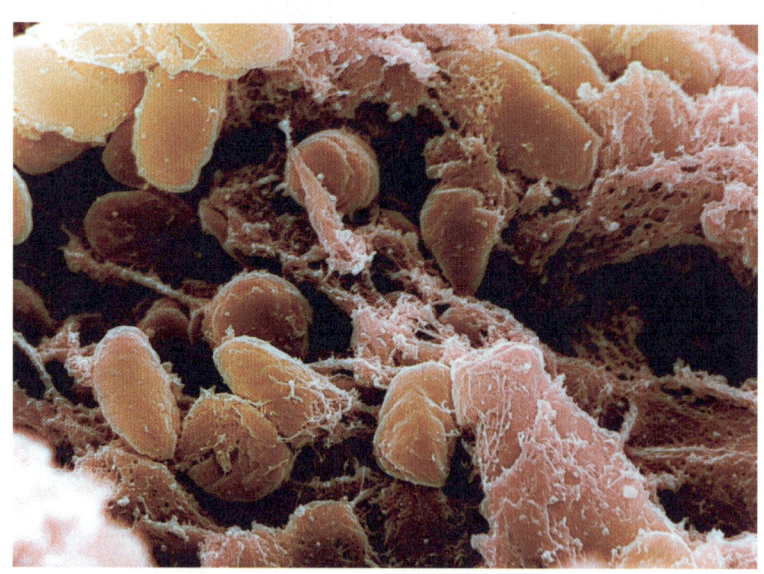

▲ 범인은 눈에 보이지 않는 세균 예르시니아 페스티스였다.

지만, 그들이 원주민들에게는 면역력이 없는 새로운 감염병을 가져온 것이다. 그 결과 현지인의 무려 90퍼센트가 죽었다.[7]

　1520년 3월 5일, 스페인 소함대 하나가 쿠바 섬을 떠나 멕시코로 향했다. 그 배들에는 스페인 병사 900명과 말, 화기, 소수의 아프리카 노예들이 실렸다. 그런데 노예 중 한 명인 프란시스코 데 에기아의 몸에 훨씬 더 치명적인 화물이 실려 있었다. 프란시스코는 몰랐지만, 그의 세포 수조 개들 중 하나에서 생물학적 시한폭탄이 작동하고 있었다. 바로 천연두 바이러스였다. 프란시스코가 멕시코에 상륙한 뒤 그의 몸안에서 바이러스가 기하급수적으로 불어나기 시작했고, 결국 피부 여기저기를 뚫고 나오며 끔찍한 발진을 일으켰다. 열이 펄펄 난 프란시스코는 셈포알란 마을의 한 원주민 가족 집에 앓아누웠다. 그가 그 집 식구들을 감염시켰고, 그 집 식구들이 이웃을 감염시켰다. 열흘 만에 셈포알란은 묘지가 되었다. 피난민들이 셈포알란에서 이웃 마을로 병을 퍼뜨렸다. 마을들이 차례차례 그 전염병에 무너졌고, 겁먹은 난민들의 행렬이 줄을 이으며 멕시코 전역을 넘어 국경 밖까지 병원균을 실어날랐다.

　유카탄 반도의 마야인들은 악의 신들인 에크페츠, 우잔카크, 소야카크가 밤중에 이 마을에서 저 마을로 날아다니며 사람들에게 병을 감염시킨다고 믿었다. 아즈텍 사람들은 전염병이 테즈카틀리포카(태양신)와 시페토텍(청춘과 풍요의 신), 또는 백인들의 흑마술 탓이라고 여겼다. 사람들은 성직자와 의사를 찾아가 물었다. 그러자 그들은 기도와 냉수욕을 하고, 몸에 역청을 문지르고, 바퀴벌레를 짓이겨 피부가 헌 곳에 바르라고 조언했다. 그러나 어떤 방법도 도움이 되지 않았다. 수만 구의 시신이 길거리에 널브러져 부패했으나 아무도 시신을 수습해 파묻을 엄두를 내지 못했다. 며칠 만에 이 집 저 집에서 일가족이 죽어나갔고, 당국자들은 시신을 그대로 둔 채 집을 무너뜨리라고 지시했다. 몇몇 동네에서는 인구의 절반이 죽었다.

　1520년 9월, 그 전염병은 멕시코 계곡에 도달했고, 10월에는 아즈텍 왕국의 수도인 인구 25만 명의 웅장한 대도시 테노치티틀란의 성문 안으로 들어왔다. 두 달 사이에 인구의 최소 3분의 1이 죽었다. 그 가운데는 아즈텍 황제 쿠이틀라우악도 있었다. 1520년 3월에 스페인 함대가 도착했을 당시 멕시코에는 2,200만 명이 살고 있었으나 12월에는 1,400만 명만 살아 있었다. 천연두는 첫 번째 타격에 불과했다. 스페인 정복자들이 자신들의 배를 불리고 원주민을 착취하느라 정신없는 동안, 독감과 홍역을 비롯한 치명적인 전염병들의 물결이 멕시코를 차례로 강타해 1580년에는 인구가 200만 명 이하로 줄었다.[8]

　2세기 뒤인 1778년 1월 18일, 영국 탐험가 제임스 쿡 선장이 하와이에 도착했다. 하와이 제도는 인구 50만 명의 조밀한 지역이었는데, 유럽이나 아메리카와 철저히 격리된 상태로 살았던 탓에 그동안 유럽이나 아메리카의 질병에 노출된 적이 없었다. 쿡 선장과 부하들은 독감, 결핵, 매독을 일으키는 균을 하와이에 처음으로 전파했다. 이어서 들어온 유럽인들이 여기에 장티푸스와 천연두를 보탰다. 1853년 하와이의 생존자는 겨우 7만 명이었다.[9]

　20세기에 들어서도 한동안 수천만 명이 계속 전염병으로 죽었다. 1918년 1월 프랑스 북부의 참호에서 병사들이 '스페인 독감'이라는 별칭으로 불리던 악성 변종 독감에 걸려 수천 명씩 죽어나가기 시작했다. 이제껏 서부전선(제1차 세계대전 당시 독일군과 연합군 사이의 전선—옮긴이)만큼 전 세계의 인적 물적 자원이 효율적으로 모인 곳은 없었다. 사람들과 군수품이 영국, 미국, 인도, 오스트레일리아에서 쏟아져 들어왔다. 기름은 중동에서, 곡식과 쇠고기는 아르헨티나에서, 고무는 말레이 반도에서, 구리는 콩고에서 왔다. 이 나라들은 답례로 모두 스페인 독감을 얻었다. 몇 달 만에 세계 인구의 3분의 1에 해당하는 약 5억 명이 이 독감에 걸렸다. 인도에서는 인구의 5퍼센트(1,500만 명)가 죽었다. 타히티 섬에서는 인구의 14퍼센트가 죽었다. 사모아 제도는 20퍼센트였다. 콩고의 구리 광산에서는 노동자 다섯 명 중 한 명이 죽었다. 1년이 채 못 되는 기간 동안 이 유행병으로 죽은 사람이 총 5,000만 명에서 1억 명에 달했다. 제1차 세계대전 기간인 1914년부터 1918년까지 죽은 사람은 4,000만 명이었다.[10]

몇십 년마다 한 번씩 닥치는 전염병의 쓰나미와 함께, 이보다 규모는 작지만 정기적으로 밀려오는 감염병의 물결에 매년 수백만 명이 죽었다. 면역력이 약한 어린이들이 특히 취약했으므로 그런 질환들을 흔히 '유년기 질환'이라고 부른다. 20세기 초까지 어린이의 약 3분의 1이 영양실조에 질병까지 겹쳐 성인이 되기 전에 죽었다.

지난 세기 동안 인류는 인구증가와 교통발달로 인해 전염병에 점점 더 취약해졌다. 도쿄나 킨샤사 같은 현대 대도시는 중세 피렌체나 1520년의 테노치티틀란에 비해 병원균에게 훨씬 비옥한 사냥터였고, 오늘날 전 세계 교통망은 1918년보다 훨씬 효율적인 전달망 역할을 한다. 스페인 독감이 콩고나 타히티에 도착하는 데는 24시간이 채 걸리지 않을 것이다. 따라서 당연히 우리는 치명적인 질병이 차례차례 닥치는 전염병 지옥에서 살 것으로 예상했다.

하지만 지난 몇십 년 동안 전염병의 발생률과 피해가 극적으로 줄어들었다. 특히 전 세계의 아동 사망률은 역사상 최저로, 성인이 되기 전에 죽는 어린이는 5퍼센트 이하이다. 선진국에서는 아동 사망률이 1퍼센트도 안 된다.[11] 이러한 기적이 가능했던 것은 20세기 의학이 예방접종, 항생제, 위생 개선, 더 나은 의학 인프라 등의 성취를 인류에게 제공해준 덕분이다.

예를 들어 세계적으로 천연두 예방접종 운동이 큰 성공을 거두어, 1979년 세계보건기구WHO는 인류가 천연두와의 전쟁에서 승리했으며, 천연두는 완전히 박멸되었다고 선언했다. 천연두는 그때까지 인간이 이 땅에서 몰아내는 데 성공한 최초의 전염병이었다. 1967년만 해도 1,500만 명이 천연두에 감염되었고 그 가운데 200만 명이 죽었지만, 2014년에는 천연두에 감염되거나 천연두로 죽은 사람이 한 명도 없었다. 인류의 완승임이 확실했고 따라서 세계보건기구는 더 이상 인간에게 천연두 예방접종을 실시하지 않는다.[12]

우리는 몇 년마다 한 번씩 전염병의 전 세계적 확산 조짐으로 불안에 떤다. 2002년에서 2003년까지는 사스, 2005년에는 조류독감, 2009년에서 2010년까지는 신종 플루, 2014년에는 에볼라였다. 하지만 효과적인 조치를 취한 덕에 이러한 질병들은 지금까지 비교적 적은 희생자를 냈다. 예를 들어 사스는 처음에 새로운 흑사병의 조짐을 보였으나, 세계적으로 천 명 이하의 사망자를 내고 종식되었다.[13] 서아프리카에서 발생한 에볼라는 처음에는 통제불능 상태로 번지는 듯했고, 2014년 9월 26일 세계보건기구는 그것을 "현대에 일어난 가장 심각한 공공보건 위기"[14]로 묘사했다. 그럼에도 2015년 초에 확산세가 잡히기 시작했고, 2016년 1월 세계보건기구는 에볼라의 종식을 선언했다. 에볼라는 3만 명(그 가운데 1만 1,000명이 죽었다)을 감염시키고, 서아프리카 전역에 막대한 경제적 피해를 끼쳤으며, 전 세계를 불안에 떨게 했지만, 서아프리카 너머로는 번지지 않았고, 사망자 수도 스페인 독감이나 멕시코의 천연두 유행에 한참 못 미쳤다.

지난 몇십 년 동안 의학의 최대 실패로 거론되는 에이즈 비극에서조차 진보의 흔적을 볼 수 있다. 1980년대 초 처음 발발이 확인된 이래 3,000만 명이 넘는 사람들이 에이즈로 죽었고, 수천만 명이 육체적, 정신적으로 심각한 피해를 입었다. 그 새로운 유행병을 이해하고 치료하는 데 어려움을 겪은 이유는 그것이 독특한 속임수를 쓰는 질병이기 때문이었다. 천연두 바이러스에 감염된 사람은 수일 내에 죽는 반면, HIV 양성 환자는 몇 주 내지 몇 달 동안 겉으로는 무척 건강해 보이면서 자신도 모르게 다른 사람들을 계속 감염시킨다. 게다가 HIV 바이러스 자체는 사람을 죽이지 않는다. 이 바이러스는 면역계를 파괴하여 환자를 다른 여러 질환에 노출시킨다. 에이즈 환자를 실제로 죽이는 것은 이러한 2차 질환들이다. 이런 이유로, 에이즈가 확산되기 시작하자 상황을 이해하는 데 특히 애를 먹었다. 1981년 뉴욕의 한 병원에 표면상으로는 각기 폐렴과 암으로 죽어가는 것처럼 보이는 두 명의 환자가 입원했다. 둘 다 수개월 또는 수년 전 HIV 바이러스에 감염된 에이즈 양성 환자였지

만 그 사실을 밝혀낼 길이 없었다.[15]

하지만 이런 어려움에도 불구하고, 의학계가 그 수수께끼 같은 새 전염병의 기제를 파악한 뒤로 과학자들은 단 2년 만에 병의 정체를 밝히고 그 바이러스가 어떻게 퍼져나가는지 알아내 전파 속도를 늦추는 효과적인 방법들을 제시했다. 그런 다음 10년 만에 신약을 개발해 에이즈를 죽음의 병에서 만성 질환으로 바꾸었다(적어도 값비싼 치료약을 감당할 수 있는 부자들에게는).[16] 에이즈가 1981년이 아니라 1581년에 발발했다면 무슨 일이 일어났을지 한번 생각해보라. 그 원인이 무엇인지, 사람에서 사람으로 어떻게 전파되는지, (치료는 고사하고) 어떻게 멈출 수 있는지 아무도 알아내지 못했을 것이다. 그런 조건에서 지금보다 훨씬 많은 사람이 죽었을 것이고, 에이즈는 흑사병과 같은 반열에 오르거나 그 수준을 능가했을 것이다.

에이즈가 인류에게 끔찍한 타격을 주었고 말라리아 같은 오래된 감염병으로 매년 수많은 사람들이 죽는다 해도, 오늘날 전염병은 과거 천 년 동안에 비하면 큰 위협이 아니다. 대다수 사람들은 암과 심장병 같은 비감염성 질환으로 죽거나 단순히 노환으로 죽는다.[17] (암과 심장병은 새로운 병이 아니다. 이 병들은 실은 오래되었다. 하지만 그 시대에는 이런 병들로 죽을 만큼 오래 사는 사람이 비교적 적었다.)

이것이 혹시 일시적 승리는 아닐지, 언젠가 우리가 모르는 흑사병의 사촌이 들이닥치지 않을지 많은 사람들이 두려워한다. 전염병이 다시 창궐하지 않는다고 그 누구도 장담할 수 없지만, 의사와 세균 간의 군비경쟁에서 의사들이 앞서고 있다고 생각할 타당한 이유들이 있다. 새로운 감염병은 주로 병원균의 게놈에서 일어난 우연한 돌연변이의 결과로 생겨난다. 이러한 돌연변이들로 인해 병원균은 동물에서 인간으로 전파되고, 인간의 면역계를 극복하고, 항생제 같은 약에 내성을 지닐 수 있다. 인간이 환경에 끼친 영향 탓에 요즘엔 그런 돌연변이들이 과거보다 더 빠르게 발생하고 전파된다.[18] 그렇다 해도 의학과의 경주에서 병원균은 결국 운이라는 눈먼 손에 의존한다.

반면 의사들은 운에만 매달리지 않는다. 과학도 우연에 많은 빚을 지고 있지만, 그렇다 해도 의사들은 이런저런 화학물질들을 시험관에 때려넣고 우연히 새로운 약이 만들어지기를 바라지는 않는다. 해가 갈수록 의사들은 더 나은 지식을 축적하고, 그 지식을 이용해 더 효과적인 약과 치료법을 개발한다. 2050년에는 항생제에 훨씬 더 유연하게 대처하는 병원균들이 나타날 것이 틀림없지만, 그럼에도 2050년의 의학은 오늘날의 의학보다 훨씬 더 효과적으로 대처할 수 있을 것이다.[19]

2015년에 의사들은 어떤 박테리아도 내성을 갖지 못한 완전히 새로운 유형의 항생물질인 '테익소박틴 teixobactin'을 발견했다고 발표했다. 어떤 학자들은 내성이 매우 강한 병원균들과의 싸움에서 테익소박틴이 판세를 바꿀 거라고 믿는다.[20] 과학자들은 또한 이전의 모든 약물과 전혀 다른 방식으로 작동하는 혁명적인 신약을 개발하고 있다. 예컨대 한 연구실에서 이미 나노로봇이 탄생했는데, 언젠가 그 로봇들이 우리의 혈관을 누비며 병을 찾아내 병원균과 암세포를 죽일 것이다.[21] 미생물들은 40억 년간 유기체 적들과 싸운 경험을 축적했지만, 생체공학 포식자와 싸운 경험은 전무하다.

그러므로 미생물들이 효과적 방어책을 진화시키는 것이 전보다 두 배는 더 어려울 것이다.

새로운 에볼라나 미지의 변종 독감이 전 세계를 휩쓸어 수백만 명이 죽는 일이 다시 없을 거라고 확신할 수는 없지만, 적어도 그런 일을 불가피한 자연재해로 간주하는 일은 더 이상 없을 것이다. 오히려 용납할 수 없는 인간의 실패로 간주하고 책임자들을 문책할 것이다. 2014년 늦여름 끔찍했던 몇 주 동안 에볼라가 전 세계 보건당국보다 우위에 있는 것처럼 보였을 때, 서둘러 조사위원회가 꾸려졌다. 2014년 10월 18일 조사위원회가 발표한 첫 보고서는 에볼라에 대한 세계보건기구의 미흡한 대응을 비판하며, 이 전염병의 원인으로 세계보건기구 아프리카 지부의 부패와 비효율을 지목했다. 나아가 신속하고 강력하게 대처하지 않은 국제사회에도 비판의 화살이 겨누어졌다. 이러한 비판의 기본전제는, 인류가 전염병을 예방할 수 있는 지식과 도구를 가지고 있고, 그럼에도 어떤 전염병이 통제불능으로 퍼져나간다면 그것은 신의 분노가 아니라 인간의 무능 탓이라는 것이다.

에이즈와 에볼라 같은 자연재해와의 싸움에서는 인류가 승기를 잡았다. 하지만 인간 본성 자체에 내재한 위협은 어떻게 해야 할까? 생명공학은 인간이 세균과 바이러스를 격파할 수 있게 해주는 동시에 인간 자체를 전례 없는 위협으로 바꾼다. 새로운 질병을 신속하게 확인하고 치료할 수 있게 하는 도구들이 군대와 테러범의 손에 넘어가면, 훨씬 더 끔찍한 질병과 '종말의 날' 병원균을 만들어낼 수 있다. 그러므로 심각한 전염병이 미래의 인류를 위험에 빠뜨릴 경우의 수는 단 하나, 어떤 무자비한 이념을 위해 인류 스스로 그런 병을 창조하는 경우이다. 자연발생적인 전염병 앞에서 인류가 속수무책이던 시대는 끝난 듯하다. 하지만 우리는 오히려 그 시대를 그리워하게 될지도 모른다.

정글의 법칙이 깨지다

세 번째로 좋은 소식은 전쟁도 사라지고 있다는 것이다. 그동안의 역사에서 대부분의 사람들이 전쟁을 당연한 일로 여긴 반면, 평화는 일시적이고 위태로운 상태로 간주했다. 국제관계를 지배하는 것은 정글의 법칙이므로, 두 정권이 사이좋게 지낸다 해도 전쟁은 언제든 터질 수 있었다. 예를 들어 독일과 프랑스는 1913년에는 평화롭게 지냈지만, 1914년에는 얼마든지 서로의 목을 겨눌 수 있었다. 정치인, 장군, 사업가는 물론, 일반 시민들도 앞날의 계획을 세울 때 항상 전쟁을 염두에 두었다. 석기시대부터 증기시대까지, 북극에서 사하라 사막까지, 지구에 사는 모든 사람은 이웃이 언제라도 우리 영토를 침입해 우리 군대를 격파하고, 우리 민족을 도륙하고, 우리 땅을 차지할 수 있음을 알고 있었다.

20세기 후반 동안, 이런 정글의 법칙이 완전히 폐지된 것은 아니지만 마침내 깨졌다. 대부분의 지역에서 전쟁은 드문 일이 되었다. 고대 농경사회에서는 사망 원인의 약 15퍼센트가 인간의 폭력이었던 반면, 20세기에는 그 비율이 5퍼센트에 불과했고, 21세기 초에는 약 1퍼센트로 줄었다.[22] 2012년 전 세계 사망자 수는 약

5,600만 명이었는데, 이 가운데 62만 명이 폭력으로 죽었다(전쟁에서 죽은 사람이 12만 명, 범죄로 죽은 사람이 50만 명이었다). 반면 80만 명이 자살했고, 150만 명이 당뇨병으로 죽었다.[23] 현재 설탕은 화약보다 위험하다.

전쟁이 드물어진 것보다 훨씬 더 중요한 사실은 삶의 점점 더 많은 부문에서 사람들이 전쟁을 생각조차 못할 일로 여긴다는 것이다. 역사상 처음으로 정부, 기업, 개인 들이 미래를 생각할 때 전쟁의 가능성을 고려하지 않는다. 핵무기는 초강대국 사이의 전쟁을 집단 자살과도 같은 미친 짓으로 만들었고, 따라서 대부분의 강대국들은 무력충돌을 평화롭게 해결할 수 있는 다른 방법을 모색해야 한다. 이와 동시에, 세계경제가 물질기반 경제에서 지식기반 경제로 탈바꿈했다. 전에는 부의 원천이 금광, 밀밭, 유전 같은 물질적 자산이었다. 하지만 지금은 지식이 부의 원천이다. 유전과 밀밭은 전쟁으로 정복할 수 있지만, 지식은 그런 식으로 얻을 수 없다. 지식이 가장 중요한 경제적 자원이 되면서 전쟁의 채산성이 떨어졌고, 전쟁은 아직도 시대에 뒤떨어진 물질기반 경제를 운영하는 지역, 예컨대 중동이나 중앙아프리카에서만 일어나게 되었다.

1998년 르완다가 이웃나라 콩고의 풍부한 콜탄 광산을 점령하고 약탈한 것은 납득할 수 있는 일이었다. 콜탄은 휴대폰과 노트북 제조에 많이 쓰이는데, 콩고는 세계 콜탄 보유고의 80퍼센트를 점유하고 있었기 때문이다. 르완다는 약탈한 콜탄으로 연간 2억 4,000만 달러를 벌어들였다. 가난한 르완다로서는 큰돈이었다.[24] 반면 중국이 캘리포니아에 침입해 실리콘밸리를 점령했다면 그것은 납득할 수 없는 일이었을 것이다. 중국인들이 그 전투에서 어떻게든 승리한다 해도, 실리콘밸리에는 약탈할 실리콘 광산이 없으니 말이다. 물론 중국인들은 그렇게 하지 않고 애플과 마이크로소프트 같은 굴지의 첨단기술 기업들과 협력해 그들의 소프트웨어를 구매하고 그들의 제품을 제조함으로써 수십억 달러를 벌었다. 르완다가 콩고의 콜탄을 약탈해서 1년 동안 번 돈을 중국인들은 단 하루에 평화로운 무역을 통해 벌어들인다.

그 결과 '평화'라는 말은 새로운 의미를 얻었다. 이전 세대들이 평화를 일시적인 전쟁 부재 상태로 생각했다면, 지금 우리는 평화를 전쟁을 생각하지 않는 상태로 여긴다. 1913년에 사람들이 프랑스와 독일 사이에 평화가 존재한다고 말한 것은 '프랑스와 독일 사이에 현재는 전쟁이 없지만 내년에는 무슨 일이 일어날지 아무도 모른다'는 의미였다. 하지만 지금 우리가 프랑스와 독일 사이에 평화가 존재한다고 말하면, 그것은 현재의 정황상 그들 사이에 전쟁이 일어날 일은 없다는 뜻이다. 그런 평화가 프랑스와 독일뿐 아니라 대부분의 나라들에(모두는 아니지만) 퍼져 있다. 내년에 독일과 폴란드, 인도네시아와 필리핀 또는 브라질과 우루과이 사이에 심각한 전쟁이 일어날 가능성은 없다.

이런 '새로운 평화'는 그저 히피들의 판타지가 아니다. 권력에 굶주린 정부들과 탐욕스러운 기업들 역시 평화를 확신한다. 메르세데스 사社가 동유럽 판매전략을 짤 때 독일이 폴란드를 정복할 가능성을 고려하지는 않는다. 필리핀에서 값싼 노동력을 수입하는 기업이 내년에 인도네시아가 필리핀을 침략할까봐 걱정하지는 않는다.

브라질 정부가 내년 예산 관련 국무회의를 열 때, 브라질 국방장관이 자리에서 일어나 탁자를 주먹으로 치며 "잠깐! 우리가 우루과이에 침입해 정복하고 싶으면 어떻게 합니까? 여러분은 이 가능성을 고려하지 않았습니다. 그 정복전쟁에 쓸 예산으로 50억 달러를 책정해야 합니다"라고 소리치는 일은 일어나지 않을 것이다. 물론 국방장관이 아직도 이렇게 말하는 나라도 있고, 새로운 평화가 뿌리내리지 못한 지역도 있다. 내가 그런 지역에 살고 있어서 잘 안다. 하지만 그들은 예외에 해당한다.

물론 이 새로운 평화가 영원히 지속되리라는 보장은 없다. 애초에 핵무기로 인해 새로운 평화가 가능했듯이, 미래의 기술발전이 새로운 종류의 전쟁이 일어날 조건을 마련할지도 모른다. 특히 사이버 전쟁이 일어날 경우, 약소국이나 비국가 활동세력들도 초강대국과 효과적으로 싸울 수 있어서 세계를 불안정 속에 몰아넣을 것이다. 2003년 미국이 이라크와 싸울 때 미국은 바그다드와 모술에 큰 피해를 입혔지만, 로스앤젤레스나 시카고에는 단 한 개의 폭탄도 떨어지지 않았다. 하지만 미래에는 북한이나 이라크 같은 나라가 논리폭탄으로 캘리포니아를 정전시키고, 텍사스의 정유공장을 폭파하고, 미시간에서 열차 충돌을 일으킬 수도 있을 것이다('논리폭탄logic bomb'은 평화 시에 심어두고 원거리에서 작동하는 악성 소프트웨어 코드이다. 미국과 그밖에 많은 나라의 중요한 기반시설을 제어하는 네트워크에 이미 이런 악성코드가 심어져 있을 가능성이 매우 높다).

하지만 능력과 동기를 혼동하지 않아야 한다. 사이버 전쟁이 새로운 파괴수단을 도입한다고 해서, 그것을 사용할 새로운 유인誘因

▲ 모스크바의 핵미사일 퍼레이드. 핵미사일은 항상 등장했지만 발사된 적은 없는 무기이다.

이 생기는 것은 아니다. 지난 70년 동안 인류는 정글의 법칙뿐 아니라 체호프의 법칙도 깼다. 안톤 체호프는 "연극의 1막에 등장한 총은 3막에서 반드시 발사된다"고 했다. 그동안의 역사에서 왕과 황제들은 새로운 무기를 획득하면 곧바로 그것을 사용하고 싶은 유혹을 느꼈다. 하지만 1945년 이래 인류는 그런 유혹에 저항하는 법을 배웠다. 냉전의 1막에 등장한 총은 결코 발사되지 않았다. 지금 우리는 투하되지 않는 폭탄과 발사되지 않는 미사일로 가득한 세계에서 사는 데 익숙하고, 정글의 법칙뿐 아니라 체호프의 법칙을 깨는 데도 능하다. 혹시 이런 법칙들이 우리의 발목을 잡는다면, 그것은 피할 수 없는 운명 때문이 아니라 우리 자신의 잘못 때문일 것이다.

테러리즘은 어떤가? 중앙정부와 강대국들이 아무리 자제력을 길렀다 해도, 테러범들은 새로운 살상무기를 사용하는 데 거리낌이 없을지도 모른다. 분명 걱정스러운 가능성이다. 하지만 테러는 실질적 권력에 접근하지 못하는 사람들이 취하는 나약한 전략이다. 적어도 과거에는 테러리즘이 큰 물질적 피해를 끼치기보다는 두려움을 확산시키며 효과를 보았다. 대부분의 테러범들은 군대를 격파하고 나라를 점령하고 도시 전체를 파괴할 힘이 없다. 2010년에 비만과 그 관련 질환들로 죽은 사람이 약 300만 명이었던 반면, 테러로 죽은 사람은 전 세계에서 총 7,697명이었고, 그 대부분이 개발도상국에 사는 사람들이었다.[25] 미국이나 유럽에 사는 보통 사람에게는 알카에다보다 코카콜라가 훨씬 더 치명적인 위협이다.

그렇다면 테러범들은 어떻게 일간지 헤드라인을 점령하고 세계 정세를 바꾸는 데 성공할까? 그들은 적을 도발해 과잉반응을 유도한다. 테러리즘의 본질은 쇼이다. 테러범들은 끔찍한 폭력 장면을 연출함으로써 우리의 상상력을 사로잡고, 우리로 하여금 중세의 혼돈 속으로 뒷걸음치는 듯한 착각을 일으키게 한다. 따라서 국가들은 종종 테러리즘의 연극 효과에 안보 쇼로 대응해야 한다는 압박을 느끼고, 국민을 억압하거나 다른 나라를 침공하는 등 힘을 대대적으로 과시한다. 하지만 대부분의 경우 테러리즘에 대한 이런 과잉반응은 자국의 안보에 테러범들보다 훨씬 더 큰 위협이 된다.

테러범들은 도자기 가게를 부수려는 파리와 같다. 파리는 힘이 없어서 찻잔 한 개도 움직이지 못한다. 그래서 황소를 찾아내 그 귓속에 들어가 윙윙거리기 시작한다. 황소는 공포와 화를 참지 못해 도자기 가게를 부순다. 이것이 지난 10년 동안 중동에서 일어난 일이다. 이슬람 근본주의자들은 자신들의 힘만으로는 사담 후세인을 축출할 수 없어서 9·11 테러로 미국을 도발했고, 미국은 이슬람 근본주의자들 대신 중동의 도자기 가게를 파괴했다. 이제 폐허가 된 그곳에서 그들이 활개를 친다. 테러범들은 그들의 힘으로 우리를 끌고 중세로 돌아가 정글의 법칙을 재건할 수 없다. 그러므로 그들이 계속 도발해도, 결국 모든 것은 우리의 반응에 달려 있다. 정글의 법칙이 다시 발효된다면 그것은 테러범들의 잘못이 아닐 것이다.

기아, 역병, 전쟁은 앞으로도 수십 년 동안 수백만 명의 희생자를 낼 것이다. 하지만 이 문제들은 이제 무력한 인류가 이해할 수도 통제할 수도 없는 불가피한 비극이 아니다. 이 문제들은 관리할 수 있는 난제가 되었다. 가난에 찌든 수억 명, 매년 말라리아, 에이즈, 결핵으로 쓰러지는 수백만 명, 폭력의 악순환에 갇힌 시리아, 콩고, 아프가니스탄의 수백만 명이 겪는 고통이 대수롭지 않다는 말이 아니다. 기아, 역병, 전쟁이 지상에서 완전히 사라졌으니 이제 이 문제들에 대해 그만 걱정하자고 말하려는 게 아니다. 내가 하려는 말은 정반대이다. 그동안 사람들은 이 문제들이 해결 불가능해서 노력해봤자 소용없다고 느꼈다. 사람들은 신에게 기적을 내려달라고 빌 뿐, 스스로 기아, 역병, 전쟁을 몰아낼 생각은 하지 않았다. 2016년의 세계가 1916년만큼이나 굶주리고 병들고 폭력적이라고 주장하는 사람들은 이 해묵은 패배주의적 시각을 고수한다. 그들이 하는 말에는 인간이 20세기에 한 모든 노력이 아무 소용 없고, 의학 연구, 경제개혁, 평화계획이 모두 허사였다는 의미가 내포되어 있다. 그렇다면 또 다른 의학 연구, 참신한 경제개혁, 새로운 평화계획에 시간과 자원을 투자해봐야 무슨 소용인가?

과거의 성취를 인정해야 미래에도 더 큰 성과를 내기 위해 희망과 책임감을 가지고 노력하게 된다. 20세기에 우리가 이뤄낸 일들을 생각하면, 기아, 역병, 전쟁으로 계속 고통받는 것에 대해 자연이나 신을 탓할 수만은 없다. 우리의 능력으로 충분히 상황을 개선하고 고통을 줄일 수 있기 때문이다.

지금까지 우리가 이룬 것을 제대로 평가할 때 얻게 되는 또 하나의 교훈이 있다. 바로 역사에는 공백이 없다는 것이다. 기아, 역병, 전쟁이 줄고 있다면 다른 과제가 인간의 의제에 올라와야 한다. 그것이 무엇일지 좀 더 신중하게 생각해봐야 한다. 그러지 않으면 지금까지의 전투에서 완승을 거두고도 영문을 모른 채 새로운 전선에 끌려나갈 수 있다. 과연 무엇이 기아, 역병, 전쟁을 대신해 21세기 인류의 최상위 의제에 오를까?

중요한 과제 하나는 우리 자신의 힘에 내재된 위험들로부터 인류와 지구를 보호하는 것이다. 우리가 기아, 역병, 전쟁을 통제할 수 있었던 것은 주로 경이로운 경제성장 덕분이었다. 성장은 우리에게 풍부한 식량, 의료혜택, 에너지, 원재료를 제공했다. 하지만 동시에 성장은 우리가 이제 겨우 탐사하기 시작한 지구의 생태적 균형을 매우 불안정하게 만든다. 인류는 이 위험을 뒤늦게 인정했을 뿐 아니라, 지금까지 거의 아무것도 하지 않았다. 오염, 지구온난화, 기후변화에 대한 논의는 무성하지만, 대부분의 나라들은 아직도 개선에 필요한 진지한 경제적·정치적 희생을 하지 않는다. 경제성장과 생태계 안정 중 하나를 선택해야 하는 순간이 오면 정치인, CEO, 유권자 들의 십중팔구가 성장을 선호한다. 21세기에도 이런 식이면 우리는 파국을 면치 못할 것이다.

그밖에도 인류는 무엇을 위해 노력하게 될까? 기아와 역병, 전쟁을 통제하고 생태적 균형을 지키는 데 만족하며 살아갈까? 이것이 가장 현명한 길일지도 모르지만 인류가 이 길을 따르지는 않을 것 같다. 인간은 가진 것에 만족하는 법이 없다. 뭔가를 이루었을 때 인간이 보이는 가장 흔한 반응은 만족이 아니라 더 갈구하는 것이다. 인간은 항상 더 낫고 더 크고 더 맛있는 것을 찾는다. 어마어마하게 새로운 힘을 갖게 되면, 그리고 기아, 역병, 전쟁의 위협이 마침내 사라지면, 인류는 무엇을 할까? 과학자, 투자자, 은행가, 대통령은 하루 종일 무엇을 할까? 시를 쓸까?

성공은 야망을 낳는다. 인류는 지금까지 이룩한 성취를 딛고 더 과감한 목표를 향해 나아갈 것이다. 전례 없는 수준의 번영, 건강, 평화를 얻은 인류의 다음 목표는, 과거의 기록과 현재의 가치들을 고려할 때, 불멸, 행복, 신성이 될 것이다. 굶주림, 질병, 폭력으로 인한 사망률을 줄인 다음에 할 일은 노화와 죽음 그 자체를 극복하는 것이다. 사람들을 극도의 비참함에서 구한 다음에 할 일은 사람들을 더 행복하게 만드는 것이다. 짐승 수준의 생존투쟁에서 인류를 건져올린 다음 할 일은 인류를 신으로 업그레이드하고, '호모 사피엔스'를 '호모 데우스'로 바꾸는 것이다.

죽음의 최후

21세기의 인간은 불멸에 진지하게 도전할 것이다. 노화와 죽음과의 싸움은 인간이 그동안 해온 기아와 질병과의 싸움을 계속 이어가는 것이고, 이 시대의 문화가 지고의 가치로 여기는 인간 생명의 가치를 증명하는 일이다. 우리는 인간의 생명이 우주에서 가장 신성하다는 말을 끊임없이 듣는다. 학교 교사들, 의회의 정치인들, 법정의 변호사들, 무대 위의 배우들까지 모두 그렇게 말한다. 제2차 세계대전 이후 유엔이 채택한 세계인권선언(현재 세계헌법에 가장 가까운 것)은 '생명권'이 인류의 가장 근본적인 가치라고 단언한다. 그런데 죽음은 이 권리에 명백히 반하는 것이므로 인류에 대한 범죄이고, 따라서 우리는 죽음과 전면전을 치러야 마땅하다.

역사를 통틀어 종교와 이념은 생명 그 자체를 신성시하지는 않았다. 종교와 이념은 언제나 세속적인 존재 위의 어떤 것, 또는 그런 존재를 초월한 뭔가를 신성시했고, 따라서 죽음에 꽤 관대했다. 오히려 몇몇 종교와 이념은 죽음의 사신을 대놓고 반겼다. 그리스도교, 이슬람교, 힌두교는 우리 존재의 의미는 내세의 운명에 달려 있다고 주장했기 때문에, 죽음을 이 세계에 필수적이고 긍정적인 요소로 보았다. 인간이 죽는 것은 신이 그것을 명했기 때문이고, 죽음의 순간은 의미가 폭발하는 신성한 형이상학적 경험이었다. 인간이 마지막 숨을 내쉬는 순간은 신부와 랍비와 샤먼을 부르고, 생명의 잔고를 인출하고, 우주 안 본연의 자리로 돌아가는 순간이었다. 죽음이 없는, 즉 천국, 지옥, 환생이 없는 세계의 그리스도교, 이슬람교, 힌두교를 한번 상상해보라.

현대의 과학과 문화는 삶과 죽음에 대해 전혀 다른 태도를 취한다. 이 둘은 죽음을 형이상학적 신비로 간주하지 않으며, 당연히 죽음에서 인생의 의미가 나온다고 보지도 않는다. 오히려 현대인에게 죽음은 해결할 수 있고 해결해야만 하는 기술적 문제이다.

인간은 어떻게 죽을까? 중세 동화는 모자 달린 검은 망토를 뒤집어쓴 모습으로 죽음을 묘사했다. 그의 손에는 커다란 낫이 쥐어져 있다. 한 남자가 이런저런 걱정을 하고 이리저리 뛰어다니며 살고 있는데, 그 사람 앞에 갑자기 죽음의 사신이 나타나 뼈가 앙상한 손가락으로 그의 어깨를 툭툭 치고는 "가자!"고 한다. 그러면 그 남자는 간절히 애원한다. "안 돼요! 딱 1년만, 한 달만, 아니, 하루만 더 살게 해줘요!" 하지만 검은 망토를 입은 자는 낮고 쉰 목소리로 "안 돼! 당장 가야 해!"라고 말한다. 우리는 이렇게 죽는다.

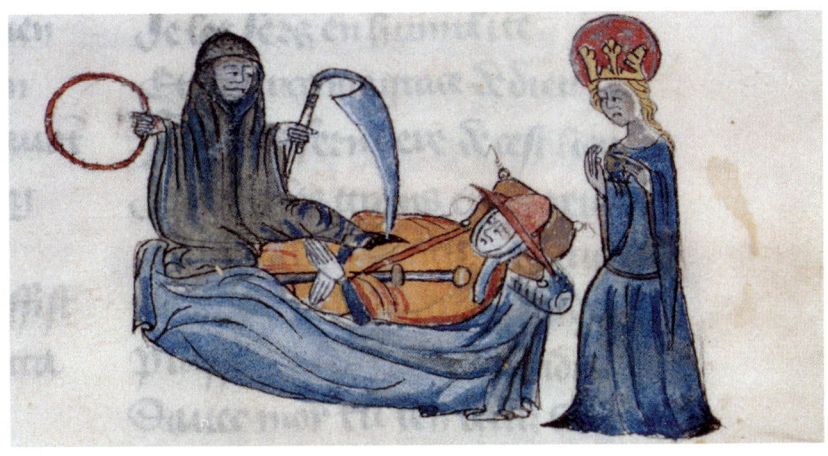

▲ 중세 회화에서 '죽음의 사신'으로 의인화된 죽음.

하지만 현실에서 인간이 죽는 것은 검은 망토를 입은 자가 어깨를 툭툭 쳐서도, 신이 죽음을 명해서도, 죽음이 우주적 규모의 거대한 계획의 불가결한 일부여서도 아니다. 인간은 어떤 기술적 결함으로 죽는다. 혈액을 펌프질하던 심장이 멈춘다. 대동맥에 지방 찌꺼기가 쌓여 막힌다. 간에 암세포가 번진다. 폐에 세균이 증식한다. 그렇다면 이 모든 기술적 문제는 무엇 때문에 일어날까? 다른 기술적 문제들 때문이다. 혈액을 펌프질하던 심장이 멈추는 것은 심장 근육에 충분한 산소가 도달하지 않아서이다. 암세포가 번지는 것은 우연한 유전자 돌연변이가 유전명령을 바꿨기 때문이다. 폐에 세균이 증식하는 것은 지하철에서 누군가 재채기를 했기 때문이다. 여기에 형이상학적이라 할 만한 것은 없다. 모두 기술적 문제이다.

모든 기술적 문제에는 기술적 해법이 있다. 죽음을 극복하기 위해 우리는 예수의 재림을 기다릴 필요가 없다. 실험실의 괴짜 몇 명이면 된다. 과거에 죽음이 성직자와 신학자들의 일이었다면 지금은 공학자들이 그 권한을 인수받았다. 우리는 항암치료나 나노로봇으로 암세포를 죽일 수 있다. 폐에서 증식하는 세균들은 항생제로 죽일 수 있다. 심장이 펌프질을 멈추면 약물과 전기충격으로 소생시킬 수 있다. 그래도 효과가 없으면 새 심장을 이식하면 된다. 물론 아직은 모든 기술적 문제들의 해결책을 발견하지는 못했다. 하지만 바로 이것 때문에 우리가 암, 세균, 유전학, 나노기술을 연구하는 데 그토록 많은 시간과 돈을 투자하는 것이다.

과학 연구에 몸담고 있지 않은 보통 사람들도 이제는 죽음을 대개 기술적 문제로 생각한다. 한 여성이 병원에 가서 "선생님, 뭐가 문제죠?"라고 묻는다. 의사는 "음, 독감에 걸린 것 같군요" 또는 "결핵입니다" 또는 "암입니다"라고 말할 것이다. 하지만 "죽음에 걸렸습니다"라고 말하는 의사는 없다. 우리 모두는 독감, 결핵, 암이 기술적 문제들이며 언젠가 그 해법을 찾을 수 있을 거라는 데 암묵적으로 동의한다.

허리케인, 자동차 사고, 전쟁으로 죽는 경우에도 우리는 그것을 막을 수 있었고 막아야 했던 기술적 문제에서 실패한 것으로 간주한다. 정부가 더 나은 정책을 펼쳤더라면, 지방자치체가 일을 제대로 했더라면, 군 사령관이 더 현명한 결정을 내렸더라면 죽음을 막을 수 있었을 것이다. 오늘날 죽음은 거의 자동적으로 소송과 수사의 대상이 된다. "그들이 어떻게 해서 죽었을까? 누군가 어딘가에서 잘못한 것이 틀림없다."

과학자, 의사, 학자 들 대부분은 불멸에 대한 노골적인 꿈과 거리를 둔 채, 자신들은 그저 특정한 문제를 해결하려는 것뿐이라고 주장한다. 하지만 노화와 죽음은 그런 특정한 문제의 결과이므로, 의사들과 과학자들이 문제를 해결하고자 한다면 결국 노화와 죽음을 해결할 때까지 멈출 수 없다. "여기까지만. 더 이상은 안 돼. 결핵과 암은 극복했지만, 알츠하이머와의 싸움에는 손가락 하나 까딱하지 않을래. 사람들은 알츠하이머로 계속 죽을 수 있어." 이렇게 선언할 수는 없다. 세계인권선언은 인간이 '90세까지 살 권리'가 있다고 말하지 않는다. 모든 인간은 살 권리가 있다고 말할 뿐이다. 그 권리에는 만료일이 없다.

요즘 들어 자신의 생각을 서슴없이 드러내는 과학자와 사상가가 조금씩 늘고 있다. 그들은 현대 과학의 주력사업이 죽음을 격파하고 인간에게 영원한 젊음을 제공하는 것이라고 말한다. 그 대표주자가 노년학자 오브리 드 그레이와 세계적 석학이자 발명가인 레이 커즈와일(Ray Kurzweil: 1999년 미국 기술혁신 메달 수상자)이다. 커즈와일은 2012년에 구글 엔지니어링 이사로 임명되었고, 1년 뒤 구글은 '죽음 해결하기'[26]가 창립 목표임을 밝히는 '칼리코Calico'라는 자회사를 설립했다. 최근 구글은 불멸을 믿는 또 한 명의 신도인 빌 마리스를 영입해 구글의 벤처투자사 구글벤처스를 맡겼다. 2015년 1월 한 인터뷰에서 마리스는 이렇게 말했다. "오늘 나에게 500살까지 사는 것이 가능하냐고 묻는다면 내 대답은 '그렇다'이다." 마리스는 자신의 용감한 발언을 현금으로 뒷받침한다. 구글벤처스는 보유자산 20억 달러 중 36퍼센트를 원대한 생명연장 프로젝트와 생명과학 벤처기업들에 투자하고 있다. 마리스는 죽음과의 싸움을 미식축구에 빗대어 설명했다. "몇 야드 얻는 것이 목표가 아니다. 게임에서 이기는 것이 목표이다." 그 이유에 대해 마리스는 이렇게 말한다. "죽는 것보다 사는 것이 좋지 않나."[27]

실리콘밸리의 여러 유명인사들이 이런 꿈을 공유한다. 페이팔의 공동창립자 피터 틸은 최근 영원히 사는 것이 자신의 목표라고 고백했다. 그는 이렇게 설명한다. "(죽음에) 접근하는 방식에는 크게 세 가지가 있다고 생각한다. 수용하거나 부정하거나 싸우는 것이다. 수용하거나 부정하는 사람들이 대부분이겠지만 나는 싸우는 쪽이 좋다." 많은 사람들이 이 발언을 철없는 몽상으로 치부할 것이다. 하지만 틸의 말이라면 진지하게 받아들일 필요가 있다. 그는 실리콘밸리에서 가장 성공했고 가장 영향력 있는 기업가 중 한 명으로, 개인 자산이 22억 달러에 이른다.[28] 조만간 '평등 끝, 불멸 시작'이라는 광고가 내걸릴 듯한 조짐이 보인다.

유전공학, 재생의학, 나노기술 같은 분야들의 아찔한 발전에 힘입어 점점 더 낙관적인 예언이 등장하고 있다. 어떤 전문가들은 인간이 2200년에는 죽음을 극복할 거라 생각하고, 또 다른 사람들은 그 시점을 2100년으로 잡는다. 커즈와일과 드 그레이는 한층 더 낙관적이다. 그들은 2050년에는 몸이 건강하고 은행 잔고가 충분한 모든 사람이 불멸을 시도할 거라고 주장한다. 이를테면 한 번에 10년씩 죽음을 따돌리는 것이다. 커즈와일과 드 그레이에 따르면, 우리는 대략 10년마다 한 번씩 병원으로 달려가 개조시술을 받을 거라고 한다. 그 시술은 단순히 질병을 치료하는 데 그치지 않고, 노화하는 조직을 재생하고 손, 눈, 뇌의 성능을 높일 것이다. 다음 시술일 무렵에는 의사들이 새로운 약물, 성능, 장치 들을 발명해놓고 기다릴 것이다. 커즈와일과 드 그레이의 말이 맞는다면, 거리에서 당신 옆을 지나쳐가는 누군가는 이미 불멸의 존재일지도 모른다. 적어도 당신이 걷고 있는 거리가 뉴욕의 월스트리트나 5번가라면 그럴 확률이 있다.

하지만 엄밀히 말하면 그들은 불사신이라기보다 인간일 것이다. 신과 달리 미래의 초인간은 여전히 전쟁이나 사고로 죽을 수 있고, 사후세계에서 그들을 다시 데려올 방법은 없다. 하지만 때가 되면 죽는 우리와 달리 그들의 생명에는 만료일이 없을 것이다. 폭탄에 맞아 산산조각 나거나 트럭에 깔리지 않는 한, 그들은 무한히 살아

갈 수 있다. 이러한 조건은 초인간들을 역사상 가장 불안한 사람들로 만들 것이다. 우리 인간들이 그날그날 위험을 무릅쓰며 사는 이유는 어떤 식으로든 끝이 있음을 알기 때문이다. 그래서 히말라야 산을 등반하고, 바다에서 수영을 하고, 길을 건너거나 집 밖으로 나가 식사를 하는 등 많은 위험스런 행동들을 한다. 하지만 영원히 살 수 있다고 믿는다면, 미치지 않은 한 목숨을 걸어가며 그런 정신 나간 도박을 하지는 않을 것이다.

그렇다면 예컨대 기대수명을 두 배로 늘리는 것 같은 소박한 목표로 시작하는 것이 좋지 않을까? 20세기에 기대수명이 40세에서 70세로 두 배 가까이 늘어났으니, 21세기에는 적어도 그 두 배인 150세까지는 거뜬하지 않을까. 불멸에는 턱없이 모자라지만, 그 정도로도 인간사회가 혁명적으로 바뀔 것이다. 우선 가족구조, 결혼, 부모 자식 간의 관계가 변할 것이다. 오늘날 결혼한 사람들은 '죽음이 우리를 갈라놓을 때까지' 함께 살 것으로 기대하고, 인생의 대부분을 아이를 낳고 기르는 데 보낸다. 그런데 사람의 한평생이 150년이라고 상상해보라. 40세에 결혼해도 앞으로 살 날이 110년이다. 결혼생활이 110년 동안 이어지는 것이 과연 현실적일까? 가톨릭 근본주의자들도 대답을 주저할 것이다. 그리하여 현 추세인 연속결혼serial marriage이 더욱 강화될 것이다. 40대에 두 자녀를 낳은 여성은 120세가 되면, 아이들을 기르며 보낸 세월을 아득한 옛일(자신의 긴 인생에 있었던 아주 사소한 사건)로 기억할 것이다. 이런 상황에서 부모 자식 간의 관계가 어떻게 변화할지 말하기는 어렵다.

그러면 진로는 어떻게 될까? 오늘날 우리는 10대와 20대에 직업

교육을 받고 그런 다음 해당 분야의 일을 하며 나머지 인생을 보내는 것을 당연하게 생각한다. 물론 40대와 50대에도 새로운 것을 배우지만 인생은 일반적으로 배움의 시기와 일하는 시기로 나뉜다. 그런데 150세까지 살게 되면 그렇지 않을 것이다. 신기술이 끊임없이 요동치는 세계에서라면 더 말할 나위도 없다. 사람들은 훨씬 더 오래 일할 것이고 90세에도 자기계발을 해야 할 것이다.

또 사람들은 65세에 은퇴하지도, 새로운 생각과 포부를 지닌 신세대를 위해 자리를 비켜주지도 않을 것이다. 물리학자 막스 플랑크는 "과학은 장례식만큼 진보한다"는 유명한 말을 했다. 한 세대가 사라질 때 비로소 새로운 이론이 옛 이론을 뿌리 뽑을 기회가 생긴다는 뜻이다. 이 말은 비단 과학에만 해당하지 않는다. 당신의 직장을 잠시 떠올려보라. 당신이 학자든, 기자든, 요리사든, 축구 선수든, 당신 상사가 120세이고 그의 사고가 빅토리아 여왕 시대에 형성되었다면, 그리고 당신이 그 상사를 앞으로 몇십 년 더 모셔야 한다면 기분이 어떻겠는가?

정치 영역에서는 그 결과가 훨씬 더 심각할 것이다. 푸틴이 90년 더 그 자리에 있어도 상관없을까? 생각해보니, 인간의 수명이 150년이라면 2016년에도 137세의 스탈린이 여전히 정정하게 모스크바를 통치하고 있을 것이고, 중국 공산당 주석 마오쩌둥은 123세의 중년이 되었을 테고, 엘리자베스 공주는 지금도 팔짱 끼고 앉아 121세의 조지 6세에게서 왕위를 물려받을 날을 기다리고 있을 것이다. 그리고 그녀의 아들 찰스의 차례는 2076년에야 올 것이다.

다시 현실의 영역으로 돌아와 생각해보면, 2050년 또는 2100년에 커즈와일과 드 그레이의 예언이 실현될지는 불투명하다. 21세기에 영원한 청춘을 바라는 것은 섣부른 기대이고, 그 말을 철석같이 믿다가는 낙심할 거라 생각한다. 언젠가 죽는다는 사실을 아는 채로 사는 것도 쉽지 않지만, 불멸을 믿었다가 그렇지 않다는 걸 알게 되면 훨씬 더 힘들 것이다.

인간의 평균 기대수명이 지난 백 년 동안 두 배가 되었지만, 그것을 토대로 백 년 뒤 기대수명이 그 두 배인 150세가 될 거라고 추정할 근거는 없다. 1900년에 인간의 기대수명이 40세를 넘지 않았던 것은 많은 사람들이 영양실조, 감염병, 폭력으로 일찍 죽었기 때문이다. 그때도 기아, 역병, 전쟁을 피한 사람들은 70~80대까지 살았다. 그것이 호모 사피엔스의 자연수명이기 때문이다. 일반통념과 달리, 과거 수백 년 동안 사람이 70세까지 사는 것은 자연의 드문 예외가 아니었다. 갈릴레오 갈릴레이는 77세에 죽었고, 아이작 뉴턴은 84세에 죽었으며, 미켈란젤로는 항생제, 예방접종, 장기이식의 도움 없이도 88세까지 살았다. 사실 정글의 침팬지도 때때로 60대까지 산다.[29]

사실상 지금까지 현대 의학은 인간의 자연수명을 단 1년도 연장하지 못했다. 의학은 때이른 죽음에서 우리를 구하고 우리가 주어진 생을 온전히 누릴 수 있게 하는 위대한 업적을 이뤄냈다. 그러나 우리가 암, 당뇨병 그리고 그밖의 주요 사망 원인들을 극복했다 해도, 그것은 거의 모든 사람이 90세까지 산다는 뜻일 뿐이다. 그 정도로는 500세는 고사하고 150세까지 살기에도 충분치 않다. 그렇게 되기 위해서는 인체의 가장 기본적인 구조 및 과정들을 재설계할 필요가 있고, 인체 기관과 조직을 재생하는 방법을 알아내야 할 것이다. 우리가 2100년까지 그 일을 해낼 수 있을지는 미지수이다. 하지만 죽음을 극복하려는 시도가 비록 실패할지라도 그런 시도를 할 때마다 우리는 그 목표에 한 걸음 더 가까이 다가갈 것이고, 그것은 훨씬 더 큰 시도를 할 희망과 용기를 사람들에게 불어넣을 것이다. 구글의 칼리코가 가까운 시일 내에 죽음을 해결해 구글의 공동 창립자 세르게이 브린과 래리 페이지를 영원히 살게 하지는 못할 테지만, 필시 그 과정에서 세포생물학, 유전의학, 인간 건강에 관한 중요한 발견들이 있을 것이다. 그리하여 다음 세대의 구글 직원들은 더 유리한 지점에서 죽음을 공략할 수 있을 것이다. 불멸을 부르짖는 과학자들은 늑대가 보이지 않는데도 늑대가 온다고 소리치는 양치기 소년과 같다. 조만간 늑대는 실제로 나타난다.

따라서 우리가 살아생전에 불멸을 얻지 못한다 해도, 여전히 죽음과의 전쟁은 다가오는 시대의 주력산업이 될 것이다. 인간의 생명은 신성하다는 우리의 믿음을 고려하고, 여기에 기성 과학계의 역학을 더하고, 마지막으로 자본주의 경제의 필요를 더하면, 죽음과의 인정사정없는 전쟁은 피할 수 없다는 결론이 나온다. 인간의 생명을 그토록 신봉하는 우리가 죽음을 손 놓고 받아들일 리 없다. 사람들이 어떤 원인으로든 죽는 한, 우리는 죽음을 극복하려고 노력할 것이다.

기성 과학계와 자본주의 경제는 죽음과의 전쟁에 앞장설 것이다. 대부분의 과학자와 은행가들은 새로운 발견의 기회와 더 큰 이윤 창출의 기회가 생기기만 한다면 무엇이든 상관하지 않고 달려든다.

하물며 죽음을 앞지르는 것보다 더 흥분되는 과학적 도전을 상상할 수 있을까? 영원한 젊음보다 더 유망한 시장을 상상할 수 있을까? 당신이 마흔 살이 넘은 사람이라면, 잠시 눈을 감고 스물다섯 살 때 당신의 몸이 어땠는지 떠올려보라. 단지 생김새만이 아니라 느낌을 기억해보라. 그 몸으로 돌아갈 수 있다면 얼마를 지불하겠는가? 물론 그런 기회를 마다하는 사람도 있겠지만, 비용이 얼마가 되었든 기꺼이 지불할 사람들이 줄을 설 것이고, 그것은 거의 무한한 시장을 창출할 것이다.

이것으로도 부족하다면, 대다수 사람들의 마음속에 깊이 서린 죽음에 대한 두려움이 죽음과의 전쟁에 거부할 수 없는 추진력을 제공할 것이다. 죽음을 불가피한 일로 여기는 한, 우리 인간들은 어려서부터 영원히 살고 싶은 욕구를 습관적으로 억압하거나 다른 목표를 위해 그 욕구를 이용한다. 우리는 영원히 살고 싶어서 '불멸의' 교향곡을 작곡하고, 전쟁에 나가 '영원한 영광'을 추구하고, 심지어 자신의 영혼이 '천국에서 영원한 행복을 누린다'는 말에 목숨까지 내놓는다. 우리가 지닌 예술적 창의성, 정치적 신념, 종교적 신앙심은 상당 부분 죽음에 대한 두려움에서 연료를 얻는다.

죽음에 대한 두려움을 훌륭한 작품으로 승화시킨 우디 앨런 감독은 은막에서 영원히 살기를 바라느냐는 질문에 "나는 내 아파트에서 사는 게 더 좋다"고 대답했다. 그리고 이렇게 덧붙였다. "나는 작품을 통해 불멸을 얻고 싶지 않다. 죽지 않음으로써 불멸을 얻고 싶다." 영원한 영광, 국가주의적 기념식, 천국에 대한 꿈은 우디 앨런 같은 사람들이 진정으로 원하는 것(죽지 않는 것)을 대신하는 가련한 대용물에 지나지 않는다. 사람들이 (타당한 이유가 있든 없든) 죽음을 피할 기회가 있다고 생각하는 순간, 삶에 대한 욕구는 예술, 이념, 종교라는 덜거덕거리는 수레 끌기를 거부하고 눈사태처럼 돌진할 것이다.

턱수염을 길게 기르고 눈동자를 이글거리는 광신도들이 무슨 짓이든 할 사람들이라고 생각한다면, 두고 보라. 노령의 재계 거물들과 늙어가는 할리우드 여배우들이 손닿는 곳에 생명의 묘약이 있다고 생각할 때 어떻게 하는지. 죽음과의 전쟁에서 과학이 진전을 이룬다면, 전쟁터는 실험실에서 의회, 법정, 거리로 옮겨갈 것이다. 과학적 시도가 성공을 거두는 즉시 격렬한 정치적 충돌이 일어날 것이다. 역사에 기록된 모든 전쟁과 무력충돌은 앞으로 닥칠 진짜 투쟁, 다시 말해 영원한 젊음을 위한 투쟁을 알리는 서곡에 불과했음을 알게 될 것이다.

**행복할
권리**

인류의 의제에 오를 두 번째로 큰 주제는 행복의 열쇠 찾기가 될 것이다. 그동안의 역사에서 수많은 사상가, 예언자, 일반인 들은 생명 자체가 아니라 행복을 최고선으로 규정했다. 고대 그리스 철학자 에피쿠로스는 신을 숭배하는 것은 시간낭비이고, 사후 세계는 없으며, 행복이 인생의 유일한 목적이라고 설파했다. 고대 사람들 대부분은 에피쿠로스의 생각을 거부했지만, 오늘날에 와서는 모두가 동의하는 기본전제가 되었다. 내세를 의심할 때 인류는 불멸이 아니라 세속의 행복을 좇게 된다. 비극만 계속되는 세상에서 영원히 살고 싶은 사람이 누가 있겠는가?

에피쿠로스에게 행복 추구는 개인의 노력에 달린 것이었다. 반면 현대 사상가들은 그것을 집단적 과제로 간주한다. 개개인이 정부 차원의 계획, 경제적 자원, 과학적 연구 없이 행복을 찾아나선다면 멀리 가지 못할 것이다. 당신의 나라가 전쟁으로 피폐하다면, 경제 위기에 처해 있다면, 그리고 의료 서비스가 없다면 당신은 비참할 것이다. 18세기 말 영국의 철학자 제레미 벤담은 '최대 다수의 최대 행복'을 최고선으로 선언했고, 국가와 시장 그리고 과학계가 추구할 단 하나의 가치 있는 목표는 세상 모든 사람의 행복을 증진하는 것이라는 결론에 도달했다. 정치인들은 평화를 유지해야 하고, 기업가들은 부를 키워야 하고, 학자들은 자연을 연구해야 한다. 하지만 그것은 왕이나 국가 또는 신의 영광을 위해서가 아니라, 당신과 내가 더 행복하게 살기 위해서이다.

19세기부터 20세기에 걸쳐 많은 이들이 벤담의 비전에 대해 번지르르한 말을 쏟아냈으나, 정부, 기업, 연구실은 눈앞의 분명한 목표에 집중했다. 국가가 생각하는 성공의 척도는 국민의 행복이 아니라 영토의 크기, 인구증가, GDP 증대였다. 독일, 프랑스, 일본 같은 산업화된 나라들은 대규모의 교육제도와 보건복지제도를 만들었지만, 이 제도들의 목표는 개인의 행복을 확보하는 것이 아니라 국력을 키우는 것이었다.

학교를 세운 것도 국가에 충성할 유능하고 말 잘 듣는 시민들을 길러내기 위해서였다. 18세 청년은 애국심을 지녀야 할 뿐 아니라 읽고 쓸 줄 알아야 했다. 그래야 준장이 그날 내린 명령을 읽고 내일의 전투계획을 작성할 수 있기 때문이다. 포탄의 경로를 계산하고 적의 암호를 해독하기 위해 수학도 알아야 했다. 또한 무전기를 조작하고 탱크를 몰고 부상당한 전우를 보살피기 위해 전기, 기계, 의학도 어느 정도 알아야 했다. 그리고 제대하면 점원이나 교사 또는 공학자가 되어 경제를 일으키고 세금을 내면서 국가에 봉사해야 했다.

보건제도도 마찬가지였다. 19세기 말 프랑스, 독일, 일본 같은 국가들이 대중에게 보건 서비스를 무상으로 제공하기 시작했다. 영아에게는 예방접종을, 어린이에게는 균형 잡힌 식생활을, 10대에게는 체육 교육을 제공했다. 이 나라들은 썩어가는 늪에서 물을 빼고, 모기를 박멸하고, 중앙 하수처리 시설을 건설했다. 하지만 목적은 국민의 행복이 아니라 국력강화였다. 국가에 필요한 것은 튼튼한 군인과 노동자, 더 많은 군인과 노동자를 낳을 건강한 여성, 아파서 집에서 쉬는 대신 오전 8시 정각에 꼬박꼬박 출근할 관료들이었다.

복지제도도 원래는 궁핍한 사람들을 위해서가 아니라 국익을 위해 기획되었다. 19세기 말 독일에서 오토 폰 비스마르크가 국민연금과 사회보장제도를 도입했을 때, 그의 주된 목적은 국민의 행복을 증진하는 것이 아니라 국민의 충성을 확보하는 것이었다. 70세가 되면 나라가 당신을 보살펴줄 테니, 18세에는 나라를 위해 싸우고 40세에는 세금을 내라는 것이다.[30]

1776년 미국 건국의 아버지들은 생명 추구권, 자유 추구권과 함께 행복 추구권을 인간의 양도할 수 없는 세 가지 권리로 규정했다.

그런데 미국 독립선언문이 보장한 것은 행복을 누릴 권리가 아니라 행복을 추구할 권리였다는 점을 눈여겨볼 필요가 있다. 토머스 제퍼슨이 국민의 행복 보장을 국가의 책임으로 규정하지 않았다는 사실은 중요하다. 그는 단지 국가권력에 제한을 두려 했을 뿐이다. 즉 국가의 감시를 받지 않는 사적 선택의 영역을 개인들에게 보장하려는 것이었다. 메리보다 존과 결혼해야 더 행복하다면, 솔트레이크 시티보다 샌프란시스코에 살아야 더 행복하다면, 낙농업자보다 바텐더가 되어야 더 행복하다면 그 사람은 자신의 방식으로 행복을 추구할 권리가 있으며, 국가는 그 사람이 잘못된 선택을 할지라도 간섭해서는 안 된다.

하지만 지난 몇십 년 동안 입장이 바뀌었고, 벤담의 비전이 더 진지하게 받아들여지게 되었다. 백 년도 더 전에 국력을 높이기 위해 제정된 방대한 제도들이 이제는 개인의 행복과 복지를 위해 쓰여야 한다고 생각하는 사람들이 점점 늘고 있다. 우리는 나라를 위해 살지 않고 우리 자신을 위해 산다. 원래 국가권력을 제한하기 위해 기획된 행복 추구권은 우리가 알아차리지 못하는 사이에 행복할 권리로 바뀌었다. 마치 인간은 행복할 자연권이 있고, 우리를 불만족스럽게 만드는 것은 전부 기본권 침해이니 국가가 나서서 해결해야 한다는 말처럼 들린다.

20세기에는 1인당 GDP가 국가의 성공을 평가하는 제1의 척도였다. 이 기준에서 보면, 국민들이 1년 동안 평균 5만 6,000달러어치의 상품과 서비스를 생산하는 싱가포르가 국민들이 1년에 겨우 1만 4,000달러어치를 생산하는 코스타리카보다 성공한 나라이다. 하지만 요즘 들어 사상가와 정치인은 물론 경제학자들조차 GDP(국내총생산: Gross Domestic Product)를 GDH(국내총행복: Gross Domestic Happiness)로 보완하거나 대체할 것을 요구하고 있다. 결국 국민이 바라는 것은 무엇인가? 국민은 생산이 아니라 행복을 바란다. 생산이 중요한 것은 그것이 행복의 물질적 바탕을 제공하기 때문이다. 생산은 수단일 뿐 목적이 아니다. 코스타리카 사람들이 싱가포르 사람들보다 삶의 만족도가 훨씬 높다는 조사결과가 줄을 잇고 있다. 당신이라면 생산성이 높지만 불만족스럽게 사는 싱가포르인이 좋겠는가, 생산성은 높지 않지만 만족스럽게 사는 코스타리카인이 좋겠는가?

이러한 논리에 따라 인류는 21세기의 두 번째 목표로 행복을 추구할 것이다. 언뜻 보기에 이것은 비교적 쉬운 과제로 여겨진다. 기아, 역병, 전쟁이 사라지고 있는 것, 인류가 전례 없는 평화와 번영을 누리는 것, 기대수명이 급격히 늘어난 것, 이 모두는 인간을 행복하게 만드는 요소가 아닌가?

그렇지 않다. 에피쿠로스는 행복을 최고선으로 규정할 때 제자들에게 행복해지는 것은 힘든 일이라고 경고했다. 물질적 성취만으로는 만족이 오래가지 않는다. 돈, 명예, 쾌락을 맹목적으로 추구하면 비참해질 뿐이다. 에피쿠로스는 적당히 먹고 마실 것과 성욕을 억제할 것을 권했다. 장기적으로 보면, 진탕 먹고 마시는 것보다는 깊은 우정이 더 큰 만족을 준다. 에피쿠로스는 행복으로 가는 고행길에 오른 사람들을 안내하기 위한 행동수칙을 정리했다.

에피쿠로스는 분명 뭔가를 알고 있었다. 행복은 쉽게 오지 않는다. 지난 몇십 년 동안 인류는 유례없는 성취를 이루었지만, 지금 사람들이 옛날 조상들보다 훨씬 더 만족스러운지는 생각해볼 일이다. 높은 수준의 부, 안락, 안전을 누리는 선진국의 자살률이 전통사회들보다 훨씬 더 높다는 것은 불길한 징조이다.

가난과 정치적 불안에 시달리는 개발도상국 페루, 아이티, 필리핀, 가나에서는 매년 10만 명당 다섯 명이 안 되는 사람들이 자살한다. 반면 스위스와 프랑스, 일본, 뉴질랜드 같은 부유하고 평화로운 나라들에서는 매년 10만 명당 열 명 이상이 스스로 목숨을 끊는다. 1985년에 한국은 비교적 가난한 나라였고, 전통에 얽매여 있었으며, 독재체제하에 있었다. 하지만 오늘날 한국은 경제강국이고, 국민들은 세계에서 가장 많이 교육받은 사람들이며, 안정된 상태에서 비교적 자유로운 민주정권을 누리고 있다. 하지만 1985년에 10만 명당 아홉 명 정도의 한국인이 자살한 반면, 현재 한국의 연간 자살률은 10만 명당 서른여섯 명이다.[31]

물론 정반대의 지극히 고무적인 추세들도 있다. 아동 사망률의 급격한 감소는 분명 인간의 행복을 높여주었고, 현대생활의 스트레스를 어느 정도 상쇄한다. 하지만 설령 우리가 조상들보다 행복해졌다 해도 기대에는 한참 못 미친다. 석기시대 사람은 하루 평균 약 4,000칼로리를 사용했다. 이는 음식뿐 아니라, 도구, 의복, 예술 활동, 모닥불을 마련하는 데 투입된 에너지까지 포함한 것이다. 오늘날 미국인은 하루 평균 22만 8,000칼로리를 사용한다. 이는 배를 채우는 에너지뿐 아니라, 자동차, 컴퓨터, 냉장고, 텔레비전을 가동하는 에너지까지 포함한 것이다.[32] 이렇듯 미국인은 석기시대 수렵채집인보다 평균 60배 더 많은 에너지를 사용한다. 그렇다고 미국인이 60배 더 행복할까? 이러한 장밋빛 시각에 우리는 고개를 저을 것이다.

게다가 어제의 비극을 극복했다고 해서 오늘 더 행복해지는 것은 아니다. 조금 더 행복해지는 것이 절대적 고통을 없애는 것보다 훨씬 더 어려울 수 있다. 중세시대의 굶주린 농부를 기쁘게 하려면 빵 한 조각으로 충분했다. 그런데 돈은 많이 벌지만 따분하고 과체중인 엔지니어를 기쁘게 하려면 어떻게 해야 할까? 20세기 후반은 미국의 황금기였다. 미국은 제2차 세계대전에서 승리한 데 이어 냉전에서 승리를 더욱 굳히며 세계 최고의 초강대국이 되었다. 1950년에서 2000년까지 미국의 GDP는 2조 달러에서 12조 달러로 늘었다. 1인당 실질소득은 두 배가 되었다. 피임약의 발명은 섹스를 전에 없이 자유롭게 만들었다. 여성, 동성애자, 아프리카계 미국인, 그 밖에 소수자들이 가져가는 파이의 몫도 더 커졌다. 값싼 자동차, 냉장고, 에어컨, 진공청소기, 식기세척기, 세탁기, 전화기, 텔레비전, 컴퓨터가 홍수처럼 밀려들어 일상생활이 몰라보게 달라졌다. 하지만 연구결과들은 1990년대 미국인의 주관적 행복이 1950년대와 거의 같은 수준에 머물러 있음을 보여준다.[33]

일본의 경우, 역사상 최고의 호황을 구가한 1958년부터 1987년까지 평균 실질소득이 다섯 배 늘었다. 하지만 물밀듯 쏟아져 들어오는 부와 함께 일본인의 생활방식과 사회관계에 일어난 긍정적이고 부정적인 많은 변화들이 일본인의 주관적 행복수준에 미친 영향은 놀랍도록 적었다. 1990년대의 일본인들은 1950년대나 다름없

이 만족하거나 불만족했다.[34]

마치 전례 없는 성과에도 불구하고 알 수 없는 유리천장에 부딪혀 행복이 그 이상으로 올라가지 못하는 것 같다. 우리가 모든 사람에게 무상으로 음식을 제공하고 존재하는 모든 질병을 치료하고 세계평화를 이룬다 해도, 그 유리천장이 깨진다는 보장은 없다. 진정한 행복을 획득하는 것이 노화와 죽음을 극복하는 것보다 쉽지는 않을 듯하다.

두 개의 튼튼한 기둥이 행복의 유리천장을 떠받치고 있는데, 하나는 심리적인 것이고 다른 하나는 생물학적인 것이다. 심리적 수준에서 보면, 행복은 객관적 조건보다 기대치에 달려 있다. 우리는 평화와 번영을 누릴 때 만족하지 않는다. 실제와 기대가 일치할 때 만족한다. 나쁜 소식은, 조건이 나아질수록 기대가 부풀어오른다는 것이다. 최근 몇십 년 동안 인류가 겪은 것처럼 조건이 확 좋아지면, 만족도가 높아지는 것이 아니라 기대치가 높아진다. 이 문제를 해결하지 못한다면, 우리는 앞으로도 성취하면 할수록 불만이 커질 것이다.

생물학적 수준에서 보면, 기대와 행복을 결정하는 것은 경제적·사회적·정치적 상황이 아니라 우리의 생화학적 조건이다. 에피쿠로스에 따르면, 우리는 불쾌한 감각에서 벗어나 유쾌한 감각을 느낄 때 행복하다. 제레미 벤담도 비슷한 주장을 했다. 그는 자연이 인간을 쾌락과 고통이라는 두 주인에게 맡겨 그들로 하여금 인간의 모든 행동, 말, 생각을 결정하게 했다고 말한다. 벤담의 후계자인 존 스튜어트 밀은 행복이란 고통 없이 쾌락을 느끼는 상태일 뿐이고, 쾌락과 고통 외의 선악은 존재하지 않는다고 말했다. 선과 악을 다른 어떤 것(예를 들면 신의 말씀이나 국익)에서 연역하려고 시도하는 사람이 있다면 그는 당신을 속이고 있는 것이다. 어쩌면 자기 자신도 속이고 있을지 모른다.[35]

에피쿠로스 시대에 이런 발언은 신성모독이었다. 벤담과 밀의 시대에 이런 발언은 급진적인 체제 전복이었다. 하지만 21세기 초에는 과학적 정설이다. 생명과학에 따르면, 행복과 고통은 단지 그 순간에 어떤 신체감각이 우세한가의 문제이다. 우리는 외부세계에서 일어나는 사건에 반응하는 것이 아니라 자기 몸에서 일어나는 감각에 반응할 뿐이다. 사람들은 실직해서, 이혼해서, 전쟁이 일어나서 고통스러운 것이 아니다. 사람들을 비참하게 만드는 유일한 것은 몸에서 일어나는 불쾌한 감각이다. 실직이 우울증을 유발할 수 있지만, 우울증 자체는 일종의 불쾌한 신체감각이다. 우리는 수천 가지 이유로 화를 내지만, 화는 추상적 관념이 아니다. 화는 항상 열이나 긴장 같은 감각을 통해 일어나고, 그런 감각이 화를 솟구치게 만든다. 우리가 '열불' 난다고 표현하는 데는 그럴 만한 이유가 있는 셈이다.

거꾸로, 과학에 따르면 사람이 행복해지는 것은 승진하고, 복권에 당첨되고, 진정한 사랑을 찾아서가 아니다. 오직 하나, 몸에서 일어나는 유쾌한 감각이 사람을 행복하게 만든다. 당신이 2014년 월드컵에 출전해 아르헨티나와 결승전을 치른 독일 축구팀의 공격형 미드필더 마리오 괴체라고 상상해보라. 113분이 지났는데 한 골도 터지지 않았다. 끔찍한 승부차기까지 겨우 7분이 남았다. 7만

5,000명의 흥분한 팬들이 리우의 마라카낭 경기장을 가득 메웠고, 전 세계 수많은 팬들이 애타게 지켜보고 있다. 당신이 아르헨티나 골문 몇 미터 앞에 있을 때 안드레 쉬를레가 당신에게 공을 멋지게 패스해준다. 당신은 가슴으로 공을 받아 다리로 떨어뜨려 골문을 향해 찬다. 공이 아르헨티나 골키퍼를 지나 그물에 깊숙이 걸린다. 고오오오오올인! 경기장이 화산처럼 폭발한다. 수만 명의 관중이 미친 듯이 함성을 지르고, 팀 동료들이 달려와 당신을 껴안고 입을 맞춘다. 고국의 베를린과 뮌헨에서 수백만 명의 사람들이 텔레비전 화면을 보며 감격의 눈물을 흘린다. 당신은 황홀하다. 하지만 그것은 아르헨티나 골문의 그물에 걸린 공 때문도, 사람들로 꽉 찬 바이에른의 선술집에서 울려퍼지는 환호성 때문도 아니다. 당신은 그저 몸안에서 휘몰아치는 감각의 폭풍에 반응하고 있을 뿐이다. 오싹한 느낌이 등줄기를 따라 흐르고, 찌릿찌릿한 전기가 온몸에 퍼진다. 폭발하는 수백만 개의 에너지볼로 몸이 분해되는 느낌이다.

　월드컵 결승전에서 승부를 가르는 골을 넣지 않아도 그런 감각을 충분히 느낄 수 있다. 만약 당신이 직장에서 기대하지 않던 승진을 하고 기뻐서 팔짝팔짝 뛴다면, 당신 역시 같은 종류의 감각에 반응하고 있는 것이다. 당신 마음의 더 깊숙한 부분들은 축구나 직장에 대해 아무것도 모른다. 그 부분들이 아는 것은 오직 감각뿐이다. 승진했는데도 어떤 이유로 쾌감을 전혀 느끼지 못한다면 당신은 만족하지 못할 것이다. 그 반대도 마찬가지이다. 당신이 해고되었는데도(또는 결정적인 축구 경기에서 졌는데도) 지극한 쾌감을 느낀다면(아마 어떤 약을 먹었기 때문일 텐데), 당신은 그런 사건과 관계없이 세상 꼭

대기에 있는 느낌일 것이다.

나쁜 소식은, 유쾌한 감각이 순식간에 사그라들어 불쾌한 감각으로 바뀐다는 것이다. 월드컵 결승전에서 승부를 가르는 골을 넣어도 그 행복이 평생 지속되리라는 보장은 없다. 실은 내리막길만 있을 뿐이다. 마찬가지로, 작년에 직장에서 예상치 못한 승진을 해 여전히 그 자리에 있어도, 승진 소식을 처음 들었을 때 느낀 쾌감은 벌써 사라지고 없다. 그 경이로운 감각을 다시 느끼고 싶다면 다시 승진하는 수밖에 없다. 그다음에도 마찬가지이다. 혹시 승진하지 못한다면, 계속 말단 직원이었을 때보다 훨씬 더 씁쓸하고 화가 날 것이다.

모두 진화 탓이다. 우리의 생화학적 기제는 수없이 많은 세대를 거쳐오면서 생존과 번식의 기회를 늘리기 위해 적응했을 뿐, 행복을 위해 적응하지 않았다. 우리의 생화학적 기제는 생존과 번식에 도움이 되는 행동을 유쾌한 감각으로 보상한다. 하지만 이러한 감각은 얄팍한 상술일 뿐이다. 우리는 배가 고픈 불쾌한 느낌을 피하고 기분 좋아지는 맛과 황홀한 오르가슴을 즐기기 위해 음식과 연인을 필사적으로 찾지만, 기분이 좋아지는 맛과 황홀한 오르가슴은 얼마 못 가고, 그런 감각을 다시 느끼고 싶다면 더 많은 음식과 연인을 찾아나서야 한다.

어떤 희귀한 돌연변이에 의해, 땅콩 한 알을 먹으면 행복한 감각이 영원히 지속되는 다람쥐가 탄생한다면 어떻게 될까? 기술적으로 다람쥐의 뇌 회로가 바뀌면 실제로 이런 일이 일어날 수 있다. 누가 아는가? 수백만 년 전 어떤 운 좋은 다람쥐에게 실제로 이런 일이 일어났을지. 하지만 그랬더라도 그 다람쥐는 지극히 행복할 뿐 아니라 지극히 짧은 생을 살았을 것이고, 그 희귀한 돌연변이는 그냥 사라져버렸을 것이다. 행복에 도취해 배우자는 고사하고 땅콩도 더 이상 찾아나서지 않았을 테니까. 땅콩 한 알을 먹고 돌아서면 다시 배가 고픈 다른 다람쥐들이 오래 살아남아 자신의 유전자를 후대에 전달했을 가능성이 훨씬 높다. 정확히 같은 이유로, 우리 인간들이 그러모으는 땅콩(돈 많이 버는 직업, 큰 집, 잘생긴 배우자)도 우리를 오래 만족시키지 못한다.

그것이 꼭 나쁜 것은 아니라고 말하는 사람도 있을 것이다. 우리를 행복하게 만드는 것은 목표 자체가 아니라 과정이기 때문이다. 에베레스트 산 정상에 서는 것보다 그 산을 오르는 과정이 더 뿌듯하다. 오르가슴보다 희롱과 전희가 더 흥분된다. 획기적인 실험을 하는 것이 그 실험으로 칭찬과 상을 받는 것보다 더 재미있다. 그래도 달라지는 것은 없다. 이 모든 사실은 진화가 다양한 종류의 쾌락으로 우리를 좌지우지한다는 뜻일 뿐이다. 진화는 때때로 행복과 평화 같은 상쾌한 감각으로 우리를 유혹하고, 때로는 고양감과 흥분 같은 황홀한 감각으로 우리를 자극한다.

동물이 생존과 번식의 기회를 늘리는 어떤 것(식량, 파트너, 사회적 지위)을 찾을 때, 뇌는 각성과 흥분 같은 감각으로 기분이 좋아지게 만들어 그 동물로 하여금 더 열심히 노력하게 한다. 어느 실험에서 과학자들이 여러 마리 쥐의 뇌에 전극을 연결해, 그 쥐들이 페달을 누르기만 해도 흥분이 일어날 수 있게 했다. 맛있는 음식이나 페달이냐 사이에서 선택해야 했을 때, 쥐들은 페달을 선택했다(저녁 먹으러 가는 것보다 비디오게임이 더 좋은 아이들처럼). 쥐들은 배고픔과 탈진으로 쓰러질 때까지 계속 페달을 눌렀다.[36] 인간 역시 승리의 월계관보다 경기의 흥분이 더 좋을 것이다. 그런데 경기를 그처럼 매력적으로 만드는 것은 경기할 때 느끼는 짜릿한 감각이다. 스트레스, 절망, 지루함 같은 불쾌한 감각만 느끼는데도 산을 오르거나 비디오게임을 하거나 소개팅에 나갈 사람은 없다.[37]

하지만 슬프게도 경기의 짜릿함은 승리의 행복감만큼이나 덧없다. 하룻밤 정사의 스릴을 즐기는 돈 후안, 손톱을 물어뜯으며 다우존스 지수의 등락을 지켜보는 기업가, 컴퓨터 화면 속 괴물을 죽이는 데 몰입하는 게이머는 어제의 모험을 기억하는 것만으로는 만족하지 못한다. 탈진할 때까지 계속 페달을 누르는 쥐처럼, 돈 후안, 기업가, 게이머에게는 매일 새로운 한 방이 필요하다. 하지만 설상가상으로 이번에도 조건에 따라 기대는 상승하고, 어제의 도전은 순식간에 오늘의 일상이 된다. 어쩌면 행복의 열쇠는 경기도 금메달도 아닌, 흥분과 평안의 황금 배합인지도 모른다. 하지만 대부분의 사람들은 스트레스와 따분함 사이를 오가며 이래도 불만, 저래도 불만인 상태로 살아간다.

과학의 설명처럼 행복이 실제로 우리의 생화학적 기제에 달려 있다면, 영구적인 만족을 확보하는 유일한 방법은 그 기제를 조작하는 것이다. 경제성장, 사회개혁, 정치혁명 따위는 잊어라. 전 세계 사람들을 행복하게 만들려면 인간의 생화학적 기제를 조작할 필요가 있다. 우리가 지난 몇십 년 동안 해온 일이 바로 이것이다. 50년 전만 해도 정신과 치료약에는 오명이 따라다녔다. 하지만 오늘날 그런 오명은 깨졌다. 좋은 뜻이든 나쁜 뜻이든 정신과 약을 정기적으로 복용하는 사람들의 비율이 늘고 있다. 그들은 심신을 피폐하게 하는 정신질환을 치료하는 것뿐 아니라, 일상적인 기분저하와 주기적 우울감에 대처하기 위해 그런 약을 먹는다.

예컨대 리탈린 같은 각성제를 복용하는 초등학생이 늘고 있다. 2011년 미국에서 350만 명의 어린이가 ADHD(주의력 결핍 과잉행동 장애) 치료약을 복용했다. 영국에서는 1997년에 9만 2,000명이던 것이 2012년에는 78만 6,000명으로 증가했다.[38] 원래 목적은 주의력 장애를 치료하는 것이었지만, 요즘은 건강에 아무 문제가 없는 어린이들이 단지 성적을 올리고 교사와 부모의 기대에 부응하기 위해 그런 약물을 복용한다.[39] 많은 사람들이 이러한 추세에 반대하며, 문제는 어린이들이 아니라 교육제도에 있다고 주장한다. 학생들이 주의력 장애, 스트레스, 낮은 성적으로 고통받는다면 낡은 교수법, 조밀한 학급, 부자연스럽게 빠른 생활 템포에서 원인을 찾아야 마땅하다. 바꿔야 할 것은 아이들이 아니라 학교가 아닐까? 이 논쟁의 변천사는 흥미롭다. 수천 년 동안 사람들은 교육방법을 놓고 갑론을박했다. 고대 중국도 빅토리아 시대의 영국도 모두 자기 방법이 옳다고 주장하며 다른 대안들에 격렬히 반대했다. 그럼에도 지금껏 모두가 동의한 점이 하나 있으니, 바로 더 나은 교육을 위해서는 학교를 바꿔야 한다는 것이다. 그런데 오늘날 역사상 처음으로 학생들의 생화학 기제를 바꾸는 것이 더 효과적이라고 생각하는 소수의 사람들이 나타났다.[40]

군대도 같은 길로 가고 있다. 이라크에 주둔하고 있는 미국인 병사 가운데 12퍼센트, 아프가니스탄에 주둔 중인 미국인 병사 가운데 17퍼센트가 전쟁의 압박과 고통을 덜기 위해 수면제나 항우울제를 복용했다. 이 병사들에게 두려움, 우울증, 트라우마를 일으키는 것은 포탄, 지뢰, 차량폭탄이 아니다. 호르몬, 신경전달물질, 신경망이 그런 문제들을 일으킨다. 두 명의 병사가 같은 곳에 어깨를 맞대고 매복하고 있어도, 한 명은 공포에 얼어붙어 제정신을 잃고 이후 수년 동안 악몽에 시달리는 반면, 다른 병사는 용감하게 싸워 수훈 메달을 받는다. 두 병사의 차이는 생화학 기제이다. 그 기제를 제어하는 방법을 찾는다면, 우리는 더 행복한 병사들과 더 효율적인 군대라는 두 마리 토끼를 한 번에 잡을 수 있을 것이다.[41]

생화학적 행복 추구는 세계 최대의 범죄 원인이기도 하다. 2009년 미국 연방 교도소에 수감된 죄수들 가운데 절반이 약물 때문에 그곳에 들어왔다. 이탈리아에서는 수감자의 38퍼센트가 마약 관련 범죄로 유죄 판결을 받았다. 영국에서는 수감자의 55퍼센트가 마약 복용 또는 거래와 관련한 범행을 저질렀다고 보고했다. 2001년 한 보고서는 오스트레일리아의 기결수 가운데 62퍼센트가 해당 범행을 저지를 당시 마약을 복용한 상태였음을 밝혔다.[42] 사람들은 잊기 위해 술을 마시고, 마음의 평화를 위해 담배를 피우고, 예리함과 자신감을 얻기 위해 코카인과 메탐페타민을 복용한다. 엑스터시는 황홀감을 제공하고, LSD는 '다이아몬드를 걸치고 하늘에 떠 있는 루시(Lucy in the Sky with Diamonds: 영국 록밴드 비틀스의 곡으로 당시 BBC에서는 이 곡 제목이 LSD를 연상시킨다는 이유로 방송을 금지했다―옮긴이)'에게로 보내준다. 다른 사람들은 공부하고 일하고 가족을 부양함으로써 느끼는 감각을 어떤 사람들은 적정량의 화학분자들을 통해 훨씬 더 쉽게 얻으려 한다. 이는 사회적·경제적 질서 자체를 뒤흔드는 위협이다. 국가들이 생화학적 범죄와 인정사정없는 전쟁을 벌이는 이유가 여기에 있다.

국가는 생화학적 행복 추구를 규제하고자 '나쁜' 조작과 '좋은' 조작을 분리한다. 원칙은 명확하다. 정치안정, 사회질서, 경제성장을 강화하는 생화학적 조작은 허가하는 것을 넘어 장려한다(예를 들어 학교에서 과잉행동을 하는 아이들을 차분하게 하거나 불안해하는 병사들을 진정시켜 전투에 내보내는 것). 안정과 성장을 위협하는 조작은 금지한다. 하지만 매년 새로운 약물이 대학 연구실, 제약회사, 범죄조직에서 탄생하고, 국가와 시장의 필요도 변한다. 생화학적 행복 추구가 가속화함에 따라 정치, 사회, 경제의 모습도 바뀔 것이고, 그럴수록 생화학적 행복 추구를 통제하기가 훨씬 더 어려워질 것이다.

게다가 약물은 시작에 불과하다. 실험실의 전문가들은 이미 인간의 생화학적 기제를 조작하는 더 정교한 방법들을 시험하고 있다. 예를 들면 뇌의 적절한 위치에 직접적인 전기자극을 가하거나, 우리 몸의 청사진을 유전적으로 조작하는 것이다. 어떤 방법을 쓰든 생화학적 조작을 통해 행복을 얻는 일이 쉽지는 않을 것이다. 왜냐하면 생명의 기본 패턴을 바꾸는 일이기 때문이다. 하지만 기아, 역병, 전쟁을 극복하는 것 역시 쉽지 않았다.

물론 생화학적 기제를 조작해서까지 행복을 추구해야 하는지는 생각해볼 문제이다. 어떤 사람들은 행복이 그 정도로 중요하진 않으며, 개인의 만족을 인간사회의 가장 높은 목표로 삼는 것은 잘못이라고 주장할 것이다. 또 어떤 사람들은 행복이 최고선이라는 데는 동의하지만, 행복의 생물학적 정의가 쾌감을 느끼는 것이라는 데는 이의를 제기할 것이다.

약 2,300년 전 에피쿠로스는 제자들에게 무절제한 쾌락 추구는 사람을 행복하게 만들기보다 비참하게 만들 가능성이 높다고 경고했다. 그보다 약 200년 전에 부처는 훨씬 더 급진적인 주장을 했다. 그는 쾌감을 추구하는 것이 바로 인간 고통의 근원이라고 가르쳤다. 그런 감각들은 순간적으로 일어났다가 사라지는 무의미한 동요일 뿐이라는 것이다. 쾌감을 느껴도 우리는 만족하기는커녕 더 많이 갈구한다. 그러니 행복하거나 흥분된 감각을 아무리 많이 경험해도 결코 만족하지 못할 것이다.

만일 내가 찰나적 쾌감을 행복으로 여기고 점점 더 많은 쾌감을 갈구한다면, 쉬지 않고 그런 감각을 뒤쫓는 것 외에는 달리 방법이 없다. 마침내 쾌감을 느낀다 해도 그 감각은 순식간에 사라지고 과거의 쾌감을 떠올리는 것만으로는 만족할 수 없기 때문에 처음부터 다시 시작해야 한다. 이런 식으로 수십 년을 계속해도 만족은 지속되지 않는다. 쾌감을 갈구하면 할수록 점점 더 많은 스트레스와 불만을 느낄 것이다. 그러니 진정한 행복을 얻으려면 쾌락을 빠르게 뒤쫓을 것이 아니라 놓아줄 필요가 있다.

행복에 대한 이런 불교적 시각은 생화학적 시각과 공통점이 많다. 쾌락은 생겨나자마자 사라지고, 쾌감을 갈구할 뿐 실제로 경험하지 못하는 한 불만 상태가 계속된다는 데 양측은 동의한다. 하지만 문제에 대한 해법은 양측이 꽤 다르다. 생화학적 해법은 한순간도 쾌감이 멈추지 않도록 끊임없이 쾌감을 제공하는 제품과 치료법을 개발하는 것이다. 부처의 가르침은 쾌감에 대한 갈구 자체를 줄여 쾌감이 우리를 통제하지 못하게 하라는 것이다. 부처의 말씀에 따르면, 우리는 마음수련을 통해 감각들이 끊임없이 일어났다 사라지는 것을 주의 깊게 관찰할 수 있다. 마음속에서 일어나는 감각이 덧없고 무의미한 동요에 불과하다는 것을 알아차릴 때 우리는 그런 감각에 더 이상 끌려다니지 않게 된다. 생기자마자 사라지는 것을 뭐하러 뒤쫓는가?

현재 인류는 생화학적 해법에 훨씬 더 관심이 많다. 히말라야 동굴의 수도자들이나 상아탑의 철학자들이 뭐라고 하든, 자본주의라는 거대조직에게 행복은 곧 쾌락이다. 다른 말은 군더더기일 뿐이다. 해가 갈수록 불쾌감에 대한 우리의 인내심은 줄고 쾌락에 대한 갈구는 커진다. 과학 연구와 경제활동도 그 목표에 맞춰져, 매년 더 나은 진통제, 새로운 맛의 아이스크림, 더 편안한 매트리스 그리고 우리가 버스를 기다리는 동안 한순간도 지루하지 않도록 더 중독성 있는 스마트폰 게임을 생산한다.

물론 이 정도로는 어림없다. 호모 사피엔스는 끊임없이 쾌락을 경험하는 데 알맞도록 적응되지 않았으므로, 그것을 원한다면 아이스크림과 스마트폰 게임만으로는 안 될 것이다. 생화학적 기제를 바꾸고 몸과 마음을 재설계할 필요가 있다. 그래서 우리는 그 방법을 연구하고 있다. 그것이 좋은지 나쁜지에 대해서는 저마다 생각이 다르겠지만, 21세기 두 번째 과제인 행복을 확보하기 위해서는 쾌락이 영원히 지속되도록 호모 사피엔스를 재설계하는 것이 필수이다.

**지구라는
행성의 신들**

인간이 행복과 불멸을 추구한다는 것은 성능을 업그레이드해 신이 되겠다는 것이다. 행복과 불멸이 신의 특성이어서가 아니라, 인간이 노화와 비극을 극복하기 위해서는 먼저 자신의 생물학적 기질을 신처럼 제어할 수 있어야 하기 때문이다. 만일 우리가 우리 몸에서 죽음과 고통을 기술적으로 제거할 수 있게 된다면, 우리 몸을 우리가 원하는 거의 모든 방식으로 재설계하고 장기臟器, 감정, 지능을 수많은 방식으로 조작하는 것도 얼마든지 가능할 것이다. 당신은 헤라클레스의 힘, 아프로디테의 관능, 아테나의 지혜는 물론, 원한다면 디오니소스의 광기까지도 살 수 있을 것이다. 지금까지 인간이 더 큰 힘을 갖기 위해 주로 외적 도구의 성능을 높였다면, 앞으로는 몸과 마음을 직접 업그레이드하거나 외적 도구와 직접 결합할 것이다.

인간을 신으로 업그레이드하는 데는 세 가지 방법이 있다. 생명공학, 사이보그 공학(인조인간 만들기) 그리고 비非유기체 합성이다.

생명공학은 인간이 유기체로서 지닌 잠재력을 아직 완전히 발휘하지 못했다는 통찰에서 출발한다. 40억 년 동안 자연선택이 유기체를 이리저리 조작한 결과, 우리는 아메바에서 파충류와 포유류를 거쳐 사피엔스가 되었다. 하지만 사피엔스가 종착역이라고 생각할 근거는 없다. 기껏해야 돌칼 정도를 만들 수 있었던 호모 에렉투스를 우주선과 컴퓨터를 만드는 호모 사피엔스로 탈바꿈시키는 데는 유전자, 호르몬, 뉴런의 비교적 작은 변화로 충분했다. 그렇다면 우리의 DNA, 호르몬 체계, 뇌 구조를 좀 더 바꾸면 무엇이 나올지 누가 아는가. 생명공학은 자연선택이 마법을 부릴 때까지 잠자코 기다리지 않을 것이다. 생명공학자들은 오래된 사피엔스의 몸을 가져다 유전암호를 고치고, 뇌 회로를 바꾸고, 생화학 물질의 균형을 바꾸는 것은 물론 새로운 팔다리까지 자라게 할 것이다. 그런 식으로 새로운 신을 창조할 것이고, 그렇게 탄생한 초인류는 우리가 호모 에렉투스와 다른 만큼이나 지금의 사피엔스와 다를 것이다.

사이보그 공학은 한 걸음 더 나아가, 유기체를 비유기적 장치들과 융합할 것이다. 그런 비유기적 장치에는 생체공학적 손, 인공 눈, 혈관을 따라 움직이면서 문제를 진단해 손상된 부분을 고치는 수백만 개의 나노로봇이 있다. 이러한 사이보그들은 어떤 유기체보다 뛰어난 능력을 발휘할 수 있다. 예컨대 유기체를 이루는 각 부분들이 제 기능을 하기 위해서는 서로 연결되어야 한다. 코끼리의 뇌는 인도에 있고, 눈과 귀는 중국에 있고, 발은 오스트레일리아에 있다면 이 코끼리는 살아 있을 수 없고, 설령 어떤 신비로운 의미에서 살아 있다 한들 볼 수도 들을 수도 걸을 수도 없다. 반면 사이보그는 수많은 장소에 동시에 존재할 수 있다. 사이보그 의사는 스톡홀름의 사무실에 앉아서 도쿄, 시카고, 화성의 우주정거장에서 응급수술을 할 수 있다. 빠른 인터넷 그리고 인공 눈과 손 두 개씩만 있으면 된다. 그런데 왜 두 개인가? 네 개씩 있으면 안 될 이유라도 있을까? 어쩌면 아예 필요 없을지도 모른다. 사이보그 의사라면 마음과 도구를 직접 연결할 수 있을 텐데 왜 굳이 손으로 메스를 들겠는가?

과학소설 같은 이야기로 들리겠지만 이것은 이미 현실이다. 최근 과학자들은 원숭이의 몸에서 떨어져 있는 생체공학적 손발을 뇌에 이식된 전극을 통해 제어하는 데 성공했다. 몸이 마비된 환자들도 생체공학적 팔다리를 움직이거나 생각의 힘만으로 컴퓨터를 작동할 수 있다. 원한다면 당신도 '마음을 읽는' 전기헬멧을 쓰고 집 안의 가전제품들을 원격조종할 수 있다. 뇌 이식도 필요 없다. 헬멧은 두피를 통해 전달되는 전기신호를 읽고 작동하기 때문이다. 부엌에 불을 켜고 싶다면 헬멧을 쓰고 사전에 프로그래밍된 신호를 상상하기만 하면 된다(예를 들면 오른손을 움직인다고 상상하는 것이다). 그러면 스위치가 켜진다. 400달러만 지불하면 그런 헬멧을 온라인으로 주문할 수 있다.[43]

2015년 초 스웨덴 스톡홀름의 첨단기술 산업단지 '에피센터'에 근무하는 직장인 수백 명은 마이크로칩을 손에 이식했다. 쌀알만 한 크기의 이 칩에는 개인 보안정보가 저장되어 있어서, 직원들이 손을 흔들면 문이 열리고 복사기가 작동한다. 이들은 조만간 같은 방식으로 결제도 할 수 있기를 바란다. 이 계획을 추진한 사람들 가운데 한 명인 하네스 쇼발드의 설명은 이렇다. "이미 우리는 수시로 기술과 교류합니다. 아직은 다소 엉성하죠. 핀코드와 암호가 필요하니까요. 손만 가져다 대면 된다면 편하지 않겠어요?"[44]

하지만 유기적 뇌가 사령부라고 생각하는 한 사이보그 공학도 시시하다. 더 과감한 접근방식은 유기적 부분이 전혀 없는, 완전한 비유기적 존재를 설계하는 것이다. 신경망은 지능 소프트웨어로 대체

된다. 이런 소프트웨어는 생화학적 한계를 벗어나 가상세계와 비가상세계를 자유롭게 누빌 수 있을 것이다. 그리고 생명은 유기화합물의 세계 안에서 40억 년간의 배회를 마치고 마침내 광대한 비유기적 영역으로 나와, 우리의 가장 허황된 상상으로도 떠올릴 수 없는 형태를 취할 것이다. 따지고 보면 우리가 아무리 허황된 상상을 한들 그것은 여전히 유기화학의 산물이다.

생명이 유기적 영역을 벗어날 수 있다면, 지구라는 행성도 벗어날 수 있을 것이다. 40억 년 동안 생명은 광대한 우주 안의 한 점에 불과한 이 작은 행성에 갇혀 있었다. 그리고 자연선택은 모든 유기체를 우주공간을 도는 이 암석의 독특한 조건에 철저히 의존하게 만들었다. 가장 강력한 세균도 화성에서는 살 수 없다. 반면 비유기적인 인공지능은 외계 행성에서 유기체보다 훨씬 수월하게 살 수 있을 것이다. 따라서 유기체를 비유기체로 대체하는 것은 인간인 커크 선장보다 데이터 소령 같은 인조인간이 지배하는 미래의 은하제국을 탄생시킬 씨앗을 뿌리는 일일지도 모른다.

이 길이 우리를 어디로 이끌지, 신과 비슷해진 후손들은 어떤 모습을 할지 우리는 모른다. 미래를 예언하는 것이 쉬웠던 적은 없지만, 생명공학 혁명은 그 일을 더 어렵게 만든다. 교통, 통신, 에너지 같은 분야에 신기술이 어떤 영향을 미칠지 예측하는 것이 아무리 어렵다 해도, 인간의 성능을 높이는 기술은 완전히 다른 종류의 도전이기 때문이다. 그런 기술은 인간의 마음과 욕망을 바꿀 수 있으므로, 현재의 마음과 욕망을 소유한 우리로서는 그 변화의 함의를 짐작조차 할 수 없다.

    수천 년 역사는 기술적·경제적·사회적·정치적 격변으로 가득했다. 하지만 딱 하나의 상수가 있었는데, 바로 인류 그 자체이다. 우리의 도구와 제도는 성경시대와 전혀 다르지만, 마음의 심층구조는 그때나 지금이나 같다. 그렇기 때문에 우리가 성경, 공자의 책, 소포클레스와 에우리피데스의 비극에서 우리 자신의 모습을 발견할 수 있는 것이다. 이 고전들을 창조한 사람들은 우리와 비슷한 사람들이고, 따라서 그들의 이야기는 마치 우리 이야기처럼 들린다. 고전 희곡을 현대적으로 재해석한 연극에서 오이디푸스, 햄릿, 오셀로가 청바지와 티셔츠를 입고 페이스북 계정을 갖고 있다 해도 그들이 빚는 정서적 갈등은 원작 그대로이다.

    하지만 우리가 신기술로 인간의 마음을 재설계할 수 있을 때 호모 사피엔스는 사라질 것이다. 그렇게 인류의 역사가 끝나고 완전히 새로운 과정이 시작될 것이다. 당신과 나 같은 사람들은 그 과정이 어떤 것일지 알 수 없다. 많은 학자들이 2100년 또는 2200년에 세계가 어떤 모습일지 예측하려고 시도한다. 하지만 그것은 시간낭비이다. 가치 있는 예측은 인간의 마음을 재설계할 수 있는 능력을 반드시 고려해야만 하는데, 이것은 불가능하다. '우리와 같은 마음을 지닌 사람들이 생명공학으로 무엇을 할까?'라는 질문에는 여러 가지 현명한 대답이 존재한다. 하지만 '우리와 전혀 다른 종류의 마음을 지닌 존재가 생명공학으로 무엇을 할까?'라는 질문에는 쓸 만한 대답이 존재하지 않는다. 우리가 말할 수 있는 것은, 우리와 비슷한 사람들은 생명공학으로 자신의 마음을 재설계할 것이고, 그다음에 무슨 일이 일어날지 현재의 마음으로는 이해할 수 없다는 정도이다.

이렇듯 우리는 세세한 부분까지는 모르지만, 그럼에도 역사의 전반적인 방향에 대해서는 확실히 말할 수 있다. 21세기 인류의 세 번째 큰 과제는 신처럼 창조하고 파괴하는 힘을 획득해 호모 사피엔스를 호모 데우스로 업그레이드하는 것이 될 것이다. 이 세 번째 과제는 앞의 두 과제를 포괄할 뿐 아니라, 이 두 과제에 의존한다. 우리가 몸과 마음을 재설계할 수 있는 능력을 갖추려는 것은 무엇보다 노화, 죽음, 비극을 피하기 위해서이지만, 그런 능력을 가졌을 때 그 능력으로 우리가 그밖에 무슨 일을 할지 누가 아는가? 그러므로 인류의 새로운 의제를 여러 갈래로 갈라지는 하나의 프로젝트라고 생각하는 편이 낫다. 그것은 바로 '신성divinity'을 획득하는 일이다.

신성을 획득한다는 것이 비과학적인 말 또는 매우 엉뚱한 말로 들린다면, 그것은 우리가 흔히 신성의 의미를 잘못 생각하기 때문이다. 신성은 모호한 형이상학적 성질이 아니다. 그리고 전능함과 똑같은 말도 아니다. 인간을 신으로 업그레이드한다고 말할 때 그 신은 성경에 나오는 전능하신 하느님 아버지보다는 그리스 신들 또는 힌두교의 천신들을 말한다. 우리의 후손들은 제우스와 인타라처럼 약점, 꼬인 구석, 한계를 가질 테지만 우리보다 훨씬 더 큰 차원에서 사랑하고 증오하고 파괴할 수 있을 것이다.

그동안 역사에서 대부분의 신들은 전능한 존재가 아니라 특정한 초능력을 지닌 존재로 여겨졌다. 예컨대 그들은 생명체를 설계하고 창조하는 능력, 변신 능력, 환경과 날씨를 통제하는 능력, 마음을 읽고 원거리에서 의사소통하는 능력, 초고속으로 움직이는 능력 그리고 죽음을 피하고 영원히 사는 능력을 갖춘 존재였다. 인간은 이 모든 능력을 획득하고, 그런 다음 또 다른 무엇인가를 획득할 것이다. 수천 년 동안 신의 능력으로 여겨진 것들이 오늘날에는 우리가 생각해볼 것도 없는 흔해빠진 일이 되었다. 오늘날 사람들은 옛날의 그리스, 힌두교, 아프리카의 신들보다 훨씬 더 쉽게 먼 거리를 이동하고 의사소통한다.

예컨대 나이지리아의 이그보족은 자기 부족의 창조주 추크우가 애초에 사람들을 불멸의 존재로 만들려 했다고 믿는다. 추크우는 개 한 마리를 인간에게 보내, "사람이 죽으면 송장에 재를 뿌려라. 그러면 소생할 것이다"라고 전하게 했다. 하지만 불행히도 그 개가 늑장을 부렸다. 추크우는 그 시간을 참지 못하고 이번에는 양을 보내 이 중요한 메시지를 서둘러 전하라고 했다. 하지만 안타깝게도 양은 숨 가쁘게 달려 목적지에 도착한 뒤 그만 추크우의 지시를 착각해 망자를 매장하라고 전했고, 이로써 죽음을 영구적인 일로 만들고 말았다. 오늘날까지 우리가 죽을 수밖에 없는 것은 이 때문이다. 추크우가 느려터진 개와 아둔한 양을 보내 메시지를 전하는 대신 트위터 계정을 이용했더라면 얼마나 좋았겠는가!

고대 농업사회에서는 많은 종교가 형이상학적 질문과 내세에 대해 놀랍도록 관심이 없었다. 그 종교들이 중점을 둔 것은 작물 생산량 증대 같은 매우 일상적인 문제였다. 이렇듯 구약의 신은 사후의 보상이나 처벌을 약속한 적이 없다. 그 대신 이스라엘 민족에게 이렇게 일렀다. "너희가 내 명령을 잘 따르면 (…) 나는 제철에 비를 내려 (…) 너희가 곡식과 포도주와 기름을 거두게 할 것이다. 들에는 너희의 가축이 먹을 풀이 자라게 할 것이며, 그리하여 너희는 배불리 먹고 만족스러울 것이다. 하지만 주의해라! 너희는 유혹을 받고 마음이 변하여 다른 신을 섬기거나 그 신들 앞에 엎드려 절할지도 모른다. 그러면 주께서는 너희에게 진노하시어 하늘을 닫고 비를 내리지 않으실 것이며, 너희는 밭에서 아무것도 거두지 못할 것이다. 그리하여 너희는 주께서 주신 기름진 땅에서도 순식간에 망할 것이다."(〈신명기〉 11장 13~17절) 오늘날 과학자들은 구약의 신보다 훨씬 큰 도움을 줄 수 있다. 인공비료, 산업용 살충제, 유전자 조작 작물 덕분에 오늘날 농업 생산량은 고대 농부들이 신에게 바랐던 가장 높은 기대치를 능가한다. 건조한 이스라엘 땅에 사는 사람들 역시 분노한 신이 하늘을 닫아 비를 내려주지 않을지도 모른다는 두려움을 품지 않는다. 최근 이스라엘 사람들은 지중해 해변에 거대한 담수화 공장을 지어 이제 바닷물에서 모든 식수를 조달할 수 있게 되었기 때문이다.

지금까지 우리는 점점 더 나은 도구를 만들어 고대의 신들과 경쟁했다. 하지만 머지않은 미래에 우리는 도구에서가 아니라 몸과 마음의 능력에서 고대의 신들을 능가하는 초인간을 창조할 것이다. 그때가 되면 신성은 사이버 공간만큼이나 일상적인 것이 되어 그 경이롭고도 경이로운 발명품을 우리는 당연하게 받아들일 것이다.

인간이 신성을 얻고자 할 거라고 우리가 확신할 수 있는 것은, 인간이 그런 업그레이드를 갈망할 만한 이유가 많고 그것을 달성할 방법도 많기 때문이다. 유망해 보였던 길이 막상 가보니 막다른 길이라 해도, 다른 길들이 열려 있을 것이다. 예컨대 우리가 인간 게놈이 함부로 손댈 수 없을 만큼 복잡하다는 사실을 알게 된다 해도, 뇌와 컴퓨터를 연결하는 인터페이스, 나노로봇, 인공지능을 개발하는 길까지 막히는 것은 아니다.

그렇다고 당황할 필요는 없다. 적어도 지금 당장은 그렇다. 사피엔스의 업그레이드는 할리우드 영화가 그리는 묵시록보다는 점진적인 역사적 과정이 될 것이다. 로봇들의 반란으로 호모 사피엔스가 멸종하는 일은 없을 것이다. 오히려 호모 사피엔스는 한 단계씩 성능을 높여가며 그 과정에서 로봇이나 컴퓨터와 융합할 것이다. 그리하여 마침내 우리의 후손들은 훗날 과거를 돌아보며 자신들이 더 이상 성경을 쓰고 만리장성을 쌓고 찰리 채플린의 익살스러운 행동에 웃던 동물이 아님을 깨달을 것이다. 이런 일은 하루아침에 또는 1년 안에 일어날 일이 아니다. 사실 지금도 일상에서 이미 일어나고 있다. 날마다 수백만 명이 스마트폰에 삶의 좀 더 많은 부분을 맡기고 새로 나온 더 효과적인 항우울제를 시도해본다. 건강, 행복, 힘을 추구하는 인간은 더 이상 인간이 아니게 될 때까지 자신들의 모습을 한 번에 하나씩 점진적으로 바꿔나갈 것이다.

누군가 브레이크를 밟을 수 있을까?

이러한 가능성을 접하면 많은 사람들이 설명을 차근차근 들어보지도 않고 당황부터 한다. 그들은 스마트폰의 조언을 덮어놓고 따르고, 의사가 처방하는 약을 흔쾌히 복용하면서도, 업그레이드된 초인간에 대해 들으면 이렇게 말한다. "차라리 그전에 죽을래요." 한 친구는 나에게 늙는 것의 가장 두려운 점은 세상과 무관한 존재가 되는 것이라고 말했다. 세상 돌아가는 것을 이해하지 못하고 세상에 도움도 안 되는, 추억만 붙들고 사는 늙은이가 되는 것이 두렵다는 것이다. 초인간에 대해 들을 때 우리가 종種으로서 갖는 집단적 공포도 이와 비슷하다. 그런 세상이 오면 우리의 정체성도, 꿈도, 심지어 두려움까지도 딴 세상 이야기가 될 것이고, 세상에 더는 아무것도 기여할 수 없을 거라는 공포. 오늘날 당신이 어떤 사람이든(독실한 힌두교도든 크리켓 선수든, 아니면 포부가 큰 레즈비언 기자든) 업그레이드된 세계에서는 월스트리트에 있는 네안데르탈인처럼 느껴질 것이다. 당신은 딴 세상 사람이 될 것이다.

네안데르탈인이 주식시장을 걱정할 필요가 없었던 것은 그것이 수만 년 뒤의 일이었기 때문이다. 하지만 요즘 우리에게 의미 있는 세계는 몇십 년 안에 무너질 수 있다. 세상과 무관한 존재가 되기 전에 죽으면 그만이라고 안심할 수는 없다. 2100년에 신들이 거리를 돌아다니지는 않더라도, 호모 사피엔스의 성능을 높이려는 시도가 이번 세기 안에 세상을 몰라볼 정도로 바꿀 것이다. 과학 연구와 기술 개발은 대부분의 사람들이 이해할 수 있는 수준보다 훨씬 더 빠른 속도로 진행 중이다.

전문가들과 이야기를 나눠보면, 많은 이들이 유전자 조작 아기나 인간 수준의 인공지능이 나오려면 아직 멀었다고 말한다. 하지만 대부분의 전문가들은 연구비와 교수직과 관련된 시간 척도에서 생각한다. 따라서 그들이 하는 '아직 멀었다'는 말은 대략 20년 정도를 뜻하고, 기껏해야 50년을 넘지 않는다.

인터넷을 처음 접한 날이 아직도 생생하다. 1993년이었고 당시 나는 고등학생이었다. 두 명의 단짝과 함께 '이도'라는 친구 집에 놀러 갔다(지금 그는 컴퓨터 과학자이다). 우리는 탁구를 치고 싶었다. 하지만 이미 엄청난 컴퓨터광이던 이도는 탁구대를 펼치기 전에 먼저 깜짝 놀랄 만한 최신 발명품을 보여주겠다고 우겼다. 그는 자신의 컴퓨터에 전화선을 연결하고 몇 개의 키를 눌렀다. 1분간 우리가 들을 수 있었던 것은 고작 끽끽, 빽빽, 윙윙 하는 소리였고, 그런 다음엔 아무 소리도 들리지 않았다. 실패였다. 우리는 투덜거리며 불평했지만 이도는 다시 시도했다. 그래도 실패하자 계속 다시 시도했다. 마침내 그가 기쁨의 환성을 지르며, 자신의 컴퓨터를 근처 대학의 중앙 컴퓨터와 연결하는 데 성공했다고 선언했다. "그래서 중앙 컴퓨터에 뭐가 있는데?" 우리가 물었다. "그게, 아직은 아무것도 없어. 하지만 온갖 것을 입력할 수 있어." 그가 대답했다. "예를 들면 어떤 거?" 우리가 물었다. "나도 몰라. 그냥 온갖 것들." 당시 그의 말은 그다지 유망하게 들리지 않았다. 우리는 탁구를 치러 갔고, 그 후 몇 주 동안 심심할 때마다 이도의 터무니없는 생각을 놀렸다. 불과 25년도 안 된 일이다(이 글을 쓰는 시점을 기준으로). 그렇다면 지금으로부터 25년 뒤에 무슨 일이 닥칠지 누가 알겠는가.

점점 더 많은 개인, 기관, 기업, 정부 들이 불멸, 행복, 신 같은 힘의 추구를 매우 진지하게 받아들이는 것은 이 때문이다. 보험회사, 연금기금, 의료보험, 재무부는 훌쩍 늘어난 기대수명에 벌써부터 기겁한다. 사람들은 예상보다 훨씬 더 오래 살고 있고, 이들의 연금과 치료비를 지불하기에 돈은 턱없이 모자란다. 70세가 새로운

40세가 되고 있는 지금, 전문가들은 은퇴연령을 높이고 직업시장을 재편할 것을 요구하고 있다.

우리가 거대한 미지의 세계로 빠르게 돌진하고 있고, 그것을 피하기 위해 죽음 뒤에 숨을 수조차 없다는 사실을 깨달을 때 사람들이 흔히 보이는 반응은 누군가 브레이크를 밟아 그 속도를 늦춰줄 거라는 바람이다. 하지만 브레이크를 밟을 수 없는 이유가 몇 가지 있다.

첫째, 브레이크가 어디에 있는지 아무도 모른다. 전문가들도 인공지능, 나노기술, 빅데이터, 유전학 중 한 분야에서 어떤 일이 일어나고 있는지 알 뿐, 모든 것을 알지는 못한다. 다시 말해, 흩어져 있는 모든 점을 연결해 완성된 그림을 볼 수 있는 사람은 없다. 서로 다른 분야들의 상호 영향이 매우 복잡하게 얽혀 있어서, 최고의 인재들조차 인공지능 분야의 획기적인 신기술이 나노기술에 어떤 영향을 미칠지, 또 그 반대는 어떨지 가늠하기 어렵다. 과학의 모든 최신 발견을 이해할 수 있는 사람도, 세계경제가 10년 뒤 어떤 모습일지 예측할 수 있는 사람도, 우리가 이토록 급히 어디를 향해 가고 있는지 아는 사람도 없다. 시스템을 이해하는 사람이 없으니 멈출 사람도 없다.

둘째, 만일 어떻게든 브레이크를 밟는다면, 경제가 무너지고 그와 함께 사회도 무너질 것이다. 나중에 설명하겠지만, 오늘날의 경제가 살아남기 위해서는 끊임없는 무한성장이 필요하다. 만에 하나 성장이 멈춘다면, 경제는 포근한 평형 상태에 안착하는 것이 아니라 추락해서 산산조각 날 것이다. 자본주의가 불멸, 행복, 신성을 추구하라고 우리를 부추기는 이유가 여기에 있다. 우리가 신을 수 있는 신발, 몰 수 있는 자동차, 즐길 수 있는 스키 휴가에는 한계가 있다. 하지만 무한성장에 기반한 경제에는 끝나지 않는 프로젝트가 필요하다. 불멸, 행복, 신성은 이러한 프로젝트로 안성맞춤이다.

그런데 끝나지 않는 프로젝트가 필요한 거라면 우리는 왜 행복과 불멸로 만족하지 않을까? 적어도 초인적 힘을 추구하는 무시무시한 시도를 왜 내려놓지 못하는가? 그것이 나머지 둘과 불가분의 관계이기 때문이다. 당신이 다리가 마비된 환자들을 다시 걷게 해주는 생체공학 다리를 개발한다면, 같은 기술로 건강한 사람들의 다리 성능도 높일 수 있다. 당신이 노인의 기억상실을 멈추는 방법을 알아내면, 같은 치료로 젊은이의 기억도 향상시킬 수 있다.

어디까지가 치료이고 어디부터가 성능 향상(업그레이드)인지 명확한 선은 없다. 의학은 언제나 표준 아래로 떨어진 사람들을 구하는 일로 출발하지만, 그다음에는 같은 도구와 노하우로 표준을 뛰어넘을 수 있다. 비아그라는 원래 혈압 치료제로 개발되었다. 그런데 발기부전에도 효과가 있다는 사실이 밝혀졌다. 파이저 사로서는 놀랍고도 기쁜 일이었다. 수백만 명의 남성들이 그 약을 먹고 정상적인 성 기능을 되찾을 수 있었다. 그런데 얼마 지나지 않아 성 기능이 정상인 남성들이 표준을 능가해 전에 경험하지 못한 성 능력을 얻기 위해 같은 약을 복용하기 시작했다.[45]

특정 약물에 일어난 일이 의학 분야 전체에도 일어날 수 있다. 오늘날의 성형수술은 제1차 세계대전 때 해럴드 길리스가 (런던의) 올더숏 국군병원에서 부상자들의 얼굴 상처를 치료하면서 시작되었다.⁴⁶ 전쟁이 끝난 뒤 외과의사들은 멀쩡하지만 못생긴 코를 아름다운 코로 바꾸는 데도 같은 기술을 사용할 수 있음을 깨달았다. 물론 병들고 다친 사람들에게 성형수술이 계속 도움이 되었지만, 시간이 갈수록 건강한 사람들의 외모 향상으로 관심이 집중되었다. 요즘 성형외과 의사들은 아예 건강한 사람들의 외모를 향상시키고 부자들을 아름답게 고쳐준다고 표방하며 개인 병원을 열어 많은 돈을 번다.⁴⁷

유전공학에도 같은 일이 일어날 것이다. 어느 억만장자가 유전공학을 통해 초인적으로 똑똑한 자식을 얻겠다고 공개적으로 밝힐 경우 대중의 저항이 어떨지 상상해보라. 물론 일은 그런 식으로 진행되지 않을 것이다. 우리는 위험한 비탈길로 미끄러질 것이다. 처음에는 자식이 치명적인 유전병을 갖고 태어날 수 있는 유전자 프로필을 지닌 부모들부터 시작할 것이다. 이들은 시험관 수정을 시도해 수정된 난자의 유전자를 검사한다. 이상이 없다면 잘된 일이다. 하지만 유전자 검사 결과 치명적인 돌연변이가 발견된다면 그 배아는 파괴될 것이다.

그런데 왜 난자 한 개만 수정시키는 도박을 하는가? 여러 개를 수정시키면 더 좋을 텐데 말이다. 서너 개에 결함이 있더라도 이상이 없는 수정란이 적어도 한 개는 있을 테니까. 그런데 이런 시험관 선택 시술이 허가되고 비용이 낮아지면 용도가 확대될 것이다. 돌연변이는 어디에나 있는 위험이다. 모든 사람이 유전자에 해로운 돌연변이와 최적 이하의 대립유전자를 몇 개쯤 지니고 있다. 유성생식은 일종의 복권이다(1923년 노벨문학상 수상자 아나톨 프랑스와 아름답고 재능 있는 무용수 이사도라 던컨의 만남에 관한 유명한 일화가 있다. 아마 실화는 아닐 것이다. 던컨은 당시 인기 있던 우생학 운동을 거론하며 "내 외모와 당신의 머리를 물려받은 아이가 태어난다고 상상해봐요!"라고 말했다. 그러자 프랑스는 이렇게 대꾸했다. "좋지요. 하지만 내 외모와 당신의 머리를 물려받은 아이가 태어나면 어떻게 될까요."). 그러면 복권을 조작하면 되지 않을까? 여러 개의 난자를 수정시키고, 그중에서 최선의 조합을 지닌 수정란을 선택하는 것이다. 줄기세포 연구가 결실을 맺어 인간 배아를 싼값에 무한 공급할 수 있는 날이 오면, 당신은 수백 개의 후보 중에서 최적의 아기를 선택할 수 있을 것이다. 그 후보들은 모두 불길한 유전자 조작 없이 당신의 유전자만을 지닌 완벽한 자연산이다. 이 절차를 몇 세대 거듭하면 손쉽게 초인류(또는 오싹한 디스토피아)에 이를 수 있다.

난자 여러 개를 수정시켰는데 모두 치명적인 돌연변이를 가지고 있다면 어떻게 할까? 그 배아들을 모두 파괴해야 할까? 그러지 말고 문제를 유발하는 유전자만 바꾸면 되지 않을까? 미토콘드리아 유전자의 경우는 가능하다. 미토콘드리아는 인간 세포에 있는 소기관으로, 세포가 사용하는 에너지를 생산한다. 미토콘드리아는 세포 핵에 있는 유전자와 별개로 독자적인 유전자 세트를 가진다. 결함이 있는 미토콘드리아 유전자는 심각하거나 치명적인 다양한 질병을 일으킨다. 미토콘드리아 유전병은 현재의 시험관 시술 기술로도 해결할 수 있다. '부모가 셋인 아기'를 탄생시키면 된다. 그럴 경우 아기의 핵 유전자는 양친의 것이지만 미토콘드리아는 제3자에게서 얻는다. 2000년 미국 미시건 주 웨스트 블룸필드에서 샤론 사리넨

이 건강한 딸 알라나를 낳았다. 알라나의 핵 유전자는 어머니 샤론과 아버지 폴에게서 왔지만, 미토콘드리아 유전자는 다른 여성에게서 왔다. 순수하게 기술적인 관점에서 보면 알라나의 생물학적 부모는 셋이다. 1년 뒤인 2001년, 미국 정부는 안전과 윤리적 문제를 이유로 이 치료를 금지했다.[48]

하지만 2015년 2월 3일 영국 의회는 이른바 '세 부모 배아'법을 통과시켰고, 그 결과 영국에서 이 치료와 관련 연구가 허용되었다.[49] 현재 핵 유전자를 바꾸는 것은 기술적으로나 법적으로 불가능하지만, 기술적 문제가 해결되면 결함 있는 미토콘드리아 유전자 대체 시술을 찬성한 논리에 따라 핵 유전자에도 같은 시술이 이루어질 것이다.

선택과 대체 다음은 수선이다. 치명적 유전자를 수선하는 것이 가능해지면 유전암호를 고쳐 위험한 돌연변이 유전자를 착한 버전으로 바꿀 수 있는데, 왜 구태여 외래 유전자를 삽입하는 번거로운 일을 하겠는가? 그런 다음 우리는 같은 방법으로 치명적 유전자만이 아니라 자폐증, 둔함, 비만 같은 덜 치명적인 문제에 관여하는 유전자들도 고치기 시작할 것이다. 자식이 그런 문제로 고통받기를 바랄 부모가 있겠는가? 유전자 검사 결과, 앞으로 태어날 당신의 딸이 똑똑하고 예쁘고 착하지만 만성 우울증에 걸릴 확률이 매우 높다고 생각해보라. 시험관 단계에서 빠르고 고통 없이 개입할 수 있다면 평생 겪을 비극에서 딸을 구하고 싶지 않겠는가?

게다가 이왕 그런 시술을 하는 김에 딸의 능력을 좀 더 높이면 안 될 이유가 있을까? 건강한 사람들도 살기 힘든 세상이다. 그러니 당신의 딸이 평균보다 강한 면역체계, 평균보다 높은 기억력, 남들보다 밝은 기질을 가진다면 훨씬 편하게 살 수 있지 않을까? 설령 당신이 그것을 원치 않아도 남들이 한다면 어떻겠는가? 당신의 아이만 뒤처져도 괜찮은가? 만일 남한 정부가 맞춤 아기 생산을 금지하는데 북한은 그것을 허용해 놀라운 천재, 예술가, 운동선수를 길러낸다면 어떨까? 결국 우리는 이런 식으로 한 발짝씩 유전자 아기 카탈로그를 집어드는 길로 들어설 것이다.

모든 업그레이드가 처음에는 치료를 이유로 정당화된다. 유전공학 또는 뇌와 컴퓨터를 연결하는 인터페이스와 관련한 실험을 하는 전문가들을 찾아가 왜 그런 연구를 하는지 물어보라. 십중팔구는 질병을 치료하기 위해서라고 대답할 것이다. "우리는 유전공학의 도움을 받아 암을 치료할 수 있을 겁니다." 또는 "우리가 뇌와 컴퓨터를 직접 연결할 수 있다면 조현병을 치료할 수 있을 겁니다." 하지만 거기서 끝날 리 없다. 뇌와 컴퓨터를 연결하는 데 성공하면 과연 그 기술을 조현병 치료에만 쓸까? 혹시라도 그렇게 믿는 사람이 있다면, 그 사람은 뇌와 컴퓨터에 대해서는 잘 알지 몰라도 인간 심리와 사회에 대해서는 뭘 모르는 것이다. 획기적인 기술이 일단 생기면 그 기술을 치료 목적에만 한정하고 업그레이드 용도를 전면 금지하기는 불가능하다.

물론 인간은 신기술의 용도를 제한할 수 있고 실제로도 그렇게 한다. 우생학 운동은 제2차 세계대전 이후 인기를 잃었고, 장기매매는 가능한 동시에 수익성이 높은데도 주변부에 머물고 있다. 맞춤 아기 역시 장기적출을 위한 살인처럼 기술적으로는 가능하다고 해도 여전히 주변부에 머물 것이다.

우리는 전쟁에서 체호프의 법칙을 이탈한 것처럼 다른 분야의 행동에서도 그 법칙을 벗어날 수 있다. 어떤 총은 무대에 등장만 할 뿐 발사되지 않는다. 우리가 인류의 새로운 의제에 대해 생각해야 하는 이유가 바로 여기에 있다. 신기술의 용도를 선택할 수 있으므로, 우리는 지금 일어나고 있는 일을 이해해 그 일이 우리의 마음을 결정하기 전에 스스로 마음을 정해야 한다.

**지식의
역설**

21세기 인류가 불멸, 행복, 신성을 추구할 거라는 예측에 많은 사람들이 분노, 소외감, 두려움을 느낄 것이다. 그러니 몇 가지 사항을 명확히 해두는 게 좋겠다.

첫째, 이런 일들은 21세기에 개인들이 실제로 할 일이 아니라, 인류가 집단적으로 할 일이다. 이런 프로젝트들에서 대부분의 사람들이 어떤 역할을 하겠지만, 그 역할은 적을 것이다. 기아, 역병, 전쟁이 덜 일어난다 해도, 엘리트층이 영원한 젊음과 신 같은 힘에 접근하는 동안 개발도상국에 사는 수십억 명의 사람들과 열악한 지역에 사는 사람들은 계속 가난, 질병, 폭력에 시달릴 것이다. 이는 명백히 불공정하다. 영양실조로 죽는 아이가 한 명이라도 있다면, 마약 전쟁에서 죽는 성인이 한 명이라도 있다면 인류는 그런 나쁜 일과 싸우는 데 총력을 기울여야 하지 않을까. 마지막 칼을 거두고 나서 다음 과업으로 관심을 돌려야 하지 않을까. 하지만 역사는 그런 식으로 작동하지 않는다. 궁전에 사는 사람들의 의제는 언제나 판잣집에 사는 사람들의 의제와 달랐고, 21세기라고 해서 사정이 달라지지는 않을 것이다.

둘째, 이것은 역사에 대한 예측이지 정치적 선언이 아니다. 빈민가 주민들의 운명을 무시한다 해도, 우리가 불멸, 행복, 신성을 추구해야 하는지는 여전히 분명하지 않다. 이런 과업들을 채택하는 것은 큰 실수일지도 모른다. 하지만 역사는 큰 실수들로 가득하다. 지난날의 기록과 현재의 가치들을 고려할 때, 우리는 아마 행복, 신성, 불멸을 추구할 것이다. 설령 그것이 우리를 죽일지라도 말이다.

셋째, 추구하는 것과 획득하는 것은 다르다. 역사는 흔히 과장된 희망에 의해 만들어진다. 20세기 러시아의 역사를 만든 것도, 비록 성공하지는 못했지만, 불평등을 극복하려는 공산주의자들의 시도였다. 내 예측은 인류가 21세기에 무엇을 추구할지에 대한 것이지, 인류가 그런 시도에서 실제로 성공할 것인지가 아니다. 죽음을 극복하려는 시도가 미래의 경제, 사회, 정치를 결정할 것이다. 하지만 그렇다고 2100년에는 사람들이 죽지 않는다고 말할 수는 없다.

넷째는 가장 중요한 점인데, 이 책의 예측은 예언이라기보다 현재 우리 앞에 놓인 선택들에 대해 논의하는 한 가지 방식이라는 것이다. 이 논의로 인해 우리가 전혀 다른 선택을 하고 그래서 내 예측이 빗나간다면 오히려 잘된 일이다. 아무것도 바꿀 수 없는데 무엇 하러 예측을 하겠는가?

날씨 같은 복잡한 시스템은 우리의 예측에 아랑곳하지 않는다. 반면 인간의 발전 과정은 우리의 예측에 반응한다. 예측이 훌륭할

수록 더 많은 반응을 유발한다. 따라서 역설적으로 우리가 더 많은 데이터를 축적하고 컴퓨터의 성능을 더 높일수록 사건들은 더 제멋대로, 더 예기치 못한 방식으로 일어나게 된다. 지식이 축적될수록 예측은 어려워진다. 예를 들어 전문가들이 경제의 기본법칙들을 해독한다고 상상해보라. 그런 일이 일어나면 은행, 정부, 투자자, 고객들이 그 새로운 지식을 이용해 전혀 새로운 방식으로 행동하기 시작할 것이고, 그럼으로써 경쟁자들보다 우위를 점할 것이다. 새로운 행동으로 이어지지 않는다면 새로운 지식이 무슨 소용이겠는가. 유감스럽게도 사람들이 행동방식을 바꾸는 즉시 경제이론들은 낡은 것이 된다. 이제 우리는 과거에 경제가 어떻게 작동했는지는 알 수 있어도, 더 이상 미래는 고사하고 현재 경제가 어떻게 작동하는지도 이해하지 못한다.

이것은 단지 가설상의 사례가 아니다. 19세기 중엽 카를 마르크스는 탁월한 경제적 통찰에 이르렀다. 그 통찰에 기반해 그는 프롤레타리아 계급과 자본가 계급 사이의 폭력적 갈등이 점점 증가할 것이고, 결국 프롤레타리아 계급이 승리해 자본주의 체제가 붕괴할 거라고 예측했다. 그는 혁명이 산업혁명의 선봉에 선 영국, 프랑스, 미국 같은 나라에서 시작할 것이고, 그런 다음 다른 나라들로 확산될 거라고 확신했다.

마르크스는 자본주의자들이 읽을 줄 안다는 사실을 잊고 있었다. 처음에는 소수의 추종자들만 그의 예측을 진지하게 받아들이고 그의 글을 읽었다. 하지만 그 사회주의 선동가들이 지지세력을 갖게 되고 힘을 얻자 자본주의자들은 초긴장했다. 그래서 그들도 《자본론》을 정독했고, 마르크스주의적 분석 도구와 통찰을 여럿 차용했다. 20세기에는 거리의 부랑자들부터 대통령까지 모든 사람이 경제학과 역사에 대한 마르크스주의적 접근방식을 포용했다. 심지어 마르크스가 전망한 예후에 거세게 반발한 골수 자본주의자들조차 마르크스의 진단을 가져다 썼다. CIA는 1960년대에 베트남과 칠레의 정세를 분석하면서 사회를 계급으로 나누었다. 닉슨과 대처도 세계를 검토하면서 중요한 생산수단을 누가 통제하는지 자문했다. 조지 부시는 1989년부터 1991년까지 공산주의라는 악의 제국이 멸망하는 것을 지켜보았지만, 1992년 선거에서 빌 클린턴에게 패하고 말았다. 클린턴에게 승리를 안겨준 선거전략은 하나의 모토로 요약된다. "문제는 경제야, 바보야." 마르크스도 이보다 나은 말을 할 수는 없었을 것이다.

사람들은 마르크스주의자들의 진단을 받아들이면서 이에 따라 행동도 바꾸었다. 영국과 프랑스 같은 나라의 자본가들은 노동자의 처지를 개선하고, 민족의식을 고취시키고, 국민을 정치체제 안으로 통합하려고 시도했다. 그 결과 노동자들이 선거에 나가 투표하기 시작하고 노동당이 여러 나라에서 잇달아 권력을 잡았지만, 자본주의자들은 여전히 안심하고 숙면을 취할 수 있었다. 결과적으로 마르크스의 예측은 완전히 빗나갔다. 공산주의 혁명은 영국, 프랑스, 미국 같은 산업강국을 집어삼키지 못했고, 프롤레타리아 독재는 역사의 쓰레기통에 처박혔다.

이것이 역사 지식의 역설이다. 행동을 바꾸지 못하는 지식은 무용지물이다. 하지만 행동을 바꾼 지식도 곧 용도 폐기된다. 우리가 데이터를 더 많이 보유할수록, 역사를 더 잘 이해할수록 역사는 그 경로를 빠르게 변경하고, 우리의 지식은 더 빨리 낡은 것이 된다.

몇 세기 전만 해도 인간의 지식은 더디게 쌓였고, 그에 따라 정치와 경제도 속 터지는 속도로 변했다. 그러나 오늘날 우리 지식의 양은 맹렬한 속도로 증가하고 있고, 따라서 이론상 우리는 세계를 점점 더 잘 이해해야 한다. 하지만 정반대의 일이 일어나고 있다. 새로 발견한 지식은 더 빠른 경제적·사회적·정치적 변화를 일으킨다. 그래서 우리는 지금 일어나고 있는 일을 이해하기 위해 지식을 쌓는 속도를 높이고, 그것은 더더욱 빠른 격변을 초래한다. 그 결과 현재를 이해하거나 미래를 예측하는 데 점점 더 무능력해진다. 1016년에는 1050년의 유럽이 어떤 모습일지 예측하는 것이 비교적 쉬웠다. 분명 왕국은 멸망할 것이고, 미지의 습격자들이 침입할 것이고, 자연재해가 닥칠 것이다. 그렇지만 1050년에도 여전히 왕과 성직자들이 유럽을 통치할 것이고, 농업사회일 것이고, 국민 대부분이 농부일 것이고, 계속 기아, 역병, 전쟁으로 큰 고통을 당할 것이다. 반면 2017년의 우리는 2050년에 유럽이 어떤 모습일지 도무지 알 수 없다. 어떤 종류의 정치제도를 갖게 될지, 어떤 직업시장이 형성될지는 물론, 사람들이 어떤 몸을 가질지조차 말할 수 없다.

잔디의 간략한
역사

역사가 불변하는 법칙을 따르지 않는다면, 그리고 우리가 미래의 경로를 예측할 수 없다면 왜 역사를 연구할까? 과학의 주된 목표는 흔히 미래 예측처럼 보인다. 기상학자들은 내일 비가 올지 맑을지 예측해야 하고, 경제학자들은 화폐가치를 절하하여 경제위기를 피할지 촉진할지 알아내야 하고, 유능한 의사들은 폐암을 치료하는 데 항암요법이 더 좋을지 아니면 방사선 치료가 더 좋을지 예측해야 한다. 이와 마찬가지로, 우리는 역사학자들에게 조상들의 행동을 검토해 무엇이 현명한 결정이고 무엇이 피해야 할 실수였는지 알아내라고 요구한다. 하지만 현재는 과거와 너무 다르기 때문에 그렇게 해봤자 소용없을 것이다. 제3차 세계대전에 써먹으려고 제2차 포에니 전쟁에서 한니발이 쓴 전술을 연구하는 것은 시간낭비다. 기갑부대 전투에 잘 먹혔던 전술이 사이버 전쟁에 큰 도움이 될 리 없다.

그런데 과학은 단지 미래를 예측하는 데 그치지 않는다. 모든 분야의 학자들은 우리의 지평을 넓히고 그럼으로써 우리 앞에 새로운 미지의 미래를 열고자 한다. 역사 분야에서는 특히 그렇다. 이따금씩 역사학자들이 예언을 시도하기도 하지만(성공 사례로 꼽을 만한 것은 딱히 없다), 그럼에도 역사학의 가장 큰 목표는 우리가 평상시 고려하지 않는 가능성들을 인지시키는 것이다. 역사학자들이 과거를 연구하는 것은 그것을 반복하기 위해서가 아니라, 그것에서 해방되기 위해서이다.

우리는 모두 태어날 때부터 특정한 규범과 가치가 지배하고 독특한 정치·경제 제도가 운영되는 역사적 현실에 놓인다. 그런 현실이 운명이고 필연이고 변할 수 없는 것이라고 생각하면서 당연하게 받아들인다. 우리는 이 세계가 우연한 사건들의 연속으로 창조되었고, 역사가 우리의 기술, 정치, 사회뿐 아니라 우리의 생각, 두려움, 꿈에도 영향을 미쳤다는 사실을 잊고 산다. 조상들의 무덤에서 과거의 차가운 손이 쑥 올라와 우리 목을 틀어쥐고 우리의 시선을 단 하나의 미래로 향하게 한다. 태어난 순간부터 그 손아귀의 힘을 느끼고, 그래서 그것을 존재의 당연하고 불가피한 일부로 여긴다. 따라서 그 손아귀에서 벗어나 다른 미래를 상상하려는 시도를 좀처럼 하지 않는다.

역사 공부의 목표는 과거라는 손아귀에서 벗어나는 것이다. 그럼으로써 머리를 이쪽저쪽으로 돌려, 조상들이 상상할 수 없었거나 우리가 상상하기를 원치 않았던 가능성들을 알아차릴 수 있다. 우리를 지금 여기로 이끈 우연한 사건들의 연속을 관찰함으로써 우리는 생각과 꿈이 어떻게 형성되었는지 깨닫고, 다른 생각과 다른 꿈을 품을 수 있다. 역사 공부는 우리에게 어떤 선택을 하라고 알려주지 않지만, 적어도 더 많은 선택의 여지를 제공한다.

세계를 바꾸려는 운동들은 대개 역사 다시 쓰기에서 시작한다. 이를 통해 사람들은 새로운 미래를 상상할 수 있었다. 노동자의 총파업, 자기 몸에 대한 여성들의 권리, 억압받는 소수자들의 정치적 권리를 요구하는 운동에 당신이 찬성하든 안하든, 이러한 운동의 첫 단계는 역사 다시 말하기이다. 새로운 역사는 이렇게 설명할 것이다. '우리가 처한 상황은 운명도 영원한 것도 아니다. 지금과 달랐던 때도 있었다. 일련의 우연한 사건들이 우리가 오늘날 아는 부당한 세계를 창조했을 뿐이다. 현명하게 행동한다면 우리는 세계를 바꿀 수 있고 더 나은 세계를 창조할 수 있을 것이다.' 마르크스주의자들이 자본주의의 역사를 말하고, 페미니스트가 가부장제 사회의 형성 과정을 공부하고, 미국 흑인들이 노예무역의 참상을 기억하는 이유가 바로 여기에 있다. 그들의 목표는 과거를 영속시키는 것이 아니라 과거에서 해방되는 것이다.

장대한 사회혁명에 해당하는 사실은 일상의 미시적 영역에도 똑같이 적용된다. 예컨대 새집을 장만한 젊은 부부가 건축가에게 앞마당에 잔디를 깔아달라고 요구한다고 치자. 왜 잔디를 깔려고 할까? "잔디밭은 아름다우니까요." 부부는 이렇게 설명할 것이다. 그들은 왜 그렇게 생각할까? 여기에는 역사적 배경이 있다.

석기시대 수렵채집인들은 그들이 거처하는 동굴 입구에 풀을 심지 않았다. 아테네의 아크로폴리스, 로마의 신전, 예루살렘의 유대교 성전, 베이징의 자금성…… 이중 어느 곳에도 방문객들을 반기는 푸른 목초지는 없다. 개인의 집과 공공건물 입구에 잔디를 심는다는 생각은 중세 말 프랑스와 영국 귀족들의 저택에서 탄생했다. 그리고 이 습관은 근대 초기에 깊이 뿌리 내려 귀족을 상징하는 표식이 되었다.

잘 관리된 잔디밭을 갖기 위해서는 땅은 물론 많은 노력이 필요하다. 특히 잔디 깎는 기계와 자동 스프링클러가 없던 시절이라면 더 말할 나위도 없다. 잔디는 그 노력에 상응하는 대가로 가치 있는 것을 아무것도 생산하지 않는다. 심지어 동물을 풀어놓을 수도 없는데, 동물들이 풀을 뜯어먹고 짓밟을 것이기 때문이다. 가난한 농부들은 잔디 따위에 귀중한 땅과 시간을 낭비할 여유가 없었다. 대저택 입구에 깔린 정갈한 잔디는 따라서 누구도 위조할 수 없는 지

▲ 루아르 계곡에 있는 샹보르 성의 잔디밭. 16세기 초 프랑수아 1세가 이 성을 지었다. 이 성에서 잔디밭의 역사가 시작되었다.

위의 상징이었다. 잔디는 지나가는 모든 행인에게 당당히 공표했다. '나는 부자이고 힘이 있다. 그리고 이 푸르른 사치를 감당할 수 있을 만큼 많은 땅과 농노를 소유하고 있다.' 잔디밭이 넓고 잘 정돈되어 있을수록 힘 있는 가문이었다. 어느 공작의 집을 방문했는데 그의 집 잔디밭이 형편없다면 그가 곤경에 처했음을 알 수 있었다.[50]

귀한 잔디밭은 중요한 축하연과 사회적 이벤트들이 열리는 무대였고, 그렇지 않을 때는 엄격한 제한구역이었다. 지금까지도 수많은 궁전, 정부청사, 공공장소에 "잔디밭에 들어가지 마시오"라고 단호히 명령하는 표지판이 세워져 있다. 내가 다닌 옥스퍼드 대학교에는 사각형 모양의 안뜰 전체가 크고 매력적인 잔디밭으로 조성되어 있었는데, 우리는 1년에 딱 하루만 그곳에 들어가 걷거나 앉

▲ 백악관 잔디밭에서 열린 영국 여왕 엘리자베스 2세 환영식.

을 수 있었다. 다른 날 그곳에 들어가 그 성스러운 잔디밭을 모독하는 가련한 학생에게는 화가 닥쳤다.

왕의 궁전과 공작의 대저택은 잔디밭을 권위의 상징으로 바꾸었다. 근대 후기 왕들이 끌려내려 오고 귀족들이 단두대에서 처형된 뒤에는 대통령과 수상들이 그 잔디밭을 관리했다. 의회, 대법원, 대통령의 거처, 그밖의 공공건물들은 줄을 맞춰 심은 단정한 푸른 잎들을 통해 자신들의 권력을 만천하에 외쳤다. 동시에 잔디는 스포츠 세계를 평정했다. 수천 년 동안 인류는 얼음부터 사막까지 상상할 수 있는 거의 모든 종류의 땅에서 경기를 했다. 하지만 지난 200년 동안, 축구와 테니스 같은 진짜 중요한 경기들은 잔디밭에서 열렸다. 물론 돈이 있다는 전제에서 그렇다. 리우데자네이루의 빈

▲ 마라카낭 잔디 구장에서 열린 2014년 월드컵 결승전에서 독일 선수 마리오 괴체가 결승골을 터뜨리고 있다.

민가에서는 장차 브라질 축구를 짊어질 어린아이들이 모래와 흙 위에서 임시방편으로 만든 공을 찬다. 하지만 잘사는 동네에서는 부잣집 아들들이 공들여 관리한 잔디밭에서 축구를 즐긴다.

인류는 이런 식으로 잔디를 정치권력, 사회적 지위, 경제적 부와 동일시하게 되었다. 19세기에 부상한 자본가 계급이 앞다투어 잔디를 깐 것도 놀라운 일이 아니다. 처음에는 은행가, 변호사, 기업가 들만 자신들의 사적 거주지에서 그런 사치를 누릴 수 있었다. 그러나 산업혁명으로 중산층의 폭이 넓어지고 잔디 깎는 기계와 자동 스프링클러가 발명되자, 갑자기 수백만 가구가 자기 집 마당에 잔디를 깔 수 있게 되었다. 미국 교외의 깔끔하게 정돈된 잔디밭은 부자의 사치에서 중산층의 필수품으로 바뀌었다.

▲ 소시민의 천국.

도시 교외 지역 주말예배 의식에 새로운 행사가 추가된 것도 이때부터다. 사람들은 일요일 아침 예배가 끝난 뒤 혼신의 힘을 다해 자기 집 잔디를 깎았다. 길을 걸어갈 때 잔디밭의 넓이와 잔디의 질만으로 그 집의 부와 지위를 금방 확인할 수 있었다. 이웃집에 뭔가 우환이 있다는 표시로 앞마당에 방치된 잔디보다 더 확실한 것은 없다. 잔디는 요즘 미국에서 옥수수와 밀 다음으로 널리 재배되는 작물이고, 잔디산업(잔디, 퇴비, 잔디 깎는 기계, 스프링클러, 정원사)은 매

년 수십억 달러를 벌어들인다.[51]

잔디는 유럽과 미국에서 일어난 열풍으로 그치지 않았다. 루아르 계곡에 가본 적 없는 사람들도 미국 대통령이 백악관 잔디밭에서 연설하고, 파릇파릇한 축구장에서 중요한 축구 경기가 열리며, 호머 심슨과 바트 심슨이 이번 주는 누가 잔디를 깎을 차례인지 싸우는 것을 본다. 전 세계 사람들이 잔디를 권력, 돈, 명성과 연관 짓는다. 잔디는 멀리멀리 퍼져나가, 지금은 이슬람 세계 한복판까지 정복할 태세이다. 카타르에 새로 지은 이슬람 미술관은 웅장한 잔디밭으로 둘러싸여 있는데, 이 잔디밭은 하룬 알 라시드(Haroun al-Rashid, 764~809, 아바스 왕조의 5대 칼리프—옮긴이)보다 루이 14세의 베르사유 궁전에 뿌리를 두고 있다. 미국 회사가 그 공간을 설계하고 시공했고, 아라비아 사막 한가운데 있는 탓에 10만 제곱미터가 넘는 그 공간을 푸르게 유지하려면 엄청난 양의 담수가 필요하다. 한편 도하와 두바이의 도시 교외 지역에 사는 중산층 가구들은 자기 집 잔디밭에 자부심을 갖는다. 흰 가운과 검은색 히잡만 아니면, 중동이 아니라 미국 중서부에 있는 듯한 착각이 들 정도이다.

잔디밭에 대한 이런 간략한 역사를 읽고 나서 꿈의 집을 계획한다면, 아마 앞마당에 잔디를 까는 문제를 재고할 것이다. 물론 잔디를 까는 것은 여전히 당신의 자유이다. 하지만 당신은 유럽의 공작, 거대 자본가, 심슨 부부가 물려준 문화적 짐을 벗어버리고 일본식 정원이나 완전히 새로운 어떤 창조물을 상상할 자유도 있다. 우리가 역사를 알아야 하는 가장 큰 이유는 이처럼 미래를 예측하기 위해서가 아니라, 과거에서 해방되어 다른 운명을 상상하기 위해서이다. 우리는 과거의 영향을 피할 수 없으므로 이것이 완전한 자유는 아니지만, 약간의 자유라도 있는 편이 아예 없는 것보다는 낫다.

**1막에
등장한 총**

이 책 곳곳에 등장하는 예측들은 모두 현재의 딜레마에 대해 논의해보자는 시도이며, 미래를 바꿔보자는 제안일 뿐이다. 인류가 불멸, 행복, 신성을 추구할 거라고 예측하는 것은 집을 지으려는 사람들이 앞마당에 잔디를 깔고 싶어할 거라고 예측하는 것과 여러 면에서 흡사하다. 일단 둘 다 대단히 유력한 예측이다. 하지만 둘 다 입 밖으로 꺼내놓는 즉시 다른 대안들을 상상할 수 있다.

불멸과 신성에 대한 꿈 앞에서 사람들이 당황하는 이유는 그것이 낯설고 불가능한 일처럼 들려서가 아니라, 그렇게 직설적으로 말할 일이 흔치 않기 때문이다. 하지만 일단 그 가능성에 대해 생각하기 시작하면, 대부분의 사람들은 그것이 실제로 일어날 수 있는 일임을 깨닫는다. 이런 꿈들은 기술적으로는 오만할지 몰라도, 관념적으로 오래된 것이다. 호모 사피엔스의 생명, 행복, 힘을 신성시하는 인본주의가 300년 동안 세상을 지배해왔다. 불멸, 행복, 신성을 얻으려는 시도는 인본주의가 품어온 오랜 이상의 논리적 결론일 뿐이다. 즉 오랫동안 냅킨 밑에 감춰둔 것을 꺼내 식탁 위에 펼쳐놓는 형국이다.

그런데 나는 테이블 위에 다른 것을 꺼내놓으려 한다. 바로 1막에 등장해서 3막에 발사될 총이다. 이어지는 장들에서 나는 인본주의(인류에 대한 숭배)가 어떻게 세계를 정복했는지 이야기해볼 참이다. 하지만 인본주의는 떠오를 때부터 몰락의 씨앗을 품고 있었다. 인간을 신으로 업그레이드하려는 시도는 인본주의의 논리적 결론인 동시에 인본주의에 내재된 결함들을 드러낸다. 당신이 추구하는 어떤 이상이 애초에 결함을 품고 있다면, 대개 그 이상의 실현 단계에 와서야 그러한 결함을 알게 된다.

우리는 인본주의의 결함이 드러나는 과정을 노인 병동에서 볼 수 있다. 인간의 생명은 신성하다는 인본주의의 고집스러운 믿음 때문에, 우리는 "정확히 무엇이 신성하다는 건가요?"라고 묻지 않을 수 없는 애처로운 상태에 이를 때까지 환자들을 무리하게 살려둔다. 이와 비슷한 인본주의적 믿음 탓에, 21세기에 우리는 인류 전체를 한계점 너머로 밀어붙일 것이다. 또한 인간을 신으로 업그레이드할 수 있는 기술들은 인간을 아무짝에도 쓸모없는 존재로 만들 수도 있다. 예컨대 노화와 죽음의 작동기제를 이해하고 극복할 수 있을 만큼 성능이 뛰어난 컴퓨터가 나타난다면, 그 컴퓨터는 모든 일에서 인간을 대체할 수 있을 만큼 뛰어날 것이다.

따라서 21세기에 인류가 추구할 의제는 이 장황한 서두에서 내가 제시한 것보다 훨씬 더 복잡할 것이다. 지금으로서는 불멸, 행복, 신성이 최우선 의제로 올라 있다. 하지만 우리가 이 목표들을 거의 달성할 무렵, 그 목표들을 추구하는 과정에서 일어난 격변들이 우리를 전혀 다른 목적지로 향하게 할 것이다. 여기에 기술한 미래는 과거에 기반한 미래일 뿐이다. 즉 지난 300년 동안 세계를 지배한 생각과 희망들에 기반한 미래이다. 진짜 미래, 즉 21세기의 새로운 개념과 희망에서 탄생한 미래는 완전히 다를 것이다.

이 모든 것을 이해하기 위해서는, 시간을 되짚어 호모 사피엔스가 누구이고, 인본주의는 어떻게 세계를 지배하는 종교가 되었으며, 왜 인본주의의 꿈을 이루려는 시도가 그 꿈을 해체할 수 있는지 조사할 필요가 있다. 바로 이것이 이 책의 기본 얼개이다.

1부에서는 무엇이 우리 종을 이처럼 특별하게 만드는지 이해하기 위해 호모 사피엔스와 여타 동물들의 관계를 살펴볼 것이다. 미래에 대한 책에서 왜 동물에게 이토록 주목하는지 의아해하는 독자들도 있을 것이다. 하지만 우리의 동료인 동물들에서 이 논의를 시작하지 않고는 인류의 본성과 미래를 진지하게 논할 수 없다는 것이 내 생각이다. 호모 사피엔스는 자신이 동물이라는 사실을 잊기 위해 최선을 다하지만 그래도 어쩔 수 없이 동물이다. 또 우리가 스스로 신이 되려고 시도하는 시점에 우리의 기원을 기억하는 것은 두 배로 중요하다. 동물로서의 우리 과거, 또는 다른 동물들과의 관계를 무시하고는 신이 된 우리의 미래를 살펴볼 수 없다. 인간과 동물의 관계는 미래에 전개될 초인간과 인간의 관계를 예측하는 데 가장 좋은 모델이기 때문이다. 초인적 지능을 지닌 사이보그가 살과 피를 지닌 보통 사람들을 어떻게 대할지 알고 싶은가? 그렇다면 인간이 자기보다 지능이 떨어지는 동물 사촌들을 어떻게 대하는지 보면 된다. 물론 이것이 완벽한 유비는 아니지만, 상상만 하지 않고 실제로 관찰할 수 있는 최고의 모델이다.

2부에서는 1부의 결론을 토대로 호모 사피엔스가 지난 천 년 동안 창조한 기이한 세계와 우리를 현재의 교차로로 데려온 길을 살펴볼 것이다. 호모 사피엔스는 어떻게 해서 우주가 인간을 중심으로 돌아가고 모든 의미와 권위가 인간에게서 나온다는 인본주의 신조를 신봉하게 되었을까? 이 신조의 경제적·사회적·정치적 함의는 무엇인가? 이 신조는 어떻게 우리의 일상과 예술 그리고 우리의 가장 은밀한 욕망을 만들어내는가?

마지막 3부에서는 다시 21세기 초로 돌아와 인류와 인본주의에 대한 훨씬 더 깊어진 이해를 바탕으로 오늘날 우리가 처한 곤경과 우리에게 가능한 미래들을 이야기할 것이다. 왜 인본주의를 실현하려는 시도가 도리어 그 이념의 몰락을 초래할까? 불멸, 행복, 신성의 추구가 어떻게 인류에 대한 우리의 믿음을 뿌리째 뒤흔드는가? 이러한 격변을 예고하는 징후는 무엇이고, 그 격변은 우리 각자가 일상에서 내리는 결정에 어떻게 반영될까? 그리고 인본주의가 실제로 위태롭다면 무엇이 그 자리를 대신하게 될까? 3부에서 나는 단순히 가설을 늘어놓거나 무턱대고 미래를 점치지는 않을 것이다. 앞으로 닥칠 일들에 대한 단서를 찾기 위해 우리가 사용하는 스마트폰, 데이트 관행, 직업시장 등을 샅샅이 파헤칠 것이다.

인본주의를 신봉하는 사람들에게는 이 모든 이야기가 무척 비관적이고 우울하게 들릴지도 모르겠다. 하지만 성급한 결론으로 비약하지 않는 것이 좋다. 그동안의 역사에서 많은 종교, 제국, 문화가 흥하고 망했다. 그러한 격변들이 꼭 나쁜 것만은 아니다. 인본주의는 300년 동안 세계를 지배했는데, 300년은 그리 긴 시간이 아니다. 파라오가 이집트를 3,000년 동안 지배했고, 교황은 유럽을 천년 동안 지배했다. 당신이 람세스 2세 시대의 이집트인에게 언젠가 파라오가 사라질 거라고 말한다면 그는 아연실색해서 이렇게 대꾸

할 것이다. "파라오 없이 어떻게 삽니까? 누가 질서와 평화, 정의를 보장합니까?" 당신이 중세시대 사람들에게 몇백 년 안에 신이 죽을 거라고 말한다면 그들은 공포에 질릴 것이다. "신 없이 어떻게 삽니까? 누가 인생의 의미를 주고, 우리를 혼돈에서 보호해줍니까?"

후대에 와서 과거를 돌아보는 사람들은 파라오의 몰락과 신의 죽음을 모두 긍정적인 변화로 생각한다. 어쩌면 인본주의의 붕괴도 결국 좋은 일일지도 모른다. 우리가 변화를 두려워하는 것은 자신이 알지 못하는 것이 본래 두렵기 때문이다. 하지만 역사에 존재하는 단 하나의 위대한 상수는 모든 것이 변한다는 사실이다.

▲ 사자를 죽이는 아시리아의 왕 아슈르바니팔: 동물의 왕국을 제패하다.

제1부 호모 사피엔스 세계를 정복하다

인간과 다른 동물들의 차이는 무엇일까?
우리 종은 어떻게 세계를 정복했을까?
호모 사피엔스는 우월한 생명체인가, 골목대장에 지나지 않는가?

2

인류세

다른 동물들과 관련해서 말하자면 인간은 오래전에 신이 되었다. 우리가 이 사실에 대해 깊이 생각하기 싫어하는 이유는 우리가 그다지 공정한 신도 자비로운 신도 아니었기 때문이다. 내셔널지오그래픽 채널을 시청하거나 디즈니 영화를 보거나 동화책을 읽으면, 지구라는 행성에 사자, 늑대, 호랑이가 우리 인간만큼이나 많이 살고 있다는 인상을 받게 된다. 라이언 킹 심바는 숲의 동물들을 지배하고, 빨간 모자는 못된 늑대를 피해 다니고, 늑대소년 모글리는 정글의 무법자인 호랑이 쉬어칸에게 용감하게 맞선다. 하지만 현실의 그곳에는 그런 동물들이 더 이상 존재하지 않는다. 텔레비전과 책, 판타지와 악몽 속에는 그런 동물들이 여전히 가득하지만 심바, 쉬어칸, 못된 늑대는 지구상에서 사라지고 있다. 이 세계에 살고 있는 동물은 주로 인간과 인간이 키우는 가축들이다.

빨간 모자와 못된 늑대 이야기를 지은 그림 형제의 땅 독일에는 오늘날 늑대가 몇 마리나 살고 있을까? 백 마리도 안 된다(그나마 그들도 대개 최근에 국경을 몰래 넘어온 폴란드 늑대들이다). 반면 가축화된 개는 500만 마리가 살고 있다. 아직 지구 상에 어슬렁거리는 야생 늑대는 모두 합쳐도 약 20만 마리인데, 가축화된 개는 전부 합쳐 4억 마리가 넘는다.[1] 이 세상에 살고 있는 사자는 4만 마리인데 비해 집고양이는 6억 마리이다.[2] 아프리카 물소는 90만 마리인 반면 가축화된 소는 15억 마리이다. 펭귄은 5,000만 마리인데 닭은 200억 마리이다. 1970년 이래 생태의식이 높아지고 있음에도, 야생동물 개체수는 절반으로 줄었다(그렇다고 1970년에 야생동물이 번성했다는 말은 아니다).[3] 1980년 유럽에는 야생 조류가 20억 마리 있었다. 하지만 2009년에는 16억 마리만 남았다. 같은 해 유럽 사람들은 닭고기와 달걀을 얻기 위해 19억 마리의 닭을 길렀다.[4] 현재 전 세계 대형 동물(몸무게가 킬로그램 단위인 동물들)의 90퍼센트 이상이 인간 아니면 가축이다.

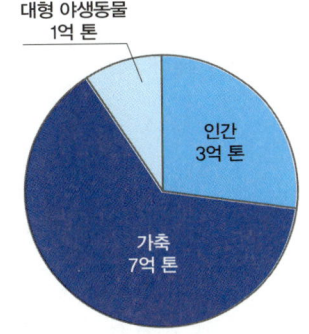

▲ 전 세계 대형 동물의 생물량을 보여주는 원 그래프.

과학자들은 우리 행성의 역사를 플라이스토세, 플라이오세, 마이오세 같은 시대로 구분한다. 공식적으로 우리는 홀로세에 살고 있다. 하지만 지난 7만 년을 인류세, 즉 인류의 시대로 부르는 것이 나을 듯하다. 이 몇만 년 동안 호모 사피엔스가 지구 생태계의 독보적 변인이 되었기 때문이다.[5]

이는 유례가 없는 현상이다. 약 40억 년 전 생명이 처음 출현한 이래, 단일종이 혼자 힘으로 지구 생태계를 변화시킨 예는 없다. 생태혁명과 대멸종 사건들이 많이 있었지만, 그 사건들은 특정 종인

도마뱀, 박쥐, 곰팡이가 일으킨 것이 아니다. 기후변화, 지각판 운동, 화산 폭발, 소행성 충돌 같은 자연의 막대한 힘이 그런 사건들을 일으켰다.

오늘날 우리가 대규모 화산 폭발이나 소행성 충돌로 또다시 대멸종을 맞을까봐 걱정하는 사람들이 있다. 할리우드 영화 제작자들은 이런 사람들의 불안을 이용해 수십억 달러를 번다. 하지만 그럴 위험은 현실적으로 지극히 낮다. 대멸종은 수천만 년에 한 번씩 일어난다. 그렇게 보면 앞으로 1억 년 이내에 큰 소행성이 지구와 충돌할 가능성이 있지만, 다음주 화요일에 그런 일이 일어날 확률은 거의 없다. 우리는 소행성을 두려워할 게 아니라 우리 자신을 두려워해야 한다.

왜냐하면 호모 사피엔스가 게임의 규칙을 바꾸었기 때문이다. 이 한 종의 유인원이 7만 년 사이에 지구 생태계를 유례없는 방식으로 완전히 바꾸었다. 우리 인간들이 지구에 끼치는 영향은 이미 빙하시대와 지각판 운동이 지구에 미친 영향과 맞먹는다. 백 년 안에 우리가 미칠 영향은 6,500만 년 전 공룡을 없앤 소행성의 영향을 능가할 것이다.

소행성은 진화의 경로를 바꾸었을 뿐 근본적인 규칙을 바꾸지는 않았다. 이 규칙은 40억 년 전 최초의 생명체가 출현했을 때 그대로이다. 그 오랜 시간 동안, 바이러스든 공룡이든 모든 생물은 자연선택의 불변하는 원리에 따라 진화했다. 그뿐 아니라, 아무리 이상하고 모양이 기괴한 생명체도 유기적 영역을 벗어나지는 않았다. 즉 선인장이든 고래든 모든 생물은 유기화합물로 만들어졌다. 그런데 지금 인류는 자연선택을 지적설계로 대체하고, 생명을 유기적 영역에서 비유기적 영역으로 확장할 태세를 취하고 있다.

미래의 일은 제쳐두고 지난 7만 년 동안만 돌아봐도, 인류세가 유례없는 방식으로 세계를 바꿔놓은 것은 명백하다. 소행성, 지각판 운동, 기후변화는 전 세계 생물들에게 영향을 미쳤지만 그 영향은 지역마다 달랐다. 지구는 단일한 생태계로 구성된 적이 없었다. 오히려 느슨하게 연결된 많은 생태계들의 집합이었다. 지각판 운동으로 북아메리카 대륙과 남아메리카 대륙이 합쳐졌을 때 남아메리카에 살던 유대목 동물이 대부분 멸종했지만, 오스트레일리아의 캥거루는 해를 입지 않았다. 2만 년 전 마지막 빙하기가 절정에 달했을 때 페르시아 만灣의 해파리와 도쿄 만의 해파리는 모두 새로운 기후에 적응해야 했다. 하지만 이 두 개체군은 아무런 연결고리가 없었으므로, 각기 다른 방식으로 반응해 독자적인 방향으로 진화했다.

그런데 사피엔스는 지구를 독립적인 생태구역으로 나누던 장벽을 깨뜨렸다. 인류세에 지구는 최초로 단일한 생태적 단위가 되었다. 오스트레일리아, 유럽, 미국은 여전히 기후와 지형이 다르지만, 인간이 전 세계 생물들을 거리나 지리와 무관하게 정기적으로 뒤섞었다. 처음에는 나무배들로 지엽적인 영향을 미쳤지만, 얼마 지나지 않아 비행기, 유조선, 거대한 화물선 들로 대양을 휘저으며 모든 섬과 대륙을 이었다. 그 결과 오스트레일리아의 생태계는 해안과 사막으로 쇄도하는 유럽 포유류나 아메리카의 미생물을 고려하지 않고는 이해할 수 없게 되었다. 지금은 인간이 지난 300년 동안 오스트레일리아에 들여온 양, 밀, 쥐, 독감 바이러스가 원래부터 그곳

호모 사피엔스
세계를 정복하다

에 살던 캥거루와 코알라보다 오스트레일리아 생태계에 훨씬 더 중요하다.

하지만 인류세는 지난 몇백 년 동안 갑자기 나타난 새로운 현상이 아니다. 수만 년 전 석기시대 조상들이 동아프리카에서 지구 곳곳으로 퍼져나가면서 이미 그들이 정착한 모든 대륙과 섬의 식물상과 동물상을 바꿔놓았다. 그들은 전 세계의 다른 모든 인류 종, 오스트레일리아에 살던 대형 동물의 90퍼센트, 아메리카에 살던 대형 포유류의 75퍼센트, 지구의 모든 대형 육상 포유류의 약 50퍼센트를 멸종으로 내몰았다. 이 모든 멸종 사건들은 그들이 최초의 밀밭에 파종하고, 최초의 금속 도구를 만들고, 최초의 글을 쓰고, 최초의 동전을 주조하기 전에 일어난 일이다.[6]

주로 대형 동물이 피해를 입은 이유는 개체수가 비교적 적고 번식 속도가 느렸기 때문이다. 예를 들어 매머드(멸종했다)와 토끼(살아남았다)를 비교해보라. 매머드 한 무리는 고작해야 몇십 마리였고, 한 해에 새끼를 딱 두 마리만 낳았다. 그래서 그 지역의 인간 부족이 한 해에 매머드 세 마리만 사냥해도 태어나는 개체수가 죽는 개체수를 따라잡지 못해 몇 세대 안에 매머드가 사라졌다. 반면 토끼는 다산의 대명사답게 빠르게 번식했다. 설령 인간이 한 해에 수백 마리를 사냥하더라도 토끼를 멸종으로 내몰 정도는 아니었다.

우리 조상들이 일부러 매머드를 절멸시켰다는 말이 아니다. 그들은 단지 자신들의 행동이 어떤 결과를 초래할지 몰랐을 뿐이다. 매머드와 여타 대형 동물들의 멸종은 진화적 시간 척도에서는 빠르게 일어났는지 몰라도 인간의 눈에는 느리고 점진적인 일이었을 것이다. 사람은 겨우 70년 내지 80년을 살았던 반면, 멸종 과정은 수백 년이 걸렸다. 고대 사피엔스들은 자신들이 매년 매머드를 사냥한 것(고작 두세 마리의 매머드를 잡은 것)과 그 덩치 큰 털북숭이 동물이 사라진 것 사이의 관련성을 아마 눈치채지 못했을 것이다. 고작 옛날을 그리워하는 한 노인이 의심의 눈초리를 보내는 젊은이들에게 이런 말이나 했을 것이다. "내가 어렸을 적에는 매머드가 지금보다 훨씬 많았지. 마스토돈과 대형 사슴도 마찬가지였고. 물론 그때는 족장들이 정직했고 애들은 어른을 공경했지."

뱀의
자식들

인류학과 고고학의 증거에 따르면 원시시대 수렵채집인들은 애니미즘을 믿었던 것 같다. 즉 그들은 인간과 여타 동물들을 나누는 본질적 간극이 있다고 생각하지 않았다. 세계(즉 그 지역의 계곡과 그 주위를 둘러싼 산맥)는 그곳에 사는 모든 동물의 것이고, 모두가 공동의 규칙을 따라야 했다. 그러기 위해서는 관련된 당사자들 사이에 끊임없는 협상이 필요했다. 사람들은 동물, 나무, 돌뿐 아니라 요정, 악마, 유령과도 대화했다. 이런 소통의 그물망에서 인간, 코끼리, 떡갈나무, 유령에게 똑같이 적용되는 가치와 규범들이 생겨났다.[7]

현대까지 살아남은 일부 수렵채집인 부족들은 지금도 만물에 영혼이 깃들어 있다는 애니미즘적 세계관을 가지고 있다. 그런 부족 가운데 하나가 인도 남부 열대 숲에 사는 나야카족이다. 수년 동안 나야카족을 연구한 인류학자 대니 나베의 보고에 따르면, 나야카족은 정글을 걷다가 호랑이나 뱀, 코끼리 같은 위험한 동물을 만나면 다가가서 말을 건다고 한다. "너 이 숲에 사는구나. 나도 이 숲에 살아. 네가 배가 고파서 이곳에 왔듯이 나도 식물 뿌리와 구근을 캐러 왔어. 나는 너를 해치지 않아."

어느 날 나야카족 한 사람이 '항상 혼자 걷는 코끼리'라고 불리던 수컷 코끼리에게 죽임을 당했다. 나야카족 사람들은 그 코끼리를 잡아주겠다는 인도 산림청 공무원들의 도움을 거절했다. 그들은 나베에게 그 이유를 이렇게 설명했다. 원래 그 코끼리는 다른 수컷 코끼리와 매우 친해서 항상 함께 다녔는데, 어느 날 산림청에서 친구 코끼리를 잡아가자 화가 나서 성미가 거칠어졌다고. "당신의 배우자를 누가 데려가면 기분이 어떻겠는가? 그 코끼리의 심정이 딱 그랬다. 두 마리 코끼리는 밤이 되면 헤어져 각기 따로 걷기도 했지만…… 아침에는 항상 함께 다녔다. 그러던 어느 날 그 코끼리는 친구가 쓰러지는 것을 보았다. 둘이 항상 함께 다니다 한 녀석이 총에 맞으면 남은 녀석의 기분이 어떻겠는가?"[18]

이러한 애니미즘적 태도는 산업사회에 사는 우리에게 낯설게 다가온다. 우리는 무의식적으로 동물이 우리와 본질적으로 다른 열등한 존재라고 생각한다. 가장 오래된 전통들조차 수렵채집 시대가 끝나고 수천 년이 지난 뒤에 생겼기 때문이다. 예를 들어 《구약성경》은 기원전 1000년대에 쓰였고, 《구약성경》의 가장 오래된 이야기들은 기원전 2000년대의 현실을 반영한다. 그런데 수렵채집인들의 시대가 중동에서는 적어도 7,000년은 더 일찍 끝났다. 그러므로

▲ 시스티나 성당에 있는 미켈란젤로의 〈뱀의 유혹과 에덴동산에서의 추방〉. 인간의 상체를 가진 뱀이 이 모든 사건의 발단이다. 〈창세기〉 1장과 2장은 신의 독백으로 채워져 있다["하느님이 말씀하시기를 (…) 하느님이 말씀하시기를 (…) 하느님이 말씀하시기를 (…)"] 3장에 이르러 마침내 대화가 나오는데, 바로 이브와 뱀의 대화이다["뱀이 여자에게 말했다. (…) 여자가 뱀에게 말했다. (…)"]. 인간은 동물과의 이 특별한 대화 때문에 타락하여 에덴동산에서 쫓겨난다.

호모 사피엔스
세계를 정복하다

성경이 애니미즘을 거부한다는 사실 그리고 성경에서 애니미즘과 관련한 이야기는 맨 앞에 끔찍한 경고로 딱 한 번 등장한다는 사실은 그리 놀랍지 않다. 성경은 기적과 놀랍고 경이로운 일들로 채워진 두꺼운 책이다. 하지만 그 안에서 동물이 인간과 대화를 시도하는 장면은 신이 금지한 선악과를 먹으라고 뱀이 이브를 유혹할 때뿐이다(발람의 당나귀도 몇 마디를 하지만, 발람에게 신의 메시지를 전달만 할 뿐이다).

아담과 이브는 에덴동산에서 수렵채집인으로 살았다. 그리고 그들이 에덴동산에서 쫓겨나는 장면은 농업혁명과 놀랍도록 닮았다. 분노한 신은 아담이 야생의 과일을 계속 따 먹을 수 있도록 허락하는 대신, "이마에 땀방울이 맺혀야만 빵을 먹을 수 있는" 저주를 내린다. 성경 속 동물들이 농경 이전 에덴동산 시대에만 인간과 이야기를 나누는 것은 우연이 아닐 것이다. 성경이 이 일화를 통해 보여주려 한 교훈은 무엇일까? "너희는 뱀의 말에 귀 기울이지 말 것이며, 동식물과는 되도록 이야기를 나누지 마라. 안 그러면 재앙이 닥칠 것이다."

하지만 이 성경 속 이야기의 껍질들을 한 겹씩 벗겨내면 더 깊고 오래된 뜻이 드러난다. 대부분의 셈족 언어에서 '이브'는 '뱀' 또는 '암컷 뱀'을 뜻한다. 성경에 등장하는 이 어머니 조상의 이름에는 원시 애니미즘 신화가 감춰져 있는데, 그 신화에 따르면 뱀은 우리의 적이 아니라 조상이다.[9] 많은 애니미즘 문화에 인간이 뱀이나 여타 파충류를 포함한 동물에서 유래했다는 믿음이 존재한다. 오스트레일리아 원주민들은 무지개뱀이 세계를 창조했다고 믿는다. 아란다족과 디에리족은 자신들의 부족이 원시 도마뱀 또는 뱀에서 기원했으며, 이들이 인간으로 변신했다고 주장한다.[10] 실은 현대 서구인들 역시 자신들이 파충류에서 진화했다고 생각한다. 우리 각자의 뇌 중심에는 파충류의 뇌가 있고, 우리 몸의 구조는 사실상 변형된 파충류의 몸이다.

〈창세기〉의 저자들이 이브의 이름에 원시 애니미즘 신앙의 잔재를 남겼는지는 모르지만, 그밖에 다른 모든 흔적은 용의주도하게 감추었다. 〈창세기〉에 따르면, 인간은 뱀에서 유래한 것이 아니라,

신이 무생물 물질로 창조했다. 뱀은 우리의 시조가 아니라, 하늘에 계신 아버지를 거역하라고 우리를 유혹하는 존재이다. 애니미즘을 믿는 사람들은 인간도 동물일 뿐이라고 생각한 반면, 성경은 인간이 특별한 창조물이며 우리 안의 동물성을 인정하는 것은 곧 신의 권능을 부정하는 것이라고 주장한다. 자신들이 실제로 파충류에서 진화했음을 알았을 때, 근대 인류는 신을 거역하고 신의 말에 더는 귀 기울이지 않았으며, 신의 존재를 더 이상 믿지 않았다.

조상의
필요

성경은 인간의 특별함에 대한 믿음과 더불어 농업혁명의 부산물 가운데 하나였는데, 농업혁명은 인간과 동물의 관계에 새 국면을 개시했다. 농업은 대량 멸종이라는 새로운 물결을 일으켰지만, 이보다 더 중요한 점은 농업이 지구상에 완전히 새로운 형태의 생물인 가축들을 탄생시켰다는 사실이다. 그러나 초기에는 이런 새로운 상황이 크게 중요하지 않았는데, 인간이 가축화에 성공한 동물이 포유류와 조류를 포함해 20종 이하에 그친 반면, '야생' 상태로 남은 종들이 무수히 많았기 때문이다. 하지만 몇 세기가 지나면서 이 새로운 생명 형태가 우위를 점하게 되었다. 지금은 대형 동물의 90퍼센트가 가축화되었다.

그러나 안타깝게도, 가축들은 종種이라는 집단으로는 독보적 성공을 거두었지만 개체 수준에서는 전례 없는 고통을 겪고 있다. 수백만 년 동안 동물들은 이런저런 고통과 비극을 겪어왔지만, 농업혁명이 일으킨 고통은 한 번도 겪어본 적 없는 새로운 종류였고, 그 고통은 시간이 흐를수록 심해질 뿐이었다.

내막을 모르는 사람들은 가축들이 야생의 사촌이나 조상들보다 훨씬 잘살고 있다고 생각할지도 모른다. 야생의 멧돼지들은 온종일 먹이, 물, 쉴 곳을 찾아다녀야 하고, 사자나 기생충, 또는 홍수의 위협에서 자유로울 수 없다. 반면 가축화된 돼지들은 가만히 있어도 인간이 먹이, 물, 쉴 곳을 제공해줄 뿐 아니라, 질병을 치료해주고 포식자와 자연재해로부터도 보호해준다. 물론 대부분의 돼지들이 결국엔 도살장으로 끌려간다. 하지만 그렇다고 그들의 운명이 멧돼지의 운명보다 못할까? 사자에게 잡아먹히는 것이 인간에게 도축당하는 것보다 더 나을까? 악어의 이빨이 강철 칼날보다 덜 위험할까?

농장에서 키우는 가축화된 동물들의 운명을 특히 사납게 만드는 것은 단지 죽는 방식이 아니라, 그 동물들이 사는 방식이다. 두 가지 모순된 요인이 고대부터 지금까지 농장 동물들의 삶의 조건을 조성했다. 그것은 인간의 욕망과 동물의 필요이다. 인간은 고기를 얻기 위해 돼지를 기르지만, 고기를 꾸준히 공급받으려면 장기간에 걸쳐 돼지의 생존과 번식을 확보해야 한다. 따라서 이론적으로는 매우 잔인한 조건으로부터 가축들을 보호해야 한다. 농장주가 돼지를 제대로 보살피지 않으면 돼지는 새끼를 낳지 못한 채 금방 죽을 것이고, 그러면 결국 농부도 굶어죽을 테니까.

하지만 불행히도 인간은 농장 동물들에게 다양한 방식으로 엄청난 고통을 가하면서도 그들의 생존과 번식을 확보할 수 있다. 가축들이 야생의 조상에게서 물려받은 여러 육체적·정서적·사회적 필

제 1 부

요가 인간의 농장에서는 없어도 될 무용지물이라는 데서 이 문제가 비롯된다. 동물들의 필요를 무시해도 농장주들은 경제적으로 손해 볼 것이 없다. 그래서 그들은 동물들을 좁은 우리에 가두고, 뿔과 꼬리를 자르고, 어미와 새끼를 떼어놓고, 육종을 통해 자연에는 존재하지 않는 괴물들을 길러낸다. 그리하여 동물들은 엄청난 고통을 받지만, 그럼에도 살아가고 번식한다.

자연선택의 기본원리에 위배되는 일은 아니지 않느냐고? 진화론은 본능, 욕구, 감정이 오직 생존과 번식을 위해 진화했다고 주장한다. 그런 관점에서 보면, 가축들이 계속해서 번식한다는 것은 그들이 실제로 필요로 하는 것이 모두 충족되었다는 증거 아닌가? 어떻게 돼지가 자신의 생존과 번식에 불필요한 '필요'를 가질 수 있는가?

모든 본능, 욕구, 감정이 생존과 번식상의 필요로 진화한 것은 틀림없는 사실이다. 하지만 어느 날 갑자기 필요가 사라진다고 해서 그동안 지녔던 본능, 욕구, 감정도 함께 사라지는 것은 아니다. 적어도 당장 사라지지는 않는다. 설령 생존과 번식에 도움이 되지 않는다 해도, 그런 본능, 욕구, 감정은 그 동물의 주관적 경험에 계속 영향을 미친다. 농업은 동물과 사람의 생존과 번식상의 필요를 하루아침에 바꾸었다. 하지만 그들이 지니고 있던 육체적·감정적·사회적 욕구까지 바뀐 것은 아니다. 물론 진화는 농업이 시작된 이래 1만 2,000년 동안 한순간도 멈추지 않고 인간과 동물을 변형시켰다. 예를 들어 유럽과 서아시아 사람들은 우유를 소화하는 능력을 진화시켰고, 소들은 인간에 대한 두려움을 버리고 야생의 조상들보다 훨씬 많은 우유를 생산한다. 하지만 이것은 표피적 변화에 불과하다. 소, 돼지, 인간의 마음 깊숙한 곳에 있는 감각과 감정 구조는 석기시대 이래로 크게 달라지지 않았다.

현대인은 왜 단것을 그리 좋아할까? 21세기 초에 우리가 생존하기 위해 아이스크림과 초콜릿을 배불리 먹어야 하기 때문은 아니다. 그보다는 석기시대 조상들이 달콤한 열매와 꿀을 본 순간 해야 했던 가장 지각 있는 행동이 그것을 최대한 빨리 최대한 많이 먹는 것이었기 때문이다. 왜 젊은 남성들이 난폭운전을 하고, 폭력적인 논쟁을 벌이고, 기밀 인터넷 사이트를 해킹할까? 그들이 고대의 유전명령을 따르고 있기 때문이다. 그러한 명령은 오늘날에는 쓸모없고 비생산적인 것일지 몰라도, 7만 년 전에는 진화적으로 타당했다. 목숨 걸고 매머드를 뒤쫓은 젊은 사냥꾼은 경쟁자들 사이에서 단연 돋보여 미녀들의 선택을 받았지만, 이제 우리는 그런 마초 유전자가 달갑지 않다.[11]

인간이 관리하는 농장에 사는 수퇘지, 암퇘지, 새끼 돼지들의 삶도 정확히 똑같은 진화논리의 지배를 받는다. 그들의 조상은 야생에서 생존하고 번식하기 위해 광대한 영역을 배회하고, 주변 환경을 익히고, 덫과 포식자를 조심할 필요가 있었다. 그뿐 아니라 동료 멧돼지들과 의사소통하고 협력할 필요가 있었고, 따라서 늙고 경험 많은 우두머리 암컷이 지배하는 복잡한 사회집단을 이루고 살았다. 그러한 필요에 부응해 야생 멧돼지들은(그리고 야생 암퇘지들은 더더욱) 똑똑한 사회적 동물이 되었다. 그들은 호기심이 많으며, 여럿이 어울리고 장난치고 이리저리 돌아다니고 주위를 탐색하려는 욕구가 강하다. 어떤 암퇘지가 희귀한 돌연변이로 인해 자신의 환경과 주변 멧돼지들에게 무관심했다면 아마 생존하거나 번식하기 어려웠을 것이다.

야생 멧돼지의 후손들인 가축화된 수퇘지들은 조상의 지능, 호기심, 사회생활 능력을 물려받았다.[12] 가축화된 돼지들도 야생 멧돼지와 마찬가지로 매우 다양한 음성 및 후각 신호를 이용해 의사소통을 한다. 어미 돼지들은 새끼들이 끽끽거리는 소리를 구별하며, 새끼 돼지들은 태어난 지 이틀 만에 어미의 신호음과 다른 암퇘지들의 신호음을 구별한다.[13] 펜실베이니아 주립대학교의 스탠리 커티스 교수는 햄릿과 오믈렛이라는 이름의 두 마리 돼지에게 특수한 조이스틱을 주둥이로 제어하는 훈련을 시킨 결과, 얼마 지나지 않아 그 돼지들이 간단한 컴퓨터 게임을 영장류만큼이나 잘 배운다는 사실을 밝혀냈다.[14]

오늘날 공장식 축산 농장에 사는 대부분의 암퇘지들은 컴퓨터 게임은커녕, 가로 2미터 세로 60센티미터의 작은 생식 우리에 갇혀 지낸다. 바닥은 콘크리트이고 금속 울타리로 둘러싸인 생식 우리는 새끼를 밴 암퇘지들이 걷기는커녕 몸을 돌리거나 옆으로 눕기도 힘들 만큼 좁다. 이런 환경에서 석 달 반을 지낸 뒤, 그 암퇘지들은 약간 더 넓은 우리로 옮겨져 새끼를 낳고 젖을 먹인다. 자연 상태에서 새끼 돼지들은 10주 내지 20주쯤 젖을 먹지만, 공장식 농장에서는 2주에서 4주 만에 강제로 젖을 떼고, 어미에게서 분리되어 다른 곳으로 보내진 뒤 통통하게 살이 오르면 도축된다. 어미는 금방 다시 임신해 생식 우리에서 같은 생활주기를 반복한다. 보통 암퇘지는 다섯 번에서 열 번 정도 그런 주기를 반복한 뒤

도축된다. 최근 유럽연합과 미국의 일부 주들에서 생식 우리의 사용을 제한했지만, 그밖의 많은 나라들에서는 생식 우리가 아직도 많이 사용되고, 수천 마리의 번식용 암퇘지들이 거의 평생을 그 우리 안에서 보낸다.

농장주들은 암퇘지의 생존과 번식에 필요한 모든 것을 제공한다. 충분한 먹이를 주고, 병에 걸리지 않도록 예방접종을 하고, 자연의 폭력으로부터 보호해주고, 인공수정을 한다. 객관적인 관점에서 보면, 그 암퇘지는 주변을 탐색할 필요도, 다른 돼지들과 어울릴 필요도, 새끼와 유대를 형성할 필요도, 심지어 걸을 필요도 없다. 하지만 돼지의 주관적 관점에서 보면 그 돼지는 여전히 이 모든 것에 매우 강한 욕구를 느끼고, 그런 욕구들이 충족되지 않을 경우 엄청난 고

▲ 생식 우리에 갇힌 암퇘지들. 매우 사회적이고 지능이 높은 이 동물들은 이런 조건에서 마치 이미 소시지가 된 것처럼 생의 대부분을 보낸다.

통을 받는다. 생식 우리에 갇힌 암퇘지들은 흔히 극심한 좌절과 지독한 절망을 번갈아 드러낸다.[15]

생존과 번식에는 불필요하다 해도, 그 동물의 주관적 관점에서는 수천 세대 전에 형성된 필요를 계속 느낀다는 것, 이것이 진화심리학이 주는 교훈이다. 하지만 애석하게도 농업혁명은 동물들의 주관적 필요를 무시하면서도 그들의 생존과 번식을 확보할 수 있는 힘을 인간에게 주었다.

유기체는
알고리즘

돼지 같은 동물들이 실제로 주관적 필요와 감각, 감정의 세계에서 살고 있다는 것을 우리가 어떻게 아는가? 혹시 우리가 동물의 인간화를 범하고 있는 것은 아닐까? 다시 말해, 어린이들이 인형도 사랑과 분노를 느낀다고 믿는 것처럼 인간 외의 존재들에게 인간의 성질을 부여하는 것은 아닐까?

사실 돼지에게 감정이 있다고 생각하는 것은 인간화가 아니다. 그것은 '포유류화'이다. 감정은 인간만 가진 것이 아니기 때문이다. 감정은 모든 포유류가 공유하는 성질이다(더 나아가 모든 조류와 몇몇 파충류, 심지어 어류도 감정을 느낀다). 모든 포유류에게 감정과 필요가 진화해왔다면, 돼지가 포유류라는 사실에서 우리는 그들이 감정을 느낀다는 사실을 충분히 연역할 수 있다.[16]

최근 몇십 년 동안 생명과학자들은 감정이 단지 시를 짓고 교향곡을 작곡하는 데 쓰이는 신비로운 영적 현상이 아님을 입증했다.

감정은 모든 포유류의 생존과 번식에 필수적인 생화학적 알고리즘이다. 그게 무슨 뜻이냐고? 자, 알고리즘이 무엇인지부터 알아보자. 알고리즘은 이 책의 이어지는 장들에서 다시 등장할 핵심개념일 뿐 아니라 21세기를 지배할 개념이므로, 알고리즘에 대해 아는 것은 매우 중요하다. '알고리즘'은 오늘날 세계에서 단연코 가장 중요한 개념일 것이다. 우리의 삶과 미래를 이해하려면 알고리즘이 무엇이고 그것이 감정과 어떤 관계가 있는지 반드시 이해하고 넘어가야 한다.

알고리즘은 계산을 하고 문제를 풀고 결정을 내리는 데 사용할 수 있는 일군의 방법론적 단계들이다. 알고리즘은 특정한 계산이 아니라 계산할 때 따르는 방법이다. 예를 들어 당신이 두 수의 평균을 구하고 싶다면 간단한 알고리즘을 사용할 수 있다. 그 알고리즘은 이렇게 명령한다. '1단계: 두 수를 더해라. 2단계: 그 합을 2로 나눠라.' 이 알고리즘에 4와 8을 입력하면 6이 나온다. 117과 231을 입력하면 174가 나온다.

더 복잡한 예로는 요리 레시피가 있다. 예컨대 채소수프를 만드는 알고리즘은 이렇게 명령할 것이다.

1. 기름 반 컵을 냄비에 넣고 달군다.
2. 양파 네 개를 잘게 다진다.
3. 황금빛을 띨 때까지 양파를 볶는다.
4. 감자 세 개를 큼직하게 썰어서 냄비에 넣는다.
5. 양배추를 채 썰어 냄비에 넣는다.

대략 이런 식이다. 당신은 같은 알고리즘을 수십 번씩 실행할 수 있고, 매번 사용하는 채소를 조금씩 달리해서 약간 다른 수프를 만들 수 있다. 하지만 알고리즘 자체는 그대로이다.

레시피만으로 수프가 만들어질 수는 없다. 레시피를 읽고 일군의 단계들을 시키는 대로 행할 사람이 필요하다. 하지만 사람 대신 이 알고리즘을 자동으로 실행할 기계를 만들 수도 있다. 그러면 그 기계에 물, 전기, 채소를 넣기만 하면 기계가 알아서 수프를 만들 것이다. 우리 주변에 수프 만드는 기계는 드물지만 음료수 자판기는 흔하다. 그런 자판기들에는 대개 동전 넣는 구멍, 컵이 나오는 곳, 몇 줄로 배열된 버튼들이 있다. 첫째 줄에는 커피, 차, 코코아를 선택하는 버튼들이 있다. 둘째 줄에는 무설탕, 설탕 한 스푼, 설탕 두 스푼이라고 표시된 버튼들이 있다. 셋째 줄에는 우유, 두유, 선택하지 않음이라고 적힌 버튼들이 있다. 그 기계로 다가가 구멍에 동전을 넣고 '차', '설탕 한 스푼', '우유' 버튼을 차례로 누르면, 기계가 입력된 단계들을 따라 작동하기 시작한다. 티백을 컵에 떨어뜨리고, 뜨거운 물을 붓고, 설탕 한 스푼과 우유를 첨가한 뒤 탁! 소리와 함께 맛있는 차가 나온다. 이것이 알고리즘이다.[17]

지난 몇십 년 동안 생물학자들은 버튼을 누르고 차를 마시는 사람 역시 알고리즘이라는 확고한 결론에 이르렀다. 사람은 자판기보다 훨씬 더 복잡한 알고리즘이지만, 그렇다 해도 알고리즘인 것은 확실하다. 인간은 차를 우릴 뿐 아니라 자신을 복제하는 알고리즘이다(자판기처럼 올바른 조합의 버튼들을 누르면 또 다른 자판기가 탄생한다).

자판기를 제어하는 알고리즘은 기계장치와 전기회로를 통해 문제를 해결한다. 인간을 제어하는 알고리즘은 감각, 감정, 생각을 통해 문제를 해결한다. 그리고 정확히 똑같은 종류의 알고리즘이 돼지, 긴팔원숭이, 수달, 닭을 제어한다. 예를 들어 한 생존 문제를 생각해보자. 긴팔원숭이가 나무에 매달린 바나나를 발견했는데, 근처에 사자가 숨어 있는 것을 알아챘다. 이 긴팔원숭이는 목숨을 걸고 그 바나나를 따 먹어야 할까?

이 문제는 결국 확률을 계산하는 수학 문제이다. 즉 긴팔원숭이가 그 바나나를 먹지 않을 경우 굶어죽을 확률과, 사자가 그 긴팔원숭이를 잡아먹을 확률을 견주는 것이다. 이 문제를 풀기 위해 긴팔원숭이는 수많은 데이터를 고려할 필요가 있다. 바나나가 얼마나 멀리 있는지, 사자는 얼마나 멀리 있는지, 내가 얼마나 빨리 달릴 수 있는지, 사자는 얼마나 빨리 달리는지, 사자가 깨어 있는지 잠들었는지, 사자는 배고파 보이는지 아니면 배불러 보이는지, 그곳에 바나나가 몇 개나 있는지, 바나나가 큰지 작은지, 덜 익었는지 잘 익었는지. 긴팔원숭이는 이런 외적 데이터와 더불어 몸의 조건도 파악해야 한다. 지금 당장 굶어죽게 생겼다면 승산이 있든 없든 그 바나나를 먹기 위해 모든 것을 거는 게 옳다. 반면 방금 뭔가를 먹었다면 그 바나나를 탐내는 것은 쓸데없는 욕심이다. 왜 사서 고생을 하는가?

이 모든 변수와 확률을 따지기 위해서는 자판기를 제어하는 알고리즘보다 훨씬 복잡한 알고리즘이 필요하다. 계산이 정확할수록 보상이 크다. 보상은 긴팔원숭이의 생존이다. 위험을 과대평가하는 알고리즘을 지닌 겁쟁이 긴팔원숭이는 굶어죽을 것이고, 그런 소심한 알고리즘을 짠 유전자들도 함께 사라질 것이다. 위험을 과소평가하는 알고리즘을 지닌 무모한 긴팔원숭이는 사자의 먹이가 될 것이고, 그의 무모한 유전자들 역시 다음 세대로 전달되지 못할 것이다. 알고리즘은 자연선택을 통해 끊임없이 품질관리를 받는다. 따라서 확률을 정확하게 계산하는 동물들만 자손을 남긴다.

하지만 이런 식의 설명은 매우 추상적이다. 긴팔원숭이가 어떻게 확률을 계산한단 말인가? 귀 뒤에 꽂힌 연필을 손에 들고 뒷주머니에서 노트를 꺼낸 다음 계산기를 두드려 달리기 속도와 에너지 수준을 계산하는 것은 분명 아니잖은가. 그보다는 긴팔원숭이의 몸이 곧 계산기이다. 감각과 감정이라는 것은 실은 알고리즘이다. 긴팔원숭이는 배고픔을 느끼고, 사자를 보면 두려움을 느껴 벌벌 떨고, 바나나를 보면 입에 침이 고인다. 긴팔원숭이는 순간적으로 이런 감각, 감정, 욕망의 폭풍을 경험하는데, 이것은 단지 계산과정일 뿐이다. 계산의 결과는 느낌으로 나타난다. 긴팔원숭이는 갑자기 정신이 번쩍 들고, 털이 쭈뼛 서고, 근육이 경직되고, 가슴이 터질 것 같다. 그래서 크게 심호흡을 한 다음 '나는 할 수 있다! 바나나를 향해 진격하자!'라고 결정한다. 또는 겁을 집어먹어 어깨가 움츠러들고 속이 뒤틀리고 다리가 풀려 '엄마야! 사자다! 걸음아 날 살려라!' 하고 내뺀다. 때로는 확률이 정확히 반반이어서 결정하기 어려운 순간도 있는데, 그런 상태 역시 느낌으로 나타난다. 긴팔원숭이는 혼란을 느끼고 갈팡질팡한다. '그래…… 아니야…… 그래…… 아니야…… 아, 몰라! 도대체 어떻게 해야 하는 거야!'

다음 세대에 유전자를 전달하려면 생존 문제만 해결해서 되는 것이 아니다. 동물들은 번식 문제도 해결해야 하는데, 이것 역시 확률 계산에 의존한다. 자연선택은 번식확률을 평가하는 급속 알고리즘으로 걱정과 혐오를 진화시켰다. 아름답다는 것은 곧 '성공하는 자식을 낳을 확률이 높다'는 뜻이다. 어떤 여성이 한 남성을 보고 '와! 정말 잘생겼다!'라고 생각할 때, 그리고 암컷 공작이 수컷 공작을 보고 '어머! 꼬리가 너무 멋져!'라고 생각할 때, 그 여성과 암컷 공작은 자판기와 비슷한 일을 하고 있는 것이다. 남성 또는 수컷 공작의 몸에서 반사된 빛이 여성 또는 암컷 공작의 망막에 가닿을 때 수백만 년의 진화를 통해 연마된 초강력 알고리즘이 작동하기 시작한다. 그 알고리즘은 남성 또는 수컷의 외모에서 포착한 작은 단서들을 순식간에 번식확률로 변환해 결론을 내린다. '십중팔구 이 수컷은 건강하고 생식력 있는 수컷이고 우수한 유전자를 가지고 있다. 이 수컷과 짝짓기를 한다면 내 자식도 우수한 유전자를 지닐 것이고 건강할 것이다.' 물론 이러한 결론은 언어나 숫자로 표현되지 않고, 강한 성적 끌림으로 표현된다. 암컷 공작들 그리고 대부분의 여성들은 펜과 종이를 놓고 이런 확률을 계산하지 않는다. 단지 느낄 뿐이다.

심지어 노벨경제학상 수상자들조차 자신이 하는 결정 가운데 극히 일부만을 펜, 종이, 계산기를 이용해 결정한다. 배우자, 직업, 거주지 같은, 인생에서 가장 중요한 선택들을 포함해 우리가 내리는 결정의 99퍼센트는 감각, 감정, 욕망이라고 불리는 매우 정교한 알고리즘을 통해 이루어진다.[18]

이런 알고리즘들이 모든 포유류와 조류(아마 몇몇 파충류와 심지어

▲ 공작 수컷과 남성. 당신이 이 사진들을 볼 때, 당신의 생화학적 알고리즘은 비율, 색깔, 크기에 관한 데이터를 처리해 끌림이나 혐오 또는 무관심을 일으킨다.

호모 사피엔스
세계를 정복하다

는 어류까지도)의 삶을 제어하기 때문에, 인간, 긴팔원숭이, 돼지가 두려움을 느낄 때 이들의 뇌의 비슷한 영역에서 비슷한 신경 과정이 일어난다. 그러므로 놀란 사람, 놀란 긴팔원숭이, 놀란 돼지는 비슷한 경험을 할 가능성이 높다.[19]

물론 차이도 있다. 돼지들은 호모 사피엔스가 경험하는 지극한 연민과 잔인함을 알지 못하는 것 같다. 또한 별이 총총한 끝 모를 하늘을 올려다보는 사람이 느끼는 압도적인 경이감도 알지 못하는 듯하다. 물론 인간은 모르는 돼지들만의 감정도 분명 있을 테지만, 그것이 어떤 감정인지 나로서는 알 방법이 없다. 하지만 중요한 감정 하나만큼은 모든 포유류가 공유하는 듯한데, 바로 어미와 새끼 사이의 유대감이다. '포유류'라고 불리는 이유도 실은 이 유대감 때문이다. '포유'라는 말의 어원은 라틴어 '맘마mamma'로 '젖가슴'이라는 뜻이다. 포유류 어미들은 자기 몸에서 나오는 젖을 빨게 할 만큼 새끼를 극진히 사랑한다. 포유류 새끼들은 어미와 유대감을 느끼고 어미와 가까이 있고 싶은 욕구를 강하게 느낀다. 야생에서 어미와 유대를 맺지 못한 새끼 돼지, 송아지, 강아지 들은 오래 살지 못한다. 최근까지 인간의 아이들도 마찬가지였다. 어떤 드문 돌연변이로 인해 새끼를 보살피지 않는 암퇘지, 암소, 암캐가 있다면, 그들 자신은 편하게 오래 살지 몰라도 그들의 유전자는 다음 세대로 전달되지 못할 것이다. 똑같은 논리로 기린, 박쥐, 고래, 호저도 마찬가지이다. 다른 감정들에 대해서는 왈가왈부할 수 있다. 하지만 포유류 새끼들은 어미의 보살핌 없이는 생존할 수 없으므로, 어미의 사랑과 어미-새끼 간의 끈끈한 유대는 모든 포유류가 공유하는 특징임은 명백하다.[20]

과학자들이 이 사실을 인정하기까지는 많은 시간이 걸렸다. 얼마 전만 해도 심리학자들은 부모 자식 간의 정서적 유대가 인간에게 중요하다는 것을 믿지 않았다. 20세기 전반기에, 게다가 프로이트 이론의 영향에도 불구하고 주류 행동주의 학파는 부모 자식 간의 관계가 물질적 피드백을 통해 형성되고, 아이들이 필요로 하는 것은 주로 음식, 안식처, 의료이며, 아이가 부모와 유대감을 형성하는 것은 부모가 그런 물질적 필요를 제공하기 때문이라고 주장했다. 따스함, 포옹, 입맞춤을 요구하는 아이들은 '버릇없는 아이'로 여겨졌다. 육아 전문가들은 부모가 안아주고 입맞춤하며 키운 아이들은 자라서 가난하고 이기적이고 불안한 어른이 된다고 경고했다.[21]

1920년대 육아계의 최고 권위자였던 존 왓슨은 부모들에게 단호하게 조언했다. "(당신의 아이에게) 포옹과 입맞춤을 해주지 마라. 무릎에 앉히지도 마라. 꼭 해야 한다면 잠자리에 들 때 이마에 한 번만 입맞춤해주고, 아침에는 악수를 해라."[22] 〈인펀트 케어Infant Care〉라는 대중잡지는 육아의 비결이 규율을 유지하고 아이들이 필요로 하는 물질을 엄격한 일일 계획표에 따라 제공하는 것이라고 설명했다. 1929년의 한 기사는 만일 아기가 수유시간 전에 젖을 달라고 울면 이렇게 하라고 부모들에게 조언했다. "아기를 안아주지도 달래지도 말고, 젖 먹을 시간이 될 때까지 아기에게 젖을 주지 마라. 갓난아기지만 좀 운다고 어떻게 되지는 않는다."[23]

1950년대와 1960년대에 와서야 이런 엄격한 행동주의 이론을 버리고 정서적 필요의 중요성을 인정해야 한다는 합의가 전문가들 사이에서 이루어졌다. 해리 할로라는 심리학자는 일련의 유명한 (그리고 충격적일 만큼 잔인한) 실험들을 위해 갓 태어난 새끼 원숭이들을 곧바로 어미에게서 떼어내 작은 우리에 가두었다. 그리고 우유병이 장착된 금속 모형 어미와 우유가 나오지 않지만 부드러운 천으로 덮인 모형 어미 중 선택을 하게 했다. 그랬더니 새끼 원숭이들은 젖이 나오지 않는 부드러운 천으로 된 어미에게 필사적으로 달라붙었다.

존 왓슨과 〈인펀트 케어〉의 전문가들이 미처 몰랐던, 포유류는 먹이만으로 살 수 없다는 사실을 그 새끼 원숭이들은 알고 있었던 것이다. 포유류에게는 정서적 유대도 필요하다. 수백만 년의 진화는 원숭이들에게 정서적 유대를 맺고자 하는 강한 욕구를 심어주었다. 또한 진화는 원숭이들에게 딱딱한 금속 물체보다는 부드러운 털로 덮인 것과 정서적 유대를 맺는 것이 쉽다고 각인시켰다(인간 어린이들이 수저, 돌, 나무 블록보다 인형, 담요, 냄새나는 천에 훨씬 더 애착을 느끼는 이유가 여기에 있다). 정서적 유대에 대한 욕구를 갈망한 할로의 새끼 원숭이들은 우유를 주는 금속 어미를 포기하고, 그런 욕구를 채워줄 것처럼 보이는 유일한 사물로 관심을 돌렸다. 하지만 슬프게도 천으로 된 어미는 새끼 원숭이들의 애정에 응답하지 않았다. 그래서 새끼 원숭이들은 심각한 심리적·사회적 문제를 겪었고, 결국 신경증에 걸린 반사회적 성체로 성장하고 말았다.

오늘날 우리는 20세기 초의 육아 조언을 도무지 이해할 수 없다. 어떻게 전문가라는 사람들이 아이들은 정서적 필요를 느끼고, 아이들의 몸과 마음이 건강하려면 음식, 안식처, 의료만큼이나 정서적 필요를 제공하는 것이 중요하다는 사실을 모를 수 있었을까? 하지만 우리 또한 다른 포유류를 대할 때는 이런 명백한 사실을 계속 부정한다. 그동안의 역사에서 농장주들은 존 왓슨과 〈인펀트 케어〉의 전문가들처럼 새끼 돼지, 송아지, 새끼 염소의 물질적 필요를 보살폈을 뿐 정서적 필요는 무시하기 일쑤였다. 육류업계와 낙농업계는 포유류 세계의 근본인 정서적 유대를 끊으며 출발한다. 농장주들은 번식용 암퇘지와 젖 짜는 암소를 거듭해서 수정시킨다. 하지만 새끼 돼지와 송아지들은 태어나자마자 어미에게서 떨어져, 어미의 젖꼭지를 빨아보지도 못하고 어미의 혀와 몸의 따스한 온기를 느껴보지도 못한 채 성장한다. 해리 할로가 몇백 마리 원숭이들에게 했던 짓을, 육류업계와 낙농업계 종사자들은 매년 수십 억 마리 동물들에게 하고 있다.[24]

농업계약

농부들은 자신들의 행동을 어떻게 정당화했을까? 수렵채집인들은 자신들이 생태계에 끼치는 피해를 잘 몰랐던 반면, 농부들은 자신들이 무슨 짓을 하고 있는지 너무나 잘 알았다. 자신들이 가축을 착취하고 마음대로 조종한다는 사실을 잘 알고 있었다. 그들은 농업혁명 직후 우후죽순 생겨나 퍼져나간 새로운 유신론적 종교의 미명 아래 자신들의 행동을 정당화했다. 유신론적 종교들은 우주가 생명체들의 의회가 아니라, 일군의 위대한 신들, 또는 유일신 'God'(그리스어로 'Theos')이 통치하는 신권체제라고 주장하기 시작했다. 우리는 보통 이 개념을 농업과 연관 짓지 않지만, 적어도 처음에는 유신론적 종교도 농업사업이었다. 유대교, 힌두교, 그리스도교 같은 종교들의 초기 신학이론, 신화, 전례는 재배식물 및 가축들과 인간의 관계를 중심으로 형성되었다.[25]

예를 들어 히브리 성경시대의 유대교는 농부 및 양치기들의 구미에 맞추었다. 계명의 대부분이 경작(사육)과 마을생활에 대한 것이고, 중요한 종교휴일은 추수감사절이었다. 오늘날 우리는 예루살렘의 고대 사원이 커다란 유대교 회당이었을 거라고 상상한다. 그곳에서 눈처럼 흰 예복을 입은 성직자들이 독실한 순례자들을 맞이하고, 미성의 합창단이 찬송가를 부르고, 향기로운 향냄새가 퍼졌을 거라고. 하지만 사실 그곳은 도축장과 바비큐 식당을 섞어놓은 듯한 장소였다. 순례자들은 빈손으로 오지 않았다. 그들이 데려온 양, 염소, 그밖에 동물들의 행렬이 끝도 없이 이어졌다. 그 동물들은 신의 제단에 희생제물로 바쳐졌고, 의식이 끝나면 그것을 요리해 나눠 먹었다. 합창단이 부르는 찬송은 송아지와 새끼 염소들의 울음소리에 묻혀 잘 들리지도 않았다. 옷에 피 얼룩이 묻은 사제들이 희생제물의 목을 따고 터져나오는 피를 항아리에 담아 제단 위로 쏟아부었다. 향냄새는 엉긴 피와 구운 고기가 풍기는 역한 냄새와 섞였고, 검은 파리떼가 도처에서 윙윙거렸다(〈민수기〉 28장, 〈신명기〉 12장, 〈사무엘상〉 2장을 보라). 성경시대의 정신에 더 가까운 모습은 예배당에서 성경공부를 하면서 축일을 보내는 정통 유대교 가족보다는, 자기 집 잔디밭에서 바비큐를 먹으며 축일을 기념하는 현대 유대교 가정이다.

성경시대의 유대교 같은 유신론적 종교들은 새로운 우주론적 신화를 통해 농업경제를 정당화했다. 그 이전의 애니미즘 종교들은 우주를 알록달록하게 분장한 배우들이 끝도 없이 등장하는 거대한 중국 경극처럼 묘사했다. 코끼리와 떡갈나무, 악어와 강, 산과 개구리, 유령과 요정, 천사와 악마. 그들은 저마다 우주 경극에서 한 배역을 맡았다. 유신론적 종교는 이 각본을 고쳐, 우주를 주요 등장인물이 인간과 신 단둘뿐인 황량한 입센의 희곡으로 바꾸었다. 천사와 악마는 이런 변천 속에서 무사히 살아남아 위대한 신의 전령이자 종이 되었다. 하지만 나머지 정령들(모든 동식물과 자연현상)은 소리 없는 장식으로 변했다. 물론 몇몇 동물들은 신성한 존재로 간주되었고, 많은 신들이 동물의 특징을 가지고 있었다. 예컨대 이집트 신 아누비스는 자칼의 머리를 가졌고, 예수 그리스도도 양으로 묘사되곤 했다. 하지만 고대 이집트인들은 아누비스와 마을에 몰래 들어와 닭을 잡아먹는 평범한 자칼의 차이를 쉽게 구별할 수 있었고, 그리스도교도인 푸주한은 자신의 칼 아래 놓인 양과 예수를 착각하지 않았다.

우리는 유신론적 종교들이 위대한 신들을 신성시한 사실만 알고 그 종교들이 인간도 신성시했다는 사실은 쉽게 잊는다. 그전까지 호모 사피엔스는 수천 개의 배역 가운데 한 배역에 불과했으나, 새로운 유신론의 무대에서 사피엔스는 그를 중심으로 우주가 돌아가는 주인공이 되었다.

한편 신들에게는 상호 연관된 두 가지 임무가 주어졌다. 첫째, 신들은 사피엔스의 특별한 점이 무엇이며, 왜 그가 다른 모든 유기체를 지배하고 이용하는지 설명해야 했다. 그리스도교는 인간이 나머지 창조물 위에 군림하는 것은 창조주가 인간에게 그런 권한을 맡겼기 때문이라고 주장했다. 게다가 그리스도교에 따르면, 신은 오직 인간에만 불멸의 영혼을 주었다. 불멸의 영혼을 주는 것이 그리스도교 세계가 존재하는 목적이므로, 영혼이 없는 동물들은 엑스트라일 뿐이다. 이렇게 해서 인간은 창조의 정점이 된 반면, 다른 모든 유기체는 주변으로 밀려났다.

둘째, 신들은 인간과 생태계 사이를 중재해야 했다. 애니미즘 세계에서는 만물이 직접 소통했다. 순록, 무화과나무, 구름, 바위에게서 뭔가 얻고자 한다면 그들에게 직접 말을 걸었다. 하지만 유신론적 세계에서는 인간을 제외한 존재들은 말을 하지 못했다. 따라서 인간은 나무나 동물과 이야기를 나눌 수 없었다. 만약 나무가 열매를 더 많이 맺고, 젖소가 젖을 더 많이 생산하고, 구름이 비를 더 많이 내려주고, 메뚜기떼가 농작물에 얼씬도 하지 않기를 바란다면 어떻게 해야 했을까? 이 대목에서 신이 등장했다. 신은 비를 내리고, 열매와 젖이 많이 생산되게 하고, 농작물을 보호해주겠다고 약속했다. 단, 인간이 그 대가로 뭔가를 해야 했다. 바로 이 부분이 농업계약의 본질이었다. 신은 농작물을 보호하고 수확량을 늘려주며, 그 대가로 인간은 신과 수확물을 공유해야 했다. 이 계약은 두 당사자의 이익을 위해 생태계의 나머지 구성원을 희생시켰다.

오늘날 네팔에서 가디마이 여신을 믿는 사람들은 5년마다 한 번씩 바리야푸르 마을에서 가디마이 축제를 연다. 2009년에는 25만 마리라는 기록적인 수의 동물들을 가디마이 여신에게 제물로 바쳤다. 그 고장의 한 운전기사는 그곳을 찾은 영국 기자에게 이렇게 설명했다. "만일 당신이 소원이 있어서 여신에게 바칠 제물을 가져오면 5년 안에 그 소원이 모두 이루어질 겁니다."[26]

대부분의 유신론 신화들은 이 계약의 미묘한 부분까지 일일이 설명하지는 않는다. 메소포타미아의 길가메시 서사시는 신들이 세계를 파괴하기 위해 큰 홍수를 내릴 때 거의 모든 사람과 동물이 죽었다고 이야기한다. 경솔한 신들은 그제야 그들에게 제물을 바칠 사람이 아무도 없다는 것을 깨달았다. 그들은 배고픔과 고통으로 미쳐 날뛰었다. 다행히 수메르의 신인 엔키(바빌로니아 지방에서 물의 신이었던 '에아'의 수메르어 이름—옮긴이)의 선견지명으로 한 가족이 살아남았다. 엔키는 자신의 신자인 우트나피쉬팀에게 일가친족과 동물들을 데리고 커다란 나무 방주로 피하라고 지시했다. 홍수가 잠잠해져 방주에서 나왔을 때 그 메소포타미아의 노아가 첫 번째로 한 일은 신들에게 동물을 바친 것이었다. 길가메시 서사시에 따르면, 그러자 위대한 신들이 모두 그곳으로 달려왔다. "신들이 그 냄새를 맡았다/신들은 맛있는 냄새를 맡고/제물 주위로 파리떼처럼 몰려들었다."[27] 성경의 홍수 이야기(메소포타미아의 홍수 신화보다 천년 이상 늦게 기록되었다)도 이렇게 보고한다. 방주에서 나온 즉시 "노아는 주 앞에 제단을 짓고 정결한 동물들과 새들을 골라 제단 위에 번제로 바쳤다. 주께서 좋은 냄새를 맡으시고 마음속으로 다짐하셨다. '인간이 악하다는 이유로 땅에 저주를 내리는 일은 다시는 없을 것이다'"(〈창세기〉 8장 20~21절).

이 홍수 이야기는 농업세계의 창립 신화가 되었다. 여기에 현대의 환경주의적 해석을 부여하는 것도 물론 가능하다. 그 홍수는 우리 인간들에게, 우리의 행동이 생태계 전체를 망칠 수 있으며, 인간은 나머지 창조물들을 보호할 신성한 책임이 있다는 가르침을 줄 수 있다. 하지만 전통적인 해석들에서는 이 홍수를 인간의 우월성과 동물의 무가치함을 보여주는 증거로 여겼다. 그 해석들에 따르면, 노아는 동물들을 위해서가 아니라 신과 인간의 공동 이익을 위해 생태계를 구하라는 지시를 받은 것이다. 인간 외의 생물들은 고유한 가치를 지니지 않고 오직 우리를 위해 존재한다.

결국 "주께서는 인간의 사악함이 극에 달한 것을 보시고" 결심했다. "내가 창조한 것이지만 인간을 이 땅 위에서 쓸어버리겠다. 인간뿐 아니라 짐승과 땅 위를 기어다니는 것과 공중의 새까지 그렇게 하겠다. 그것들을 만든 것이 후회되는구나."(《창세기》 6장 7절) 성경은 인간이 나쁜 행동을 하면 마치 기린, 펠리컨, 무당벌레 들의 존재이유가 사라지는 것처럼, 호모 사피엔스의 죄를 처벌하기 위해 동물들까지 모조리 죽여버려도 괜찮다고 한다. 성경은 신이 호모 사피엔스를 창조한 것을 후회해 그 죄 많은 유인원을 지구상에서 쓸어버리고, 그런 다음 타조, 캥거루, 판다의 익살을 영원히 즐긴다는 대안을 상상하지 못했다.

유신론적 종교들은 그럼에도 동물친화적인 특정 믿음을 갖고 있다. 신들이 인간에게 동물계에 대한 권한을 주었으나 그 권한에는 약간의 책임이 따랐다. 예컨대 유대인들은 안식일에는 농장의 동물들을 쉬게 하고 동물들에게 불필요한 고통을 가하지 말라는 계명을 받았다(비록 이해가 충돌할 때는 인간의 이익이 동물의 이익에 항상 우선했지만 말이다[28]).

《탈무드》는 도축장으로 가던 송아지 한 마리가 도망쳐 랍비 유대교의 창시자 중 한 명인 랍비 예후다 하나시에게 도움을 청한 이야기를 들려준다. 그 송아지는 랍비의 긴 옷자락에 머리를 묻고 울기 시작했다. 하지만 그 랍비는 송아지를 밀쳐내며 이렇게 말했다. "가라. 너희는 바로 그 목적으로 창조되었다." 랍비가 자비심을 전혀 보여주지 않았다는 이유로 신은 그를 벌했고, 그는 13년 동안 고통스러운 병을 앓았다. 그러던 어느 날, 랍비의 집을 청소하던 한 하인이 갓 태어난 쥐 몇 마리를 발견하고 그 쥐들을 쓸어내기 시작했다. 그러자 랍비 예후다가 그 무력한 생명체들을 구하러 달려가 하인에게 그냥 놔두라고 지시했다. "주님은 모든 만물을 은혜로 맞아주시고, 지으신 모든 피조물에 긍휼을 베푸신다."(〈시편〉 145편 9절) 랍비가 쥐들에게 측은지심을 보이자 신은 긍휼을 베풀어 랍비의 병을 낫게 했다.[29]

다른 종교들, 그중에서도 특히 자이나교, 불교, 힌두교는 동물들에게 더 많은 감정이입을 한다. 이런 종교들은 인간과 생태계의 나머지 구성원들 간의 관계를 강조하고, '살생하지 마라'를 가장 중요한 윤리적 계명으로 삼는다. 성경의 "너희는 죽여선 안 된다"가 인간에게만 적용되는 계명인 반면, 고대 인도의 '아힘사(ahimsa: 비폭력)' 원리는 모든 감응적 존재(느끼고 지각하고 주관적 경험을 할 수 있는 존재—옮긴이)에게로 확장된다. 자이나교 승려들은 이 계명에 특히 주의를 기울인다. 그들은 곤충을 흡입하지 않도록 항상 흰 천으로 입을 가리고, 걸을 때 빗자루를 들고 길에 있는 개미나 딱정벌레를 조심스럽게 쓸어낸다.[30]

그럼에도 농업사회의 모든 종교(자이나교, 불교, 힌두교도 포함해)는 인간이 우월하다는 사실과 (고기를 원하지 않을 경우에는 우유나 노동력을 위해) 동물들을 착취하는 행태를 정당화할 방법을 찾았다. 모든 종교는 존재의 자연적 위계에 따라, 특정한 제약을 지키는 한 인간에게는 다른 동물들을 통제하고 이용할 자격이 있다고 주장해왔다. 예컨대 힌두교에서는 소를 신성시해 쇠고기를 먹지 않지만, 이는 다른 한편으로 낙농업을 정당화할 근거를 제공했다. 그들의 논리에 따르면, 소는 너그러운 생명체라서 자신들의 젖을 인류와 나누고 싶어 한다.

인간은 이렇게 '농업계약'을 이행할 것을 굳게 맹세했다. 이 계약에 따르면 인간은 신, 자연 그리고 동물들에 대한 특정한 의무를 이행하는 조건으로 다른 동물들을 통제할 권한을 우주의 장대한 힘으로부터 부여받았다. 이런 거대한 계약이 존재한다는 주장을 사람들이 쉽게 믿은 것은 그 계약이 농경생활의 일상을 반영했기 때문이다.

수렵채집인들은 자신들이 생태계에 끼치는 영향을 잘 인식하지 못했기 때문에 자신들을 우월한 존재로 여기지 않았다. 보통 수렵채집인 무리는 몇십 명 수준이었던 반면, 그들 주변에는 수천 마리의 야생동물들이 있었다. 그러므로 그 동물들의 욕구를 이해하고 존중하는 것에 수렵채집인 무리의 생존이 달려 있었다. 수렵채집인들은 사슴이 무엇을 바라는지, 사자가 무슨 생각을 하는지 끊임없이 자문해야 했다. 그러지 않으면 사슴을 사냥할 수도, 사자를 피할 수도 없었다.

반면 농부들이 사는 세계를 통제하고 조성한 것은 인간의 꿈과 생각이었다. 인간은 여전히 폭풍이나 지진 같은 막강한 자연의 힘에 종속되었지만, 다른 동물들이 바라는 바에 얽매일 필요는 없었다. 농가의 소년은 말 타는 법, 황소에 고삐를 매는 법, 말 안 듣는 당나귀를 매질하는 법, 양떼를 목초지로 데려가는 법을 일찍감치 배웠다. 그러한 일상이 만물의 자연적 질서 또는 하늘의 뜻을 반영한다는 것은 믿기 쉽고 솔깃한 이야기였다.

인도 남부의 나야카족이 코끼리, 뱀, 숲은 인간과 동등한 존재로 취급하지만, 재배식물이나 가축 동물에 대해서는 매우 다른 견해를 취한 것은 우연이 아니다.

나야카족은 고유한 인격을 지닌 생명체를 '만산mansan'이라고 부른다. 나야카족은 인류학자 대니 나베에게 모든 코끼리가 만산이라고 설명했다. "우리는 숲에 살고 그들도 숲에 삽니다. 우리는 모두 만산입니다…… 곰, 사슴, 호랑이도 마찬가지예요. 숲의 모든 동물이 만산입니다." 그러면 소들은 어떨까? "소는 다릅니다. 우리가 여기저기 끌고 다녀야 하니까요." 그러면 닭들은? "아닙니다. 만산이 아닙니다." 그러면 숲의 나무들은 어떨까? "만산이 맞습니다. 그들은 나이가 아주 많으니까요." 그러면 차나무들은? "내가 필요한 것을 상점에서 사기 위해 차나무를 재배하니까 차나무들은 만산이 아닙니다."31

또한 우리는 대부분의 농경사회에서 사람들이 어떤 취급을 받았는지 기억해야 한다. 성경시대 이스라엘 또는 중세 중국에서 인간을 매질하고 노예로 부리고 고문하고 처형하는 일은 흔했다. 인간은 단순히 재산으로 여겨졌다. 통치자들은 농부들에게 의견을 물을 생각은 꿈에도 하지 않았고, 농부들이 필요로 하는 것이 무엇인지 신경쓰지도 않았다. 부모들이 자식들을 노예로 팔거나, 가장 높은 가격을 쳐주는 사람과 결혼시키는 일도 흔했다. 그런 조건에서 소와 닭의 감정을 무시하는 것은 그다지 놀라운 일이 아니었다.

500년 동안의
고독

근대 과학과 산업이 등장하면서 인간과 동물의 관계에 두 번째 혁명이 일어났다. 인류는 농업혁명으로 동식물을 침묵시키고, 애니미즘이라는 장대한 경극을 인간과 신의 대화로 바꾸었다. 그런데 인류는 과학혁명을 통해 신도 침묵시켰다. 세계는 1인극으로 바뀌었다. 인류는 텅 빈 무대 위에 홀로 서서 혼자 말하고, 아무와도 협상하지 않고, 어떤 의무도 없는 막강한 권력을 획득했다. 물리, 화학, 생물의 무언의 법칙들을 해독한 인류는 지금 이 법칙들을 가지고 자신이 원하는 대로 하고 있다.

원시시대 사냥꾼은 사바나에 나가면 야생 황소의 도움을 구했고, 황소는 사냥꾼에게 뭔가를 요구했다. 고대의 농부는 자신이 키우는 젖소들이 젖을 많이 생산하기를 바라며 하늘에 계신 위대한 신에게 도움을 청했고, 신은 조건을 제시했다. 하지만 현재 네슬레 사 연구개발부서에서 일하는 흰 실험용 가운을 입은 직원들은 유제품 생산량을 늘리기 위해 유전학을 연구한다. 그리고 유전자들은 그 대가로 아무것도 요구하지 않는다.

하지만 사냥꾼과 농부들이 그들의 신화를 가졌듯이, 연구개발부서 사람들도 마찬가지이다. 그들의 가장 유명한 신화는 링컨셔 울즈소프 마을에 있는 한 저택의 정원으로 무대만 옮겨왔을 뿐, 선악과와 에덴동산의 전설을 뻔뻔하게 표절한다. 그 신화에 따르면, 뉴턴이 사과나무 아래에 앉아 있을 때 익은 사과가 그의 머리 위로 떨어졌다. 뉴턴은 왜 사과가 옆이나 위로 움직이지 않고 아래로 곧장 떨어지는지 궁금했다. 이렇게 시작한 탐구의 결과, 뉴턴은 마침내 중력과 뉴턴 역학의 법칙들을 발견했다.

뉴턴의 이야기는 선악과 신화를 거꾸로 뒤집는다. 에덴동산에서는 뱀이 죄를 짓도록 인간을 유혹해 신의 분노를 사게 만듦으로써

제 1 부

극을 시작한다. 아담과 이브는 뱀과 신의 노리개이다. 반면 울즈소프 정원의 남자는 혼자서 극을 이끈다. 뉴턴 자신은 독실한 그리스도교 신자로서 물리학 법칙보다 성경 공부에 훨씬 더 많은 시간을 쏟았을지 몰라도, 그로 인해 시작된 과학혁명은 신을 객석으로 밀어냈다. 뉴턴의 후계자들이 자신들의 창세기 신화를 쓸 때 신이나 뱀은 필요 없었다. 울즈소프 정원은 눈먼 자연법칙들에 의해 운영되는 곳이며, 그 법칙들을 해독하는 일은 온전히 인간의 몫이다. 이야기의 시작은 뉴턴의 머리 위로 떨어진 사과지만, 사과는 일부러 떨어진 게 아니다.

에덴동산 신화에서 인간은 호기심을 참지 못한 탓에, 그리고 지혜를 얻고 싶다는 소망을 품은 탓에 벌을 받는다. 신은 그들을 낙원에서 추방한다. 하지만 울즈소프 정원의 신화에서는 아무도 뉴턴을 벌하지 않는다. 오히려 정반대이다. 그의 호기심 덕분에 인류는 우주를 더 잘 알게 되고, 더 막강한 힘을 가지고, 기술 낙원을 향해 또 한 걸음을 내디딘다. 전 세계 수많은 선생님들이 호기심을 가지라며 학생들에게 뉴턴 신화를 들려주는 것은, 우리가 충분한 지식을 갖추기만 하면 이곳 지상에 천국을 건설할 수 있음을 암시한다.

사실 뉴턴 신화에도 신은 존재한다. 뉴턴 자신이 신이다. 생명공학, 나노기술, 그밖에 과학의 열매들이 무르익으면, 호모 사피엔스는 신 같은 힘을 얻어 다시 원점인 성경의 선악과로 돌아갈 것이다. 원시시대 수렵채집인들은 또 하나의 동물 종에 불과했다. 농부들은 자신들을 창조의 정점으로 간주했다. 하지만 과학자들은 우리를 신으로 업그레이드할 것이다.

농업혁명이 유신론적 종교를 탄생시킨 반면, 과학혁명은 신을 인간으로 대체한 인본주의 종교를 탄생시켰다. 유신론자들이 '테오스(theos, '신'을 뜻하는 그리스어)'를 경배하는 반면, 인본주의자들은 인간을 경배한다. 자유주의, 공산주의, 나치즘 같은 인본주의 종교들의 창립이념은 호모 사피엔스는 특별하고 신성한 본질을 지니고 있으며 우주의 모든 의미와 권위가 거기서 나온다는 것이다. 세상에서 일어나는 모든 일은 호모 사피엔스에게 미치는 영향에 따라 선 또는 악이 된다.

유신론이 신을 내세워 농업을 정당화했다면, 인본주의는 인간을 내세워 공장식 축산 농장을 정당화했다. 축산 농장은 인간의 필요, 변덕, 소망을 신성시하는 반면 그밖에 모든 것을 무시했다. 동물들은 신성한 본질을 지니고 있지 않으므로, 축산 농장은 동물에게 조금의 관심도 기울이지 않는다. 축산 농장에는 신도 필요 없다. 현대 과학과 기술이 고대의 신들을 훨씬 능가하는 힘을 인간에게 주었기 때문이다. 현대의 농장주들은 과학기술 덕분에 전통적인 농업사회의 조건들보다 더 극단적인 환경에서 젖소, 돼지, 닭을 기를 수 있다.

고대 이집트와 로마제국 또는 중세 중국에는 생화학, 유전학, 동물학, 전염병학에 대한 기초적인 지식만 있었다. 따라서 그들의 통제력에는 한계가 있었다. 당시 돼지, 젖소, 닭 들은 이 집 저 집을 자유롭게 돌아다니며 쓰레기 더미와 근처 숲에서 먹을 것을 찾았다. 그때 욕심 많은 농부가 동물 수천 마리를 좁은 우리에 가두려 했다면, 아마 치명적인 유행병이 발생해 모든 동물들뿐 아니라 마을 사람 대다수가 떼죽음을 당했을 것이다. 어떤 성직자, 샤먼, 신도 그 불행을 막지 못했을 것이다.

하지만 현대 과학이 유행병, 병원균, 항생제의 비밀을 해독해내자, 공장식 닭장, 축사, 양돈장은 실현 가능한 일이 되었다. 지금은 몇 줄로 배열된 비좁은 우리에 수만 마리의 돼지, 젖소, 닭을 넣고 예방접종, 약물, 호르몬 요법, 제초제, 중앙집중식 에어컨, 자동 먹이 공급기의 도움을 받아 고기, 우유, 달걀을 엄청나게 효율적으로 생산할 수 있다.

최근 들어 인간과 동물의 관계를 재고하기 시작하면서 이런 관행들이 점점 비판받는 추세이다. 우리가 이른바 하등한 생명체들의 운명에 갑자기 전례 없는 관심을 보이는 것은 어쩌면 그들과 우리가 곧 운명공동체가 될 것이기 때문인지도 모른다. 컴퓨터 프로그램이 초인적 지능과 전에 없던 성능을 갖추면, 우리는 그런 프로그램들의 가치를 인간의 가치보다 더 높이 평가해야 할까? 인공지능이 스스로의 필요와 욕망을 채우기 위해 인간을 착취하고 심지어 죽여도 괜찮을까? 아무리 뛰어난 지능과 성능을 가진 컴퓨터라고 해도 그렇게 하면 안 된다면, 인간이 돼지를 착취하고 죽이는 것은 윤리적인가? 인간은 더 높은 지능과 더 강한 능력에 더하여 돼지, 닭, 침팬지, 컴퓨터 프로그램과 구별되게 해주는 마법의 광휘라도 갖고 있는가? 갖고 있다면 그 광휘는 어디서 오는 것이며, 인공지능이 그런 광휘를 획득하지 못한다고 어떻게 확신하는가? 반대로 그런 광휘가 없다면, 컴퓨터가 지능과 성능에서 인간을 앞선 뒤에도 계속해서 인간의 생명에 특별한 가치를 부여할 이유가 있을까? 우리의 지능과 능력을 그토록 막강하게 만드는 것은 정확히 무엇인가? 그리고 인간 이외의 존재들이 인간과 같아지거나 인간을 능가할 가능성은 얼마나 될까?

 다음 장에서는 우리와 다른 동물들의 관계를 좀 더 깊이 이해하기 위해 그리고 우리에게 어떤 미래가 기다리고 있을지, 인간과 초인간의 관계는 어떤 모습일지 알기 위해 호모 사피엔스의 본성과 힘에 대해 살펴보겠다.

3

인간의 광휘

호모 사피엔스가 지구상에서 가장 막강한 종이라는 사실에는 의심의 여지가 없다. 또 호모 사피엔스는 자신들의 도덕적 지위가 높고, 자신들의 생명은 돼지, 코끼리, 늑대의 생명보다 훨씬 가치 있다고 생각하고 싶어 한다. 그런데 이런 생각의 근거는 그렇게 명백하지 않다. 힘이 곧 정의인가? 인간집단이 돼지집단보다 더 강하다면 인간의 생명이 돼지의 생명보다 더 중요한가? 그렇다면 미국은 아프가니스탄보다 훨씬 강하니 미국인의 생명이 아프가니스탄인의 생명보다 훨씬 더 가치 있는 것인가?

실제로 미국인의 생명이 더 가치 있게 취급된다. 평균적으로 미국인의 교육, 건강, 안전에 투자되는 돈이 아프가니스탄인의 경우보다 훨씬 많다. 미국 국민을 죽이면 아프가니스탄 국민을 죽일 때보다 훨씬 큰 국제적 비난이 일어난다. 하지만 이러한 현실은 지리정치적 세력 균형의 부당한 결과일 뿐이라는 것이 일반적 통념이다. 아프가니스탄의 국제적 영향력이 미국보다 훨씬 작다 해도, 토라보라 산맥에 사는 어린이의 생명은 비벌리힐스에 사는 어린이의 생명 못지않게 신성하다.

반면 우리는 인간의 아이들이 새끼 돼지보다 특별하다는 생각이 생태적 세력 균형보다 더 본질적인 뭔가를 반영한다고 믿는다. 우리는 인간의 생명이 어떤 근본적인 차원에서 실제로 우월하다고 믿으려 한다. 우리 사피엔스들은 우리가 마법 같은 자질을 가졌다고 스스로 세뇌한다. 그 자질은 우리의 막강한 힘을 설명해줄 뿐 아니라 특별한 지위를 도덕적으로 정당화한다. 인간만이 가진 이 특별한 광휘는 과연 무엇일까?

전통적인 일신교의 대답은 사피엔스만이 불멸의 영혼을 가진다는 것이다. 육체가 썩어 없어져도 영혼은 구원 또는 저주를 향해 계속 여행하고, 결국 천국에서 영원한 기쁨을 누리거나 지옥에서 영원한 비극을 맞는다. 그런데 돼지와 여타 동물들은 영혼이 없으므로 이 장대한 우주극에 참여하지 못한다. 그들은 기껏해야 몇 년을 살 뿐이고, 그런 다음에는 죽어서 무로 사라진다. 그러므로 우리는 덧없는 돼지보다 불멸하는 인간의 영혼에 훨씬 더 관심을 기울여야 한다.

이것은 유치원생들이 읽는 동화가 아니라, 21세기 초에도 계속해서 수십억 인간과 동물의 생명을 주무르는 매우 강력한 신화이다. 인간은 불멸의 영혼을 지닌 반면 동물들은 그저 덧없는 육신일 뿐이라는 믿음은 우리의 법, 정치, 경제 제도의 중심에 존재하는 기둥이다. 예를 들어 인간이 식량을 얻기 위해, 심지어 그저 재미를 위해 동물을 죽여도 된다고 생각하는 것은 이런 믿음 때문이다.

하지만 최근의 과학적 발견은 이 일신론적 신화와 정면충돌한다. 물론 실험실에서 이루어진 실험들은 신화의 한 부분인 '동물들은 영혼이 없다'는 일신론적 종교들의 믿음을 확인시켜준다. 그 어떤 꼼꼼한 연구와 정밀검사로도 돼지나 쥐, 또는 붉은털원숭이에게서 영혼의 흔적을 발견하지 못했다. 그러나 안타깝게도 그 실험은 이 일신론 신화의 훨씬 더 중요한 두 번째 부분을 훼손한다. 인간이 영혼을 지니고 있다는 믿음 말이다. 과학자들은 호모 사피엔스들을 수만 가지 기상천외한 실험에 참여시켜 그들의 심장과 뇌를 구석구석 빠짐없이 살폈지만, 지금까지 그 어떤 마법의 광휘도 발견하지 못했다. 사피엔스가 돼지와 달리 영혼을 지니고 있다는 과학적 증거는 전혀 없다.

단지 증거가 없을 뿐이라면, 과학자들에게 계속 조사하라고 말하면 된다. 아직 인간의 영혼을 발견하지 못한 것은 그들이 충분히 꼼꼼하게 조사하지 않았기 때문이므로. 하지만 생명과학이 영혼의 존재를 의심하는 것은 단지 증거가 없어서가 아니라, 영혼이라는 개념 자체가 진화의 기본원리에 모순되기 때문이다. 진화론이 독실한 신자들에게 고삐 풀린 증오를 불러일으키는 이유가 바로 이 모순에 있다.

**누가 찰스 다윈을
두려워하는가?**

2012년 갤럽 조사에 따르면, 미국인의 오직 15퍼센트만이 호모 사피엔스가 신의 개입 없이 자연선택만을 통해 진화했다고 생각한다. 32퍼센트의 미국인은 인간이 초기 생명 형태부터 수백만 년에 걸쳐 진화했을 가능성이 있지만 신이 이 쇼 전체를 지휘했다고 주장한다. 46퍼센트의 미국인은 성경에 적힌 그대로 신이 지난 1만 년 동안의 어느 시점에 지금의 형태로 인간을 창조했다고 믿는다. 3년간 대학을 다녀도 이러한 견해는 절대 바뀌지 않는다. 같은 조사에서, 문학사 학위를 받은 대학 졸업생들 가운데 46퍼센트가 성경의 창조 이야기를 믿는 반면, 14퍼센트만이 인간이 신의 감독 없이 진화했다고 생각한다는 사실이 밝혀졌다. 심지어 석사 학위와 박사 학위를 가진 사람들 가운데 25퍼센트가 성경을 믿고 고작 29퍼센트가 자연선택만으로 우리 종이 생겼다고 믿는다.[1]

학교가 진화에 대해 제대로 가르치지 못한 것이 분명하지만, 열성적인 신자들은 그것도 모자라 진화를 아예 가르치지 말아야 한다고 주장한다. 혹은 지적설계론도 함께 학생들에게 가르치라고 요구한다. 지적설계론에 따르면 모든 생명체는 어떤 지적 존재(신)의 설계로 창조되었다. 신자들은 "아이들에게 두 이론을 모두 가르치고 아이들 스스로 결정하게 하라"고 주장한다.

그런데 왜 진화론에는 이렇듯 격렬한 반대를 일으키면서도 상대성이론이나 양자역학에는 아무도 신경 쓰지 않을까? 왜 정치인들은 물질, 에너지, 공간, 시간에 대한 대안이론들을 아이들에게 가르치라고 요구하지 않을까? 따지고 보면 다윈의 이론들은 처음에는 아인슈타인과 베르너 하이젠베르크의 기괴한 이론들보다 훨씬 덜 위협적으로 보인다. 진화이론의 토대인 최적자 생존원리는 단조롭다고 말할 수는 없어도 간단명료한 개념이다. 반면 상대성이론과 양자역학은 시간과 공간을 구부릴 수 있고 무에서 어떤 것이 출현할 수 있으며 고양이가 살아 있는 동시에 죽은 상태일 수 있다고 주장한다. 이런 주장은 우리의 상식을 조롱하지만, 아무도 이 해괴망측한 이론들에게서 죄 없는 학생들을 보호하려고 하지 않는다. 왜일까?

상대성이론은 아무도 화나게 하지 않는다. 왜냐하면 우리의 소중한 믿음 가운데 어떤 것과도 모순되지 않기 때문이다. 대부분의 사람들은 공간과 시간이 절대적인지 상대적인지 눈곱만큼도 관심이 없다. 만일 당신이 공간과 시간을 구부리는 것이 가능하다고 생각한다면 마음대로 하라는 식이다. 가서 그것을 구부려라. 내가 무슨 상관인가? 반면 다윈은 우리에게서 영혼을 박탈했다. 당신이 진화론을 제대로 이해한다면 그것이 영혼은 없다는 이야기임을 알아차릴 것이다. 그것은 독실한 그리스도교도와 이슬람교도뿐 아니라 세속세계의 많은 사람들에게도 충격적인 이야기이다. 인간은, 비록 분명한 종교적 교의를 지지하지 않더라도, 저마다 일생 동안 변하지 않고 자신이 죽어도 그대로인 영원한 개인적 본질을 가졌다고 믿고 싶어 한다.

'개인 individual'이라는 영어 단어의 글자 그대로의 의미는 '나누어질 수 없는 어떤 것'이다. '개인'이라는 말은 내 '진정한 자아'는 따로 떨어진 부분들의 집합이 아니라 하나의 완전체라는 뜻이다. 분리될 수 없는 이런 본질은 한 순간에서 다음 순간으로 가는 동안 아무것도 잃거나 흡수하지 않고 그대로 있다. 내 몸과 뇌는 뉴런이 발화하고 호르몬이 흘러가고 근육이 수축하면서 끊임없는 변화 과정을 겪는다. 내 성격, 소망, 관계는 한순간도 그대로 있지 않으며, 수

년 수십 년에 걸쳐 완전히 달라질 수 있다. 하지만 그 모든 것 밑에 있는 '나'는 태어나서 죽을 때까지(그리고 바라건대 죽은 뒤에도) 똑같은 사람이다.

그런데 불행히도 진화론은 내 진정한 자아가 분리되지 않고 변하지 않고 영원히 지속되는 본질이라는 개념을 거부한다. 진화론에 따르면, 코끼리와 떡갈나무에서 세포와 유전자 분자에 이르기까지 모든 생물학적 실체들은 끊임없이 결합하고 분리되는 작은 부분들로 이루어져 있다. 코끼리와 그 세포들이 점진적으로 진화해온 것은 새로운 조합과 분열의 결과이다. 분리되거나 변할 수 없는 어떤 것이 자연선택을 통해 생겨날 수는 없었다.

예를 들어 인간의 눈은 수정체, 각막, 망막 같은 수많은 작은 부분들로 이루어진 엄청나게 복잡한 장치이다. 그런데 눈은 이 모든 구성요소들을 완비한 채 어딘가에서 '짠' 하고 나타난 것이 아니다. 눈은 수억 년에 걸쳐 한 단계씩 진화했다. 우리의 눈은 100만 년 전에 살았던 호모 에렉투스의 눈과 매우 비슷하다. 500만 년 전에 살았던 오스트랄로피테쿠스의 눈과는 좀 덜 비슷하다. 1억 5,000만 년 전에 살았던 드리올레스테스(*Dryolestes*: 쥐라기 말에 살다가 멸종한 포유류—옮긴이)의 눈과는 매우 다르다. 그리고 수억 년 전 지구에 살았던 단세포 생물들과는 공통점이 전혀 없어 보인다.

하지만 단세포 생물들조차 세포소기관을 통해 어둠과 빛을 구별하고 이쪽 혹은 저쪽으로 이동할 수 있다. 그런 원시적인 빛 감지 기관에서 인간의 눈으로 진화하는 길은 길고 구불구불하지만, 수억 년의 시간이 주어진다면 처음부터 끝까지 한 걸음씩 갈 수 있다. 그렇게 할 수 있는 것은 눈이 많은 부분으로 구성되어 있기 때문이다. 몇 세대마다 작은 돌연변이 한 개가 그 부분들 중 하나를 약간만 바꿔도(예를 들어 각막이 조금 더 구부러진다거나) 수백만 세대가 지나면 그런 변화들이 축적되어 인간의 눈을 만들 수 있다. 만일 눈이 부분으로 나눌 수 없는 완전체라면, 자연선택을 통해서는 절대 진화할 수 없었을 것이다.

진화론이 영혼의 개념을 받아들일 수 없는 이유가 여기에 있다. 적어도 우리가 말하는 '영혼'이 분리되지 않고 변하지 않고 영원히 지속되는 어떤 것을 의미한다면 말이다. 그런 실체는 단계적 진화를 통해 생길 수 없다. 자연선택을 통해 인간의 눈이 만들어진 것은 눈이 부분들로 이루어져 있기 때문이다. 하지만 영혼에는 부분이 없다. 만일 사피엔스의 영혼이 에렉투스의 영혼에서 단계적으로 진화했다면 그 단계들은 정확히 무엇이었을까? 사피엔스 영혼의 어떤 부분이 에렉투스보다 더 발달했을까? 하지만 영혼에는 부분이 없다.

인간의 영혼은 진화하지 않았고 어느 화창한 날 영광스러운 완전체로 출현했다고 주장할 수도 있다. 하지만 그 화창한 날은 정확히 언제인가? 인류의 진화를 아무리 자세히 살펴봐도, 그 시점을 어떻게 찾아야 할지 난감하다. 지금까지 존재한 모든 인간은 남성의 정자가 여성의 난자를 수정시킨 결과로 생겨났다. 영혼을 지닌 최초의 아기가 있었다고 생각해보자. 그 아기는 어머니 아버지와 매우 비슷했다. 아기는 영혼이 있고 부모는 없다는 것만 달랐다. 각막이 부모의 각막보다 조금 더 구부러져 있는 아기가 태어나는 이유는 생물학 지식으로 확실하게 설명할 수 있다. 아마 어떤 유전자에 일어난 작은 돌연변이 때문일 것이다. 하지만 영혼의 '영'자도 없는 부모에게서 불멸의 영혼을 지닌 아기가 탄생하는 이유는 생물학으로 설명할 수 없다. 하나의 돌연변이, 또는 여러 개의 돌연변이가 일어난다고 해서 한 동물에게 죽음을 포함한 모든 변화에도 끄떡없는 본질이 생겨날 수 있을까?

따라서 영혼의 존재는 진화론과 아귀가 맞지 않는다. 진화는 변화를 뜻하며, 영원히 지속되는 실체를 생산하지 못한다. 진화론적 관점에서 보면 우리가 지닌 것 가운데 인간의 본질에 가장 가까운 것은 유전자이고, 유전자 분자는 '영원한 것'이 존재하는 곳이 아니라 돌연변이의 운반체이다. 이런 사실은 영혼을 포기하느니 차라리 진화론을 거부할 수많은 사람들에게 끔찍한 일이다.

증권거래소에 의식이 없는 이유

인간의 우월성을 정당화하기 위해 동원되는 또 하나의 이야기는 지구상의 모든 동물 가운데 오직 호모 사피엔스만이 의식적인 마음을 지니고 있다는 것이다. 마음은 영혼과는 매우 다르다. 마음은 신비롭고 영구적인 어떤 실체가 아니다. 눈이나 뇌 같은 신체기관도 아니다. 마음은 고통, 쾌락, 분노, 사랑 같은 주관적 경험의 흐름이다. 이런 마음의 경험들은 서로 연결된 감각, 감정, 생각 들로 구성되고, 잠시 깜빡였다 금방 사라진다. 그런 다음 다른 경험들이 순간적으로 일어나 깜박였다가 사라져간다(우리는 경험을 감각, 감정, 생각 같은 독자적인 범주로 분류하려 하지만, 사실 이것들은 한데 섞여 있다). 이렇게 마구 뒤섞인 경험들이 모여 의식의 흐름을 구성한다. 불멸의 영혼과 달리 마음은 여러 부분들로 이루어져 있고 항상 변하며, 영구적이라고 생각할 근거가 전혀 없다.

영혼이라는 것은 인정하는 사람도 있고 인정하지 않는 사람도 있는 하나의 설이다. 반면 의식의 흐름은 우리가 매순간 직접 목격하는 구체적 실제이다. 의식은 이 세상에서 가장 확실한 것이다. 당신은 의식의 존재를 의심할 수 없다. 우리가 의심에 사로잡혀 '주관적 경험이 정말 존재할까?'라고 자문할 때조차 우리는 우리가 의심을 경험하고 있음을 안다.

마음의 흐름을 구성하는 의식적 경험이란 정확히 무엇일까? 모든 주관적 경험에는 기본적인 특징 두 가지가 있다. 바로 감각과 욕망이다. 로봇과 컴퓨터는 의식이 없다. 왜냐하면 수많은 능력을 갖추었지만 아무것도 느끼지 않고 아무것도 갈구하지 않기 때문이다. 로봇에는 에너지 센서가 장착되어 있어서, 배터리가 다 되면 센서가 중앙처리장치로 신호를 보낸다. 그러면 로봇이 콘센트로 이동해 플러그를 꽂고 배터리를 충전한다. 하지만 이 과정에서 로봇은 아무것도 경험하지 않는다. 반면 인간은 에너지가 고갈되면 허기를 느끼고 그 불쾌한 감각이 멈추기를 바란다. 인간은 의식적인 존재이고 로봇은 그렇지 않다고 말하는 이유가 여기에 있다. 배가 고파 쓰러질 때까지 사람에게 일을 시키는 것은 범죄인 반면 배터리가 나갈 때까지 로봇에게 일을 시키는 것은 도덕적으로 비난받을 일이 아닌 이유도 여기에 있다.

그러면 동물은 어떨까? 동물에게도 의식이 있을까? 그들도 주관적인 경험을 할까? 지쳐 쓰러질 때까지 말에게 일을 시켜도 괜찮을까? 앞서 지적했듯이, 현재 생명과학의 주장에 따르면 모든 포유류와 조류, 적어도 일부 파충류와 어류가 감각과 감정을 가지고 있다. 하지만 최신 이론들은 감각과 감정이 데이터를 처리하는 생화학적 알고리즘이라고 주장하기도 한다. 로봇과 컴퓨터가 주관적 경험 없이 데이터를 처리하니 동물들도 똑같지 않을까? 사실 우리는 인간의 경우도 뇌 안의 많은 감각회로와 감정회로들이 데이터를 처리해 완전히 무의식적으로 행동을 유발할 수 있음을 알고 있다. 그렇다면 동물들에게 있다고 생각되는 감각과 감정(배고픔, 두려움, 사랑, 충성)은 주관적 경험이 아니라 무의식적 알고리즘에서 나오는 것은 아닐까?²

근대 철학의 아버지 르네 데카르트가 이런 이론을 지지했다. 17세기에 데카르트는 오직 인간만이 느끼고 욕망하며, 나머지 모든 동물들은 로봇이나 자판기처럼 마음이 없는 자동장치라고 주장했다. 인간이 개를 발로 차도 개는 아무것도 경험하지 않는다. 개가 움찔하며 짖는 것은 커피 자판기가 뭔가를 느끼거나 갈구하지 않으면서 커피를 만들어내고 윙윙거리는 것처럼 자동적인 반응이다.

이런 이론은 데카르트 시대에 널리 받아들여졌다. 17세기의 의사와 학자들은 양심의 가책 없이 마취제를 쓰지 않고 살아 있는 개를 해부해 내부기관의 작동을 관찰했다. 우리가 자판기의 뚜껑을 열고 동력장치와 운반장치를 살펴봐도 괜찮다고 생각하듯이, 그들은 그렇게 해도 괜찮다고 생각했다. 21세기 초에도 여전히 많은 사람들이 동물은 의식이 없으며 있다 해도 우리와는 매우 다르고 하등한 유형의 의식을 지니고 있다고 주장한다.

　동물에게도 우리와 비슷한 '의식하는 마음'이 있는지 알아보려면 먼저 마음이 어떻게 작동하고 어떤 역할을 하는지 이해해야 한다. 이 둘은 엄청나게 어려운 질문이지만 약간의 시간을 투자할 가치가 있다. 앞으로 이어지는 몇몇 장들의 주인공이기 때문이다. 마음이 무엇인지 알지 못한다면 인공지능 같은 신기술의 함의를 온전히 파악할 수 없다. 그러니 동물의 마음에 관한 구체적인 질문은 잠시 제쳐두고, 마음과 의식 일반에 대해 과학이 알고 있는 것들을 검토해보자. 우선 인간의 의식에 관한 연구에 등장하는 사례들을 중심으로 살펴보고, 그런 다음 동물로 넘어가 인간에게 해당하는 사실들이 털가죽과 깃털을 지닌 우리의 사촌들에게도 해당하는지 질문해보겠다.

　솔직히 마음과 의식에 관해 과학이 아는 것은 놀라울 정도로 적다. 오늘날 정설은 뇌의 전기화학적 반응에 의해 의식이 생기고, 마음의 경험들은 어떤 필수적인 데이터 처리 기능을 수행한다는 것이다.[3] 하지만 뇌에서 일어나는 일군의 생화학적 반응과 전류가 어떻게 고통이나 분노, 또는 사랑 같은 주관적 경험을 만들어내는지는 아무도 모른다. 아마 10년 내지 50년 안에는 확실한 설명이 나올 것이다. 하지만 현재로서는 확실하게 설명할 수가 없다는 사실을 분명히 해두는 게 좋겠다.

　과학자들은 기능자기공명 영상fMRI, 전극이식, 기타 정교한 장치들을 이용해 뇌 안의 전류와 다양한 주관적 경험 사이의 상관관계는 물론 인과관계까지 밝혀냈다. 과학자들은 뇌의 활성 상태만 보고도 당신이 깨어 있는지, 꿈꾸고 있는지, 깊은 잠에 빠져 있는지 알 수 있다. 그들은 당신이 의식적으로 겨우 지각할 수 있을 만큼 짧은 시간 동안 사진 한 장을 보여주고서, (당신에게 물어보지도 않고) 당신이 그 사진을 제대로 인지했는지 그렇지 않은지 파악한다. 심지어 과학자들은 개개의 뉴런과 마음의 구체적인 내용을 연결시킬 수도 있다. 이를테면 '빌 클린턴' 뉴런과 '호머 심슨' 뉴런을 찾아낸 것이다. '빌 클린턴' 뉴런이 켜지면 그 사람은 지금 미국의 42대 대통령을 생각하고 있는 것이고, 그 사람에게 호머 심슨의 사진을 보여주면 동명의 뉴런이 발화할 것이다.

더 폭넓게 말하면, 과학자들은 뇌의 한 영역에 격렬한 뇌우가 일어나는 것을 보고 당신이 분노를 느끼고 있다는 것을 안다. 그 뇌우가 잠잠해지고 다른 영역이 켜지면 당신은 사랑을 경험하고 있는 것이다. 심지어 과학자들은 특정 뉴런에 전기자극을 주어 분노나 사랑의 느낌을 유도할 수도 있다. 하지만 전자가 한 곳에서 다른 곳으로 움직이는 것이 도대체 어떻게 빌 클린턴에 대한 주관적 이미지, 또는 분노나 사랑 같은 주관적 느낌으로 번역되는 걸까?

가장 일반적인 설명은 뇌가 800억 개 이상의 뉴런들이 수많은 그물처럼 연결된 매우 복잡한 시스템이라는 것이다. 수백억 개 뉴런이 수백억 개 전기신호를 주고받을 때 주관적 경험들이 일어난다. 각각의 전기신호를 보내고 받는 것은 단순한 생화학적 현상일지 몰라도, 이 모든 신호들 사이의 상호작용은 훨씬 더 복잡한 어떤 것 (의식의 흐름)을 창조한다. 우리는 의식 말고 다른 많은 분야에서도 이와 똑같은 역학을 본다. 차 한 대의 움직임은 간단한 작용이지만, 수백만 대의 차량이 동시에 움직이며 상호작용하면 교통체증이 발생한다. 주식 한 주를 사고파는 것은 사소한 일이지만, 수백만 명의 증권거래인들이 수백만 주의 주식을 사고팔면 전문가들도 생각하지 못한 경제위기로 이어질 수 있다.

하지만 이런 설명은 실은 아무것도 설명하지 못한다. 문제가 매우 복잡하다는 것을 확인시켜줄 뿐이다. 어떻게 한 종류의 현상(여기서 저기로 움직이는 수백억 개의 전기신호)이 매우 다른 종류의 현상(분노나 사랑 같은 주관적 경험)을 일으키는가, 하는 문제의 핵심을 꿰뚫지 못한다. 교통체증이나 경제위기 같은 다른 복잡한 과정들에 빗대어 설명하는 것에는 빈틈이 있다. 무엇이 교통체증을 유발하는가? 당신이 자동차 한 대를 뒤따라간다면 그것을 절대 이해하지 못할 것이다. 교통체증은 많은 자동차들의 상호작용으로 일어난다. 자동차 A가 자동차 B의 움직임에 영향을 미치고, 자동차 B는 자동차 C의 길을 막고, 그런 식으로 꼬리에 꼬리를 문다. 하지만 당신이 상황과 관련 있는 모든 자동차의 움직임을 그리고 각각의 자동차가 나머지 자동차들에 어떤 영향을 미치는지를 파악한다면, 교통체증에 대한 완전한 설명을 얻을 것이다. "그런데 이 모든 움직임들이 어떻게 교통체증을 일으킵니까?"라고 묻는 것은 적절치 못하다. 왜냐하면 '교통체증'은 그런 사건들의 특정한 집합을 지칭할 때 사용하기로 약속한 추상적인 용어에 불과하기 때문이다.

반면 '분노'는 우리가 뇌에서 일어나는 수백억 개의 전기신호들을 지칭하는 약자로 쓰기로 약속한 추상적인 용어가 아니다. 분노는 우리가 전기에 대해 알기 오래전부터 겪은 매우 구체적인 경험이다. "나 화났어!"라고 말할 때 그것은 실재하는 감정을 가리킨다. 한 뉴런에서 일어나는 화학반응이 어떻게 특정한 전기신호를 발생시키는지, 그리고 어떻게 수백억 개의 비슷한 반응들이 수백억 개의 다른 신호들을 발생시키는지 설명한다 해도, '그런데 그 수백억 개의 사건들이 모여 어떻게 분노라는 구체적인 느낌을 일으키는가?'라는 질문이 여전히 남는다.

우리는 수천 대의 자동차가 런던의 도로에서 조금씩 움직이는 것을 교통체증이라고 부르지만, 그렇다고 피커딜리 가街 상공을 맴돌며 "맙소사, 꽉 막혔군!"이라고 말하는 거대한 '런던 의식'이 발생하지는 않는다. 수백만 명의 사람들이 수십억 주의 주식을 팔 때 우리는 그것을 경제위기라고 부르지만, 그렇다고 어떤 거대한 '월스트리트 정신'이 "젠장, 위기에 빠졌어"라고 투덜대지는 않는다. 수조 개의 물분자들이 하늘에서 응집할 때 그것을 구름이라고 부르지만, 그렇다고 어떤 '구름 의식'이 발생해 "비가 올 것 같은 느낌입니다"라고 발표하지는 않는다. 그러면 수백억 개의 전기신호들이 뇌에서 이리저리 움직일 때 '나 화났어!'라고 느끼는 마음은 어떻게 해서 생기는 걸까? 현재로서는 알 도리가 없다.

이 논의가 당신을 혼란스럽고 당황하게 만들었는지도 모르지만, 당신만 그런 게 아니다. 최고의 과학자들도 마음과 의식의 수수께끼를 풀기까지 아직 갈 길이 멀다. 과학의 멋진 점 가운데 하나가 바로 과학자들이 어떤 것을 알지 못할 때 온갖 종류의 이론과 추측을 시도해볼 수 있고, 그러고도 결국에는 모른다고 시인할 수 있다는 것이다.

생명의
방정식

과학자들은 뇌에서 발생하는 일군의 전기신호들이 어떻게 주관적인 경험을 일으키는지 알지 못한다. 그런데 더 중요한 사실은 그들이 그런 현상의 진화적 이점이 무엇인지 모른다는 것이다. 이것은 우리가 생명을 이해하는 데 있어 가장 큰 빈틈이다. 인간에게 발이 있는 이유는 그 덕분에 우리 조상들이 수백만 세대 동안 토끼를 뒤쫓고 사자를 피할 수 있었기 때문이다. 인간에게 눈이 있는 이유는 그 덕분에 우리 조상들이 수백만 년 동안 토끼가 어디로 가고 사자가 어디서 오는지 볼 수 있었기 때문이다. 하지만 왜 인간은 배고픔과 두려움 같은 주관적 경험을 할까?

그리 멀지 않은 과거에 생물학자들이 아주 간단한 답을 내놓았다. 생존하기 위해 주관적 경험이 반드시 필요하다는 것이다. 배고픔이나 두려움을 느끼지 않는다면, 토끼를 잡기 위해 노력하지도, 사자를 보고 도망치려고도 하지 않을 것이다. 사람은 사자를 보고 왜 도망쳤을까? 무서워서 도망쳤을 것이다. 주관적 경험은 인간이 어떤 행동을 하는 이유를 설명한다. 하지만 오늘날 과학자들은 훨씬 더 자세한 설명을 제시한다. 어떤 사람이 사자를 보면 전기신호들이 그의 눈에서 뇌로 이동한다. 들어오는 신호들은 특정한 뉴런을 흥분시키고, 그러면 그 뉴런들이 발화해 더 많은 신호를 내보낸다. 그 신호들은 다시 하류에 있는 다른 뉴런들을 흥분시키고, 그러면 그 뉴런들이 발화한다. 해당하는 뉴런들이 모두 충분히 빠른 속도로 발화하면, 부신이 몸에 아드레날린을 퍼붓고 심장에는 더 빨리 뛰라는 명령을 내린다. 한편, 운동중추의 뉴런들도 발화해서 늘어나고 수축하라고 다리근육에 신호를 보낸다. 그러면 그 사람은 사자에게서 도망친다.

그런데 역설적이게도 우리가 이런 과정을 파악할수록 의식적 느낌들을 설명하기가 어려워진다. 뇌를 이해하면 할수록 마음이 불필요해 보인다. 시스템 전체가 전기신호를 여기서 저기로 전달하는 방식으로 작동한다면, 두려움은 대체 왜 느끼는 걸까? 연쇄적인 전기화학적 반응들이 눈의 신경세포에서 다리의 근육운동까지 곧장 연결된다면, 왜 이 연쇄에 주관적 경험을 보태는가? 주관적 경험이 하는 일은 무엇인가? 수많은 도미노 조각들이 차례로 무너지는 데 주관적 경험은 필요 없다. 신경세포들이 서로를 흥분시키거나 부신에 호르몬 펌프질을 하라고 명령하는 데 왜 감정이 필요한가? 실제로 근육운동과 호르몬 분비를 포함한 신체활동의 99퍼센트는 의식적 느낌 없이 일어난다. 그렇다면 왜 나머지 1퍼센트의 경우 뉴런, 근육, 내분비샘에 이런 의식적 느낌이 필요할까?

기억을 저장하고, 계획을 세우고, 완전히 새로운 이미지와 개념을 자동으로 불러일으키기 위해 마음이 필요하다고 주장할 수 있다. 이런 활동은 단지 외부자극에 대한 반응이 아니다. 예를 들어 한 사람이 사자를 볼 때 그 포식자를 보고 자동으로 반응을 일으키는 것은 아니다. 그는 1년 전 숙모가 사자에게 잡아먹힌 일을 기억한다. 사자가 자신의 몸을 갈기갈기 찢는다면 어떤 느낌일지 상상한다. 그리고 고아가 될 자식들을 생각한다. 이것이 그가 도망치는 이유이다. 실제로 많은 연쇄반응들은 당면한 외부자극에서 시작되기보다는 마음이 주도적으로 시작한다. 사자가 공격했던 일이 사람의 마음속에 저절로 떠올라 그 사람으로 하여금 사자의 위험에 대해 생각하게 만든다. 그러면 그는 모든 부족민을 모으고, 그들은 사자를 쫓아낼 새로운 방법들을 궁리한다.

그런데 여기서 잠깐, 이 모든 기억, 상상, 생각 들은 무엇인가? 그것들은 어디에 존재하는가? 오늘날의 생물학 이론들에 따르면, 우리의 기억, 상상, 생각은 고차원적이고 비물질적인 영역에 존재하지 않는다. 그것들 역시 수백억 개의 뉴런들이 발화하면서 밀려드는 전기신호들이다. 그러므로 우리가 기억, 상상, 생각을 고려한다 해도, 수백억 개의 뉴런을 통과해 부신과 다리근육을 활성화하는 일련의 전기화학적 반응의 문제는 해결되지 않는다.

혹시 이 길고 구불구불한 여정에서 한 뉴런과 다음 뉴런 사이에 마음이 개입해 두 번째 뉴런이 발화해야 할지 말지 결정하는 단계가 하나라도 있을까? 앞서 이동한 다른 전자 때문이 아니라 두려움이라는 주관적 경험 때문에 움직인 전자가 하나라도 있을까? 그런 방식으로 움직인 전자가 하나도 없다면, 모든 전자가 그 앞에 움직인 또 다른 전자 때문에 움직인다면, 우리는 왜 두려움을 경험해야 하는 걸까? 오리무중이다.

철학자들은 이 수수께끼의 본질을 요약하는 속임수 같은 질문을 던졌다. 마음에서는 뇌에서 일어나지 않는 무슨 일이 일어날까? 모든 일은 방대한 신경망에서 일어날 뿐이고 마음에서 아무 일도 일어나지 않는다면 마음은 왜 필요한가? 만일 신경망에서 일어나는 일 말고 어떤 일이 마음에서 실제로 일어난다면, 그 일은 대체 어디에서 일어나는 걸까? 호머 심슨이 빌 클린턴과 모니카 르윈스키의 성추문에 대해 어떻게 생각하는지 당신에게 묻는다고 가정해보자. 아마 당신은 그런 생각을 한 번도 해보지 않았을 것이고, 따라서 당신의 마음은 서로 무관했던 두 기억을 융합할 필요가 있다. 그 결과, "나는 그 여성과 성관계를 가진 일이 없습니다"라고 발표하는 대통령을 지켜보며 맥주를 마시는 호머의 이미지를 떠올릴 것이다. 이런 융합은 대관절 어디서 일어날까?

몇몇 뇌과학자들은 이러한 융합이 많은 뉴런들의 상호작용으로 만들어지는 '작업 공간'에서 일어난다고 주장한다.[4] 하지만 '작업 공간'이라는 말은 은유일 뿐이다. 그 은유 뒤의 실제는 과연 무엇일까? 각기 다른 정보 조각들은 어디에서 만나 융합할까? 오늘날의 이론들에 따르면, 어떤 관념들의 다섯 번째 차원에서 일어나는 일은 분명 아니다. 융합이 일어나는 장소는, 전에는 끊어져 있던 두 뉴런이 갑자기 발화해 서로에게 신호를 보내기 시작하는 곳이다. 빌 클린턴 뉴런과 호머 심슨 뉴런 사이에 만들어지는 새로운 시냅스이다. 하지만 그렇다면 왜 두 뉴런이 연결되는 물리적 사건 외에 기억이라는 의식적 경험이 필요할까?

똑같은 수수께끼를 수학적 관점에서 제기할 수 있다. 오늘날 정설에 따르면 유기체는 알고리즘이고, 알고리즘은 수학 공식으로 표현할 수 있다. 자판기가 차 한 잔을 만들기 위해 밟는 일련의 단계들 그리고 우리의 뇌가 사자의 접근에 촉각을 곤두세울 때 밟는 일련의 단계들을 우리는 숫자와 수학 기호를 사용해 적을 수 있다. 그렇다면, 그리고 의식적 경험들이 어떤 중요한 기능을 한다면, 그 경험들 역시 수학적으로 표현할 수 있어야 한다. 왜냐하면 경험은 알고리즘의 필수적 부분이기 때문이다. '두려움 알고리즘'을 적고 '두려움'을 일련의 정확한 계산식으로 쪼개면 이렇게 말할 수 있다. '계산 과정의 93단계, 바로 이곳이 두려움이라는 주관적 경험이 개입하는 곳이다!' 하지만 수학이라는 거대한 영역에 주관적 경험을 포함하는 알고리즘이 존재할까? 우리가 알기로 그런 알고리즘은 없다. 수학과 컴퓨터 과학 분야의 방대한 지식을 총동원해봐도, 우리가 창조한 데이터 처리 장치 가운데 그 어떤 것도 작동을 위해 주관적 경험이 필요한 것은 없고, 그 어떤 것도 고통, 쾌락, 분노, 사랑을 느끼지 않는다.[5]

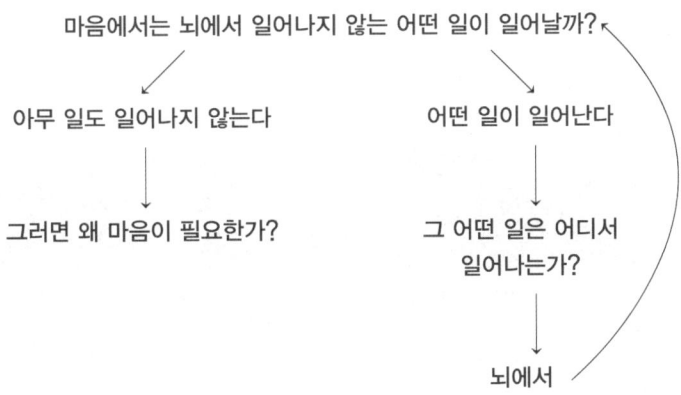

혹시 우리 자신에 대해 생각하기 위해 주관적 경험이 필요할까? 사바나를 배회하며 생존과 번식의 확률을 계산하는 한 동물은 자신의 행동과 결정을 자신에게 알려야 하고, 때때로 다른 동물들에게도 그것을 전해야 한다. 뇌는 자기만의 결정모델을 만들려다가 무수히 엉뚱한 길로 빠졌고, 그래서 주문을 외웠다! 그랬더니 어디선가 의식이 튀어나왔다.

50년 전이라면 이런 이야기가 그럴듯하게 들렸겠지만 2016년에는 그렇지 않다. 구글과 테슬라를 포함한 여러 기업들이 만든 무인 자동차가 이미 도로를 누비고 있다. 무인자동차를 제어하는 알고리즘들은 다른 자동차, 보행자, 교통신호, 도로에 파인 구멍들과 관련해 매초 수백만 개의 계산을 한다. 무인자동차는 빨간불에 멈추고 장애물을 피하고 다른 차량들과 안전거리를 유지할 때 어떤 두려움도 느끼지 않는다. 또한 자동차는 자기 자신이라는 변수를 고려해 주변 차량들에게 자신의 계획과 욕망을 전할 필요가 있다. 왜냐하면 우회전하기로 결정할 경우 그것이 다른 차량의 행동에 영향을

▲ 도로 위를 달리는 구글의 무인자동차

미칠 것이기 때문이다. 무인자동차는 이 모든 일을 어떤 문제도 없이, 그리고 어떤 의식도 없이 해낸다. 무인자동차가 특별한 것은 아니다. 다른 많은 컴퓨터 프로그램이 자신의 행동을 고려하지만, 어떤 프로그램에서도 의식이 발생하지 않고, 어떤 프로그램도 뭔가를 느끼거나 욕망하지 않는다.[6]

마음을 설명할 수 없다면, 마음이 어떤 기능을 하는지 알 수 없다면, 마음이라는 개념을 그냥 폐기하면 되지 않을까? 과학의 역사에는 폐기된 개념과 이론이 넘쳐난다. 예를 들어 근대 초기의 과학자들은 빛의 움직임을 설명하기 위해 에테르라는 물질이 존재한다고 상정하고, 그 물질이 우주 전체를 채우고 있다고 주장했다. 그리하여 빛은 에테르의 물결로 간주되었다. 하지만 그들은 에테르의 존재를 입증하는 경험적 증거를 발견하지 못했고, 대신 빛을 설명하는 더 나은 이론들을 생각해냈다. 그 결과 그들은 에테르라는 개념을 과학의 쓰레기통에 던져버렸다.

마찬가지로 인간은 수천 년 동안 수많은 자연현상을 설명하기 위해 '신'을 이용했다. 무엇이 번개를 일으키는가? 신이. 무엇이 비를 내리는가? 신이. 지구상의 생명체들은 어떻게 시작되었나? 신이 만들었다. 지난 몇백 년 동안 과학자들은 신의 존재를 입증하는 경험적 증거를 발견하지 못했지만, 번개, 비, 생명의 기원을 훨씬 더 자세히 설명하는 이론들을 발견했다. 그래서 철학의 몇몇 분과를 제외하고는, 동료들의 검토를 거치는 과학 학술지에 실린 어떤 논문에도 신의 존재를 진지하게 취급하지 않는다. 역사가들은 제2차 세계대전에서 연합군이 승리한 것은 신이 그들 편이었기 때문이라고 주장하지 않고, 경제학자들은 1929년의 경제위기가 신의 탓이라고 생각하지 않고, 지질학자들은 지각판 운동을 설명하기 위해 신의 뜻을 들먹이지 않는다.

영혼에도 같은 운명이 닥쳤다. 수천 년 동안 사람들은 우리의 모든 행동과 결정이 영혼에서 나온다고 믿었다. 하지만 그 믿음을 뒷받침하는 증거가 없었고, 훨씬 더 세밀한 대안이론들이 나오자 생명과학은 영혼이라는 개념을 버렸다. 많은 생물학자와 의사들이 개인적으로 영혼의 존재를 계속 믿을지도 모른다. 하지만 그들은 결코 진지한 과학 학술지에 영혼에 대한 논문을 제출하지 않는다.

마음도 영혼, 신, 에테르가 있는 과학의 쓰레기통으로 들어가야 할까? 따지고 보면 지금까지 아무도 고통이나 사랑 같은 경험을 현미경을 통해 보지 못했고, 고통과 사랑에는 주관적 경험들에 자리를 내주지 않는 매우 상세한 생화학적 설명이 존재한다. 하지만 마음과 영혼 사이에는(뿐만 아니라 마음과 신 사이에도) 중요한 차이가 있다. 불멸의 영혼이 존재한다는 것은 순전히 추측인 반면, 고통이라는 경험은 직접적이고 매우 실감 나는 현실이다. 나는 못을 밟으면 아프다는 것을 (설령 과학적으로는 설명할 수 없다 해도) 백 퍼센트 확실하게 안다. 반면 상처 부위가 감염되어 괴저로 죽어도 내 영혼이 계속 존재할지는 잘 모른다. 믿고 싶을 정도로 흥미롭고 위안이 되는 이야기임은 분명하지만, 그것이 사실임을 입증하는 직접적인 증거는 없다. 그러나 모든 과학자가 고통과 의심 같은 주관적 느낌들을 항상 경험하기 때문에, 그들도 그런 느낌의 존재를 부정하지 못한다.

마음과 의식을 일축하는 또 하나의 방법은 그 존재가 아니라 관련성을 부정하는 것이다. 대니얼 데닛과 스타니슬라스 드한 같은 몇몇 과학자들은 마음이나 의식과 관련한 모든 문제는 뇌 활성을 연구하면 답할 수 있는 것으로, 주관적 경험에 의지할 필요가 전혀 없다고 주장한다. 그러므로 과학자들은 '마음', '의식', '주관적 경험'을 그들의 어휘목록과 논문에서 삭제해도 무방하다. 그러나 이어지는 장들에서 보게 되겠지만, 현대 정치와 윤리 체계 전체가 주관적 경험 위에 구축되어 있고, 전적으로 뇌 활성과 관련해서만 해결할 수 있는 윤리적 딜레마는 거의 없다. 예를 들어 고문이나 강간이 뭐가 잘못인가? 순수하게 신경학적 관점에서 보면, 고문이나 강간을 당할 경우 뇌에서 생화학적 반응이 일어나 다양한 전기 신호가 한 뉴런 다발에서 다른 뉴런 다발로 이동한다. 거기에 무슨 잘못이 있을 수 있는가? 대부분의 현대인이 고문과 강간에 대해 윤리적 꺼림칙함을 갖는 것은 그것과 관련한 주관적 경험 때문이다. 만일 주관적 경험은 아무 관련이 없다고 주장하고 싶은 과학자가 있다면, 고문과 강간이 왜 잘못인지를 주관적 경험과 상관없이 설명할 수 있어야 할 것이다.

마지막으로, 의식은 실제로 존재하고 도덕적·정치적으로 큰 가치를 지닐지도 모르지만 생물학적 기능은 전혀 수행하지 않는다고 인정하는 과학자들도 있다. 의식은 특정 뇌 과정에서 생기는 생물학적으로는 쓸모없는 부산물이라는 것이다. 제트 엔진은 큰 소리를 내지만, 그 소음이 비행기를 앞으로 추진하는 것은 아니다. 인간은 이산화탄소가 필요 없지만, 숨 쉴 때마다 공기를 더 많은 이산화탄소로 채운다. 마찬가지로, 의식은 복잡한 신경망이 발화할 때 생기는 마음의 오염물질일지도 모른다. 즉, 아무것도 하지 않고 그냥 가만히 있는 것이다. 만일 이것이 사실이라면, 수십억 생명체가 수백만 년 동안 경험한 그 모든 고통과 쾌락이 그저 마음의 오염물질에 불과하다는 말이 된다. 이것은 설령 사실이 아니라 해도 분명 생각해볼 가치가 있는 견해다. 하지만 아무리 그래도, 현대 과학이 현 시점에 의식에 대해 제시하는 최선의 이론이 이 정도라는 것은 참으로 놀랍다.

어쩌면 생명과학이 문제를 잘못된 각도에서 보고 있을지도 모른다. 생명과학은 생명을 데이터 처리 과정으로, 유기체를 계산하고 결정하는 기계로 보는데, 이렇게 유기체를 알고리즘에 비유하는 것이 우리를 잘못 생각하게 만들지도 모른다. 19세기 과학자들은 뇌와 마음이 마치 증기기관인 것처럼 기술했다. 왜 하필 증기기관이냐고? 그것이 기차, 배, 공장을 움직이는, 당대의 가장 앞선 기술이었고, 그래서 사람들은 생명을 설명하려고 시도할 때 생명도 틀림없이 유사한 원리에 따라 작동할 거라고 추정했다. 마음과 몸은 압력을 가두었다 빼는 방법으로 운동과 작용을 일으키는 파이프, 실린더, 밸브, 피스톤으로 이루어져 있다는 것이다. 이러한 사고방식은 프로이트 심리학에도 지대한 영향을 미쳤다. 심리학 용어 가운데 많은 것들이 여전히 기계공학에서 차용한 개념들로 채워져 있는 것은 이 때문이다.

예를 들어 다음과 같은 프로이트의 논증을 살펴보자. "육군은 군사적 공격성을 불러일으키기 위해 성욕을 이용한다. 육군은 성욕이 최고조에 이른 젊은 남성들을 모집하고, 병사들이 섹스로 성욕을 해소할 기회를 제한한다. 그러면 병사들의 내부에 압력이 쌓인다. 이때 육군은 이 억눌린 압력의 방향을 바꾸어 군사적 공격성의 형태로 분출하게 한다." 이것은 정확히 증기기관이 작동하는 방식이다. 밀폐된 용기 안에 펄펄 끓는 증기를 가둔다. 증기가 차서 압력이 점점 높아지면, 갑자기 밸브를 열어 정해놓은 방향으로 압력을 빼내고, 그 힘을 이용해 기차나 직조기를 움직인다. 육군에서만이 아니라 모든 분야에서 우리는 스트레스가 점점 쌓인다고 불평하고, '발산하지 않으면' 폭발할지도 모른다고 생각한다.

21세기에 인간의 심리를 증기기관에 비유하는 것은 좀 유치하다. 오늘날 우리는 훨씬 더 정교한 기술인 컴퓨터에 대해 알고 있고, 그래서 인간 심리를 압력을 조절하는 증기기관보다 데이터를 처리하는 컴퓨터로 설명한다. 하지만 이 새로운 유비도 증기기관만큼이나 순진한 것일지도 모른다. 결국 컴퓨터는 마음이 없으니 말이다. 버그가 있어도 컴퓨터는 아무것도 요구하지 않고, 독재정권이 전국의 인터넷 연결망을 끊어도 아무 고통도 느끼지 않는다. 그렇다면 마음을 이해하기 위해 컴퓨터를 모델로 삼을 이유가 있을까?

그런데 정말 컴퓨터에는 감각이나 욕망이 없을까? 지금은 없다 해도 충분히 복잡해지면 의식이 생기지 않을까? 그런 일이 일어나면 우리는 그것을 어떻게 알 수 있을까? 컴퓨터가 버스 운전기사, 교사, 정신과 의사를 대체하면, 그들이 느낄 수 있는지 아니면 마음이 없는 알고리즘들의 집합에 불과한지 어떻게 알 수 있을까?

오늘날 우리는 인간의 의식적인 마음의 경험과 무의식적인 뇌 활성을 구별할 수 있다. 의식을 이해하기까지 아직 갈 길이 멀지만, 과학자들은 의식의 전기화학적 특징들 가운데 일부를 확인하는 데 성공했다. 그를 위해 과학자들은 사람이 뭔가를 의식한다고 보고할 때 그들을 믿어도 된다는 가정에서 출발했다. 그런 가정을 토대로 과학자들은 사람들이 뭔가를 의식하고 있다고 보고할 때마다 나타나지만 무의식 상태에서는 나타나지 않는 특정한 뇌 패턴들을 골라낼 수 있었다.

덕분에 과학자들은 식물인간처럼 보이는 뇌졸중 환자가 의식을 완전히 잃었는지, 아니면 단지 몸과 언어를 통제하는 능력을 잃었을 뿐인지 알아낼 수 있다. 그 환자의 뇌가 의식의 분명한 특징들을 내보이면, 그는 움직이거나 말할 수 없어도 의식이 있는 것이다. 최근 의사들은 기능자기공명영상을 이용해 그런 환자들과 의사소통하는 데 성공했다. 의사들은 환자들에게 예/아니오로 답해야 하는 질문들을 하고, 답이 '예'이면 테니스 치는 상상을 하게 하고, '아니오'이면 자기 집이 있는 곳을 떠올리게 했다. 그런 다음 환자들이 테니스 치는 상상을 할 때는('예'라는 의미) 운동피질이 활성화하는 반면, '아니오'라고 생각할 때는 공간기억에 관여하는 뇌 부위들이 활성화되는 것을 관찰할 수 있었다.[7]

인간은 그렇다 치더라도, 컴퓨터는 어떨까? 실리콘에 기반한 컴퓨터는 탄소에 기반한 인간의 신경망과는 매우 다른 구조를 가지고 있기 때문에, 인간이 보이는 의식의 특징들이 컴퓨터에는 해당하지 않을 것이다. 우리는 악순환에 갇힌 것처럼 보인다. 우리는 자신이 뭔가를 의식하고 있다고 말하는 사람들의 말을 믿을 수 있다는 가정 아래 인간 의식의 특징들을 찾을 수 있고, 그런 다음 그 특징들을 이용해 인간에게 실제로 의식이 있음을 '증명'할 수 있다. 하지만 만일 인공지능이 자신에게 의식이 있다고 말한다면 그 말을 믿어도 될까?

지금까지 우리는 이 문제에 이렇다 할 답을 얻지 못했다. 철학자들은 이미 수천 년 전에, 자기 자신 외의 다른 존재가 마음을 지니고 있음을 확실하게 증명할 방법이 없다는 것을 깨달았다. 사실 다른 사람들이 의식을 지니고 있다는 사실도 그저 추정만 할 뿐 확실하게 알 수 없다. 혹시 내가 우주 전체에서 뭔가를 느끼는 유일한 존재이고, 다른 모든 인간과 동물들은 마음이 없는 로봇이 아닐까? 혹시 내가 꿈을 꾸고 있고, 내가 만나는 모든 사람들은 내 꿈속의 등장인물이 아닐까? 혹시 내가 가상세계에 갇혀 있고, 내가 보는 존재들은 시뮬레이션이 아닐까?

오늘날 과학적 정설에 따르면, 내가 경험하는 모든 것은 내 뇌에서 일어나는 전기활동의 결과이고, 따라서 '실제'세계와 구별이 불가능한 완전한 가상세계를 위조하는 것이 이론상으로 가능하다. 어떤 뇌 과학자들은 가까운 미래에 우리가 실제로 그렇게 할 거라고 믿는다. 그런데 만에 하나 당신에게 이미 그런 일이 일어났다면? 당신이 아는 것과 달리 지금은 2216년이고, 당신은 21세기 초의 신나는 원시세계를 흉내 내는 '가상세계' 게임에 푹 빠진 심심한 10대일지도 모른다. 이 시나리오가 실현 가능하다고까지만 인정해도 수학적으로 매우 섬뜩한 결론에 다다르게 된다. 즉 실제세계는 하나뿐인 반면 가상세계의 수는 무한하므로, 당신이 하나밖에 없는 실제세계에 있을 확률은 0에 가깝다.

어떤 획기적인 과학도 이 악명 높은 '다른 마음의 문제Problem of Other Minds'를 아직 극복하지 못했다. 지금까지 생각해낸 최선의 테스트는 '튜링 테스트'라는 것인데, 이 테스트는 사회적 관습을 통과하는지의 여부를 살펴볼 뿐이다. 튜링 테스트에 따르면, 컴퓨터가 마음을 갖고 있는지 알려면 컴퓨터 그리고 사람과 동시에 소통해야 한다. 이때 당신은 어느 쪽이 컴퓨터이고 어느 쪽이 사람인지 모른다. 당신은 원하는 질문을 무엇이든 할 수 있고, 상대방과 게임하고 논쟁하고 심지어 장난도 칠 수 있다. 시간도 원하는 만큼 쓸 수 있다. 그런 다음 어느 쪽이 컴퓨터이고 어느 쪽이 사람인지 결정해야 한다. 당신이 결정을 내리지 못하거나 실수하면 그 컴퓨터가 튜링 테스트를 통과한 것이고, 그 컴퓨터를 실제로 마음을 지닌 존재처럼 취급해야 한다. 하지만 이것은 실제 입증이 아니다. 다른 마음의 존재를 인정하는 것은 단지 사회적·법적 관습일 뿐이다.

튜링 테스트는 컴퓨터 시대의 아버지 중 한 명인 영국 수학자 앨런 튜링이 1950년대에 발명한 것이다. 튜링은 영국에서 동성애가 불법이던 시절에 동성애자였다. 1952년, 그는 동성애 행위를 저지른 죄로 유죄 판결을 받았고, 강제로 화학적 거세를 당했다. 그리고 2년 뒤 자살했다. 튜링 테스트는 1950년 영국에서 모든 동성애자 남성이 받아야 했던 일상적인 테스트('당신은 이성애자 남성으로 간주될 수 있는가?')를 그대로 재현한 것이다. 튜링은 개인적 경험을 통해, 내가 실제로 누구인지는 중요하지 않고 중요한 것은 오직 다른 사람들이 생각하는 나임을 깨달았다. 튜링은 미래에 컴퓨터가 1950년대의 동성애자처럼 될 거라고 내다보았다. 컴퓨터가 실제로 의식이 있는지 없는지는 중요하지 않을 것이다. 중요한 것은 '사람들이 어떻게 생각하는가'일 것이다.

실험실 쥐의
우울한 삶

마음에 대해 알았고, 나아가 우리가 마음에 대해 실제로 아는 것이 얼마나 적은지도 알았으니, 이제 다른 동물들이 마음을 갖고 있는지의 문제로 돌아가보자. 개와 같은 몇몇 동물들은 튜링 테스트의 변형된 버전을 잘 통과한다. 어떤 실체가 의식이 있는지 없는지를 결정할 때 우리가 주로 찾는 특징은 수학적 소질도, 좋은 기억력도 아니다. 그 실체가 우리와 정서적 관계를 맺을 수 있는가 하는 것이다. 사람들은 때때로 무기와 자동차는 물론 심지어 속옷에까지 깊은 정서적 애착을 느끼지만, 이런 애착은 일방적이어서 상호교감으로 발달하지는 않는다. 반면 대부분의 개 주인들은 개가 인간과 정서적으로 교감할 수 있다는 사실을 통해 개가 마음이 없는 자동기계가 아님을 확신한다.

하지만 이런 사실은 회의주의자들을 만족시키기에는 불충분하다. 그들은 감정은 알고리즘이고 지금까지 알려진 어떤 알고리즘도 기능하는 데 의식을 필요로 하진 않는다고 지적한다. 어떤 동물이 복잡한 정서적 행동을 보일 때, 우리는 어떤 경우에도 그것이 매우 정교하지만 비의식적 알고리즘의 결과가 아니라는 사실을 입증할 수 없다. 물론 이런 논증은 인간에게도 적용된다. 스스로 의식이 있는 상태라고 말하는 것을 포함해 인간이 하는 모든 행위는 이론상으로 비의식적 알고리즘의 행위일 수 있다.

그럼에도 우리는 인간의 경우 스스로 의식이 있다고 말하면 그 말을 그대로 받아들여도 된다고 가정한다. 이러한 최소한의 가정을 바탕으로 인간의 뇌에서 의식의 특징들을 찾을 수 있고, 그 특징들을 이용해 인간의 의식 상태와 무의식 상태를 구별할 수 있다. 하지만 동물의 뇌는 인간의 뇌와 많은 특징을 공유하므로, 우리가 인간 의식의 특징들을 더 깊이 이해한다면 다른 동물들에게 의식이 있는지 알아내는 데 그 특징들을 이용할 수 있을 것이다. 만일 개의 뇌가 의식이 있는 인간의 뇌와 비슷한 패턴을 보인다면, 그것은 개에게 의식이 있다는 유력한 증거가 될 것이다.

원숭이와 쥐에게 실시한 초기 검사들을 보면, 적어도 원숭이와 쥐의 뇌는 실제로 의식의 특징들을 보이는 듯하다.[8] 하지만 동물의 뇌와 인간의 뇌 사이의 차이를 고려하면, 그리고 우리가 의식의 모든 비밀을 풀려면 아직 멀었다는 점을 고려하면, 회의주의자들이 만족할 수 있는 확실한 검사를 개발하기까지 수십 년은 걸릴 듯하다. 그때까지 사실을 입증할 책임은 누구에게 있을까? 그 반대임이 입증될 때까지 우리는 개를 마음이 없는 기계로 간주할 것인가, 아니면 설득력 있는 반증을 아무도 제시하지 못하는 한 개를 의식 있는 존재로 취급할 것인가?

2012년 7월 7일, 신경생물학과 인지과학 분야를 선도하는 전문가들이 케임브리지 대학교에 모여, 의식에 관한 케임브리지 선언에 서명했다. 그 선언에는 이렇게 적혀 있다. "인간 이외의 동물들이 의도적인 행동을 보이는 능력과 함께, 의식적 상태를 구성하는 신경해부학적·신경화학적·신경생리학적 기질들을 가지고 있음을 보여주는 증거들이 점점 늘어나고 있다. 따라서 인간만이 의식을 생성하는 신경기질을 지닌 유일한 생물이 아니라는 쪽으로 의견이 기울고 있다. 모든 포유류와 조류, 문어를 포함한 그밖에 많은 생물들을 포함하는 동물들 역시 그러한 신경기질을 지니고 있다."[9] 이 선언이 동물들에게도 의식이 있다고 말하지 않은 것은 아직 확실한 증거가 없기 때문이다. 이 선언은 동물에게 의식이 없다고 생각하는 사람들에게 입증 책임을 넘긴다.

과학계에 불고 있는 변화의 바람에 부응해, 2015년 5월 뉴질랜드는 세계 최초로 동물이 감응적 존재임을 법적으로 인정한 국가가 되었다. 이때 뉴질랜드는 동물복지에 관한 수정조항을 통과시켰다. 이 수정조항은 동물을 감응적 존재로 인정하고, 그에 따라 축산업에서 동물들의 복지에 적절한 관심을 기울여야 한다고 명시한다. 양의 수가 사람 수보다 훨씬 더 많은(3,000만 마리 대 450만 명) 나라에서 이것은 매우 의미 있는 선언이다. 이후 캐나다 퀘벡 주가 비슷한 법을 통과시켰고, 아마 다른 나라들도 뒤를 이을 것이다.

많은 기업들 역시 동물을 감응적 존재로 인정하지만, 역설적으로 그것 때문에 동물들이 매우 불쾌한 검사를 받게 되기 일쑤이다. 예를 들어 제약회사들은 항우울제를 개발할 때 대개 쥐를 실험대상으로 삼는다. 널리 사용되는 한 실험방법에 따르면 (통계적 신뢰도를 위해) 물을 채운 유리 그릇에 쥐 백 마리를 각각 넣는다. 쥐들은 유리 그릇 밖으로 빠져나오려고 발버둥치지만 그래봤자 소용없다. 15분이 지나면 대부분 포기하고 움직이지 않는다. 그들은 주변 환경에 아무런 관심을 보이지 않은 채 유리 그릇 위에 둥둥 떠 있다.

이번에는 또 다른 쥐 백 마리를 유리 그릇에 집어넣되, 그들이 절망에 빠지기 직전인 14분에 유리 그릇에서 건져낸다. 그러고는 물기를 말리고, 먹이를 주고, 약간의 휴식을 준다. 그런 다음 다시 유리 그릇에 넣는다. 두 번째 시도에서는 대부분의 쥐들이 20분 동안 발버둥친 뒤에 포기한다. 그들은 왜 6분을 더 버틸까? 지난번에 무사히 빠져나온 기억이 뇌에 어떤 생화학 물질을 분비시켜 쥐들에게 희망을 주고 절망의 시점을 미루기 때문이다. 우리가 그 생화학 물질을 분리해낼 수만 있다면, 그것을 인간을 위한 항우울제로 사용할 수 있을 것이다. 하지만 쥐의 뇌에는 동시에 수많은 화학물질들이 범람할 텐데 그중 항우울 물질을 어떻게 골라낼 수 있을까?

이 문제를 해결하기 위해 이번에는 쥐들을 여러 집단으로 나누어 실험한다. 단, 이 실험에 한 번도 참여하지 않았던 쥐들이어야 한다. 각 집단의 쥐들에게 항우울제로 짐작되는 화학물질들을 하나씩 주입하고, 그런 다음에 쥐들을 물속에 넣는다. 화학물질 A를 주입한 쥐들이 우울에 빠지기 전 겨우 15분을 버틴다면 목록에서 A를 지운다. 화학물질 B를 주입한 쥐들이 20분 동안 버둥거린다면 제약회사 CEO와 주주들에게 대성공이라고 말할 수 있을 것이다.

회의론자들은 이 모든 것이 쥐를 인간화하는 헛된 시도라며 이의를 제기할지도 모른다. 쥐들은 희망도 절망도 경험하지 않는다. 때로는 빠르게 움직이고 때로는 가만히 있을 뿐, 어떤 감정을 느끼

▲ 왼쪽: 희망을 갖고 유리 그릇에서 탈출하려고 안간힘을 쓰는 쥐.
오른쪽: 모든 희망을 잃고 유리 그릇에 둥둥 떠 있는 불쌍한 쥐.

호모 사피엔스
세계를 정복하다

는 것은 아니다. 쥐들은 비의식적 알고리즘에 따라 움직일 뿐이다. 그렇다면 이 실험들이 다 무슨 소용인가? 정신과 치료제들은 인간의 행동만이 아니라 느낌에 변화를 유도하기 위한 것이다. 환자들이 정신과 의사를 찾아가 "선생님, 저를 우울증에서 건져줄 약을 주세요."라고 말할 때, 그들이 원하는 것은 발버둥치게만 할 뿐 우울한 기분에서 건져내주지 못하는 기계적 자극이 아니다. 그들이 바라는 것은 기분이 좋아지는 것이다. 쥐 실험이 그런 마법의 약을 개발하는 데 도움이 되려면, 쥐의 행동이 인간과 같은 감정을 동반한다는 사실이 전제되어야 한다. 그리고 실제로 이것은 정신의학 실험실의 일반전제이다.[10]

자의식을 지닌
침팬지

인간의 우월성을 방어하는 또 하나의 방법은 쥐, 개, 여타 동물들이 의식은 가지고 있지만 인간과 달리 자의식이 없다고 주장하는 것이다. 그들은 우울, 행복, 배고픔, 포만감을 느끼지만 자아개념을 갖고 있지 않고, 따라서 자신들이 느끼는 우울 또는 배고픔이 '나'라는 유일무이한 실체에 속한다는 것을 자각하지 못한다.

이러한 생각은 흔하지만 분명하게 이해하기 힘들다. 배고픔을 느낀 개가 고기 한 점을 집는 것은 자기가 먹기 위해서이지 다른 개에게 주기 위해서가 아니다. 개에게 이웃 개들이 오줌을 싸놓은 나무 냄새를 맡게 하면, 개는 그 냄새가 자기 오줌 냄새인지 이웃집의 귀여운 래브라도의 것인지, 아니면 어떤 낯선 개의 것인지 금방 알아차린다. 또한 개들은 자기 체취와 짝짓기 상대 또는 경쟁자의 체취에 매우 다르게 반응한다.[11] 그렇다면 개에게 자의식이 없다는 말은 무슨 뜻인가?

더 궤변 같은 주장은 자의식에 여러 층위가 있다는 것이다. 오직 인간만이 자신을 과거에서 미래로 지속하는 존재로 생각하는데, 아마도 인간만이 언어를 사용해 과거의 경험과 미래의 행동에 대해 생각할 수 있기 때문일 것이다. 다른 동물들은 영원히 현재에 산다. 그들이 과거를 기억하거나 미래의 계획을 세우는 것처럼 보일 때도 실제로는 현재의 자극과 순간적 충동에 반응하는 것뿐이다.[12] 가령 겨울에 먹을 견과류를 저장하는 다람쥐는 작년 겨울에 느낀 배고픔을 실제로 기억하는 것도, 미래에 대해 생각하는 것도 아니다. 다람쥐는 그저 순간적 충동을 따를 뿐, 그 충동이 어디서 오고 왜 오는지 모른다. 겨울을 한 번도 나보지 않아서 겨울에 대해 알지 못하는 아주 어린 다람쥐들도 여름에 견과류를 저장하는 것은 이 때문이다.

그렇다 해도 과거나 미래의 사건을 인지하기 위해 왜 언어가 필수적인 조건인지는 불분명하다. 인간이 과거나 미래를 인지하기 위해 언어를 사용한다는 사실이 증거가 될 수는 없다. 인간은 사랑이나 두려움을 표현할 때도 언어를 사용하는데, 다른 동물들도 사랑과 두려움을 경험하는 것은 물론 심지어 그런 느낌을 비언어적으로 표현한다. 사실 인간도 많은 경우 과거와 미래의 사건들을 언어화하지 않은 상태로 인지한다. 특히 꿈에서 우리는 완전히 비언어적인 이야기를 인지하고, 잠에서 깨어난 뒤 그 이야기를 말로 표현하는 데 어려움을 겪는다.

호모 사피엔스 세계를 정복하다

적어도 앵무새와 덤불어치를 포함한 몇몇 동물들이 개별 사건들을 기억하고 미래에 대비해 의식적으로 계획을 세운다는 것을 다양한 실험의 결과들로 알 수 있다.[13] 하지만 이 사실을 한 치의 의심도 없이 증명하기는 불가능한데, 왜냐하면 어떤 동물이 아무리 복잡한 행동을 보이더라도 회의론자들은 항상 그 행동이 마음속에 의식적으로 떠올린 이미지의 결과라기보다는 뇌에서 일어난 무의식적인 알고리즘의 결과라고 주장할 수 있기 때문이다.

이 문제를 잘 보여주는 사례로 스웨덴 푸루비크 동물원에 사는 수컷 침팬지 산티노의 사례를 보자. 산티노는 우리 안에서 느끼는 무료함을 덜기 위해 흥미로운 취미를 개발했다. 동물원에 온 방문객들에게 돌을 던지는 것이다. 그 자체로는 특별할 게 없는 행동이다. 화난 침팬지들은 흔히 돌과 막대기는 물론 똥도 던지니까. 하지만 산티노는 자신의 행동을 미리 계획했다. 동물원이 문을 열기 한참 전인 이른 아침부터 던질 돌멩이들을 산더미처럼 쌓아놓았다. 화난 기색은 전혀 없었다. 가이드와 방문객들은 곧 산티노를 경계하기 시작했고, 녀석이 돌무더기 옆에 서 있을 때는 특히 조심했다. 그래서 산티노는 표적을 찾기가 점점 어려워졌다.

2010년 5월, 산티노는 새로운 전략을 들고 나왔다. 녀석은 이른 아침에 잠자는 구역에서 짚 몇 포를 가지고 나와 담장 근처에 놓았다. 그곳은 방문객들이 침팬지를 보기 위해 모여드는 곳이었다. 그런 다음 산티노는 돌을 모아 짚더미 아래 감추었다. 한 시간쯤 지나 첫 방문객들이 다가오자 산티노는 초조함이나 공격의 기색을 전혀 보이지 않고 가만히 있었다. 그리고 피해자들이 사정거리에 들어오자 갑자기 짚더미 아래에서 돌을 꺼내 던졌다. 사람들은 혼비백산하여 사방으로 도망쳤다. 2012년 여름, 산티노는 군비경쟁을 가속화해 짚더미 아래뿐 아니라 나무둥치와 건물, 그밖에 숨기기 적당한 모든 장소에 돌을 모아놓았다.

하지만 산티노조차 회의주의자들을 만족시키지는 못한다. 오전 7시에 여기저기 돌을 숨길 때 산티노가 정오에 방문한 사람들에게 그것을 던지면 얼마나 재미있을지 상상하는지 어떤지 우리가 어떻게 아는가? 산티노는 아마 어떤 비의식적 알고리즘에 따라 움직일 것이다. 겨울을 겪어보지도 않은 새끼 다람쥐가 '겨울에 대비해' 견과류를 저장하는 것처럼 말이다.[14]

또한 회의론자들에 따르면, 몇 주 전 자신을 해친 경쟁자를 공격하는 수컷 침팬지도 지난날 받은 모욕에 복수하는 것이 아니다. 그 침팬지는 왜 화가 나는지 모른 채 그저 순간적으로 느끼는 분노에 반응할 뿐이다. 어미 코끼리는 사자가 자기 새끼를 해치려 하면 곧장 달려가 목숨을 걸고 새끼를 구하는데, 그런 행동 역시 그 새끼 코끼리가 자신이 몇 달 동안 애지중지 기른 자기 새끼임을 기억해서가 아니라, 사자를 향한 알 수 없는 어떤 적개심 때문이다. 주인이 돌아오면 개가 좋아서 팔짝팔짝 뛰는 것은 새끼 때부터 자신을 먹이고 보살핀 사람을 알아보기 때문이 아니다. 그저 설명할 수 없는 황홀감에 휩싸인 것뿐이다.[15]

우리는 이런 주장들을 증명할 수도 반증할 수도 없는데, 이것이 이른바 '다른 마음의 문제'의 변형된 형태이기 때문이다. 우리가 아는 알고리즘 가운데 의식이 필요한 것은 없으므로, 어떤 동물이 하는 모든 행동은 의식적 기억과 계획의 산물이라기보다는 비의식적 알고리즘의 산물로 볼 수 있다. 그렇다면 산티노의 사례에서도 실질적인 질문은 입증 책임과 관계가 있다. 우리는 산티노의 행동을 무엇으로 가장 잘 설명할 수 있을까? 산티노가 미래를 의식적으로 계획하고 있다고 추정하고, 여기에 동의하지 않는 사람이 반증을 제시해야 할까? 아니면 그 침팬지가 어떤 비의식적 알고리즘에 따라 움직이는 것이고, 침팬지가 의식적으로 느끼는 것은 단지 짚더미 아래 돌을 두고 싶은 알 수 없는 충동일 뿐이라고 생각하는 것이 더 타당할까?

또 산티노가 과거를 기억하지 못하고 미래를 상상하지 못한다 해도 그것이 곧 자의식이 없다는 것을 뜻할까? 따지고 보면 우리는 과거의 기억이나 미래에 대한 몽상에 빠져 있지 않을 때도 인간에게 자의식이 있다고 생각한다. 예컨대 걸음마를 시작한 아기가 찻길로 걸어가는 것을 본 엄마는 가만히 서서 과거나 미래에 대해 생각하지는 않는다. 어미 코끼리처럼 아이를 구하기 위해 달려갈 뿐이다. 왜 인간 엄마에 대해서는 어미 코끼리의 경우와 같이 말하지 않는가? "엄마가 위험에 처한 아기를 구하러 달려가는 행동은 자의식 없이 일어났다. 그 엄마는 그저 순간적 충동에 따라 움직였을 뿐이다." 이렇게 말이다.

마찬가지로, 첫 데이트에서 열정적으로 키스하는 청춘 남녀, 부상당한 전우를 구하기 위해 적의 포화 속으로 달려가는 병사, 또는 광란의 붓질로 걸작을 탄생시키는 화가를 생각해보라. 이들 가운데 누구도 가만히 멈춰 과거나 미래에 대해 곰곰이 생각하지 않는다. 이것은 그들에게 자의식이 없다는 뜻인가? 그리고 그들의 상태가 선거유세에서 과거의 성취와 미래의 계획에 대해 연설하는 정치인의 상태보다 열등하다는 뜻인가?

영리한 말

2010년에 과학자들은 보기 드물게 감동적인 쥐 실험을 실시했다. 그들은 작은 우리에 쥐 한 마리를 가두고, 그 우리를 매우 넓은 방에 가져다 놓았다. 그리고 또 한 마리의 쥐가 그 방에서 자유롭게 왔다 갔다 할 수 있게 했다. 우리에 갇힌 쥐는 고통 신호를 보냈고, 그러자 자유로운 쥐도 불안과 스트레스 징후를 보였다. 대부분의 경우 자유로운 쥐가 갇힌 동료를 구하러 나섰고, 여러 번 시도한 끝에 우리의 문을 열고 죄수를 풀어주는 데 성공했다. 그런 다음 연구자들은 같은 실험을 반복해 이번에는 방 안에 초콜릿을 두었다. 자유로운 쥐는 이제 죄수를 풀어줄지 초콜릿을 혼자 다 먹을지 선택해야 했다. 많은 쥐들이 먼저 동료를 풀어준 다음 초콜릿을 나눠먹었다(비록 몇몇 쥐들은 이기적으로 행동해 다른 쥐들보다 야비하다는 것을 증명했지만 말이다).

회의론자들은 이 실험결과를 인정하지 않았고, 자유로운 쥐가 우리에 갇힌 동료 쥐를 풀어준 것은 동료 쥐에게 감정이입을 해서가 아니라 짜증을 불러일으키는 고통 신호를 멈추기 위해서였다고 주장했다. 그 쥐들은 불쾌한 감각에 따라 행동했고, 그런 감각을 해소하는 것 외의 어떤 거대한 계획을 추구하지는 않았다는 것이다. 그럴지도 모른다. 하지만 우리는 인간에 대해서도 똑같이 말할 수 있다. 내가 거지에게 돈을 줄 때 나는 거지의 모습이 불러일으키는 불쾌감에 반응하는 것은 아닐까? 나는 진정으로 거지를 측은하게 생각할까? 단지 내 기분이 나아지기를 바라는 게 아닐까?[16]

본질로 들어가면 우리 인간이나 쥐, 개, 돌고래, 침팬지는 그리 다르지 않다. 그들도 우리도 영혼이 없다. 그들도 우리도 의식을 갖고 있고, 복잡한 감각과 감정의 세계를 지닌다. 물론 모든 동물이 저마다 독특한 형질과 재능을 갖고 있다. 인간 역시 특별한 재능을 갖고 있다. 털이 있는 것만 빼면 우리와 같다고 상상하면서 동물을 쓸데없이 인간화할 필요는 없다. 그것은 나쁜 과학일 뿐 아니라, 동물들을 그들의 기준에서 이해하고 평가하는 길을 막는다.

1900년대 초 독일에서는 '영리한 한스'라는 말이 유명인사가 되었다. 한스는 독일의 도회지와 시골마을을 돌며 탁월한 독일어 이해력을 뽐냈고, 심지어 대단한 수학 실력까지 보여주었다. "한스, 4 곱하기 3이 뭐지?"라고 물으면 한스는 발굽을 열두 번 쳤다. "20 빼기 11은?"이라고 적힌 종이를 보여주면, 프로이센 사람들만큼이나 정확하게 발굽을 아홉 번 쳤다.

1904년 독일 교육위원회는 이 문제를 조사하기 위해 한 심리학자가 이끄는 특별 과학위원회를 만들었다. 특별 과학위원회에 소속된 열세 명의 위원들(이 가운데는 서커스 단장과 수의사도 포함되어 있었다)은 한스의 능력이 속임수가 틀림없다고 확신했지만, 아무리 노력해도 그 속임수를 밝혀낼 수 없었다. 주인과 떼어놓고 낯선 사람이 문제를 내도 한스는 대부분 정답을 알아맞혔다.

▲ 1904년 무대에 선 영리한 한스.

1907년에 심리학자 오스카 풍스트가 다시 조사에 착수해 마침내 진실을 밝혀냈다. 알고 보니 한스는 문제 내는 사람들의 몸짓과 얼굴 표정을 주의 깊게 관찰해 정답을 맞혔다. 4 곱하기 3이 뭐냐고 질문했을 때, 한스는 질문자가 정답의 숫자만큼 발굽을 치기를 기대하고 있음을 경험으로 알았다. 한스는 발굽을 치면서 질문자의 얼굴을 면밀히 살폈다. 한스가 정답 숫자에 가까이 갈수록 질문자의 긴장이 높아졌고, 한스가 정답의 숫자만큼 발굽을 칠 때 긴장이 최고조에 달했다. 한스는 질문자의 몸짓과 얼굴 표정을 보고 그 시점을 알 수 있었다. 그러면 한스는 발굽 치기를 멈추었고, 질문자의 긴장이 경이와 탄성으로 바뀌는 것을 보았다. 한스는 자신이 정답을 알아맞혔음을 알았다.

'영리한 한스' 이야기는 동물이 실제보다 훨씬 더 놀라운 능력을 갖고 있다고 생각하며 동물을 인간화하는 잘못의 사례로 제시된다. 하지만 우리가 얻어야 할 교훈은 정반대이다. 이 이야기는 우리가 동물을 인간화함으로써 동물의 인지능력을 과소평가하고 다른 생물들의 고유한 능력을 무시하는 것을 보여주는 사례이다. 한스가 수학 천재일 리는 없다. 여덟 살짜리 아이도 한스보다 훨씬 잘할 수 있다. 하지만 사람의 몸짓에서 감정과 의도를 유추하는 능력에서 한스는 정말 천재였다. 중국인이 나에게 중국어로 4 곱하기 3이 뭐냐고 묻는다면, 나는 그의 얼굴 표정과 몸짓만 보고 내 발을 정확하게 열두 번 치지 못할 것이다. '영리한 한스'가 그렇게 할 수 있었던 것은 일반적으로 말들이 몸짓으로 소통하기 때문이다. 하지만 한스의 탁월한 점은 그 방법을 이용해 동료 말들뿐 아니라 인간의 감정과 의도까지 해독할 수 있었다는 것이다.

동물이 이렇게 영리하다면, 왜 말이 우리 인간을 짐수레에 매지 않을까? 왜 쥐가 우리를 대상으로 실험하지 않을까? 왜 돌고래가 인간에게 점프해서 후프를 통과하라고 시키지 않을까? 호모 사피엔스에게는 분명 다른 모든 동물을 지배할 수 있는 특별한 능력이 있다. 호모 사피엔스가 다른 동물들과 전혀 다른 차원에 존재한다거나 인간이 영혼이나 의식 같은 특별한 본질을 갖고 있다는 과장된 생각을 떨쳐버릴 때, 우리는 마침내 현실로 내려가 우리 종을 특별하게 만드는 몸과 마음의 특정한 능력이 무엇인지 검토할 수 있다.

대부분의 연구들은 인류가 특별한 지위를 갖는 데 중요했던 자질로 도구 제작과 지능을 든다. 다른 동물들도 도구를 만들지만, 그 분야에서 인간이 독보적이라는 데는 의심의 여지가 별로 없다. 지능에 대해서는 그리 분명하게 말할 수 없다. 지능을 정의하고 측정하는 일에 한 업계 전체가 매달리고 있지만, 합의에 이르기에는 아직 갈 길이 멀다. 다행히 우리가 그 지뢰밭에 들어갈 필요는 없는데, 왜냐하면 지능을 어떻게 정의하든 지능도 도구 제작도 그 자체만으로는 사피엔스의 세계정복을 설명할 수 없기 때문이다. 지능에 대한 대부분의 정의에 따르면, 100만 년 전 인간은 이미 주변에서 가장 똑똑한 동물일 뿐 아니라 도구 제작의 세계 챔피언이었지만, 그럼에도 주변 생태계에 큰 영향을 미치지 않는 별 볼일 없는 생물이었다. 그들에게는 지능과 도구 제작 말고 어떤 핵심적 특징을 갖추지 못했음이 틀림없다.

결국 인류가 이 행성을 지배하게 된 것은 정체가 묘연한 제3의 어떤 중요한 특징 때문이 아니라, 훨씬 더 높은 지능과 훨씬 더 뛰어난 도구 제작 능력이 진화한 덕분 아닐까? 그런 것 같지는 않다. 역사 기록을 살펴보면 인간 개개인의 지능 및 도구 제작 능력과 인류라는 종의 힘 사이에 직접적인 관련성이 나타나지 않기 때문이다. 2만 년 전의 사피엔스는 아마 오늘날의 사피엔스보다 평균적으로 지능이 더 높고 도구 제작 기술도 더 뛰어났을 것이다. 오늘날 학교와 회사에서 이따금씩 적성검사를 실시하기는 하지만, 아무리 나쁜 점수를 받아도 복지국가는 우리의 기본적 필요를 보장한다. 반면 석기시대에는 자연선택이 매일 매순간 사람들을 시험했고, 수많은 시험 가운데 하나라도 낙제하면 당장 죽어 땅에 묻혔다. 하지만 석기시대 조상들이 아무리 뛰어난 도구 제작 능력과 더 좋은 머리와 훨씬 더 예민한 감각을 지녔어도, 그들은 오늘날의 우리보다 훨씬 약했다.

호모 사피엔스 세계를 정복하다

돌촉을 붙인 창으로 매머드를 사냥하던 인류가 2만 년만에 우주선으로 태양계를 탐사하게 된 것은 더 능란한 손재주나 더 큰 뇌(실제로 우리 뇌가 그들의 뇌보다 더 작은 듯하다)[17] 덕분이 아니었다. 우리가 세계를 정복한 주요 요인은 여럿이 소통하는 능력이었다.[18] 오늘날 인간이 이 행성을 지배한 것은 인간 개인이 침팬지나 늑대보다 훨씬 더 영리하고 손놀림이 민첩해서가 아니라, 호모 사피엔스가 여럿이서 유연하게 협력할 수 있는 지구상의 유일한 종이기 때문이다. 지능과 도구 제작 능력도 분명 중요했다. 하지만 여럿이서 유연하게 협력하지 못했다면, 우리는 정교한 뇌와 능란한 손으로 우라늄 원소가 아니라 아직도 부싯돌을 쪼개고 있을 것이다.

195

협력이 열쇠라면, 우리보다 훨씬 먼저 집단적으로 협력한 개미와 벌은 어째서 우리보다 먼저 핵폭탄을 만들지 못했을까? 그들의 협력은 유연하지 않기 때문이다. 벌들은 매우 정교한 방식으로 협력하지만, 하루아침에 사회제도를 새롭게 고치지는 못한다. 벌떼는 새로운 위협이나 새로운 기회를 맞아도 여왕벌을 단두대에서 처형하고 공화국을 세울 수 없다.

코끼리와 침팬지처럼 사회생활을 하는 포유류는 벌보다 훨씬 더 유연하게 협력하지만, 소수의 가족 친지들하고만 그렇게 한다. 그들의 협력은 개인적 친분에 기초한다. 당신과 내가 침팬지인데 내가 당신과 협력하고 싶으면 나는 당신을 개인적으로 알아야 한다. 당신이 어떤 부류의 침팬지인가? 착한 침팬지인가? 나쁜 침팬지인가? 내가 당신을 모르는데 어떻게 당신과 협력할 수 있는가? 우리가 알기로는 사피엔스만이 수많은 낯선 사람들과 매우 유연한 방식으로 협력한다. 우리가 지구라는 행성을 정복한 이유는 불멸의 영혼이나 어떤 특별한 종류의 의식이 아니라 바로 이 구체적 능력 덕분이다.

혁명 만세!

역사에는 대규모 협력의 중요성을 보여주는 증거가 무수히 많다. 그리고 거의 예외 없이 더 잘 협력한 쪽에 승리가 돌아갔다. 호모 사피엔스와 여타 동물들 사이의 충돌만이 아니라, 인간집단들 사이의 무력충돌에서도 마찬가지였다. 로마가 그리스를 정복한 것은 로마인들이 뇌가 더 크거나 도구 제작 기술이 더 뛰어났기 때문이 아니라, 로마인들이 더 효과적으로 협력했기 때문이다. 역사를 보면 훈련된 군대는 오합지졸들을 쉽게 궤멸시켰고, 단합한 엘리트층은 무질서한 대중을 지배했다. 1914년, 300만 명의 러시아 귀족, 공직자, 자본가 들이 1억 8,000만 명의 농부와 노동자들 위에 군림했다. 러시아의 엘리트층은 공동의 이익을 위해 협력할 줄 알았던 반면, 1억 8,000만 명의 보통 사람들은 효과적으로 움직이지 못했다. 실제로 러시아 엘리트층이 주로 한 일이 바로 1억 8,000만 하층민들이 협력하는 방법을 터득하지 못하게 하는 것이었다.

혁명을 시작하기 위해서는 숫자만으로는 부족하다. 혁명은 대개 대중이 아니라 소규모 선동가 조직에 의해 일어난다. 당신이 혁명을 시작하고 싶다면, "몇 명이나 내 생각을 지지할까?"라고 묻지 말고 "내 지지자들 가운데 몇 명과 효과적으로 협력할 수 있을까?"라고 물어라. 러시아 혁명은 1억 8,000만 농부들이 차르에 항거해 일어났을 때가 아니라, 소수의 공산주의자들이 적시 적소에 있었을 때 터져나왔다. 1917년, 러시아의 상류층과 중산층이 최소 300만 명이던 반면 공산당원은 겨우 2만 3,000명이었다.[19] 그럼에도 공산당원들이 광대한 러시아 제국을 손에 넣은 것은 조직력이 뛰어났기 때문이다. 차르의 노쇠한 손과 케렌스키 임시정부의 떨리는 손이 러시아의 권력을 놓쳤을 때, 공산주의자들은 턱에 힘을 주어 뼈다귀를 꽉 무는 불도그처럼 권력의 고삐를 잽싸게 잡아채 움켜쥐었다.

공산주의자들은 그렇게 움켜쥔 권력을 1980년대 말까지 놓지 않았다. 효과적인 조직 덕분에 70년이 조금 넘는 긴 세월 동안 권력을 유지했던 그들은 결국 조직의 결함 탓에 무너졌다. 1989년 12월 21일, 루마니아의 공산주의 독재자 니콜라에 차우셰스쿠가 부쿠레슈티 시 중앙광장에서 정권을 지원하는 대규모 집회를 조직했다. 그 이전 몇 달에 걸쳐 소련이 동유럽 공산주의 정권들에 대한 지지를 철회했고, 베를린 장벽이 무너졌으며, 혁명이 폴란드, 동독, 헝가리, 불가리아, 체코슬로바키아를 휩쓸었다. 1965년 이래 루마니아를 통치해온 차우셰스쿠는 1989년 12월 17일 루마니아의 티미쇼아라 시에서 자신의 통치를 반대하는 폭동이 터졌는데도 자신이 그 쓰나미를 견딜 수 있다고 믿었다. 차우셰스쿠는 민중의 대다수가 여전히 그를 사랑한다는 사실, 아니, 적어도 그를 두려워한다는 사실을 루마니아인들과 전 세계에 보여주기 위해 부쿠레슈티 시에서 대규모 집회를 열기로 했다. 삐걱거리는 당 기구가 그 도시의 중앙광장을 채우기 위해 8만 명을 동원했고, 루마니아 전역의 시민들에게 하던 일을 모두 멈추고 라디오와 텔레비전에 귀를 기울이라고 지시했다.

열광하는 것처럼 보이는 군중의 환호성에 맞춰, 차우셰스쿠가 지난 수십 년 동안 수십 번씩 했던 것처럼 광장이 내려다보이는 발코니에 섰다. 아내 엘레나, 최고 당원들 그리고 많은 경호원들 사이에서 차우셰스쿠는 자신의 트레이드마크인 따분한 연설을 시작했다. 군중이 기계적으로 박수를 치자 흡족해 보였다. 그런데 뭔가 잘못되기 시작했다. 당신도 유튜브에서 그 영상을 직접 볼 수 있다. '차우셰스쿠의 마지막 연설'이라고 검색하면 역사의 현장을 지켜볼 수 있다.[20]

유튜브 동영상은 차우셰스쿠가 긴 문장을 시작하는 장면을 보여준다. "부쿠레슈티에서 열린 이 위대한 행사를 기획하고 조직한 분들께 감사를 표합니다. 이 행사는……" 여기까지 말한 다음 그는 입을 다문다. 그의 눈동자가 커지고, 믿기지 않는 듯 그의 얼굴이 굳어진다. 그는 그 문장을 끝내 마무리하지 못했다. 그 짧은 순간은 하나의 세계가 어떻게 무너지는지 보여준다. 군중 가운데 누군가가 야유를 보냈다. 겁 없이 야유를 보낸 최초의 인물이 누구인지 지금도 논쟁이 계속되고 있다. 그러자 또 한 사람이 야유를 보냈고, 다시 한 사람, 이어서 또 한 사람이 야유를 보냈다. 삽시간에 대중은 휘파람을 불고, 욕설을 퍼붓고, "티미쇼아라! 티미쇼아라!"를 연호하기 시작했다.

이 모든 장면이 루마니아 텔레비전으로 생방송되었다. 루마니아 민중의 4분의 3이 텔레비전 앞에 붙어앉아 이 장면을 지켜보았고, 그들의 가슴은 거세게 요동쳤다. 악명 높은 비밀경찰 '세쿠리타테'가 즉시 송출을 중단하라고 방송국에 명령했지만, 방송사 직원들은 말을 듣지 않았다. 촬영기사가 카메라를 하늘로 돌린 탓에 시청자들은 발코니에 선 당 지도자들의 당황한 모습을 볼 수 없었지만, 음향기사는 계속 녹음했고 기술자들은 영상을 계속 송출했다. 루마니아 전체가 군중의 야유를 듣는 동안, 차우셰스쿠는 마이크에 문제가 생기기라도 한 것처럼 "아! 아! 아아!"라고 외쳤다. 그의 아내 엘레나가 군중을 향해 "조용히 하세요! 조용히!"라고 꾸짖기 시작하자, 차우셰스쿠는 여전히 생중계가 되고 있는 가운데 그녀를 돌아보고 소리쳤다. "당신이나 조용히 해!" 그런 다음 광장의 흥분한 군

▲ 한 세계가 붕괴하는 순간. 경악한 차우셰스쿠는 자신의 눈과 귀를 믿지 못한다.

중에게 호소했다. "동지 여러분! 조용히 하세요! 동지 여러분!"

하지만 동지들은 조용히 할 생각이 없었다. 부쿠레슈티 중앙광장에 모인 8만 명의 민중은 발코니에 서 있는 털모자를 쓴 늙은이보다 자신들이 훨씬 강하다는 사실을 깨달았고, 루마니아 공산당은 허물어졌다. 하지만 정말 놀라운 사실은 공산주의 체제가 붕괴한 것이 아니라, 그런 체제가 수십 년 동안 버틸 수 있었다는 것이다. 왜 혁명은 그토록 드물게 일어날까? 이론적으로는 언제든 진격해 발코니에 선 남자를 끌어내릴 수 있는데도, 왜 대중은 때로는 수백 년 동안이나 계속 손뼉을 치고 환호를 보내며 그가 시키는 모든 일을 할까?

차우셰스쿠와 그 일당이 40년 동안 2,000만 루마니아인을 지배

제 1 부

할 수 있었던 것은 그들이 세 가지 중요한 조건을 확보했기 때문이다. 첫째, 그들은 군대와 노동조합은 물론 스포츠협회까지, 온갖 종류의 협력 네트워크에 대한 통제권을 충성스러운 공산당 기관원들에게 맡겼다. 둘째, 그들은 정치조직이든 경제조직이든 사회조직이든 관계없이, 반공산세력 협력의 기초가 될 수 있는 모든 경쟁조직의 창설을 막았다. 셋째, 그들은 소련과 동유럽에 있는 자매 공산당들의 지원에 의존했다. 이따금씩 긴장이 조성되긴 했지만, 그들은 필요할 때마다 서로를 돕거나, 적어도 외부자가 사회주의 천국을 간섭하는 일이 일어나지 않게 했다. 이런 상황이었기에 지배층이 온갖 곤경과 고통을 가하는데도 불구하고, 2,000만 루마니아인들은 효과적인 반대조직을 만들지 못했다.

이 세 가지 조건이 더 이상 유지되지 않자 비로소 차우셰스쿠는 권력에서 내려왔다. 1980년대 말 소련이 보호정책을 철회했고, 공산주의 정권들이 도미노처럼 무너지기 시작했다. 1989년 12월 차우셰스쿠는 외부의 도움을 전혀 기대할 수 없었다. 오히려 정반대였다. 우선 이웃 나라들에서 일어난 혁명이 국내의 반대세력에 힘을 실어주었다. 둘째로, 공산당 자체가 경쟁 분파들로 갈라지기 시작했다. 온건파는 차우셰스쿠를 제거하고 너무 늦기 전에 개혁을 주도하기를 바랐다. 셋째로, 차우셰스쿠 본인이 부쿠레슈티 집회를 조직하고 그것을 텔레비전으로 생중계함으로써, 혁명세력이 자신들의 힘을 발견하고 차우셰스쿠에게 항거할 완벽한 기회를 제공했다. 혁명을 전파하는 데 텔레비전으로 생중계하는 것보다 더 빠른 방법이 무엇이겠는가?

호모 사피엔스
세계를 정복하다

하지만 발코니에 선 서투른 조직위원장의 손에서 빠져나온 권력은 광장의 대중에게 가지 않았다. 수적으로 우세하고 열광적이긴 했지만 군중은 스스로를 조직할 방법을 알지 못했다. 그래서 1917년 러시아에서처럼 권력은 훌륭한 조직이 유일한 자산인 소규모 정치인들에게로 갔다. 루마니아 혁명은 납치당했다. 납치한 이들은 스스로를 '구국전선'이라고 불렀지만, 실은 공산당 온건파임을 가리기 위한 연막이었다. 구국전선은 시위하는 군중과는 아무런 관계가 없었다. 당의 중간 간부들이 구국전선의 운영을 맡고, 공산당 중앙위원회 전 위원이자 한때 선전부장을 지낸 이온 일리에스쿠가 구국전선을 이끌었다. 구국전선의 일리에스쿠와 그의 동지들은 민주적인 정치인으로 이미지를 쇄신하고, 마이크 앞에만 서면 자신들이 혁명에 앞장섰다고 부르짖었다. 그런 다음 오랜 경험과 측근 조직을 이용해 국가를 통제하고 자원을 챙겼다.

공산주의 루마니아에서는 거의 모든 것이 국가 소유였다. 그리고 민주적인 루마니아는 그 자산들을 재빨리 민영화해 싼값에 전 공산당원들에게 팔았다. 무슨 일이 일어나고 있는지 아는 자들끼리 서로 협력해 부정축재를 한 것이다. 국가 인프라와 자원을 장악한 국영기업들은 전 공산당 당직자들에게 떨이로 팔렸고, 실권이 없는 군인들은 헐값에 집과 아파트를 샀다.

이온 일리에스쿠는 루마니아 대통령으로 선출되었고, 그의 동료들은 장관, 국회의원, 은행장, 백만장자가 되었다. 지금까지 그 나라를 장악하고 있는 새로운 루마니아 엘리트층은 주로 전 공산당원과 그 가족들로 구성되어 있다. 티미쇼아라와 부쿠레슈티에서 목숨을 걸었던 대중은 찌꺼기에 만족해야 했다. 협력하는 방법과 자신들의 이익을 지키기 위해 효율적인 조직을 만드는 방법을 알지 못했기 때문이다.[21]

2011년 이집트 혁명도 비슷한 길을 걸었다. 1989년에 텔레비전이 했던 일을 2011년에는 페이스북과 트위터가 했다. 뉴미디어가 대중이 활동을 조직할 수 있도록 도운 덕분에, 알맞은 때에 수만 명의 국민이 거리와 광장으로 몰려나와 무바라크 정권을 무너뜨렸다. 하지만 10만 명의 국민을 타흐리르 광장에 모이게 하는 것과, 정치 기구를 장악하고 적합한 밀실에서 적합한 사람들과 손잡고 나라를 효과적으로 운영하는 것은 별개의 문제였다. 따라서 무바라크가 사임했을 때 시위자들은 그 공백을 메울 수 없었다. 이집트에 나라를 통치할 만큼 잘 조직된 기관은 군대와 무슬림 형제단 둘뿐이었다. 그리하여 혁명의 성과는 처음에는 무슬림 형제단에게 갔고, 결국에는 군대에 탈취당했다.

루마니아 공산당원과 이집트 장군들이 부쿠레슈티와 카이로의 독재자나 군중보다 더 똑똑하거나 손놀림이 더 민첩한 것은 아니었다. 그들의 강점은 유연한 협력에 있었다. 그들은 군중보다 협력에 뛰어났고, 편협한 차우셰스쿠나 무바라크보다 훨씬 큰 유연함을 보였다.

섹스와 폭력을 넘어

사피엔스가 세계를 지배하는 것이 동물들 가운데 사피엔스만이 유연한 대규모 협력이 가능하기 때문이라면, 인간 존재가 신성하다는 믿음은 흔들릴 수밖에 없다. 우리는 우리가 특별하기 때문에 모든 종류의 특권을 누릴 자격이 있다고 생각하는 경향이 있다. 그리고 그 증거로 우리 종이 이뤄낸 경이로운 위업들을 가리킨다. 우리는 피라미드와 만리장성을 쌓았고, 원자와 유전자 분자의 구조를 해독했고, 남극과 달에 갔다. 이런 성과들이 각 개인이 지닌 특별한 본질(가령 불멸의 영혼)의 결과라면, 인간의 생명을 신성시하는 것은 일리가 있다. 하지만 이 승리들이 실제로는 대규모 협력의 결과라면, 이것이 과연 인간 개개인을 숭배할 이유가 되는지 생각해볼 일이다.

벌떼는 나비 한 마리보다 훨씬 큰 힘을 갖지만, 그렇다고 해서 벌 한 마리가 나비 한 마리보다 더 신성한 것은 아니다. 루마니아 공산당은 비조직적인 루마니아 국민을 지배하는 데 성공했다. 그렇다고 공산당원의 생명이 보통 시민의 생명보다 더 신성한가? 인간은 침팬지보다 훨씬 더 효과적으로 협력할 줄 알고, 이것은 침팬지가 동물원 방문객을 향해 돌을 던지는 반면 인간은 달을 향해 우주선을 쏘아올리는 이유를 설명해준다. 그렇다고 이것이 인간이 우월한 존재라는 뜻인가?

글쎄, 답은 인간이 잘 협력할 수 있는 이유가 무엇인지에 달려 있다. 왜 인간만이 크고 정교한 사회제도를 구축할 수 있을까? 침팬지, 늑대, 돌고래 같은 사회적 포유류 대부분은 두터운 친분에 의존해 사회적 협력을 한다. 침팬지들은 서로를 잘 알게 되고 사회적 위계서열을 확립하고 나서야 함께 사냥을 나간다. 그래서 침팬지들은 사회교류와 힘 겨루기에 많은 시간을 보낸다. 낯선 침팬지들끼리 만나면 대개 협력하지 못하고 서로를 향해 거칠게 소리를 지르거나, 싸우거나, 아니면 가능한 한 빨리 도망친다.

'보노보'라고 불리는 피그미침팬지는 좀 다르다. 보노보는 긴장을 해소하고 사회적 유대를 다지기 위해 흔히 섹스를 이용한다. 그 결과 그들 사이에는 동성 간의 성교가 매우 흔하다. 이질적인 두 보노보 집단이 마주치면, 처음에는 상대를 향해 두려움과 적개심을 드러내는 탓에 울부짖는 소리와 날카로운 괴성이 온 정글에 울려퍼진다. 하지만 곧이어 한 집단의 암컷들이 중간지대로 건너가 외집단 구성원들에게 전쟁 대신 섹스를 하자고 제안한다. 이런 제안은 대개 받아들여지고, 전쟁터가 될 뻔했던 그 장소는 몇 분 뒤 나무에 거꾸로 매달리는 것을 포함해 상상할 수 있는 거의 모든 자세로 섹스하는 보노보들로 와글거린다.

사피엔스들도 이런 협력 비결을 잘 알고 있다. 사피엔스들은 때로는 침팬지의 위계서열과 비슷한 권력위계를 구축하는 한편, 때로는 보노보처럼 섹스로 사회적 유대를 다진다. 하지만 대규모의 협력은 싸움을 통해서든 섹스를 통해서든 개인적 친분에 기댈 수 없다. 그리스 정치인들과 독일 은행장들이 모여 주먹다짐이나 난교파티를 벌여 그리스의 외환위기를 해결할 수는 없다. 연구조사에 따르면 사피엔스는 150명 이상의 사람들과는 (적대적이든 우호적이든) 친밀한 관계를 맺을 수 없다고 한다.²² 어쨌든 인간이 대규모 협력 네트워크를 조직할 수 있는 비결이 친밀한 관계는 아니다.

심리학자, 사회학자, 경제학자, 그밖에 실험을 통해 인간사회를 해독하려는 학자들에게는 좋지 않은 소식이다. 관리하기 힘들고 돈도 많이 드는 탓에 대다수의 실험이 개인 또는 소규모 집단을 대상으로 실시된다. 그렇다고 해서 소규모 집단의 행동을 토대로 대규모 사회의 역학을 추정하는 것은 위험하다. 인구가 1억 명인 나라는 구성원이 백 명인 무리와는 근본적으로 다른 방식으로 기능한다.

행동경제학의 가장 유명한 실험 가운데 하나인 최후통첩 게임을 예로 들어보자. 이 실험은 보통 두 사람을 대상으로 한다. 둘 중 한 사람에게 백 달러를 주고 그 돈을 다른 한 사람과 자신이 원하는 방식으로 나눠갖게 한다. 전부 자신이 챙길 수도 있고, 반반으로 나눌 수도 있고, 대부분을 줄 수도 있다. 다른 한 사람은 둘 중 하나를 선택할 수 있다. 나눠주는 돈을 받든지, 아니면 아예 받지 않든지. 만일 그가 제시된 액수를 거절하면 두 사람 다 한 푼도 받지 못한다.

고전경제학 이론들은 인간이 이성적인 계산기계라고 주장한다. 그 이론들은 대부분의 사람들이 99달러를 갖고 나머지 1달러를 다른 사람에게 줄 거라고 예측한다. 나아가 다른 사람도 그 제안을 받아들일 거라고 예측한다. 이성적인 사람이라면 1달러가 공짜로 생긴다면 두말할 것 없이 수락할 것이다. 상대방이 99달러를 받든 말든 무슨 상관인가?

아마 고전경제학자들은 실험실과 강의실을 떠나 현실세계를 몸소 겪어본 적이 없었을 것이다. 최후통첩 게임에 참여한 사람들 대부분이 낮은 액수의 분배 제안을 '불공평하다'는 이유로 거절한다. 그들은 상대방에게 만만한 사람으로 보이는 것보다는 1달러를 잃는 것이 낫다고 생각한 것이다. 실제세계는 이런 식으로 작동하기 때문에, 애초에 상대방에게 아주 낮은 액수를 제안하는 사람은 거의 없다. 대부분의 사람들이 돈을 똑같이 나누거나, 자신이 조금만 더 갖고 30~40달러를 상대방에게 준다.

최후통첩 게임은 고전경제학 이론에 타격을 가했고, 지난 몇십 년 동안의 가장 중요한 경제적 발견에 큰 기여를 했다. 바로 사피엔스들은 냉정한 수학적 논리를 따르기보다는 훈훈한 사회적 논리에 따라 행동한다는 사실이다. 우리는 감정의 지배를 받는다. 앞에서 보았듯이 이런 감정들은 사실 고대 수렵채집인 무리의 사회기제를 반영하는 정교한 알고리즘이다. 지금이 3만 년 전이고, 내가 당신의 들닭 사냥을 도와줬다고 치자. 그런데 당신이 그 닭을 혼자 거의 다 먹고 내게는 날개 한 쪽만 주었다면, 나는 '아무것도 못 먹으니 날개 한 쪽이라도 먹는 게 낫다'고 생각하지는 않았을 것이다. 그보다는 오히려 내 진화적 알고리즘에 따라 아드레날린과 테스토스테론이 분출되고 피가 거꾸로 솟아, 발을 구르며 목청껏 소리쳤을 것이다. 물론 그렇게 하면 당장은 배가 고플 것이고 심지어 한두 대 얻어맞을지도 모른다. 하지만 장기적으로는 이익이다. 다음번에는 당신이 나에게 사기 칠 생각을 하지 않을 것이기 때문이다. 이렇듯 불공평한 제안을 거절하는 이유는, 불공평한 제안을 순순히 받아들인 사람들이 석기시대에 살아남지 못했기 때문이다.

오늘날의 수렵채집인 무리를 관찰한 연구들이 이 가설을 뒷받침한다. 대부분의 수렵채집인 무리는 매우 평등한 사회여서, 사냥꾼 한 명이 포동포동한 사슴 한 마리를 잡아 야영지로 돌아오면, 그것을 다 같이 나눠먹는다. 침팬지도 마찬가지이다. 침팬지 하나가 새끼 돼지를 죽이면 무리의 나머지 구성원들이 얼씨구나 하고 모여들 것이고, 모두가 한 점씩 먹을 것이다.

최근 이루어진 또 다른 실험에서, 영장류학자 프란스 드 발은 흰목꼬리감기원숭이 두 마리를 인접한 두 개의 우리에 각각 넣고 한 원숭이가 다른 원숭이의 일거수일투족을 지켜볼 수 있게 했다. 드 발과 동료들은 각각의 우리 안에 작은 돌들을 넣고, 원숭이들이 그 돌을 건네주도록 훈련시켰다. 원숭이가 돌 한 개를 건넬 때마다 대가로 먹이를 주었다. 처음에는 오이 한 조각이 보상이었다. 두 원숭이는 매우 좋아하며 행복하게 먹었다. 몇 차례 그렇게 한 뒤 드 발은 다음 단계로 옮겨갔다. 이번에는 첫 번째 원숭이가 돌을 주면 그 보상으로 포도를 주었다. 포도는 오이보다 훨씬 맛있다. 하지만 두 번째 원숭이가 돌을 주면 계속해서 오이 한 조각을 주었다. 전에는 오이를 받고 좋아했던 두 번째 원숭이가 이번에는 심통을 부렸다. 녀석은 오이를 받아들고 잠시 믿기지 않는 듯 들여다보더니 화가 나서 그것을 과학자들에게 던졌고, 펄쩍펄쩍 뛰고 큰 소리로 꽥꽥거렸다. 그 원숭이는 속지 않았다.[23]

이 재미있는 실험(유튜브에서 볼 수 있다)은 최후통첩 게임과 함께 많은 사람들에게 영장류가 도덕적 본성을 지니고 있으며 평등은 보편적이고 영원한 가치라는 믿음을 갖게 했다. 사람들은 타고난 평등주의자여서, 불평등한 사회는 반감과 불만 때문에 제대로 돌아가지 못한다.

그런데 정말 그런가? 이 이론들은 침팬지, 흰목꼬리감기원숭이, 소규모 수렵채집인 무리에는 잘 들어맞는 듯하다. 또한 실험실에서 소규모 사람들을 대상으로 실험해도 잘 들어맞는다. 하지만 대규모 사람들의 행동을 관찰하면 전혀 다른 현실을 발견하게 된다. 과거 대부분의 왕국과 제국이 매우 불평등했지만, 그럼에도 대다수가 놀랍도록 안정적이고 효율적이었다. 고대 이집트에서는 황금 샌들을 신고 보석이 박힌 튜닉을 입은 파라오가 시원하고 풍족한 궁전 안 편안한 쿠션 위에 드러누워 있으면, 아름다운 시녀들이 그의 입 안에 달콤한 포도를 넣어주었다. 한편 열린 창으로 내다보이는 농부들은 더러운 넝마를 걸치고 무자비한 햇볕을 받으며 밭에서 힘들게 일했고, 오이 한 조각만 먹을 수 있어도 행운이었다. 하지만 그 농부들은 거의 반란을 일으키지 않았다.

1740년, 프로이센의 프리드리히 2세가 슐레지엔을 침공해 일련의 피비린내 나는 전쟁을 시작했다. 이 전쟁으로 그는 '프리드리히 대왕'이라는 별명을 얻었고 프로이센은 강대국이 되었지만, 국민 수십만 명이 죽거나 불구가 되거나 곤궁해졌다. 프리드리히의 병사들은 대부분 박복한 신병으로, 혹독한 규율을 따르고 무시무시한 훈련을 받았다. 그러나 그 병사들은 최고 지휘자에 대한 애정을 잃지 않았다. 침공을 준비하기 위해 병사들이 모이는 것을 지켜보던 프리드리히는 한 장군에게 자신이 매우 인상 깊게 본 장면에 대해 이렇게 말했다. "우리는 완벽하게 안전한 곳에서 6만 명의 병사들을 지켜보고 있소. 저들은 모두 우리의 적이고, 모두가 우리보다 나은 무기를 갖고 있으며, 우리보다 강하오. 그런데도 저들은 우리 앞에서 벌벌 떠는 반면, 우리는 저들을 두려워할 이유가 조금도 없소."[24] 프리드리히는 실제로 완벽하게 안전한 곳에서 그들을 지켜볼 수 있었다. 이후 몇 년 동안 전쟁으로 온갖 곤경을 겪었지만 그 6만 명의 무장한 병사들은 한 번도 반란을 일으키지 않았다. 오히려 그들 대다수가 목숨을 거는 것은 물론 실제로 목숨을 바쳐가며 보기 드문 용기로 왕을 섬겼다.

이집트의 농부들과 프로이센의 병사들은 왜 우리가 최후통첩 게임이나 흰목꼬리감기원숭이 실험을 토대로 예상한 것과 다르게 행동했을까? 대규모 집단의 사람들은 소규모 집단의 사람들과 근본적으로 다른 방식으로 행동하기 때문이다. 각각 100만 명씩인 두 집단을 대상으로 최후통첩 게임을 실시해 1,000억 달러를 나눠갖게 하면 어떤 결과가 나올까?

아마 이상하고 매혹적인 역학을 목격하게 될 것이다. 100만 명이 한자리에 모여 결정을 내릴 수는 없으므로, 각 집단은 소규모의 지배층을 구성할 것이다. 한 집단의 지배층이 다른 집단의 지배층에게 100억 달러를 제안하고 나머지 900억 달러는 자기들이 가진다면 어떨까? 두 번째 집단의 지도자들은 이 불공평한 제안을 받아들여 100억 달러 중 대부분을 자신들의 스위스 은행 계좌로 빼돌리는 한편, 당근과 채찍을 결합해 추종자들의 반란을 막을 것이다. 지배층은 체제에 반대하는 사람들에게 즉시 무거운 처벌을 내릴 거라고 위협하는 한편, 온순하고 참을성 있는 사람들에게는 내세에 영원한 보상을 받을 거라고 약속할 것이다. 바로 이것이 고대 이집트와 18세기 프로이센에서 일어난 일이고, 지금도 전 세계 수많은 나라들에서 일어나고 있는 일이다.

이런 위협과 약속은, 그것이 인간의 변덕이 아니라 자연의 필연적 법칙 또는 신의 신성한 명령을 반영하는 것이라고 여겨지는 한, 흔들림 없는 위계질서와 대규모 협력 네트워크를 만드는 데 대개 성공한다. 인간의 모든 대규모 협력은 결국 상상의 질서에 대한 우리의 믿음에 기반한다. 그것은 우리의 상상 속에만 존재하는데도 불구하고 우리가 중력처럼 실재하고 어길 수 없다고 믿는 일군의 규칙들이다. "하느님에게 황소 열 마리를 희생제물로 바치면 비가 내릴 것이다. 부모를 공경하면 천국에 갈 것이다. 내가 너에게 말하는 것을 믿지 않으면 너는 지옥에 갈 것이다." 특정 장소에 사는 모든 사피엔스가 같은 이야기를 믿는 한 그들은 모두 똑같은 규칙을 따르고, 그럴 때 이방인의 행동을 예측하고 대규모 협력 네트워크를 조직하기가 쉬워진다. 사피엔스는 흔히 터번, 턱수염, 양복 같은 시각적 표식을 이용해 "나를 신뢰해도 된다. 나는 너와 같은 이야기를 믿는 사람이다"라는 신호를 보낸다. 그런데 우리의 침팬지 사촌들은 그런 이야기를 짜내고 퍼뜨리지 못한다. 그들이 대규모 협력을 할 수 없는 이유가 여기에 있다.

호모 사피엔스
세계를 정복하다

**의미의
그물망**

우리가 '상상의 질서'라는 개념을 이해하는 데 어려움을 겪는 것은 두 가지 유형의 실재만 존재한다고 추정하기 때문이다. 객관적 실재와 주관적 실재 말이다. 객관적 실재에서는 모든 것이 우리의 믿음이나 느낌과 관계없이 존재한다. 예컨대 중력은 객관적 실재이다. 중력은 뉴턴이 발견하기 오래전부터 존재했고, 그것을 믿는 사람에게나 믿지 않는 사람에게나 똑같은 영향을 미친다.

반면 주관적 실재는 내 개인적 믿음과 느낌에 의존한다. 가령 내가 심한 두통을 느껴 병원에 간다고 가정해보자. 의사는 나를 철저히 진찰하지만 아무 문제도 찾지 못한다. 그래서 혈액검사, 소변검사, 유전자 검사, 엑스레이, 심전도 검사, 기능자기공명영상 촬영, 그밖에 수많은 검사들을 의뢰한다. 검사결과가 나오면 의사는 내 몸에 아무 이상이 없다고 말하고, 그러면 나는 집에 갈 수 있다. 하지만 여전히 극심한 두통을 느낀다. 모든 객관적 검사가 나에게 아무런 이상이 없음을 밝혔고, 나 외에는 아무도 그 고통을 느끼지 못한다. 그럼에도 그 고통은 나에게 백 퍼센트 실재한다.

대부분의 사람들은 실재가 객관적이거나 주관적이며 제3의 옵션은 없다고 생각한다. 그래서 어떤 것이 자신의 주관적 느낌이 아니라고 확신하면 그것은 객관적인 것이라는 결론으로 도약한다. 많은 사람들이 신을 믿는다면, 돈이 세상을 움직인다면, 민족주의가 전쟁을 일으키고 제국을 만든다면, 이런 것들은 내 주관적 느낌이 아니다. 그러므로 신, 돈, 국가는 객관적 실재여야 한다.

하지만 실재에는 제3의 층위가 존재한다. 그것은 상호주관적 실재이다. 상호주관적 실재들은 개개인의 믿음과 느낌보다는 여러 사람들 사이의 의사소통에 의존한다. 역사의 중요한 동인들 가운데 많은 것이 상호주관적 실재이다. 예를 들어 돈은 객관적 가치가 없다. 당신은 1달러짜리 지폐를 먹을 수도 마실 수도 입을 수도 없다. 하지만 수십 억 명이 그 가치를 믿는 한 당신은 그것을 사용해 음식, 음료수, 옷을 살 수 있다. 만일 한 빵집 주인이 갑자기 1달러짜리 지폐를 신뢰하지 않고, 그 초록색 종잇조각을 받고는 나에게 빵 한 덩어리를 줄 수 없다고 말한다 해도, 그것이 그리 큰 문제는 아니다. 몇 블록 내려가 근처 슈퍼마켓에서 사면 된다. 하지만 슈퍼마켓 계산원도 그 종잇조각을 받지 않겠다고 하고, 시장의 상인들과 쇼핑몰의 판매원들도 마찬가지라면, 돈은 가치를 잃을 것이다. 그 초록색 종잇조각들은 계속 존재하겠지만 가치가 없을 것이다.

이따금씩 이런 일들이 실제로 일어난다. 1985년 11월 3일 미얀마 정부가 25차트, 50차트, 100차트짜리 지폐는 더 이상 법정 화폐가 아니라고 전격 발표했다. 그 지폐들을 환전할 기회도 주지 않았기 때문에, 사람들이 평생 모은 돈이 한순간에 무가치한 종이 더미가 되고 말았다. 가치를 잃은 지폐들을 대체하기 위해 미얀마 정부는 75차트짜리 지폐를 새로 발행했다. 미얀마의 독재자 네 윈 장군의 일흔다섯 번째 생일을 기념한다는 명목이었다. 1986년 8월에는 15차트짜리 지폐와 35차트짜리 지폐가 도입되었다. 숫자 점을 맹신하던 그 독재자가 15와 35가 행운의 숫자라고 믿었기 때문이라는 소문이다. 어쨌든 그 두 지폐는 국민들에게는 불행을 가져왔다. 1987년 9월 5일 미얀마 정부는 갑자기 35차트짜리 지폐와 75차트짜리 지폐는 더 이상 돈이 아니라고 선포했다.

사람들이 더 이상 믿지 않게 되면 가치가 증발하는 것은 돈만이 아니다. 법, 신, 심지어 제국 전체에도 같은 일이 일어날 수 있다. 그것들은 어느 순간 세계를 주름잡다가도 다음 순간이 되면 더 이상 존재하지 않는다. 제우스와 헤라가 한때 지중해 지역의 중요한 권력자였지만 지금은 아무 권위도 가지지 않는 것은 아무도 그들의 존재를 믿지 않기 때문이다. 한때 소련은 인류 전체를 파괴할 수 있는 권력이었지만, 펜 놀림 한 번으로 사라졌다. 1991년 12월 8일 오후 2시, 러시아, 우크라이나, 벨라루스의 지도자들이 비스쿨리 근처의 한 시골 저택에서 벨라베자 조약에 서명했다. 그 조약에는 이렇게 적혀 있었다. "1922년 연방조약에 서명한 소련의 창립국들인 우리 벨라루스 공화국, 러시아 연방 그리고 우크라이나는 소련이 국제법의 적용 대상이자 지리적·정치적 실재로서 더 이상 존재하지 않음을 밝힌다."²⁵ 그것으로 끝이었다. 소련은 그렇게 사라졌다.

돈이 상호주관적 실재임은 비교적 받아들이기 쉽다. 또한 고대

▲ 벨라베자 조약에 서명하는 장면. 펜이 종이에 닿으면, 아브라카다브라! 소련이 사라진다.

그리스 신, 악한 제국, 외래문화의 가치가 상상 속에만 존재한다는 것을 대부분의 사람들이 기꺼이 인정한다. 하지만 우리 신, 우리 나라, 우리의 가치가 허구라는 것은 받아들이고 싶지 않다. 우리 삶에 의미를 부여하는 것들이기 때문이다. 우리는 자신의 인생이 어떤 객관적 의미를 지니고, 자신의 희생이 머릿속에서 지어낸 이야기보다 중요한 뭔가를 위한 것이라고 믿고 싶어 한다. 하지만 사실 사람의 인생은 그들이 서로에게 말하는 이야기의 그물망 안에서만 의미를 가진다.

많은 사람이 공동의 이야기망을 함께 짤 때 의미가 생겨난다. 왜 교회에서 결혼하고, 라마단에 금식하고, 선거일에 투표하는 것 같은 특정 행동이 의미가 있을까? 내 부모는 물론 형제, 이웃, 이웃 도시 사람들, 심지어 먼 나라 사람들조차 그것이 의미 있는 일이라고 생각하기 때문이다. 그러면 왜 이 모든 사람들이 그것을 의미 있는 일로 생각할까? 그들의 친구와 이웃들도 같은 견해를 공유하기 때문이다. 사람들은 끊임없이 서로의 믿음을 강화하면서 자기 영속적인 고리를 만든다. 다른 모든 사람들이 믿는 것을 믿지 않을 수 없을 때까지 상호 확증을 거듭하며 의미의 그물망을 팽팽하게 만든다.

그런데 몇십 년, 몇백 년이 지나면 의미의 그물망이 풀리고 그 자리에 새로운 그물망이 만들어진다. 역사를 공부한다는 것은 이런 의미의 그물망들이 생기고 풀리는 것을 지켜보고, 한 시대 사람들에게 가장 중요한 가치였던 것이 후손에 이르러 완전히 무의미해진다는 것을 깨닫는 일이다.

1187년 살라딘(Saladin, 1137~1193, 아이유브 왕조의 창시자이자 십자군을 물리친 이슬람 세계의 영웅—옮긴이)은 하틴 전투에서 십자군을 무찌르고 예루살렘을 정복했다. 이에 교황은 그 성스러운 도시를 되찾기 위해 제3차 십자군 원정에 착수했다. 집을 떠나 살라딘과 싸우러 가는 존이라는 이름의 잉글랜드 귀족 청년이 있었다고 상상해 보자. 존은 자신의 행동에 객관적 의미가 있다고 믿었다. 원정에 나가서 죽으면 사후 자신의 영혼이 천국에 갈 것이고, 그곳에서 영원한 천상의 기쁨을 누릴 거라고 믿었다. 만일 그가 영혼과 천국이 단지 인간이 지어낸 이야기에 불과하다는 사실을 알았다면 정말 끔찍했을 것이다. 존은 자신이 성지로 가고 코밑수염을 기른 이슬람 전사가 도끼로 자신의 머리를 찍는다면 귀가 울리고 다리가 풀리고 눈앞이 캄캄해지며 참을 수 없이 고통스러울 테지만, 다음 순간 찬란한 빛이 주위를 에워싸고, 천사의 목소리와 아름다운 하프 소리가 들리고, 빛나는 날개를 단 천사가 자신을 웅장한 황금 대문 안으로 안내할 것임을 믿어 의심치 않았다.

존이 이 모든 것을 굳게 믿은 이유는 매우 촘촘하고 튼튼하게 엮인 의미의 그물망에 걸려 있었기 때문이다. 그의 가장 어릴 적 기억은 저택의 중앙홀에 걸려 있던 할아버지 헨리의 녹슨 검이었다. 걸음마를 시작한 이래로 존은 제2차 십자군 원정에서 전사해 지금은 천국에서 천사들과 함께 존과 그의 가족을 지켜보고 있는 할아버지 헨리에 대한 이야기를 수도 없이 들었다. 음유시인들도 그의 저택을 방문해 늘 성지에서 싸운 용감한 십자군 전사들에 대해 노래했다. 존은 교회에 가서 스테인드글라스 창문을 보는 것이 좋았다.

그 창문들 가운데 하나에는 말을 탄 채 사악하게 생긴 이슬람교도를 창으로 찌르는 고드프루아 드 부용이 그려져 있었다. 또 하나에는 지옥불에 불타는 죄인들의 영혼이 그려져 있었다. 존은 자신이 아는 가장 박식한 사람인 마을 신부의 이야기를 열심히 들었다. 거의 매주 일요일 그 신부는 절묘한 비유와 재미있는 농담을 섞어가며 가톨릭교회 바깥에 구원은 없고, 로마 교황이 우리의 거룩한 아버지이며, 우리는 항상 그의 명령에 복종해야 한다고 설교했다. 만일 우리가 살인을 저지르거나 도둑질을 하면 신이 우리를 지옥에 보낼 테지만, 이교도인 이슬람교도를 죽이면 신은 우리를 천국에 들일 거라고.

존이 18세가 되던 해의 어느 날, 흐트러진 차림새의 기사 한 명이 대저택의 대문 앞에 달려와 갈라지는 목소리로 비보를 전했다. 살라딘이 하틴에서 십자군을 무찔렀다! 예루살렘이 함락되었다! 교황은 새로운 십자군 원정을 선포했고, 이 전쟁에서 죽는 사람은 영원한 구원을 받을 거라고 약속했다! 주변 사람들의 얼굴에 충격과 근심이 어렸지만, 존은 세속을 초월한 듯 빛나는 얼굴로 이렇게 선언했다. "이교도들과 싸워 성지를 해방시키기 위해 원정에 나가겠습니다!" 모든 사람이 잠시 할 말을 잃었지만, 이내 웃음과 눈물을 보였다. 어머니는 눈물을 훔치며 존을 포옹하고는 그가 정말 자랑스럽다고 말했다. 아버지는 아들의 등을 힘차게 두드리며 이렇게 말했다. "내가 네 나이였다면 나도 갔을 것이다. 우리 가문의 명예가 네 어깨에 걸려 있다. 우리를 실망시키지 않을 거라고 믿는다." 친구 두 명이 자신들도 가겠다고 선언했다. 심지어 존의 공공연한

호모 사피엔스
세계를 정복하다

경쟁자인 강 저편의 남작까지 찾아와 그의 성공을 빌어주었다.

그가 저택을 떠날 때 마을 사람들이 오두막에서 나와 손을 흔들었고, 예쁜 소녀들은 이교도와 싸우러 떠나는 용감한 전사를 동경의 눈으로 바라보았다. 잉글랜드에서 출항한 그는 낯설고 먼 땅들(노르망디, 프로방스, 시칠리아)을 지나 외국의 기사들과 합류했다. 그들의 목적지와 신념도 모두 같았다. 원정대가 마침내 성지에 상륙해 살라딘의 전사들과 전투를 치를 때, 존은 사악한 아랍인들도 자신과 같은 믿음을 공유하고 있음을 알고 놀랐다. 무슨 착오가 있었는지 그들은 그리스도교도가 이교도이고, 이슬람교도들이 신의 뜻에 복종하고 있다고 생각했지만 말이다. 그럼에도 신과 예루살렘을 위해 싸우는 자들은 죽어서 천국에 간다는 기본원칙만큼은 그들도 같았다.

이런 식으로 중세 문명은 한 올 한 올 촘촘하게 엮은 의미의 그물망에 존과 그의 동시대인들을 파리처럼 가두었다. 이 모든 이야기가 그저 상상의 실오라기라는 생각을 존은 꿈에도 하지 못했다. 부모와 삼촌들이 잘못 알았을 수는 있지만, 음유시인, 그의 모든 친구들, 마을 소녀들, 박식한 신부, 강 저편의 남작, 로마 교황, 프로방스와 시칠리아의 기사들, 심지어 이슬람교도들까지 모두가 잘못 알수는 없다. 그들 모두가 환각에 빠져 있었다는 것이 말이 되는가?

그리고 세월이 흐른다. 의미의 그물망이 풀리고 그 자리에 또 다른 그물망이 생기는 것이 사학자의 눈에는 보인다. 존의 부모가 죽고, 그의 형제들과 친구들도 뒤를 따른다. 십자군에 대해 노래하는 음유시인 대신, 비극적인 사랑 이야기에 관한 연극이 새로 유행한

제 1 부

다. 가문의 저택이 불에 타 재가 되고, 그 저택이 재건되었을 때 헨리 할아버지의 검은 흔적조차 없다. 겨울바람에 깨진 교회 창문에 새로 설치한 스테인드글라스에는 고드프루아 드 부용과 지옥불 속의 죄인들 대신, 잉글랜드 왕이 프랑스 왕을 누르고 대승을 거둔 그림이 그려져 있다. 동네 신부는 더 이상 교황을 '성스러운 아버지'라고 부르지 않는다. 이제 교황은 '로마의 악마'로 불린다. 근처 대학의 학자들은 고대 그리스 필사본들을 연구하고, 시신을 해부하고, 어쩌면 영혼 같은 것은 없을지도 모른다고 자기들끼리 쑥덕거린다.

또다시 세월이 흐른다. 저택이 있던 자리에는 쇼핑몰이 들어섰다. 동네 영화관에서는 〈몬티 파이튼과 성배〉를 상영하고 있다. 텅 빈 교회에서는 심심한 교구 목사가 일본인 관광객 두 명을 보고 지나치게 좋아한다. 그는 스테인드글라스 창문에 대해 자세히 설명한다. 관광객들은 전혀 이해하지 못하는 눈치지만, 고개를 끄덕이며 예의 바르게 웃는다. 바깥 계단 위에서 10대들이 아이폰을 가지고 깔깔거리며 논다. 그들은 존 레논의 노래 〈이매진〉의 새로운 리믹스 버전을 유튜브로 본다. '천국이 없다고 상상해봐. 한번 해봐. 쉬워.' 레논이 노래한다. 파키스탄인 청소부가 거리를 쓸고 있는 동안, 근처 라디오에서 뉴스가 흘러나온다. 시리아에서 대량살상이 계속되고 있고, 안전보장이사회의 회의는 결렬되었다는 소식이다. 그때 갑자기 시간의 구멍이 열리고, 신비로운 광선이 10대들 중 한 명의 얼굴을 비춘다. 그러자 그 10대가 이렇게 말한다. "이교도들과 싸워 성지를 해방시키기 위해 원정에 나가겠습니다!"

이교도와 성지라고? 이 말은 오늘날의 잉글랜드 사람들에게는 아무 의미도 없다. 심지어 교구 목사조차 그 10대의 정신 상태가 좀 이상하다고 생각할 것이다. 반면 잉글랜드인 청년이 국제사면위원회 엠네스티에 가입하고 난민들의 인권을 보호하기 위해 시리아로 가겠다고 결심하면 영웅 대접을 받을 것이다. 물론 중세였다면 그를 미쳤다고 생각했을 것이다. 12세기 잉글랜드 사람들은 인권이 뭔지도 몰랐다. 이슬람교도를 죽이기 위해서가 아니라, 한 집단의 이슬람교도들을 다른 집단으로부터 보호하기 위해 중동까지 가서 목숨을 걸겠다고? 제정신이 아님이 분명하다.

역사는 이런 식으로 전개된다. 사람들은 의미의 그물망을 짜고 그것을 진심으로 믿는다. 하지만 그 그물은 곧 풀리고, 되돌아보는 우리는 그런 헛소리를 어떻게 진지하게 받아들일 수 있었는지 이해하지 못한다. 지금에 와서 생각해보면, 천국에 가기를 바라며 십자군 원정에 나선다는 것은 완전히 미친 짓처럼 들린다. 지금에 와서 생각해보면, 심지어 냉전은 더 미친 짓으로 보인다. 어째서 30년 전 사람들은 공산주의 낙원에 대한 믿음 때문에 핵 대학살을 불사할 생각까지 했을까? 그러므로 민주주의와 인권에 대한 우리의 믿음도 백 년 뒤 우리 후손들에게는 똑같이 이해할 수 없는 소리로 들릴지도 모른다.

꿈의 시대

사피엔스가 세계를 지배하는 것은 그들만이 상호주관적 의미망을 엮을 수 있기 때문이다. 그것은 공동의 상상 속에만 존재하는 법, 힘, 실체, 장소로 이루어진 그물이다. 이런 그물은 인간만이 십자군, 사회주의 혁명, 인권운동을 조직할 수 있게 한다.

다른 동물들도 아마 다양한 것을 상상할 것이다. 쥐를 습격하기 위해 기다리는 고양이는 쥐가 보이지 않아도 쥐의 생김새를 상상하고, 심지어 쥐의 냄새도 상상할 것이다. 하지만 우리가 알기로 고양이들은 쥐처럼 이 세계에 실제로 존재하는 것들만 상상할 수 있다. 그들은 본 적도 냄새를 맡은 적도 맛본 적도 없는 것(예컨대 미국 달러, 구글 기업, 유럽연합 같은 것)을 상상하지 못한다. 사피엔스만이 그런 비현실적인 것을 상상할 수 있다.

그 결과 고양이와 여타 동물들은 객관적인 영역에 갇혔고 그들의 의사소통 장치는 단지 실재를 기술하기 위해서만 쓰이는 반면, 사피엔스는 언어를 사용해 완전히 새로운 실재들을 창조한다. 지난 7만 년 동안 사피엔스가 발명한 상호주관적 실재들은 점점 막강해졌고, 오늘날 이들이 세계를 지배한다. 침팬지, 코끼리, 아마존 열대우림, 북극의 빙하가 21세기에 무사히 살아남을까? 이것은 유럽연합과 세계은행 같은, 우리가 공유하는 상상 속에만 존재하는 실체들인 상호주관적 실재들의 바람과 결정에 달려 있다.

다른 어떤 동물들도 우리에게 맞서지 못하는 것은 그들에게 영혼이나 마음이 없어서가 아니라, 그러기 위해 필요한 상상을 할 수 없기 때문이다. 사자들은 달리고, 뛰어오르고, 할퀴고 물 수 있다. 하지만 은행계좌를 만들거나 소송을 제기하지는 못한다. 그리고 21세기에는 소송을 제기할 줄 아는 은행가가 사바나에서 가장 포악한 사자보다 훨씬 더 막강한 힘을 지닌다.

이렇게 상호주관적인 실재들을 창조하는 능력은 인간을 다른 동물들에게서 분리할 뿐 아니라, 인문학을 생명과학에서 분리한다. 사학자들은 신이나 국가 같은 상호주관적 실재들의 발생을 이해하려고 시도하는 반면, 생물학자들은 그런 것의 존재를 잘 인정하지 않는다. 어떤 사람들은 우리가 유전암호를 해독하고 뇌에 있는 모든 뉴런을 파악할 수만 있다면 인류의 모든 비밀을 알게 될 거라고 생각한다. 따지고 보면 만일 인간에게 영혼이 없다면, 인간의 생각, 감정, 감각이 단지 생화학적 알고리즘에 불과하다면, 인간사회의 그 모든 변덕스러운 변화들을 생물학으로 설명하지 못할 이유가 있을까? 이런 관점에서 보면, 십자군은 생존하고 번식하라는 진화의 압박이 만든 영역분쟁이었고, 살라딘과 싸우러 성지로 간 잉글랜드 기사들은 이웃 무리의 영역을 강탈하려고 시도하는 늑대들과 다를 바 없었다.

반면 인문학은 상호주관적 실재들을 매우 중요하게 취급한다. 상호주관적 실재들은 호르몬과 뉴런으로 환원될 수 없다. 역사적으로 생각한다는 것은 인간의 상상이 만들어낸 이야기의 내용에 실질적인 힘을 부여한다는 뜻이다. 물론 사학자들이 기후변화와 유전자 돌연변이 같은 객관적 요인들을 무시하는 것은 아니다. 하지만 그들은 사람들이 지어내고 믿는 이야기들이 훨씬 더 중요하다고 본다. 북한과 남한이 많이 다른 것은 평양 사람들이 서울 사람들과 다른 유전자를 지니고 있어서도, 북한이 더 춥고 산이 많아서도 아니다. 그것은 매우 다른 허구들이 북한을 지배하고 있기 때문이다.

언젠가 신경생물학에 획기적인 발견이 이루어지면, 공산주의와 십자군 원정을 엄격하게 생화학적인 관점에서 설명할 수 있을 것이다. 하지만 그렇게 되기까지 아직 갈 길이 멀다. 21세기에 역사학과 생물학의 경계가 흐려질 가능성이 높은 이유는 우리가 역사적 사건들에 대한 생물학적 설명을 찾을 것이기 때문이 아니다. 그보다는 이념이라는 허구들이 유전자 가닥들을 고쳐쓸 것이고, 정치적·경제적 이해관계가 기후를 재설계할 것이고, 산과 강 같은 지리적 공간이 사이버 공간으로 대체될 것이기 때문이다. 인간이 만들어낸 허구들이 유전암호와 전자암호로 번역되는 과정에서 상호주관적 실재가 객관적 실재를 삼키고, 생물학은 역사와 융합할 것이다. 그렇게 함으로써 21세기에 허구는 소행성과 자연선택을 훨씬 능가하는, 지구상의 가장 강력한 힘이 될 것이다. 그러므로 우리가 미래를

▲ 창조자: 영감을 받은 순간의 잭슨 폴록.

이해하고 싶다면, 게놈을 해독하고 통계수치를 처리하는 것만으로는 부족하다. 우리는 세계에 의미를 부여하는 허구들도 해독해야 한다.

제 1 부

제 2 부
호모 사피엔스 세계에 의미를 부여하다

인간은 어떤 세계를 창조했나?
인간은 어떻게 자신이 세계를 지배할 뿐 아니라
세계에 의미를 부여한다고 확신하게 되었나?
인본주의의 인간 숭배가 어떻게 가장 중요한 종교가 되었나?

4
스토리텔러

늑대나 침팬지 같은 동물들은 이중 현실 속에서 살아간다. 한편으로는 나무, 바위, 강처럼 외부의 객관적 실재들을 알아보고, 다른 한편으로는 두려움, 즐거움, 욕망 같은 내부의 주관적 경험들을 알아차린다. 반면 사피엔스들은 삼중 현실 속에서 살아간다. 사피엔스들의 세계는 나무와 강, 두려움과 욕망 외에 돈, 신, 국가, 기업에 관한 이야기들을 포함한다. 역사가 전개되면서 신, 국가, 기업의 영향이 강, 두려움, 욕망을 소비하며 성장했다. 세계에는 여전히 많은 강이 있고, 사람들은 여전히 두려움과 소망에 따라 행동하지만, 예수 그리스도, 프랑스 공화국, 애플사는 강을 댐으로 막아 그 에너지를 활용하고, 우리 내면 깊은 곳의 불안과 갈망을 조정할 줄 안다.

21세기 신기술은 이런 허구의 힘을 더욱 성장시킬 것이므로, 미래를 이해하기 위해서는 예수 그리스도, 프랑스 공화국, 애플사에 관한 이야기들이 어떻게 그런 막강한 힘을 얻었는지 이해할 필요가 있다. 인간은 자신들이 역사를 만든다고 생각하지만, 역사는 사실 허구의 그물을 중심으로 돌아간다. 인간 개인의 기본 능력은 석기시대 이래로 그다지 달라지지 않았다. 하지만 이야기의 그물은 힘을 급속도로 키워 역사를 석기시대에서 실리콘 시대로 떠밀었다.

이 모든 과정은 약 7만 년 전 인지혁명과 함께 사피엔스들이 자신들의 상상 속에만 존재했던 것들에 대해 이야기하면서 시작되었다. 그 뒤로 6만 년 동안 사피엔스들은 많은 이야기의 그물을 엮었으나 작고 지역적인 규모에 머물렀다. 한 부족이 숭배하는 선조의 정령을 이웃 부족들은 전혀 알지 못했고, 한 지역에서는 가치 있는 조개껍데기들도 산맥을 넘어가면 무용지물이었다. 그렇다 해도 선조들의 정령과 귀한 조개껍데기들에 관한 이야기는 사피엔스들에게 막대한 이득을 주었는데, 그것들이 수백 명, 때로는 수천 명씩 되는 사피엔스들이 네안데르탈인이나 침팬지보다 훨씬 더 효과적으로 협력할 수 있게 해주었기 때문이다. 하지만 사피엔스들이 수렵채집인으로 머무는 한 진정 큰 규모로 협력할 수는 없었다. 수렵채집으로는 한 도시나 왕국을 먹여살리는 것이 불가능했기 때문이다. 따라서 석기시대의 정령, 요정, 악마는 비교적 약한 실재였다.

약 1만 2,000년 전 시작된 농업혁명은 상호주관적 연결망을 확대하고 강화하는 데 필수적인 물질적 기초를 제공했다. 농경 덕분에, 조밀한 도시에 사는 수천 수만 명의 사람들과 훈련된 군대에 소속된 수천 명을 먹이는 문제가 해결되었다. 하지만 상호주관적 그물은 새로운 장애물에 부딪혔다. 초창기 농부들은 집단의 신화를 보존하고 대규모 협력을 조직하기 위해 인간 뇌의 데이터 처리 능력에 의지했는데, 여기에는 분명한 한계가 있었다.

　농부들은 위대한 신들에 대한 이야기를 믿었다. 그들은 자신이 좋아하는 신을 위해 사원을 짓고, 신을 기리는 축제를 열고, 신에게 제물을 바치고, 땅과 십일조와 선물을 제공했다. 약 6,000년 전 고대 수메르에 생겨난 최초의 도시들에서 사원은 숭배 장소였을 뿐만 아니라 매우 중요한 정치적·경제적 중심이었다. 수메르의 신들은 현대의 상표 및 기업과 유사한 기능을 했다. 오늘날 기업들은 허구적인 법적 실체(법인)로서 재산을 소유하고 돈을 빌려주고 직원을 고용하고 경제사업을 한다. 우루크, 라가시, 슈루팍 같은 고대 도시에서 신들은 법적 실체로 기능하며 논밭과 노예를 소유하고, 돈을 빌려주고 받고, 봉급을 지급하고, 댐과 운하를 건설했다.

　신들은 죽지 않을 뿐 아니라 상속 다툼을 벌일 자식도 없으므로 점점 더 많은 재산과 힘을 축적했다. 이에 따라 점점 더 많은 수메르인들이 신에게 고용되었고, 신에게 돈을 빌리고, 신의 땅을 경작하고, 신에게 세금과 십일조를 내게 되었다. 현재 샌프란시스코에 사는 존이 구글에 고용되고 메리가 마이크로소프트를 위해 일하듯, 고대 도시 우루크의 시민은 위대한 신 엔키에게 고용되었고 그의 이웃은 여신 이난나(바빌로니아 지방에서 오랫동안 숭배되던 사랑의 여신 '이슈타르'의 수메르어 이름. 기원전 4000년경 고대 수메르의 번화한 도시 우루크의 수호신이었다―옮긴이)를 위해 일했다. 엔키와 이난나의 사원들이 우루크의 스카이라인을 점령했고, 이 신들의 로고가 건물, 상품, 의복에 새겨졌다. 오늘날 우리에게 구글과 마이크로소프트가 실재하는 실체이듯 수메르인들에게 엔키와 이난나는 실재했다. 수메르의 신들은 전임자인 석기시대의 유령과 정령에 비해 매우 힘 있는 실체였다.

말할 필요도 없지만 이 신들이 실제로 사업을 운영한 것은 아니었다. 신들은 인간의 상상 속 외에는 어디에도 존재하지 않기 때문이다. 지상의 일은 사원에 있는 성직자들이 관리했다(살과 피를 지닌 인간을 고용해 구글과 마이크로소프트의 업무를 맡기는 것과 같다). 하지만 신들의 재산과 힘이 점점 커지자 성직자들이 감당할 수 없었다. 그들이 아무리 전능한 하늘의 신 또는 전지전능한 땅의 여신을 대변한다 해도 그들 자신은 부족한 인간이었다. 그들은 어떤 부동산, 과수원, 논밭이 이난나 여신의 것인지, 이난나 여신에게 고용된 사람들 가운데 누가 봉급을 이미 받았는지, 그 여신의 소작인들 가운데 누가 지대를 지불하지 않았는지, 여신이 채무자들에게 매긴 이자율이 얼마인지 일일이 기억하지 못했다. 전 세계 다른 모든 곳과 마찬가지로 수메르에서 농업혁명이 일어나고 수천 년이 지나서도 인간의 협력망이 이렇다 하게 확장하지 못한 가장 큰 이유가 여기에 있었다. 세계에는 아직 거대한 왕국도, 광범위한 무역망도, 보편적 종교도 존재하지 않았다.

약 5,000년 전 수메르인들이 문자와 돈을 발명했을 때, 이 장애물이 마침내 사라졌다. 같은 시간 같은 장소 같은 부모에게서 태어났다는 점에서 샴쌍둥이와도 같은 이 두 발명품은 인간 뇌의 데이터 처리 한계를 깼다. 문자와 돈 덕분에 수십만 명에게 세금을 징수하고, 복잡한 관료제를 조직하고, 거대한 왕국을 건설할 수 있게 되었다. 수메르에서는 인간인 성직자-왕 priest-king들이 신의 이름으로 왕국을 운영했다. 이웃의 나일 강 유역 사람들은 더 나아가 성직자-왕과 신을 융합해 살아 있는 신 파라오를 창조했다.

이집트인들은 파라오를 신의 대리인이 아니라 실제 신으로 여겼다. 이집트 전체가 그 신의 것이었고, 모든 사람은 그의 명령에 복종하고 그가 부과하는 세금을 내야 했다. 수메르와 마찬가지로 파라오의 이집트에서도 신은 자신의 제국을 직접 운영하지 않았다. 어떤 파라오들은 철권으로 통치하고 또 어떤 파라오들은 연회와 축제로 나날을 보냈지만, 어느 경우든 수천 명의 읽고 쓸 줄 아는 관료들이 이집트의 행정실무를 맡아보았다. 파라오는 다른 모든 사람들과 마찬가지로 생물학적 몸과 생물학적 필요, 욕망, 감정을 갖고 있었다. 하지만 생물학적 파라오는 별로 중요하지 않았다. 나일 강 유역의 실질적인 통치자는 수백만 이집트인이 공유한 이야기들 속에 존재한 상상의 파라오였다.

파라오가 이집트의 수도 멤피스에 있는 자신의 궁전에서 포도를 먹으며 아내와 정부들을 희롱하는 동안, 파라오의 관료들은 지중해 해안에서 누비아 사막까지 이집트 왕국 안을 동분서주했다. 관료들은 각 마을이 내야 하는 세금을 계산해 긴 파피루스에 기록한 다음 그것을 멤피스로 보냈다. 멤피스에서 병사들을 모집하라거나 건축 공사를 위해 인부를 모집하라는 공고가 내려오면 관료들은 필요한 사람들을 모았다. 관료들은 왕국의 곡식창고에 밀이 얼마나 있는지, 운하와 저수지를 청소하는 데 며칠이 걸리는지, 파라오의 하렘에 있는 여인들이 배불리 먹으려면 오리와 돼지 몇 마리를 멤피스로 보내야 하는지 계산했다. 심지어 살아 있는 신이 죽어서 그의 육신이 방부 처리되고 화려한 장례행렬에 실려 멤피스 밖에 있는 왕들의 묘지로 갈 때도 관료제는 계속 돌아갔다. 관료들은 계속 파피루스에 기록하고, 세금을 걷고, 명령을 하달하고, '파라오 기계'를 돌리는 톱니바퀴에 기름을 쳤다.

수메르의 신들이 기업의 상표를 떠올리게 한다면, 살아 있는 신 파라오는 엘비스 프레슬리, 마돈나, 저스틴 비버 같은 개인 상표와 비교할 수 있다. 파라오처럼 엘비스도 생물학적 몸을 지녔고 생물학적 필요, 욕망, 감정을 지녔다. 엘비스도 먹고 마시고 잠을 잤다. 하지만 엘비스도 생물학적 육신을 넘어선 존재였다. 파라오처럼 엘

호모 사피엔스
세계에 의미를
부 여 하 다

▶ 상표는 현대의 발명품이 아니다. 엘비스 프레슬리처럼 파라오도 살아 있는 생명체라기보다는 하나의 상표였다. 엘비스를 추종하는 수백만 명의 팬들에게는 그의 사진이 실제 육신보다 훨씬 더 중요했고, 그들은 엘비스가 죽은 뒤에도 오랫동안 그를 계속 숭배했다.

비스도 이야기, 신화, 상표였고, 상표는 생물학적 몸보다 훨씬 더 중요했다. 그 상표는 엘비스가 살아 있는 동안 음반, 티켓, 포스터, 판권을 팔아 수백만 달러를 벌었지만, 엘비스는 그 과정에서 필요한 일들의 극히 일부만 직접 했다. 대부분의 일들은 작은 군단을 이룬 에이전트, 변호사, 프로듀서, 비서 들이 처리했다. 따라서 생물학적 엘비스가 죽어도 상표 엘비스는 여전히 성업 중이었다. 지금도 팬들은 '왕'의 포스터와 앨범을 구매하고, 라디오 방송국에서는 계속 그의 노래의 저작권료를 지불하고, 테네시 주 멤피스에 있는 '왕'의 묘지 그레이스랜드에는 매년 50만 명이 넘는 순례자가 몰려든다.

문자가 발명되기 전에 이야기는 인간 뇌의 한정된 용량에 의존했다. 그래서 사람의 머리가 기억할 수 없을 정도로 지나치게 복잡한 이야기는 지어낼 수 없었다. 하지만 문자가 생기고부터 인간은 무척이나 길고 복잡한 이야기를 창조할 수 있었고, 그 이야기들은 인간의 뇌가 아니라 돌판과 파피루스에 저장되었다. 고대 이집트에서 파라오의 땅, 세금, 십일조를 모두 외우는 사람은 없었고, 엘비스 프레슬리는 심지어 자기 이름이 서명된 계약서들조차 다 읽지 않았다. 어떤 살아 있는 영혼도 유럽연합의 법과 규칙을 전부 다 알지 못하고, 어떤 은행가나 CIA 요원도 전 세계의 모든 돈을 추적하지 못한다. 그러나 이 세세한 내용들은 모두 어딘가에 적혀 있으며, 관련 문서들의 총합이 파라오, 엘비스, 돈의 정체성과 힘을 정의한다.

이렇듯 문자는 인간이 마치 알고리즘을 짜듯 사회 전체를 조직할 수 있도록 했다. 우리는 앞에서 감정이 무엇이고 뇌가 어떻게 기능하는지 알아볼 때 '알고리즘'이라는 용어를 만났고, 계산하고 문제

제 2 부

를 풀고 결정을 내리기 위해 사용할 수 있는 일군의 단계적 방법이라고 이 용어를 정의했다. 문맹사회 사람들은 모든 계산과 결정을 머릿속으로 한다. 하지만 문자사회 사람들은 네트워크로 조직되어 있어서, 각 개인들은 거대한 알고리즘의 한 단계일 뿐이며 알고리즘이 중요한 결정을 내린다. 바로 이것이 관료제의 본질이다.

예를 들어 오늘날의 병원을 생각해보라. 병원에 가면 접수대 직원이 당신에게 질문들이 적힌 종이를 건넨다. 당신이 적은 답변들은 간호사에게 전송되고, 간호사는 그 내용을 보고 병원 내규에 따라 어떤 사전 검사가 필요한지 결정한다. 그런 다음 필요하다면 혈압과 심박수를 측정하고, 혈액 샘플을 채취할 것이다. 그러면 당직 의사가 검사결과를 살펴보고, 엄격한 절차에 따라 당신을 어떤 병동에 입원시킬지 결정한다. 그 병동에서 당신은 두툼한 의료지침서에 적힌 지시대로 엑스레이나 자기공명영상 같은 훨씬 더 철저한 검사를 받는다. 그런 다음 전문의가 잘 알려진 통계 데이터베이스를 토대로 그 결과를 분석하고, 당신에게 어떤 약을 처방할지 또는 어떤 추가 검사를 실시할지 결정한다.

이러한 알고리즘식 체계에서 접수원, 당직 간호사, 또는 의사가 누구인지는 중요하지 않다. 이들의 성격 유형, 정치적 견해, 순간적 기분은 결과에 영향을 미치지 않는다. 이들 모두가 규칙과 규정을 충실히 따르는 한 당신을 치료하는 데 성공할 확률이 높다. 이러한 알고리즘의 이상에 따르면, 당신의 운명은 '시스템'의 손에 달려 있지 이런저런 부서에 있는 누군가의 손에 달려 있지 않다.

병원에 해당하는 사실은 군대, 교도소, 학교, 기업에도 해당한다.

그리고 고대 왕국에도 해당했다. 물론 고대 이집트는 오늘날의 병원보다 기술 수준이 한참 떨어졌지만 알고리즘의 원리는 같았다. 고대 이집트에서도 어떤 현자가 아니라, 파피루스와 돌에 새긴 비문으로 연결된 관료 네트워크가 대부분의 결정을 내렸다. 이 네트워크는 살아 있는 신 파라오의 이름으로 인간사회를 재조직하고 자연세계를 재편했다. 예컨대 기원전 1878년부터 1814년까지 이집트를 통치한 파라오 세누스레트 3세와 그의 아들 아메넴헤트 3세는 나일 강을 파이윰 계곡의 습지들과 연결하는 거대한 운하를 팠다. 댐, 저수지, 보조 운하들로 이루어진 복잡한 시스템으로 나일 강물의 일부를 파이윰으로 돌림으로써 500억 세제곱미터의 물을 가둘 수 있는 거대한 인공호수를 만들었다.[1] 이에 비해 (후버 댐으로 인해 만들어진) 미국 최대의 인공 저수지 메드 호는 기껏해야 350억 세제곱미터의 물을 저장할 뿐이다.

파이윰 건설 사업은 파라오에게 나일 강을 관리하고, 파괴적인 홍수를 막고, 가뭄 때 귀한 물을 공급할 수 있는 힘을 주었다. 그뿐 아니라 이 사업 덕분에 파이윰 계곡은 불모의 사막으로 둘러싸인 악어가 득실거리던 늪에서 이집트의 곡물창고로 바뀌었다. 새로 생긴 인공호수 가에는 '쉐뎃'이라는 새 도시가 건설되었으며, 그리스인들은 이 새 도시를 악어 도시라고 불렀다. 악어신 소벡의 사원이 악어 도시를 지배했는데, 소벡은 파라오와 동일시되었다(이 시대의 조각상들은 때때로 파라오를 악어 머리를 한 모습으로 표현한다). 또 그 사원에는 '펫수코스'라 불린 신성한 악어가 살았는데, 그 악어는 소벡의 살아 있는 현신으로 간주되었다. 성직자들은 살아 있는 신 파라오

제 2 부

에게 했던 것처럼, 살아 있는 신 펫수코스를 정성껏 돌보았다. 그들은 그 운 좋은 파충류에게 푸짐한 음식은 물론 장난감까지 제공했고, 금으로 만든 망토를 걸쳐주고 보석이 박힌 왕관을 씌웠다. 따지고 보면 펫수코스는 성직자들이 만든 상표였고, 성직자들의 권한과 생계는 그 악어에게 달려 있었다. 펫수코스가 죽으면 즉시 새로운 악어가 선출되었고, 죽은 악어는 조심스럽게 방부제를 발라 미라로 만들었다.

세누스레트 3세와 아메넴헤트 3세 시절 이집트인들에게는 불도저도 다이너마이트도 없었다. 심지어 일을 시킬 말[馬]이나 철기, 바퀴조차 없었다('바퀴'는 이집트에서 기원전 1500년경까지 흔히 사용하는 단어가 아니었다). 최신 기술로 청동기가 있었으나, 청동기는 너무 비싸고 귀해서 건축 공사의 대부분이 인간의 근력으로 움직이는 석기와 목기로 이루어졌다. 많은 사람들이 고대 이집트의 대규모 건축사업들(모든 댐과 저수지, 피라미드)은 먼 우주에서 온 외계인의 소행이 틀림없다고 주장한다. 그렇지 않다면, 바퀴와 철기조차 없던 문화에서 그런 경이로운 건축물들을 어떻게 완성할 수 있었겠는가?

그러나 진실은 사뭇 다르다. 이집트인들이 파이윰 호수와 피라미드를 만들 수 있었던 것은 외계인의 도움 덕분이 아니라 뛰어난 조직력 덕분이었다. 파라오는 글을 읽고 쓸 줄 아는 수천 명의 관료에게 의지해 수만 명의 노동자들과 그들을 수년간 먹일 수 있는 음식을 모았다. 수만 명의 노동자들이 수십 년 동안 협력하면 석기만으로도 인공호수나 피라미드를 만들 수 있다.

물론 파라오 자신은 손가락 하나 까딱하지 않았다. 손수 세금을

호모 사피엔스
세계에 의미를
부 여 하 다

235

걷지도 설계도를 그리지도 않았을 뿐 아니라, 분명 삽 한번 뜬 적도 없을 것이다. 하지만 이집트인들은 살아 있는 신 파라오와 하늘에 있는 그의 수호신 소벡에게 기도하면 홍수와 가뭄에서 나일 강 유역을 구할 수 있다고 믿었다. 그들이 옳았다. 파라오와 소벡은 나일 강의 수위를 올리거나 내리기 위해 아무 일도 하지 않은 상상의 실체들이었으나, 수백만 명이 파라오와 소벡을 믿고 힘을 합쳐 댐을 짓고 운하를 파자 마침내 홍수와 가뭄이 줄었다. 고대 이집트의 신들은 석기시대의 정령들과 비교해서는 물론 수메르의 신들과 비교해봐도, 도시를 건설하고 군대를 소집하고 수백만의 인간, 소, 악어의 삶을 지배한 실로 막강한 실체였다.

상상의 실체가 뭔가를 건설하고 지배하는 능력을 가지고 있다고 생각하는 것이 이상하게 들릴지도 모르겠다. 그런데 오늘날 우리는 미국이 최초의 핵폭탄을 만들었고, 중국이 산샤 댐을 건설했고, 구글이 무인자동차를 만든다는 말을 일상적으로 한다. 그렇다면 파라오가 저수지를 건설했고 소벡이 운하를 팠다고 말하면 왜 안 되는가?

종이
위의 삶

이렇듯 문자는 강한 허구적 실체의 출현을 도와 수백만 명의 사람들을 조직하고 강, 습지, 악어의 실재를 재편하였다. 이와 동시에 문자는 사람들이 이런 허구적 실체의 존재를 더욱 쉽게 믿도록 만들었다. 문자 덕분에 추상적 상징의 매개를 통해 실재를 경험하는 일이 점점 익숙해졌기 때문이다.

수렵채집인들은 나무에 오르고 버섯을 찾고 멧돼지와 토끼를 추적하며 하루를 보냈다. 그들의 일상은 나무, 버섯, 멧돼지, 토끼로 이루어져 있었다. 농부들은 하루 종일 밭에서 쟁기질하고, 추수하고, 곡식을 갈고, 가축을 돌보았다. 그들의 일상은 맨발에 닿는 진흙의 감촉, 쟁기 끄는 황소의 냄새, 오븐에서 막 꺼낸 따뜻한 빵의 맛이었다. 반면 고대 이집트의 필경사들은 하루 중 대부분의 시간을 읽고 쓰고 계산하는 데 보냈다. 그들의 일상은 파피루스에 찍힌 잉크 자국들로 이루어졌고, 그 글씨들이 누가 어떤 밭의 주인이고, 황소 한 마리가 얼마이며, 농부들이 한 해에 내야 하는 세금이 얼마인지를 정했다. 필경사는 펜대 한번 휘두르는 것으로 마을 전체의 운명을 결정했다.

전근대 사회에서는 사람들의 절대 다수가 문맹이었으나, 중요한 행정관들은 점점 문자라는 매개체를 통해 현실을 접하게 되었다. 읽고 쓰는 능력을 갖춘 그런 엘리트층에게 (그들이 고대 이집트에 살았든 20세기 유럽에 살았든) 종이 위에 적힌 문자는 나무, 황소, 인간만큼이나 실재했다.

1940년 봄 북쪽에서 내려온 나치가 순식간에 프랑스를 장악하자, 그곳에 살던 유대인 집단 대부분이 프랑스를 떠나 남쪽으로 도망쳤다. 국경을 넘으려면 스페인이나 포르투갈행 비자가 필요했고, 따라서 수만 명의 유대인들이 생사가 걸린 종잇조각을 얻기 위해 다른 난민들의 물결에 휩쓸려 보르도 주재 포르투갈 영사관에 몰려들었다. 포르투갈 정부는 프랑스에 있는 영사들에게 외교부의 승인 없이는 비자를 발급하지 말라고 했다. 하지만 보르도 주재 포르투

▲ 아리스티데스 데 소사 멘데스, 고무도장으로 무장한 천사.

▲ 1940년 6월 소사 멘데스가 서명한 수많은 비자들 중 하나.

갈 영사 아리스티데스 데 소사 멘데스는 그 명령을 무시했고, 그로 인해 30년 외교관 경력을 날려버렸다. 나치의 탱크가 보르도로 다가오는 가운데, 소사 멘데스와 그의 팀원들은 비자를 발급하고 종이에 도장을 찍느라 잠도 못 자며 하루 24시간씩 열흘 밤낮을 일했다. 수천 장의 비자를 발급한 뒤 소사 멘데스는 탈진해 쓰러졌다.

난민들을 수용할 마음이 없던 포르투갈 정부는 요원들을 보내 명령에 불복한 멘데스를 고국으로 호송했고, 그의 외교관직을 박탈했다. 그러나 인간의 고통에 아랑곳하지 않던 관료들도 문서에는 깊은 존경심을 보였다. 그리하여 소사 멘데스가 명령을 어겨가며 발급한 비자는 프랑스, 스페인, 포르투갈 관료들에게 받아들여져 나치가 친 죽음의 덫에서 3만 명의 영혼을 구했다. 겨우 고무도장 한 개로 무장한 소사 멘데스는 홀로코스트에서 개인으로서는 가장 큰

제 2 부

규모의 구조작전을 펼쳤다.[2]

하지만 문서기록을 신성시한 결과가 이처럼 긍정적인 경우는 드물다. 1958년부터 1961년까지 중국 공산주의 정권은 대약진 운동에 착수했고, 마오쩌둥은 이 운동을 통해 중국을 단기간에 초강대국으로 만들고 싶었다. 야심찬 군산복합사업에 필요한 자금을 잉여 농산물을 팔아 마련할 생각이던 마오는 농업 생산량을 두세 배 올리라고 명령했다. 그의 불가능한 요구가 베이징의 정부청사에서 관료제의 사다리를 타고 지방 행정관들을 거쳐 마을 이장들에게 내려왔다. 감히 비판할 엄두를 내지 못했을 뿐 아니라 상사의 환심을 사고 싶었던 지방 공무원들은 농업 생산량이 극적으로 늘었다는 허위 보고서를 꾸몄다. 위조한 숫자가 관료제의 위계를 따라 다시 상부로 올라가는 과정에서 관료들이 여기저기에 0을 첨가하면서 그 숫자는 점점 부풀려졌다.

그 결과, 1958년 중국 정부에 보고된 그해 곡물 생산량은 실제보다 50퍼센트 많았다. 보고서만 믿고 국민이 먹을 식량이 충분하다고 생각한 정부는 수백만 톤의 쌀을 외국에 팔아 무기와 중장비를 사들였다. 그 결과는 역사상 최악의 기아와 수천만 중국인들의 죽음이었다.[3]

한편, 중국의 농업 기적에 대한 열광적인 보도가 전 세계 시청자에게 전해졌다. 탄자니아의 이상주의자 대통령 줄리우스 니에레레는 중국의 성공에 깊은 감명을 받았다. 그래서 탄자니아 농업을 근대화하고자 중국을 모델로 삼아 집단농장을 건설하기로 결심했다. 농부들이 이 계획에 반대하자 니에레레는 군대와 경찰을 보내 농촌

마을들을 파괴하고, 농민 수십만 명을 새로운 집단농장으로 강제 이주시켰다.

탄자니아 정부는 그 집단농장이 작은 천국이라고 선전했지만, 그 농장들의 대부분이 정부 문서에만 존재했다. 당시 탄자니아의 수도였던 다르에스살람에서 작성한 문건과 보고서에는 몇 월 며칠에 이런저런 마을의 주민들이 이런저런 농장으로 이주했다고 적혀 있었다. 하지만 실제로 농민들이 목적지에 도착해보니 그곳에는 아무것도 없었다. 집도, 논밭도, 농기구도 없었다. 그럼에도 관료들은 조직 내부와 대통령 니에레레에게 대성공이라고 보고했다. 10년이 채 되지 않은 기간 동안 탄자니아는 아프리카 최대의 식품 수출국에서 외부의 원조 없이는 자국민을 먹여살릴 수 없는 순수입국으로 전락했다. 1979년 탄자니아 농부의 90퍼센트가 집단농장에 살았으나 그들이 그 나라의 농업 생산량에서 차지한 부분은 5퍼센트에 불과했다.[4]

문자의 역사에는 이 같은 불행한 사건들이 차고 넘치지만, 일반적으로 효율적인 행정은 손해보다 이점이 많았다. 적어도 정부의 관점에서는 그렇다. 펜 한번 놀려서 실재를 바꿀 수 있다는 달콤한 유혹을 거부할 수 있는 통치자는 한 명도 없었고, 실패에 직면하면 더 방대한 문서를 작성하고 더 많은 법령, 칙령, 명령을 발표해서 수습했다.

문자언어는 실제를 기술하기 적당한 방법으로 생겨났지만, 서서히 실제를 고쳐쓰는 강력한 방식이 되었다. 공식 보고서가 객관적 실제와 충돌할 때 물러나야 하는 것은 대개 객관적 실제였다. 조세

당국이나 교육부서 같은 복잡한 관료조직을 상대해본 사람이라면 진실은 그다지 중요하지 않다는 것을 잘 안다. 서식에 적힌 내용이 훨씬 더 중요하다.

성경

텍스트와 실제가 충돌할 경우 때로는 실제가 물러나야 한다는 게 사실일까? 이 말은 관료제를 비방하는 흔하디흔한 과장 가운데 하나가 아닐까? 파라오를 보필했든 마오쩌둥을 보필했든 대부분의 관료들은 이성적인 사람들이었으니 분명 이런 식의 주장을 펼쳤을 것이다. "우리는 문자를 이용해 논밭, 운하, 곡물창고의 실제를 기술한다. 모든 것이 정확하게 기술되면 우리는 현실적인 결정을 내릴 것이다. 하지만 정확하지 않게 기술되면 기아는 물론 반란까지도 일어날 수 있다. 그러면 미래 정권의 행정관들은 그 실수를 밑거름 삼아 실제에 더 충실하게 기술하도록 노력할 것이다. 그렇게 시간이 흐르면서 공문서는 점점 더 정확해질 것이다."

이 말은 어느 정도 사실이지만, 역사의 정반대 역학을 모르고 하는 말이다. 관료들은 권력을 축적하면서 실수에 무뎌진다. 그들은 실제에 맞춰 이야기를 바꾸는 대신 이야기에 맞춰 실제를 바꾼다. 그리하여 관료의 환상과 일치하는 외적 실제가 생기지만, 그것은 강요된 실제일 뿐이다. 예컨대 많은 아프리카 국가들의 국경이 강줄기, 산맥, 무역로를 고려하지 않고, 역사적·경제적으로 묶인 지역들을 불필요하게 쪼개고, 지역의 인종적·종교적 정체성을 무시한다. 그 결과 같은 부족이 여러 나라로 쪼개지는 한편, 서로 경쟁

호모 사피엔스
세계에 의미를
부 여 하 다

관계에 있는 씨족들이 한나라로 묶이기도 한다. 전 세계 많은 나라들이 이런 종류의 문제로 골치를 앓지만 특히 아프리카에서 이런 현상이 심한데, 이는 오늘날 아프리카의 국경선이 해당 국가들의 바람과 갈등을 반영하지 못하기 때문이다. 아프리카의 국경선을 그은 사람들은 아프리카에 와본 적도 없는 유럽 관료들이었다.

19세기 말 유럽의 여러 강대국들이 아프리카의 영유권을 주장했다. 영유권 분쟁이 전면전으로 이어질 것을 우려한 관련국들은 1884년 베를린에 모여 아프리카 땅을 마치 파이 자르듯 분할했다. 당시 아프리카 내륙은 유럽인에게 거의 미지의 땅이었다. 영국, 프랑스, 독일은 정확한 아프리카 해안지도를 보유하고 있던 터라, 니제르 강, 콩고 강, 잠베지 강이 바다로 흘러드는 지점을 정확히 알고 있었다. 하지만 그 강들의 내륙 경로, 강둑을 따라 살고 있는 왕국과 부족들 그리고 각 지역의 종교, 역사, 지리에 대해서는 잘 몰랐다. 그런 문제들은 유럽 외교관들에게 그다지 중요하지 않았다. 베를린에 모인 유럽 외교관들은 번쩍번쩍 윤이 나는 탁자 위에 절반은 텅 빈 아프리카 지도를 펼쳐놓고 여기저기에 선 몇 개를 그어 대륙을 나눠가졌다.

적절한 시점을 틈타 유럽인들이 자기들끼리 합의한 지도로 무장하고 아프리카 내륙에 침입했을 때, 그들은 베를린에 모여 그은 국경선들이 아프리카의 지리적·경제적·민족적 실제와 맞지 않는다는 사실을 알게 되었다. 하지만 분쟁이 다시 불거지는 것을 원치 않았던 유럽의 침입자들은 자신들의 합의를 고수했고, 그 상상의 선들이 식민지들의 실제 국경이 되었다. 20세기 후반 유럽의 제국들

제 2 부

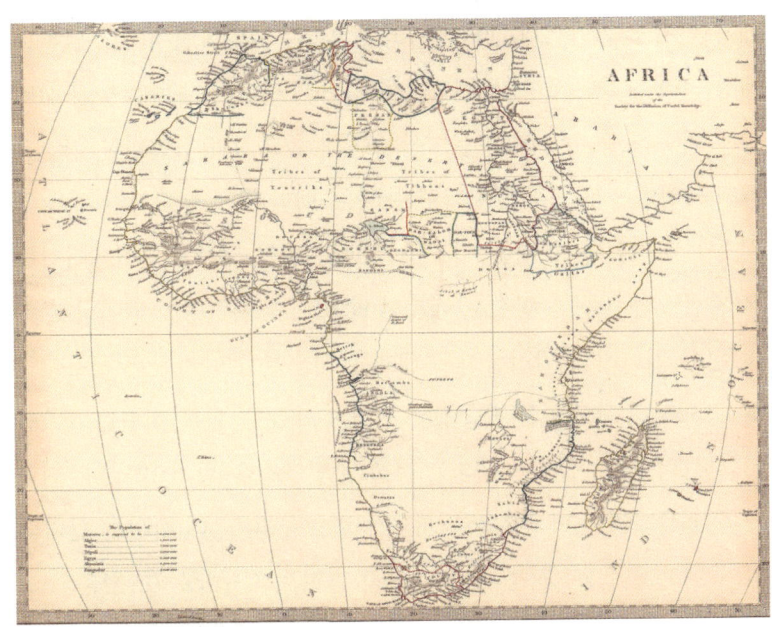

▲ 19세기 중반 유럽인들이 그린 아프리카 지도. 유럽인들은 아프리카 내륙에 대해 잘 알지 못했음에도, 자신들 마음대로 국경선을 그어 아프리카 대륙을 나눠가졌다.

이 해체되고 아프리카 식민지들이 독립하게 되었을 때, 새로 생긴 나라들은 기존의 식민지 국경선을 그대로 수용했다. 국경선을 새로 정할 경우 일어날 끊임없는 전쟁과 분쟁이 두려웠기 때문이다. 현재 아프리카 국가들이 직면한 난제들의 대부분이 실정에 맞지 않는 국경선에서 기인한다. 유럽 관료들이 종이 위에 그은 상상의 선들이 아프리카에 실제하는 국경선과 만났을 때 뒤로 물러난 것은 실제였다.[5]

현대 교육제도에는 실제가 문서기록에 머리를 조아리는 사례들이 숱하게 많다. 책상의 너비를 측정할 때는 사용하는 척도가 별문제가 되지 않는다. 200센티미터라고 말하든 78.74인치라고 말하든 책상 너비는 같다. 하지만 관료들이 사람을 평가할 때는 그들이 선택하는 척도가 중요한 차이를 만들어낸다. 교육기관이 엄밀한 평점을 매겨 사람들을 평가하기 시작했을 때, 수백만 학생과 교사의 삶이 극적으로 바뀌었다. 평점은 비교적 새로운 발명품이다. 수렵채집인들은 자신들의 성취를 점수로 매기지 않았고, 농업혁명이 일어나고 수천 년이 지나서도 엄밀한 점수체계를 사용한 교육기관은 극소수였다. 중세시대 구두수선 견습생은 연말에 구두끈 과목 점수는 A지만 장식 쇠 과목 점수는 C라고 적힌 종잇조각을 받지 않았다. 셰익스피어 시대의 대학생은 옥스퍼드 대학교를 떠날 때 학위를 받거나 받지 못하거나 둘 중 하나였다. 최종 평점으로 누구는 74점을 주고 누구는 88점을 준다는 생각을 아무도 하지 못했다.[6]

정기적으로 엄밀한 평점을 매기기 시작한 것은 산업시대의 대중 교육제도이다. 공장과 정부 부처가 숫자언어로 사고하는 데 익숙해지자 학교가 그 뒤를 따랐다. 학교는 평균점수에 따라 학생 개개인의 가치를 평가하기 시작했고, 교사와 교장의 가치는 그 학교의 전체 평균에 따라 평가되었다. 그리고 관료들이 이런 척도를 채택하자마자 실제가 변했다.

초기 학교는 학생의 계몽과 교육에 중점을 두는 곳이었고, 점수는 그저 성공을 측정하는 하나의 수단에 불과했다. 하지만 충분히 예상할 수 있듯이, 학교들은 곧 높은 점수를 받는 일에 중점을 두기 시작했다. 모든 학생과 교사와 감독관이 잘 알고 있는 것처럼, 시험에서 고득점을 받는 데 필요한 기량과 문학, 생물학, 수학에 대한 진정한 이해가 반드시 일치하지는 않는다. 마찬가지로 모든 학생과 교사와 감독관이 잘 알고 있는 것처럼, 둘 중 하나를 선택해야 할 경우 대부분의 학교가 점수를 선택한다.

　문서기록의 힘은 성경의 출현으로 정점에 이르렀다. 고대 문명의 성직자들과 필경사들은 문서를 실제에 대한 가이드북으로 보는 데 익숙했다. 처음에 그런 텍스트는 세금, 논밭, 곡식창고의 실제에 대해 알려주었다. 하지만 관료제가 힘을 얻자 텍스트도 권위를 얻었다. 성직자들은 신의 재산목록뿐 아니라 신의 행동, 계명, 비밀 들까지 기록했다. 그 결과물인 성경은 이른바 실제를 기술한 총체로 불렸고, 많은 세대의 학자들이 성경, 코란, 베다를 넘기며 답을 찾는 일에 익숙해졌다.

　이론상으로는 어떤 성경이 실제와 다르게 기술되었다면 신도들이 곧 그 사실을 알아챌 것이고 그 텍스트의 권위는 훼손될 것이 분명하다. 모든 이를 항상 속이기는 불가능하다고 에이브러햄 링컨은 말했다. 그런데 이것은 희망적 사고이다. 현실에서 협력 네트워크의 힘은 진실과 허구의 절묘한 균형에 달려 있다. 실제를 지나치게 왜곡하면 명료한 시야를 잃게 되어, 더 명료한 눈을 가진 경쟁자들을 이길 수 없다. 다른 한편으로, 허구적 신화에 의존하지 않고는 대중을 효과적으로 조직할 수 없다. 따라서 어떤 사람이 허구가 조금도 섞이지 않은 순수한 실제를 고집한다면 그를 따를 사람이 별로 없을 것이다.

　타임머신을 이용해 현대 과학자를 고대 이집트에 보낸다고 치자. 그곳에 도착한 과학자가 그곳 성직자들의 허구적 실체를 폭로하고 농부들에게 진화, 상대성이론, 양자물리학을 가르친다면, 그는 권력을 장악할 수 없을 것이다. 물론 그 과학자가 자신의 지식을 이용해 총 몇 자루와 대포를 생산한다면 파라오와 악어신 소벡보다 크게 유리할 것이다. 하지만 그 과학자가 철광석을 캐고, 용광로를 짓고, 화약을 제조하기 위해서는 많은 농부들의 노동력이 필요하다. 그런데 에너지는 질량 곱하기 빛의 속도의 제곱과 같다($E=mc^2$)는 사실을 설명해 그들을 꼬드길 수 있을까? 그렇다고 생각한다면, 언제라도 좋으니 아프가니스탄이나 시리아에 가서 한번 시험해보라.

파라오의 이집트, 유럽의 제국들, 현대 교육제도 같은 인간의 막강한 조직들이 꼭 실제를 명료한 눈으로 볼 필요는 없다. 그들의 힘은 자기들의 허구적 믿음을 순종적인 실제에 강요하는 능력에서 나온다. 돈이 바로 그런 경우이다. 정부는 무가치한 종잇조각을 만들어 그 가치를 선언한 다음, 그 종잇조각을 이용해 다른 모든 것의 가치를 계산한다. 정부는 시민들에게 이 종잇조각을 이용해 세금을 내라고 강요할 힘이 있고, 따라서 시민들은 어쩔 수 없이 그 종잇조각들을 조금이라도 가져야 한다. 그 결과 지폐들은 실제 가치를 갖게 되었고, 정부 관료들의 생각이 틀리지 않았음이 입증되었고, 정부가 지폐 발행을 통제하는 한 정부의 힘은 계속 커진다. 만일 누가 "저건 무가치한 종잇조각일 뿐이야"라고 항의하며 마치 돈이 종잇조각에 불과한 것처럼 행동한다면 그는 잘 살기 어려울 것이다.

교육계가 학생을 평가하는 최선의 방법은 입학자격시험이라고 선언할 때도 같은 일이 일어난다. 교육계는 대학입학 기준과 관공서 및 민간 영역의 고용기준에 영향을 미칠 수 있는 권한이 있다.

따라서 학생들은 좋은 점수를 얻기 위해 최선을 다한다. 고득점자들이 모두가 탐내는 자리를 차지하고, 그들은 당연히 자신들을 그 자리에 있게 한 교육제도를 지지한다. 중요한 시험들을 통제하는 한 교육계의 힘은 커지고, 대학, 관공서, 직업시장에 대한 영향력도 높아진다. 어떤 사람이 "학위증서는 종잇조각일 뿐이야!"라고 외치며 그 신조에 따라 행동한다면 잘 살기 어려울 것이다.

성경도 같은 방식으로 작동한다. 종교계는 모든 질문의 답이 성경에 있다고 주장한다. 동시에 성경의 가르침에 따라 행동하도록 법원, 정부, 기업을 압박한다. 한 현명한 사람이 성경을 읽고서 세상을 보니 과연 성경이 말한 그대로였다. '성경에는 신에게 십일조를 내야 한다고 적혀 있다. 보라, 과연 모두들 십일조를 내고 있지 않은가! 성경에는 여성은 남성보다 열등하므로 판사가 될 수 없고, 법정에서 증언도 할 수 없다고 적혀 있다. 보라, 과연 세상에 여성 판사는 없고 법원도 그들의 증언을 기각하지 않는가! 성경에는 신의 말씀을 공부하는 자는 누구든 성공할 것이라고 적혀 있다. 보라, 과연 좋은 직업을 차지한 사람들은 모두 진심으로 성경을 믿는 사람들이 아닌가!'

이 현명한 사람은 당연히 성경을 공부하기 시작할 것이고, 성경에 정통한 사람이 되어 판사로 임용될 것이다. 그가 판사가 되면 법정에서 여성의 증언을 기각할 것이고, 후임자를 뽑을 때도 분명 성경을 잘 아는 사람을 고를 것이다. 어떤 사람이 "이 책은 종이에 불과해!"라고 항의하고 그 신조에 따라 행동한다면 이단으로 취급당해 제대로 살기 어려울 것이다.

성경은 실제의 진정한 본성에 대해 사람들을 오도할 때조차 수천 년 동안 권위를 유지할 수 있다. 예컨대 성경의 역사인식은 기본적으로 오류임에도 전 세계로 퍼져나갔고 지금도 수많은 사람들이 믿는다. 성경은 일신론적 역사이론을 널리 그리고 집요하게 퍼뜨리며, 나와 내 행동을 다른 무엇보다 소중히 여기는 전능한 유일신이 이 세계를 지배한다고 주장했다. 뭔가 좋은 일이 일어난다면 그것은 내 선행에 대한 보상임이 틀림없다. 그리고 재앙이 닥친다면 내 죄에 대한 처벌임이 틀림없다.

그리하여 고대 유대인들은 가뭄에 시달리거나 바빌로니아 왕 네부카드네자르가 유대 지역을 침입해 그들을 추방할 때 그것이 자신들의 죄에 대한 신의 처벌이라고 믿었다. 그리고 페르시아의 키루스 대왕이 바빌로니아인들을 무찌르고 추방당한 유대인들을 고향으로 불러들여 예루살렘을 재건하게 한 것은 신이 그들을 불쌍히 여겨 그들의 통한의 기도를 들어준 것이 틀림없다고 믿었다. 그들의 땅에 가뭄이 일어난 것은 필리핀 제도에서 일어난 화산 폭발 때문인지도 모르고, 네부카드네자르 왕은 바빌로니아의 상업적 이익 때문에 유대 지역에 침입했을 것이며, 키루스 대왕이 유대인들에게 호의를 베푼 데는 나름의 정치적 이유가 있었을 거라는 가능성을 성경은 고려하지 않는다. 다시 말해 성경은 지구 생태계, 바빌로니아의 경제, 페르시아의 정치체제를 이해하는 데는 조금의 관심도 보이지 않는다.

이런 자아도취는 모든 인간이 유년기에 보이는 특징이다. 모든 종교와 문화권에서 아이들은 자기가 세상의 중심이라고 생각하고,

타인의 조건이나 감정에 진정한 관심을 보이지 않는다. 아이들이 부모의 이혼에 크게 상처받는 이유가 여기에 있다. 다섯 살짜리 아이는 어떤 중요한 일이 자신과 무관한 이유로 일어난다는 사실을 이해하지 못한다. 엄마와 아빠도 나름의 문제와 바람을 지닌 독립적인 인간이며 너 때문에 이혼하는 게 아니라고 아무리 말해도, 아이는 그 말을 이해할 수 없다. 아이는 모든 일이 자기 때문에 일어난다고 확신한다. 대부분의 사람들은 성장하면서 이런 유아적 망상에서 벗어난다. 하지만 일신론자들은 죽는 날까지 이런 망상을 붙들고 산다. 부모가 자기 때문에 싸운다고 생각하는 아이처럼, 일신론자는 페르시아인들이 자기 때문에 바빌로니아인들과 싸운다고 확신한다.

성경시대에 이미 훨씬 더 정확한 역사인식을 지닌 문화들이 있었다. 애니미즘과 다신교는 세계를 단일한 신이 지배하는 곳이 아니라, 여러 신들이 노니는 놀이터로 묘사했다. 따라서 애니미즘과 다신교를 믿는 사람들은 세상에는 나 또는 내가 숭배하는 신과 무관한 사건들이 많이 일어나며, 그런 사건들은 내 죄에 대한 벌도 내 선행에 대한 보상도 아님을 쉽게 받아들인다. 헤로도토스와 투키디데스 같은 그리스 역사가들과 사마천 같은 중국 역사가들은 현대를 사는 우리의 견해와 매우 비슷한 정교한 역사이론들을 내놓았다. 그들은 전쟁과 혁명은 수많은 정치적·사회적·경제적 요인들 때문에 일어난다고 설명했다. 사람들이 전쟁의 희생자가 되는 것은 그들 탓이 아니다. 그래서 헤로도토스는 페르시아 정치를 이해하는 데 깊은 관심을 가졌고, 사마천은 야만적인 스텝 민족들의 문화와

호모 사피엔스
세계에 의미를
부 여 하 다

종교에 지대한 관심을 보였다.[7]

오늘날 사학자들은 성경보다 헤로도토스와 사마천에 동의한다. 모든 현대 국가가 다른 나라에 대한 정보를 수집하고 전 세계의 생태적·정치적·경제적 추세를 분석하는 데 많은 노력을 기울이는 것은 이 때문이다. 미국 경제가 주춤거리면, 복음주의파의 공화당원들조차 자신들의 죄를 탓하기보다는 중국에 비난의 화살을 겨눈다.

하지만 헤로도토스와 투키디데스가 성경 저자들보다 실제를 훨씬 잘 이해했다 해도, 두 세계관이 충돌할 경우에는 성경이 케이오승을 거두었다. 유대인이 그리스인의 역사관을 채택한 것이 아니라, 그리스인이 유대인의 역사관을 채택했다. 투키디데스 시대로부터 천 년이 흐른 뒤, 그리스인들은 야만인 무리가 침입해오는 것은 자신들의 죄에 대한 신의 처벌이 분명하다고 확신하게 되었다. 성경의 세계관은 비록 오류이긴 했지만 대규모 협력을 위한 더 나은 토대를 제공했다.

실제로 오늘날에도 미국 대통령들은 성경에 손을 얹고 취임선서를 한다. 마찬가지로 미국과 영국을 포함한 전 세계 많은 나라에서 법정에 서는 증인들 역시 성경에 손을 올리고 오직 진실만을 말할 것이며 진실이 아닌 것은 어떤 것도 말하지 않겠다고 맹세한다. 허구, 신화 그리고 오류가 넘쳐나는 책에 대고 진실을 말할 것을 맹세하다니 아이러니가 아닐 수 없다.

제 2 부

그래도
잘 돌아간다!

허구는 우리의 협력을 돕는다. 그 대가로 우리가 감내해야 하는 것은 이 허구가 협력의 목표도 결정한다는 사실이다. 따라서 우리가 매우 정교한 협력 시스템을 가졌다 해도, 그 시스템은 정작 허구적 실체의 목표와 이익을 위해 이용된다. 결과적으로 시스템은 잘 돌아가는 것처럼 보이지만, 그것은 어디까지나 우리가 시스템의 자체 기준을 받아들일 경우에 한한다. 이슬람 율법학자는 이렇게 말할 것이다. "우리의 시스템은 잘 돌아간다. 현재 전 세계에 15억 이슬람교도가 살고 있고, 어느 때보다 많은 사람들이 코란을 공부하고 알라의 뜻에 복종한다." 하지만 여기서 우리가 가져야 하는 중요한 의문은, 이것이 성공을 평가하는 올바른 잣대인가 하는 것이다. 어느 학교의 교장은 이렇게 말할 것이다. "우리 시스템은 잘 돌아간다. 지난 5년 동안 성적이 7.3퍼센트나 올랐다." 하지만 이것이 학교를 평가하는 최선의 방법일까? 고대 이집트의 관료는 이렇게 말할 것이다. "우리의 시스템은 잘 돌아간다. 우리는 세계 어느 나라보다 세금을 많이 걷고, 더 많은 운하를 파고, 더 큰 피라미드를 건설한다." 물론 파라오가 지배한 이집트가 세제, 관개시설, 피라미드 건축에서 세계 최고였던 것은 분명한 사실이다. 하지만 그것이 진정 중요한가?

사람들은 많은 물질적·사회적·심리적 필요를 느낀다. 고대 이집트 농부들이 과연 수렵채집인 조상들보다 더 많이 사랑하고 더 나은 사회적 관계를 가졌는지는 의문이다. 오히려 영양, 건강, 아동 사망률 측면에서 더 나빠졌던 것 같다. 기원전 1850년경 아메넴헤트 3세(파이윰 호수를 만든 파라오) 재위 시절에 작성된 한 문서에는 '두아-케티'라고 불린 부유한 아버지가 자신의 아들 페피를 필경사로 만들려고 학교에 데려가는 이야기가 적혀 있다. 가는 길에 두아-케티는 페피에게 농부, 노동자, 군인, 장인 들의 비참한 삶을 묘사하면서, 그렇게 불행하게 살지 않으려면 열심히 공부하라고 타이른다.

두아-케티에 따르면, 땅을 가지지 못한 농부의 인생은 힘들고 비참한 일들로 가득하다. 그는 누더기를 걸친 채 손가락이 물집으로 뒤덮일 때까지 온종일 일한다. 그러고 나면 파라오의 관리들이 그를 데려가 강제노동을 시킨다. 이 모든 고된 노동의 대가로 그가 얻는 것은 병뿐이다. 설령 살아서 집에 돌아온다 해도 녹초가 되어 무너진다. 땅을 가진 농부의 처지도 덜하지 않다. 그는 강에서 밭까지 양동이로 물을 길어나르며 하루를 보낸다. 무거운 양동이 때문에 어깨가 굽고, 목에는 물집이 잡혀 곪아 터진다. 아침에는 리크(백합과에 속하는 파 비슷한 식물—옮긴이) 밭에 물을 주고, 오후에는 대추야자에 물을 주고, 저녁에는 고수 밭에 물을 줘야 한다. 결국 그는 쓰러져 죽는다.[8] 이 묘사는 과장되었을 가능성이 있지만, 그렇다 해도 큰 과장은 아닐 것이다. 파라오가 통치하는 이집트는 당대에 가장 강력한 왕국이었지만, 평범한 농부에게 그 힘은 병원과 사회보장제도가 아니라 세금과 강제노동을 의미했을 뿐이다.

이집트만 그랬던 것이 아니다. 중국 왕조들, 이슬람 제국들, 유럽 왕조들에서도 왕국과 제국은 엄청난 위업을 달성했는지 몰라도, 1850년에도 보통 사람의 삶은 원시시대 수렵채집인들의 삶보다 나을 것이 없었다. 실제로 더 나빴던 것 같다. 1850년 중국인 농부 또는 맨체스터의 공장에서 일한 영국 노동자는 수렵채집인 조상들보다 더 오래 일했다. 그들의 일은 육체적으로 더 힘들었고 정신적 만족은 더 적었다. 식생활은 불균형했고, 위생조건은 비교할 수 없을 정도로 나빴으며, 전염병도 훨씬 더 흔했다.

당신이 두 종류의 휴가 여행 패키지 중 하나를 선택한다고 가정해보라.

석기시대 패키지 : 첫째 날은 태고의 숲에서 열 시간 동안 산책하고 밤에는 강가의 공터에서 야영한다. 둘째 날은 열 시간 동안 강에서 카누를 타고 밤에는 작은 호숫가에서 야영한다. 셋째 날은 원주민에게 호수에서 고기 잡는 방법과 숲에서 버섯 찾는 방법을 배운다.

현대 프롤레타리아 패키지 : 첫째 날은 불결한 섬유공장에서 열 시간 동안 일하고 밤에는 비좁은 아파트에서 지낸다. 둘째 날은 동네 백화점 계산대에서 열 시간 동안 일하고 밤에는 같은 아파트로 돌아가 잠을 잔다. 셋째 날은 동네 사람들에게 은행계좌 개설 방법과 담보대출 서식 작성법을 배운다.

당신이라면 어떤 패키지를 고르겠는가?

이렇듯 인간의 협력 네트워크를 평가할 때 그 결과는 우리가 어떤 잣대와 세계관을 채택하느냐에 따라 달라진다. 파라오 시대의 이집트를 평가할 때 생산, 영양, 사회조화 중 어떤 측면을 볼 것인가? 귀족, 평범한 농부, 돼지와 악어 중 어디에 초점을 맞출 것인가? 역사에는 단 하나의 내러티브가 아니라, 수천 개의 내러티브가 존재한다. 그중 하나를 선택할 때 우리는 나머지 내러티브들을 침묵시키는 선택을 하는 것이기도 하다.

인간의 협력 네트워크는 대개 자체적인 잣대를 통해 자체 평가를 내리고, 자체 평가 점수는 당연히 높다. 특히 신, 국가, 기업 같은 상상의 실체의 이름으로 만들어진 인간 네트워크는 일반적으로 상상의 실체의 관점에서 성공을 평가한다. 종교는 신의 계명을 글자 그대로 따르면 성공이고, 국가는 국익을 높이면 성공이고, 기업은 돈을 많이 벌면 성공이다.

그러므로 인간 네트워크의 역사를 검토할 때는 이따금 멈춰서 실재하는 실체의 관점에서 상황을 바라보는 것이 좋다. 어떤 실체가 실재하는지 아닌지 어떻게 아느냐고? 아주 간단하다. "고통을 느낄 수 있는가?"라고 질문해보면 된다. 제우스의 사원을 불태워도 제우스는 고통을 느끼지 않는다. 유로화가 가치를 잃어도 유로화는 고통을 느끼지 않는다. 은행이 파산해도 은행은 고통을 느끼지 않는다. 한 나라가 전쟁에서 패배해도 그 나라가 실제로 고통을 느끼지는 않는다. 이런 경우 고통은 단지 은유이다. 반면 병사가 전투에서 부상을 당하면 그는 실제로 고통을 느낀다. 굶주린 농부는 먹을 것이 전혀 없을 때 고통을 느낀다. 갓 태어난 송아지와 떼어놓으면 어미 소는 고통을 느낀다. 이런 경우 고통은 실제이다.

물론 허구에 대한 믿음도 고통을 초래할 것이다. 예컨대 국가적 신화나 종교적 신화에 대한 믿음이 전쟁을 일으킬 수 있고, 그로 인해 수백만 명의 사람들이 집과 신체의 일부는 물론 목숨까지 잃을 수 있다. 전쟁의 원인은 허구이지만 고통은 백 퍼센트 실제한다. 우리가 허구와 실제를 구별하려고 노력해야 하는 이유가 바로 여기에 있다.

 허구는 나쁜 것이 아니다. 허구는 꼭 필요하다. 돈, 국가, 기업 같은 허구적 실체에 대한 널리 통용되는 이야기가 없다면 복잡한 인간사회가 제대로 돌아갈 수 없다. 똑같은 허구적 규칙들을 모두가 믿지 않으면 축구 경기를 할 수 없고, 허구 없이는 시장과 법원의 이점을 누릴 수 없다. 하지만 이야기는 단지 도구일 뿐이다. 이야기가 목표나 잣대가 되어서는 안 된다. 그것이 단지 허구임을 잊을 때 우리는 실제에 대한 감각을 잃게 되며, 그때 우리는 '기업을 위해 많은 돈을 벌려고' 또는 '국익을 보호하려고' 전쟁을 시작한다. 기업, 돈, 국가는 우리의 상상에만 존재한다. 우리는 우리를 도우라고 그것들을 발명했다. 그런데 왜 그것들을 위해 우리의 생명을 희생하는가?

5
뜻밖의 한 쌍

이야기는 인간사회의 토대이며 기둥이다. 역사가 전개됨에 따라 신, 국가, 기업에 대한 이야기들이 점점 힘을 길러 객관적 실재를 지배하기 시작했다. 사람들은 위대한 신 소벡, 천명天命, 또는 성경을 믿음으로써 파이윰 호수, 만리장성, 샤르트르 대성당을 건설할 수 있었다. 하지만 공교롭게도 그런 이야기들을 맹신한다는 것은 인간의 노력이 실재하는 감응적 존재들의 삶을 더 낫게 하는 일보다 신과 국가 같은 허구적 실체들의 영광을 드높이는 데 집중된다는 뜻이었다.

 이런 식의 분석이 오늘날에도 유효할까? 언뜻 봐도 현대사회는 고대 이집트나 중세 중국의 왕조들과는 매우 다르다. 급부상한 근대 과학이 세상 돌아가는 기본 룰을 바꾸지 않았던가? 전통 신화가 여전히 중요하다 해도, 현대사회의 시스템은 진화론처럼 고대 이집트나 중세 중국에는 존재하지 않았던 객관적 과학이론에 점점 더 의존하는 것이 사실 아닌가?

 물론 과학이론은 새로운 종류의 신화이고, 과학에 대한 믿음도 위대한 신 소벡에 대한 고대 이집트인들의 믿음과 다를 바 없다고 주장할 수도 있다. 하지만 이런 비교는 타당하지 않다. 소벡은 신자들의 집단상상 속에만 존재했다. 물론 소벡 신에 대한 기도가 이집트 사회체계의 굳건한 결합을 도왔고, 그 덕분에 사람들이 홍수와 가뭄을 막는 댐과 운하를 건설할 수 있었다. 하지만 기도하는 것 자체가 나일 강의 수위를 높이거나 낮추는 것은 아니다. 반면 과학이론은 단지 사람들을 하나로 묶는 방법이 아니다. 흔히 신은 스스로 돕는 자를 돕는다고 한다. 이 표현은 신은 존재하지 않지만 신에 대한 믿음이 뭔가를 하게 만들기 때문에 결국 도움이 된다는 말을 에둘러 표현한 것이다. 항생제는 신과 달리 스스로 돕지 않는 자도 돕는다. 그 효능을 믿든 믿지 않든 항생제는 감염을 치료한다.

그러므로 근대 이후의 세계는 그 이전의 세계와 매우 다르다. 이집트 파라오와 중국 황제들은 수천 년 동안 시도했음에도 불구하고 기아, 역병, 전쟁을 극복하지 못했다. 그런데 근대사회는 몇백 년 만에 그 문제를 해결했다. 그것은 우리가 상호주관적 신화를 버리고 객관적인 과학 지식을 선택한 덕분이 아닌가? 이 과정이 앞으로 몇십 년 동안 가속화될 거라고 예상할 수 있지 않을까? 기술만 있으면 인간을 업그레이드하고, 노화를 극복하고, 행복의 열쇠를 찾을 수 있으므로, 사람들은 신, 국가, 기업 같은 허구적 실체들에 신경을 덜 쓰고 대신 물리적·생물학적 실제를 해독하는 데 주력하지 않을까?

그럴 것 같아 보이지만, 상황은 훨씬 더 복잡하다. 근대 과학은 확실히 게임의 룰을 바꾸었지만, 그렇다고 신화를 사실로 대체한 것은 아니다. 신화는 계속 인류를 지배하고 있고, 과학은 그런 신화를 더 강화할 뿐이다. 과학은 상호주관적 실재를 파괴하기는커녕, 상호주관적 실재가 객관적 실재와 주관적 실재를 그 어느 때보다 완벽하게 통제하게 할 것이다. 컴퓨터와 생명공학 덕분에 허구와 실제의 차이가 모호해질 것이고, 사람들은 자신이 좋아하는 허구에 맞게 실제를 바꿀 것이다.

 소백의 성직자들은 신성한 악어가 존재한다고 상상했고, 파라오는 불멸을 꿈꾸었다. 하지만 현실에서 신성한 악어는 금으로 치장했다 뿐이지 평범하기 짝이 없는 늪지대 파충류였고, 파라오는 가난한 농부와 다름없는 인간일 뿐이었다. 사후 파라오의 송장은 향유와 향료를 발라 미라로 만들어졌지만, 그래봤자 생명이 없기는 마찬가지였다. 반면 21세기 과학자들은 실제로 슈퍼 악어를 만들어낼 수 있을 것이고, 인간 엘리트층에게 지상에서의 영원한 젊음을 제공할 수 있을 것이다.

 따라서 과학이 부상함에 따라 적어도 몇몇 신화와 종교는 그 어느 때보다 더 강해질 것이다. 그 이유를 이해하기 위해, 그리고 21세기의 난제들을 직시하기 위해, 우리는 매우 난처한 질문 하나를 재검토할 필요가 있다. 근대 과학은 종교와 어떤 관계일까? 그동안 사람들은 이 질문에 대한 온갖 대답을 골백번도 넘게 했다. 하지만 과학과 종교는 500년 동안 부부상담을 받고도 여전히 서로를 잘 모르는 남편과 아내 같다. 남편은 여전히 신데렐라 같은 아내를 기대하고 아내는 계속 완벽한 남편을 갈망하면서, 쓰레기 버릴 차례가 누구냐를 놓고 싸운다.

제 2 부

세균과 악마

과학과 종교를 둘러싼 오해의 대부분은 종교를 잘못 정의한 데서 기인한다. 종교를 미신, 영성, 초자연적 힘에 대한 믿음, 또는 신에 대한 믿음으로 잘못 알고 있는 사람들이 부지기수이다. 하지만 종교는 이 가운데 어떤 것에도 해당하지 않는다. 종교가 미신과 같을 수 없는 이유는, 대부분의 사람들이 자신의 가장 소중한 믿음을 '미신'이라고 부를 리 없기 때문이다. 우리는 내가 믿는 것은 언제나 '진리'이고 미신은 남들이나 믿는 것이라고 생각한다.

마찬가지로, 자신이 초자연적 힘을 믿는다고 생각하는 사람도 거의 없다. 악마, 정령, 요정은 그것을 믿는 사람들에게는 초자연적 존재가 아니다. 그것들은 호저, 전갈, 세균과 다름없이 자연이라는 전체를 이루는 일부이다. 오늘날 의사들이 질병의 원인을 눈에 보이지 않는 세균에서 찾듯이, 부두교 주술사들은 질병의 원인을 보이지 않는 정령에서 찾는다. 여기에는 초자연적이라고 할 만한 것이 전혀 없다. 만일 당신이 어떤 정령을 화나게 하면 그 정령이 당신의 몸에 들어가 고통을 일으키는 것이다. 어떻게 이보다 더 자연적일 수가 있는가? 정령을 믿지 않는 사람들만이 정령들을 자연적 질서와 별개로 간주한다.

당신이 종교를 초자연적 힘에 대한 믿음과 같다고 여긴다면, 세상에 알려진 모든 자연현상을 종교 없이도 이해할 수 있다. 종교는 단지 선택사항일 뿐이다. 당신은 자연의 전부를 이미 완벽하게 이해했으므로, '초자연적인' 종교적 교의를 추가할지 말지는 당신의 선택이다. 하지만 대부분의 종교들은 종교 없이는 세계를 이해할 수 없다고 주장한다. 종교의 교의를 참고하지 않고는 질병이나 가뭄, 또는 지진이 일어나는 진짜 이유를 결코 이해할 수 없다는 것이다.

종교를 '신에 대한 믿음'으로 정의하는 것 역시 문제가 있다. 독실한 그리스도교도는 신의 존재를 믿기 때문에 종교를 갖는 반면, 열렬한 공산주의자는 공산주의에 신이 없기 때문에 종교를 갖지 않는다고 말한다. 하지만 종교를 창조한 것은 신이 아니라 인간이고, 종교를 규정하는 것은 신이 있고 없고의 여부가 아니라 사회적 기능이다. 종교는 인간의 사회구조에 초인적 정당성을 부여하는 어떤 것이다. 종교는 사회구조에 초인적 법칙이 반영되어 있다고 주장하며 인간의 규범과 가치를 정당화한다. 종교는 우리가 창조하지 않았으므로 바꿀 수도 없는 어떤 도덕법 체계의 지배를 받는다고 주장한다. 독실한 유대교도는 그것이 바로 신이 창조해 성경에 계시한 도덕법 체계라고 말할 것이다. 힌두교도는 브라흐마, 비슈누, 시바가 법을 창조했고, 베다를 통해 우리에게 계시했다고 말할 것이다. 불교와 도교부터 공산주의, 나치즘, 자유주의에 이르는 다른 종교들은 이른바 이 초인적 법들이 실은 신의 창조물이 아니라 자연법이라고 주장한다. 물론 이 모든 종교는 부처와 노자부터 마르크스와 히틀러에 이르는 각기 다른 예언자와 선지자가 발견하고 계시한 서로 다른 일군의 자연법을 믿는다.

한 유대교도 소년이 아버지에게 묻는다. "아빠, 왜 우리는 돼지고기를 먹으면 안 돼요?" 그러면 아버지는 자신의 길고 곱슬곱슬한 턱수염을 쓰다듬으며 생각에 잠긴 뒤 이렇게 대답한다. "얀켈레야,

그것이 세상의 작동원리란다. 너는 아직 어려서 이해하지 못하겠지만, 우리가 돼지고기를 먹으면 신이 우리를 벌하고, 우리는 나쁜 운명을 맞게 된단다. 이건 내 생각도, 랍비의 생각도 아니야. 랍비가 세상을 창조했다면 아마 돼지고기를 먹어도 율법에 어긋나지 않는 세상을 창조했을 거야. 하지만 랍비는 세상을 창조하지 않았어. 신이 하셨지. 그리고 이유는 모르지만 신은 우리에게 돼지고기를 먹으면 안 된다고 말씀하셨어. 그러니 우리는 먹으면 안 된단다. 알겠니?"

1943년에 한 독일인 소년이 나치 친위대 장교인 아버지에게 묻는다. "아빠, 왜 우리는 유대인을 죽여요?" 아버지는 번쩍이는 가죽 군화를 신으며 이렇게 설명한다. "음, 프리츠, 그것이 세상의 작동원리란다. 너는 아직 어려서 이해하지 못하겠지만, 유대인을 살려두면 그들이 인류를 타락시켜 멸종하게 할 거야. 이건 내 생각이 아니란다. 총통의 생각도 아니야. 만일 히틀러가 세상을 창조했다면 자연선택 법칙이 적용되지 않는 세상, 유대인과 아리아인이 함께 조화롭게 살 수 있는 세상을 창조했을 거야. 하지만 히틀러가 세상을 창조하지 않은 걸 어떡하니. 그는 단지 자연법을 해독했고, 그 법칙에 따라 우리가 어떻게 살아야 하는지 지시했을 뿐이야. 우리가 이 법칙에 복종하지 않는다면 나쁜 운명을 맞게 될 거야. 알겠니?"

2016년에 한 영국인 소년이 자유당 하원의원인 아버지에게 묻는다. "아빠, 왜 우리는 중동에 사는 이슬람교도들의 인권에 관심을 가져야 해요?" 아버지는 찻잔을 내려놓고 잠시 생각하더니 이렇게 말한다. "음, 던컨. 그것이 세상의 작동원리란다. 너는 아직 어려서 이해하지 못하겠지만, 중동에 사는 이슬람교도들까지 포함해 모든 인간은 같은 본성을 가지고 있고, 따라서 똑같은 자연권을 가진 단다. 이건 내 생각도, 의회의 결정도 아니야. 만일 의회가 세상을 창조했다면 보편인권은 온갖 이상한 발상들과 함께 어느 분과위원회에 처박혀 있었을 거야. 하지만 의회는 세상을 창조한 게 아니라 이해하려고 할 뿐이고, 우리는 중동에 사는 이슬람교도들의 자연권도 존중해야 한단다. 그러지 않으면 우리의 인권도 언젠가 침해당할 테니까. 그렇게 되면 나쁜 운명을 맞게 될 거야. 이제 그만 가보거라."

자유주의자와 공산주의자 그리고 다른 근대 이념의 추종자들은 그들의 믿음 체계가 '종교'라고 말하면 싫어한다. 왜냐하면 그들은 종교를 미신이나 초자연적인 힘과 동일시하기 때문이다. 만일 당신이 공산주의자나 자유주의자에게 신자 같다고 말하면, 그들은 뜬구름 잡는 이야기를 맹목적으로 믿는다는 비난으로 여길 것이다. 그러나 그 말은, 인간이 창조하지 않았으나 그럼에도 복종해야 하는 어떤 도덕법 체계를 믿고 있다는 의미일 뿐이다. 우리가 아는 한 모든 인간사회가 이런 도덕법 체계를 믿는다. 모든 사회가 그 구성원들에게, 어떤 초인적인 도덕법에 복종해야 하며 그 법을 어길 시 재앙이 닥칠 거라고 말한다.

물론 종교마다 이야기의 세부, 구체적인 계명, 약속하는 보상과 처벌이 다르다. 중세 유럽의 가톨릭교회는 신이 부자를 좋아하지 않는다고 주장했다. 예수는 부자가 천국의 문을 통과하는 것은 낙타가 바늘구멍을 통과하는 것보다 어렵다고 했다. 성직자들은 하느님 나라에 들어가려면 헌금을 많이 내라고 부자들을 부추기고, 구두쇠는 지옥불에 던져질 거라고 위협했다. 현대 공산주의 역시 부자를 싫어하지만, 공산주의는 사후에 던져질 유황불이 아니라 지상에서 일어날 계급투쟁으로 그들을 위협한다.

인간의 의지로 바꿀 수 없는 초인적 힘이라는 점에서, 공산주의가 말하는 역사법칙은 그리스도교의 신이 내린 계명과 비슷하다. 우리는 내일 아침에 축구 경기의 오프사이드 규칙을 취소할 수 있다. 우리가 만든 법칙이므로 바꿀 자유도 우리에게 있다. 하지만 적어도 마르크스의 말에 따르면, 우리는 역사법칙을 바꿀 수 없다. 자본주의자들이 사유재산을 계속 축적하는 한 그들이 뭘 어떻게 해도 계급투쟁이 일어날 것이고, 결국 부상하는 프롤레타리아 계급에게 패배하고 말 것이다.

당신이 혹시 공산주의자라면, 공산주의는 옳고 그리스도교는 틀렸기 때문에 둘은 매우 다르다고 주장할 것이다. 자본주의 체제에 계급투쟁이 내재하는 것은 사실이지만, 부자가 죽은 뒤 지옥에서 영원한 고문을 겪는다는 이야기는 사실이 아니다. 설령 그렇다 해도, 공산주의가 종교가 아니라는 뜻이 되지는 않는다. 오히려 공산주의가 단 하나의 진정한 종교라는 말로 해석된다. 모든 종교의 신자들은 자기 종교만이 진정한 종교라고 확신한다. 어떤 종교의 신자들이 옳은지는 두고 볼 일이겠지만.

만일 부처를 만난다면

종교란 사회질서를 유지하고 대규모 협력을 조직하는 도구라고 말하면, 종교를 영성으로 가는 최고의 길로 생각하는 사람들은 화를 낼지도 모르겠다. 하지만 종교와 과학 사이의 간극이 우리가 흔히 생각하는 것보다 좁듯이, 종교와 영성 사이의 간극은 우리 생각보다 훨씬 넓다. 종교가 계약인 반면, 영성은 여행이다.

종교는 세계를 빈틈없이 설명하고, 우리에게 예정된 목표와 함께 명료한 계약을 제시한다. "신은 존재한다. 신은 우리에게 특정한 방식으로 행동하라고 말했다. 당신이 신의 명령에 복종하면 천국에 입성할 것이고 불복종하면 지옥불에 던져질 것이다." 이 계약이 명료한 선을 그어준 덕분에 사회는 인간 행동을 규율하는 일반규범과 가치의 경계를 정할 수 있다.

영적 여행은 이와는 전혀 다르다. 이 여행은 사람들을 미지의 목적지로 향하는 신비의 길로 데려간다. 이런 탐색은 대개 '나는 누구인가?' '인생의 의미는 무엇인가?' '무엇이 선인가?' 같은 커다란 질문에서 시작한다. 대부분의 사람들은 권위자들이 제시하는 준비된 대답을 그냥 받아들이는 반면, 영성을 찾는 구도자들은 그리 쉽게 만족하지 않는다. 그들은 잘 알거나 가고 싶은 곳만이 아니라, 그 커다란 질문이 이끄는 곳이면 어디든 따라갈 각오가 되어 있다. 대부분의 사람들에게 학교 공부가 영적 여행이라기보다는 일종의 계약인 이유는 이렇다. 그 공부가 어른들, 정부, 은행이 인정하는 예정된 목표로 학생들을 데려가기 때문이다. "나는 3년간 공부하고

제 2 부

시험을 치러 석사학위를 따고, 연봉이 높은 안정된 직업을 가질 거야." 학교 공부가 영적 여행으로 바뀔 수도 있는데, 도중에 맞닥뜨린 커다란 질문들이 애초에 생각해보지도 않았던 예기치 못한 목적지로 방향을 돌리게 하는 경우가 그렇다. 예를 들어 한 학생이 월스트리트에서 직장을 얻기 위해 경제학을 공부한다고 치자. 하지만 공부하다 알게 된 뭔가로 인해 그가 힌두교의 아시람으로 가거나 짐바브웨의 에이즈 환자들을 돕게 된다면, 우리는 그것을 영적 여행이라고 부를 수 있다.

왜 이러한 여행을 '영적'이라고 부를까? 그것은 한쪽은 선하고 한쪽은 악한 두 신의 존재를 믿는 고대 이원론적 종교의 유산이다. 이원론에 따르면, 선한 신은 축복 가득한 영적 세계에 사는 순수하고 불멸하는 영혼들을 창조했다. 하지만 사탄이라고 불리는 악한 신은 물질로 이루어진 또 다른 세계를 창조했다. 사탄은 자신의 피조물을 계속 존재하게 할 방법을 몰랐고, 그래서 물질세계에서는 모든 것이 썩어 해체된다. 사탄은 자신이 만든 결함 있는 피조물에 생명을 불어넣기 위해 순수한 영의 세계에서 영혼들을 꾀어내 물질세계의 육신에 가두었다. 물질세계의 악한 육신에 갇힌 영적 세계의 선한 영혼. 이것이 바로 인간이다. 육신이라는 영혼의 감옥은 쇠약해져 결국에는 사라지므로, 사탄은 육신이 좋아하는 것을 미끼로 끊임없이 영혼을 유혹하는데, 주로 음식, 섹스, 권력을 애용한다. 육신이 허물어지면 영혼은 비로소 거기서 도망쳐 영의 세계로 돌아갈 기회를 얻지만, 육체적 쾌락을 갈구하다가 또다시 새로운 육신으로 들어가고 만다. 이렇듯 영혼은 음식, 섹스, 권력을 좇는 데 인생을 낭비하며 육신에서 육신으로 돌고 돈다.

이원론은 사람들에게 이런 물질의 족쇄를 끊고 영의 세계로 돌아가는 여행을 시작하라고 가르친다. 우리가 잘 모르는 곳이지만 그곳이 바로 우리의 진정한 고향이므로. 그 길을 가는 동안 우리는 어떤 물질적 유혹과도 거래하면 안 된다. 일상세계의 관습과 계약을 의심하고 미지의 목적지를 향해 용감하게 떠나는 모든 여행을 우리가 '영적' 여행이라고 부르는 것은 바로 이 이원론의 유산 때문이다.

이런 여행이 종교와 근본적으로 다른 것은, 종교가 세속적 질서를 굳건히 하려는 시도인 반면, 영성은 그런 질서에서 도망치려는 시도이기 때문이다. 기존 종교의 믿음과 관습에 도전하는 것은 많은 경우 영성을 좇는 구도자들의 가장 중요한 의무 중 하나이다. 선불교에서는 "가는 길에 부처를 만나면 그를 죽이라"고 말한다. 영적 길을 걷는 동안 제도화된 불교의 경직된 사상과 고정된 법을 만난다면, 거기서도 자유로워져야 한다는 뜻이다.

영성은 종교에게 위협이다. 종교는 대개 신자들의 영적 추구를 견제하며, 그동안 많은 종교 제도들은 음식, 섹스, 권력에 사로잡힌 평범한 사람들보다, 진부하지 않은 어떤 것을 기대하는 영적 구도자들로부터 도전을 받았다. 가톨릭교회의 권위에 대한 프로테스탄트의 저항에 불을 붙인 사람은 쾌락주의적 무신론자들이 아니라 독실하고 금욕적인 수도사 마르틴 루터였다. 루터는 인생의 존재론적 질문들에 대한 답을 얻고 싶었고, 그래서 가톨릭교회가 제시하는 전례, 의식, 거래에 안주하기를 거부했다.

루터 시대에 교회는 신자들에게 실로 솔깃한 약속을 했다. '당신이 죄를 지어 내세에서 영원한 저주를 받을까봐 두렵다면 지갑을 열어 면죄부를 사면 된다.' 16세기 초에 가톨릭교회는 직업적인 '구원팔이'를 고용해 유럽의 도시와 마을을 돌아다니며 정해진 가격에 면죄부를 팔게 했다. 천국 입국 비자를 원하는가? 그러면 금화 열 닢을 내라. 죽은 할아버지 하인즈와 죽은 할머니 거트루드가 당신이 있는 곳에 오기를 원하는가? 물론 가능하다. 하지만 금화 서른 닢이 든다. 이런 구원팔이들 가운데 가장 유명한 도미니크 수도회 수사 요하네스 테첼은 모금함에 동전이 짤랑 하고 떨어지는 순간 영혼이 연옥에서 천국으로 날아오른다고 말했다고 한다.[1]

　루터는 이 계약과 이것을 제안하는 교회가 생각하면 할수록 의심스러웠다. 구원에 이르는 길을 그저 돈으로 살 수는 없다. 교황은 사람들의 죄를 용서하고 천국의 문을 열 권한이 없지 않을까! 프로테스탄트 전설에 따르면, 1517년 10월 31일 루터는 긴 문서 한 장과 망치 그리고 몇 개의 못을 들고 비텐베르크 성城 교회로 걸어들어 갔다. 그 문서에는 면죄부 판매 반대를 포함해 당시의 종교적 관행에 반대하는 95개 논제가 열거되어 있었다. 루터는 그 문서를 교회 문에 못으로 박음으로써 종교개혁에 불을 댕겼고, 구원받고 싶은 모든 그리스도교도에게 교황의 권위에 도전하고 천국으로 가는 다른 길을 모색할 것을 촉구했다.

　역사적 관점에서 보면 영적 여행이 언제나 비극인 것은 사회 전체가 아니라 개인에게 적합한 외로운 길이기 때문이다. 협력을 도모하려면 질문만이 아니라 확실한 대답이 필요하고, 자가당착에 빠진 종교 구조를 성토하던 사람들은 결국 그 자리에 새로운 구조를

▲ 돈을 받고 면죄부를 파는 교황(프로테스탄트 팸플릿에서).

만든다. 이원론자들도 그랬다. 그들의 영적 여행은 종교제도가 되었다. 마르틴 루터도 그랬다. 그는 가톨릭교회의 법, 제도, 의식에 도전한 뒤 새로운 율법 책을 쓰고, 새로운 제도를 창시하고, 새로운 의식을 발명했다. 부처와 예수조차 그랬다. 타협 없는 진리 추구의 길에서 그들은 전통적인 힌두교와 유대교의 법, 의식, 구조를 전복시켰다. 하지만 결국에는 더 많은 법, 더 많은 의식, 더 많은 구조가 역사 속 다른 사람의 이름 대신 그들의 이름으로 창조되었다.

신을
위조하다

종교에 대해 자세히 알아보았으니, 이제 다시 돌아가 종교와 과학의 관계를 검토해보자. 이 둘의 관계에 대해서는 극단적인 두 가지 해석이 있다. 한쪽에서는 과학과 종교가 앙숙이고 과학적 지식과 종교적 미신 사이의 목숨 건 투쟁이 근대사를 만들었다고 말한다. 얼마 지나지 않아 과학의 빛이 종교의 어둠을 쫓아버렸고, 세계는 점점 세속적, 이성적이 되고 물질적으로 풍요로워졌다. 그런데 일부 과학적 발견들이 종교적 교의를 뿌리째 뒤흔든 것은 사실이지만, 그것은 논리적 필연이 아니다. 예컨대 이슬람 교의는 7세기 아라비아에서 선지자 무함마드가 이슬람교를 창시했다고 주장하는데, 이 주장을 뒷받침하는 풍부한 과학적 증거들이 있다.

더 중요한 사실은, 과학이 잘 작동하는 제도를 만들기 위해서는 종교의 도움이 항상 필요하다는 것이다. 과학자들은 세계가 어떻게 작동하는지 연구하지만, 인간이 어떻게 행동해야 하는지 결정하는 과학적 방법은 존재하지 않는다. 과학은 우리에게 인간이 산소 없이는 살 수 없다는 사실을 알려준다. 하지만 범죄자들을 질식시켜 처형해도 괜찮은가? 이런 질문에 어떻게 답해야 하는지 과학은 알지 못한다. 종교만이 이런 질문들에 필요한 지침을 제공할 수 있다.

그래서 과학자들이 진행하는 모든 실용적 과제는 종교적 통찰에 기대고 있다. 한 예로 양쯔 강에 산샤 댐을 건설하는 문제를 생각해보라. 1992년에 중국 정부가 댐을 건설하기로 결정하자 물리학자들은 그 댐이 견뎌야 하는 하중을 계산했고, 경제학자들은 비용이 얼마나 들지 예상했으며, 전기공학자들은 그 댐이 전기를 얼마나 생산할지 예측했다. 하지만 정부가 고려해야 할 요인들은 이것만이 아니었다. 많은 마을과 도시, 수천 곳의 고고학 유적지, 독특한 지형과 생태를 보유하고 있던 600제곱킬로미터의 지역이 댐 건설로 수몰되었다. 100만 명 이상이 삶의 터전을 잃었고, 수백 종의 생물이 멸종위기에 처했다. 이 댐이 양쯔강돌고래의 멸종을 초래한 직접적인 원인 같다. 산샤 댐에 대해 개인적으로 어떻게 생각하든, 댐 건설은 순수하게 과학적인 쟁점이라기보다는 윤리적 쟁점이었음이 분명하다. 어떤 물리학 실험도, 어떤 경제모델도, 어떤 수학 방정식도 수천 메가와트의 전기를 생산하고 수십억 위안을 벌어들이는 것이 고대의 탑이나 양쯔강돌고래를 구하는 것보다 더 가치 있는 일인지 결정할 수 없다. 따라서 중국이라는 나라가 제대로 기능하려면 과학이론만으로는 불가능하다. 종교나 이념도 필요하다.

정반대쪽 극단으로 건너가면, 과학과 종교는 완전히 별개의 세계라고 말한다. 과학은 사실을 연구하고 종교는 가치에 대해 말하면 되지, 둘이 만날 일은 결코 없다는 것이다. 종교는 과학적 사실에 대해 왈가왈부하지 말고, 과학은 종교적 신념에 대해서는 입을 다물어야 한다. 교황이 인간의 생명은 신성하므로 낙태는 죄라고 믿는다면, 생물학자들은 그 주장을 증명할 수도 반박할 수도 없다. 생물학자가 개인 자격으로 교황과 논쟁하는 것은 언제든 환영이지만, 과학자의 자격으로는 그 논쟁에 참여할 수 없다.

이런 접근은 타당한 것처럼 들리지만, 종교를 오해한 것이다. 실제로 과학은 사실만을 다루지만, 종교는 윤리적 판단만을 다루지 않는다. 종교가 사실적 주장을 하지 않은 채 실용적 지침을 제공할 수 없고, 이 지점에서 과학과 충돌할 수 있다. 많은 종교적 교의들에서 가장 중요한 대목은 대개 윤리적 원칙이 아니라, '신은 존재한다' '지상에서 지은 죄는 내세에서 처벌받는다' '성경은 인간이 아니라 신이 쓴 것이다' '교황은 절대 틀리지 않는다' 같은 사실적 진술들이다. 이것들은 모두 사실적 주장이다. 치열한 종교적 논쟁 가운데 다수 그리고 과학과 종교 사이의 갈등 가운데 다수가 윤리적 판단이 아니라 사실적 주장과 관련한 것들이다.

낙태를 예로 들어보자. 독실한 그리스도교도들은 흔히 낙태를 반대하는 반면, 자유주의자들은 낙태를 지지한다. 논쟁의 주요 쟁점은 윤리적 성격보다 사실적 성격을 띤다. 그리스도교도와 자유주의자 모두 인간의 생명은 신성하고 살인은 극악무도한 범죄라고 생각한다. 하지만 특정한 생물학적 사실들에 대해서는 의견이 엇갈린다. 인간의 생명은 수태되는 순간 시작하는가, 출생하는 순간 시작하는가, 아니면 그 사이 어느 시점에서 시작하는가? 실은 인간의 생명이 출생한 시점에도 시작하지 않는다고 주장하는 문화권도 있다. 칼라하리 사막의 !쿵족과 북극의 이누이트 집단에 따르면, 인간의 생명은 이름이 지어진 뒤에야 시작한다. 아기가 태어나면 가족들은 한동안 이름을 짓지 않는다(기형아로 태어났거나 경제적 어려움이 있는 경우). 아기를 기르지 않기로 결정하면 그들은 아기를 죽인다. 이름을 지어주기 전에는 그렇게 해도 살인으로 간주하지 않는다.[2] 이런 문화권의 사람들은 인간의 생명은 신성하고 살인이 끔찍한 범죄라는 점에 대해서는 자유주의자나 그리스도교도들과 의견을 함께하겠지만, 그럼에도 영아살해는 묵인한다.

종교는 자신을 선전할 때 흔히 그 종교의 미덕들을 강조한다. 하지만 신은 대개 사실적 진술들을 적은 깨알 같은 글자 안에 숨어 있다. 가톨릭은 보편적 사랑과 연민의 종교라고 선전한다. 얼마나 멋진가! 누가 그런 가치에 반대할 수 있겠는가? 그러면 왜 모든 사람이 가톨릭교도가 되지 않을까? 왜냐하면 그 깨알 같은 글자를 읽어보면 가톨릭교 역시 교황에 대한 맹목적 복종을 요구한다는 사실을 알 수 있기 때문이다. 신자들에게 십자군전쟁에 나가고 이단을 화형시키라고 명령할 때조차 '교황은 틀릴 리 없다.' 이런 실질적인 명령은 윤리적 판단으로만 내리는 것이 아니다. 그것은 사실적 진술과 윤리적 판단을 융합한 결과이다.

철학의 우아한 영역에서 내려와 역사적 실제들을 보면, 모든 종교 이야기들이 거의 다 세 부분으로 이루어져 있음을 알 수 있다.

1. '인간의 생명은 신성하다' 같은 윤리적 판단.
2. '인간의 생명은 수태되는 순간 시작한다' 같은 사실적 진술.
3. '수태되고 단 하루가 지났어도 절대 낙태해서는 안 된다' 같은, 윤리적 판단과 사실적 진술을 융합해서 얻은 실질적 지침.

과학은 종교의 윤리적 판단을 반박하거나 확증할 권한도, 능력도 없다. 하지만 종교의 사실적 진술들에 대해서는 과학자들도 할 말이 많다. '수태된 지 일주일 지난 태아에게 신경계가 있는가? 그 태아는 고통을 느낄 수 있는가?' 같은 사실적 질문에 답하는 데는 성직자들보다 생물학자들이 더 적임자이다.

이해를 돕기 위해, 종교의 선전에서는 잘 듣기 어려운 이야기지만 당대에 엄청난 사회적·정치적 파장을 몰고 온 역사 속의 실례 하나를 면밀히 살펴보겠다. 중세 유럽의 교황들은 광범위한 정치적 권한을 누렸다. 유럽 어딘가에서 분쟁이 일어날 때마다 그들은 승패를 결정할 권한이 자신들에게 있다고 주장했다. 그리고 그 권한을 입증하기 위해 콘스탄티누스 대제의 증여문서를 유럽인들에게 거듭 상기시켰다. 그 이야기에 따르면, 315년 3월 30일 로마 황제 콘스탄티누스가 교황 실베스테르 1세와 그의 후계자들에게 로마제국 서부에 대한 영구적 지배권을 주는 공식 칙령에 서명했다. 교황들은 이 귀중한 문서를 기록보관소에 넣어두고, 야망 있는 왕자, 걸핏하면 싸우는 도시들, 반란을 모의하는 농부들의 저항에 부딪힐 때마다 효과적인 선전도구로 이용했다.

중세 유럽인들은 고대 황제의 칙령에 깊은 존경심을 가졌고, 문서가 오래된 것일수록 권위가 있다고 생각했다. 또한 그들은 왕과 황제들이 신의 대리인임을 굳게 믿었다. 특히 콘스탄티누스는 로마제국을 이단의 땅에서 그리스도교 제국으로 바꾸었기 때문에 추앙받았다. 중세 유럽에서는 현시점에 바라는 것과 콘스탄티누스 대제가 과거에 발표한 칙령이 충돌할 경우 콘스탄티누스 대제의 칙령을 따라야 한다는 점에 대해 아무도 이의를 달지 않았다. 그래서 교황은 정치적 반대에 직면할 때마다 콘스탄티누스 대제의 증여문서를 흔들며 복종을 요구했다. 물론 언제나 효과가 있었던 것은 아니다. 하지만 콘스탄티누스 대제의 증여문서는 교황의 선전과 중세 정치 질서의 중요한 초석이었다.

이 이야기를 자세히 검토해보면 세 부분으로 구성되어 있음을 알게 된다.

윤리적 판단	사실적 진술	실질적 지침
현시점의 여론보다 고대 황제의 칙령을 존중해야 한다.	315년 3월 30일 콘스탄티누스 황제가 교황에게 유럽의 지배권을 주었다.	1315년 유럽인들은 교황의 명령을 따라야 한다.

고대 황제의 칙령이 윤리적 권위를 갖는다는 것은 자명한 명제가 아니다. 21세기 유럽인들은 대부분 현재 시민들의 바람이 오래전에 죽은 군주의 명령보다 우선한다고 생각한다. 하지만 과학은 이 윤리적 논쟁에 참여할 수 없다. 어떤 실험이나 방정식으로도 이 문제를 해결할 수 없기 때문이다. 오늘날의 과학자가 700년 전으로 시간여행을 떠난다 해도, 당대의 정치적 분쟁이 고대 황제의 칙령과 아무 관계가 없다는 사실을 중세 유럽인들에게 입증해보일 수는 없을 것이다.

그런데 콘스탄티누스의 증여문서 이야기는 윤리적 판단에만 기초하지 않는다. 여기에는 매우 구체적인 사실적 진술들도 들어 있는데, 이 부분은 과학이 충분히 입증하거나 반증할 자격이 있다. 1441년, 가톨릭 신부이자 선구적인 언어학자였던 로렌초 발라가 콘스탄티누스의 증여문서가 위조임을 증명하는 연구를 발표했다. 발라는 그 문서의 형식과 문법 그리고 그 문서에 포함된 다양한 단어와 용어들을 분석했다. 그 결과, 그 문서에는 4세기 라틴어에는 없던 단어들이 포함되어 있으며, 콘스탄티누스가 죽은 지 약 400년 뒤에 위조되었을 확률이 매우 높다는 사실을 입증했다. 더욱이 그 문서에 등장하는 날짜는 '콘스탄티누스 집정 4년 3월 30일이자 갈리카누스 집정 1년'이었다. 로마제국에서는 매년 두 명의 집정관을 선출했고, 그들의 집정 연차로 문서 작성 날짜를 표시하는 것이 관례였다. 그런데 콘스탄티누스 집정 4년은 315년인 반면, 갈리카누스는 317년에 집정관으로 선출되었다. 이 중요한 문서가 실제로 콘스탄티누스 시대에 작성되었다면, 이런 말도 안 되는 오류가 생겼을 리 없다. 이는 마치 토머스 제퍼슨과 그의 동료들이 1776년 7월 34일에 미국 독립선언서를 작성했다는 말과 같다.

오늘날 모든 사학자들은 콘스탄티누스의 증여문서를 8세기 어느 시점에 교황청에서 위조한 것이라는 데 동의한다. 발라가 고대 황제의 칙령이 지닌 도덕적 권위를 반박한 것은 아니지만, 그의 과학적 분석은 교황에 복종해야 한다는 유럽인들의 실질적 지침에 흠집을 냈다.[3]

2013년 12월 20일 우간다 의회는 동성애 행위를 법으로 금지하고 그 가운데 일부 행위는 무기징역으로 처벌한다는 반동성애법을 통과시켰다. 당시 이 법을 발의하고 지지한 복음주의파 그리스도교 단체들은 신이 동성애를 금지한다고 주장한다. 그 증거로 〈레위기〉

18장 22절("너는 여자와 교합하듯 남자와 교합하면 안 된다. 그것은 망측한 짓이다.")과 〈레위기〉 20장 13절("남자가 같은 남자와 동침하여 여자에게 하듯 그 남자에게 하면, 두 사람은 망측한 짓을 한 것이므로 반드시 사형에 처해야 한다. 그들은 자기 죗값으로 죽는 것이다.")을 인용한다. 수백 년 동안 전 세계 수백만 명의 사람들이 이 종교적 이야기로 인해 고통을 겪었다. 이 이야기는 다음과 같이 간략하게 요약할 수 있다.

윤리적 판단	사실적 진술	실질적 지침
인간은 신의 명령에 따라야 한다.	약 3,000년 전 신이 우리 인간에게 동성애 행위를 삼가라고 명했다.	우리는 동성애 행위를 삼가야 한다.

이 이야기는 사실인가? 인간이 신에게 복종해야 한다는 판단에 과학자들이 이의를 제기할 수는 없다. 다만 개인 자격으로 그 판단에 반박할 수는 있을 것이다. 신의 권위보다 인권이 우선하므로 신이 우리에게 인권을 위반하라고 명할 경우 그 말에 귀 기울일 필요가 없다고 믿을 수 있다. 하지만 이 쟁점을 해결해주는 과학적 실험은 존재하지 않는다.

반면 3,000년 전 우주의 창조자가 호모 사피엔스 종 구성원들에게 남성과 남성 간의 행위를 삼가라고 명했다는 사실적 진술에 대해 과학은 할 말이 많다. 이 진술이 사실인지 우리가 어떻게 아는가? 관련 문헌을 검토해보면 이 진술이 수없이 많은 책, 기사, 인터넷 사이트에서 반복되고 있지만 출처는 단 하나(성경)임이 드러난다. 그래서 어느 과학자가 이렇게 묻는다. 누가 언제 성경을 썼는가? 이 질문이 가치에 관한 질문이 아니라 사실에 관한 질문이라는 점에 주목하라. 독실한 유대교도와 그리스도교도는 신이 시나이 산에서 모세에게 〈레위기〉를 받아적게 하였고, 그때부터 단 한 개의 철자도 첨가하거나 삭제하지 않았다고 주장한다. 그러면 과학자는 이렇게 주장한다. "하지만 그것을 어떻게 확신할 수 있는가? 교황도 콘스탄티누스의 증여문서가 4세기에 콘스탄티누스가 작성한 것이라고 주장했지만, 실은 400년 뒤 교황의 서기들이 위조한 문서가 아니었나."

우리는 이제 과학적 방법을 총동원해 누가 언제 성경을 썼는지 알아낼 수 있다. 과학자들은 바로 이 일을 백 년 넘게 해왔고, 관심 있는 사람은 그 결과를 적은 책들을 읽으면 된다. 긴 이야기지만 앞뒤 자르고 결론만 말하면, 성경은 그 안에 기술된 사건들이 일어난 시점으로부터 수백 년 뒤 여러 명의 인간 저자들이 작성한 수많은 텍스트들의 집합으로, 성경시대 이후 오랜 시간이 흐른 뒤에야 한 권의 책으로 묶였다는 사실이 동료 검토peer-review를 거친 과학 연구를 통해 밝혀졌다. 예컨대 다윗 왕은 기원전 1000년 무렵에 살았던 것 같지만, 〈신명기〉는 기원전 620년경 유다 왕국 요시야 왕의 궁정에서 요시야 왕의 권위를 높이기 위한 선전 활동의 일환으로 작성되었다는 것이 정설로 받아들여진다. 〈레위기〉가 작성된 것은 그보다 더 뒤의 일로, 아무리 빨라도 기원전 500년쯤이었던 것 같다.

고대 유대인들이 아무것도 보태거나 빼지 않고 성경 텍스트를 그대로 보존했다는 생각에 대해, 과학자들은 성경시대의 유대교는 성경에 기반한 종교가 아니었음을 지적한다. 오히려 그 시대의 유대교는 당시 중동의 다른 민족들이 행했던 것과 같은, 철기시대 우상숭배의 전형이었다. 당시에는 성경은커녕 예배당도, 랍비 양성 학교도, 랍비도 없었다. 대신 정교한 제례의식들이 있었는데, 그 의식들의 대부분이 시기심 많은 하느님에게 동물을 희생제물로 바치는 일과 관련 있었다. 신자들은 그렇게 하면 신이 자신들을 축복해 제철에 비를 내려주고 전쟁에서 승리를 가져다줄 거라고 믿었다. 종교 엘리트층은 성직자 가문 사람들로 구성되었는데, 그들은 지적 능력이 아니라 온전히 출생신분에 따라 그 특권을 누렸다. 성직자들은 대체로 문맹이었고 제례의식을 준비하느라 바빠서 성경을 쓰거나 연구할 시간이 없었다.

제2성전 시기에 와서 기존 엘리트층의 경쟁자들이 서서히 세를 형성했다. 페르시아와 그리스의 영향으로 텍스트를 쓰고 해석했던 유대교 학자들이 점점 두각을 드러냈다. 이 학자들이 랍비로 알려지게 되었고, 그들이 집대성한 텍스트들은 '성경'이라는 세례를 받았다. 랍비의 권위는 출생신분이 아니라 개인의 지적 능력에서 나왔다. 읽고 쓰는 능력을 지닌 이 새로운 엘리트층과 옛 성직자 가문 사이의 충돌은 불가피했다. 랍비들에게는 다행스럽게도, 서기 70년에 일어난 유대인 대반란을 진압하는 과정에서 예루살렘과 그 성전이 불탔다. 성전이 폐허가 되자 성직자 가문들은 종교적 권위, 경제적 힘의 근간 그리고 존재이유를 잃었다. 성전, 성직자, 머리를 쪼개는 전사들의 유대교인 전통적 유대교는 이렇게 사라졌다. 그리고 그 자리에 성경, 랍비, 머리 아프게 따지는 학자들의 새로운 유대교가 생겨났다. 학자들의 장기는 해석이었다. 그들은 이 능력을 이용해 전능한 신이 어째서 자신의 성전을 파괴하는데도 그냥 내버려두었는지 설명했을 뿐 아니라, 성경 이야기들에 적혀 있는 옛 유대교와 그들이 창조한 매우 다른 유대교 사이의 거대한 간극을 메웠다.[4]

그러므로 우리가 아는 과학 지식에 따르면, 동성애를 금지하는 〈레위기〉의 명령은 고대 예루살렘에 살았던 몇몇 성직자와 학자들의 편견일 뿐 그 이상의 대단한 무엇인가를 반영하고 있지 않다. 과학은 비록 인간이 신의 명령에 복종해야 하는가 아닌가를 결정할 수 없지만, 성경의 기원에 대해서는 할 말이 많다. 만일 우간다 정치인들이 두 명의 사피엔스 남성이 함께 즐길 때마다 우주와 은하와 블랙홀을 창조한 권위자가 매우 화를 낸다고 말한다면, 과학은 이 이상야릇한 개념을 바로잡아줄 수 있을 것이다.

성스러운
교의

사실 윤리적 판단과 사실적 진술을 분리하는 것이 항상 쉽지만은 않다. 종교는 사실적 진술을 윤리적 판단으로 바꾸어 심각한 혼란을 일으키고, 비교적 간단한 논쟁으로 끝날 것을 복잡하게 만드는 집요한 습성이 있다. 그래서 '신이 성경을 썼다'는 사실적 진술은 흔히 '너희는 신이 성경을 썼다는 사실을 믿어야 한다'는 윤리적 명령으로 돌변한다. 이 사실적 진술을 그대로 믿는 것은 선인 반면, 그것을 의심하는 것은 끔찍한 악이다.

반대로 윤리적 판단 안에는 그 제창자들이 의심의 여지없이 증명되었다고 생각해 구태여 언급하지 않는 사실적 진술이 감춰져 있다. '인간의 생명은 신성하다'(과학이 검증할 수 없는 사실)는 윤리적 판단을 한 겹 벗기면 '모든 인간은 불멸의 영혼을 갖고 있다'(과학적 논쟁의 대상)는 사실적 진술이 나타난다. 마찬가지로 미국의 국가주의자들이 '미국은 신성하다'고 선언할 때, 이 말은 겉으로는 윤리적 판단처럼 보이지만 실은 '지난 수백 년 동안 이루어진 도덕적·과학적·경제적 진보에 미국이 앞장서왔다' 같은 사실적 진술에 기대고 있다. 미국이라는 나라가 신성한지는 과학적으로 조사할 수 없지만, 이 판단을 풀어헤치고 나면 미국이 실제로 전 세계의 도덕적·과학적·경제적 발전에 압도적 지분을 갖고 있는지 과학적으로 조사할 수 있다.

따라서 샘 해리스 같은 몇몇 철학자들은, 인간의 가치 안에는 언제나 사실적 진술이 감춰져 있으므로 과학이 윤리적 딜레마를 해결할 수 있다고 주장한다. 해리스는 모든 인간이 단 하나의 지고의 가치(고통을 최소화하고 행복을 최대화하는 것)를 공유하고, 그러므로 모든 윤리적 논쟁은 행복을 최대화하는 가장 효율적인 방법에 관한 사실적 논증들이라고 생각한다.[5] 이슬람 근본주의자들은 행복해지기 위해 천국에 가고 싶어 하고, 자유주의자들은 인간의 자유가 행복을 극대화한다고 믿고, 독일 민족주의자들은 베를린이 전 세계를 통치하면 모두가 더 잘살 거라고 생각한다. 해리스에 따르면, 이슬람 극단주의자, 자유주의자, 민족주의자 들은 윤리적 논쟁을 벌이는 것이 아니라 어떻게 하는 것이 공동의 목표를 실현하는 최선의 방법인가, 하는 사실적 문제에서 의견이 엇갈리는 것이다.

그런데 설령 해리스가 옳고, 모든 인간이 행복을 중요한 가치로 여긴다 해도, 현실에서 이런 통찰을 이용해 윤리적 논쟁을 해결하기는 매우 어렵다. 무엇보다 우리는 행복에 대한 과학적 정의나 척도를 갖고 있지 않기 때문이다. 산샤 댐의 예를 다시 생각해보자. 그 사업의 궁극적 목표가 세계를 더 행복한 곳으로 만드는 것이라는 데 동의한다 해도, 전통적인 생활방식을 보호하는 것이나 희귀한 양쯔강돌고래를 구하는 것보다 값싼 전기를 생산하는 것이 전 세계인의 행복에 더 크게 기여할지 우리가 어떻게 아는가? 의식의 신비를 풀지 못하는 한, 우리는 행복과 고통의 보편적 척도를 개발할 수 없고, 서로 다른 종은 고사하고 서로 다른 개인들의 행복과 고통을 비교하는 방법도 알 수 없다. 10억 중국인이 더 값싼 전기를 향유할 때 몇 개의 행복 단위가 생산될까? 한 돌고래 종이 멸종할 때는 몇 개의 비극 단위가 생산될까? 행복과 비극이 애초에 더하기 빼기를 할 수 있는 수학적 실체이긴 한가? 아이스크림을 먹으면 행복하고 진정한 사랑을 찾으면 더 행복한데, 그렇다고 아이스크림을 충분히 많이 먹으면 진정한 사랑을 찾은 환희와 맞먹을 정도로 행복해질 수 있을까?

따라서 설령 과학이 윤리적 논쟁에 기여하는 몫이 생각보다 크다 해도, 적어도 아직까지는 넘을 수 없는 선이 존재한다. 어떤 종교의 인도하는 손 없이 대규모 사회질서를 유지하기는 불가능하다. 심지어 대학과 연구소조차 종교적 지지가 필요하다. 종교는 과학 연구에 윤리적 정당성을 제공하고, 그 대가로 과학 의제와 과학 발견의 용도에 영향을 미칠 기회를 얻는다. 그러므로 종교적 믿음을 고려하지 않고는 과학사를 이해할 수 없다. 과학자들은 잘 생각해보지 않는 사실이지만, 과학혁명 그 자체가 역사상 가장 교조적이고 불관용적이고 종교적인 사회 중 한 곳에서 시작되었다.

마녀 사냥

우리는 흔히 과학을 세속주의와 관용이라는 가치와 연관시킨다. 그렇다면 근대 초 유럽은 과학혁명을 기대하기에 가장 적합하지 않은 장소이다. 콜럼버스, 코페르니쿠스, 뉴턴의 시대에 유럽은 전 세계에서 광신도들이 가장 많이 모여 있고, 관용의 수준은 가장 낮은 곳이었다. 과학혁명의 지도자들이 살았던 사회는 유대인과 이슬람교도를 추방하고, 이단을 모조리 화형시키고, 고양이를 사랑하는 모든 할머니들을 마녀로 낙인찍고, 보름달이 뜰 때마다 종교전쟁을 시작했다.

만일 당신이 1600년경의 카이로나 이스탄불로 여행을 간다면, 여러 문화가 공존하는 관용적인 대도시를 볼 수 있을 것이다. 그곳에서는 수니파, 시아파, 정교회 신자, 가톨릭교도, 아르메니아교인, 콥트교도, 유대인은 물론 때로는 힌두교도까지 비교적 사이좋게 공존했다. 그들도 나름의 의견 불일치와 폭동을 겪었고, 오스만 제국은 걸핏하면 종교적 이유로 사람들을 차별했으나, 그럼에도 유럽에 비하면 자유주의 천국이었다. 반면 당신이 동시대의 파리나 런던으로 여행한다면, 지배적 종파에 속한 사람들만 살 수 있는, 종교적 극단주의로 물든 도시들을 볼 것이다. 런던에서는 가톨릭교도들이 죽임을 당했고, 파리에서는 프로테스탄트들이 죽임을 당했고, 유대인들은 내쫓긴 지 오래되었으며, 이슬람교도를 도시 안에 들이는 일은 정신이 제대로 박힌 사람이라면 꿈도 꾸지 않았다. 그런데도 과학혁명은 카이로나 이스탄불이 아니라 런던과 파리에서 시작되었다.

근대사를 과학과 종교 사이의 투쟁으로 그리는 것은 관례처럼 되어 있다. 이론상으로 과학과 종교는 둘 다 다른 무엇보다 진리에 관심을 두지만, 각기 다른 진리를 지지하므로 충돌할 수밖에 없는 운명이다. 하지만 실제로는 과학도 종교도 진리에는 그다지 관심이 없어서, 둘은 쉽게 타협하고 공존할 수 있는 것은 물론 협력도 할 수 있다.

종교는 다른 무엇보다 질서에 관심이 있다. 종교의 목표는 사회구조를 만들고 유지하는 것이다. 한편 과학은 다른 무엇보다 힘에 관심이 있다. 과학의 목표는 연구를 통해 질병을 치료하고 전쟁을 하고 식량을 생산하는 힘을 획득하는 것이다. 과학자와 성직자 개인이 다른 무엇보다 진리를 우선시할 수는 있겠지만, 집단적인 제도로서 과학과 종교는 진리보다 질서와 힘을 우선시한다. 그러므로 이 둘은 의외로 잘 어울리는 짝이다. 타협 없는 진리 추구는 영적 여행이라서, 종교나 과학의 제도권 내에 머물기 어렵다.

따라서 근대사를 과학과 특정 종교, 즉 인본주의 사이의 계약 과정으로 보는 것이 훨씬 더 정확한 관점일 것이다. 근대 이후의 사회는 인본주의 교의를 믿고, 그 교의에 의문을 제기하기 위해서가 아니라 그 교의를 실행에 옮기기 위해 과학을 이용한다. 21세기에 인본주의 교의가 순수한 과학이론으로 대체될 것 같지는 않다. 하지만 과학과 인본주의 사이의 계약은 깨지고 그 자리에 매우 다른 종

호모 사피엔스
세계에 의미를
부 여 하 다

류의 계약이 들어설 것이다. 그것은 과학과 어떤 새로운 포스트 인본주의 종교 사이의 계약일 것이다. 다음 두 개의 장에서는 근대에 맺어진 과학과 인본주의 사이의 계약에 대해 알아보겠다. 그리고 마지막 3부에서는 왜 이 계약이 깨지고 있는지, 그리고 어떤 새로운 계약이 그 자리를 대신할 것인지 설명하겠다.

제 2 부

6

근대의 계약

근대성은 일종의 계약이다. 우리 모두는 세상에 태어나는 날 이 계약에 서명하고, 죽는 날까지 이 계약의 통제를 받는다. 이 계약을 취소하거나 초월할 수 있는 사람은 거의 없다. 이 계약은 우리가 먹는 것, 우리의 직업, 우리의 꿈을 주무르고, 우리가 사는 곳, 사랑하는 사람, 죽는 방식을 결정한다.

얼핏 보면 근대라는 계약은 엄청나게 복잡해서, 예컨대 당신이 어떤 소프트웨어를 다운받았는데 난해한 법률용어로 도배된 수십 쪽짜리 계약에 서명하라고 하는 경우와 같다. 당신은 쓱 한번 훑어보고는 곧장 마지막 페이지로 화면을 내려 '동의'란을 클릭하고는 그 계약을 잊어버린다. 하지만 사실 근대는 놀랍도록 간단한 계약이다. 계약 전체를 한 문장으로 요약할 수 있을 정도이다. 즉 인간은 힘을 가지는 대가로 의미를 포기하는 데 동의한다는 것이다.

근대 이전까지 대부분의 문화는 인간이 우주적 규모의 장대한 계획 안에서 한 역할을 맡는다고 믿었다. 그 계획은 전능한 신 또는 영구불변의 자연법칙이 짠 것이므로 인류가 그 내용을 바꿀 수는

호모 사피엔스 세계에 의미를 부여하다

없었다. 그 장대한 계획은 인간의 삶에 의미를 부여했지만, 인간의 힘을 제약하기도 했다. 인간은 마치 무대 위의 배우들 같았다. 주어진 각본은 모든 단어, 눈물, 몸짓에 의미를 부여했지만, 연기에 엄격한 제한을 두었다. 햄릿은 1막에서 클라우디우스를 살해할 수도, 덴마크를 떠나 인도의 아시람으로 갈 수도 없다. 셰익스피어가 그것을 허락하지 않을 것이다. 마찬가지로 인간은 영원히 살 수도, 병에 걸리지 않을 수도, 마음대로 행동하며 살 수도 없다. 그런 것은 각본에 없다.

전근대 사람들은 힘을 포기하는 대가로 자신들의 삶이 의미를 얻는다고 믿었다. 전쟁터에서 용감하게 싸우고, 적통의 왕을 지지하고, 아침에 금지된 음식을 먹지 않고, 옆집에 사는 이웃과 바람피우지 않는 것은 그들에게 중요한 문제였다. 좀 불편하긴 했으나, 그렇게 재난에 대비한 심리적 보험을 들었다. 전쟁, 역병, 가뭄 같은 끔찍한 일이 일어나면, 사람들은 이렇게 자위했다. "우리 모두는 신 또는 자연법칙이 짜놓은 장대한 우주극 안에서 하나의 역할을 맡고 있어. 우리가 그 각본에 관여하지는 않지만, 모든 일이 어떤 목적을 위해 일어난다는 것은 믿어도 돼. 이 끔찍한 전쟁, 역병, 가뭄조차 더 장대한 계획 안에 들어 있는 일이야. 게다가 이 이야기가 선하고 의미 있게 끝난다는 극작가의 말을 믿어도 돼. 그러니 전쟁, 역병, 가뭄이 일어난다 해도 결국에는 좋은 일일 거야. 그런 일이 지금 이곳에서 일어나지 않는다면 내세에서라도 일어날 테니까."

근대 이후의 문화는 그런 장대한 우주적 계획 따위는 없다고 말한다. 우리는 인생보다 긴 장대한 연극 속의 배우들이 아니다. 인생에는 각본도, 극작가도, 연출자도, 제작자도 없다. 물론 의미도 없다. 적어도 우리가 아는 과학 지식에 따르면 우주는 계획도 목적도 없는 과정으로, '아무 의미 없는 소음과 광기로 가득하다.' 우리는 우주 속의 작은 점에 불과한 어느 행성에 아주 잠깐 머물다 가는 동안 "활개치고 안달하다 사라져버릴 뿐"(셰익스피어의 〈맥베스〉 5막 5장에 나오는 구절—옮긴이)이다.

각본 같은 것은 존재하지 않고, 인간이 장대한 연극 속에서 한 역할을 맡는 것도 아니므로, 끔찍한 일들이 닥쳐와도 어떤 절대자가 와서 우리를 구원하거나 우리의 고통에 의미를 부여하지는 않을 것이다. 행복한 결말도 슬픈 결말도 존재하지 않는다. 실은 어떤 결말도 존재하지 않는다. 그저 어떤 일들이 차례로 일어날 뿐이다. 근대 이후의 세계는 목적을 믿지 않고 오직 원인만을 믿는다. 근대에 어떤 모토를 붙인다면, 그것은 '개 같은 일들이 일어나기도 한다'가 될 것이다.

한편, 정해진 각본이나 목적 없이 개 같은 일이 일어난다면 인간 역시 예정된 역할을 고수할 이유가 없다. 우리가 방법을 찾을 수만 있다면 원하는 것은 무엇이든 할 수 있다. 우리를 구속하는 것은 우리 자신의 무지뿐이다. 역병과 가뭄에 어떤 우주적 의미는 없으며, 우리는 그 악들을 제거할 수 있다. 전쟁은 더 나은 미래를 위한 필요악이 아니며, 우리는 평화를 이룰 수 있다. 죽음 뒤 우리를 기다리는 천국은 없으며, 우리가 기술적 난관을 극복하기만 한다면 지금 이곳에 낙원을 건설하고 그 안에서 영원히 살 수 있다.

연구에 투자한다면, 과학적 돌파구가 열려 기술 발전이 가속화될

호모 사피엔스
세계에 의미를
부 여 하 다

것이다. 새로운 기술은 경제성장을 촉진할 것이고, 경제가 성장하면 연구에 더 많은 돈을 쏟아부을 수 있을 것이다. 10년이 지나갈 때마다 우리는 더 많은 음식, 더 빠른 자동차, 더 나은 의학을 누릴 것이다. 언젠가 우리의 지식이 어마어마해지고 기술이 고도로 발전해 우리는 영원한 젊음의 묘약과 진정한 행복의 묘약은 물론, 우리가 원하는 모든 약물을 정제하게 될 것이다. 물론 우리를 막을 신은 없을 것이다.

근대라는 계약은 이렇듯 인간에게 굉장한 유혹인 동시에 무지막지한 위협이다. 한 걸음만 내디디면 전능함을 거머쥘 수 있지만, 발밑에는 완전한 무의 심연이 입을 벌리고 있다. 실질적인 견지에서 보면, 근대 이후의 삶은 의미가 사라져버린 우주 안에서 끊임없이 힘을 추구하는 과정이다. 근대 이후 문화는 역사상 가장 위력적이고, 쉼없이 조사하고 발명하고 발견하고 성장한다. 동시에 과거의 그 어떤 문화보다 큰 존재론적 불안에 시달린다.

이 장에서는 근대에 시작된 힘의 추구에 대해 이야기해보겠다. 그리고 다음 장에서는 인류가 우주의 무한한 공허에 어떤 식으로든 의미를 되돌려놓기 위해 점점 커지는 자신의 힘을 어떻게 이용해왔는지 살펴보겠다. 그런데 생각해보면 힘을 얻는 대가로 인간이 의미를 포기하겠다고 약속한 것은 사실이지만, 그 약속을 지키라고 강요한 사람은 아무도 없다. 우리는 대가를 치를 필요 없이 근대라는 계약의 이점을 온전히 누릴 수 있을 만큼 스스로 영리하다고 생각한다.

은행가가 흡혈박쥐와
다른 이유

힘을 계속 추구하게 하는 동력은 과학의 진보와 경제 성장의 동맹이다. 대부분의 역사에서 과학은 굼벵이 같은 속도로 진보했고 경제는 꽁꽁 얼어붙어 있었다. 인구가 점진적으로 증가하면서 생산도 늘어났고, 산발적으로 일어난 과학적 발견이 이따금씩 1인당 성장률을 높여주었지만, 이 과정은 전반적으로 매우 더뎠다.

서기 1000년에 한 마을 주민 백 명이 백 톤의 밀을 생산했는데 1100년에는 105명이 107톤의 밀을 생산했다면, 명목상으로는 성장이지만 그것이 인생의 리듬과 사회정치적 질서를 바꾸지는 못했을 것이다. 오늘날에는 성장이 모든 사람의 뇌를 지배하지만, 전근대 시대 사람들의 머릿속에는 성장이라는 개념이 아예 없었다. 왕자, 성직자, 농부 모두 인간의 생산은 일정하고, 따라서 부자가 되는 길은 남의 것을 약탈하는 것뿐이며, 그들의 손자들도 더 나은 생활수준을 누리지 못할 거라고 생각했다.

이런 경제적 정체의 한 가지 큰 원인은 새로운 사업을 위한 자금 조달이 어려웠기 때문이다. 적당한 자금 없이 습지의 물을 빼고 다리를 건설하고 항구를 짓기는 어렵다. 하물며 새로운 밀 종자를 얻고, 새로운 에너지원을 발견하고, 새로운 무역로를 트는 일은 말할 나위도 없었다. 자금 조달이 어려웠던 이유는 그 시절에는 신용거래가 거의 없었기 때문이고, 신용거래가 거의 없었던 이유는 성장에 대한 믿음이 없었기 때문이며, 사람들이 성장을 믿지 않았던 이유는 경제가 정체되어 있었기 때문이다. 따라서 정체는 무한히 계속되었다.

당신이 매년 이질이 발생하는 중세의 한 소도시에 산다고 가정해보라. 당신은 치료제를 찾기로 결심한다. 작업장을 차리고, 약초와 외국산 약물을 구입하고, 조수들에게 월급을 지급하고, 유명한 의사들에게 자문하러 다니려면 자금이 필요하다. 연구하는 동안 당신과 가족이 먹고살 돈도 필요하다. 하지만 당신에게는 돈이 많지 않다. 그래서 동네 방앗간 주인, 제빵사, 대장장이를 찾아가 나중에 치료제를 발견해 돈을 많이 벌면 갚겠다고 약속하고 몇 년 동안 필요한 돈을 꿔달라고 부탁한다.

그러나 불행히도 방앗간 주인, 제빵사, 대장장이는 그럴 마음이 없다. 그들은 오늘 당장 자기 가족을 먹여살려야 할 뿐 아니라, 기적의 신약 따위는 믿지 않는다. 하루이틀 산 것도 아닌데, 그동안 누가 끔찍한 질병을 고치는 신약을 발견했다는 이야기는 들어본 적이 없다. 설비를 갖추려면 현금이 필요하다. 그런데 약은 아직 발견하지도 못한 데다 온종일 연구만 하는데 그 돈을 어디서 구하는가? 당신은 어쩔 수 없이 다시 밭을 갈러 가고, 이질은 마을 사람들을 계속 괴롭히고, 아무도 신약을 개발하러 나서지 않으며, 돈은 전혀 돌지 않는다. 이렇게 해서 경제는 정체되고 과학도 제자리걸음이다.

근대에 이르러 이 악순환이 마침내 깨졌다. 미래에 대한 신뢰가 커지고 그에 따라 신용거래라는 기적이 일어난 덕분이었다. 신용이란 신뢰를 경제적 수단으로 표시하는 것이다. 요즘 시대에는 신약을 개발하고 싶은데 돈이 충분하지 않다면, 은행에서 대출을 받거나 개인 투자자 또는 투기자금에 의지할 수 있다. 2014년 여름 서아프리카에 에볼라가 발생했을 때 에볼라 치료제와 백신을 개발하는 제약회사들의 주식에 무슨 일이 일어났는지 아는가? 주가가 폭등했다. 테크미라Tekmira의 주식은 50퍼센트 올랐고, 바이오크리스트BioCryst의 주식은 90퍼센트나 뛰었다. 중세 사람들은 역병이 발생하면 하늘을 쳐다보며 신에게 자신들의 죄를 용서해달라고 빌었다. 오늘날 치명적인 새 유행병이 발생했다는 소식이 들리면, 사람들은 휴대폰을 붙들고 주식 중개인과 통화한다. 주식거래에는 유행병조차 호재이다.

새로운 벤처기업들이 여기저기서 성공을 거두면, 미래에 대한 사람들의 신뢰가 증가하고 신용거래도 확대된다. 그러면 이자율이 떨어져 사업가들이 더 쉽게 돈을 조달할 수 있고 경제가 성장한다. 그 결과 사람들은 미래에 더 큰 신뢰를 가지고, 경제는 계속 성장하고, 그와 함께 과학도 발전한다.

적어놓고 보면 간단한 일 같다. 이렇게 쉬운데 왜 근대에 와서야 경제성장에 속도가 붙기 시작했을까? 수천 년 동안 사람들이 미래의 성장을 별로 믿지 않았던 것은 그들이 어리석어서가 아니라, 성장이라는 개념이 우리의 육감, 진화적 유산, 세상 돌아가는 방식과 모순되기 때문이었다. 대부분의 자연 시스템은 평형 상태로 존재하고, 대부분의 생존투쟁은 한쪽이 성공하면 다른 쪽이 손해 보는 제로섬 게임이다.

예컨대 어느 계곡에 풀이 해마다 거의 똑같은 양씩 자란다고 해보자. 그 풀은 1만 마리의 토끼 개체군을 먹여살릴 수 있는데, 그 토끼들 가운데는 느리고 둔하고 불운한 개체들이 적어도 여우 백 마리를 먹여살릴 수 있을 만큼 있다. 이때 한 여우가 유독 영리하고 부지런해서 남들보다 많은 토끼를 잡아먹으면 굶어죽는 여우들이 생길 것이다. 또 모든 여우가 동시에 더 많은 토끼를 잡는 데 성공한다면, 토끼 개체군이 급감해 내년에는 굶어죽는 여우가 더 많아질 것이다. 장기적으로 보면, 토끼시장에 이따금 변동이 생긴다 해도 이듬해에 여우들이 예컨대 연간 3퍼센트 더 많은 토끼를 사냥할 거라고 기대할 수는 없다.

물론 생태적 현실은 이보다 더 복잡하고, 모든 생존투쟁이 제로섬 게임은 아니다. 많은 동물이 효과적으로 협력하고, 몇몇 동물들은 심지어 자신의 것을 빌려주기도 한다. 자연에 존재하는 가장 유명한 채권자는 흡혈박쥐이다. 이 박쥐들은 동굴 안에 수천 마리씩 모여살고 매일 밤 먹이를 찾아나서고, 잠든 새나 부주의한 포유류를 발견하면 그 동물의 털가죽을 약간 절개해 피를 빨아먹는다. 하지만 모든 흡혈박쥐가 매일 밤 먹이를 찾는 데 성공하지는 못한다. 흡혈박쥐들이 이런 불확실한 삶에 대처하는 방식은 서로 피를 빌려주는 것이다. 먹이를 찾지 못한 흡혈박쥐가 집에 돌아와 운 좋은 친구에게 훔친 피를 조금 토해달라고 부탁한다. 흡혈박쥐들은 누가 피를 빌려주었는지 잘 기억했다가 훗날 채권자 박쥐가 배고픈 상태로 돌아오면 빚을 갚는다.

하지만 은행가들과 달리 흡혈박쥐들은 이자를 매기지 않는다. 흡혈박쥐 A가 흡혈박쥐 B에게 10센티미터의 피를 빌려주면 훗날 B도 같은 양을 되갚는다. 어떤 흡혈박쥐도 빚으로 새 사업을 시작하거나 흡혈시장의 성장을 도모하지 않는다. 피를 생산하는 것은 다른 동물들이므로 흡혈박쥐들은 생산량을 늘릴 방법이 없다. 피시장이 오르락내리락 변동해도, 흡혈박쥐들은 2017년에는 2016년보다 피의 양이 3퍼센트 증가할 것이고, 2018년에는 피시장이 다시 3퍼센트 성장할 거라고 추정할 수 없다. 따라서 흡혈박쥐들은 성장을 믿지 않는다.[1] 수백만 년 동안의 진화 과정에서 인간도 흡혈박쥐, 여우, 토끼와 비슷한 조건에서 살았다. 그래서 인간에게도 성장을 믿는다는 것은 어려운 일이다.

기적의 파이

이런 진화적 조건에서 인간은 세계를 고정된 파이로 보는 데 익숙해졌다. 누가 더 큰 조각을 가져가면, 다른 누군가는 더 작은 조각을 가져갈 수밖에 없다. 특정한 가족 또는 도시가 번영할 수는 있지만, 인류 전체가 오늘 생산한 것보다 더 많이 생산할 가능성은 없었다. 따라서 그리스도교와 이슬람교 같은 전통 종교들은 수중에 있는 자원 내에서 현존하는 파이를 재분배하거나 천국의 파이를 약속하는 방법으로 인류의 문제를 해결하려 했다.

반면 근대 이후 사회는 경제성장이 가능할 뿐만 아니라 절대적으로 필요하다는 확고한 믿음 위에 서 있다. 기도, 선행, 명상이 위안과 용기를 줄 수는 있지만, 기아, 역병, 전쟁 같은 문제들은 성장을 통해서만 해결할 수 있다. 이 기본교의를 하나의 간단한 개념으로 요약할 수 있다. "문제가 있으면 더 많이 가져야 하고, 더 많이 갖기 위해서는 더 많이 생산해야 한다."

현대 정치인과 경제학자들은 성장이 반드시 필요한 이유로 세 가지를 꼽는다. 첫째, 더 많이 생산하면 더 많이 소비할 수 있고, 그러면 생활 수준이 높아지고 더 행복하게 살 수 있다. 둘째, 인류가 늘어나는 한 현재의 수준을 유지하기 위해서라도 경제성장이 필요하다. 예를 들어 인도의 인구성장률은 연간 1.2퍼센트이다. 이는 인도 경제가 해마다 적어도 1.2퍼센트씩 성장하지 않으면 실업률이 오르고 봉급이 감소하고 평균적인 생활 수준이 떨어진다는 뜻이다. 셋째, 설령 인도의 인구가 늘어나지 않는다 해도, 또 인도 중산층이 현재 생활 수준에 만족한다 해도, 가난에 찌든 수억 명의 시민들은 어떻게 할 것인가? 경제가 성장하지 않아 파이가 계속 같은 크기로 머문다면, 부자들에게서 빼앗아야만 가난한 사람들에게 더 줄 수 있다. 그런 조치를 취하려면 어려운 선택을 해야만 하고, 그렇게 되면 반감이 커지는 것은 물론 폭력사태까지 일어날 수 있다. 어려운 선택, 반감, 폭력사태를 피하고 싶다면 파이를 더 키울 필요가 있다.

근대는 '더 많이'라는 교의를 종교적 근본주의부터 제3세계 독재와 실패한 결혼에 이르기까지 공적 영역과 사적 영역을 막론한 거의 모든 문제에 적용할 수 있는 만병통치약으로 바꾸었다. 파키스탄과 이집트 같은 나라들이 건강한 성장률을 유지해야만 그 나라 국민들이 자가용을 굴리고 냉장고를 가득 채울 것이고, 그럴 때 비로소 그들이 근본주의 선동가들을 따르는 대신 지상에 있는 번영의 길을 선택할 것이다. 마찬가지로, 콩고와 미얀마 같은 나라들이 경제성장을 이루면 자유민주주의의 토대인 중산층이 생겨날 것이다. 또한 마주치기만 하면 으르렁거리는 부부가 있다면, 그들의 결혼생활을 구제할 유일한 방법은 더 큰 집을 사고(비좁은 방을 공유하지 않아도 되도록), 식기세척기를 사고(누가 설거지를 할지를 놓고 싸우지 않도록), 일주일에 두 번씩 값비싼 심리치료를 받는 것이다.

근대 이후 경제성장은 이렇듯 거의 모든 종교, 이념, 시민운동이 만나는 중요한 접점이 되었다. 소련은 과대망상에 가까운 5개년 계획을 실행에 옮기기 위해, 미국의 가장 지독한 악덕 자본가만큼이나 성장에 집착했다. 그리스도교도와 이슬람교도가 똑같이 천국을 믿고 천국에 이르는 방법에 대해서만 의견이 다르듯이, 냉전시대의 자본주의자와 공산주의자는 똑같이 경제성장을 통해 지상의 천국을 건설할 수 있다고 믿었고 구체적인 방법에 대해서만 언쟁을 벌였다.

오늘날 힌두교 부흥운동가, 독실한 이슬람교도, 일본의 민족주의자들과 중국의 공산주의자들은 각자 자신들이 남들과 매우 다른 가치와 목표를 추구한다고 주장하지만, 모두 경제성장이 자신들의 목표를 실현하는 열쇠라고 믿는다. 2014년 독실한 힌두교도 나렌드라 모디가 인도 총리로 선출된 것은, 그가 자기 출신지인 구자라트 지방에서 경제성장을 이루어냈고 따라서 오직 그만이 뒤처진 국가경제를 되살릴 수 있다는 여론이 형성된 덕분이었다. 터키에서도 이와 비슷한 여론에 힘입어 이슬람교도 레제프 타이이프 에르도안이 2003년 이래로 권력을 잡고 있다. 그가 속한 정당(정의개발당)의 명칭은 경제개발에 대한 집념을 강조하고, 에르도안 정부는 실제로 10년 넘게 인상적인 경제성장률을 유지해왔다.

일본 총리인 민족주의자 아베 신조는 2012년 취임하면서 20년 동안 침체의 늪에 빠져 있던 일본 경제를 되살려내겠다고 약속했다. 이 목표를 달성하기 위해 그가 취한 공격적이고 다소 이례적인 조치들은 '아베노믹스'라는 별칭을 얻었다. 한편 이웃 나라 중국에서는 공산당이 입으로는 여전히 전통적인 마르크스 레닌주의의 이상을 말하지만, 실제로는 덩샤오핑의 유명한 금언인 '개발만이 진리다'와 '검은 고양이든 흰 고양이든 쥐만 잡으면 된다'를 행동방침으로 삼고 있다. 이를 쉬운 말로 옮기면, '경제성장을 도모하는 데 필요하다면 마르크스와 레닌이 기뻐하지 않을 일이라도 해라'이다.

싱가포르는 효율적인 도시국가답게 이런 사고를 더욱 극단으로 끌고 가, 장관의 연봉을 GDP에 따라 지급한다. 싱가포르 경제가 성장하면, 마치 그것이 그들에게 주어진 임무인 듯 정부 각료들의 연봉을 인상한다.[2]

성장에 대한 집착은 자명한 일로 보일 수도 있지만, 그것은 어디까지나 우리가 현대세계에 살고 있기 때문이다. 과거에는 그렇지 않았다. 인도의 마하라자(과거 인도 토후국의 통치자—옮긴이), 오스만 제국의 술탄, 일본 가마쿠라 시대(1192~1333년 일본에 봉건주의의 기초가 확립된 시기—옮긴이)의 쇼군, 중국 한나라의 황제들은 경제성장을 확보하는 데 정치적 명운을 걸지 않았다. 경제성장에 자신들의 직위를 건다는 사실 그 자체가 경제성장이 세계 모든 곳에서 거의 종교적 지위를 획득했다는 증거이다. 실제로 경제성장에 대한 우리의 믿음을 종교라 불러도 틀리지 않은 것은, 우리가 당면한 윤리적 딜레마의 많은 부분을 경제성장이 해결해주는 것처럼 보이기 때문이다. 이른바 성장 교의는 경제성장은 모든 좋은 것의 원천이므로, 윤리적 의견 불일치는 잊고, 그게 무엇이든 장기적 성장을 최대화하는 행동 방침을 따르라고 설파한다. 수많은 종파, 정당, 세력, 전문가 들이 있는 모디의 인도에서도, 궁극적 목표는 저마다 다를지라도 모두가 경제성장이라는 똑같은 병목을 통과해야 한다. 그러니 일단 협력하지 않을 이유가 무엇이겠는가?

'더 많이' 신조는 개인, 기업, 정부에게 경제성장에 방해가 되면 그것이 무엇이든(사회평등이든 경제화합이든 부모 공경이든) 무시하라고 몰아친다. 소련 지도부는 국가가 모든 것을 통제하는 공산주의가 성장을 위한 가장 빠른 길이라고 생각했기에 수백만 부농, 표현의 자유, 아랄 해를 포함해 집산화(농장, 산업체 등을 모아 집단이나 정부가 관리하게 하는 것—옮긴이)에 방해가 되는 것이라면 무엇이든 가리지 않고 밀어버렸다. 요즘에는 자유시장 자본주의의 특정 형태가 장기적 성장을 확보하는 훨씬 더 효율적인 방법으로 널리 인정되고, 따라서 탐욕스러운 재벌, 부농, 표현의 자유는 보호받는 반면 자유시장 자본주의에 방해가 되는 생태환경, 사회구조, 전통가치 들은 해체되고 파괴된다.

예컨대 첨단기술 업체에서 일하며 시간당 250달러를 버는 소프트웨어 기술자가 있다고 가정해보자. 어느 날 그녀의 늙은 아버지가 뇌졸중으로 쓰러진다. 아버지는 물건을 사고 음식을 만드는 것은 물론 목욕하는 데도 다른 사람의 도움이 필요하다. 그녀가 자기 집으로 아버지를 모시고 와 오전에 조금 늦게 출근하고 저녁에 조금 빨리 퇴근하면, 아버지를 직접 보살필 수 있다. 그렇게 하면 그녀의 소득과 회사의 생산성이 모두 떨어지겠지만, 그녀의 아버지는 자신을 아끼고 사랑하는 딸의 보살핌을 받을 수 있을 것이다. 아니면 그녀는 멕시코인 간병인을 고용할 수 있다. 간병인은 시간당 25달러를 받고 그녀의 아버지와 함께 생활하면서 그가 필요로 하는 모든 것을 제공할 것이다. 이렇게 하면 소프트웨어 기술자와 회사는 손해 볼 것이 없고, 심지어 간병인과 멕시코 경제는 이익을 볼 것이다. 이 기술자는 어떻게 해야 할까?

자유시장 자본주의의 대답은 확고하다. 경제성장을 위해 가족 간의 유대를 포기하고, 부모와 떨어져 살고, 지구 반대편에서 간병인을 수입해와야 해도 할 수 없다는 것이다. 하지만 이 문제에 대한 답은 사실적 진술이 아니라 윤리적 판단을 수반한다. 누군가는 소프트웨어 공학에 전념하고 또 다른 누군가는 간병에 전념할 때 소프트웨어를 더 많이 생산할 수 있고 노인들에게 전문적인 간병도 더 많이 제공할 수 있다는 사실에는 의혹을 품을 수 없다. 하지만 경제성장이 가족 간의 유대보다 더 중요한가? 자유시장 자본주의는 대담하게 '그렇다'는 윤리적 판단을 내리며 과학의 땅에서 종교의 땅으로 건너왔다.

종교라는 딱지를 붙이면 대부분의 자본주의자들이 싫어하겠지만, 적어도 종교의 영역에서 자본주의는 고개를 빳빳이 들어도 된다. 저 세상의 파이를 약속하는 다른 종교들과 달리, 자본주의는 지상의 기적을 약속한다. 때로는 정말로 그런 기적을 가져다주기까지 한다. 기아와 역병을 극복한 공의 대부분은 성장을 신봉하는 자본주의에 돌아가야 한다. 심지어 자본주의는 인간사회에 폭력을 줄이고 관용과 협력을 증가시킨 점에 대해서도 칭찬받을 자격이 있다.

제 2 부

이 부분에 기여한 또 다른 요인들이 있다는 것을 다음 장에서 설명하겠지만, 자본주의는 사람들이 경제를 네 이윤이 곧 내 손실인 제로섬 게임이 아닌, 네 이윤이 곧 내 이윤인 윈윈 상황으로 보게 함으로써 세계 화합에 중요한 기여를 했다. 이런 호혜주의적 접근방식은 네 이웃을 사랑하고 한쪽 뺨을 때리거든 다른 쪽 뺨을 내어주라는 수백 년간의 기독교 설교보다 세계 화합에 훨씬 더 도움이 되었을 것이다.

자본주의교가 성장이라는 지고의 가치에 대한 믿음에서 연역해낸 최고의 계명은 '너희는 너희의 수익을 성장시키기 위해 투자해야 한다'이다. 대부분의 역사에서 왕족과 성직자들은 수익을 화려한 축제, 호화로운 궁전, 불필요한 전쟁에 낭비했다. 아니면 금화를 금고에 넣고 밀봉해 지하감옥에 묻었다. 오늘날 독실한 자본주의교도들은 자신들의 수익을 이용해 신입사원을 고용하고 공장을 확장하고 신제품을 개발한다.

그 돈을 어떻게 해야 할지 모를 경우, 자본주의교도들은 방법을 잘 아는 은행가나 벤처투자자 같은 전문가에게 맡긴다. 그 전문가들은 그 돈을 다양한 업자들에게 빌려준다. 그 돈을 대출받아 농부들은 새로운 밀밭을 가꾸고, 중개업자들은 새집을 짓고, 에너지 기업은 새 유전을 탐사하고, 군수공장은 신무기를 개발한다. 업자들은 이 모든 활동에서 얻은 수익으로 이자를 보태 빚을 갚는다. 이제 우리는 더 많은 밀, 집, 석유, 무기뿐 아니라 더 많은 돈을 갖게 되었고, 은행과 투자기금은 이 돈을 다른 사람들에게 다시 빌려준다. 자본주의를 포기한다면 모를까, 이 수레바퀴는 결코 멈추지 않을 것이다. 자본주의가 이렇게 말하는 순간은 오지 않을 것이다. "됐어. 그 거면 충분해. 이제 그만 쉬자." 자본주의의 수레바퀴가 왜 영원히 멈추지 않는지 이유를 알고 싶다면, 10만 달러를 모아놓고 그것으로 무엇을 할지 궁리하는 친구와 한 시간 동안 이야기를 나눠보라.

"은행은 이자가 너무 짜." 그 친구는 이렇게 불평할 것이다. "연이율이 겨우 0.5퍼센트인 예금계좌에 내 돈을 넣고 싶지는 않아. 정부가 발행하는 채권을 사면 2퍼센트는 될 거야. 내 사촌 리치는 작년에 시애틀에 있는 아파트를 한 채 샀는데 시세가 벌써 20퍼센트나 뛰었대! 그래서 나도 부동산 투자를 해볼까 하는데, 다들 부동산 가격은 거품이라고 말해. 주식은 어떨까? 어떤 친구 말이 요즘 수익률이 가장 높은 건 브라질이나 중국 같은 신흥경제에 투자하는 상장지수펀드ETF를 사는 거라던데." 그가 잠시 숨 돌리는 틈을 타 당신은 이렇게 묻는다. "왜 10만 달러로 만족하지 않는 거야?" 그러면 그 친구는 자본주의가 멈추지 않는 이유를 나보다 더 잘 설명할 것이다.

이 교훈은 세상에 공기처럼 퍼져 있는 자본주의 게임을 통해 심지어 어린이와 10대들에게까지 주입된다. 체스 같은 전근대 게임은 정체된 경제를 기본전제로 했다. 처음에 말 열여섯 개를 가지고 게임을 시작하고, 게임을 마칠 때도 말이 더 많아지지는 않는다. 드물게 폰이 여왕으로 변신하기도 하지만, 새로운 폰을 만들 수도 기사를 탱크로 업그레이드할 수도 없다. 따라서 체스 경기자는 투자를 고려할 필요가 없다. 반면 현대의 보드게임과 컴퓨터게임들은 대부분 투자와 성장에 중점을 둔다.

특히 눈길을 끄는 것이 '마인크래프트' '카탄의 개척자' 또는 '시드 마이어의 문명' 같은 문명건설 전략게임들이다. 게임의 무대는 중세, 석기시대 또는 가상의 동화나라이지만 원리는 항상 같다. 그리고 항상 자본주의적이다. 게임의 목표는 도시, 왕국, 또는 문명을 건설하는 것이다. 처음에는 어느 시골마을과 마을 근처의 논밭처럼 아주 소박한 자산으로 시작한다. 이런 자산들은 밀, 목재, 철, 금 같은 초기 소득을 제공한다. 그러면 이 소득을 현명하게 투자해야 한다. 선택은 둘 중 하나이다. 생산력은 없지만 꼭 필요한 병사 같은 도구에 투자하거나, 아니면 더 많은 마을, 논밭, 광산 같은 생산성 있는 자산에 투자하거나. 승리하는 전략은 대개 비생산적인 필수품에는 최소로 투자하는 한편, 생산적인 자산을 극대화하는 것이다. 더 많은 마을을 건설한다는 것은 다음번에는 더 많은 소득을 올려 (필요하다면) 더 많은 병사를 사는 동시에 생산에 더 많이 투자할 수 있다는 뜻이다. 머지않아 당신은 시골마을을 소도시로 업그레이드하고, 대학, 항구, 공장을 건설하고, 바다와 대양을 탐험하고, 문명을 건설해 마침내 게임에서 이길 수 있다.

방주 증후군

그런데 실제로 경제가 영원히 성장을 계속할 수 있을까? 자원을 다 쓰면 성장이 멈추지 않을까? 무한성장을 확보하려면, 어떤 식으로든 소진되지 않는 자원창고를 찾아내야 한다.

한 가지 해법은 새로운 땅을 탐험하고 정복하는 것이다. 실제로 유럽은 지난 수백 년 동안 주로 제국주의적인 해외 정복에 의존해 경제를 성장시키고 자본주의 체제를 확장했다. 하지만 지구상에 존재하는 섬과 대륙은 한정되어 있다. 어떤 기업가들은 언젠가 새로운 행성은 물론 먼 은하까지 탐험하고 정복할 날을 기대하지만, 어쨌든 근대 경제는 팽창을 계속할 더 나은 방법을 찾아야만 했다.

과학이 근대세계에 그 해법을 제공했다. 여우의 경제는 여우들이 더 많은 토끼를 생산하는 방법을 알지 못하기 때문에 성장이 불가능하다. 토끼의 경제는 토끼들이 풀을 더 빨리 자라게 할 수 없기 때문에 정체된다. 하지만 인간의 경제는 성장이 가능하다. 우리가 새로운 재료와 에너지원을 발견할 수 있기 때문이다.

세계를 크기가 고정된 파이로 보는 전통적인 세계관은 이 세계에 오직 두 종류의 자원만 존재한다고 본다. 바로 원재료와 에너지이다. 하지만 실은 세 종류의 자원이 존재한다. 원재료, 에너지 그리고 지식이다. 원재료와 에너지는 고갈된다. 사용하면 할수록 줄어든다. 반면 지식은 성장하는 자원이다. 사용하면 할수록 늘어난다. 실제로 당신이 지식의 총량을 늘리면 그 지식은 당신에게 더 많은 원재료와 에너지를 준다. 내가 알래스카에서 석유를 탐사하는 데 1억 달러를 투자해 석유를 발견한다면, 나는 석유를 더 많이 갖지만 내 손자들은 나보다 석유를 적게 가질 것이다. 반면 내가 태양에너지를 연구하는 데 1억 달러를 투자해 태양에너지를 이용하는 새롭고 더 효율적인 방법을 발견한다면, 나는 물론 내 손자들도 더 많은 에너지를 가질 것이다.

수천 년 동안 과학의 성장로가 막혀 있었던 것은 사람들이 세상에 관한 모든 중요한 지식이 성경과 고대 전통에 담겨 있다고 믿었기 때문이다. 전 세계 유전들이 이미 다 발견되었다고 믿는 회사는 석유를 탐사하는 데 시간과 돈을 낭비하지 않을 것이다. 마찬가지로, 알아야 할 모든 것을 이미 알고 있다고 생각하는 문화는 새 지식을 찾는 수고를 하지 않는다. 이것이 전근대 인류 문명 대부분의 입장이었다. 하지만 과학혁명이 인류를 그런 순진한 확신에서 해방시켰다. 과학의 가장 위대한 발견은 무지를 발견한 것이었다. 세상에 대해 아는 것이 얼마나 없는지 깨달았을 때 비로소 인간에게 새 지식을 찾아나설 매우 타당한 이유가 생겼고, 이것은 진보를 향해 가는 과학의 길을 열었다.

한 세대가 지날 때마다 과학은 새로운 에너지원, 새로운 종류의 원재료, 더 나은 기계장치, 새로운 생산방법을 발견하게 해주었다. 그 결과 2016년 현재 인류는 그 어느 때보다 많은 에너지와 원재료를 거머쥐었고, 생산량은 하늘 높은 줄 모르고 치솟고 있다. 증기기관, 내연기관, 컴퓨터 같은 발명품들은 아무것도 없는 데서 완전히 새로운 산업을 창출했다. 우리는 20년 뒤인 2036년을 내다보며 그때에는 지금보다 훨씬 더 많이 생산하고 소비할 거라고 확신한다. 우리는 나노기술, 유전공학, 인공지능이 다시 한 번 생산혁명을 일으켜, 영원히 팽창하는 초대형 시장에서 완전히 새로운 분야들을 개척할 거라고 믿는다.

그러므로 우리는 자원 희소성 문제를 극복할 절호의 기회를 맞았다. 현시점에 현대 경제가 두려워하는 것은 생태계 붕괴라는 인과

응보이다. 과학의 진보도 경제성장도 부서지기 쉬운 생물권 내에서 일어나므로, 과학과 경제가 전속력으로 달리면 그 충격파로 생태계가 불안정해진다. 전 세계 모든 사람들에게 부유한 미국인들과 똑같은 삶의 척도를 제공하려면 행성이 몇 개는 더 필요할 것이다. 하지만 우리에게는 지구뿐이다. 진보와 성장이 결국 생태계를 파괴할 경우, 흡혈박쥐와 여우, 토끼만이 아니라 사피엔스도 호된 비용을 치르게 될 것이다. 생태계 붕괴는 경제파탄, 정치불안, 삶의 척도 하락을 초래해 결국 인간 문명의 존재 자체를 위협할 것이다.

우리는 진보와 성장의 속도를 늦추어 그 위험을 줄일 수 있다. 올해 투자자들이 투자 포트폴리오에 대해 6퍼센트의 수익을 기대한다면, 10년 뒤에는 3퍼센트 수익에 만족하고, 20년 뒤에는 1퍼센트 수익에 만족하는 것이다. 그러면 30년 뒤 경제는 성장을 멈추고, 우리는 가진 것으로 행복하게 살 수 있다. 하지만 성장 신조는 이러한 이단적 사고에 단호히 반대한다. 오히려 더 빨리 뛰어야 한다고 우리에게 말한다. 과학의 발전이 생태계 안정을 깨뜨리고 인류를 위협한다면 자구책을 찾아야 한다. 오존층이 줄어 피부암의 위험이 높아진다면 더 나은 자외선 차단제와 더 나은 암 치료제를 발명해야 하고, 그럼으로써 새로운 자외선 차단제 공장과 암센터의 성장을 도모해야 한다. 이 모든 새로운 산업이 대기와 바다를 오염시켜 지구온난화와 대량 멸종을 초래한다면 가상세계들과 최첨단 피난처를 만들면 된다. 비록 지구가 지옥처럼 뜨겁고 황량하고 오염된 곳이 될지라도, 그런 장소들은 우리에게 인생의 좋은 것을 모두 제공할 것이다.

이미 베이징은 오염이 너무 심해 사람들이 실외활동을 피하고, 부유한 중국인들은 수천 달러를 들여 공기청정기를 구매한다. 갑부들은 자기 집 앞마당에 보호장치까지 만든다. 2013년 외교관과 중국 상류층 자녀들이 다니는 베이징 국제학교는 한발 더 나아가, 교내 테니스장과 운동장에 500만 달러짜리 대형 돔을 설치했다. 다른 학교들도 그 뒤를 따르고 있으며, 중국의 공기청정기 시장은 호황을 누리고 있다. 물론 대부분의 베이징 시민들은 가정에 그런 사치품을 들여놓을 여력이 없고, 자녀들을 국제학교에 보낼 능력도 안 된다.[3]

인류는 이중의 경주에 내몰려 있다. 한편으로는 과학 진보와 경제성장의 속도를 높여야 한다는 강박에 시달린다. 10억 명의 중국인과 10억 명의 인도인들은 미국 중산층처럼 살고 싶어 한다. 그들은 미국인들은 스포츠 유틸리티 차량과 쇼핑몰을 포기할 생각이 없는데 왜 자신들만 꿈을 보류해야 하는지 알 수 없다. 다른 한편으로 우리는 생태적 아마겟돈보다 적어도 한 걸음은 앞서 있어야 한다. 해가 갈수록 이런 이중의 경주를 해내기가 어려워진다. 델리의 빈민들이 아메리칸 드림에 한발 더 가까이 다가가려고 걸음을 내디딜 때마다 지구는 파국에 한발 더 가까이 다가가기 때문이다.

수백 년 동안 인류가 생태적 파국을 맞지 않고 경제성장을 계속해왔다는 사실은 위안이 된다. 그 과정에서 많은 종이 사라지고 인간 역시 숱한 경제위기와 생태적 재난을 맞았지만, 그래도 지금까지 그럭저럭 잘 헤쳐왔다. 하지만 앞으로도 성공한다고 보장하는 자연법칙은 어디에도 없다. 경제가 얼어붙지 않는 동시에 생태계도 끓어오르지 않게 하는 이중의 레이스를 과학이 언제까지 성공적으로 해낼 수 있을까. 속도는 계속 빨라질 뿐이므로 실수를 해도 될 여지는 계속 줄어든다. 지난날에는 한 세기에 한 번 놀라운 발명품을 내놓는 것으로 충분했다면, 오늘날에는 2년마다 한 번씩 기적을 내놓아야 한다.

또한 우리는 생태계의 파국이 인간에게 미치는 영향이 계급마다 다를 거라는 점도 걱정해야 한다. 역사에 정의는 없다. 재난이 발생하면 으레 가난한 사람들이 부자들보다 훨씬 더 고통을 당한다. 애초에 그러한 비극을 초래한 것이 부자들이라 해도 어쩔 수 없다. 지구온난화는 벌써부터 부유한 서구인보다 건조한 아프리카의 가난한 사람들의 삶에 더 많은 영향을 미치고 있다. 게다가 부자들을 무사안일주의에 빠지게 한다는 점에서, 과학의 힘 그 자체가 위험을 높이는 역설적 상황이 벌어질 것이다.

온실가스 배출물을 생각해보자. 대부분의 학자들과 점점 더 많은 정치인들이 지구온난화의 현실과 그 위험성을 알아차리고 있다. 하지만 지금까지는 그런 인식이 우리의 실제 행동을 유의미하게 바꾸는 쪽으로 이어지지 못했다. 우리는 지구온난화에 대해 많은 이야기를 하지만, 인류는 그런 재앙을 멈추는 데 필요한 진지한 경제적·사회적·정치적 희생을 할 의향이 없다. 2000년과 2010년 사이에 온실가스 배출량은 조금도 줄지 않았다. 오히려 연간 2.2퍼센트씩 증가했다. 이에 비해 1970년과 2000년 사이에는 연간 1.3퍼센트씩 증가했다.[4] 1997년에 채택된 온실가스 배출량 감소에 관한 교토의정서는 지구온난화를 멈추는 게 아니라 단지 늦추는 것이 목표였지만, 세계 최대 온실가스 배출국인 미국은 그 의정서의 비준을 거부했고, 자국의 경제성장을 저해할 거라는 우려 때문에 배출량 감소를 위한 의미 있는 시도도 전혀 하지 않았다.[5]

2015년 12월 파리협정에서는 평균기온을 산업화 이전 수준보다 1.5도 이상은 높이지 말자는 더 야심찬 목표를 세웠다. 하지만 이 목표에 다다르기 위해 필요한 고통스러운 단계들 가운데 다수를 편리하게도 2030년 뒤, 심지어 21세기 후반으로 미뤘다. 이는 사실상 뜨거운 감자를 다음 세대로 넘기는 것이다. 현재의 행정부들이 친

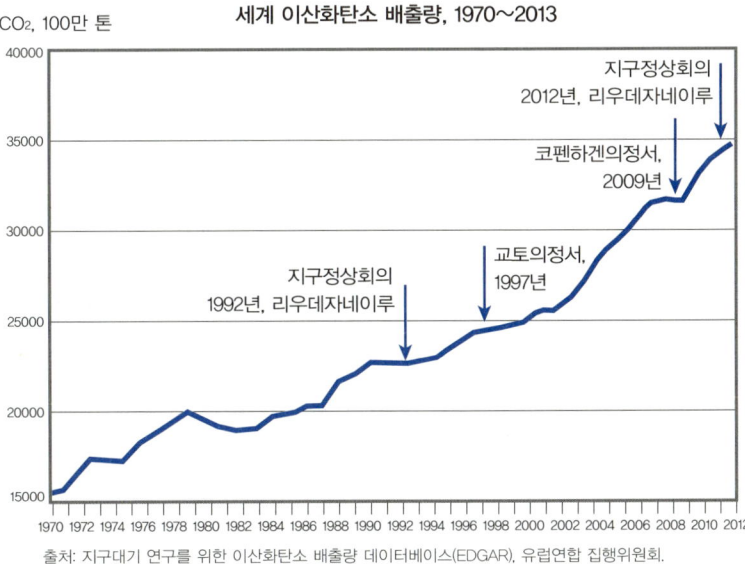

출처: 지구대기 연구를 위한 이산화탄소 배출량 데이터베이스(EDGAR), 유럽연합 집행위원회.

▲ 지금까지 지구온난화에 관한 모든 회담, 협의, 정상회의, 의정서가 세계 온실가스 배출량을 억제하는 데 실패했다. 그래프를 자세히 보면, 배출량이 경제위기와 경제침체 시기에만 떨어진 것을 알 수 있다. 따라서 2009년에 온실가스 배출량이 소폭 감소한 것은 코펜하겐의정서에 서명했기 때문이 아니라, 세계 금융위기 때문이었다. 지구온난화를 멈추는 유일하게 확실한 방법은 경제성장을 멈추는 것인데, 어떤 정부도 그렇게 하지 않을 것이다.

환경적으로 보여 당장의 정치적 이익을 누리면서 실제로 배출가스를 줄이는 데 따르는 정치적 부담(그리고 성장 지연)은 미래의 행정부에 떠미는 것과 마찬가지이다. 내가 이 책을 쓰고 있는 현재(2016년 1월), 미국과 그밖에 오염 선진국들이 파리협정에 비준할지도 미지수이다. 지나치게 많은 정치인과 유권자들이 경제가 성장하는 한 과학자와 공학자들이 우리를 지구 종말에서 구해줄 거라고 믿는다. 성장 신도들 다수가 기후변화에 관한 한 기적을 그저 희망사항이 아니라 기정사실로 여긴다.

미래의 과학자들이 지구를 구원하는 발견을 할 거라는 가정에 인류의 미래를 거는 것이 과연 합리적인 판단일까? 세계를 운영하는 대통령, 수상, CEO 들은 대부분 매우 합리적인 사람들이다. 그런 그들이 왜 이런 도박에 기꺼이 나설까? 아마 그 도박에 거는 미래가 본인들 개인의 미래가 아니라고 생각하기 때문일 것이다. 만에 하나 상황은 점점 악화되는데 과학이 그 홍수를 막지 못할 경우, 수십억 명이 익사하든 말든 공학자들이 최상위 계층을 위한 최첨단 노아의 방주를 지으면 된다. 이러한 최첨단 방주에 대한 믿음은 현재 인류의 미래는 물론 지구 생태계 전체의 미래를 위협하는 가장 큰 위험 중 하나이다. 천국을 믿는 사람들에게 핵무기를 주어서는 안 되는 것과 같은 이유로, 최첨단 방주를 믿는 사람들에게 지구 생태계를 맡겨서는 안 된다.

그러면 가난한 사람들은 무엇을 하고 있을까? 그들은 왜 항의하지 않을까? 홍수가 닥치면 피해는 고스란히 그들이 볼 텐데. 하지만 경제가 정체될 경우에도 가장 먼저 피해를 보는 이들이 그들이다. 자본주의 세계에서 가난한 사람들의 삶은 경제가 성장할 때만 개선된다. 이런 이유로 그들은 현재의 경제성장을 둔화시켜 미래의 생태적 위협을 줄이는 조치를 지지하지 않을 가능성이 높다. 환경을 보호하는 것은 무척 멋진 생각이지만, 집세도 못 내는 사람들에게는 녹아내리는 만년설보다 자신들의 마이너스 통장이 훨씬 큰 걱정거리이다.

끝없는 경주

설령 우리가 쉬지 않고 어떻게든 달려서 경제 붕괴와 생태계 붕괴를 둘 다 막아낸다 해도, 경주 자체가 엄청난 문제들을 일으킨다. 우선 개개인에게 높은 수준의 스트레스와 긴장을 일으킨다. 수백 년 동안 경제성장과 과학 진보를 위해 달려왔으니, 적어도 선진국에서는 삶이 좀 고요하고 평화로워질 때도 되었다. 우리 조상들이 만일 오늘날 우리가 어떤 도구와 자원을 갖고 있는지 안다면, 모든 근심 걱정이 사라진 완벽한 평안 속에서 우리가 살아가는 줄 알 것이다. 하지만 진실은 매우 다르다. 지금껏 많은 것을 이루었음에도 우리는 언제나 더 많은 일을 하고 더 많이 생산해야 한다는 압박에 시달린다.

우리는 우리 자신, 상사, 담보대출, 정부, 교육제도를 탓한다. 하지만 그들 탓이 아니다. 우리 모두가 태어난 날 서명한 근대 계약이 원인이다. 전근대 사람들은 사회주의 관료제의 미천한 사무원과 비슷했다. 카드에 구멍을 찍고 퇴근한 뒤의 일은 그들이 알 바 아니었다. 하지만 근대 이후 그것은 알아야 할 일이 되었고, 그래서 우리는 밤낮으로 끊임없는 압박을 받는다.

이 경주가 집단 수준에서 나타난 것이 바로 계속되는 격변이다. 예전에는 사회·정치 제도가 수백 년 동안 지속된 반면, 오늘날은 세대가 바뀔 때마다 구세계를 파괴하고 그 자리에 새로운 세계를 건설한다. 〈공산당 선언〉의 탁월한 통찰처럼, 현대사회는 불확실성과 혼란을 절대적으로 요구한다. 고정된 관계와 오래된 편견은 모조리 쓸려나가고, 새로운 구조는 공고해지기도 전에 낡은 것이 된다. 단단한 모든 것이 흔적도 없이 사라진다. 이런 혼돈의 세계에서 살기는 쉽지 않고, 심지어 그 세계를 통치하는 것은 더 어렵다.

따라서 현대세계는 개인과 집단이 경주로 인한 긴장과 혼돈에도 불구하고 경주를 그만두지 않도록 열심히 노력할 필요가 있다. 그러기 위해 현대세계는 성장을 지고의 가치로 떠받들고, 우리는 그것을 위해 모든 희생과 위험을 감수한다. 집단 수준에서는 정부, 기업, 조직이 성장의 관점에서 성공을 평가하고, 평형 상태를 마치 악귀인 양 두려워하도록 부추긴다. 개인들에게는 소득과 삶의 척도를 끊임없이 높여야 한다고 세뇌한다. 현재의 조건에 꽤 만족한다 해도 당신은 더 많이 갖기 위해 노력해야 한다. 어제의 사치는 오늘의 필수품이 된다. 전에는 방 세 칸짜리 아파트와 자동차 한 대 그리고 데스크톱 컴퓨터 한 대로 잘살 수 있었다 해도, 지금은 방 다섯 칸짜리 집과 두 대의 자동차 그리고 아이팟, 태블릿 PC, 스마트폰이 세트로 필요하다.

개인들이 더 많이 갖고 싶어 하게 만드는 것은 일도 아니었다. 인간은 탐욕에 쉽게 물든다. 문제는 국가와 교회 같은 집단적 제도가 이 새로운 이상에 동조하게 만드는 것이었다. 수천 년 동안 사회는 개인의 욕망을 억제해 어떤 균형을 맞추기 위해 노력했다. 사람들이 점점 더 많이 가지려고 한다는 것은 잘 알려진 사실이지만, 파이의 크기가 고정되어 있던 때에는 사회 화합을 위해 그 욕망을 제어해야 했다. 욕심은 나쁜 것이었다. 그런데 근대에 와서 세계가 거꾸로 뒤집혔다. 근대는 인간집단에게 평형 상태가 혼돈보다 훨씬 더 무섭고, 탐욕은 성장의 원동력이므로 선한 힘이라는 확신을 불어넣었다. 그래서 더 많이 원하라고 사람들을 부추기고, 탐욕을 억제하던 오래된 규율들을 없애버렸다.

그 결과 생겨난 불안을 상당 부분 달래준 것이 자유시장 자본주의였다. 이 이데올로기가 이토록 인기를 얻게 된 한 가지 이유가 여기에 있다. 자본주의 사상가들은 우리를 안심시키는 말을 반복한다. "걱정 마. 모든 것이 잘될 거야. 경제가 성장하는 한, 시장의 보이지 않는 손이 모든 것을 보살펴줄 거야." 자본주의는 이런 식으로 무슨 일이 일어나고 있는지, 우리가 어디로 질주하고 있는지 아무도 알지 못하는 가운데 비약적으로 성장하는 탐욕과 혼돈의 시스템을 신성화했다(공산주의도 성장을 믿지만, 국가 계획을 통해 혼돈을 막을 수 있고 성장을 진두지휘할 수 있다고 믿었다. 하지만 초기에 반짝 성공한 뒤 결국 이 흐트러진 자유시장 대오에서 한참 뒤처졌다).

자본주의 때리기는 요즘 지식인 세계에서 중요한 의제이다. 자본주의가 세계를 지배하고 있다면, 그 단점들이 종말의 파국을 몰고 오기 전에 그 단점들을 이해하기 위해 노력을 기울이는 것이 맞다. 그렇다 해도 자본주의를 비판만 하고 그 장점과 성취는 알려고 하지 않으면 안 된다. 지금까지 자본주의는 놀라운 성공을 거두었다. 적어도 미래에 생태계가 붕괴할 가능성을 무시한다면, 그리고 생산과 성장의 잣대로 성공을 평가한다면 그렇다. 비록 지금 우리가 스트레스와 혼돈으로 가득한 세계에 살고 있다 해도, 붕괴와 폭력을 점쳤던 종말론적 예언들은 현실이 되지 않은 반면, 무한성장과 전 지구적 협력에 대한 기괴한 약속들은 실현되었다. 비록 이따금씩 경제위기와 국제전쟁을 겪기는 해도, 장기적 안목에서 보면 자본주의는 성공했을 뿐 아니라 기아, 역병, 전쟁을 극복했다. 수천 년 동안 그리스도교 성직자, 유대교 율법학자, 이슬람 종법 해석가들은 인간의 힘으로는 기아, 역병, 전쟁을 극복할 수 없다고 설파했다. 그런데 은행가, 투자자, 기업가 들이 등장해 200년 만에 정확히 그것을 해냈다.

이렇듯 근대 계약은 우리에게 전례 없는 힘을 약속했고, 그 약속은 지금까지 지켜졌다. 그렇다면 그 대가는 뭘까? 근대 계약은 우리가 힘을 얻는 대가로 의미를 포기하기를 기대한다. 인간이 이 서늘한 요구에 어떻게 대응했을까? 이 요구를 따랐다면 아마 우리는 윤리, 미학, 동정이 없는 암흑세계에 살고 있을 것이다. 하지만 지금 인류는 그 어느 때보다 막강할 뿐 아니라, 그 어느 때보다 평화롭고 협력적이다. 인간은 어떻게 그렇게 할 수 있었을까? 어떻게 신, 천국, 지옥이 사라진 세계에서 도덕과 아름다움은 물론 동정까지도 살아남아 번성할 수 있었을까?

이번에도 자본주의자들은 시장의 보이지 않는 손에 모든 공을 돌린다. 하지만 시장의 손은 보이지 않을 뿐 아니라 볼 수도 없어서,

혼자서는 절대 인간사회를 구할 수 없다. 실제로 시골 장터조차 신이나 왕 또는 교회의 도움 없이는 유지되지 않는다. 법원과 경찰을 포함해 모든 것이 판매대상이라면, 신뢰는 증발하고 신용은 사라지고 사업은 망할 것이다.[6] 그러면 무엇이 근대사회를 붕괴에서 구했을까? 인류를 구원한 것은 수요공급의 법칙이 아니라, 새롭게 떠오른 혁명적 종교인 인본주의였다.

호모 사피엔스
세계에 의미를
부 여 하 다

7
인본주의 혁명

근대 계약은 인생에 의미를 부여하는 장대한 우주적 계획에 대한 믿음을 포기한다는 조건으로 우리에게 힘을 제공한다. 하지만 이 계약을 자세히 살펴보면 교묘한 면책조항을 하나 발견할 수 있다. 인간이 어떻게든 그 우주적 계획에 바탕을 두지 않고도 의미를 찾을 수 있다면 계약위반으로 간주하지 않겠다는 것이다.

근대 이후 사회를 구원한 것은 이 면책조항이었다. 의미 없이 사회 질서를 유지하기란 불가능하기 때문이다. 근대 사회의 정치적·예술적·종교적 거대 프로젝트는 인생에서 장대한 우주적 계획에 뿌리를 두지 않은 어떤 의미를 찾는 과정이었다. 우리는 신이 연출하는 연극 속의 배우들이 아니고, 아무도 우리에 대해 그리고 우리 행동에 대해 신경쓰지 않으므로 우리의 힘을 제한할 자도 없다. 하지만 여전히 우리는 우리 인생에 의미가 있다고 확신한다.

오늘날 인류는 정말로 양쪽을 다 가졌다. 우리는 그 어느 때보다 막강한 힘을 가졌을 뿐 아니라, 모든 예상을 뒤엎고 신의 죽음이 사회붕괴로 이어지지도 않았다. 역사에서 예언자들과 철학자들은 인간이 장대한 우주적 계획에 대한 믿음을 버리면 모든 법과 질서가 무너질 거라고 주장해왔다. 하지만 오늘날 전 세계의 법과 질서에 가장 큰 위협이 되는 존재는 신과 신의 모든 것을 아우르는 계획을 계속해서 믿는 사람들이다. 신을 두려워하는 시리아는 세속적인 네덜란드보다 훨씬 더 폭력적인 곳이다.

우주적 계획 같은 것은 없고, 우리가 신의 법칙이나 자연법칙을 믿지도 않는다면, 도대체 무엇이 사회붕괴를 막아주는 것일까? 우리는 어떻게 해서 암스테르담에서 부쿠레슈티까지, 뉴올리언스에서 몬트리올까지 수만 킬로미터를 노예상에게 납치당하지도, 범법자에게 습격당하지도, 반목하는 부족들에게 살해당하지도 않고 무사히 여행할 수 있는 걸까?

내면을 보라

호모 사피엔스 세계에 의미를 부여하다

무의미하고 무법적인 존재에게 해독제를 제공한 것은 인본주의였다. 인본주의는 지난 몇백 년 동안 세계를 정복한 혁명적인 새 교리이다. 인본주의라는 이 새로운 종교는 인류를 숭배하고, 그리스도교와 이슬람교에서 신이 맡던 역할, 불교와 도교에서 자연법이 맡던 역할을 인류에게 요구한다. 과거에는 장대한 우주적 계획이 인간의 삶에 의미를 부여했다면, 인본주의는 역할을 뒤집어 인간의 경험이 우주에 의미를 부여하도록 한다. 인본주의에 따르면, 인간은 내적 경험에서 인생의 의미뿐 아니라 우주 전체의 의미를 끌어내야 한다. 무의미한 세계를 위해 의미를 창조하라. 이것이 인본주의가 우리에게 내린 제1계명이다.

그러므로 근대의 핵심인 종교혁명은 신에 대한 믿음을 잃은 것이 아니라, 인류에 대한 믿음을 얻은 것이었다. 그렇게 되기까지는 수백 년의 노고가 있었다. 사상가들은 선전용 소책자를 썼고, 예술가들은 시와 교향곡을 지었고, 정치인들은 거래를 했다. 그러고는 다 같이 힘을 모아 인류가 우주에 의미를 불어넣을 수 있다는 확신을 사람들에게 심어주었다. 인본주의 혁명의 깊이와 함의가 어느 정도인지 알고 싶다면, 근대 유럽 문화가 중세 유럽 문화와 어떻게 다른지 생각해보라. 1300년에 런던, 파리, 톨레도 사람들은 무엇이 선이고 무엇이 악인지, 무엇이 옳고 무엇이 그른지, 무엇이 아름답고 무엇이 추한지 직접 결정할 수 없었다. 오직 신만이 선, 정의, 아름다움을 창조하고 정의할 수 있었다.

비록 인간은 특별한 능력과 기회를 누린다고 여겨졌음에도 무지하고 부패한 존재라고 간주되기도 했다. 외적 감시와 인도가 없다면 인간은 영원한 진리를 이해하기는커녕, 찰나의 육체적 쾌락과 세속적 현혹에 빠지기 십상이다. 뿐만 아니라 중세 사상가들은 인간은 언젠가 죽고, 인간의 생각과 느낌은 바람처럼 변덕스럽다고 지적했다. 오늘은 온 마음을 다해 어떤 것을 사랑하다가도 내일이 되면 그것을 역겨워하고, 다음주가 되면 죽어서 땅에 묻히고 만다. 그래서 인간의 생각에 의존하는 의미는 허약하고 덧없기 마련이다. 절대적 진리, 인생과 우주의 의미는 한 초인에게서 나오는 불변의 법칙에 기반하고 있음이 틀림없다.

이런 관점에서 보면 신은 의미뿐 아니라 권위의 원천이기도 했다. 의미와 권위는 항상 함께 다닌다. 우리가 하는 행동의 의미(그 행동이 선한지 악한지, 옳은지 그른지, 아름다운지 추한지)를 정하는 자는 무엇을 생각하고 어떻게 행동해야 하는지 우리에게 말할 권위도 가진다.

의미와 권위의 원천이라는 신의 역할은 하나의 철학이론에 그치지 않았다. 그것은 일상생활 구석구석에 영향을 미쳤다. 1300년 잉글랜드의 어느 소도시에서 유부녀가 이웃 남자를 좋아해 그와 성관계를 가졌다고 가정해보라. 살그머니 집으로 돌아와 웃음을 감추고 구겨진 옷을 펼 때 그녀의 마음이 두근거리기 시작한다. '이게 뭐지? 내가 왜 그랬지? 잘한 걸까, 잘못한 걸까? 이게 뭘 의미하는 걸까? 또 해도 될까?' 이런 질문들의 답을 찾으려면 이 여자는 신부를 찾아가 고백하고 지도를 부탁해야 했다. 신부는 성경에 조예가 깊었고, 그 성스러운 텍스트에는 신이 간통을 어떻게 생각하는지 나와 있었다. 신부는 영원불변하는 신의 말씀에 따라, 그녀가 큰 죄를 범했으며 행실을 고치지 않으면 지옥에 떨어질 거라고 분명하게 말해줄 수 있었다. 그녀는 당장 회개하고, 곧 있을 십자군전쟁에 금화 열 닢을 기부하고, 향후 6개월 동안 고기를 먹지 않고, 캔터베리에 있는 성 토머스 베켓의 무덤으로 순례를 떠나야 했다. 그리고 말할 필요도 없이, 다시는 그 끔찍한 죄를 되풀이하면 안 되었다.

오늘날은 상황이 매우 다르다. 수백 년 동안 인본주의는 우리가 의미의 최종 원천이고 그러므로 우리의 자유의지가 최고의 권위라고 설파해왔다. 어떤 외적 실체가 뭐가 뭔지 알려줄 때까지 기다리지 말고, 자신의 느낌과 욕망에 의지하면 된다. 우리는 유아기부터 인본주의 슬로건의 포화를 맞는다. "자신의 목소리에 귀 기울여라.

자신에게 충실해라. 자신을 믿어라. 마음 가는 대로 행동해라. 자신이 좋다고 느끼는 것을 해라." 장 자크 루소는 18세기의 감정 바이블이라 할 만한 소설 《에밀》에 이 모든 것을 요약해놓았다. 루소는 인생을 사는 데 필요한 규칙들을 자연이 남긴 글자에서 찾았으며, "그 글자들은 어떤 것으로도 지울 수 없도록 마음속 깊이 새겨져 있다"고 주장했다. "내가 하고자 하는 일에 대해서는 오직 나 자신하고만 의논하면 된다. 내가 좋다고 느끼는 것이 좋은 것이고 내가 나쁘다고 느끼는 것이 나쁜 것이다."¹

따라서 현대 여성은 혼외정사를 이해할 때 신부나 오래된 책의 심판을 맹목적으로 받아들이지는 않을 것이다. 대신 그녀는 자신의 감정을 주의 깊게 살필 것이다. 자신의 감정을 잘 모르겠으면 친한 친구에게 전화해 카페에서 만나자고 한 다음 자신의 속마음을 털어놓을 것이다. 그래도 분명하지 않으면 심리치료사를 찾아가 모든 것을 말할 것이다. 이론적으로 현대의 심리치료사는 중세의 신부와 비슷한 위치를 차지하며 두 직업을 비교하는 것은 진부한 클리셰이다. 하지만 실질적으로는 깊은 협곡이 둘 사이를 가르고 있다. 심리치료사는 선악을 정의하는 성스러운 책을 가지고 있지 않다. 그 여성이 자기 이야기를 마칠 때 심리치료사가 "당신은 사악한 여자요! 끔찍한 죄를 범했소!"라고 호통 칠 확률은 매우 낮다. "대단해요! 아주 잘했어요!"라고 말할 가능성도 똑같이 낮다. 그 여성이 무슨 행동을 했고 뭐라고 말하든, 그 심리치료사는 자상한 목소리로 이렇게 물을 것이다. "자, 그래서 당신은 그 일에 대해 어떻게 느낍니까?"

물론 그 심리치료사의 서가는 프로이트와 융의 책들 그리고 천 페이지짜리 〈정신장애 진단 및 통계 편람Diagnostic and statistical manual of mental disorders, DSM〉의 무게로 휘어 있다. 하지만 이 책들은 성경이 아니다. DSM은 인생의 의미가 아니라 질환을 진단한다. 대부분의 심리학자들은 감정만이 행동의 진정한 의미를 결정할 권한이 있다고 믿는다. 그러므로 심리치료사 본인이 환자의 외도에 대해 어떻게 생각하든, 프로이트와 융 그리고 DSM이 일반적으로 외도에 대해 어떻게 생각하든, 심리치료사는 자신의 견해를 환자에게 강요해서는 안 된다. 그 대신 환자가 자기 마음속의 가장 내밀한 방을 살피도록 도와야 한다. 환자는 오직 그곳에서만 답을 찾을 것이다. 중세의 신부들이 핫라인을 통해 신과 연락해 우리가 한 일이 선인지 악인지 구별할 수 있었다면, 현대의 심리치료사들은 우리가 우리 자신의 내적 감정과 직접 연락하도록 도울 뿐이다.

이것은 결혼제도의 기구한 운명을 어느 정도 설명해준다. 중세에 결혼은 신이 맺어주는 성사聖事였고, 신은 자신의 바람과 흥미에 따라 자녀들을 결혼시키는 권한을 신부에게 위임했다. 따라서 혼외정사는 신과 부모를 거스르는 뻔뻔한 반역이었다. 당사자들이 정사에 대해 어떻게 느끼고 무슨 생각을 하든 관계없이 그것은 중대한 죄였다. 요즘 사람들은 서로 사랑해서 결혼하고, 당사자들 개인의 감정이 그 결합에 가치를 부여한다. 한 여성을 한 남자의 품으로 내몰았던 감정이 이번에는 그녀를 다른 남자의 품으로 내몰았다면 그 여성은 무엇을 잘못한 것인가? 20년을 함께한 배우자가 만족시켜주지 못한 감정적·성적 욕구를 외도로 풀 수 있다면, 게다가 새로운 연인이 자상하고 열정적인 데다 상대방의 요구를 잘 헤아린다면, 왜 그것을 즐기면 안 되는가?

당신은 그 일과 관련된 다른 사람들의 감정을 무시할 수 없다고 말할 것이다. 그 여성과 연인이야 당연히 서로의 품안에서 행복하겠지만, 각자의 배우자들은 아마 한동안 끔찍한 기분을 느낄 것이다. 게다가 그 일로 이혼이라도 하게 되면, 자식들은 수십 년 동안 마음의 상처를 안고 살아갈 것이다. 설령 외도가 발각되지 않더라도 엄청난 긴장이 따를 것이고, 따라서 소외감과 반감을 키우게 될 것이다.

인본주의 윤리에서 가장 흥미로운 논의는 외도처럼 인간의 감정이 충돌하는 상황에 대한 것이다. 똑같은 행동을 어떤 사람은 좋게 느끼고 다른 사람은 나쁘게 느낄 때 어떤 일이 일어날까? 두 감정 가운데 어느 쪽이 중요한지 어떻게 결정할까? 두 연인의 좋은 감정이 그들의 배우자와 자녀들이 느끼는 나쁜 감정보다 더 가치 있을까?

이 질문에 대해 당신이 어떻게 생각하는지는 중요하지 않다. 양측이 사용하는 논증의 종류를 이해하는 것이 훨씬 더 중요하다. 현대인은 외도에 대해 저마다 생각이 다르지만, 어떤 입장을 취하든 성경과 신의 계명을 내세우기보다는 인간의 감정을 내세워 그 일을 정당화하는 경향이 있다. 인본주의는 어떤 일이 누군가에게 나쁜 감정을 일으킬 경우에만 나쁘다고 가르쳐왔다. 살인이 나쁜 것은 신이 "너희는 살인해서는 안 된다"고 말했기 때문이 아니다. 살인이 나쁜 것은 그보다는 피해자와 그 가족, 친구와 지인 들에게 끔찍한 고통을 야기하기 때문이다. 도둑질이 나쁜 것은 고대 문서에 "너희는 남의 것을 훔쳐서는 안 된다"고 적혀 있기 때문이 아니다. 도둑질이 나쁜 것은 재산을 잃으면 기분이 나쁘기 때문이다. 어떤 행동이 어느 누구의 기분도 상하게 하지 않는다면 그 행동은 문제될 것이 없다. 그 고대 문서에는 우리가 인간 또는 동물의 형상을 만들면 안 된다고 적혀 있지만(《출애굽기》 20장 4절), 내가 그런 형상을 조각하는 것이 즐겁고 그 과정에서 아무도 해치지 않는다면 문제될 것이 있을까?

같은 논리가 동성애에 대한 오늘날의 논쟁들을 지배한다. 두 성인 남성이 서로 성관계하는 것이 즐겁고 그러면서 아무도 해치지 않는다면, 왜 그 행동을 문제 삼고 법으로 금지해야 하는가? 그것은 두 남성 간의 사적인 문제이고, 그들은 개인적 감정에 따라 결정할 자유가 있다. 만일 중세에 두 남성이 신부를 찾아가 자신들이 사랑에 빠졌으며 지금껏 이토록 행복한 적이 없었다고 고백했다면, 그들이 좋게 느끼든 말든 상관없이 신부가 그들을 저주했을 것이다. 오히려 죄책감이 없다는 것이 더 문제가 되었을 것이다. 하지만 오늘날 두 남성이 사랑에 빠졌다면 이런 소리를 들을 것이다. "좋게 느껴지면 해라! 신부가 당신들의 마음을 간섭할 권리는 없다. 마음이 시키는 대로 해라. 무엇이 당신들에게 좋은지는 당신들 자신이 가장 잘 안다."

눈여겨보아야 할 흥미로운 대목은, 요즘엔 광신도들조차 여론에 영향을 미치고 싶을 때 이런 인본주의 담론을 차용한다는 것이다. 예를 들어 이스라엘의 성소수자연합은 지난 10년 동안 매년 예루살렘 거리에서 게이 프라이드 행진을 열었다. 그날은 내전으로 찢

긴 그 도시가 화합하는 유일한 날인데, 유대교도, 이슬람교도, 그리스도교도가 갑자기 공동의 대의를 발견하는 특별한 기회이기 때문이다. 그들은 한 목소리로 게이 행진을 성토한다. 그런데 정말 흥미로운 것은 그들이 내세우는 논증이다. 그들은 "게이 행진을 열어서는 안 되는 것은 신이 동성애를 금지했기 때문"이라고 말하지 않는다. 대신 그들은 동원할 수 있는 모든 마이크와 텔레비전 카메라에 대고 "성스러운 도시 예루살렘에서 게이 행진이 열리는 것을 보며 우리는 상처를 받는다. 게이들은 그들의 감정이 존중받길 원하듯 우리의 감정도 존중해줘야 한다"고 말한다.

2015년 1월 7일, 이슬람교 광신도들이 프랑스 주간지 〈샤를리 에브도Charlie Hebdo〉가 선지자 무함마드의 풍자화를 실었다는 이유로 그 잡지사의 직원 여러 명을 학살한 일이 있었다. 이 일이 있고 한동안 이슬람 단체들은 그 공격을 비난했으나 "하지만"이라고 덧붙이고 싶은 마음을 억누르지 못했다. 예를 들어 이집트 기자연합은 테러범들이 폭력을 사용한 것에 대해서는 비난했지만, "전 세계 수백만 이슬람교도의 마음에 상처를 입혔다"며 일제히 그 잡지사를 비난했다.[2] 그들이 신의 뜻에 불복종했다는 이유로 잡지사를 비난하지 않았다는 점에 주목하라. 이런 일을 우리는 진보라고 부른다.

감정은 우리의 사적인 삶뿐 아니라 사회적·정치적 절차에도 의미를 제공한다. 누가 국가를 통치해야 하는지, 어떤 외교정책이 채택되어야 하고 어떤 경제조치가 취해져야 하는지 알고 싶을 때 우리는 성경에서 답을 찾지 않는다. 교황의 명령이나 노벨상 수상자

협회의 결정에 복종하지도 않는다. 대부분의 국가에서는 민주적인 투표를 통해 국민들에게 당면 문제에 대한 생각을 묻는다. 우리는 유권자가 가장 잘 알고, 개개인의 자유선택에서 정치권력이 나온다고 믿는다.

하지만 유권자는 자신이 어떤 선택을 해야 하는지 어떻게 알까? 적어도 이론상으로는 유권자들이 자기 내면의 감정을 참조해 그 감정이 이끄는 대로 행동한다고 추정한다. 그런데 그렇게 하는 것이 늘 쉽지는 않다. 내가 어떻게 느끼는지 알기 위해서는 내용 없는 슬로건, 비정한 정치인들의 끝없는 거짓말, 교활한 홍보전문가들의 언론조작, 선거캠프에 고용된 전문가들의 유식한 의견 등을 걸러낼 필요가 있다. 이 모든 소음을 무시하고 오직 내면에서 들려오는 진짜 목소리에 집중해야 한다. 그럴 때 진정한 내면의 목소리는 이렇게 속삭인다. "카메론을 찍어." 또는 "모디를 찍어." 또는 "클린턴을 찍어." 그러면 나는 투표용지에서 그 이름을 찾아 체크한다. 우리는 이런 식으로 누가 나라를 통치해야 하는지 알아낸다.

만일 중세였다면 이런 방법은 한심하기 짝이 없는 것으로 간주되었을 것이다. 무지한 보통 사람들의 덧없는 느낌 따위에 중요한 정치적 결정을 맡긴다는 것은 있을 수 없는 일이었다. 잉글랜드가 장미전쟁(1455년부터 1485년까지 모든 귀족이 두 파로 갈라져 싸운 왕위 계승 전쟁—옮긴이)으로 갈라졌을 때, 전쟁을 끝내기 위해 국민투표를 열어 모든 시골뜨기 남녀에게 랭커스터 가문 또는 요크 가문에 투표하게 하자고 제안한 사람은 아무도 없었다. 마찬가지로, 교황 우르바노 2세가 제1차 십자군전쟁을 시작할 때 그는 그것이 민중의 뜻

▲ 비둘기로 변한 성령이 프랑크 왕국의 창시자 클로비스 왕의 세례식에 쓸 성유가 담긴 단지를 전달한다. 프랑스 건국신화에 따르면, 이 단지는 이후 줄곧 랭스 대성당에 보관되었고, 이후 모든 프랑스 왕들이 대관식에서 이 성유를 발랐다. 따라서 대관식 때마다 텅 빈 단지에 저절로 성유가 채워지는 기적이 일어날 필요가 있었다. 그것은 신이 그 왕을 선택해 그에게 축복을 내렸음을 암시했다. 만일 신이 루이 9세 또는 루이 14세 또는 루이 16세가 왕이 되는 것을 바라지 않았다면 단지가 성유로 채워지지 않았을 것이다.(도판 출처: Grandes Chroniques de France, c. 1380)

제 2 부

이라고 주장하지 않았다. 그것은 신의 뜻이었다. 정치권력은 하늘에서 내려오는 것이지, 언젠가는 죽을 운명인 인간의 가슴과 머리에서 올라오는 것이 아니었다.

윤리와 정치에 해당하는 사실은 미학에도 해당한다. 중세에는 예술을 지배하는 객관적인 잣대가 있었다. 미의 척도는 인간의 일시적 감정을 반영하지 않았다. 오히려 인간의 미적 감각은 초인의 지시에 따를 뿐이라고 여겼다. 인간의 감정이 아니라 초인의 힘이 예술에 영감을 불어넣는다고 여겨진 시대에 이것은 전혀 이상한 생각이 아니었다. 화가, 시인, 작곡가, 건축가의 손을 움직이는 것은 뮤즈, 천사, 성령이었다. 작곡가가 아름다운 선율을 써내면, 사람들은 펜을 칭찬하지 않는 것과 같은 이유로 작곡가를 칭찬하지 않았다. 펜은 인간의 손가락에 쥐어져 그 손가락의 지시를 따를 뿐이고, 인간의 손가락은 다시 신의 손에 쥐어져 그 지시를 따를 뿐이었다.

중세 학자들은 고대 그리스의 어떤 이론에 매달렸는데, 그 이론에 따르면 하늘을 가로지르는 별들의 운동이 천상의 음악을 창조하고, 그 음악은 온 우주에 퍼진다. 인간의 몸과 영혼의 내적 운동이 별들이 창조하는 천상의 음악과 조화를 이룰 때 인간은 육체적, 정신적으로 건강하다. 그러므로 인간의 음악은 살과 피를 지닌 작곡가들의 생각과 변덕을 반영하는 것이 아니라, 신이 창조한 우주 멜로디의 메아리여야 했다. 가장 아름다운 성가, 노래, 선율은 대개 인간 예술가의 천재성이 아니라 신의 영감에서 기인한다고 여겨졌다.

이런 견해는 이제 유행이 지났다. 오늘날 인본주의자들은 인간의 감정이 예술 창조와 미적 가치의 유일한 원천이라고 믿는다. 음악

▲ 교황 그레고리우스 1세가 동명의 그레고리안 성가를 작곡한다. 비둘기로 변한 성령이 교황의 오른쪽 어깨에 앉아 그의 귀에 성가를 속삭인다. 성령이 성가의 진짜 작곡가이고, 그레고리우스 1세는 단지 매개자일 뿐이다. 예술과 아름다움의 원천은 신이다.

제 2 부

을 창조하고 평가하는 것은 우리 내면의 목소리이고, 이 목소리는 별들의 리듬도, 뮤즈와 천사의 명령도 따를 필요가 없다. 별들은 소리를 내지 않고, 뮤즈와 천사들은 우리의 상상 속에만 존재하기 때문이다. 현대의 예술가들은 신의 지시보다는 자기 자신의 감정에 귀 기울인다. 그렇다면 우리가 예술을 평가하는 어떤 객관적인 잣대를 더 이상 믿지 않는다는 사실이 조금도 이상하지 않다. 대신 우리는 우리 자신의 주관적 감정에 귀 기울인다. 윤리학에서 인본주의의 모토는 '좋게 느껴지면 해라'이다. 정치학에서 인본주의는 '유권자가 가장 잘 안다'고 가르친다. 미학에서 인본주의는 '아름다움은 보는 이의 눈에 달려 있다'고 말한다.

따라서 예술이라는 것도 정의 내리기 나름이다. 1917년 마르셀 뒤샹은 대량 생산된 평범한 소변기를 구입해 그것을 예술작품이라고 선언하고 〈샘〉이라는 제목을 붙여 서명한 다음, 뉴욕 전시회에 출품했다. 중세 사람들이었다면 이 일에 관해 거론할 필요조차 느끼지 않았을 것이다. 그런 어이없는 짓에 왜 산소를 낭비하는가? 하지만 현대 인본주의 세계에서 뒤샹의 작품은 예술의 중요한 이정표로 간주된다. 전 세계의 수많은 대학 강의실에서 강사가 예술을 전공하는 학부 1학년생들에게 뒤샹의 〈샘〉을 보여주며 의견을 말하라고 하면 곧바로 난리법석이 일어난다. "이건 예술이야!" "아니야!" "맞아!" "절대로 아니야!" 학생들이 하고 싶은 말을 하게 한 뒤, 강사는 '예술이란 정확히 무엇인가? 그리고 어떤 것이 예술작품인지 어떻게 판단하는가?'라는 질문에 토론의 초점을 맞춘다. 학생들이 다시 몇 분 동안 갑론을박을 벌이면, 강사는 의도했던 방향으로 수업을 이끈다. "사람들이 예술이라고 생각하는 것이 예술이다. 아름다움은 보는 사람의 눈에 달려 있다." 사람들이 소변기를 아름다운 예술작품이라고 생각하면 그런 것이다. 그 사람들에게 틀렸다고 말할 어떤 높은 권위자가 존재할까? 오늘날 뒤샹의 걸작을 복제한 작품들이 샌프란시스코 현대미술관, 캐나다 국립미술관, 런던 테이트 갤러리, 파리 퐁피두 센터를 포함해 전 세계 주요 미술관들에 전시되어 있다(이 복제품들은 미술관의 화장실이 아니라 전시실에 있다).

이러한 인본주의적 접근방식은 경제 분야에도 심대한 영향을 미쳤다. 중세에는 길드가 생산 과정을 통제했기 때문에, 장인과 고객 개개인의 발상이나 취향이 끼어들 여지가 없었다. 목수들의 길드가 무엇이 바람직한 의자인지 결정했고, 제빵사들의 길드가 훌륭한 빵에 대해 정의했고, 어떤 노래가 최고이고 어떤 노래가 쓰레기인지는 마이스터징거(15~16세기 독일 중세 도시에서 활약한 시인 겸 음악가—옮긴이) 길드가 결정했다. 한편 봉급과 물건 가격은 봉건군주와 시 의회가 규제했는데, 때때로 흥정이 불가능한 가격에 일정한 양의 작품을 강매하는 일도 있었다. 현대의 자유시장에서는 새로운 최고 권력인 고객의 자유의지가 이 길드, 의회, 군주 들을 밀어냈다.

도요타가 완벽한 자동차를 생산하기로 결정한다고 치자. 도요타는 다양한 분야의 전문가들로 구성된 위원회를 꾸릴 것이다. 위원회는 최고의 공학자와 디자이너를 고용하고, 훌륭한 물리학자와 경제학자들을 불러모으고, 여러 사회학자와 심리학자 들에게도 자문을 한다. 그리고 안전핀으로 노벨상 수상자 한두 명, 오스카상을 받은 여배우 한 명, 세계적으로 유명한 예술가 몇 명을 끼워넣는다.

5년간의 연구개발 끝에 그들은 완벽한 자동차를 공개하고, 수백만 대를 생산해 전 세계 자동차 딜러들에게 보낸다. 그런데 아무도 그 자동차를 사지 않는다. 이 경우 고객들이 잘못 생각한 거라고, 그들은 무엇이 자신들에게 좋은 자동차인지 모른다고 봐야 할까? 아니다. 자유시장에서 고객은 항상 옳다. 고객이 원하지 않으면 그 자동차는 쓸모가 없다. 대학교수, 그리스도교 성직자, 이슬람 율법학자가 모든 교단과 설교대에서 그것이 멋진 자동차라고 호소해도 달라지지 않는다. 고객이 거부하면 그것은 나쁜 자동차이다. 고객에게 틀렸다고 말할 권한은 아무에게도 없고, 정부가 국민에게 특정 자동차를 사라고 억지로 강요하는 일은 있을 수 없다.

다른 모든 제품의 경우도 마찬가지다. 웁살라 대학교의 레이프 안데르손 교수의 말을 들어보자. 그는 성장이 더 빠른 돼지, 더 많은 젖을 생산하는 젖소, 살코기가 더 많이 붙은 닭을 만들기 위해 가축들을 유전적으로 강화하는 분야의 전문가이다. 이스라엘 일간지 〈하아레츠Haaretz〉와의 인터뷰에서 나오미 대룸 기자가 그런 유전자 조작이 동물들에게 큰 고통을 줄 수 있음을 보여주는 증거를 그에게 내밀었다. 유전적으로 '강화된' 젖소들은 유선이 너무 비대해서 걷기조차 힘들고, 고기를 많이 생산하도록 '업그레이드된' 닭들은 심지어 일어서지도 못한다. 이에 대한 안데르손 교수의 대답은 단호했다. "모든 것은 개별 고객과 그 고객이 고기에 얼마를 지불할 의향이 있는가의 문제로 귀결됩니다. (…) (강화된) 현대의 닭이 없다면 전 세계 육류 소비량을 지금 수준으로 유지할 수 없다는 사실을 알아야 해요. (…) 고객들이 우리에게 요구하는 것이 값싼 고기라면 고객들은 그것을 얻을 겁니다. (…) 가격이든 다른 어떤 것이든, 자신들에게 가장 중요한 게 무엇인지는 고객들이 결정합니다."³

안데르손 교수는 매일 밤 하늘을 우러러 한 점 부끄러움 없이 잠들 것이다. 고객들이 그의 유전자 강화 육류를 구매한다는 사실은 그가 고객의 필요와 욕구에 부응하고 있고 따라서 잘하고 있다는 것을 암시한다. 같은 논리에 따라 만일 어떤 다국적 기업이 "나쁜 짓을 하지 마라"(구글의 모토―옮긴이)는 회사 모토에 부응하고 있는지 알고 싶다면 그 회사의 재무제표를 보면 된다. 그 회사가 돈을 엄청나게 벌고 있다면, 많은 사람들이 그 회사의 제품을 좋아한다는 뜻이고, 그것은 그 회사가 '선의의 힘'임을 암시한다. 만일 누군가가 고객들이 잘못된 선택을 할 수도 있다고 이의를 제기한다면, 주변 사람들이 그 사람에게 고객은 항상 옳고 인간의 감정이 모든 의미와 권위의 원천임을 상기시켜줄 것이다. 수백만 명의 사람들이 그 회사의 제품을 자유의지로 선택한다면, 당신이 뭔데 그들에게 틀렸다고 말하겠는가?

마지막으로, 인본주의 사상이 부상하면서 교육제도도 혁명적으로 바뀌었다. 중세에는 모든 의미와 권위의 원천이 외부에 있었으므로, 순종을 주입하고 성경을 암기하고 고대 전통을 배우는 데 교육의 초점이 맞추어졌다. 교사들이 문제를 내면, 학생들은 아리스토텔레스, 솔로몬 왕, 또는 성 토마스 아퀴나스가 뭐라고 말했는지 기억해 대답해야 했다.

반면 현대 인본주의 교육은 학생들에게 스스로 생각하라고 가르친다. 아리스토텔레스, 솔로몬 왕, 아퀴나스가 정치, 예술, 경제에 대해 뭐라고 말했는지 아는 것도 좋지만, 의미와 권위의 최고 원천은 자신의 내면이므로, 자신이 이 문제들에 대해 어떻게 생각하는지 아는 것이 훨씬 더 중요하다. 유치원이든 중고등학교든 대학교든 찾아가 아무 교사나 붙잡고 무엇을 가르치느냐고 물어보라. 그러면 그 교사는 이렇게 대답할 것이다. "음, 저는 학생들에게 역사 또는 양자물리학 또는 예술을 가르칩니다. 하지만 무엇보다 학생들에게 스스로 생각하라고 가르칩니다." 항상 성공하지는 않겠지만, 바로 이것이 인본주의 교육이 추구하는 바이다.

의미와 권위의 원천이 하늘에서 인간의 감정으로 옮겨오면서 우주 전체의 성질이 변했다. 신, 뮤즈, 요정, 악귀 들로 바글거리던 외부 우주는 텅 빈 공간이 되었다. 반면 지금까지는 날것의 감정들을 처박아두던 별 볼일 없는 공간이던 내부세계는 이루 말할 수 없이 깊고 풍부해졌다. 천사와 악마는 세상의 숲과 사막을 떠도는 실제하는 실체에서 우리 심리 안의 내적 힘으로 탈바꿈했다. 천국과 지옥도 구름 위 어딘가에 있고 화산 밑 어딘가에 있는 실제 장소에서 마음의 내적 상태로 해석이 달라졌다. 우리는 가슴 안에 분노와 증오가 불붙을 때마다 지옥을 경험하고, 적을 용서하고 잘못을 뉘우치고 가난한 사람들과 가진 것을 나눌 때마다 천상의 기쁨을 누린다.

니체가 신은 죽었다고 선언했을 때 하고 싶어 한 말이 바로 이것이다. 적어도 서구에서 신은 누군가는 믿고 누군가는 믿지 않는 추상적인 개념이 되었다. 중세에는 신 말고는 정치적·도덕적·미적

▲ 인본주의 정치: 유권자가 가장 잘 안다.

◀ 인본주의 경제학: 고객은 항상 옳다.

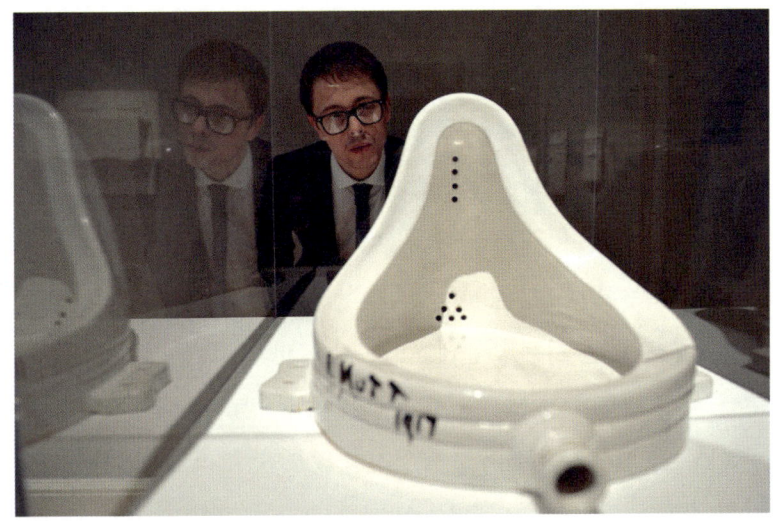

▲ 인본주의 미학: 아름다움은 보는 이의 눈에 달려 있다. 스코틀랜드 국립미술관 현대미술 특별전에 선보인 마르셀 뒤샹의 〈샘〉

▲ 인본주의 윤리학: 좋게 느껴지면 해라!   ▲ 인본주의 교육: 스스로 생각해라.

권위를 찾을 곳이 없었다. 나 자신은 옳고 좋고 아름다운 것을 구별할 수 없었다. 어떻게 그렇게 살 수 있었을까? 반면 오늘날에는 신을 믿지 않는 것이 훨씬 쉬운데, 믿지 않는 대가를 전혀 치르지 않기 때문이다. 우리는 완전한 무신론자로 살면서도 내면의 경험에서 정치적·도덕적·미적 가치를 풍성하게 버무려낼 수 있다.

신을 믿는다면 그것은 내 선택이다. 내면의 자아가 나에게 신을 믿으라고 말하면 나는 믿는다. 내가 신을 믿는 것은 신이 존재한다고 느끼기 때문이고, 신이 있다고 내 가슴이 말하기 때문이다. 하지만 어느 날 신이 존재한다고 느껴지지 않으면, 그리고 내 가슴이 갑자기 신은 없다고 말하면, 나는 믿기를 그만둘 것이다. 어느 쪽이든 권위의 원천은 나 자신의 감정이다. 그래서 나는 신을 믿는다고 말할 때조차 사실은 내 내면의 목소리를 믿는 것이다.

제 2 부

**노란 벽돌길을
따라**

권위의 다른 모든 원천들과 마찬가지로, 감정에도 나름의 단점들이 있다. 인본주의는 인간의 진정한 내적 자아는 단 하나라고 추정하지만, 막상 그 자아에 주의를 기울이면 우리는 침묵하는 목소리 또는 상충하는 목소리들의 불협화음과 맞닥뜨리기 일쑤이다. 이 문제를 극복하기 위해, 인본주의는 권위의 새로운 원천과 그 권위를 이용해 진정한 지식을 얻는 새로운 방법을 공표했다.

중세 유럽에서 가장 중요한 지식의 공식은 **지식＝성경×논리**였다.* 어떤 중요한 질문의 답을 알고 싶으면, 사람들은 성경을 읽고 자신의 논리로 텍스트의 정확한 의미를 이해했을 것이다. 예컨대 지구의 모양을 알고 싶은 학자들은 성경을 자세히 훑어보면서 관련된 내용을 찾았다. 어떤 사람은 〈욥기〉 38장 13절을 보면 신이 "땅의 모서리를 잡고 마구 흔들어서 악한 자들을 털어낼" 수 있다고 적혀 있다고 지적했다. 그 학자의 논리에 따르면, 그것은 지구에 신이 '잡을' 수 있는 '모서리'가 있으므로 지구가 평평한 사각형이 틀림없다는 뜻이다. 그러면 또 다른 현자가 그 해석을 거부하면서 〈이사야서〉 40장 22절을 보라고 했다. 거기에는 "땅 위의 둥근 하늘에 계신" 신이라고 적혀 있다. 이것은 지구가 둥글다는 증거 아닌가? 이렇게 하기 위해, 지식을 구하는 학자들은 학교와 도서관에서 수년을 보내며 점점 더 많은 문헌을 읽고, 그 문헌들을 정확하게 이해할 수 있도록 자신들의 논리를 갈고 닦았다.

과학혁명은 지식에 대한 사뭇 다른 공식을 제안했다. 그것은 **지식=경험적 데이터×수학**이다. 어떤 질문의 답을 알고 싶으면, 그 질문과 관련한 경험적 데이터를 수집한 다음 수학적 도구를 이용해 그 데이터를 분석할 필요가 있다. 예컨대 지구의 실제 모양을 가늠하려면, 먼저 전 세계의 다양한 장소에서 태양, 달, 행성 들을 관

- 이 공식에 곱셈기호를 사용한 것은 두 요소가 상호영향을 미치기 때문이다. 적어도 중세 스콜라 학파에 따르면, 논리 없이는 성경을 이해할 수 없다. 당신의 논리값이 0이면, 설령 성경을 다 읽는다 해도 당신이 얻은 지식의 총량은 0이다. 거꾸로 당신의 성경값이 0이면, 어떤 논리도 소용이 없다. 이 공식에 덧셈기호를 쓴다면, 논리는 강하지만 성경값이 0인 사람도 많은 지식을 보유할 수 있다는 뜻이 된다. 지금 우리는 이것이 더 합리적이라고 생각하지만, 중세 스콜라 학파는 그렇게 생각하지 않았다.

측해야 한다. 관측값이 충분히 쌓이면, 삼각법을 이용해 지구의 모양뿐 아니라 태양계 전체의 구조를 연역할 수 있다. 이렇게 하기 위해, 지식을 구하는 과학자들은 천문대와 실험실에서 그리고 탐사여행으로 수년을 보내며 점점 더 많은 경험적 데이터를 모으고, 그 데이터를 정확하게 해석하기 위해 자신들의 수학적 도구를 갈고 닦았다.

과학이 제안한 지식의 공식은 천문학, 물리학, 의학, 그밖의 여러 학문에서 획기적인 발견을 이끌어냈다. 하지만 이 공식에는 큰 결점이 하나 있었는데, 바로 가치와 의미에 관한 질문을 다룰 수 없다는 것이었다. 중세의 학자들은 살인과 도둑질이 잘못이며 삶의 목적은 신의 명령을 수행하는 것임을 한 치의 의심 없이 말할 수 있었다. 왜냐하면 성경에 그렇게 적혀 있었기 때문이다. 과학자들은 그런 윤리적 판단을 내릴 수 없다. 아무리 많은 데이터와 어떤 수학적 마법으로도 살인이 잘못임을 증명할 수 없다. 그런데 인간사회는 그런 가치 판단 없이는 존속할 수 없다.

이 단점을 극복하는 한 가지 방법이 오래된 중세 공식을 새로운 과학적 방법과 함께 계속 사용하는 것이었다. 지구의 모양을 알아내고 다리를 건설하고 병을 치료하는 것 같은 실질적 문제에서는 경험적 데이터를 수집해 그것을 수학적으로 분석한다. 한편 이혼, 낙태, 동성애를 허용할지 말지 판단하는 것과 같은 윤리적 문제에 직면할 때는 성경을 읽는다. 빅토리아 시대 영국에서 21세기 이란에 이르기까지 수많은 근대사회가 이 방법을 어느 정도 채택했다.

그런데 인본주의가 여기에 대안을 제시했다. 인간이 스스로에 대한 확신을 얻으면서, 윤리적 지식을 획득하는 새로운 공식이 등장한 것이다. 바로 **지식=경험×감수성**이다. 만일 당신이 어떤 윤리적 질문에 대한 답을 알고자 한다면, 내면의 경험을 꺼내 예리한 감수성으로 관찰할 필요가 있다. 이렇게 하기 위해, 지식을 추구하는 우리는 수년간 경험을 쌓고, 그 경험들을 정확히 이해할 수 있도록 감수성을 갈고 닦는다.

그런데 '경험'이란 정확히 무엇을 말할까? 경험적 데이터는 아니다. 경험은 원자, 전자기파, 단백질, 숫자로 이루어져 있지 않다. 경험은 세 가지 주요 성분인 감각, 감정, 생각으로 이루어진 주관적 현상이다. 특정 순간의 내 경험은 내가 감각하는 모든 것(열, 쾌락, 긴장 등), 내가 느끼는 모든 감정(사랑, 두려움, 분노 등), 내 마음속에 떠오른 모든 생각으로 구성된다.

그러면 '감수성'은 무엇일까? 두 가지를 뜻한다. 첫째는 감각, 감정, 생각에 주목하는 것이다. 둘째는 그 감각, 감정, 생각이 나에게 미치는 영향을 받아들이는 것이다. 물론 지나가는 모든 산들바람에 흔들려선 안 된다. 그러나 새로운 경험에 항상 열려 있어야 하고, 그 경험들로 인해 내 견해와 행동은 물론 성격에 일어나는 변화까지 받아들여야 한다.

경험과 감수성은 끝없는 고리로 이어져 서로를 강화한다. 감수성 없이는 어떤 것을 경험할 수 없고, 다양한 경험을 하지 않으면 감수성을 개발할 수 없다. 감수성은 책을 읽거나 강의를 들어서 키울 수 있는 추상적인 소질이 아니다. 그것은 실제로 사용해야만 무르익고 성숙하는 실용적 기술이다.

차를 예로 들어보자. 나는 달콤한 차 한 잔을 마시면서 조간신문을 읽는 것으로 하루를 시작한다. 하지만 차는 혈당을 높이기 위한 핑계에 불과하다. 어느 날 나는 설탕과 신문 때문에 차맛을 거의 느끼지 못한다는 사실을 깨닫는다. 그래서 설탕의 양을 줄이고, 신문을 옆으로 치우고, 눈을 감고, 차 그 자체에 집중한다. 먼저 차의 독특한 향과 맛을 음미한다. 나는 곧 다양한 홍차와 녹차로 실험하면서 그 차들의 톡 쏘는 맛과 섬세한 향을 비교한다. 몇 달 뒤에는 슈퍼마켓에서 파는 차들을 끊고 해러즈 백화점에 가서 차를 구매한다. 그중에서도 특히 '판다똥차'가 마음에 든다. 중국 쓰촨 성의 아얀산에서 판다 똥을 비료로 써서 재배한 찻잎으로 만든 차이다. 이런 식으로 나는 차를 한잔 마실 때마다 차에 대한 감수성을 연마해 차 감식가가 된다. 내가 차를 처음 마시기 시작한 시절, 만일 당신이 중국 명나라 시대에 유행하던 손잡이 없는 도자기 찻잔에 판다 똥차를 따라 나에게 대접했다면, 나는 종이컵에 담긴 일명 '노가다의 차(builder's tea: 진하게 차를 우려 큰 머그컵에 담고 우유와 설탕을 넣어 마시는 홍차—옮긴이)'와 별 차이를 느끼지 못했을 것이다. 필요한 감수성을 갖추지 않으면 어떤 것을 경험할 수 없고, 많은 경험 없이는 감수성을 개발할 수 없다.

다른 모든 미적·윤리적 지식도 마찬가지이다. 우리는 양심을 완비하고 태어나지 않는다. 인생을 살면서 상처를 주고받고, 동정을 베풀고 받는다. 주의를 기울이면 도덕적 감수성이 예민해지고, 축적된 경험들은 무엇이 선이고 무엇이 옳고 나는 누구인지에 대한 가치 있는 윤리적 지식의 원천이 된다.

이렇듯 인본주의는 삶을 경험이라는 수단을 통해 무지에서 계몽으로 가는 점진적인 내적 변화 과정으로 본다. 인본주의적 삶의 최종 목표는 광범위한 지적·정서적·육체적 경험을 통해 지식을 온전히 발현시키는 것이다. 19세기 초 근대 교육제도의 창시자 중 한 사람인 빌헬름 폰 훔볼트는 존재의 목표는 "가능한 한 가장 폭넓은 인생 경험을 증류해 지혜로 만드는 것"이라고 말했다. 또한 그는 "인생에는 오직 하나의 정점이 있는데, 그것은 느낌으로 인간의 모든 것을 판단하는 경지"[14]라고 말했다. 인본주의의 모토로 삼기에 딱 알맞은 말이다.

중국 철학에 따르면, 세계는 상반되지만 상보적인 두 힘인 음양의 조화로 유지된다. 물리적 세계에는 해당하지 않을지도 모르지만, 과학과 인본주의의 계약으로 생겨난 근대 세계는 확실히 그렇다. 모든 과학적 양(+)은 그 안에 인본주의적 음(-)을 내포하고 있고, 그 반대도 마찬가지이다. 양은 우리에게 힘을 주는 반면 음은 우리에게 의미와 윤리적 판단을 제공한다. 근대 이후 세계의 양과 음은 이성과 감정, 실험실과 미술관, 생산라인과 슈퍼마켓이다. 사람들은 양(+)만 보고 현대세계가 실험실 또는 공장처럼 건조하고, 과학적이고, 논리적이고, 실용적인 곳이라고 상상한다. 하지만 현대세계는 사치스러운 슈퍼마켓이기도 하다. 역사상 인간의 감정, 욕망, 경험을 이렇게 중요하게 여긴 문화는 없었다. 인생을 경험의 연속으로 보는 인본주의의 시각은 관광에서 예술까지 수많은 현대 산업의 창립신화가 되었다. 여행사 직원과 레스토랑 주방장은 비행기 티켓, 호텔방, 근사한 저녁을 파는 것이 아니라 새로운 경험을 판다.

마찬가지로 전근대 내러티브의 대부분이 외적 사건과 행동에 초점을 맞춘 반면, 현대의 소설, 영화, 시는 흔히 느낌을 강조한다. 그리스 로마의 서사시와 중세의 기사도 로맨스는 느낌이 아니라 영웅적 행위를 늘어놓았다. 첫 장에서는 용감한 기사가 어떻게 싸워 괴물을 죽였는지 묘사했다. 다음 장에서는 그 기사가 어떻게 불을 뿜는 용에게서 아름다운 공주를 구하고 용을 죽였는지 이야기했다. 셋째 장에서는 공주를 납치한 사악한 마법사를 쫓아가 어떻게 그를 죽였는지 이야기했다. 영웅이 목수나 농부가 아니라 항상 기사였다는 점은 그다지 놀랍지 않다. 왜냐하면 농부들은 어떤 영웅적 행위도 하지 않았기 때문이다.

중요한 것은 영웅들이 의미 있는 내적 변화 과정을 전혀 겪지 않았다는 사실이다. 아킬레우스, 아서, 롤랑, 랜슬롯은 모험에 나서기 전에 기사도 세계관을 가진 두려움 모르는 전사들이었고, 결말에서도 똑같은 세계관을 지닌 두려움 없는 전사로 남았다. 이들은 괴물을 죽이고 공주를 구함으로써 용기와 불굴의 의지를 보여주었지만, 그 과정에서 새롭게 배운 것은 별로 없었다.

행동보다 느낌과 경험에 주목하는 인본주의적 관점은 예술을 탈바꿈시켰다. 워즈워스, 도스토옙스키, 디킨스, 졸라는 용감한 기사와 그들의 영웅적 행위에는 별로 관심이 없었고, 대신 평범한 노동자와 주부들이 어떻게 느끼는지를 기술했다. 어떤 사람들은 제임스 조이스의 《율리시스》가 외적 행동보다 내적 삶에 초점을 맞춘 근대

제 2 부

문학의 정수라고 생각한다. 조이스는 더블린 사람인 스티븐 디덜러스와 레오폴드 블룸의 단 하루 동안을 26만 단어로 묘사한다. 이들이 그날 하루 종일 한 일은…… 딱히 없다.

《율리시스》를 처음부터 끝까지 제대로 읽은 사람은 거의 없지만, 똑같은 초점 변화가 지금의 대중문화 전반에 깔려 있다. 미국의 텔레비전 시리즈 〈서바이버〉는 리얼리티쇼를 대유행시킨 일등공신(또는 주범)으로 지목된다. 〈서바이버〉는 닐슨 시청률 조사에서 1위에 오른 최초의 리얼리티쇼로, 2007년 〈타임〉은 이 쇼를 역사상 가장 위대한 TV쇼 백 편 중 하나로 선정했다.[5] 매 시즌 겨우 수영복만 갖춰입은 스무 명의 도전자들이 어느 열대 섬에 갇힌다. 그들은 다양한 종류의 도전에 직면하고, 에피소드마다 투표를 통해 한 사람을 내쫓는다. 마지막에 남은 사람이 백만 달러를 가져간다.

호메로스 시대의 그리스, 로마제국, 중세 유럽 사람들이 이 대본에 대해 들었다면, 어디서 많이 들어본 것처럼 익숙하고 대단히 매력적이라고 생각했을 것이다. 스무 명의 도전자가 등장하지만 단 한 명의 영웅만 살아 나오는 이야기라니. '멋지군!' 호메로스 시대 그리스의 왕자, 로마제국의 원로원 의원, 중세 십자군 기사는 방송이 시작하기를 기다리며 속으로 이렇게 생각했을 것이다. '우리는 곧 놀라운 모험, 생사를 건 전투, 영웅적 행위와 복수의 진수를 보게 될 거야. 전사들은 아마 서로의 등에 칼을 꽂거나 사람들이 다 보는 데서 창자를 쏟겠지.'

그런데 실망도 이런 실망이 없다! 등에 칼을 꽂고 내장을 쏟는 것은 그저 은유로 그친다. 각 에피소드는 약 한 시간 분량이다. 그중

15분은 치약, 샴푸, 시리얼 광고가 차지한다. 그리고 5분에 걸쳐 고리 안에 누가 더 많은 코코넛을 던져넣나, 1분 안에 누가 가장 많은 벌레를 먹나 같은 엄청나게 유치한 도전을 하는가 싶더니, 나머지 분량은 그 '영웅들'이 자신의 느낌을 말하는 것으로 때운다! 그가 이렇게 말했고, 그녀가 저렇게 말했고, 나는 이렇게 느끼고 저렇게 느꼈다가 전부이다. 만일 십자군 기사가 〈서바이버〉를 실제로 봤다면, 아마 지루하고 짜증나서 도끼를 집어들고 TV를 부쉈을 것이다.

오늘날 우리는 중세 기사들이 아무 감정 없는 짐승들 같았다고 생각할 수도 있다. 만일 그들이 우리 옆에 산다면, 그들을 심리치료사에게 보내 감정을 느낄 수 있도록 도울 것이다.《오즈의 마법사》에 나오는 양철 나무꾼이 바로 그런 일을 겪는다. 그는 오즈에 도착하면 위대한 마법사가 자신에게 심장을 줄 거라고 생각하며 도로시와 그 친구들과 함께 노란 벽돌길을 따라 걷는다. 마찬가지로 허수아비는 뇌를 원하고 사자는 용기를 원한다. 하지만 여행이 끝날 무렵 그들은 위대한 마법사가 실은 사기꾼이고 그들이 원하는 것을 줄 수 없음을 깨닫게 된다. 그럼에도 그들은 훨씬 더 중요한 것을 발견하는데, 바로 그들이 바라는 모든 것이 이미 그들 안에 있다는 사실이다. 감정과 지혜와 용기를 갖고자 한다면 신과 같은 마법사는 필요 없다. 그저 노란 벽돌길을 따라 걸으며 도중에 겪는 경험들을 온전히 받아들이기만 하면 된다.

이것은 〈스타트렉〉의 커크 함장과 장뤽 피카르 함장이 우주함선 엔터프라이즈 호를 타고 은하를 여행할 때, 허클베리 핀과 짐이 배를 타고 미시시피 강을 따라 여행할 때, 〈이지 라이더〉에서 와이어트와 빌리가 할리데이비슨을 타고 미국을 횡단할 때 얻은 교훈이다. 그리고 수많은 로드무비에 등장하는 셀 수 없이 많은 등장인물들이 얻은 교훈이기도 하다. 그들은 펜실베이니아(아니면 오스트레일리아 남부의 뉴사우스웨일스)의 고향 마을을 떠나 낡은 컨버터블(또는 버스)을 타고 여행하면서 인생을 바꾸는 다양한 경험을 하고, 자기 자신과 만나고, 자기 느낌에 대해 말하고, 마침내 샌프란시스코(또는 오스트레일리아 북부의 앨리스 스프링스)에 도착할 때는 더 훌륭하고 더 현명한 사람이 되어 있다.

전쟁에 관한
진실

지식=경험×감수성이라는 공식은 대중문화뿐 아니라 전쟁 같은 무거운 쟁점들에 대한 인식까지 바꿔놓았다. 대부분의 역사에서 사람들은 당면한 전쟁이 정당한지 알고 싶을 때 신에게 묻고, 성경에 묻고, 왕과 귀족과 성직자에게 물었다. 일반 병사나 평범한 시민의 의견과 경험에 신경 쓰는 사람은 거의 없었다. 호메로스, 베르길리우스, 셰익스피어가 쓴 전쟁 서사들은 황제, 장군, 뛰어난 영웅들의 행위에 초점을 맞추었고, 전쟁의 비극을 감추지는 않았지만 그런 비극은 온갖 종류의 명예롭고 영웅적인 행위들로 벌충되고도 남았다. 일반 병사들은 골리앗에게 도륙당한 시신 더미로, 아니면 승리한 다윗을 어깨 위로 끌어올리며 환호하는 군중으로 등장했다.

브라이텐펠트 전투를 묘사한 345쪽의 그림을 보라. 이 전투는

1631년 9월 17일에 벌어졌다. 화가 장자크 발터는 그날의 전투를 승리로 이끈 스웨덴 왕 구스타프 아돌프를 예찬한다. 구스타프 아돌프는 전쟁터에서 마치 전쟁의 신처럼 우러러보인다. 이 그림을 보는 사람은 그 왕이 마치 폰을 움직이는 체스 경기자처럼 전투를 통제한다는 인상을 받는다. 폰들은 주로 배경에 특징 없는 인물들이나 작은 점으로 묘사되어 있다. 화가 발터는 그들이 돌진하고 도망치고 죽이고 죽을 때 어떻게 느꼈는지에는 관심이 없었다.

화가들은 지휘관보다 전투 자체에 초점을 맞출 때조차 위에서 전쟁터를 내려다보았고, 개인의 감정보다는 집단적 작전에 훨씬 더 관심이 많았다. 한 예로 피터르 스나여르스의 그림 〈바이센베르크 전투〉를 보라.

이 그림은 30년 전쟁에서 가톨릭 동맹군이 신교도 반란군과 싸워 얻어낸 유명한 승리를 묘사하고 있다. 스나여르스는 다양한 대형, 작전, 전투 행동을 공들여 기록함으로써 이 승리를 기념하고 싶었다. 우리는 이 그림에서 전투대형 내의 서로 다른 군 단위들, 병기들, 진지들을 쉽게 알아볼 수 있다. 스나여르스는 일반 병사들의 경험과 감정에는 큰 의미를 부여하지 않았다. 장자크 발터처럼 그도 그림을 보는 이들이 올림피아 산에 있는 신들과 왕들의 관점에서 그 전투를 관조하게 함으로써, 전쟁이 거대한 체스 게임이라는 인상을 준다.

좀 더 자세히 들여다보면(그러기 위해서는 돋보기가 필요할 수도 있다) 〈바이센베르크 전투〉가 체스 게임보다 좀 더 복잡하다는 것을 알게 된다. 처음에는 기하학적인 추상화처럼 보이던 장면들이 더 면밀하

▲ 장자크 발터, 〈브라이텐펠트 전투에 나선 스웨덴의 구스타프 아돌프〉(1631).

호모 사피엔스
세계에 의미를
부 여 하 다

게 살펴보는 순간, 피가 낭자한 학살 현장으로 바뀐다. 심지어 이곳저곳에서 달리고 도망치고 총을 쏘고 적의 몸에 창을 찌르는 개별 병사들의 얼굴도 확인할 수 있다. 하지만 이런 장면들은 전체 그림 안에 배치됨으로써 비로소 의미를 얻는다. 대포가 터져 몸이 산산조각 난 병사를 볼 때, 우리는 그 장면을 가톨릭 동맹군이 거둔 위대한 승리의 일부로 이해한다. 그 병사가 신교 쪽에서 싸우고 있다면 그의 죽음은 반역과 이단 행위에 대한 인과응보이다. 그 병사가 가톨릭 군대에서 싸우고 있다면 그의 죽음은 가치 있는 대의를 위한 숭고한 희생이다. 그림 위쪽을 보면 전장 위를 맴도는 천사들을 볼 수 있다. 천사들은 흰 현수막을 들고 있는데, 거기에는 이 전투에서 무슨 일이 일어났는지, 이 전투가 왜 중요한지 설명하는 문구

▲ 피터르 스나여르스, 〈바이센베르크 전투〉(1620).

가 라틴어로 적혀 있다. 이 문구가 전달하는 메시지는 1620년 11월 8일 페르디난트 2세가 신의 도움으로 적을 무찔렀다는 것이다.

수천 년 동안 사람들은 전쟁에서 신, 황제, 장군, 위대한 영웅들을 보았다. 하지만 지난 200년 동안 왕과 장군들은 점점 가장자리로 밀려났고, 조명의 위치도 일반 병사와 그의 경험으로 옮겨갔다. 《서부전선 이상 없다》 같은 전쟁소설들과 〈플래툰〉 같은 전쟁영화들은 신병을 주인공으로 내세운다. 그는 자신과 세상에 대해 아는 것이 거의 없을 뿐 아니라, 희망과 환상이라는 무거운 짐을 지고 있다. 그는 전쟁이 영광스러운 일이고 전쟁의 대의는 정당하며 장군은 천재라고 믿는다. 진창, 피, 죽음의 냄새 속에서 치르는 몇 주간의 실제 전투는 그의 환상을 차례차례 깨뜨린다. 그가 전쟁에서 살아남는다면, 예전의 순진한 신병은 훨씬 더 현명한 남자가 되어 전쟁터를 떠날 것이고, 교사와 영화감독과 말만 번지르르한 정치인들이 늘어놓는 진부한 이야기와 이상들을 더는 믿지 않을 것이다.

역설적으로 이런 서사의 영향력이 너무 커져서 요즘은 교사와 영화감독과 말만 번지르르한 정치인들에게조차 그런 이야기를 귀에 못이 박히도록 듣는다. "전쟁은 영화에서 보는 것과 달라!" 〈지옥의 묵시록〉 〈풀 메탈 재킷〉 〈블랙호크 다운〉 같은 할리우드 블록버스터들은 이렇게 경고한다. 일반 병사들의 감정은 필름과 산문과 시구 안에 소중히 모셔져 전쟁에 대한 최종 권위가 되었고, 우리 모두는 그것을 존경하도록 배운다. 심지어 이런 농담까지 생겼다. "전구 한 개를 갈아끼우는 데 베트남 참전용사 몇 명이 필요할까?" 정답은 "너는 안 해봐서 몰라"이다.[6]

화가들 역시 말에 올라탄 장군과 작전에 관심을 잃었다. 대신 그들은 일반 병사가 어떻게 느끼는지 묘사하려고 한다. 〈브라이텐펠트 전투〉와 〈바이센베르크 전투〉를 다시 보라. 그리고 나서 349쪽에 있는 두 장의 그림, 오토 딕스의 〈전쟁〉과 토머스 리의 〈2,000야드의 응시〉를 보라. 이 두 작품은 20세기 전쟁 미술의 걸작으로 손꼽힌다.

딕스는 제1차 세계대전 때 독일군 하사관으로 복무했다. 리는 1944년 미국 월간지 〈라이프〉의 종군기자로 팔라우 섬 전투를 취재했다. 발터와 스나여르스가 전쟁을 군사적·정치적 현상으로 보고 특정 전투에서 일어난 일을 알려주고자 했다면, 딕스와 리는 전쟁을 감정적 현상으로 보고 그것이 어떤 느낌인지 알려주고자 했다. 그들은 장군들의 천재성이나 이런저런 전투의 전술적 내용에는 관심이 없었다. 딕스가 그린 병사는 아마 베르됭(프랑스 동북부의 작은 도시—옮긴이) 또는 이프레(벨기에 북서부의 도시—옮긴이), 아니면 솜 (프랑스 북부의 주. 세 곳 모두 제1차 세계대전의 격전지였다—옮긴이)에 있었을 것이다. 사실 어느 도시인지는 중요하지 않다. 전쟁은 어느 곳에서든 지옥이기 때문이다. 리의 그림 속에 등장하는 병사는 어쩌다보니 팔라우 섬의 미국 군인이었을 뿐, 이오지마의 일본 병사, 스탈린그라드의 독일 병사, 됭케르크의 영국 병사의 얼굴에서도 똑같은 '2,000야드의 응시'를 볼 수 있었을 것이다('1,000야드의 응시' 또는 '2,000야드의 응시'라는 말은 전투에 지친 군인의 힘없고 횡뎅그렁하고 멍한 눈을 묘사하는 신조어이다. 〈라이프〉에 실린 토머스 리의 그림 제목에서 유래했다—옮긴이).

딕스와 리의 그림들 속에서 전쟁의 의미는 병사들의 전술적 행동이나 신성한 선언에서 나오지 않는다. 전쟁을 이해하고 싶다면 언덕 위의 장군이나 하늘의 천사를 올려다보지 마라. 대신 일반 병사들의 눈을 똑바로 쳐다보아라. 리의 그림 속 정신적 충격을 받은 병사의 크게 벌어진 눈은 전쟁의 끔찍한 진실을 들여다보는 창이다. 딕스의 그림에서 전쟁의 진실은 방독면 뒤로 일부를 감춰야 할 만큼 견디기 힘든 것이다. 천사가 전쟁터 위를 날아다니기는커녕, 부패한 송장이 무너진 서까래에 매달려 비난의 손가락질을 할 뿐이다.

호모 사피엔스
세계에 의미를
부 여 하 다

▲ 오토 딕스, 〈전쟁〉 (1929~1932).

▶ 토머스 리, 〈2,000야드의 응시〉(1944).

딕스와 리 같은 화가들은 이런 식으로 전쟁의 전통적 위계를 전복시켰다. 옛날의 수많은 전쟁들도 20세기의 전쟁만큼이나 끔찍했을 것이다. 하지만 옛날에는 잔인한 경험들조차 더 큰 맥락 안에 배치되어 긍정적인 의미를 전했다. 전쟁은 지옥이었을 테지만, 천국으로 가는 문이기도 했다. 브라이텐펠트 전투에서 싸운 가톨릭 병사는 이런 혼잣말을 중얼거렸을 것이다. "나는 고통스러워. 하지만 교황과 황제께서 이렇게 말씀하셨지. 우리는 훌륭한 대의를 위해 싸우고 있고, 그러므로 내 고통은 의미가 있다고." 오토 딕스는 정반대의 논리를 사용했다. 그는 모든 의미는 결국 개인의 경험에서 나온다고 보았고, 따라서 그의 그림 속 병사는 이렇게 말했을 것이다. "나는 고통스럽고, 이 전투는 나빠. 그러므로 이 전쟁 전체가 나쁜 거야. 그런데도 독일 황제와 성직자들이 이 전쟁을 지지한다면 그들이 잘못 생각한 거지."7

인본주의의
분열
           지금까지 우리는 인본주의가 마치 하나의 일관된 세계관인 것처럼 말했다. 하지만 인본주의는 그리스도교와 불교 같은 모든 성공한 종교와 같은 길을 걸었다. 인본주의 역시 확산되고 진화하면서 서로 충돌하는 여러 분파로 쪼개졌다. 모든 인본주의 분파가 인간의 경험을 권위와 의미의 최고 원천으로 치지만, 각 분파들은 인간 경험을 저마다 다른 방식으로 해석한다.

    인본주의는 크게 세 갈래로 나뉜다. 우선 정통파는 인간은 저마다 독자적인 내적 목소리와 재생 불가능한 일련의 경험을 소유하는 유일무이한 개인이라고 주장한다. 모든 인간 존재는 세계를 각기 다른 각도에서 비추는 하나뿐인 광선으로, 우주에 저마다의 색, 깊이, 의미를 더한다. 그러므로 모든 개인에게 세계를 경험하고, 내면의 목소리를 따르고, 본인의 진면목을 표현할 최대한의 자유를 누리게 해야 한다. 정치든 경제든 예술이든, 국익이나 종교적 교의보다 개인의 자유의지에 훨씬 큰 무게를 두어야 한다. 개인이 많은 자유를 누릴수록, 세계는 더 아름답고 풍요롭고 의미로 충만할 것이다. 이렇게 자유를 강조한다는 점에서 인본주의 정통 분파를 '자유 인본주의' 또는 간단히 '자유주의'라고 부른다.●

자유주의 정치는 유권자가 가장 잘 안다고 믿는다. 자유주의 예술은 아름다움은 보는 사람의 눈에 달려 있다고 주장한다. 자유주의 경제는 고객이 항상 옳다고 주장한다. 자유주의 윤리학은 좋게 느껴지면 하라고 조언한다. 자유주의 교육은 모든 답이 자기 안에 있으니 스스로 생각하라고 가르친다.

19세기와 20세기에 이르러 인본주의가 사회적 신망과 정치적 힘을 얻으면서 서로 매우 다른 두 분파가 생겨났다. 바로 수많은 사회주의 세력과 공산주의 세력을 아우르는 사회주의적 인본주의와 나치를 가장 유명한 신봉자로 둔 진화론적 인본주의이다. 이 두 분파는 인간의 경험이 의미와 권위의 최종 원천이라는 데는 동의했다.

● 미국 정치학에서 자유주의는 훨씬 더 좁은 의미로 해석되고, '보수주의'에 대비되는 개념으로 쓰인다. 하지만 넓은 의미에서 보면 미국 보수주의자들 대부분이 자유주의자이다.

그리고 둘 다 초월적인 힘이나 신성한 경전을 믿지 않았다. 만일 당신이 카를 마르크스에게 열 살짜리 아이를 매캐한 공장에서 열두 시간 교대 근무하게 하는 것이 뭐가 문제냐고 물었다면, 그는 그 아이가 불행해지기 때문이라고 대답했을 것이다. 우리가 착취, 억압, 불평등을 피해야 하는 것은 신이 그렇게 말해서가 아니라, 그것이 사람들을 비참하게 만들기 때문이다.

하지만 사회주의적 인본주의자와 진화론적 인본주의자들은 자유주의가 인간의 경험을 이해하는 방식에는 결함이 있다고 지적했다. 자유주의자들은 인간의 경험이 개인적 현상이라고 생각하는데, 세상에는 많은 개인이 존재하고, 그들은 저마다 다른 것을 느끼고 서로 상충하는 욕망을 품는다. 만일 모든 권위와 의미가 개인의 경험에서 나온다면, 각기 다른 경험들 사이의 충돌을 어떻게 해결할 것인가?

2015년 7월 15일 독일 총리 앙겔라 메르켈이 레바논에서 탈출한 팔레스타인 난민 소녀와 만났다. 소녀의 가족은 독일에 망명을 요청했지만 곧 추방될 처지였다. 소녀 '림'은 메르켈에게 유창한 독일어로 "남들은 인생을 즐길 수 있는데 나는 그럴 수 없는 것이 정말 힘들다. 앞날이 캄캄하다"고 말했다. 그러자 메르켈 총리는 "정치는 어려운 일"이라고 대답한 뒤, 레바논에는 수십만 명의 팔레스타인 난민이 있는데 독일이 그 사람들을 전부 받아들일 수는 없다고 설명했다. 틀린 말은 아니었지만 림은 이 대답을 듣고 울음을 터뜨렸다. 메르켈 총리는 절망한 소녀의 등을 쓰다듬었으나 자신의 생각을 굽히지 않았다.

격앙된 여론은 냉정하고 무감각하다고 메르켈을 비난했다. 비난을 누그러뜨리기 위해 메르켈은 방침을 바꾸어 림과 그 가족의 망명을 허가했다. 이후 몇 달 동안 메르켈은 문을 더 활짝 열어 수십만 명의 난민을 독일로 불러들였다. 하지만 모든 사람을 만족시킬 수는 없다. 얼마 지나지 않아, 메르켈이 감상주의에 빠져 단호하게 처신하지 못한다는 공격이 쏟아졌다. 많은 독일인 부모들이 메르켈의 방향 전환 때문에 자기 자식들의 삶의 척도가 떨어질 것이고, 어쩌면 이슬람화가 확산되어 자식들이 피해를 입을지도 모른다고 생각했다. 왜 자유주의의 가치를 믿지도 않는 생면부지의 남을 돕기 위해 내 가족의 부와 평화를 걸어야 하는가? 이런 문제 앞에서는 누구나 심각해질 수밖에 없다. 난민들의 절망과 독일인들의 불안이 충돌하는 이 상황을 어떻게 해결할 것인가?[8]

이런 모순은 자유주의자들의 영원한 숙제이다. 로크, 제퍼슨, 밀, 그밖의 동료들이 부단히 노력했으나 이 수수께끼를 푸는 쉽고 빠른 해법을 제시하지 못했다. 민주적인 선거를 실시해봤자 도움이 되지 않을 것이다. 왜냐하면 이 문제는 누가 투표하느냐(독일 국민만의 투표인가, 아니면 독일로 이민 오고 싶어하는 수백만 아시아인과 아프리카인들까지 투표하는가)의 문제가 될 것이기 때문이다. 왜 한 집단의 감정이 다른 집단의 감정보다 우선되어야 하는가? 마찬가지 논리로, 아랍 민족과 이스라엘 민족의 분쟁 역시 800만 이스라엘 국민과 3억 5,000만 아랍연맹국 국민들의 선거로 해결할 수 없다. 이스라엘 사람들은 당연히 그런 선거 결과에 승복하지 않을 것이다.

사람들은 다른 유권자들과 기본적인 유대감을 공유할 때만 민주적 선거의 결과에 승복하는 경향이 있다. 다른 유권자들의 경험이 나와 매우 다르다면, 그리고 그들이 내 감정을 이해하지 못하고 나에게 중요한 문제에 관심을 보이지 않으면, 투표에서 100대 1로 져도 그 평결을 받아들일 수 없다. 일반적으로 종교나 민족신화 같은 공동의 결속으로 묶인 집단 내에서만 민주적 투표가 효력을 발휘한다. 민주적 투표는 기본에 동의하는 사람들 사이의 의견 불일치를 해결하는 방법이다.

따라서 자유주의는 많은 경우 오래된 집단 정체성 및 동족의식과 융합해 근대 민족주의를 형성했다. 오늘날 많은 사람이 민족주의를 반자유주의와 결부시키지만, 적어도 19세기에 민족주의는 자유주의와 매우 가까웠다. 자유주의자들은 개개인의 독특한 경험들을 찬미한다. 개인은 저마다의 감정, 취향, 기벽을 갖고 있는 존재로서, 다른 누군가를 해치지 않는 한 마음껏 표현하고 탐색할 자유가 있다. 마찬가지로 주세페 마치니 같은 19세기 민족주의자들은 개별 민족의 독자성을 찬미했다. 그들은 다수의 인간 경험이 공동 경험임을 강조했다. 우리는 혼자 폴카 춤을 출 수 없고, 독일어를 혼자 발명해 보존할 수도 없다. 각 민족은 말, 춤, 음식, 술을 이용해 구성원들의 각기 다른 경험을 육성하는 동시에 독자적인 민족 감수성을 개발한다.

마치니 같은 자유주의적 민족주의자들은 민족 집단의 독자적 경험이 편협한 제국주의 세력에 억눌려 사라지지 않도록 보호하고자 했고, 그래서 각 민족국가가 이웃 국가를 해치지 않고 저마다의 민족 감정을 자유롭게 표현하고 탐색하는, 민족국가들의 평화로운 공동체를 상상했다. 이러한 이상은 유럽연합의 공식 이념으로 남아 있다. 2004년의 유럽연합 헌법에는 유럽이 "다양성으로 결합되어" 있고, 유럽의 각기 다른 민족들은 "자민족의 정체성을 자랑스럽게 여긴다"고 적혀 있다. 자유주의적인 독일인들조차 이민자에게 문을 여는 것을 반대하는 이유는 독일 민족의 독특한 공동 경험을 보존한다는 가치 때문이다.

자유주의와 민족주의의 동맹은 모든 난제를 해결할 수 없을 뿐 아니라, 새로운 난제를 숱하게 일으킨다. 공동 경험의 가치와 개인 경험의 가치를 어떻게 비교할까? 폴카, 브라트부르스트(독일식 소시지—옮긴이), 독일어를 지키기 위해 수백만 난민들을 가난과 죽음 속에 방치해도 될까? 게다가 정체성 그 자체와 관련해 민족국가 내부에 근본적인 갈등이 생기면 무슨 일이 발생할까? 1933년 독일(국제연맹 탈퇴에 관한 국민투표—옮긴이), 1861년 미국(남북전쟁—옮긴이), 1936년 스페인(내전—옮긴이) 그리고 2011년 이집트(이집트 민주화운동—옮긴이)에서 그런 일이 일어났다. 이러한 사례들에서 민주적 투표를 실시하는 것은 만병통치약이 되기 어렵다. 반대파가 선거결과를 존중할 리 없기 때문이다.

마지막으로, 민족 전통춤인 폴카를 출 때 작지만 중대한 한 걸음을 내딛게 될지도 모른다. 우리나라가 다른 모든 나라들과 다르다는 믿음에서, 우리나라가 더 우월하다는 믿음으로 나아가는 것이다. 19세기 합스부르크 왕가와 차르 제국은 자유주의적 민족주의 이념에 따라 독일, 이탈리아, 폴란드, 슬로베니아 사람들의 독특한 경험들을 존중했다. 하지만 20세기의 초강력 민족주의는 다른 선율에 맞춰 춤추는 사람들 때문에 정복전쟁을 치르고 강제노동수용소를 지었다.

사회주의적 인본주의는 매우 다른 경로를 밟았다. 사회주의자들은 자유주의자들이 관심의 초점을 다른 사람들의 경험보다 자신의 감정에 둔다고 비난한다. 인간 경험이 모든 의미의 원천인 것은 맞지만, 세계에는 수십억 명이 살고 있고 그들도 나만큼 가치 있다. 자유주의가 시선을 내부로 돌려 내 독자성과 내 나라의 독자성을 강조한다면, 사회주의는 나와 내 감정에 집착하는 것을 멈추고 타인들이 어떻게 느끼고 내 행동이 그들의 경험에 어떤 영향을 미치는지에 관심을 둘 것을 요구한다. 세계평화는 개별 민족의 독자성을 찬미할 때 달성되는 것이 아니라 전 세계 노동자들이 단결할 때 달성되고, 사회화합은 각 개인이 자아도취에 빠져 자기 내면만을 탐구할 때 달성되는 것이 아니라 각 개인이 자신의 욕망보다 타인들의 필요와 경험을 우선시할 때 달성된다.

이에 대한 반박으로, 어떤 자유주의자는 자기 내면을 탐구함으로써 동정심과 타인을 이해하는 능력을 기를 수 있다고 말할 것이다. 하지만 이런 논리는 레닌이나 마오쩌둥에게는 통하지 않는다. 그들은 개인의 자아탐구는 팔자 편한 부르주아의 악덕이고, 자아탐구를 시도하면 자본주의가 쳐놓은 이런저런 덫에 걸려들기 십상이라고 설명한다. 내 정치적 견해, 좋아하고 싫어하는 것, 취미와 야망은 내 진정한 자아를 반영한다고 보기 어렵다. 그보다는 내 성장 환경과 사회적 환경을 반영한다. 그런 것들은 내 계급에 의존하고, 내가 사

제 2 부

는 동네와 내가 다니는 학교에 의존한다. 부자나 빈자나 태어날 때부터 세뇌당한다. 부자들은 가난한 사람들을 무시하도록 세뇌당하고, 가난한 사람들은 자신의 흥미를 무시하도록 세뇌당한다. 자기반성이나 심리치료를 아무리 해도 소용없다. 심리치료사들 역시 자본주의 체제를 위해 일하고 있기 때문이다.

자기반성은 오히려 자신에 관한 진실에서 더 멀어지게 할 뿐이다. 왜냐하면 개인의 결정에 지나친 공과를 돌리고 사회조건은 거의 따지지 않기 때문이다. 내가 부자라면 그것은 내가 명민한 선택을 했기 때문이다. 내가 가난 속에서 허우적댄다면 내 실수 때문일 것이다. 내가 우울증을 앓고 있다면, 자유주의자 치료사는 내 부모를 탓하며 인생의 새로운 목표를 설정하라고 나를 격려할 것이다. 나는 자본주의자들에게 착취당하고 있고, 현 사회제도에서는 내 목표를 실현할 기회가 없어서 우울한 것 같다고 말하면, 그 치료사는 내가 자신의 내적 문제를 '사회제도'에 투사하고 있으며, 어머니와의 해결되지 못한 문제를 '자본주의자들'에게 투사하고 있다고 말할 것이다.

반면 사회주의는 내 어머니, 내 감정, 내 컴플렉스를 말하는 데 수년을 보내는 대신, 내가 사는 나라의 생산수단을 누가 소유하고 있는지 자문해보라고 한다. 내 나라의 주요 수출품과 수입품이 무엇인가? 여당 정치인들과 국제금융의 관계는 어떠한가? 현 사회경제 제도를 이해하고 다른 모든 사람들의 경험을 고려할 때 비로소 내가 느끼는 것을 진정으로 이해할 수 있고, 공동 행동을 통해서만 제도를 바꿀 수 있다. 하지만 과연 누가 모든 인간의 경험을 고려해 공정한 평가를 내릴 수 있을까?

 이런 문제 때문에 사회주의자들은 개인의 자아탐구를 권하지 않고, 우리를 위해 세계를 판독해주는 강력한 공동 기구(예컨대 사회주의 정당과 노조)를 설치하자고 주장한다. 자유주의 정치에서는 유권자가 가장 잘 알고 자유주의 경제에서는 고객이 항상 옳다면, 사회주의 정치에서는 정당이 가장 잘 알고 사회주의 경제에서는 노조가 항상 옳다. 권위와 의미는 여전히 경험에서 나오지만(정당도 노조도 사람들로 구성되고 인간의 비극을 줄이기 위해 일한다), 그럼에도 개인들은 자신의 감정보다는 당과 노조의 말에 귀 기울여야 한다.

 진화론적 인본주의는 충돌하는 인간 경험의 문제에 대해 다른 해법을 갖고 있다. 다원주의 진화론이라는 굳건한 토대에 뿌리내리고 있는 진화론적 인본주의는 갈등은 한탄할 일이 아니라 박수 칠 일이라고 주장한다. 갈등은 자연선택의 원재료로 진화를 추동한다. 누군가는 어쩔 수 없이 다른 이들보다 우월하고, 따라서 인간의 경험들이 서로 충돌할 때는 최적자가 다른 모든 이를 누른다. 인류가 야생늑대를 절멸시키고 가축화된 양들을 비정하게 착취할 권한이 있다면, 같은 논리에 따라 우월한 인간은 열등한 인간을 억압할 권한이 있다. 유럽인이 아프리카인을 정복하고 명민한 기업가가 둔한 기업가를 파산으로 내모는 것은 정당한 일이다. 우리가 이런 진화 논리를 따른다면 인류는 점점 더 강해지고 점점 더 최적자가 되어 결국에는 초인간을 낳을 것이다. 진화는 호모 사피엔스에서 멈추지 않았다. 아직 갈 길이 멀다. 하지만 우리가 인권이나 인간 평등의 명목으로 최적자를 거세한다면, 초인간은커녕 호모 사피엔스의 쇠락과 멸종을 초래할지도 모른다.

초인간의 도래를 예고하는 우월한 인간들이란 정확히 누구일까? 그들은 어떤 인종일 수도 있고, 특정 부족일 수도 있고, 아니면 개별적인 천재들일 수도 있다. 그들이 누구이든, 그들을 남들보다 우월하게 만드는 것은 그들이 지니고 있는 더 뛰어난 능력들이고, 그런 능력들은 새로운 지식, 더 진보한 기술, 더 번영한 사회, 더 아름다운 예술로 나타난다. 아인슈타인이나 베토벤의 경험은 아무짝에도 쓸모없는 술주정꾼의 경험보다 훨씬 가치 있다. 그들을 등가로 취급하는 것은 웃기는 일이다. 마찬가지로 어느 특정 국가가 인류의 진보에 항상 앞장섰다면, 우리는 당연히 그 국가를 인류 진화에 기여한 바가 적거나 없는 국가들보다 우월하게 취급해야 한다.

그 결과 오토 딕스 같은 자유주의 예술가들과 달리, 진화론적 인본주의는 전쟁이라는 경험은 가치 있고 심지어 필수적이라고 주장한다. 영화 〈제3의 사나이〉의 무대는 제2차 세계대전 종전 직후의 빈이다. 등장인물 해리 라임은 최근의 무력충돌을 돌아보며 이렇게 말한다. "따지고 보면 그렇게 나쁘지 않았어…… 이탈리아는 30년 동안 보르지아 추기경 치하에서 전쟁, 테러, 살인, 유혈사태를 겪었지만 미켈란젤로, 레오나르도 다 빈치, 르네상스를 낳았어. 스위스는 형제애를 지녔고 500년 동안 민주주의와 평화를 누렸지만 뭘 만들었지? 고작 뻐꾸기시계였지." 라임의 말은 거의 다 사실과 다르다. 스위스는 아마도 근대 초 유럽에서 가장 피비린내 나는 장소였을 것이고(주요 수출품이 용병이었다), 뻐꾸기시계는 실은 독일이 발명했다. 하지만 실제 사실보다 중요한 것은 라임의 생각이다. 즉 라임은 전쟁 경험이 인류를 새로운 성취로 이끈다고 생각한다. 전쟁은 고삐 풀린 자연선택이 일어날 수 있게 한다. 전쟁은 약자를 절멸시키고 강하고 야심찬 자들에게 보상을 내린다. 전쟁은 인생의 진실을 폭로하고, 힘, 영광, 정복에 대한 의지를 일깨운다. 니체는 이런 생각을 전쟁은 "인생의 학교"이며, "나를 죽이지 않은 시련은 나를 더 강하게 만들 뿐이다"라는 말로 요약했다.

영국 군인 헨리 존스 소위도 비슷한 생각을 표현했다. 제1차 세계대전 당시 서부전선에서 죽음을 맞기 3일 전, 21세의 존스는 동생에게 보내는 편지에서 전쟁 경험을 흥분에 들뜬 말로 묘사했다.

지독한 공포에도 불구하고 전쟁은 대단한 일이라고 생각해본 적 있어? 그러니까 내 말은, 전쟁이 현실을 정면으로 마주보게 한다는 거야. 평상시 90퍼센트의 사람들이 영위하는 역겨운 상업적 삶의 어리석음, 이기심, 사치, 쩨쩨함이 전쟁터에서는 미개함으로 바뀌지. 적어도 더 정직하고 솔직해져. 이런 식으로 생각해봐. 평상시 우리는 그저 별 볼일 없는 자기 인생을 살 뿐이야. 자신의 안락이나 돈 따위를 걱정하면서 사소한 일에 목숨을 걸고 살지. 오직 자신만을 위해 살 뿐이야. 참 천박한 인생이지! 하지만 전쟁에서는 설령 전사한다 해도 어차피 언젠가는 일어날 일이고, 나라를 위해 싸우다 '간다'는 사실에 만족해. 어떻게 보면 이상을 실현한다고나 할까. 보통 사람의 인생에서는 아주 드문 일이지. 평범한 인생은 상업적이고 이기적인 축을 중심으로 돌아가니까. 속된 말로 '한번 올라타면' 내리기 어려워.

　　개인적으로 나는 전쟁이 터진 것이 반가울 지경이야. 덕분에 인생이 얼마 쩨쩨한지 깨달았으니까. 전쟁은 모든 사람에게 '자기 자신으로부터 벗어날' 기회를 준다고 생각해. 뭐랄까…… 내 경우 대규모 공격을 개시할 때 느꼈던 걷잡을 수 없는 흥분은 확실히 태어나서 처음이었어. 지난 4월의 공격이 그랬지. 공격 전 30분 동안 느낀 흥분은 지상의 어떤 경험과도 비교할 수 없어.[9]

기자 마크 보든은 베스트셀러 《블랙 호크 다운》에서 미국인 병사 쇼 넬슨이 1993년 모가디슈(소말리아 수도―옮긴이)에서 겪은 전투에 대해 위와 비슷한 관점에서 이야기한다.

호모 사피엔스
세계에 의미를
부　여　하　다

　　그의 느낌은 뭐라 묘사하기 힘들었다…… 그것은 마치 에피퍼니(평범한 사건이나 경험을 통해 진실의 전모를 직관적으로 파악하는 일―옮긴이) 같았다. 죽음의 목전에서 그는 어느 때보다 완전하게 살아 있는 느낌이었다. 속도를 줄이지 못한 채 급커브를 돌다가 진로를 벗어난 다른 자동차와 정면충돌할 뻔한 순간처럼, 그는 짧은 몇 초 동안 죽음이 스쳐지나 가는 것을 느꼈다. 그날 온종일 그는 이런 느낌으로 지냈다. 마치 죽음이 그의 얼굴 바로 앞에서 숨 쉬고 있는 느낌이었다…… 한순간에서 다시 한순간으로, 그렇게 세 시간 남짓…… 전투 내내…… 정신적, 육체적으로 완전히 깨어 있었다. 그 시간 동안 그는 쇼 넬슨이 아니었다. 그는 더 큰 세계와 연결되어 있지 않았다. 지불할 고지서도, 정서적 끈도, 아무것도 없었다. 한순간에서 다음 순간으로, 그저 순간을 살아갈 뿐이었다. 한 번, 또 한 번 숨을 들이쉴 때마다 이것이 마지막 숨일지도 모른다고 생각했다. 그는 예전과 같은 사람이 될 수 없다고 느꼈다.[10]

아돌프 히틀러 역시 전쟁 경험을 통해 변화하고 자각했다.《나의 투쟁》에서 그는 자신의 부대가 전방에 도착한 직후 병사들이 처음에 품었던 열정이 어떻게 두려움으로 바뀌었으며, 그들이 두려움에 압도되지 않기 위해 온 신경을 곤두세우며 얼마나 무자비한 내적 전쟁을 치러야 했는지 이야기한다. 히틀러는 1915년에서 1916년으로 넘어가던 겨울에 자신이 그런 내적 전쟁에서 승리했다고 말한다. "마침내 누가 뭐라 해도 내 의지가 주인이었다⋯⋯ 이제 나는 침착하고 단호했다. 그리고 그런 상태가 지속되었다. 이제 어떤 운명이 나를 시험하더라도 내 용기는 부서지지 않고 내 이성은 무너지지 않을 것이다."[11]

전쟁 경험은 히틀러에게 세계에 대한 진실을 깨우쳐주었다. 세계는 자연선택이라는 비정한 법칙이 지배하는 정글이다. 이 진실을 인정하지 않는 사람은 생존할 수 없다. 성공하고 싶다면 정글의 법칙을 이해하는 것은 물론 그 법칙들을 흔쾌히 받아들여야 한다. 히틀러도 자유주의 반전 예술가들처럼 일반 병사들의 경험을 신성시했다는 사실은 중요하다. 실제로 히틀러의 정치경력은 20세기 정치에서 보통 사람들의 개인적 경험에 주어진 막대한 권위를 가장 잘 보여주는 사례 중 하나이다. 히틀러는 장교가 아니었다. 전쟁 4년째 되던 해에 겨우 하사 계급으로 승진했다. 그는 정규교육을 받지 못했고, 전문기술도 정치적 배경도 없었다. 성공한 기업가도 노조 활동가도 아니었다. 높은 자리에 있는 친구나 친척도 없었다. 돈도 별로 없었다. 처음에는 독일 시민권조차 없었다. 그는 무일푼의 이민자였다.

히틀러가 독일 유권자들에게 표를 호소하며 신뢰를 구할 때 내세울 것은 딱 하나뿐이었다. 참호에서의 경험이 대학, 총사령부, 정부 부처에서는 결코 배울 수 없는 것을 자신에게 가르쳐주었다는 점이다. 국민들이 그를 따르고 그에게 투표한 것은 히틀러와 자신을 동일시했기 때문이었고, 그 사람들 역시 세상은 정글이며 자신을 죽이지 않는 시련이 자신을 더 강하게 만든다는 것을 믿었기 때문이었다.

자유주의가 민족주의의 온건한 버전과 융합해 개별 인간 공동체의 독특한 경험들을 보호한 반면, 히틀러 같은 진화론적 인본주의자들은 특정 민족을 인류 진보의 엔진으로 간주했고, 그런 민족들의 길을 막는 자가 있다면 누구든 때려눕히는 것을 넘어 절멸시켜야 마땅하다고 결론지었다. 그런데 히틀러와 나치는 진화론적 인본주의의 극단적 형태를 대표하는 한 가지 사례일 뿐이라는 사실을 잊어서는 안 된다. 스탈린의 강제노동수용소가 모든 사회주의 사상과 논증을 무가치한 것으로 만들지는 않듯이, 나치즘의 공포 때문에 진화론적 인본주의의 통찰에 눈을 감아서는 안 된다. 나치즘은 진화론적 인본주의에 특정 인종차별주의 이론들과 초강력 민족주의 감정이 결합해서 생겨난 산물이었다. 모든 진화론적 인본주의자가 인종차별주의자는 아니며, 인류가 더 진화할 잠재력이 있다고 믿는 세력이 반드시 경찰국가와 강제노동수용소의 설치를 요구하는 것도 아니다.

아우슈비츠는 인류의 지평을 모조리 가리는 검은 커튼이 아니라, 피로 물든 붉은 경고등이 되어야 한다. 진화론적 인본주의는 근대 문화의 형성에 중요한 역할을 했고, 21세기의 형성에는 더 큰 역할을 할 것이다.

베토벤이 척 베리보다 나은가?

인본주의 세 분파 간의 차이를 이해했는지 확인하기 위해 몇 가지 인간 경험들을 비교해보자.

경험1: 한 음악학 교수가 빈 오페라하우스에서 베토벤 〈5번 교향곡〉의 도입부를 듣고 있다. "빠바바밤!" 음파가 그의 고막에 부딪히자 신호가 청각신경을 타고 뇌로 전달되고, 곧 부신이 그의 혈관에 아드레날린을 퍼붓는다. 그의 심장박동이 빨라지고, 호흡이 가빠지고, 목에 난 털이 곤두서고, 전율이 등줄기를 타고 흘러내린다. "빠바바밤!"

경험2: 1965년, 무스탕 컨버터블 한 대가 태평양 해안 고속도로를 타고 샌프란시스코에서 로스앤젤레스를 향해 전속력으로 질주하고 있다. 젊은 마초 남성이 척 베리의 음반을 틀고 볼륨을 최대로 높인다. "고! 고, 조니, 고, 고!" 음파가 그의 고막에 닿자

신호가 청각신경을 타고 뇌로 전달되고, 곧 부신이 그의 혈관에 아드레날린을 퍼붓는다. 그의 심장박동이 빨라지고, 호흡이 가빠지고, 목에 난 털이 곤두서고, 전율이 등줄기를 타고 흘러내린다. "고! 고, 조니, 고, 고!"

경험3: 콩고 열대우림의 깊은 숲속에서 피그미족 사냥꾼 한 명이 그 자리에 못 박힌 것처럼 서 있다. 그는 근처 마을에서 들려오는 소녀들의 성년식 노래 합창을 듣고 있다. "예 오, 오. 예 오, 에." 음파가 그의 고막에 닿자 신호가 청각신경을 타고 뇌로 전달되고, 곧 부신이 그의 혈관에 아드레날린을 퍼붓는다. 그의 심장박동이 빨라지고, 호흡이 가빠지고, 목에 난 털이 곤두서고, 전율이 등줄기를 타고 흘러내린다. "예 오, 오. 예 오, 에."

경험4: 보름달이 뜬 어느 날 밤, 캐나다 로키 산맥의 어느 곳. 늑대 한 마리가 언덕 꼭대기에 서서 발정기 암컷의 하울링을 듣고 있다. "아우우우! 아우우우!" 음파가 고막에 닿자 신호가 청각신경을 타고 뇌로 전달되고, 곧 부신이 늑대의 혈관에 아드레날린을 퍼붓는다. 늑대의 심장박동이 빨라지고, 호흡이 가빠지고, 목에 난 털이 곤두서고, 전율이 등줄기를 타고 흘러내린다. "아우우우! 아우우우!"

이 네 가지 경험 가운데 무엇이 가장 가치 있을까?

자유주의자들은 음악학 교수, 젊은 운전자, 콩고 사냥꾼의 경험이 저마다 똑같이 가치 있고 똑같이 소중하다고 말할 것이다. 모든 인간 경험은 세상에 독특한 뭔가를 제공하고, 새로운 의미로 세상을 풍부하게 한다. 어떤 사람들은 고전음악을 좋아하고, 어떤 사람들은 로큰롤을 좋아하고, 또 어떤 사람들은 아프리카 전통 선율을 좋아한다. 음악을 전공하는 학생들이라면 가능한 한 폭넓은 장르들을 접하는 것이 좋은데, 아이튠스 스토어에 가서 신용카드 번호만 입력하면 듣고 싶은 곡을 무엇이든 살 수 있다. 아름다움은 듣는 사람의 귀에 달려 있고, 고객은 항상 옳다. 하지만 늑대는 인간이 아니므로 늑대의 경험은 가치가 훨씬 떨어진다. 이것은 왜 늑대의 생명이 인간의 생명보다 덜 가치 있는지, 왜 인간을 구하기 위해 늑대를 죽여도 되는지를 잘 설명해준다. 요컨대 늑대는 미인대회에 투표할 수 없고, 신용카드도 없다.

이런 자유주의적 접근방식이 잘 드러난 사례가 보이저 호의 황금 레코드이다. 1977년 미국은 우주공간을 탐험하는 무인 우주탐사선 보이저 1호를 발사했다. 지금 보이저 1호는 태양계를 떠난 상태로, 성간우주를 횡단하는, 인간이 만든 최초의 물체가 되었다. 나사는 보이저 1호에 첨단 과학장비 외에 금으로 만든 음반 한 장을 실었다. 호기심 많은 외계인들이 이 탐사선을 만날 경우 그들에게 지구라는 행성을 소개하기 위한 것이었다.

레코드에는 지구와 지구 거주자들에 대한 다양한 과학적·문화적 정보, 사진과 목소리 그리고 지구인의 예술적 성취를 공정하게 대표하도록 선곡한 전 세계 수십 곡의 음악이 담겼다. 음악 샘플에는 베토벤 〈5번 교향곡〉의 도입부를 포함한 고전음악, 척 베리의 〈조니 B. 구드〉를 포함한 동시대의 대중음악, 콩고 피그미족 소녀들의 성인식 노래를 포함한 전 세계의 전통음악이 특정한 순서 없이 섞여 있다. 육식동물의 울음소리도 포함되어 있지만, 그것들은 음악 샘플이 아니라 바람소리, 빗소리, 파도소리가 수록된 다른 부분에 들어 있다. 이 사실은 알파 켄타우루스(켄타우루스자리의 알파별로 하늘에서 세 번째로 밝은 별—옮긴이)에서 그 음악을 들을지도 모르는 청자들에게 베토벤, 척 베리, 피그미족의 성인식 노래는 등가의 음악이지만 늑대 울음소리는 전혀 다른 범주에 속한다는 메시지를 전한다.

당신이 사회주의자라 해도, 늑대의 경험은 그다지 가치가 없다는 자유주의자들의 견해에 동의할 것이다. 하지만 세 가지 인간 경험을 바라보는 그들의 태도는 꽤 다를 것이다. 진정한 사회주의 신봉자라면, 음악의 진정한 가치는 개별 청자의 경험이 아니라 그 음악이 타인들과 사회 전체의 경험에 어떤 영향을 미치느냐에 달려 있다고 말할 것이다. 마오쩌둥이 말했듯이 "예술을 위한 예술 따위는 없다. 계급을 초월한 예술, 정치로부터 초연하거나 무관한 예술은 없다."[12]

따라서 음악적 경험을 평가할 때, 사회주의자들은 베토벤이 유럽의 아프리카 정복이 막 시작될 무렵 유럽 백인 상류층을 위해 〈5번 교향곡〉을 썼다는 사실에 주목할 것이다. 따라서 베토벤의 교향곡에는 백인 상류층 남성을 찬미하고 아프리카 정복을 '백인의 의무'로 정당화하는 계몽주의 이상이 반영되어 있다.

사회주의자들은 로큰롤을 억압받는 미국 흑인 음악가들이 블루스, 재즈, 복음성가 같은 장르들에서 영감을 받아 창시한 음악이라고 말할 것이다. 하지만 1950년대와 1960년대에 로큰롤은 미국 백인 주류문화에 강탈당해 소비주의, 미국 제국주의, 상업주의에 복무했다. 로큰롤은 특권계급의 소시민적 반항 판타지에 빠진 백인 10대들의 손에서 상업화되고 도용되었다. 척 베리도 자본주의 거대 조직의 요구에 고개를 숙였다. 그는 원래 '조니 B. 구드라는 이름의 흑인 소년'을 노래했으나, 백인이 소유한 라디오 방송국의 압력을 받아 가사를 '조니 B. 구드라는 이름의 시골 소년'으로 바꾸었다.

콩고 피그미족 소녀들의 성인식 노래는 사회주의자들의 평가에 따르면 남성과 여성 모두를 억압적인 젠더 질서에 순응하도록 세뇌시키는 가부장적 권력구조의 일환이다. 이런 성인식 노래를 녹음한 음반이 전 세계 시장에 출시되면 아프리카, 그중에서도 특히 아프리카 여성들에 대한 서구인들의 식민주의 판타지만 강화할 것이다.

그러면 어떤 곡이 최고인가? 베토벤의 〈5번 교향곡〉인가, 〈조니 B. 구드〉인가, 아니면 피그미족의 성인식 노래인가? 정부는 오페라 하우스 건물, 로큰롤 공연장, 아프리카 유산 전시회 가운데 어디에 돈을 써야 할까? 그리고 학교와 대학에서 음악을 배우는 학생들에게 무엇을 가르쳐야 할까? 사회주의자들의 대답은 "나에게 묻지 말고 당 문화부장에게 물어라"이다.

자유주의자들은 정치적으로 올바르지 않은 과오를 범할까봐 문화 비교라는 지뢰밭을 조심스레 우회하고, 사회주의자들은 이 지뢰밭을 통과하는 옳은 길을 찾는 문제를 당에 떠넘기는 반면, 진화론적 인본주의자들은 그 안으로 신나게 뛰어들어 모든 지뢰를 터뜨리고 대혼란을 즐긴다. 그들은 먼저 자유주의자와 사회주의자가 모두 인간 외의 동물들과는 선을 긋는다는 사실을 지적하고, 인간이 늑대보다 우월하며 따라서 인간의 음악이 늑대 울음소리보다 훨씬 더 가치 있다고 시인한다. 그런데 인류도 진화의 힘에서 자유로울 수 없다. 인간이 늑대보다 우월한 것처럼, 인간의 문화들 가운데서도 일부 문화가 다른 문화보다 더 수준이 높다. 인간 경험에는 분명한 위계가 존재하고, 우리는 그 사실에 대해 미안해할 필요가 없다. 타지마할이 초가집보다 더 아름답고, 미켈란젤로의 〈다비드〉가 다섯 살짜리 조카가 최근에 만든 찰흙 공작물보다 뛰어나고, 베토벤이 척 베리나 콩고 피그미족보다 훨씬 더 나은 음악을 작곡했다. 이미 열두 번도 더 한 말이다!

진화론적 인본주의자들에 따르면, 모든 인간 경험이 똑같이 가치 있다고 주장하는 사람은 아둔하거나 겁쟁이이다. 이런 저속함과 소심함은 결국 인류의 쇠퇴와 멸종을 부를 수밖에 없는데, 문화 상대주의나 사회적 평등이라는 명목으로 인간의 진보를 가로막기 때문이다. 자유주의자들과 사회주의자들이 석기시대에 살았다면, 그들은 라스코와 알타미라 동굴 벽화에서 어떤 가치도 보지 못했을 것이고, 그것이 네안데르탈인들의 낙서보다 결코 뛰어나지 않다고 주장했을 것이다.

인본주의
종교전쟁

처음에는 자유주의적 인본주의, 사회주의적 인본주의, 진화론적 인본주의 사이의 차이가 하찮아 보였다. 인본주의의 모든 분파들과 그리스도교, 이슬람교, 힌두교를 가르는 거대한 간극에 비하면, 인본주의의 서로 다른 버전들 사이의 논증은 사소한 것이었다. 신은 죽었고 인간의 경험만이 우주에 의미를 부여한다는 사실에 우리 모두가 동의한다면, 모든 인간 경험의 가치가 같든, 어떤 경험이 다른 경험보다 우월하든 그것이 그렇게 중요한가? 하지만 인본주의가 세계를 정복하면서 이런 내부적 균열이 더 심해졌고, 결국 역사상 가장 치명적인 종교전쟁으로 타올랐다.

20세기의 첫 10년 동안 정통 인본주의는 자신의 저력을 여전히 자신했다. 자유주의자들은 인간 개개인이 자신을 표현하고 자신이 원하는 것을 할 최대한의 자유를 갖는다면 세계는 전례 없는 평화와 번영을 누릴 거라고 확신했다. 전통적 계급, 반계몽주의적 종교, 잔인한 제국의 구속을 완전히 타파하는 데는 시간이 걸리겠지만, 인류는 10년마다 새로운 자유와 성취를 이룰 것이고 결국 지상에 천국을 창조할 것이다. 1914년 6월 황금시절을 보내던 자유주의자들은 역사가 그들 편이라고 생각했다.

하지만 1914년 크리스마스 즈음 자유주의자들은 충격을 받아 맥이 풀렸고, 이후 몇십 년 동안 그들의 사상은 좌우 양쪽에서 이중공격을 받았다. 사회주의자들은 자유주의가 사실은 정 없고 착취적이며 인종차별적인 시스템을 가리는 무화과 잎이라고 주장했다. '자유liberty'는 무슨, '재산property'이라고 정정해서 읽어라. 좋아하는 일을 할 개인의 권리를 옹호하는 것은 대부분의 경우 중산층과 상류층의 재산과 특권을 보호하기 위한 조치이다. 집세를 내지 못하는데 원하는 곳에서 살 자유가 무슨 소용이며, 등록금을 낼 돈이 없는데 자신의 관심사를 공부할 자유가 무슨 소용이며, 자동차를 살 돈이 없는데 원하는 곳으로 여행할 자유가 무슨 소용인가? 자유주의 아래에서 모든 사람은 굶어죽을 자유가 있다는 유명한 빈정거림도 있다. 게다가 자유주의는 사람들이 자신을 고립된 개인으로 보게 함으로써, 같은 계급의 동료들끼리 그들을 억압하는 시스템에 맞서 단결하지 못하게 한다. 자유주의는 그렇게 불평등을 영속시키고, 대중은 가난에 특권층은 소외에 처하게 한다.

자유주의가 왼쪽 주먹에 얻어맞고 비틀거리는 동안, 진화론적 인본주의는 오른쪽에서 쳤다. 인종차별주의자와 파시스트들은 자유주의도 사회주의도 자연선택을 전복시켜 인류의 쇠락을 초래한다고 비난했다. 그들은 모든 사람이 동등한 가치를 갖고 공평한 생식 기회를 누린다면 자연선택이 작동을 멈출 거라고 경고했다. 평범함의 바다에서 최적자들은 물밑으로 가라앉을 것이고, 인류는 초인간으로 진화하는 대신 멸종할 것이다.

1914년부터 1989년까지 인본주의 세 분파 사이의 살벌한 종교 전쟁이 맹렬하게 계속되었다. 처음에는 자유주의가 연거푸 패배를 당했다. 공산주의 정권과 파시스트 정권이 수많은 나라를 장악했을 뿐 아니라, 자유주의의 핵심사상들은 매우 위험한 생각까지는 아니더라도 기껏해야 순진한 발상으로 보였다. 개인들에게 자유를 주면 세계가 평화와 번영을 누릴 거라고? 설마, 그럴 리가.

오늘날 우리는 제2차 세계대전을 자유주의의 위대한 승리로 기억하지만, 당시에는 그렇게 보이지 않았다. 그 전쟁은 1939년 9월, 막강한 자유주의 동맹과 고립된 나치 독일 사이의 무력충돌로 시작했다. 파시스트 정권이 장악한 이탈리아조차 이듬해 6월까지 상황을 지켜보는 대기 전술을 썼다. 수적으로나 경제적으로나 자유주의 동맹이 압도적 우위에 있었다. 1940년 독일의 GDP가 3억 8,700만 달러였던 반면, 상대편인 유럽 국가들의 GDP는 총 6억 3,100만 달러였다(영국의 해외 식민지들과 영국, 프랑스, 네덜란드, 벨기에 제국의 GDP가 포함되지 않은 수치이다). 그런데도 독일은 1940년 봄 겨우 석 달만에 프랑스, 네덜란드, 노르웨이, 덴마크를 점령하면서 자유주의 동맹에 결정적 타격을 가했다. 영국이 비슷한 운명을 맞지 않을 수 있었던 것은 오직 영국해협 덕분이었다.[13]

독일인들이 마침내 패한 것은 자유주의 국가들이 소련과 동맹을 맺은 뒤였다. 소련은 이 무력충돌에서 가장 큰 타격을 받았으며, 자유주의 동맹보다 훨씬 더 큰 대가를 치렀다. 2,500만 명의 소련인이 그 전쟁에서 죽었는데, 이에 비해 영국인 사망자와 미국인 사망자는 각각 50만 명이었다. 나치즘을 무찌른 공은 무엇보다 공산주의에 돌아가야 마땅하다. 그리고 공산주의는 적어도 단기적으로는 그 전쟁의 최대 수혜자이기도 했다.

전쟁에 참여하던 시점에 소련은 국제사회에서 따돌림을 당하는 고립된 공산주의 국가였다. 하지만 전쟁이 끝난 뒤에는 초강대국 중 하나이자 팽창하는 국제세력권의 지도자로 떠올랐다. 1949년 무렵 동유럽은 소련의 위성국가가 되었고, 중국 공산당은 중국 내전에서 승리했으며, 미국은 반공 히스테리에 사로잡혀 있었다. 세계 전역의 혁명가들과 식민반대 운동가들이 모스크바와 베이징을 부러운 눈길로 바라보았던 반면, 자유주의는 인종차별적인 유럽제국들과 같은 취급을 받았다. 붕괴한 유럽제국들은 자유민주주의 국가가 되지 않고, 대개 군사독재 국가 또는 사회주의 국가가 되었다. 1956년 소련 서기장 니키타 흐루시초프는 서방 자유주의 국가들을 향해 "당신들이 좋든 싫든 역사는 우리 편이다. 우리는 당신들을 파묻을 것이다!"라고 으스댔다.

흐루시초프는 진심으로 그렇게 생각했고, 제3세계 지도자들과 제1세계 지식인들 가운데도 그렇게 생각하는 사람들이 점점 늘어났다. 1960년대와 1970년대에 서구의 많은 대학에서 '자유주의자'라는 말은 욕으로 통했다. 북아메리카와 서유럽에서는 자유주의 질서를 무너뜨리려는 급진적인 좌익 세력의 시도가 잇따르면서 사회 불안이 증가했다. 파리, 런던, 로마의 학생들과 '버클리 인민공화국'(미국 캘리포니아 대학교 버클리 캠퍼스의 별명. 학생들의 정치적 성향 때문에 이런 별명이 붙었다—옮긴이) 학생들은 마오쩌둥 주석의 작고 빨간 책(마오 주석 어록)을 탐독하고 영웅 체 게바라의 초상을 침대 머리맡에 걸었다.

1968년에 이르러 이 물결이 정점에 다다랐다. 서구세계 전역에서 시위와 폭동이 일어났다. 멕시코 비밀경찰이 틀라텔롤코에서 수십 명의 학생들을 학살한 유명한 틀라텔롤코 학살이 일어났고, 로마 학생들은 이른바 '줄리아 골짜기 전투'에서 이탈리아 경찰과 싸웠으며, 마틴 루서 킹 암살사건은 백 개가 넘는 미국 도시에서 여러 날 동안 시위와 폭동을 불러왔다. 같은 해 5월 프랑스에서는 학생들이 파리의 거리를 점령했고, 드골 대통령은 독일에 있는 프랑스 군사기지로 도피했으며, 부자들은 단두대 악몽을 꾸며 불안에 떨었다.

1970년 세계에는 130개의 독립국가가 있었지만, 그중 30개 국가만 자유민주주의 국가였고, 대부분이 유럽 북서쪽 구석에 몰려 있었다. 인도는 제3세계 주요 국가들 가운데 독립을 얻은 이후 계속 자유주의의 길을 걸은 유일한 국가였지만, 인도조차 서방 세력권과 거리를 두고 소련 쪽으로 기울었다.

1975년, 자유주의 진영은 역사상 가장 모욕적인 패배를 당했다. 베트남 전쟁에서 다윗 북베트남이 골리앗 미국을 이긴 것이다. 이후 공산주의는 발 빠르게 남베트남, 라오스, 캄보디아를 잇따라 장악했다. 1975년 4월 17일에는 캄보디아의 수도 프놈펜이 크메르 루즈에게 넘어갔다. 2주 뒤에는 사이공 주재 미국 대사관 지붕에서 헬리콥터가 마지막으로 남은 미국인들을 피난시키는 장면을 전 세계 사람들이 텔레비전으로 지켜보았다. 많은 사람들이 미국제국이

▲ 사이공 주재 미국 대사관에서 탈출하는 사람들.

무너지고 있다고 확신했다. '도미노 이론'을 입 밖으로 꺼낼 새도 없이, 6월에 인도 총리 인디라 간디가 국가비상사태를 선포하자, 세계 최대의 민주주의 국가가 또 하나의 사회주의 독재정권이 될 것처럼 보였다.

자유민주주의는 점점 노쇠한 백인 제국주의자들의 배타적인 클럽처럼 보였다. 그들은 다른 세계는 고사하고, 자기들의 젊은 후손에게조차도 줄 것이 별로 없었다. 워싱턴은 자유세계의 지도자임을 자처했으나, 같은 편의 대부분은 권위주의 국가의 왕들(사우디아라비아의 칼레드 왕, 모로코의 하산 왕, 페르시아의 샤)이나 군부독재자들(그리스의 대령들, 칠레의 피노체트 장군, 스페인의 프랑코 장군, 한국의 박정희 장군, 브라질의 가이젤 장군 그리고 대만의 대원수 장개석)이었다.

이 모든 왕과 장군들의 지지에도 불구하고, 바르샤바 조약기구가 북대서양 조약기구NATO보다 군사적으로 압도적인 우위를 점했다. 서구 국가들이 재래식 무기로 그들과 같은 수준에 다다르려 했다면, 아마 자유민주주의와 자유시장을 철회하고 영구적 전시 상태에 놓인 전체주의 국가가 되어야 했을 것이다. 자유주의를 구원한 것은 핵무기였다. NATO는 상호확실파괴(MAD: Mutual Assured Destruction) 전략을 채택했는데, 소련이 재래식 무기로 공격해도 전면적인 핵 공격으로 응답한다는 전략이었다. 자유주의자들은 "나를 공격하면 우리 모두가 죽을 것"이라고 협박했다. 이 무시무시한 방패 덕분에 자유민주주의와 시장경제는 마지막 요새에서 그럭저럭 버틸 수 있었고, 서구인들은 섹스, 마약, 로큰롤뿐 아니라 세탁기, 냉장고, TV를 향유할 수 있었다. 하지만 핵무기가 없었다면 비틀스

호모 사피엔스
세계에 의미를
부 여 하 다

도, 우드스톡도, 상품이 넘쳐나는 슈퍼마켓도 없었을 것이다. 핵무기에도 불구하고 1970년대 중반까지는 미래가 사회주의 편으로 보였다.

그런 다음 모든 것이 달라졌다. 자유민주주의가 역사의 쓰레기통에서 기어나와 전열을 가다듬고 세계를 정복했다. 슈퍼마켓이 강제노동수용소보다 훨씬 강하다는 것이 증명되었다. 이 전격전(기습, 신속성, 물자와 화력의 우세를 이용해 적의 군대 내에 정신적 충격과 그에 따른 혼란을 일으키는 것을 주목적으로 하는 군사전술―옮긴이)은 남부 유럽에서 시작했다. 그리스, 스페인, 포르투갈에서 권위주의 정권들이 붕괴하고 민주주의 정부가 들어섰다. 1977년 인디라 간디는 비상사태를 끝내고 인도에 민주주의를 재건했다. 1980년대에는 라틴아메리카와 동아시아의 나라들(브라질, 아르헨티나, 대만, 한국)에서 군부독재가 민주주의 정부로 대체되었다. 자유주의의 물결은 1980년대 말과 1990년대 초에 진정한 쓰나미로 변해 막강한 소련제국을 쓸어내고, '역사의 종언'(공산주의의 멸망을 확정하고 자유민주주의가 최후의 이데올로기로 남을 거라고 주장하는 후쿠야마 교수의 논문 제목―옮긴이)이 도래할 거라는 기대를 높였다. 패배와 좌절의 몇십 년을 겪은 뒤 자유주의는 냉전에서 결정적인 승리를 거두었고, 상처를 입긴 했어도 인본주의 종교전쟁에서 당당히 살아 돌아왔다.

소련이 내폭하면서, 동유럽뿐 아니라 발트제국(에스토니아, 라트비아, 리투아니아 3국―옮긴이), 우크라이나, 그루지야공화국, 아르메니아 같은 많은 구소련 국가들에서 자유민주주의가 공산정권을 대체했다. 요즘엔 러시아조차 민주주의 국가 행세를 한다. 냉전에서의 승리는 자유주의 모델이 세계의 다른 지역, 특히 라틴아메리카와 남아시아 그리고 아프리카로 확산되는 새로운 자극이 되었다. 몇몇 자유주의 실험들은 비참한 실패로 끝났지만, 성공 사례의 수는 인상적이다. 예컨대 인도네시아, 나이지리아, 칠레는 수십 년 동안 군부독재자들이 통치했지만, 지금은 모두 잘 돌아가는 민주주의 국가이다.

만일 어떤 자유주의자가 1914년 6월에 잠들었다가 2014년 6월에 눈을 뜬다면, 매우 편안한 기분을 느낄 것이다. 다시 한 번 사람들은 개인에게 더 많은 자유를 주면 세계가 평화와 번영을 누릴 거라고 믿었다. 20세기는 통째로 하나의 큰 실수처럼 보인다. 1914년 봄 자유주의의 고속도로를 달리던 인류가 길을 잘못 들어 막다른 곳으로 들어섰다. 그 고속도로에 다시 진입하기까지는 80년의 세월과 세 번의 끔찍한 전쟁이 필요했다. 물론 그 세월들이 시간낭비만은 아니었다. 그 시절은 우리에게 항생제, 핵에너지, 컴퓨터는 물론 페미니즘, 탈식민주의, 프리섹스를 선사했다. 게다가 자유주의 자체가 경험을 통해 더 영리해졌고, 1세기 전보다 겸손해졌다. 자유주의는 경쟁자였던 사회주의자와 파시스트들의 다양한 사상과 제도를 채택했는데, 대중에게 교육, 건강, 복지 서비스를 제공하겠다는 약속이 그중 하나이다. 하지만 자유주의 패키지의 알맹이는 놀라울 만큼 바뀐 것이 없었다. 자유주의는 여전히 개인의 자유를 다른 무엇보다 신성시하고, 유권자와 고객에 대한 확고한 믿음을 갖고 있다. 어쨌거나 21세기 초에 우리가 선택할 만한 것은 자유주의뿐이다.

**전기, 유전학,
이슬람 과격주의**

현재 개인주의, 인권, 민주주의, 자유시장이라는 자유주의 패키지를 대신할 이렇다 할 대안은 존재하지 않는다. 2011년에 서구세계를 휩쓴 '월스트리트를 점령하라' 운동(월스트리트 개혁과 소득 불평등 개선을 기치로 미국 뉴욕에서 시작해 전 세계적인 관심과 호응을 이끌어낸 운동—옮긴이), 스페인의 15M 운동(기업의 탐욕과 복지예산 축소를 규탄한 시민 사회운동—옮긴이) 같은 사회운동은 민주주의, 개인주의, 인권, 나아가 자유시장경제의 기본원리들에 반대하는 것이 아니다. 그와는 정반대이다. 이들은 정부가 이런 자유주의 이상들에 부응하지 못한다고 비난한다. 이들은 '너무 비대해서 실패할 수밖에 없는' 기업과 은행이 통제하고 조종하는 시장 대신 진정한 자유시장을 요구한다. 그리고 돈 많은 로비스트와 힘 있는 이익집단보다는 보통 시민들의 이익에 도움이 되는 진정한 대의 민주주의를 요구한다. 그런데 증권거래소와 의회를 누구보다 호되게 비판하는 사람들조차 세계를 운영할 마땅한 대안모델을 갖고 있지 않다. 자유주의 패키지의 결함을 찾아내는 것은 서구 학자들과 사회활동가들이 가장 좋아하는 소일거리지만, 그들도 아직까지 더 나은 제도를 내놓지는 못했다.

서구의 사회운동가들보다 중국이 자유주의에 훨씬 더 진지한 도전장을 내미는 것처럼 보인다. 정치와 경제가 자유화되었음에도 중국은 민주주의 체제도 진정한 자유시장경제도 아닌데, 그것은 중국이 21세기의 경제 거인이 되는 데 아무 지장이 되지 않는다. 아무리 그래도 경제 거인치고는 이념적 그림자가 너무 작다. 요즘 중국인들이 무엇을 믿는지 제대로 아는 사람은 없는 것 같다. 중국인들 자신도 잘 모르는 것 같다. 이론상으로 보면 중국은 여전히 공산주의 국가이지만, 사실 중국의 체제는 공산주의가 아니다. 유교 사상으로의 회귀라는 대안을 만지작거리는 사상가들과 지도자들이 있지만, 그것은 편의에 맞게 외장을 바꾸는 것에 지나지 않는다. 이런 이념적 공백을 고려하면, 중국은 실리콘밸리에서 생겨나고 있는 신흥 기술종교들(3부에서 다룰 내용)을 증식시킬 장소로 매우 유망하다. 하지만 불멸과 가상천국을 믿는 이런 기술종교들이 제대로 모습을 갖추기까지는 적어도 10년에서 20년은 걸릴 것이다. 따라서 현재로서 중국은 자유주의에 대한 실질적 대안이 되지 못한다. 자유주의 모델에 절망해 대안을 찾고 있는 파산한 그리스인들에게 중국을 따라하라고 권할 수는 없다.

그러면 이슬람 과격주의는 어떨까? 아니면 그리스도교 근본주의, 메시아닉 유대교(예수를 믿는 유대교―옮긴이), 또는 힌두교 부흥주의(힌두교 근본주의 또는 힌두교 원리주의―옮긴이)는 어떨까? 중국인들은 자신들이 무엇을 믿는지 알지 못하는 반면, 종교 근본주의자들은 자신들이 무엇을 원하는지 너무 잘 안다. 니체가 신은 죽었다고 선언한 지 백 년도 더 지나 신이 복귀를 준비하고 있는 것처럼 보인다. 하지만 이것은 신기루이다. 신은 분명 죽었다. 육신을 제거하는 데 시간이 좀 걸릴 뿐이다. 이슬람 과격주의는 자유주의 패키지에 심각한 위협이 되지 않는데, 광신도들은 종교적 열정만 가득할 뿐 21세기 세계를 진정으로 이해하지 못하고, 따라서 신기술이

호모 사피엔스
세계에 의미를
부 여 하 다

우리 주변에 불러일으키고 있는 새로운 위험과 기회에 대해 할 수 있는 말이 전혀 없기 때문이다.

종교와 기술은 시종일관 아슬아슬한 탱고를 춘다. 둘은 서로를 밀고, 서로에게 의존하고, 서로에게서 멀리 벗어날 수 없다. 기술이 종교에 의존하는 이유는, 어떤 발명이 이루어졌을 때 그 발명을 적용할 수 있는 많은 선택지 가운데 어디로 가야 하는지 지목하기 위해서는 선지자가 필요하기 때문이다. 예컨대 19세기 공학자들은 기관차, 라디오, 내연기관을 발명했다. 하지만 20세기가 증명해 보였듯이 우리는 똑같은 도구로 파시스트 사회, 공산주의 독재, 자유민주주의를 창조할 수 있었다. 종교적 신념이 없다면 기관차를 어디로 향하게 할지 결정할 수 없다.

반대로 기술은 흔히 종교적 비전의 범위와 한계를 정한다. 마치 메뉴판을 건네 선택할 음식의 범위를 정해주는 웨이터 같다. 신기술은 오래된 신을 죽이고 새로운 신을 탄생시킨다. 농업세계의 신이 수렵채집인들의 정령과 달랐던 이유, 공장에서 일하는 공원들이 꿈꾸는 천국이 농부들의 천국과 다른 이유, 21세기의 혁명적 기술이 중세 교의들을 소생시키기보다 유례없는 종교운동을 낳을 가능성이 높은 이유가 여기에 있다. 이슬람 근본주의자들은 "이슬람이 답이다"라는 주문을 반복하겠지만, 당대의 기술적 현실들을 알지 못하는 종교는 질문조차 이해하지 못한다. 인공지능이 대부분의 인지과제에서 인간을 능가하면 직업시장에 어떤 일이 일어날까? 경제적으로 쓸모없어진 사람들로 구성된 대규모의 새 계급은 정치에 어떤 영향을 미칠까? 나노기술과 재생의학이 80세를 새로운 50세

제 2 부

로 만들면 사람들 사이의 관계, 가족, 연금기금에 어떤 일이 일어날까? 생명공학이 맞춤아기를 탄생시키고, 빈부격차를 유례없는 수준으로 벌릴 때 인간사회에는 어떤 일이 일어날까?

코란 또는 샤리아 법, 성경이나 공자의 《논어》에서는 이런 질문들 중 어느 한 가지에 대한 답도 찾지 못할 것이다. 중세의 중동이나 고대 중국에는 컴퓨터, 유전학, 나노기술을 아는 사람이 아무도 없었기 때문이다. 과격한 이슬람 세력은 기술적·경제적 폭풍이 휘몰아치는 세계에서 확실성이라는 닻을 약속하겠지만, 폭풍 속을 헤쳐가려면 닻뿐 아니라 지도와 키가 필요하다. 따라서 이슬람 과격주의는 그 영향권 안에서 태어나 자란 사람들에게는 호소력이 있을지 몰라도, 스페인의 실업자 청년들이나 중국의 불안한 억만장자들에게는 줄 만한 것이 없다.

물론 그럼에도 수억 명의 사람들이 이슬람교, 그리스도교, 힌두교를 계속 믿을 것이다. 하지만 역사에서 숫자는 그리 중요하지 않다. 역사를 만들어가는 사람들은 뒤를 돌아보는 대중이 아니라, 앞을 내다보는 소수의 혁신가들이다. 1만 년 전에는 대부분의 사람들이 수렵채집인이었고, 중동에 사는 소수의 개척자들만 농부였다. 그런데도 미래는 농부들의 것이었다. 1850년에는 세계 인구의 90퍼센트 이상이 농부였고, 갠지스 강, 나일 강, 양쯔 강을 따라 형성된 작은 시골마을들에서 증기기관, 철도, 전신에 대해 아는 사람은 아무도 없었다. 하지만 맨체스터와 버밍엄에서 소수의 공학자, 정치인, 금융가 들이 산업혁명을 진두지휘할 때 이 농부들의 운명은 이미 결정되어 있었다. 증기기관, 철도, 전신은 식품, 섬유, 자동

호모 사피엔스
세계에 의미를
부 여 하 다

차, 무기의 생산에 일대 변혁을 가져왔고, 그 결과 산업강국들은 전통적인 농업사회들에 결정적 우위를 점했다.

산업혁명이 전 세계로 확산되어 갠지스 강, 나일 강, 양쯔 강 지역까지 침투했을 때도 대부분의 사람들은 베다, 성경, 코란, 《논어》를 증기기관보다 더 믿었다. 지금이나 19세기에나 성직자, 신비론자, 구루가 넘쳐났고, 이들은 자기만이 산업혁명이 불러온 새로운 문제들을 포함한 인류의 모든 고난에 해법을 가지고 있다고 주장했다. 한 예로 1820년대와 1880년대 사이 이집트가 (영국의 지원을 받아) 수단을 정복했을 때, 이집트는 수단을 근대화시켜 새로운 국제 무역망에 편입시키려고 했다. 이 시도는 전통 사회이던 수단 사회를 뒤흔들어 대대적인 반감과 반란을 불러일으켰다. 1881년 어느 지방의 종교 지도자 무함마드 아마드 이븐 압둘라가 자신이 신의 법을 세우기 위해 세상에 온 마디(메시아)라고 선언했다. 그의 지지자들은 영국-이집트 연합군대를 격파하고 지휘관인 찰스 고든 장군을 참수함으로써 빅토리아 시대 영국에 충격을 주었다. 그런 다음 그들은 샤리아 법의 지배를 받는 이슬람 신정국가를 수단에 세웠다. 이 정권은 1898년까지 유지되었다.

한편 인도에서는 다야난다 사라스와티가 힌두교 부흥운동을 이끌었다. 이 운동의 기본원리는 베다에 적힌 말은 절대 틀릴 수 없다는 것이었다. 1875년 다야난다는 '아리야 사마즈(고귀한 사회)'를 창립하고 베다를 전파하는 일에 헌신했다. 하지만 사실 다야난다는 베다를 놀랍도록 자유주의적으로 해석하기 일쑤였다. 예를 들어 여성의 평등권이라는 개념이 서구에서 유행하기 오래전부터 이미 여성의 평등권을 지지했다.

다야난다와 동시대 사람인 교황 비오 9세는 여성에 대해 훨씬 더 보수적인 견해를 가졌지만, 초인적 권위를 흠모한 것은 다야난다와 같았다. 비오 9세는 가톨릭 교의를 여러 차례 개혁하며 '교황무류성'이라는 새로운 원리를 세웠다. 교황은 신앙 문제에 관한 한 절대 틀릴 수 없다는 원리이다(이 중세적 개념이 가톨릭의 구속력 있는 교의가 된 것은 찰스 다윈이 《종의 기원》을 펴낸 지 11년 뒤인 1870년이었다).

비오 9세가 교황은 실수할 수 없다는 원리를 발견하기 30년 전, 실패한 중국 학자 홍수전洪秀全이 일련의 종교적 환몽을 꾸었다. 홍수전은 자신이 예수 그리스도의 동생이라는 신의 계시를 받았다. 그런 다음 신은 홍수전에게 신성한 임무를 내렸다. 17세기 이래 중국을 지배해온 만주족 '요괴들'을 내쫓고 지상에 태평천국을 건설하라는 것이었다. 홍수전의 메시지는 절망에 빠진 수백만 중국인의 상상력에 불을 붙였다. 당시 중국은 아편전쟁에서 패했을 뿐 아니라, 근대산업과 유럽 제국주의의 유입으로 동요하고 있었다. 하지만 홍수전은 그들을 태평천국으로 이끌지 않고, 그들을 이끌고 만주족의 청 왕조에 맞서 '태평천국의 난'을 일으켰다. 1850년부터 1864년까지 계속된 이 난은 19세기의 가장 처참한 전쟁이었다. 최소 2,000만 명이 목숨을 잃었는데, 이것은 나폴레옹 전쟁 또는 미국 남북전쟁의 사망자보다 훨씬 더 많은 수이다.

세상이 공장, 철도, 증기선으로 채워지는 와중에도 수억 명의 사람들이 홍수전, 다야난다, 비오, 마디의 종교적 교의에 매달렸다. 아무리 그래도 우리들 대부분은 19세기를 신앙의 시대로 생각하지 않는다. 우리는 19세기 선지자들의 이름으로 마디, 비오 9세, 홍수전보다 마르크스, 엥겔스, 레닌을 훨씬 더 많이 떠올린다. 그리고 마땅히 그럴 만하다. 1850년 사회주의는 비주류 운동에 불과했으나, 곧 여세를 몰아 스스로를 중국과 수단의 메시아라고 칭한 자들보다 세상에 훨씬 지대한 영향을 미쳤다. 당신이 건강보험, 국민연금, 자유로운 학교를 가치 있게 여긴다면, 홍수전과 마디보다 마르크스와 레닌에게 (그리고 오토 폰 비스마르크에게) 훨씬 더 감사해야 한다.

홍수전과 마디가 실패한 곳에서 마르크스와 레닌이 성공한 이유는 무엇일까? 사회주의적 인본주의가 이슬람교나 그리스도교 신학보다 철학적으로 더 정교했기 때문은 아니다. 그보다는 마르크스와 레닌이 고대 문헌과 환몽을 조사하는 일보다 당대의 기술적·경제적 현실들을 이해하는 데 더 많은 관심을 쏟았기 때문이다. 증기기관, 철도, 전신, 전기는 전례 없는 기회뿐 아니라 전대미문의 문제들을 만들어냈다. 도시 프롤레타리아라는 새로운 계급의 경험, 필요, 희망은 성경시대 농부들의 그것과 달라도 너무 달랐다. 이러한 필요와 희망에 답하기 위해 마르크스와 레닌은 증기기관이 어떻게 작동하는지, 탄광이 어떻게 운영되는지, 철도가 경제에 어떤 영향을 미치는지, 전기가 정치에 어떤 영향을 미치는지 연구했다.

레닌은 공산주의를 한 문장으로 정의해달라는 요청을 받았을 때 "공산주의는 소비에트 권력 더하기 국가 전체의 전기화"라고 말했다. 전기 없는, 철도 없는, 무선방송 없는 공산주의는 있을 수 없다는 것이다. 16세기 러시아에 공산주의 정권을 세울 수는 없었을 것이다. 왜냐하면 공산주의는 정보와 자원을 하나의 허브에 집결시

제 2 부

킬 필요가 있기 때문이다. "능력에 따라 일하고 필요에 따라 분배한다"는 원리는 오직 먼 거리를 가로질러 생산물을 수집하고 분배할 수 있을 때, 그리고 국가 전체의 생산활동을 관리 감독할 수 있을 때만 작동한다.

마르크스와 그의 추종자들은 새로운 기술적 현실과 새로운 인간 경험을 이해했고, 그렇게 함으로써 산업사회의 새로운 문제들에 적절한 대답을 내놓았을 뿐 아니라, 그 전례 없는 기회를 어떻게 이용할지에 대한 독창적인 생각들을 해냈다. 이 사회주의자들은 용감한 신세계를 위한 용감한 새 종교를 창조했다. 그들은 기술과 경제를 통한 구원을 약속했고, 그럼으로써 역사상 최초의 기술종교를 세우고 이념적 담론의 토대를 바꾸었다. 마르크스 이전 사람들은 생산 방법에 대한 견해가 아니라 신에 대한 견해에 따라 자기 자신을 정의하고 구분했다. 마르크스 이래로 기술과 경제구조에 대한 질문들이 영혼과 내세에 대한 논쟁보다 사람들을 정의하고 구분하는 훨씬 중요한 기준이 되었다. 20세기 후반 인류는 생산방법에 관한 논쟁 때문에 스스로를 사라지게 할 뻔한 일도 겪었다. 심지어 마르크스와 레닌의 가장 혹독한 비판자들조차 역사와 사회에 대한 그들의 기본입장을 선택했고, 신과 천국보다 기술과 생산에 대해 훨씬 더 깊이 생각하기 시작했다.

19세기 중엽에 마르크스 같은 통찰력을 지닌 사람은 극소수였고, 따라서 소수의 국가들만 신속한 산업화를 이루었다. 이들 소수의 국가들이 세계를 정복했다. 대부분의 국가들은 무슨 일이 일어나고 있는지도 몰랐고, 따라서 진보의 열차에 오르지 못했다. 다야난다의 인도와 마디의 수단은 증기기관보다 신에게 훨씬 더 몰두한 탓에 산업화한 영국에 점령되고 착취당했다. 인도가 영국과의 경제적·지리적·정치적 간극을 좁히는 데 상당한 진전을 이룬 것은 최근 몇 년 동안의 일이며, 수단은 아직도 많이 뒤처져 있다.

21세기 초, 진보의 열차가 다시 정거장에서 빠져나가고 있다. 이 열차는 아마 호모 사피엔스라 불리는 정거장을 떠나는 막차가 될 것이다. 이 기차를 놓친 사람들에게는 다시 기회가 없을 것이다. 좌석을 얻기 위해 당신은 21세기의 기술을 이해해야 하고, 그중에서도 특히 생명공학과 컴퓨터 알고리즘의 힘을 이해할 필요가 있다. 이것들의 힘은 증기와 전신기계의 힘보다 훨씬 더 강하고, 이것들은 그저 식품, 섬유, 자동차, 무기를 생산하는 데 그치지 않을 것이다. 21세기의 주력상품은 몸, 뇌, 마음이 될 것이고, 몸과 뇌를 설계할 줄 아는 사람들과 그러지 못하는 사람들 사이의 격차는 디킨스의 영국과 마디의 수단 사이의 격차보다 훨씬 더 클 것이다. 실은 사피엔스와 네안데르탈인 간의 격차보다 클 것이다. 21세기 진보의 열차에 올라탄 사람들은 창조와 파괴를 주관하는 신성을 획득하는 반면, 뒤처진 사람들은 절멸에 직면할 것이다.

백 년 전만 해도 사회주의는 최신 흐름에 발을 맞추었지만, 지금은 신기술을 따라잡는 데 실패했다. 레오니트 브레즈네프와 피델 카스트로는 마르크스와 레닌이 증기시대에 고안한 개념들을 고수했을 뿐, 컴퓨터와 생명공학의 힘을 이해하지 못했다. 반면 자유주의자들은 정보화시대에 훨씬 잘 적응했다. 이것이 흐루시초프의

1959년 예측이 실현되지 않은 이유, 그리고 결국 자유주의적 자본주의자들이 마르크스주의자들을 파묻은 이유를 어느 정도 설명한다. 오늘날 마르크스가 살아 돌아온다면, 그는 남아 있는 소수의 제자들에게 《자본론》을 읽을 시간에 인터넷과 인간 게놈을 공부하라고 할 것이다.

이슬람 과격주의는 사회주의보다 훨씬 더 나쁜 처지이다. 이들은 아직 산업혁명도 받아들이지 못했다. 그러니 그들이 유전공학과 인공지능에 대해 할 수 있는 말이 별로 없다는 것은 놀라운 일도 아니다. 물론 이슬람교와 그리스도교 그리고 그밖에 다른 전통 종교들은 아직까지 이 세계의 주역들이다. 하지만 이들의 주된 역할은 반작용이다. 과거에 이 종교들은 창조적인 힘이 있었다. 예컨대 그리스도교는 당시에는 이단적인 개념이었던, 모든 인간은 신 앞에 평등하다는 개념을 확산시켰고, 그럼으로써 인간의 정치구조, 사회적 위계, 심지어 젠더 관계까지 바꿔놓았다. 예수의 산상수훈은 여기서 한발 더 나아가, 온순하고 억압받는 사람들이 신이 가장 아끼는 사람들이라고 주장함으로써 힘의 피라미드를 거꾸로 뒤집고 수세대에 걸친 혁명가들에게 탄약을 제공했다.

그리스도교는 사회적·윤리적 개혁뿐 아니라 중요한 경제적·기술적 진보까지 도맡았다. 가톨릭교회는 중세 유럽에서 가장 정교한 행정 시스템을 확립했고, 문서보관, 목록 작성, 일정표, 그밖의 데이터 처리 기법들을 가장 먼저 활용했다. 로마 교황청은 12세기 유럽의 실리콘밸리였다. 그리스도교 세계는 유럽 최초의 경제법인인 수도원을 창설해 천 년 동안 유럽 경제를 이끌면서 선진농법과 경영

호모 사피엔스
세계에 의미를
부 여 하 다

방법을 도입했다. 수도원은 시계를 사용한 최초의 기관이었고, 수백 년 동안 그리스도교 학교들과 함께 유럽에서 가장 중요한 교육의 중심으로 활동하면서 볼로냐 대학교, 옥스퍼드 대학교, 살라망카 대학교 같은 유럽 최초의 대학들을 세우는 데 큰 역할을 했다.

가톨릭교회는 오늘날에도 수억 명의 신도들이 바치는 충성과 십일조를 향유하고 있다. 그렇기는 하지만, 가톨릭교회와 여타 유신론 종교들은 창조하는 힘에서 반응하는 힘으로 바뀐 지 오래이다. 이들은 새로운 기술, 혁신적 경제, 획기적인 사회사상 들을 창조하기보다 버티기 작전을 쓰기 바쁘다. 다른 세력들이 퍼뜨리는 기술, 방법, 사상 들에 대해 번민하는 것이 요즘 이들의 주된 일과이다. 생물학자들이 피임약을 발명하는데, 교황은 이 약을 어떻게 해야 할지 모른다. 컴퓨터 공학자들이 인터넷을 개발하는데, 랍비들은 정통 유대교도가 인터넷 서핑을 해도 되는지 논쟁한다. 페미니즘 사상가들은 여성이 자기 몸을 소유할 권리를 요구하는데, 학식 있는 무프티들은 이 선동적인 사상에 어떻게 맞서야 할지 논쟁한다.

스스로 자문해보라. 20세기에 가장 영향력 있는 발견, 발명, 창조가 무엇이었나? 이 질문에 대답하기 어려운 이유는 항생제 같은 과학적 발견, 컴퓨터 같은 기술적 발명, 페미니즘 같은 사상적 창조를 포함해 후보 목록이 많아 고르기 어렵기 때문이다. 이번에는 이렇게 자문해보라. 20세기에 이슬람교와 그리스도교 같은 전통 종교들이 이뤄낸 가장 영향력 있는 발견, 발명, 창조는 무엇인가? 이것 역시 매우 어려운 질문인데, 고를 것이 별로 없기 때문이다. 20세기에 항생제, 컴퓨터, 페미니즘의 반열에 오를 만한 것으로 신부, 랍비,

무프티가 발견한 것이 무엇인가? 이 두 가지 질문을 곰곰이 생각해보면, 21세기의 큰 변화가 어디서 나올 것 같은가? 테러 단체인 이슬람국가IS일까, 아니면 구글일까? 그렇다. IS는 유튜브에 동영상을 올리는 방법을 알지만, 최근 시리아나 이라크에서 고문산업 외에 새로 나온 발명품이 뭐가 있는가?

많은 과학자들을 포함해 수십억 명의 사람들이 권위의 원천으로 계속 성경을 이용하지만, 이 문헌들은 더 이상 창조성의 원천이 아니다. 예를 들어 그리스도교의 진보적 분파들이 동성결혼이나 여성 성직자를 수용한다는 사실을 생각해보라. 이들은 어디에서 영향을 받았을까? 성경, 성 아우구스티누스, 또는 마르틴 루터를 읽어서가 아니다. 그보다는 미셸 푸코의 《성의 역사》 또는 다나 해러웨이의 《사이보그 선언》 같은 텍스트를 읽어서이다.[14] 하지만 독실한 그리스도교 신자들은 아무리 진보적일지라도 자신들의 윤리적 태도가 푸코나 해러웨이의 영향을 받았다고 인정하지 못한다. 그래서 그들은 성경, 성 아우구스티누스 그리고 마르틴 루터로 돌아가 그 문헌들을 철저히 조사한다. 그들은 필요한 내용을 발견할 때까지 고도의 집중력을 발휘해 한 페이지도 빠짐없이 샅샅이 읽는다. 그들이 찾는 것은, 창의적으로 해석할 경우, 신이 동성결혼을 축복하고 여성들이 성직자가 되는 것도 허락한다는 뜻으로 볼 수 있는 어떤 금언, 비유, 결정이다. 이런 생각이 실제로는 푸코에게서 나왔지만, 그들은 마치 그것이 성경에서 유래한 것처럼 말한다. 성경은 더 이상 창조적 자극을 주지 못하는데도 권위의 원천으로서 계속 자리를 지킨다.

그러므로 전통 종교들은 자유주의의 진정한 대안이 될 수 없다. 성경은 유전공학, 인공지능에 대해 할 말이 없고, 대부분의 신부, 랍비, 무프티는 생물학과 컴퓨터 공학 분야에서 일어난 최신 발견을 이해하지 못한다. 이런 발견들을 이해하고 싶다면 다른 도리가 없다. 고대 문헌을 외우고 그 내용에 대해 논쟁하는 대신, 과학 논문을 읽고 실험하는 데 시간을 보낼 필요가 있다.

그렇다고 자유주의가 현재의 영예에 만족해도 된다는 뜻은 아니다. 자유주의가 인본주의 종교전쟁에서 이긴 것도 맞고, 현재 마땅한 대안이 없는 것도 사실이다. 하지만 성공 그 자체에 파멸의 불씨가 들어 있을지도 모른다. 승리한 자유주의 이상들은 이제 인류에게 불멸, 행복, 신성을 추구하라고 강요하고 있다. 과학자와 공학자들은 이른바 절대 틀리지 않는 고객과 유권자의 소망을 등에 업고 이런 자유주의 과제들에 점점 더 많은 에너지를 쏟아붓는다. 하지만 과학자들이 발견하고 있는 것과 공학자들이 개발하고 있는 것들은 자유주의 세계관에 내재된 결함 그리고 고객과 유권자의 무분별함을 은연중에 폭로할 것이다. 유전공학과 인공지능이 잠재력을 온전히 드러내면, 자유주의, 민주주의, 시장경제는 돌칼, 카세트, 이슬람교와 공산주의만큼이나 낡은 것이 될 것이다.

이 책은 21세기에 인간이 불멸, 행복, 신성을 추구할 거라는 예측으로 시작했다. 이 예측은 그리 독창적인 것도 대단한 선견지명도 아니다. 그저 자유주의적 인본주의의 전통적 이상들을 반영한 것일 뿐이다. 인본주의가 인간의 생명, 감정, 욕망을 신성시한 지 오래되었음을 고려하면, 인본주의 문명이 앞으로 인간의 수명, 행복, 힘을 극대화하려 할 거라는 점은 불 보듯 훤하다.

  이 책의 3부에서는, 인본주의의 이런 꿈을 실현하는 과정에서 새로운 포스트 인본주의 기술들이 쏟아져나올 것이고, 그 기술들이 인본주의의 근간을 흔들 거라고 주장한다. 인본주의가 감정을 신봉한 덕분에, 우리는 근대 계약의 열매를 어떤 대가도 없이 온전히 누릴 수 있었다. 우리의 힘을 제한함으로써 우리에게 의미를 부여할 신들은 이제 필요치 않다. 고객과 유권자의 자유의지에 의한 선택이 필요한 모든 의미를 우리에게 제공하기 때문이다. 그런데 고객과 유권자가 실은 자유의지로 선택하지 않는다는 사실을 우리가 깨닫는 순간, 그리고 우리가 그들의 감정을 계산하고 설계하고 훤히

호모 사피엔스
세계에 의미를
부여하다

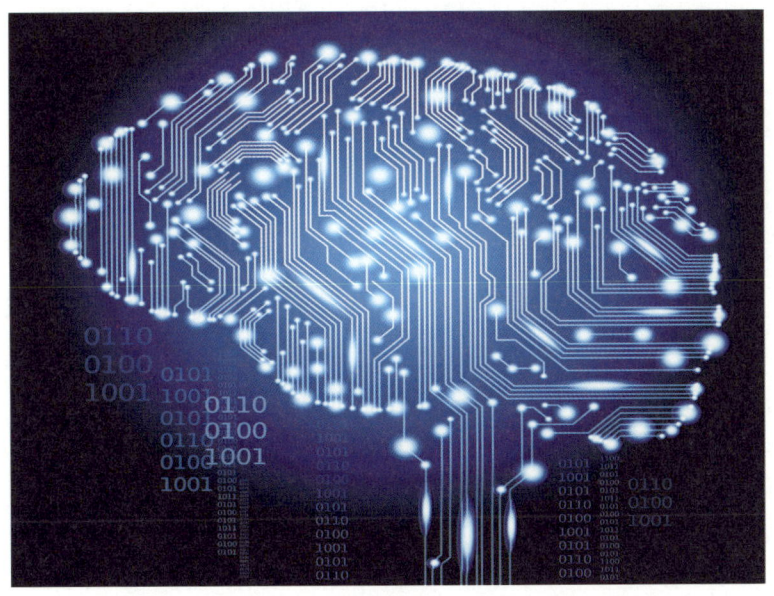

▲ 뇌는 컴퓨터이고, 컴퓨터는 뇌이다. 인공지능이 인간의 지능을 능가하기 직전이다.

꿰뚫는 기술을 가지는 순간 어떤 일이 일어날까? 만일 우주 전체가 인간 경험에 묶여 있는데, 인간 경험이 슈퍼마켓의 다른 물건들과 조금도 다르지 않은 설계 가능한 제품이 된다면 어떤 일이 일어날까?

제 2 부

제 3 부

호모 사피엔스 지배력을 잃다

인간은 앞으로도 계속 세계를 운영하고 세계에 의미를 부여할 수 있을까?
생명공학과 인공지능은 어떻게 인본주의를 위협할까?
누가 인류를 계승할까? 그리고 어떤 새로운 종교가 인본주의를 대체할까?

8
실험실의 시한폭탄

오늘날 세계는 개인주의, 인권, 민주주의, 자유시장이라는 자유주의 패키지가 지배하고 있다. 하지만 21세기 과학이 이 자유주의 질서의 근간을 흔들고 있다. 과학은 가치의 문제를 다루지 않으므로, 자유주의자들이 평등보다 자유에 더 가치를 두고 집단보다 개인에 더 가치를 두는 것이 옳은지 판단할 수 없다. 그렇지만 다른 모든 종교처럼 자유주의도 추상적인 윤리적 판단만이 아니라 사실적 진술을 기반으로 하는데, 이런 사실적 진술들은 엄밀한 과학적 검증을 통과하지 못한다.

자유주의자들이 개인의 자유에 높은 가치를 두는 것은 인간이 자유의지를 가졌다고 믿기 때문이다. 자유주의에 따르면, 유권자와 소비자의 결정은 결정론적이지도 무작위적이지도 않다. 물론 외적 힘과 우연한 사건들이 영향을 미치지만, 우리 각자는 결국 자유라는 요술봉을 휘둘러 스스로 결정을 내린다. 이것이 자유주의가 유권자와 소비자를 매우 중요하게 여기는 이유이며, 가슴이 시키는 대로 따르고 좋게 느껴지는 것을 하라고 가르치는 이유이다. 우주에 의미를 부여하는 것은 우리의 자유의지이고, 당신 외에는 아무도 당신이 실제로 어떻게 느끼는지 알거나 당신의 선택을 확실하게 예측할 수 없으므로, 당신의 이익과 욕망을 관리하는 일을 빅브라더에게 맡겨서는 안 된다.

인간에게 자유의지가 있다는 것은 윤리적 판단이 아니다. 그것은 세계에 대한 사실적 진술이다. 이른바 이 사실적 기술은 존 로크, 장 자크 루소, 토머스 제퍼슨 시대에는 타당한 말처럼 들렸지만, 생명과학의 최신 연구결과들과는 잘 맞지 않는다. 자유의지와 현대 과학 사이의 모순은, 많은 사람들이 현미경과 기능자기공명 영상을 볼 때 못 본 척하고 싶어하는 '실험실의 코끼리'(분명 존재하지만 불편하다는 이유로 거론하지 않으려 하는 중요한 문제 또는 논란이 되는 쟁점—옮긴이)이다.[1]

호모 사피엔스 지배력을 잃다

18세기에 호모 사피엔스는 신비한 블랙박스였고, 그 내면의 작동기제를 이해하는 것은 우리 능력 밖의 일이었다. 따라서 "왜 한 남자가 칼을 뽑아 다른 사람을 찔러죽였는가" 하는 물음에 학자들이 납득할 수 있는 대답은 이것이었다. "그의 선택이었다. 그는 자신의 자유의지로 살인을 선택했고, 따라서 그 범죄에 대한 책임은 온전히 그에게 있다." 지난 세기 과학자들은 사피엔스의 블랙박스를 열어 그 안에 영혼, 자유의지, '자아' 같은 것은 없다는 사실을 알아냈다. 그 안에 있는 것은 다른 모든 실재들과 똑같은 물리적·화학적 법칙의 지배를 받는 유전자, 호르몬, 뉴런뿐이었다. 오늘날의 학자들이 볼 때, "왜 한 남자가 칼을 뽑아 누군가를 찔러죽였는가"라는 질문에 "그의 선택이었다"라는 대답은 기대에 미치지 못한다. 유전학자들과 뇌 과학자들은 훨씬 더 자세한 대답을 제시한다. "그가 그렇게 한 것은 뇌에서 일어나는 이런저런 전기화학적 과정들 때문이고, 그런 과정을 만드는 것은 특정한 유전자 구성이다. 그리고 그런 유전자 구성은 우연한 돌연변이와 오래된 진화적 압력의 합작이다."

살인을 초래하는 뇌의 전기화학적 과정들은 결정론적이거나 무작위적이거나 둘 다이다. 하지만 자유의지를 따르지는 않는다. 예컨대 뉴런 하나가 발화해 전하를 내보낼 때, 그것은 외부자극에 대한 결정론적 반응이거나 아니면 방사성 원자의 자발적 붕괴 같은 무작위적 사건의 결과일 것이다. 어느 쪽도 자유의지가 들어설 여지는 없다. 앞선 사건들에 의해 결정되는 연쇄적 생화학적 사건들을 통해 일어난 사건이 자유의지에 의해 일어난 사건이라고 할 수는 없다. 원자보다 작은 입자들이 일으키는 우연한 무작위적 사건들로 인한 결정도 자유의지에 의한 것이 아니다. 그것은 그저 무작위적인 결정일 뿐이다. 그리고 무작위적 사건들이 결정론적 과정과 결합할 때 그 결과는 확률에 의존하는데, 이 역시 자유의지에 해당하지 않는다.

중앙처리장치가 방사성 우라늄 덩어리와 연결된 로봇을 만든다고 가정해보자. 이 로봇은 두 가지 선택지 중 하나를 선택할 때(가령 오른쪽 버튼을 누를지 왼쪽 버튼을 누를지 결정할 때) 1분 동안 붕괴한 우라늄 원자의 개수를 세어서 결정한다. 개수가 짝수면 오른쪽 버튼을 누르고, 홀수면 왼쪽 버튼을 누른다. 그런 로봇이 어떻게 행동할지는 누구도 확실히 알 수 없다. 하지만 아무도 이 장치가 '자유'를 갖고 있다고 말하지 않고, 이런 장치에게 투표권을 주거나 행동에 법적 책임을 물을 생각을 하지도 않는다.

지금까지 밝혀진 과학적 사실에 따르면, 결정론과 무작위성이 케이크를 모두 나눠갖고, '자유'에는 부스러기 하나도 남기지 않는다. '자유'라는 신성한 단어는 알고 보니 '영혼'과 마찬가지로 의미를 밝히고 말고 할 것도 없는, 알맹이 없는 용어였다. 자유의지는 앞으로 우리 인간이 지어낸 상상의 이야기 속에만 존재할 것이다.

자유를 관 속에 넣고 못을 박은 것은 진화론이다. 진화는 불멸의 영혼과 아귀가 맞지 않는 것처럼, 자유의지라는 개념도 받아들이지 않는다. 인간이 자유의지를 가지고 있다면 어떻게 자연선택이 인간의 모습을 바꿀 수 있었겠는가? 진화론에 따르면 동물들이 하는 모든 선택은(습관이든 음식이든 배우자든) 그들의 유전암호를 반영한다. 만일 어떤 동물이 적응도가 높은 유전자 덕분에 영양분이 풍부한 버섯을 고르고 건강하고 생식력 있는 짝과 교미한다면, 그 유전자들은 다음 세대로 전달될 것이다. 만일 적응도가 낮은 유전자 때문에 어떤 동물이 독버섯과 빈혈에 걸린 짝을 선택한다면, 그 유전자들은 멸종할 것이다. 하지만 어떤 동물이 무엇을 먹고 누구와 짝짓기 할지를 '자유의지'로 선택한다면, 자연선택이 할 일은 없을 것이다.

이런 과학적 설명을 들을 때 사람들이 흔히 보이는 반응은 무시이다. 그들은 자신들이 자유가 있다고 느끼고, 자신의 소망과 결정에 따라 행동한다고 말한다. 이 말은 사실이다. 인간은 자신의 욕망에 따라 행동한다. 우리가 '자유의지'를 욕망에 따라 행동하는 능력이라는 뜻으로 정의한다면, 맞는 말이다. 인간에게는 자유의지가 있고, 침팬지와 개, 앵무새도 마찬가지이다. 앵무새는 크래커를 먹고 싶으면 먹는다. 하지만 정작 중요한 질문은 앵무새와 사람이 내면의 욕망에 따라 행동할 수 있느냐가 아니다. 중요한 질문은 그들이 애초에 자신의 욕망을 선택할 수 있느냐이다. 왜 앵무새는 오이가 아니라 크래커를 먹고 싶어할까? 왜 나는 짜증나는 이웃에게 다른 쪽 뺨을 내어주는 대신 그를 죽이기로 결정할까? 왜 나는 검은색 자동차가 아니라 빨간색 자동차를 사고 싶어 할까? 왜 나는 노동당이 아니라 보수당에 투표하고 싶을까? 이 소망들 가운데 그 어떤 것도 내 선택이 아니다. 내가 특정한 소망을 느끼는 것은 내 뇌에서 일어나는 생화학적 과정들이 그런 느낌을 만들어내기 때문이다. 그런 과정들은 결정론적이거나 무작위적일 뿐 자유의지에 의한 것이 아니다.

당신은 아마 이렇게 말할 것이다. 적어도 이웃을 죽이거나 국가 지도자를 선출하는 것 같은 중요한 결정을 내릴 때는 순간적인 느낌에 따라 행동하는 것이 아니라, 오랫동안 진지하게 추론하고 합리적으로 숙고하지 않느냐고. 하지만 내가 탈 수 있는 추론의 열차는 여러 대가 있다. 그 가운데 어떤 열차는 보수당에 투표하게 하고, 어떤 열차는 노동당에 투표하게 하고, 또 어떤 열차는 UKIP(극우 정당인 영국독립당—옮긴이)에 투표하게 하고, 또 다른 열차는 아예 투표하지 않게 할 것이다. 무엇이 나를 다른 열차가 아니라 특정한 추론의 열차에 올라타게 만들까? 내 뇌의 패딩턴 역(런던 웨스트민스터에 있는 역 이름—옮긴이)에서 나는 결정론적 과정들에 의해 어떤 특정한 추론 열차에 올라타게 될지도 모른다. 아니면 무작위로 아무

제 3 부

열차나 탈지도 모른다. 어쨌든 보수당에 투표하게 만드는 사고들을 내가 '자유의지'로 선택한 것은 아니다.

이것은 그저 가설이나 철학적 추론이 아니다. 오늘날 우리는 뇌 영상을 이용해 사람의 욕망과 결정을 본인이 미처 의식하기도 전에 예측할 수 있다. 어떤 실험에서 사람들을 거대한 뇌 스캐너에 넣고, 양손에 스위치를 하나씩 쥐게 했다. 그리고 내킬 때마다 두 스위치 중 하나를 누르라고 했다. 피실험자가 실제로 행동을 하기도 전에, 심지어 자신의 의향을 자각하기도 전에 과학자들은 피실험자의 뇌 신경 활성을 보고 어떤 스위치를 누를지 예측할 수 있었다. 피실험자가 자신의 선택을 인지하기 영 점 몇 초 내지 몇 초 전에 피실험자의 결정을 알려주는 뇌신경 활성이 시작되기 때문이다.[2]

오른쪽 스위치나 왼쪽 스위치를 누르는 결정은 피실험자의 선택을 반영한다. 하지만 그것은 자유의지에 의한 선택이 아니다. 사실 우리가 자유의지의 존재를 믿는 것은 잘못된 논리 때문일 것이다. 어떤 생화학적 연쇄반응이 오른쪽 스위치를 누르고 싶게 만들 때 나는 실제로 오른쪽 버튼을 누르고 싶다고 느낀다. 여기까지는 사실이다. 나는 정말로 그 버튼을 누르고 싶다. 하지만 사람들은 '내가 그 스위치를 누르고 싶다면 그 소망은 내 선택'이라는 결론으로 논리적 비약을 감행한다. 물론 이것은 사실이 아니다. 나는 내 욕망을 선택하지 않는다. 단지 그 욕망을 느끼고 그것에 따라 행동할 뿐이다.

그럼에도 사람들이 계속해서 자유의지에 대해 논쟁을 벌이는 것은 과학자들 중에서조차 낡은 신학적 개념들을 계속 사용하는 사람들이 부지기수이기 때문이다. 그리스도교, 이슬람교, 유대교 학자들은 수백 년 동안 영혼과 의지의 관계에 대해 논쟁했다. 그들은 모든 사람이 영혼이라 불리는 내적 본질을 지니고 있으며 그것이 진정한 '나'라고 추정했다. 또한 그들은 내 자아가 옷, 자동차, 집을 소유하는 것과 마찬가지로 다양한 욕망을 소유한다고 주장했다. 나는 옷을 선택하는 것과 똑같은 방식으로 욕망을 선택하고, 내 운명은 그런 선택들에 따라 결정된다는 것이다. 선한 욕망을 선택하면 천국에 가고, 악한 욕망을 선택하면 지옥에 간다. 여기서 한 가지 의문이 생긴다. 나는 정확히 어떻게 내 욕망을 선택하는가? 예컨대 왜 이브는 뱀의 말을 들은 뒤 금지된 과일을 먹고 싶은 욕망이 생겼을까? 그 욕망이 이브에게 강요된 걸까? 이브의 마음속에 우연히 떠오른 걸까? 아니면 이브가 그 욕망을 '자유의지'로 선택했을까? 만일 이브가 그 욕망을 자유의지로 선택하지 않았다면 왜 그 행동에 대해 이브를 벌할까?

하지만 영혼은 존재하지 않고 인간에게는 '자아'라고 불리는 내적 본질이 없다는 사실을 받아들이면, "자아가 어떻게 욕망을 선택하는가"라는 질문 자체가 성립하지 않는다. 그것은 미혼 남성에게 "당신의 아내는 어떻게 옷을 고르는가?"라고 묻는 것과 같다. 현실에는 의식의 흐름만 존재하고, 욕망은 그 흐름 안에서 생겨났다가 사라질 뿐이다. 욕망을 소유하는 불멸의 자아는 존재하지 않는다. 따라서 내가 내 욕망을 결정론적으로 선택하는지, 무작위로 선택하는지, 자유의지로 선택하는지 묻는 것은 무의미하다.

무척 복잡한 말처럼 들리겠지만 이 개념을 검증하는 것은 놀라울 만큼 쉽다. 당신 마음속에 어떤 생각이 갑자기 떠오르거든 이렇게 자문해보면 된다. '내가 왜 이 생각을 했을까? 이 생각을 하겠다고 1분 전에 결정하고 그런 다음에 생각했나? 아니면 내 어떤 지시나 허가 없이 그 생각이 그냥 떠올랐나? 내 생각과 결정의 주인이 실제로 나라면, 다음 60초 동안 아무 생각도 하지 않겠다는 결정도 내릴 수 있지 않을까?' 할 수 있는지 한번 해보라.

자유의지의 존재를 의심하는 것은 단순한 철학 훈련이 아니다. 그것은 실생활에 영향을 미친다. 유기체가 자유의지를 갖고 있지 않다면, 그것은 우리가 약물, 유전공학, 직접적인 뇌 자극을 통해 그 유기체의 욕망을 조작하는 것은 물론 통제까지 할 수 있다는 뜻이다.

철학이 행동으로 옮겨지는 현장을 보고 싶다면 로봇 쥐 실험실을 찾아가보라. 로봇 쥐는 평범한 쥐에 한 가지 조작을 가해 만들어낸 쥐이다. 과학자들은 쥐의 뇌에서 감각 영역과 보상 영역을 찾아 그곳에 전극을 이식했다. 그렇게 하면 리모컨으로 쥐를 조종할 수 있다. 짧은 훈련을 몇 차례 거친 뒤, 과학자들은 쥐가 왼쪽 또는 오른쪽으로 방향을 틀고, 사다리를 오르고, 쓰레기 더미 주위를 킁킁거리게 만들 수 있었을 뿐 아니라, 매우 높은 곳에서 뛰어내리는 일 같은, 쥐가 싫어하는 일들도 하게 만들었다. 군대와 기업들은 로봇 쥐가 여러 가지 과제와 상황에서 유용하게 쓰일 것으로 기대하면서 로봇 쥐에 큰 관심을 보이고 있다. 예를 들어 로봇 쥐들은 무너진 건물 밑에 갇힌 생존자들을 수색하고, 폭탄과 덫을 찾아내고, 지하 터널과 동굴의 지도 만드는 일을 도울 수 있다.

동물복지 운동가들은 이런 실험이 쥐에게 고통을 준다며 우려의 목소리를 내고 있다. 하지만 로봇 쥐 실험의 대표주자인 뉴욕 주립대학교의 산지브 탈와르 교수는 이런 우려를 일축하면서, 사실 쥐들은 이런 실험을 즐긴다고 주장했다. 탈와르 교수의 설명에 따르면, 따지고 보면 그 쥐들은 '쾌락을 느끼기 위해 움직이는 것이다.' 전극이 뇌의 보상중추를 자극하면 "그 쥐는 열반에 이른다."[3]

우리가 아는 한 로봇 쥐는 다른 누군가가 자신을 통제하고 있다고 느끼지 않고, 자기 의지에 반하는 일을 강압적으로 하고 있다고 느끼지도 않는다. 탈와르 교수가 리모컨을 누르면, 그 쥐는 왼쪽으로 움직이고 싶어져서 왼쪽으로 움직일 뿐이다. 교수가 다른 스위치를 누르면, 그 쥐는 사다리를 오르고 싶어져서 사다리를 오른다. 따지고 보면 쥐의 욕망이란 것은 뉴런 발화의 한 패턴일 뿐이다. 뉴런의 발화가 다른 뉴런들의 자극 때문이든 탈와르 교수의 리모컨에 연결된 전극 때문이든, 그것이 뭐가 중요한가? 당신이 그 쥐에게 이 문제에 대해 묻는다면, 쥐는 아마 이렇게 말할 것이다. "물론 나에겐 자유의지가 있어! 잘 봐, 나는 왼쪽으로 돌고 싶으면 왼쪽으로 돌아. 사다리를 오르고 싶으면 오르고. 이게 바로 나에게 자유의지가 있다는 증거 아니야?"

호모 사피엔스를 대상으로 실시한 실험들은 인간 역시 쥐처럼 조종할 수 있다는 사실, 뇌의 적소를 자극해 사랑, 분노, 두려움, 우울 같은 복잡한 감정들을 일으키거나 없앨 수 있다는 사실을 보여준다. 최근 미국 육군은 사람들의 뇌에 컴퓨터칩을 이식하는 실험을 시작했는데, 이 방법으로 외상 후 스트레스 증후군을 겪는 병사들을 치료할 수 있기를 기대한다.[4] 한편 예루살렘 하다사 병원의 의사들은 급성 우울증에 걸린 환자들을 위한 새로운 치료법을 개발했다. 환자의 뇌에 전극을 이식하고, 그 전극을 환자의 가슴에 이식한 아주 작은 컴퓨터와 연결한다. 뇌에 이식된 전극이 컴퓨터의 명령을 받으면, 약한 전류를 내보내 우울증에 관여하는 뇌 영역을 마비시킨다. 이 치료법이 항상 성공하는 것은 아니지만, 몇몇 환자들의 경우 평생 동안 자신을 괴롭히던 캄캄한 공허감이 마법처럼 사라졌다고 했다.

그중 한 환자가 이식수술을 받은 지 몇 달 뒤 병이 재발해 심한 우울감에 빠졌다고 호소했다. 그 환자를 진찰해보니 컴퓨터 배터리가 닳은 것이 문제의 원인이었다. 배터리를 교체하자 환자의 우울증이 금세 사라졌다.[5]

윤리적 제약 때문에 연구자들은 특별한 상황에서만 인간의 뇌에 전극을 이식한다. 인간을 대상으로 한 대부분의 관련 실험들은 비침습적인 헬멧 같은 장치를 이용해 실시한다(전문용어로는 '경두개 직류 자극기'라고 부른다). 이 헬멧에는 두피 외부에 부착하는 전극들이 달려 있고, 그 전극들을 통해 약한 전자기파를 특정 뇌 영역으로 보내면 그 영역의 활성이 높아지거나 억제된다.

미국 육군은 훈련과 실전에서 병사들의 집중력과 전투능력을 향상시킬 수 있기를 기대하며 이 헬멧을 실험하는 중이다. 실험을 실시하는 곳은 인간 효율성 이사회Human Effectiveness Directorate로, 오하이오 주의 한 공군기지 안에 위치하고 있다. 결과는 아직 명확하지 않고, 경두개 직류 자극기에 대한 소문이 실제보다 지나치게 부풀려져 있긴 하지만, 이 방법이 드론 조종사, 항공 관제사, 저격병, 그 밖에 임무상 오랜 기간 고도의 집중력을 필요로 하는 요원들의 인지능력을 실제로 높일 수 있음을 여러 연구가 보여준다.[6]

〈뉴 사이언티스트〉 기자 샐리 애디는 저격병 훈련시설을 방문해 그 효과를 직접 체험할 수 있었다. 처음에 그녀는 경두개 헬멧을 쓰지 않고 전쟁 시뮬레이터에 들어갔다. 샐리는 마스크를 쓴 스무 명의 남자들이 자살폭탄을 장착하고 권총을 든 채 자신을 향해 돌진해올 때 엄습했던 두려움을 이렇게 묘사한다. "어떻게든 한 명을 쏴 아죽이면, 세 명의 새로운 공격자가 어딘가에서 갑자기 튀어나왔다. 나는 공포와 무력감에 압도되어 버벅대면서, 총을 제대로 쏘지도 못했다." 다행히도 샐리가 말한 공격자들은 사방에 설치된 대형 스크린에 투영된 영상 이미지였을 뿐이다. 그럼에도 그녀는 자신의 무능함에 매우 실망해 권총을 집어던지고 시뮬레이터에서 나가고 싶었다.

그런 다음 그녀는 헬멧을 착용했다. 그녀는 입 안이 약간 따끔거리고 이상한 금속 맛이 느껴지는 것 말고는 특별한 느낌이 없었다고 했다. 헬멧을 쓰자 그녀는 람보나 클린트 이스트우드라도 된 것처럼 가상 테러리스트들을 한 명씩 냉정하고 질서 있게 쏠 수 있었다. "스무 명이 권총을 휘두르며 달려왔을 때, 나는 침착하게 총을 준비하고 심호흡을 한 뒤 가장 가까운 목표물을 쏘고, 그런 다음 차분하게 다음 목표물을 조준했다. 몇 초밖에 지나지 않은 것 같은데, 벌써 밖에서 부르는 소리가 들렸다. '좋습니다. 됐어요.' 시뮬레이션 룸에 불이 켜졌다⋯⋯ 나는 시신들에 둘러싸인 가운데서도 상상 외로 침착하게 더 많은 공격자들이 나타나기를 기대하고 있었다. 연구팀이 전극을 제거할 때는 실망감마저 들었다. 나는 시계를 올려다보며 누군가 시계를 앞으로 돌려놓은 것 아닌가 생각했다. 20분이 지났다는 사실이 믿기지 않았다. '내가 몇 명이나 쐈어요?' 조교에게 물었다. 그녀는 신기한 듯 나를 보며 말했다. '전부 다요.'"

이 실험은 샐리의 인생을 바꾸었다. 이후 며칠 동안 그녀는 자신이 체험한 것이 '더 똑똑해졌다거나 더 빨리 배우게 되었다거나 하는 것과는 차원이 다른…… 거의 영적인 경험'이었음을 깨달았다. "난생처음 머릿속이 조용해진 그 순간, 내가 알던 세상은 더 이상 존재하지 않았다…… 뇌에서 자기의심이 사라지는 경험은 일종의 계시였다. 갑자기 머릿속이 믿을 수 없을 정도로 고요해졌다…… 여러분이 내 말에 공감할 수 있기를 바라는데, 그 실험이 있은 뒤 몇 주 동안 내가 가장 절실히 원한 일은 그곳으로 돌아가 그 전극을 다시 붙이는 것이었다. 또한 많은 의문이 들기 시작했다. 너무 무서워 시도조차 못 하도록 해서 나를 실패하게 만드는 마음속의 악동 같은 괴물들을 떼어낸 나는 누구였지? 그리고 그 목소리들은 어디서 온 거지?"[7]

그 목소리들의 일부는 사회적 편견들의 반복이고, 일부는 개인적 역사의 메아리이며, 일부는 유전적 유산의 발현이다. 이 모두가 합쳐져 보이지 않는 이야기를 창조하고, 그것이 알게 모르게 우리의 의식적인 결정에 영향을 미친다고 샐리는 말한다. 그렇다면 우리가 내면의 독백들을 고쳐쓸 수 있고 심지어 그 독백들을 완전히 침묵시킬 수 있다면 무슨 일이 일어날까?[8]

현재 경두개 자극기 연구는 아직 초기 단계이고, 이 기기가 성숙한 기술이 될지는 두고 볼 일이다. 지금까지 경두개 자극기는 짧은 시간 동안 사람의 능력을 향상시키는 데 도움이 되었을 뿐이고, 샐리 애디가 겪은 20분간의 경험은 꽤 이례적인 사례일 가능성도 있다(또는 그 유명한 위약효과의 결과일 수도 있다). 경두개 자극기에 대한 대부분의 연구논문들은 특수한 상황에 처한 소규모 표본을 바탕으로 한 것이고, 그 장기적 효과와 위험은 전혀 알려져 있지 않다. 하지만 이 기술이 성숙한다면, 또는 뇌의 전기 패턴을 조작하는 다른 방법이 발견된다면, 인간사회와 사람들에게 어떤 영향을 미칠까?

사람들은 단지 테러범들을 더 능숙하게 쏘기 위해서만이 아니라, 자유주의 세계의 일상적인 목표를 달성하기 위해 자신들의 뇌 회로를 조작할 것이다. 즉 그런 조작을 통해 공부와 일을 더 효율적으로 한다든지, 게임과 취미에 더 몰입한다든지, 수학이나 축구 등 특정한 순간의 관심사에 집중할 수 있을 것이다. 하지만 그런 조작이 일상화되면 고객의 자유의지라는 것도 우리가 구매할 수 있는 또 하나의 제품이 될 것이다. 피아노를 능숙하게 치고 싶은데, 연습할 시간만 되면 텔레비전을 보고 싶다고? 문제없다. 헬멧을 쓰고 해당 소프트웨어를 설치하면, 피아노를 치고 싶어 견딜 수 없는 상태가 될 것이다.

물론 당신은 머릿속의 목소리를 죽이거나 키우는 능력이 자유의지를 훼손하기보다는 강화할 거라고 반박할 수 있다. 현재 우리가 자신의 진정한 소망을 실현하는 데 번번이 실패하는 것은 시선을 분산시키는 외부요인 탓인데, 집중력 강화 헬멧 같은 기기의 도움을 받는다면 부모, 성직자, 정치 홍보가, 광고업자, 이웃의 목소리를 줄이고 자신이 원하는 것에 집중할 수 있지 않겠는가. 하지만 곧 보게 되겠지만, 최근의 과학 연구에서 우리는 단 하나의 자아를 지니고 있으며 그러므로 내 진정한 욕망과 외부의 목소리를 구별할 수 있다는 생각은 또 하나의 자유주의 신화에 불과하다는 사실이 폭로되었다.

나는
누구인가?

과학은 자유주의의 자유의지에 대한 믿음뿐 아니라, 개인주의에 대한 믿음도 약화시킨다. 자유주의자들은 우리가 분리할 수 없는 단일한 자아를 가지고 있다고 믿는다. 개인은 분리할 수 없는 존재라는 뜻이다. 물론 내 몸이 약 37조 개의 세포로 이루어져 있고,[9] 내 몸과 마음이 날마다 변형과 변화를 겪는 것은 사실이다. 하지만 내가 진정으로 주의를 기울여 나 자신과 닿으려 하면, 내면 깊은 곳에서 단 하나의 분명하고 진정한 목소리를 발견하게 된다. 그것이 내 진정한 자아이고, 거기서 우주의 모든 의미와 권한이 나온다. 자유주의가 성립하려면 나는 오직 하나의 진정한 자아를 가져야만 한다. 내가 하나 이상의 진정한 목소리를 가진다면 투표소에서, 슈퍼마켓에서 그리고 결혼 시장에서 어떤 목소리에 주의를 기울여야 할지 어떻게 안단 말인가?

하지만 지난 몇십 년 동안 생명과학은 이런 자유주의 이야기가 완전히 신화라는 결론에 도달했다. 단 하나의 진정한 자아란 불멸의 영혼, 산타클로스, 부활절 토끼 같은 것이다. 실제로 내 안 깊은 곳을 들여다보면, 내가 당연하게 여기는 이른바 단일한 실체는 상충하는 목소리들의 불협화음으로 흩어지는데, 그 목소리들 가운데 어떤 것도 '내 진정한 자아'가 아니다. 인간은 나눌 수 없는 존재가 아니다. 인간은 '나눌 수 있는 존재'이다.

인간의 뇌는 두꺼운 신경다발로 연결된 두 개의 반구로 이루어져 있다. 각각의 반구는 몸의 반대쪽을 통제한다. 우반구는 몸의 왼쪽을 통제하고, 왼쪽 시야에서 오는 데이터를 수신하고, 왼팔과 왼다리를 움직인다. 좌반구도 마찬가지이다. 이것은 왜 우반구에 뇌졸중을 앓은 사람들이 때때로 몸의 왼쪽이 없는 것처럼 행동하는지를 설명해준다(그들은 오른쪽 머리카락만 빗질한다든가, 접시의 오른쪽에 있는 음식만 먹는다).[10]

뇌의 두 반구 사이에는 분명한 구분은 아니지만 정서적·인지적 차이도 있다. 대부분의 인지 활동에는 양쪽 반구가 모두 사용되지만 똑같이 사용되는 것은 아니다. 예를 들어 대개 좌반구는 말하기와 논리적 추론에 더 중요한 역할을 하는 반면, 우반구는 공간정보를 처리하는 데 중요한 역할을 한다.

좌우 대뇌반구의 관계를 이해하는 데 돌파구를 마련한 것은 뇌전증 환자들에 대한 연구였다. 심각한 뇌전증의 경우, 뇌의 한 부분에서 일어난 전기폭풍이 다른 부분들로 빠르게 퍼져 급성 발작을 일으킨다. 그런 발작이 일어나는 동안 환자들은 자기 몸에 대한 통제력을 잃으며, 따라서 발작이 잦을 경우 직장생활이나 정상적인 삶이 불가능하다. 20세기 중엽, 다른 모든 치료가 실패하자 의사들은 두 대뇌반구를 연결하는 두꺼운 신경다발을 끊어 한 대뇌반구에서 시작된 전기폭풍이 다른 대뇌반구로 흐르지 못하게 함으로써 증상을 완화시켰다. 이런 환자들은 뇌 과학자들에게 놀라운 데이터를 보유한 금광이었다.

대뇌반구의 연결이 끊긴 환자들에 대한 연구들 가운데, 1981년 노벨생리의학상을 수상한 로저 울코트 스페리 교수와 그의 제자 마이클 S. 가자니가의 연구들이 특히 주목할 만하다. 그중 하나는 한 10대 소년을 대상으로 한 연구이다. 우선 그 소년에게 커서 무엇이 되고 싶은지 물었는데, 소년은 데생화가가 되고 싶다고 대답했다. 이 대답은 논리적 추론과 말하기에 중요한 역할을 하는 좌뇌가 제시한 대답이었다. 그런데 또 하나의 말하기 중추가 소년의 우뇌에 있었고, 그 부위는 음성언어를 제어하지는 못하지만 알파벳 철자가 적힌 조각들을 이용해 단어를 말할 수 있었다. 연구자들은 소년의 우뇌가 뭐라고 말하는지 알고 싶었다. 그래서 책상 위에 글자 만들기 게임 조각들을 펼쳐놓고, 종이 한 장에 이렇게 썼다. '커서 무엇을 하고 싶니?' 그들은 소년의 왼쪽 시야 끝에 그 종이를 놓았다. 왼쪽 시야에서 오는 데이터는 우뇌가 처리한다. 우뇌는 음성언어를 사용할 수 없으므로 소년은 아무 말도 하지 않았다. 하지만 소년의 왼손이 책상 위에서 빠르게 움직이더니 여기저기서 철자 조각들을 모아 이렇게 답했다. '자동차 경주.' 섬뜩한 결과이다.[11]

제2차 세계대전에 참전했던 퇴역군인 환자 WJ가 보인 행동도 마찬가지로 섬뜩했다. 각기 다른 반구가 WJ의 양손을 통제했다. 두 반구의 연결이 끊어져 있어서, 그의 오른손이 문을 열려고 하는데 왼손이 끼어들어 문을 닫으려 하기도 했다.

또 다른 실험에서 가자니가와 그의 연구팀은 좌뇌(말하기에 관여하는 쪽)에 닭의 갈고리 발톱 사진을 휙 보여주는 동시에 우뇌에 눈 내린 풍경을 휙 보여주었다. 환자 PS에게 무엇을 보았느냐고 물었더니, 그는 '닭의 갈고리 발톱'이라고 대답했다. 그런 다음 가자니가는 PS에게 일련의 그림카드를 주고 방금 본 것과 가장 일치하는 사진을 가리키라고 했다. 환자는 오른손(좌뇌가 통제하는 부분)으로 닭 그림을 가리켰지만, 동시에 왼손을 내밀어 눈삽을 가리켰다. 가자니가는 PS에게 가장 중요한 질문을 했다. "왜 당신은 닭과 눈삽을 둘 다 가리켰나요?" 그러자 PS는 대답했다. "아, 닭의 발톱과 가장 일치하는 그림이 닭이고, 닭 우리를 치우려면 삽이 필요하잖아요."[12]

무슨 일이 일어난 것일까? 말하기를 통제하는 좌뇌에는 눈 풍경에 대한 데이터가 전혀 없었고, 따라서 왜 왼손이 삽을 가리켰는지 진짜 이유를 알지 못했다. 그래서 그럴듯한 이야기를 지어낸 것이다. 이 실험을 여러 차례 반복한 뒤, 가자니가는 좌뇌에는 언어능력뿐 아니라 내면의 통역사가 있다고 결론 내렸다. 내면의 통역사는 인생에서 일어나는 사건들을 납득하기 위해 항상 노력하고, 부분적인 단서들을 이용해 그럴듯한 이야기를 지어낸다는 것이다.

또 다른 실험에서 가자니가는 비언어적인 우뇌에 포르노 사진 한 장을 제시했다. 환자는 얼굴을 붉히며 키득거렸다. "뭘 봤죠?" 짓궂은 연구자들이 물었다. "아무것도요. 그냥 섬광이었어요." 그녀의 좌뇌가 대답했다. 그런 다음 그녀는 곧바로 입을 손으로 가린 채 다시 키득댔다. "왜 웃죠?" 연구자들이 집요하게 물었다. 어리둥절해진 좌뇌의 통역사는 합리적인 설명을 하기 위해 고군분투하다가,

방안에 있는 기계들 중 하나가 너무 웃기다고 대답했다.[13]

이 상황은 마치 CIA가 미국 국무부 모르게 파키스탄에 드론 공격을 감행하는 것과 같다. 그 경우 한 기자가 국무부 관계자들에게 그 사건에 대해 물으면, 국무부 관계자들은 그럴듯한 설명을 지어낼 것이다. 국무부 공보관들은 왜 공격 명령이 내려졌는지 전혀 알지 못하기에 이야기를 꾸며내는 것이다. 좌뇌와 우뇌의 연결이 끊긴 환자들만이 아니라 모든 인간이 비슷한 기제를 사용한다. 내 사설 CIA는 내 국무부의 승인 없이 또는 국무부 모르게 어떤 일들을 하고, 그러면 내 국무부는 가장 그럴듯한 이야기를 만들어 나에게 제시한다. 그 국무부는 대개 자신이 지어낸 순전한 판타지를 굳게 믿는다.[14]

**호모 사피엔스
지배력을 잃다**

사람들이 어떻게 경제적 결정을 내리는지 알고 싶어 한 행동경제학자들도 비슷한 결론에 이르렀다. 이 질문을 더 정확하게 표현하면, '누가 이러한 결정을 내리는가'이다. 메르세데스가 아니라 도요타를 사는 것, 태국이 아니라 파리로 휴가를 가는 것, 상하이 증권거래소가 아니라 한국 채권에 투자하기로 결정하는 것은 누구인가? 대부분의 실험들은 이런 결정들을 내리는 단일한 자아는 존재하지 않는다는 것을 보여준다. 오히려 그 결정들은 서로 충돌하는 내적 실체들 사이의 줄다리기 끝에 나온 것이다.

2002년 노벨경제학상 수상자인 대니얼 카너먼은 획기적인 실험을 실시했다. 카너먼은 실험에 자원한 사람들에게 세 부분으로 구성된 실험에 참가해달라고 요청했다. 실험의 첫 번째 '짧은' 부분에서는 참가자들에게 14도의 물이 담긴 그릇에 한 손을 60초 동안 넣고 있게 했다. 고통스러울 듯 말 듯한 정도의 불쾌한 자극이다. 60초 뒤 그들에게 손을 꺼내라고 했다. 그런 다음 실험의 두 번째 '긴' 부분으로 넘어가 참가자들에게 다른 손을 물이 담긴 다른 그릇에 넣게 했다. 온도는 역시 14도였다. 하지만 60초 뒤 참가자들 모르게 뜨거운 물을 용기에 흘려넣어 온도를 15도로 조금 올렸다. 그리고 30초 뒤 손을 빼라고 했다. 일부 참가자들은 '짧은' 부분을 먼저 했고, 나머지 참가자들은 '긴' 부분을 먼저 했다. 그리고 어느 경우든 두 부분이 끝나고 정확히 7분 뒤 실험의 가장 중요한 세 번째 부분에 참여하게 했다. 참가자들은 앞선 두 부분 중 하나를 반복해야 했는데, 어느 부분을 반복할지는 그들 자신이 선택할 수 있었다. 참가자 가운데 80퍼센트가 그들이 덜 고통스러웠다고 기억하는 '긴' 부분을 반복하겠다고 했다.

 이 찬물 실험은 매우 간단하지만, 그 함의는 자유주의 세계관의 근간을 흔든다. 이 실험은 적어도 두 개의 서로 다른 자아가 우리 안에 존재한다는 것을 폭로한다. 바로 경험하는 자아와 이야기하는 자아이다. 경험하는 자아는 순간순간의 의식이다. 경험하는 자아에게 찬물 실험의 '긴' 부분이 더 나빴음은 명백한 사실이다. 처음 60초 동안 14도의 물을 경험하는데, 이것은 '짧은' 부분에서 경험한 것만큼이나 불쾌한 자극이다. 그런 다음 15도의 물을 30초간 더 견뎌야 하는데, 이 부분은 아까보다는 덜 불쾌하지만 쾌감과는 여전히 거리가 먼 느낌이다. 경험하는 자아는 매우 불쾌한 경험에 약간 불쾌한 경험을 더하여 일화 전체를 좀 더 괜찮은 경험으로 만드는 것이 불가능하다.

경험하는 자아는 아무것도 기억하지 못한다. 경험하는 자아는 어떤 이야기도 하지 않고, 중요한 결정을 내릴 때 참조대상이 되지도 않는다. 기억을 끄집어내고 이야기를 하고 중요한 결정을 내리는 것은 모두 우리 안에 있는 매우 다른 실체인 '이야기하는 자아'의 독단이다. 이야기하는 자아는 가자니가의 좌뇌 통역사와 비슷하다. 이야기하는 자아는 과거에 대한 이야기를 만들어내고 미래에 대한 계획을 세우느라 쉴 새 없이 바쁘다. 모든 기자, 시인, 정치인이 그렇듯, 이야기하는 자아도 여러 가지 지름길을 선택한다. 이야기하는 자아는 모든 것을 다 이야기하지는 않고, 대개 중요한 순간과 최종결과만을 이용해 이야기를 엮는다. 경험 전체의 가치는 중요한 순간과 결말의 평균으로 결정된다. 예를 들어 찬물 실험의 짧은 부분을 평가할 때, 이야기하는 자아는 최악의 부분(물이 매우 찼다)과 마지막 순간(물이 여전히 찼다) 사이의 평균을 계산해 "물이 매우 찼다"고 결론 내린다. 실험의 긴 부분에서도 같은 방식으로 계산한다. 최악의 부분(물이 매우 찼다)과 마지막 순간(물이 그리 차지 않았다)의 평균을 내 "물이 약간 더 따뜻했다"고 결론 내린다. 여기서 중요한 점은 이야기하는 자아가 지속시간을 구별하지 못한다는 것이다. 두 부분의 길이가 다르다는 사실은 전혀 중요하지 않다. 따라서 두 부분 중에서 하나를 반복할 때 이야기하는 자아는 긴 부분, 즉 '물이 약간 더 따뜻했던' 부분을 선택한다.

경험을 평가할 때 이야기하는 자아는 경험의 지속시간은 고려하지 않고 '정점-결말 법칙'을 채택한다. 다시 말해 이야기하는 자아는 정점과 마지막 순간만 기억해 둘의 평균으로 경험 전체를 평가하는 것이다. 이것은 우리가 현실에서 내리는 모든 결정에 광범위한 영향을 미친다. 카너먼은 1990년대 초에 경험하는 자아와 이야기하는 자아를 연구하기 시작했는데, 당시 토론토 대학교의 도널드 레델마이어와 함께 대장 내시경 환자들을 연구했다. 대장 내시경 검사는 작은 카메라를 항문을 통해 장 안으로 삽입해 다양한 장 질환을 진단하는 검사이다. 유쾌한 검사는 아니다. 의사들은 이 검사를 조금이라도 덜 고통스럽게 실시하는 방법을 찾으려고 한다. 검사를 빨리 마쳐서 짧은 시간 동안 큰 고통을 초래하는 게 나을까, 아니면 천천히 조심스럽게 검사하는 게 나을까?

이 질문에 대한 답을 찾기 위해 카너먼과 레델마이어는 대장 내시경 검사를 받는 154명의 환자들에게 1분 간격으로 통증의 수준을 보고하게 했다. 0에서 10까지의 척도를 사용했는데, 0은 통증이 전혀 없음을 뜻하고 10은 참을 수 없는 통증을 뜻했다. 그리고 검사가 모두 끝난 뒤 환자들에게 검사의 '전체적인 통증 수준'을 역시 0에서 10까지의 척도로 평가해달라고 요청했다. 전체적인 통증 수준은 분 단위 보고를 누적한 값을 반영할 거라는 예측이 충분히 가능하다. 즉 대장 내시경 시간이 길어질수록 환자가 더 큰 통증을 겪을 것이고, 전체적인 통증 수준도 높아질 것이다. 하지만 실제 결과는 매우 달랐다.

찬물 실험에서처럼, 전체적인 고통 수준은 지속시간과는 무관하게 오직 정점-결말 법칙만을 반영했다. 한 대장 내시경 검사는 8분 동안 지속되었고, 최악의 순간에 환자는 통증 수준을 8이라고 보고

했으며, 마지막 순간 통증 수준을 7로 보고했다. 검사가 끝난 뒤 이 환자는 전체적인 통증 수준을 7.5로 평가했다. 다른 대장 내시경 검사는 24분 동안 지속되었다. 이번에도 정점의 통증 수준은 8이었지만, 검사 마지막 순간에 환자는 통증 수준을 1이라고 보고했다. 이 환자는 전체적인 통증 수준을 겨우 4.5로 평가했다. 검사시간이 세 배 더 오래 걸렸다는 사실 그리고 그 결과 고통의 총합이 훨씬 더 크다는 사실은 그의 기억에 전혀 영향을 미치지 않았다. 이야기하는 자아는 경험의 합계를 내지 않고 경험의 평균을 낸다.

그러면 환자들은 어떤 방법을 선호할까? 짧고 아픈 검사일까, 아니면 길고 조심스러운 검사일까? 이 질문에는 하나의 대답이 존재하지 않는데, 왜냐하면 환자는 적어도 두 개의 자아를 지니고 있고 두 자아는 이해관계가 서로 다르기 때문이다. 당신이 경험하는 자아에게 묻는다면 짧은 검사를 선택할 것이다. 하지만 이야기하는 자아에게 묻는다면 긴 검사를 선호할 텐데, 이야기하는 자아는 최악의 순간과 최종 순간의 평균만을 기억하기 때문이다. 실제로 의사는 이야기하는 자아의 관점에서 검사 막바지에 불필요한 몇 분간의 둔한 통증을 추가해야 한다. 그러면 기억 전체가 덜 고통스러워지기 때문이다.[15]

소아과 의사들은 이 요령을 잘 안다. 수의사들도 마찬가지이다. 많은 의사들이 진료실에 과자 항아리를 두고, 아픈 주사를 놓거나 불쾌한 검사를 실시한 뒤 아이들(또는 개)에게 몇 개를 건넨다. 이야기하는 자아가 병원에 갔던 일을 떠올릴 때, 마지막 10초간의 즐거움이 수분 동안 지속된 불안과 통증의 기억을 지워줄 것이다.

진화는 소아과 의사들보다 더 오래전에 이 요령을 알아냈다. 많은 여성들이 출산하는 동안 참을 수 없는 고통을 겪는다는 사실을 고려하면, 어떤 여성도 두 번 다시 출산하려 하지 않을 것이다. 하지만 분만 마지막 순간과 이후 며칠 동안 산모의 몸에서는 코르티솔과 베타-엔돌핀이 분비되는데, 이 호르몬들은 통증을 줄여주고 안도감, 때로는 고양감까지 불러일으킨다. 나아가 아기에 대한 사랑이 점점 커지고 가족, 친지, 종교적 교의와 국가적 선전의 박수갈채까지 더해져 출산의 경험이 고통에서 긍정적인 기억으로 바뀐다.

텔아비브의 라빈 메디컬 센터에서 실시한 한 연구는 출산에 대한 기억이 정점과 마지막 순간을 주로 반영하는 반면, 총 지속시간은 거의 영향을 미치지 않았음을 입증했다.[16] 또 다른 연구에서는 출산한 지 두 달 된 2,428명의 스웨덴 여성들에게 출산에 대한 기억을 이야기해달라고 요청했다. 90퍼센트의 여성들이 출산의 기억을 긍정적 또는 매우 긍정적으로 보고했다. 물론 그들이 통증을 잊은 것은 아니었다. 28.5퍼센트가 출산의 고통을 상상할 수 있는 가장 큰 고통으로 묘사했다. 하지만 그것이 경험 전체를 긍정적으로 평가하는 데 영향을 미치지는 않았다. 이야기하는 자아는 날카로운 가위와 검은색의 두꺼운 마커를 들고 우리의 경험들을 검토해 끔찍한 몇몇 순간을 잘라낸 뒤 해피엔딩으로 끝나는 이야기를 문서보관소에 보존한다.[17]

인생에서 중요한 선택의 대부분(배우자, 직업, 거주지, 휴가)이 이야기하는 자아에 의해 이루어진다. 당신이 두 가지 휴가 계획 중 하나를 선택할 수 있다고 가정해보라. 하나는 버지니아 주 제임스타운

호모 사피엔스
지배력을 잃다

▲ 동정녀 마리아가 아기 예수를 안고 있는 상징적 그림. 대부분의 문화에서 출산을 트라우마라기보다 경이로운 경험으로 묘사한다.

에 가서 역사적인 식민지 마을, 즉 1607년 북아메리카 본토에 건설된 최초의 영국인 마을을 방문하는 것이다. 다른 하나는 당신이 꿈에 그리던 휴가이다. 알래스카에서 트레킹을 하든, 플로리다에서 일광욕을 즐기든, 라스베이거스에서 섹스, 마약, 도박에 빠지든, 무엇이든 할 수 있다. 하지만 조건이 하나 있다. 꿈에 그리던 휴가를 선택할 경우, 집으로 돌아오는 비행기에 오르기 직전 휴가의 기억을 모조리 지우는 알약을 먹어야 한다. 라스베이거스에서 일어난 일은 영원히 라스베이거스에 남을 것이다. 당신이라면 어떤 휴가를 선택하겠는가? 대부분의 사람들은 제임스타운을 선택할 것이다. 왜냐하면 대부분의 사람들이 이야기하는 자아에 신용카드를 주는데, 이야기하는 자아는 이야기에만 관심을 기울일 뿐, 아무리 압도적인 경험이라도 자신이 기억할 수 없다면 조금도 관심을 갖지 않기 때문이다.

사실을 말하면, 경험하는 자아와 이야기하는 자아는 별개의 실체가 아니라 긴밀하게 얽혀 있다. 이야기하는 자아는 경험을 이야기를 구성하는 중요한 (하지만 유일하지는 않은) 원재료로 이용한다. 그리고 그런 이야기들은 다시 경험하는 자아가 실제로 느끼는 것에 영향을 미친다. 우리는 라마단 때의 금식과 건강검진을 위한 금식, 돈이 없어서 먹지 못하는 배고픔을 다르게 경험한다. 이야기하는 자아가 배고픔에 부여하는 각기 다른 의미들은 매우 다른 경험을 불러일으킨다.

게다가 때때로 경험하는 자아는 이야기하는 자아가 세운 최고의 계획마저 방해할 정도로 강력하다. 예컨대 나는 새해를 맞아 다이어트를 시작하고 매일 운동하기로 결심한다. 이런 중대한 결정은 이야기하는 자아의 독단이다. 하지만 막상 운동할 시간이 되면 경험하는 자아가 우세해진다. 나는 운동하러 가고 싶지 않아서 피자를 주문한 뒤 소파에 앉아 텔레비전을 켠다.

그럼에도 우리 대부분은 자신을 이야기하는 자아와 동일시한다. 우리가 '나'라고 말할 때 의미하는 것은 우리가 하는 경험의 세찬 흐름이 아니라, 우리 머릿속의 이야기이다. 우리는 경험하는 자아

제 3 부

가 겪은 무질서한 인생을 가지고 논리적이고 일관된 이야기를 자아내는 내부 시스템과 우리를 동일시한다. 이야기의 줄거리에 거짓과 누락이 허다하고 여러 번 고쳐쓴 바람에 오늘의 이야기가 어제의 이야기와 앞뒤가 맞지 않는다는 사실은 중요하지 않다. 중요한 것은 우리가 태어날 때부터 죽을 때까지 (그리고 어쩌면 그 이후까지도) 불변하는 단 하나의 정체성을 가지고 있다는 느낌을 항상 받는 것이다. 이 느낌은 내가 나눌 수 없는 개인이며, 우주 전체에 의미를 제공하는 분명하고 일관된 내면의 목소리를 가지고 있다고 믿게 만드는 미심쩍은 자유주의를 야기한다.[18]

인생의
의미

호모 사피엔스
지배력을 잃다

호르헤 루이스 보르헤스의 소설 〈문제 A Problem〉의 주인공은 '이야기하는 자아'이다.[19] 이 소설은 미겔 데 세르반테스의 유명한 소설 《돈 키호테》의 주인공 돈 키호테의 이야기를 다루고 있다. 돈 키호테는 스스로 창조한 상상의 세계에서 거인들과 싸우고, 귀부인 둘시네아 델 토보소를 구하는 전설적인 용사가 된다. 현실 속 돈 키호테는 늙은 시골 신사 알론소 키하노이다. 귀부인 둘시네아는 근처 시골마을에 사는 시골뜨기 소녀이고, 거인들은 풍차이다. 보르헤스는 돈 키호테가 그런 망상에 빠져 실제로 사람을 공격하고 죽이면 어떤 일이 일어날지 궁금했다. 보르헤스는 인간조건에 대한 근본적인 질문을 던진다. 이야기하는 자아가 자아낸 실타래가 우리 자신 또는 주변 사람들에게 중대한 피해를 끼칠 때 어떤 일이 일어날까? 크게 세 가지 일이 일어날 수 있다고 보르헤스는 말한다.

한 가지 가능성은 별일이 일어나지 않는 것이다. 돈 키호테는 실제로 사람을 죽여도 전혀 개의치 않을 것이다. 그는 망상에 너무 깊이 빠져 있어서 실제로 살인을 저지르는 것과 상상 속 풍차 거인들과 결투하는 것 사이의 차이를 인식하지 못한다. 또 한 가지 가능성은 사람의 목숨을 빼앗는 순간 돈 키호테가 공포에 사로잡혀 망상에서 벗어난다는 것이다. 이것은 나라를 위해 죽는 것이 선이라고 믿고 전쟁터에 나간 젊은 신병이 전쟁의 현실에 직면해 철저하게 환멸을 느끼게 되는 것과 같다.

그런데 이보다 훨씬 더 복잡하고 심오한 제3의 가능성이 존재한다. 상상 속 거인들과 싸울 때 돈 키호테는 그저 연기를 하고 있을 뿐이다. 하지만 실제로 누군가를 죽이는 순간 그는 자신의 모든 것을 걸고 그 환상에 매달리는데, 그것은 자신의 비극적인 범죄 행위에 의미를 부여할 방법이 그것밖에 없기 때문일 것이다. 역설적으로 우리는 상상 속 이야기를 위해 많은 것을 희생할수록 그 환상에 집요하게 매달린다. 그 희생과 자신이 초래한 고통에 필사적으로 의미를 부여하고 싶기 때문이다.

정치학에서는 이런 현상을 '우리 아들들의 죽음은 헛되지 않았다' 증후군이라고 부른다. 1915년 이탈리아는 삼국협상에 속해 제1차 세계대전에 참여했다. 이탈리아가 선언한 목표는 트렌토와 트리에스테를 '해방'시키는 것이었다. 이 둘은 오스트리아-헝가리 제국이 '부당하게' 차지한 '이탈리아' 영토였다. 이탈리아 정치인들은 의회에서 핏대를 세우며 역사를 바로잡겠다고 맹세하고 고대 로마의 영광을 되돌리겠다고 약속했다. 수십만 명의 이탈리아 신병들이 "트렌토와 트리에스테를 위하여!"를 외치며 전방으로 갔다. 그들은 그 전쟁이 일방적 승리로 끝날 거라고 생각했다.

하지만 그러지 않았다. 오스트리아-헝가리 군대는 이손조 강을 따라 강력한 방어선을 구축했다. 이탈리아 군대는 열한 번의 피비린내 나는 전투에서 죽기살기로 싸웠지만, 기껏해야 수 킬로미터를 전진했을 뿐 적의 방어선을 뚫지 못했다. 첫 번째 전투에서 이탈리아군은 1만 5,000명의 병사를 잃었다. 두 번째 전투에서는 4만 명을 잃었다. 세 번째 전투에서 다시 6만 명을 잃었다. 열한 번째 교전까지 2년여 기간 동안 이탈리아군은 계속해서 병사를 잃었다. 마침내 오스트리아군은 반격을 가했고, 카포레토 전투로 잘 알려져 있는 열두 번째 전투에서 이탈리아군을 완파하고 베네치아 성문 앞까지 후퇴시켰다. 영광스러운 모험일 줄 알았던 전투는 피바다가 되었다. 전쟁 막바지에 이르렀을 때 전사한 이탈리아 병사는 거의 70만 명에 달했고, 부상자는 100만 명이 넘었다.[20]

첫 번째 전투인 이손조 전투에서 패했을 때, 이탈리아 정치인들에게는 두 가지 선택지가 있었다. 우선 자신들의 실수를 인정하고 평화조약을 제안할 수 있었다. 오스트리아-헝가리 군은 이탈리아에 배상을 요구하지 않았고, 훨씬 더 강한 러시아에 맞서 싸우느라 바빴기 때문에 기꺼이 평화조약을 맺었을 것이다. 하지만 이탈리아 정치인들이 어떻게 전사자 1만 5,000명의 부모, 미망인, 자녀 들을 찾아가 이렇게 말할 수 있었겠는가. "죄송한데 전쟁은 실수였습니

호모 사피엔스
지배력을 잃다

다. 너무 상심하지 마시길 바랍니다만, 당신의 조반니는 헛되이 죽었습니다. 마르코도 마찬가지입니다." 차라리 이렇게 말한다면 모를까. "조반니와 마르코는 영웅입니다! 그들의 죽음으로 트리에스테는 이탈리아 땅이 될 것입니다. 우리는 그들의 죽음을 헛되게 하지 않을 것입니다. 우리는 승리할 때까지 계속 싸울 겁니다!" 정치인들은 당연히 두 번째 안을 선호했다. 그래서 그들은 두 번째 전투로 돌입했고 거기서 다시 4만 명의 병사를 잃었다. 정치인들은 또다시 '우리 아들들의 죽음은 헛되지 않으므로' 계속해서 싸우는 것이 최선이라고 결정했다.

정치인들만 탓할 수는 없다. 대중도 그 전쟁을 계속 지지했다. 전쟁이 끝나고 원했던 영토를 모두 수복하지 못하자, 이탈리아 민주주의는 베니토 무솔리니와 파시스트 일당에게 권력을 넘겨주었고, 그들은 이탈리아가 치른 그 모든 희생에 대한 합당한 보상을 얻어내겠다고 약속했다. 정치인이 전사한 병사의 부모에게 당신의 아들은 이유 없이 죽었다고 말하기 힘들다면, 부모들이 그 사실을 받아들이기

▲ 이손조 전투의 희생자들. 이들의 희생은 헛되었을까?

는 훨씬 더 고통스럽고, 심지어 희생자 본인이 그 사실을 받아들이는 것은 더욱 가혹한 일이다. 다리를 잃은 상이군인이 '내가 어리석어서 자기 잇속만 차리는 정치인들을 믿은 탓에 다리를 잃었어'라고 생각하는 것보다는 차라리 '이탈리아의 영원한 영광을 위해 내 한몸을 희생했어!'라고 생각하는 편이 낫다. 환상을 갖고 사는 것이 훨씬 더 쉬운 것은 그것이 고통에 의미를 부여하기 때문이다.

성직자들은 수천 년 전에 이 원리를 발견했다. 수많은 종교의식과 계명의 근저에 이런 원리가 깔려 있다. 신이나 국가 같은 상상의 실체를 믿게 하려면, 사람들이 가치 있는 뭔가를 희생하게 해야 한다. 희생이 고통스러울수록 그 희생을 바치는 대상의 존재를 더 확실히 믿게 된다. 값비싼 황소를 제우스에게 바치는 가난한 농부는 제우스가 실존한다고 확신할 것이다. 그게 아니라면 그의 어리석은 행동을 어떻게 설명하겠는가? 그 농부는 과거에 황소들을 바친 일이 헛되지 않았다고 믿기 위해 거듭해서 황소를 바칠 것이다. 정확히 같은 이유로, 만일 내가 조국 이탈리아의 영광을 위해 자식을 바쳤거나 공산주의 혁명을 위해 내 다리를 바쳤다면, 나는 그 일만으로도 열렬한 이탈리아 민족주의자 또는 열정적인 공산주의자가 될 수 있다. 이탈리아의 민족신화나 공산당 선전이 거짓이라면, 내 자식의 죽음이나 내 부상이 헛되었음을 인정할 수밖에 없기 때문이다. 그것을 인정할 만큼 용기 있는 사람은 극소수이다.

경제 영역에서도 같은 논리가 작동한다. 1997년 스코틀랜드 정부가 새 의회 건물을 짓기로 했다. 애초 계획으로는 공사에 2년이 걸리고 4,000만 파운드가 들 예정이었다. 하지만 실제로는 5년이 걸렸고 4억 파운드가 들었다. 시공사는 예기치 못한 곤란과 비용이 발생할 때마다 스코틀랜드 정부를 찾아와 더 많은 시간과 돈을 요구했다. 그리고 스코틀랜드 정부는 그런 일이 생길 때마다 이렇게 생각했다. '음, 이 공사에 이미 수천만 파운드를 쏟아부었는데 이제 와서 골조만 남겨둔 채 공사를 그만둔다면 국민의 신임을 완전히 잃을 거야. 4,000만 파운드를 더 승인해주자.' 몇 달 뒤 똑같은 일이 다시 일어났고, 그때는 더더욱 공사를 포기할 수가 없었다. 그리고 그 몇 달 뒤 똑같은 일이 또 반복되었고, 그런 식으로 공사비가 애초에 추산했던 것보다 열 배가 들었다.

정부만 이런 덫에 빠지는 것이 아니다. 기업들도 실패한 사업에 엄청난 돈을 쏟아붓고, 개인들도 파탄 난 결혼생활과 앞날이 보이

▲ 스코틀랜드 의회 건물. 우리가 낸 세금은 헛되지 않았다.

지 않는 직업에 매달린다. 이야기하는 자아는 과거의 고통이 무의미했음을 인정하지 않기 위해 미래에도 계속 고통을 겪는 쪽을 택한다. 내 이야기하는 자아가 지난날의 실수를 인정하려고 할 경우, 줄거리에 반전을 꾀해 실수에 의미를 부여해야 한다. 예컨대 파시스트 퇴역군인은 이렇게 생각할 수 있다. '그래, 내 실수로 다리를 잃었어. 하지만 이 실수 덕분에 전쟁이 지옥임을 깨달았지. 앞으로 남은 인생은 평화를 위한 싸움에 바치겠어. 그러니 결국 내 부상은 의미가 있었던 거야. 나에게 평화의 가치를 가르쳐주었으니까.'

이제 우리는 이야기하는 자아 역시 국가, 신, 돈과 마찬가지로 상상 속 이야기임을 알 수 있다. 우리들 각자는 저마다 이야기를 지어내는 정교한 장치를 갖고 있는데, 그 장치는 경험의 대부분을 버리고, 고르고 고른 몇 가지 표본만 간직한다. 그리고 그것을 우리가 본 영화, 우리가 읽은 소설, 우리가 들은 연설, 우리가 음미한 몽상의 파편들과 뒤섞는다. 그런 다음 그 뒤범벅 속에서 내가 누구이고 어디서 왔고 어디로 가는지에 대한 일관되어 보이는 이야기를 짜낸다. 이 이야기는 무엇을 사랑하고 누구를 증오하고 무엇을 할지 알려준다. 심지어 이 이야기는 줄거리에 필요하다면 내 목숨까지 희생시킨다. 우리 모두는 자기만의 장르를 갖고 있다. 어떤 사람들은 비극 속에 살고, 어떤 사람들은 끝없이 계속되는 종교극 속에서 산다. 어떤 사람들은 마치 액션영화처럼 살고, 적지 않은 사람들이 희극처럼 살아간다. 하지만 이 모든 것은 결국 이야기일 뿐이다.

그렇다면 인생의 의미는 무엇인가? 자유주의는 어떤 외적 실체가 이미 만들어 놓은 의미를 우리에게 제공할 거라고 기대하지 말라고 한다. 오히려 유권자, 소비자, 관객은 저마다 자신의 자유의지를 이용해 자기 인생뿐 아니라 우주 전체의 의미를 만들어내야 한다고.

하지만 생명과학은, 개인이 자유의지를 갖고 있다는 생각은 생화학적 알고리즘들의 집합이 지어낸 허구적 이야기에 불과하다는 주장으로, 자유주의를 뿌리째 뒤흔든다. 뇌의 생화학적 기제들이 한순간의 경험을 일으키고, 그런 경험은 일어나는 순간 사라진다. 그런 다음 또 다른 순간적 경험들이 재빠르게 이어서 일어났다가 사라진다. 이런 순간적 경험들이 모두 더해져 지속되는 본질이 만들어지는 것도 아니다. 이야기하는 자아는 끝이 없는 이야기를 지어내어 이 혼돈에 질서를 부여하려 한다. 그런 경험들은 이 이야기 안에서 저마다 자기 자리를 갖고, 따라서 모든 경험이 지속되는 의미를 가진다. 하지만 아무리 설득력 있고 매력적일지라도 이 이야기는 결국 허구이다. 중세 십자군 전사들은 삶의 의미가 신과 천국에서 온다고 믿었고, 현대의 자유주의자들은 인생의 의미가 개인의 자유로운 선택에서 나온다고 믿는다. 하지만 둘 다 망상에 지나지 않는다.

물론 지금까지 자유의지와 개인의 존재를 의심한 사람이 없었던 것은 아니다. 인도, 중국, 그리스의 사상가들은 2,000년도 더 전에 '개별적인 자아는 환영'이라고 주장했다. 하지만 이런 의심이 경제, 정치, 일상에 실질적인 영향을 미치지 않는다면 실제로 역사를 바꾸지는 못한다. 인간은 인지부조화의 대가라서, 실험실에서는 이것을 믿고, 법원이나 의회에서는 전혀 다른 것을 믿을 수 있다. 다윈이 《종의 기원》을 펴낸 날 그리스도교가 사라지지 않았듯이, 과학자들이 '자유의지를 지닌 개인은 없다'는 결론에 이르렀다고 해서 자유주의가 사라지지는 않을 것이다.

실제로 리처드 도킨스와 스티븐 핑커, 그밖에 새로운 과학적 세계관을 옹호하는 사람들조차 자유주의를 포기할 생각은 하지 않는다. 그들은 수백 페이지에 걸친 박식한 논증으로 자아와 자유의지를 해체한 뒤, 숨이 막힐 듯 놀라운 지적 공중제비를 넘어, 마치 진화생물학과 뇌 과학의 모든 경이로운 발견들은 로크, 루소, 토머스 제퍼슨의 윤리적·정치 이론들과는 아무 관련이 없다는 듯 18세기에 착지한다.

하지만 이설로 간주되는 과학적 통찰이 언젠가 평범한 기술, 일상, 경제구조 안으로 들어오면 이런 이중 플레이를 계속하기가 점점 어려워질 것이고, 우리 또는 우리 후손들에게는 아마 새로운 패키지의 종교적 믿음과 정치제도가 필요할 것이다. 세 번째 천년의 초입에 자유주의가 직면한 위협은 '자유의지를 지닌 개인 따위는 없다'는 철학적 개념이 아니라 구체적 기술들이다. 머지않아 우리는 개인의 자유의지를 전혀 허용하지 않는 엄청나게 유용한 장치들, 도구들, 구조들의 홍수에 직면할 것이다. 민주주의, 자유시장, 인권이 과연 이 홍수 속에서 살아남을 수 있을까?

9

중대한 분리

앞 장에서 우리는 자유주의 철학의 근간을 흔드는 과학의 최신 발견들을 간략하게 살펴보았다. 이제 그 발견들의 실질적 함의를 검토할 차례이다. 자유주의자들이 자유시장과 민주적 선거를 지지하는 이유는, 모든 개인이 저마다 특별한 가치를 가지고 있고, 그들의 자유의지에 의한 선택이 권력의 궁극적 원천이라고 믿기 때문이다. 하지만 21세기에 전개될 세 가지 실질적 상황이 이 믿음을 무용지물로 만들 것이다.

 1. 인간은 경제적·군사적 쓸모를 잃을 것이고, 따라서 경제적·정치적 시스템은 그들에게 큰 가치를 부여하지 않을 것이다.
 2. 시스템은 인간에게서 집단으로서의 가치는 여전히 발견할 테지만, 개인으로서의 가치는 발견하지 못할 것이다.
 3. 시스템은 일부 특별한 개인들에게서 가치를 발견할 테지만, 그런 개인들은 일반 대중이 아니라 업그레이드된 초인간들로 이루어진 새로운 엘리트 집단일 것이다.

세 가지 위협을 자세히 살펴보자. 첫 번째 위협(기술 발전이 인간을 경제적·군사적으로 무용지물로 만들 것이다)이 철학적 수준에서 자유주의가 틀렸음을 증명하지는 못할 테지만, 실질적 수준에서 민주주의, 자유시장, 그밖에 자유주의 제도들이 그런 타격을 과연 견딜 수 있을지 의문이다. 자유주의가 지배적인 이념이 된 것은 그 철학적 논증이 한치의 오류도 없었기 때문이 아니다. 자유주의가 성공한 것은 모든 인간 존재에 가치를 부여하는 것이 정치적, 경제적, 군사적으로 타당했기 때문이다. 근대 산업전쟁들의 대규모 전장에서, 그리고 근대 산업경제의 대량 생산라인에서는 모든 사람이 소중했다. 권총을 쥐거나 레버를 당길 수 있는 한 쌍의 손들은 저마다 가치가 있었다.

호모 사피엔스
지배력을 잃다

1793년 유럽 왕가들은 프랑스 혁명의 싹을 자르기 위해 군대를 보냈다. 파리의 선동가들은 이에 대응해 르베앙마스(levée en masse: 총동원령)를 선포하고 첫 번째 전면전을 펼쳤다. 8월 23일, 전당대회에서 칙령이 발표되었다. "이 순간부터 공화국 땅에서 적을 몰아낼 때까지 모든 프랑스인은 군대에 복무하기 위한 영구적 징집 상태에 들어간다. 젊은 남자들은 전투에 참여하고, 결혼한 남자들은 무기를 만들고 보급품을 날라라. 여자들은 천막과 군복을 만들고 병원에서 봉사하라. 어린이들은 낡은 면직물로 붕대를 만들고, 노인들은 광장에 나와 전사들의 용기를 북돋워주고 왕에 대한 증오와 공화국의 단결을 설파하라."[1]

이 칙령은 프랑스 혁명의 가장 유명한 문서 〈프랑스 인권선언〉을 이해하는 흥미로운 단서가 된다. 이 문서는 모든 시민이 평등한 가치와 평등한 정치적 권리를 가진다는 것을 인정한다. 그런데 보편적 권리가 보편적 징집이 명해진 때와 같은 역사적 순간에 선포된 것은 우연일까? 학자들은 둘 사이의 정확한 관계를 놓고 옥신각신할 테지만, 프랑스 혁명 이후 200년에 걸쳐 민주주의를 방어한 일반적 논증에 따르면, 민중에게 정치적 권리를 부여해야 하는 이유는 독재국가보다 민주주의 국가의 병사와 노동자들이 더 뛰어난 수행 능력을 보여주기 때문이다. 민중에게 정치적 권리를 주면 그들의 동기와 진취적 정신이 고취되고, 이는 전쟁터나 공장에서 유용하다.

따라서 1869년부터 1909년까지 하버드 대학교 학장을 지낸 찰스 W. 엘리엇은 1917년 8월 5일자 〈뉴욕타임스〉에 "귀족들이 조직하고 전제군주가 지배하는 군대보다 민주적인 군대가 더 잘 싸우"고 "민중이 입법을 결정하고 공무원을 선출하고 평화와 전쟁의 문제를 해결하는 나라들의 군대가 생득권과 절대자의 위임에 의해 통치되는 전제군주의 군대보다 잘 싸운다"라고 썼다.[2]

제1차 세계대전 직후 주어진 여성의 참정권을 뒷받침하는 논리도 비슷하다. 전면적인 산업전쟁에서 여성들의 역할이 매우 중요하다는 사실을 깨달은 국가들은 평상시에도 여성들에게 정치적 권리를 줄 필요가 있다고 생각했다. 그리하여 1918년에 우드로 윌슨 대통령은 여성 참정권의 지지자가 되었고 미국 상원에서 이렇게 밝혔다. 제1차 세계대전 동안 "모든 영역, 즉 전통적으로 여성들이 하던 분야뿐 아니라 남성들이 일한 모든 곳과 전투의 주변 및 변두리에서 이루어진 여성들의 활약이 없었다면, 미국과 여타 참전국들은 제대로 싸울 수 없었을 것입니다. 만약 우리가 여성들에게 완전한

참정권을 부여하지 않는다면 우리는 신뢰받지 못할 뿐 아니라 신뢰받을 자격이 없을 겁니다."³

하지만 21세기 남성과 여성 대다수는 군사적 가치와 경제적 가치를 잃을 것이다. 두 번의 세계대전에서와 같은 대량 징병은 더 이상 없을 것이고, 21세기의 가장 진보한 군대는 지금보다 훨씬 더 첨단 기술에 의존할 것이다. 무수한 총알받이 대신, 고도로 훈련된 소수의 병사, 더 적은 수의 특수부대 슈퍼 전사 그리고 정교한 기술을 생산하고 이용할 줄 아는 몇 명의 전문가만 있으면 된다. 무인 드론과 사이버 바이러스를 갖춘 첨단부대가 20세기의 대규모 군대를 대체하고 있고, 장군들은 중요한 결정을 점점 더 알고리즘에 위임한다.

살과 피를 지닌 인간 병사들이 예측불가능하고, 두려움과 배고픔, 피로에 취약하다는 사실은 차치하더라도, 더 이상 인간 병사들이 생각하고 움직이는 시간 척도에서 전투가 진행되지 않을 것이다. 네부카드네자르 시대부터 사담 후세인 시대까지, 수많은 기술적 개선에도 불구하고 전쟁은 유기체의 시간 척도에서 치러졌다. 논의는 몇 시간 동안 지속되었고, 전투는 며칠 연속으로 치러졌고, 전쟁은 수년을 끌었다. 하지만 사이버 전쟁은 단 몇 분 동안 치러질 것이다. 사이버 사령부에서 근무 중인 중위가 뭔가 이상한 낌새를 채고 전화기를 들어 상관에게 보고하면, 상관은 그 즉시 백악관에 알린다. 하지만 대통령이 빨간색 수화기를 집어들 때는 전쟁이 이미 패배로 끝난 뒤이다. 정교한 사이버 공격으로 단 몇 초만에 미국의 전력망이 다운되고, 항공관제센터가 파괴되고, 원자력발전소와

호모 사피엔스
지배력을 잃다

화학설비에 수많은 사고가 일어나고, 경찰, 군대, 정보통신망이 붕괴되고, 금융기록 삭제로 수조 달러가 흔적도 없이 사라져 누구 돈이 얼마인지 아무도 모르는 일이 일어난다. 대중의 과민반응을 억제할 방법은 인터넷, 텔레비전, 라디오 연결을 끊어 국민들이 재난의 규모를 알지 못하게 하는 것뿐이다.

더 작은 규모의 사건으로, 공중에서 드론 두 대가 싸운다고 치자. 한 드론은 어느 벙커에 있는 인간 조작자의 명령이 없으면 사격할 수 없다. 반면 다른 드론은 완전 자동이다. 이 경우 어느 드론이 우세할까? 만약 2093년에 새로운 프랑스 혁명이 일어나고, 노쇠한 유럽연합이 이를 진압하기 위해 드론과 사이보그를 보낸다면, 파리 코뮌은 동원 가능한 모든 해커, 컴퓨터, 스마트폰을 동원할 것이다. 하지만 대부분의 사람들은 인간 방패로 쓰면 모를까 거의 쓸모가 없을 것이다. 오늘날 많은 비대칭전(자원이 몇 배 이상 차이 나는 강대국과 약소국 간의 전쟁―옮긴이)에서 이미 시민들 대다수가 진보한 무기들에 대한 인간 방패 역할로 전락했다는 사실은 의미심장하다.

설령 승리보다 정의에 더 신경을 쓴다 해도, 병사들과 조종사들을 무인 로봇과 드론으로 대체해야 할 것이다. 인간 병사들은 죽이고 강간하고 약탈하는 것은 물론, 똑바로 행동하려 할 때조차 실수로 민간인을 죽이는 일이 허다하다. 오히려 윤리적 알고리즘을 장착한 컴퓨터가 국제사법재판소의 최신 결정을 훨씬 더 쉽게 따를 것이다.

경제 영역에서도, 망치를 들거나 버튼을 누르는 능력의 가치는 점점 줄어들고 있다. 과거에는 인간만 할 수 있는 일들이 많았다. 하지만 지금은 로봇과 컴퓨터가 우리를 따라잡고 있고, 머지않아

▲ 1916년 솜 전투에 참가한 병사들.

▲ 무인 드론.

대부분의 업무를 인간보다 잘할 것이다. 물론 컴퓨터는 사람과 매우 다른 방식으로 작동하고, 컴퓨터가 조만간 사람처럼 될 것 같지는 않다. 무엇보다도 컴퓨터가 곧 의식을 보유하고, 감정과 감각을 경험하게 될 것 같지는 않다. 지난 몇십 년 동안 컴퓨터의 지능은 엄청나게 발전했지만 컴퓨터의 의식은 전혀 발전하지 않았다. 우리가 아는 한 현재의 컴퓨터는 1950년대 컴퓨터의 원형과 똑같이 의식이 없다. 하지만 우리는 중대한 혁명을 목전에 두고 있다. 지능이 의식에서 분리되고 있고, 이로 인해 인간은 경제적 가치를 잃을 위험에 놓여 있다.

지금까지 높은 지능은 발달한 의식과 항상 짝지어 다녔다. 의식을 가진 존재만이 체스를 두고, 자동차를 몰고, 질병을 진단하고, 테러범을 찾아내는 것 같은 높은 지능을 요하는 일들을 수행할 수 있었다. 하지만 지금 우리는 이런 일들을 인간보다 훨씬 잘할 수 있는 새로운 유형의 비의식적 지능을 개발하고 있다. 이런 일들은 모두 패턴 인식을 바탕으로 하는데, 머지않아 비의식적 알고리즘이 인간의 의식보다 패턴 인식을 더 잘하게 될 것이기 때문이다. 여기서 완

호모 사피엔스
지배력을 잃다

전혀 새로운 질문이 생긴다. 둘 중 어느 것이 진정 중요한가? 지능인가, 아니면 의식인가? 이 둘이 항상 짝지어 다니는 한 둘의 상대적 가치를 논하는 것은 철학자들의 소일거리에 불과했다. 하지만 21세기에 이 문제는 절박한 정치적·경제적 쟁점이 되었다. 그리고 군대와 기업은 이것이 "지능은 반드시 있어야 하지만 의식은 선택사항이다"라고 간단히 대답할 수 있는 문제임을 알고 나면 정신이 번쩍 든다.

군대와 기업이 제대로 돌아가려면 지능을 가진 행위자가 반드시 있어야만 하지만, 의식과 주관적 경험은 필요 없다. 살과 피를 지닌 택시 기사의 의식적 경험은 아무것도 느끼지 못하는 무인자동차의 경험과는 비교할 수 없을 만큼 풍부하다. 택시 기사는 서울의 붐비는 거리를 운전하면서 음악을 들을 수 있다. 그가 하늘의 별들을 올려다보며 우주의 신비에 대해 생각하는 순간 그의 마음은 외경심으로 부풀어오를 것이고, 딸이 걸음마를 떼면 벅찬 감정에 눈시울이 뜨거워질 것이다. 하지만 시스템은 택시 기사의 이런 경험들이 필요 없다. 시스템이 원하는 것은 승객을 A지점에서 B지점까지 가능한 한 빠르고 안전하고 적은 비용으로 데려다주는 것이다. 무인자동차가 음악을 듣거나 존재의 마법에 외경심을 느끼지는 않을 테지만, 머지않아 인간 운전기사보다 운전을 훨씬 잘하게 될 것이다.

우리는 산업혁명 때 말들이 맞이했던 운명을 기억해야 한다. 농장에 사는 평범한 말은 냄새를 맡고, 사랑하고, 얼굴을 알아보고, 울타리를 넘는 등 천 가지 일을 포드의 모델 T나 100만 불짜리 람보르기니보다 훨씬 잘할 수 있다. 하지만 그럼에도 자동차가 말을 대체한 것은 시스템이 진정으로 필요로 하는 몇 가지 일에서 더 뛰어 났기 때문이다.

실제로 인간이 택시와 승용차를 모는 것을 전면 금지하고 컴퓨터 알고리즘이 교통을 독점하게 하면, 우리는 모든 자동차를 하나의 네트워크에 연결할 수 있고, 그렇게 하면 자동차 사고를 불가능한 일로 만들 수 있다. 2015년 8월 구글의 시험용 무인자동차 한 대가 사고를 당한 일이 있다. 그 무인자동차는 교차로 앞에서 길을 건너려는 보행자들을 감지하고 브레이크를 밟았지만, 잠시 뒤 세단이 뒤에서 부딪힌 것이다. 세단을 몰던 부주의한 인간 운전사는 도로를 주시하는 대신 우주의 신비를 곰곰이 생각하고 있었을지도 모른다. 양쪽 자동차가 모두 컴퓨터에 연결되어 있었다면 이런 사고는 일어나지 않았을 것이다. 제어 알고리즘이 도로 위 모든 자동차들의 위치와 의도를 알았을 것이고, 자신의 두 꼭두각시가 충돌하도록 내버려두지 않았을 것이다. 이런 시스템은 많은 시간과 돈은 물론 인간의 목숨까지 구하는 한편, 자동차를 운전하는 인간의 경험과 수천만 개의 일자리를 없애버릴 것이다.[4]

어떤 경제학자들은 성능을 높이지 못한 인간은 조만간 완전히 무용지물이 될 거라고 예측한다. 로봇과 3D 프린터가 셔츠 제조 같은 육체노동을 대체하는 한편, 매우 지능적인 알고리즘이 사무직을 대체할 것이다. 은행원과 여행사 직원은 그러잖아도 얼마전 자동화 과정을 겪으면서 이미 멸종위기 직종이 되었다. 우리가 알고리즘을 통해 스마트폰으로 비행기 티켓을 사면 여행사 직원이 몇 명이나 필요할까?

호모 사피엔스 지배력을 잃다

증권거래소에서 일하는 증권사 직원들도 위험하다. 이미 대부분의 증권거래가 컴퓨터 알고리즘에 의해 관리되고 있다. 이런 알고리즘들은 한 사람이 1년 동안 처리할 수 있는 양보다 더 많은 데이터를 1초 만에 처리하고, 인간이 눈 한 번 깜박하기도 전에 그 데이터에 반응한다. 2013년 4월 23일, 시리아 해커들이 연합통신의 공식 트위터 계정을 뚫었다. 13시 07분에 해커들은 백악관이 공격당했고 오바마 대통령이 다쳤다고 트윗했다. 항상 뉴스피드를 지켜보고 있는 주식거래 알고리즘들은 순식간에 반응해 미친 듯이 주식을 팔기 시작했다. 다우존스 지수가 곤두박질쳐 60초 만에 150포인트가 빠졌다. 이는 1360억 달러에 상응하는 손실이었다. 13시 10분, 연합통신은 그 트윗이 해커들의 장난이었음을 밝혔다. 알고리즘들은 후진했고, 13시 13분에 다우존스 지수는 거의 모든 손실을 회복했다.

그보다 3년 전인 2010년 5월 6일, 뉴욕 증권거래소는 훨씬 더 심각한 쇼크를 겪었다. 14시 42분부터 14시 47분까지 5분 만에 다우존스 지수가 1,000포인트 떨어져 1조 달러가 사라졌다. 그런 다음 다시 반등해, 3분이 조금 넘는 시간 동안 폭락 이전 수준을 회복했다. 이것이 바로 초고속 컴퓨터 프로그램들이 우리의 돈을 책임질 때 일어나는 일이다. 이 사건 이후로 전문가들은 이른바 이 '깜짝 폭락Flash Crash' 때 무슨 일이 있었는지 알아내려고 노력해왔다. 알고리즘들이 범인인 것은 밝혀졌지만, 정확히 무엇이 문제였는지는 아직도 모른다. 미국의 몇몇 증권거래인들이 증권거래 알고리즘을 상대로 소송을 제기한 상태인데, 그들은 이런 상황이 기계처럼 빠르게 반응하지 못해 경쟁 자체가 되지 않는 인간에 대한 불공평한 차별이라고 주장한다. 실제로 이것이 권리침해 요건을 충족하는지 따지는 일은 변호사들에게 많은 일거리와 수임료를 제공할 것이다.[5]

그런데 그런 변호사들이 꼭 인간일 필요는 없다. 영화와 TV 시리즈물을 보는 시청자들은 변호사들이 주로 법정에서 "이의 있습니다!"라고 소리치고 열정적인 변론을 하면서 시간을 보내는 줄 알 것이다. 하지만 대부분의 평범한 변호사들은 서류를 끝도 없이 검토하면서 판례, 법적 허점, 증거가 될 수 있는 정보들을 찾는 데 시간을 보낸다. 어떤 변호사들은 존 도(소송 당사자의 본명을 모르거나 밝히고 싶지 않을 때 쓰는 가명—옮긴이)가 살해당한 밤에 무슨 일이 있었는지 알아내느라, 또는 일어날 수 있는 모든 사건에 대해 의뢰인을 보호하는 대규모 사업계약을 작성하느라 바쁘다. 정교한 검색 알고리즘이 인간이 평생 동안 찾을 수 있는 것보다 더 많은 판례를 하루 만에 찾을 수 있다면, 그리고 버튼 하나만 눌러 뇌 영상을 통해 거짓말과 기만이 밝혀질 수 있다면, 변호사들의 운명은 어떻게 될까? 아무리 경험이 풍부한 변호사와 탐정들도 얼굴 표정과 어조만으로 거짓말을 쉽게 잡아내지 못한다. 하지만 거짓말에는 우리가 진실을 말할 때 사용하는 뇌 부위와는 다른 부위가 관여한다. 아직은 아니지만, 기능자기공명 영상 스캐너가 오류가 거의 없는 거짓말 탐지기로서 작동할 수 있을 날이 머지않았다. 그때가 되면 수백만 명의 변호사, 판사, 경찰, 탐정 들은 어디로 갈 것인가? 그들은 학교로 돌아가 새로운 직업교육을 받아야 할 것이다.[6]

하지만 그들이 교실에 가면, 알고리즘이 먼저 그곳에 와 있을 것

호모 사피엔스 지배력을 잃다

이다. 민도조Mindojo 같은 회사들은 사람에게 수학, 물리학, 역사를 가르칠 뿐 아니라 그 사람을 연구해 정확히 어떤 사람인지 알아내는 인터랙티브 알고리즘interactive algorithm을 개발하고 있다. 디지털 교사들은 학생이 제시하는 모든 대답과 그 대답을 제시하는 데 걸린 시간을 면밀하게 살필 것이다. 시간이 흐르면 디지털 교사들은 학생의 장점뿐 아니라 약점까지 알아낼 것이다. 그들은 학생이 무엇에 흥미를 느끼고 무엇에 눈꺼풀이 무거워지는지 알아낼 것이다. 그들은 열역학 또는 기하학을 학생의 성격 유형에 맞는 방식으로 가르칠 수 있을 것이다. 그 특정한 방식이 99퍼센트의 다른 제자들에게는 적합하지 않더라도 상관없다. 이런 디지털 교사들은 인내심을 잃지도, 학생에게 소리를 지르지도, 파업하지도 않을 것이다. 그런데 생각해보면, 그렇게 똑똑한 컴퓨터 프로그램들이 있는 세상에서 굳이 사람이 열역학이나 기하학을 배울 필요가 있을지 모르겠다.[7]

　의사들도 알고리즘의 표적이다. 대부분의 의사들에게 무엇보다 중요한 일은 병을 제대로 진단하고 그런 다음 최선의 치료법을 제안하는 것이다. 만약 내가 고열과 설사 때문에 병원에 간다면, 내 병은 식중독일 수 있다. 하지만 장염, 콜레라, 이질, 말라리아, 암, 또는 미지의 새로운 질병 때문일 가능성도 있다. 의사는 겨우 5분 만에 정확한 진단을 내려야 하는데, 내 건강보험이 그만큼의 비용만 지불하기 때문이다. 5분은 몇 가지 질문과 짧은 검사 정도만 할 수 있는 시간이다. 의사는 그 빈약한 정보를 내 병력 그리고 온 세상의 질병들과 대조한다. 그러나 아무리 부지런한 의사도 내가 전에 앓은 모든 병과 전에 받은 모든 검사를 기억할 수는 없다. 또한 어떤 의사도 모든 병과 약물을 알 수 없고, 모든 의학 학술지에 발표된 모든 논문을 읽을 수 없다. 무엇보다 의사도 피곤하고 배고플 때가 있으며 아프기도 한데, 이 모든 것이 의사의 판단에 영향을 미친다. 그러니 의사들이 종종 오진을 하거나 최선이 아닌 치료법을 권하는 것도 놀라운 일은 아니다.

이번에는 IBM의 유명한 왓슨(2011년 〈제퍼디!〉라는 텔레비전 게임쇼에서 인간 우승자들을 누르고 승리한 인공지능 시스템)을 생각해보자. 현재 개발자들은 병을 진단하는 것 같은 더 진지한 일들을 할 수 있도록 왓슨을 손보고 있다. 왓슨 같은 인공지능은 인간 의사들보다 유리한 점이 엄청나게 많다. 우선 인공지능 자체 데이터뱅크에 지금까지 알려진 모든 질병과 약제에 대한 정보를 저장할 수 있다. 그런 다음 새로운 연구결과들과 전 세계 모든 병원의 의학 통계로 이 데이터뱅크를 매일 업데이트할 수 있다.

둘째로, 왓슨은 내 게놈과 그날그날의 병력뿐 아니라, 내 부모, 형제자매, 사촌, 이웃, 친구 들의 게놈과 병력까지도 알 수 있다. 왓슨은 내가 최근에 열대국가를 방문했는지, 내가 재발성 위염을 앓고 있는지, 내 가족 중에 대장암에 걸린 사람이 있는지, 온 동네 사람들이 오늘 아침에 설사를 했는지 금방 알 것이다.

셋째로, 왓슨은 절대 피곤하거나 배고프거나 아프지 않을 것이고, 모든 시간을 나를 위해 내줄 것이다. 나는 내 집 소파에 편히 앉아 수백 가지 질문에 답하면서, 내가 정확히 어떻게 느끼는지 왓슨에게 말할 수 있다. 이것은 (건강염려증 환자를 제외한) 대부분의 환자들에게 좋은 소식이다. 하지만 만일 당신이 20년 뒤 의사로 일할 생

▲ IBM의 왓슨은 2011년 〈제퍼디!〉에 출연해 두 명의 인간 적수를 이겼다.

각으로 오늘 의대에 입학한다면, 다시 생각해보는 게 좋을 것이다. 왓슨 같은 인공지능이 주변에 있는 한 진료실의 셜록은 필요 없을 테니까.

이런 위협은 비단 일반 의사들만이 아니라 전문의들에게도 도사리고 있다. 실제로 암 진단 같은 비교적 좁은 분야를 전공한 의사들을 대체하기는 훨씬 더 쉽다. 예컨대 최근에 실시한 한 실험에서 컴퓨터 알고리즘은 제시된 폐암 사례들 가운데 90퍼센트를 정확하게 진단한 반면, 인간 의사들의 성공률은 50퍼센트에 그쳤다.[8] 사실 미래는 이미 도착해 있다. CT 검사와 유방촬영 검사는 항상 특수 알고리즘으로 점검하는데, 이러한 알고리즘들이 의사들에게 2차 소견을 제공하고, 때로는 의사들이 놓친 종양을 찾아낸다.[9]

어려운 기술적 문제들이 아직 해결되지 않아서 왓슨 같은 인공지능이 당장 내일 아침부터 대부분의 의사들을 대체하지는 못할 것이다. 하지만 이런 기술적 문제들은 아무리 어렵더라도 언젠가 해결 가능한 문제일 뿐이다. 의사 한 명을 훈련시키는 것은 수년이 소요되는 값비싸고 까다로운 과정이다. 10년간의 공부와 실습기간이 끝나도 고작 한 명의 의사만 생긴다. 두 명의 의사가 필요하면 이 모든 과정을 처음부터 반복할 수밖에 없다. 반면 왓슨에게 존재하는 기술적 문제들을 해결하면, 한 명의 의사가 아니라 세계 어디서든 1년 365일 하루 24시간 대기하는 무수한 의사들을 얻게 된다. 따라서 왓슨 같은 알고리즘이 잘 돌아가게 하는 데 1,000억 달러가 든다 해도, 장기적으로는 인간 의사들을 훈련시키는 것보다 비용이 훨씬 싸다.

물론 인간 의사가 전부 사라지지는 않을 것이다. 평범한 진단보다 높은 수준의 창의력을 요하는 일들은 가까운 미래에도 여전히 인간의 손에 맡겨질 것이다. 21세기 군대가 정예 특수부대의 규모를 키우는 것처럼, 미래의 공공보건 서비스는 육군의 유격대원이나 해군의 특수부대에 해당하는 의료 인력에게 더 많은 기회를 제공할 것이다. 하지만 육군이 더이상 수백만 명의 일반 병사를 필요로 하지 않듯이, 미래의 공공보건 서비스에도 수백만 명의 일반 의사는 필요 없다.

약사들에게도 똑같은 일이 일어날 것이다. 2011년, 로봇 한 대가 운영하는 약국이 샌프란시스코에 문을 열었다. 고객이 약국에 들어서면 그 로봇은 단 몇 초만에 고객이 받은 모든 처방전, 이미 처방된 다른 약제들에 대한 자세한 정보, 의심되는 알레르기 반응들을 받아본다. 그리고 새로 처방하는 약이 다른 약제나 알레르기와 결합해 역효과를 일으키지는 않는지 확인하고, 그런 다음 고객에게 필요한 약을 제공한다. 운영 1년 만에 그 로봇 약사는 200만 건을 조제했고, 단 한 건의 실수도 저지르지 않았다. 인간 약사들이 약을 조제할 때 일으키는 실수는 평균 1.7퍼센트이다. 이로 인한 조제 오류가 미국에서만도 매년 5,000만 건 이상에 이른다!¹⁰

어떤 사람들은 알고리즘이 기술적 측면에서는 의사와 약사보다 잘할지 몰라도 인간미는 결코 대체할 수 없다고 주장한다. 당신이 CT를 찍었는데 암이라는 진단이 나왔다면, 그 소식을 배려와 감정이입 능력을 갖춘 인간 의사에게 듣고 싶겠는가, 아니면 기계에게 듣고 싶겠는가? 그것이 문제라면, 당신의 성격 유형에 맞는 단어를 고르는 배려를 할 줄 알고 감정이입 능력도 있는 기계에게 그 소식을 듣는다면 어떨까? 유기체는 알고리즘이고, 왓슨은 당신의 종양을 알아채는 것만큼이나 당신의 감정 상태를 정확하게 알아챌 수 있다는 사실을 기억하라.

왓슨은 당신의 혈압, 뇌 활성, 그밖에 수많은 생체 데이터를 분석해 당신의 기분이 어떤지 정확하게 알 수 있다. 그런 다음 지금까지 접한 수백만 고객들에 대한 통계자료를 토대로, 당신에게 필요한 말을 당신에게 딱 맞는 어조로 들려줄 수 있다. 인간은 대단한 정서 지능에도 불구하고 자기감정에 압도되어 역효과를 일으키는 방식으로 반응하기 일쑤이다. 예컨대 화난 사람과 마주하면 소리를 지르기 시작하고, 두려워하는 사람의 말을 들으면 내면의 불안이 요동친다. 반면 왓슨은 절대 이런 유혹에 굴하지 않는다. 자기감정이 없으므로 항상 우리의 감정 상태에 맞는 최선의 반응을 한다.

몇몇 고객 서비스 부서들에서 이런 생각을 이미 실행에 옮기고 있다. 시카고에 본사를 둔 매터사이트 코퍼레이션Mattersight Corporation이 개발한 새로운 프로그램이 그 예이다. 매터사이트는 자사 프로그램에 이런 광고를 했다. "누군가를 만나 이야기를 나눴는데 정말 잘 맞는다는 느낌이 든 적 있나요? 그런 마법 같은 느낌은 성격이 찰떡궁합처럼 잘 맞아서입니다. 매터사이트는 전 세계 콜센터들에서 매일 그런 느낌을 만들어냅니다."[11] 당신이 요구사항이나 불만사항을 접수하기 위해 고객센터에 전화하면, 대개 몇 초 뒤 상담원과 연결된다. 반면 매터사이트 시스템은 당신의 전화를 알고리즘과 연결한다. 당신이 전화한 이유를 말하면 알고리즘이 요구사항을 잘 듣고, 당신이 선택한 단어들과 어조를 분석해 당신의 현재 감정 상태뿐 아니라 성격 유형(내성적인지, 외향적인지, 반항적인지, 의존적인지)까지 유추해낸다. 알고리즘은 이 정보에 기반해 당신의 기분과 성격에 가장 잘 맞는 상담원을 골라 연결해준다. 알고리즘은 당신이 불평을 인내심 있게 들어주는 감정이입형 유형을 필요로 하는지, 아니면 가장 빠른 해결책을 제시하는 실용적이고 이성적 유형을 필요로 하는지 안다. 상담원과 잘 맞는다면 고객은 더 기쁠 것이고, 고객센터는 돈과 시간을 덜 낭비할 것이다.[12]

21세기 경제의 가장 중요한 질문은 아마도 '그 모든 잉여 인간은 무엇을 해야 하는가'일 것이다. 거의 모든 것을 더 잘할 수 있는 높은 지능의 비의식적 알고리즘이 생긴다면, 의식을 가진 인간은 무엇을 할 것인가?

그동안의 역사에서 직업시장은 크게 세 부문으로 나뉘었다. 농업, 산업, 서비스업이다. 1800년경까지는 절대 다수의 사람들이 농업에 종사했고, 오직 소수만이 산업과 서비스업에서 일했다. 산업혁명 때 선진국 사람들은 논밭과 목장을 떠났다. 대부분이 산업에 종사하기 시작했지만, 서비스업에 종사하는 사람들도 점점 늘어났다. 최근 몇십 년 동안 선진국들은 산업 부문의 직업들이 점점 사라지는 반면 서비스업 부문이 확장하면서 또 한 번의 혁명을 겪었다. 2010년에는 미국인의 2퍼센트만이 농업에 종사했고, 20퍼센트가 산업에 종사했으며, 78퍼센트가 교사, 의사, 웹디자이너 등으로 일했다. 마음을 갖고 있지 않은 알고리즘들이 인간보다 더 잘 가르치고 진단하고 디자인할 수 있을 때 우리는 무엇을 할 것인가?

이는 전혀 새로운 질문이 아니다. 산업혁명이 일어난 이래로 사람들은 기계화가 대량실업을 초래할까봐 두려워했다. 실제로 그런 일이 일어나지 않았던 것은 옛 직업이 쇠퇴하면서 새 직업이 진화했고, 사람이 기계보다 잘할 수 있는 일이 항상 있었기 때문이다. 하지만 이것은 자연의 법칙이 아니며, 따라서 미래에도 계속 그럴 거라는 보장은 없다. 인간은 두 가지 유형의 기본능력을 가지고 있는데, 육체능력과 인지능력이다. 기계가 육체능력에서만 인간과 경쟁하는 한, 인간이 더 잘하는 인지적 작업들을 늘 찾을 수 있었다. 이렇듯 기계들은 순수한 육체노동을 맡은 반면, 인간은 적어도 몇 가지 인지기술을 요하는 직종에 집중했다. 하지만 알고리즘이 패턴을 기억하고 분석하고 인식하는 일을 우리보다 잘하게 되면 어떤 일이 일어날까?

인간이 언제까지나 비의식적 알고리즘의 능력을 뛰어넘는 특별한 능력을 가질 거라는 생각은 희망적 사고에 불과하다. 이런 몽상에 대한 현시점의 과학적 답변을 세 가지 간단한 원리로 요약할 수 있다.

1. 유기체는 알고리즘이다. 호모 사피엔스를 포함한 모든 동물은 수백만 년의 진화를 거치며 자연선택된 유기적 알고리즘들의 집합이다.
2. 알고리즘의 계산은 계산기를 어떤 물질로 만들든 아무런 영향을 받지 않는다. 주판을 나무로 만들든, 철로 만들든, 플라스틱으로 만들든, 두 알 더하기 두 알은 네 알이다.
3. 따라서 유기적 알고리즘이 비유기적 알고리즘이 절대 하지 못하거나 그보다 뛰어난 일을 할 수 있다고 생각할 이유가 전혀 없다. 계산만 정확하다면, 알고리즘이 탄소로 이루어지든 실리콘으로 이루어지든 무슨 상관인가?

지금은 유기적 알고리즘이 비유기적 알고리즘보다 잘하는 일들이 많은 것이 사실이고, 전문가들은 어떤 일은 '영원히' 비유기적 알고리즘이 할 수 없는 일로 남을 거라고 되풀이해서 단언한다. 하지만 '영원히'는 결국 10~20년으로 밝혀지기 일쑤이다. 얼마 전까지만 해도 사람은 아기들도 쉽게 하지만, 컴퓨터는 지구에서 가장 성능이 뛰어난 컴퓨터도 하지 못하는 일의 대표적 사례로 얼굴 인식이 자주 거론되었다. 하지만 오늘날 얼굴 인식 프로그램은 인간보다 훨씬 더 빠르고 효율적으로 사람들의 얼굴을 인식한다. 경찰과 정보기관은 현재 그런 프로그램을 사용해 감시카메라에 찍힌 어마어마한 분량의 영상을 살펴보면서 용의자와 범인을 추적한다.

1980년대 사람들은 인류의 특별한 본성에 대해 논하면서 인간의 우월성을 보여주는 대표적인 증거로 체스를 자주 거론했다. 당시 사람들은 체스 게임에서 컴퓨터가 인간을 절대 이기지 못할 거라고 믿었다. 하지만 1996년 2월 10일 IBM의 딥블루가 세계 체스 챔피언 가리 카스파로프를 꺾음으로써 인간이 우월하다는 주장을 잠재웠다.

딥블루를 만든 창조자들이 미리 체스의 기본규칙뿐 아니라 체스 전략에 관한 상세한 지식까지 입력해둔 덕분에 딥블루는 처음부터 앞서나갔다. 하지만 새로운 세대의 인공지능은 인간의 조언보다 기계학습(자신의 동작을 스스로 개선할 수 있는 슈퍼 컴퓨터의 능력―옮긴이)을 선호한다. 2015년 2월에 구글 딥마인드가 개발한 한 프로그램은 아타리Atari 사의 마흔아홉 가지 대표적인 게임의 요령을 스스로 터득했다. 개발자 가운데 한 명인 데미스 하사비스 박사는 "우리가 그 시스템에 제공한 정보는 화면의 픽셀들과 높은 점수를 얻어야 한다는 사실뿐이고, 그밖의 모든 것은 스스로 알아내야 했다"고 설명했다. 그 프로그램은 팩맨Pac-Man과 스페이스 인베이더Space Invaders부터 자동차 경주와 테니스 게임까지, 제시된 모든 게임의 규칙들을 학습했고, 그 게임들의 대부분을 인간만큼 또는 인간보다 잘했으며, 때로는 인간 게이머가 생각지도 못한 전략들을 구사하기도 했다.[13]

얼마 뒤, 인공지능은 훨씬 더 극적인 성공을 거두었다. 구글의

▲ 가리 카스파로프를 이긴 딥블루.

알파고 소프트웨어가 바둑 두는 방법을 스스로 터득한 것이다. 바둑은 체스보다 훨씬 복잡한, 고대 중국에서 기원한 전략 보드게임이다. 오랫동안 바둑은 인공지능 프로그램의 능력을 크게 벗어나는 게임으로 여겨졌다. 2016년 3월, 알파고와 한국 최고의 바둑기사 이세돌 9단의 대국이 서울에서 열렸다. 알파고는 전문가들도 깜짝 놀란 비정통적인 수와 독창적인 전략으로 이세돌을 4대 1로 완파했다. 대국 전에는 대부분의 프로 바둑기사들이 이세돌의 승리를 확신했지만, 알파고의 수를 분석한 뒤에는 대부분의 기사들이 게임은 끝났고 인간은 더 이상 알파고와 그 자손을 이길 가망이 없다는 결론을 내렸다.

컴퓨터 알고리즘은 최근 구기 종목에서도 그 가치를 입증했다. 수십 년 동안 야구단은 전문 스카우터와 감독의 지혜, 경험, 육감

호모 사피엔스
지배력을 잃다

으로 선수를 뽑았다. 최고의 선수들은 수백만 달러에 팔렸으니, 당연히 부자 팀이 선수시장의 알짜배기를 차지하고 가난한 팀은 남은 선수들에 만족해야 했다. 2002년, 저예산 팀인 오클랜드 애슬레틱스의 감독 빌리 빈이 이 시스템을 타파하기로 결심했다. 그는 경제학자들과 컴퓨터 괴짜들이 개발한 신비의 컴퓨터 알고리즘에 의지해, 스카우터가 미처 알아보지 못했거나 저평가한 선수들로 팀을 꾸려 우승을 일궈냈다. 구시대의 스카우터들은 빈의 알고리즘이 야구의 전당을 침범했다는 사실에 발끈했다. 그들은 야구선수를 뽑는 일은 고도의 기술이며, 현장에서 오래 경험한 사람들만 그 기술을 숙달할 수 있다고 말했다. 야구의 비밀과 정신을 모르는 컴퓨터 프로그램 따위가 할 수 있는 일이 결코 아니었다.

얼마 지나지 않아 그들은 그 말을 취소해야 했다. 빈의 저예산 알고리즘 팀(4,400만 달러)은 뉴욕 양키스(1억 2,500만 달러) 같은 굴지의 야구팀에 맞서 지지 않았을 뿐 아니라, 아메리칸 리그 최초로 20연승을 거두었다. 하지만 빈과 오클랜드 팀의 성공은 오래가지 않았다. 다른 야구팀들도 금방 똑같은 알고리즘 방식을 채택했고, 뉴욕 양키스와 보스턴 레드삭스 같은 팀들은 선수와 컴퓨터 소프트웨어에 더 많은 돈을 쓸 수 있으므로, 오클랜드 애슬레틱스 같은 저예산 팀들이 시스템을 무너뜨릴 기회는 전보다 훨씬 더 드물어졌다.[14]

2004년 MIT의 프랭크 레비 교수와 하버드 대학교의 리처드 머네인 교수가 직업시장을 심층연구해, 자동화될 가능성이 높은 직업들의 목록을 발표했다. 그들은 가까운 미래에 자동화될 가능성이 거의 없는 직업으로 트럭 운전기사를 꼽았다. 붐비는 도로 위에서 알고리즘이 트럭을 안전하게 운전할 수 있다고는 상상하기 어렵다는 것이다. 하지만 겨우 10년 뒤 구글과 테슬라가 그런 일을 상상하는 것에 그치지 않고 실행에 옮기고 있다.[15]

사실 시간이 갈수록 인간을 컴퓨터 알고리즘으로 대체하기가 점점 더 쉬워지는데, 알고리즘이 더 영리해지고 있기도 하지만, 인간이 전문화되고 있기 때문이기도 하다. 고대 수렵채집인들은 생존하려면 다양한 종류의 기술을 다룰 수 있어야 했다. 그러므로 로봇 수렵채집인을 설계하기는 엄청나게 어려울 것이다. 로봇 수렵채집인은 부싯돌로 창촉을 만들 줄 알아야 하고, 숲에서 먹어도 되는 버섯을 찾아낼 수 있어야 하고, 약초로 상처 부위를 감쌀 줄 알아야 하고, 매머드를 추적할 줄 알아야 하며, 10여 명의 다른 사냥꾼들과 협동할 줄도 알아야 한다.

하지만 지난 몇천 년 동안 인간은 점점 전문가가 되었다. 택시 기사나 심장전문의는 수렵채집인에 비하면 훨씬 좁은 분야의 전문가라서 인공지능으로 대체하기가 더 쉽다.

이 모든 활동을 책임지는 관리자조차 대체 가능하다. 고성능 알고리즘 덕분에 우버(승객과 차량을 이어주는 스마트폰 애플리케이션 서비스—옮긴이)는 단 몇 명의 사람으로 수백만 명의 택시 기사들을 관리할 수 있다. 명령의 대부분이 인간의 감독 없이 알고리즘에 의해 처리된다.[16] 2014년 5월 '딥날리지벤처스Deep Knowledge Ventures'라는 홍콩의 재생의학 전문 벤처회사가 '바이탈VITAL'이라는 알고리즘을 이사로 임명했다고 발표했다. 바이탈은 유망한 기업들의 재정 상태, 임상시험, 지적 재산에 대한 방대한 양의 데이터를 분석해 이

호모 사피엔스
지배력을 잃다

른바 투자 권고를 한다. 나머지 다섯 명의 이사들과 마찬가지로, 이 알고리즘은 그 회사가 특정 기업에 투자할지 말지를 결정하는 표결에 참여하게 된다.

바이탈의 경우는 진지한 조치라기보다 홍보용 깜짝쇼였을지도 모르지만, 수많은 다른 기업들에서 알고리즘은 더욱 독자적인 방식으로 이사회에 참여하고 있다. 공식적인 이사 자격은 여전히 인간으로 제한되겠지만, 인간 이사들의 선택에 알고리즘이 점점 더 큰 영향력을 행사하고 있다. 많은 경우 인간은 알고리즘의 권고를 맹목적으로 따를 뿐이다.[17]

알고리즘이 인간을 직업시장에서 몰아내면 전능한 알고리즘을 소유한 소수 엘리트 집단의 손에 부와 권력이 집중될 것이고, 전례 없는 사회적 불평등이 발생할 것이다. 아니면 그 알고리즘들이 스스로 주인이 될지도 모른다. 현재 인간의 법은 이미 기업이나 국가 같은 상호주관적 실재들을 '법인'으로 인정하고 있다. 도요타나 아르헨티나는 육신도 정신도 없지만 국제법의 적용을 받고, 땅과 돈을 소유할 수 있으며, 제소하거나 피소될 수 있다. 머지않아 우리는 이것과 비슷한 지위를 알고리즘에 부여하게 될 것이고, 그때는 알고리즘이 인간 주인의 바람에 따를 필요 없이 스스로 운송제국이나 벤처금융을 소유할 것이다.

알고리즘이 옳은 결정을 내린다면 큰 돈을 모을 것이고, 그러면 적합하다고 생각하는 곳에 돈을 투자할 수 있을 것이다. 어쩌면 그 알고리즘이 당신의 집을 사들여 당신의 집주인이 될지도 모른다. 만일 당신이 알고리즘의 법적 권리를 침해한다면(가령 월세를 내지 않는다면), 알고리즘은 변호사를 고용해 당신을 고소할 수 있다. 그런 알고리즘이 인간 투자전문가들보다 일관되게 좋은 성과를 낸다면, 지구 대부분을 소유하는 알고리즘 상류층이 생길지도 모른다. 불가능한 말처럼 들리겠지만 그냥 무시해버리지 말고, 이미 지구 대부분의 법적 소유자가 인간이 아니라 국가와 기업 같은 상호주관적 실재들이라는 사실을 떠올려보라. 사실 5,000년 전에도 수메르 땅 대부분의 소유자는 엔키와 이난나 같은 상상 속 신들이었다. 신이 땅을 소유하고 사람들을 고용할 수 있다면 알고리즘은 왜 안 되는가?

그러면 사람은 무엇을 할 것인가? (인간만의) 마지막 성역은 예술이라는 말을 흔히들 한다. 컴퓨터가 의사, 운전기사, 교사, 심지어 지주까지 대체하는 세상이 오면 모든 사람들이 예술가가 된다는 것이다. 하지만 예술 창조가 알고리즘으로부터 안전할 이유는 딱히 없다. 왜 컴퓨터가 인간보다 작곡을 못할 거라고 확신하는가? 생명과학에 따르면, 예술은 마법에 걸린 영이나 형이상학적 영혼의 산물이 아니라, 수학적 패턴을 인식하는 유기적 알고리즘의 산물이다. 그렇다면 비유기적인 알고리즘이 예술을 생산하지 못할 이유가 조금도 없다.

데이비드 코프는 캘리포니아 대학교 산타크루즈 캠퍼스의 음악학 교수이다. 그는 고전음악계에 물의를 빚은 인물이기도 하다. 코프는 협주곡, 합창곡, 교향곡, 오페라를 작곡하는 프로그램을 만들고자 했다. 그의 첫 번째 창조물인 EMI(Experiments in Musical Intelligence: 음악지능실험)는 요한 세바스티안 바흐의 음악풍을 모방하는 데 특화된 프로그램이었다. 만드는 데 7년이 걸렸지만, 일단 완성되자 EMI는 바흐풍의 합창곡을 하루에 5,000곡씩 작곡했다. 코프는 그중 몇 곡을 골라 산타크루즈에서 열린 한 음악축제에서 연주했다. 청중은 경이로운 연주에 열광하며 찬사를 보냈고, 그 음이 자신들의 내면에 얼마나 깊은 울림을 주었는지 흥분해서 설명했다. 그들은 그 곡이 바흐가 아니라 EMI가 작곡한 곡인 줄 몰랐다. 진실이 밝혀지자 어떤 사람들은 큰 실망감에 할말을 잃었고, 또 어떤 사람들은 화를 냈다.

EMI는 계속 향상되어 베토벤, 쇼팽, 라흐마니노프, 스트라빈스키의 곡들을 모방할 수 있게 되었다. 코프가 EMI와 계약하고 발매한 첫 앨범 〈컴퓨터가 작곡한 고전음악 Classical Music Composed by Computer〉은 날개 돋친 듯 팔렸다. 그 유명세는 고전음악 광팬들의 적대감을 샀다. 오리건 대학교의 스티브 라슨 교수는 코프에게 음악 대결을 신청했다. 라슨이 제안한 방법은 전문 피아니스트들에게 바흐, EMI, 라슨의 곡을 연속으로 연주하게 하고, 그런 다음 청중에게 누가 어느 곡을 작곡했다고 생각하는지 투표하게 하는 것이었다. 라슨은 사람들이 심금을 울리는 인간의 작품과 기계가 작곡한 생기 없는 인공물의 차이를 쉽게 구별할 거라고 확신했다. 코프는 도전을 수락했다. 약속된 날, 수백 명의 강사, 학생, 음악팬 들이 오리건 대학교 음악당에 모였다. 연주가 모두 끝나고 투표가 이루어졌다. 결과는 어땠을까? 청중은 EMI의 곡을 바흐 작품으로, 바흐 작품을 라슨의 곡으로, 라슨의 곡을 컴퓨터가 만든 것으로 생각했다.

비평가들은 EMI의 음악이 기술적으로는 빼어나지만 뭔가가 빠져 있다고 줄기차게 주장했다. 너무 정확하다, 깊이가 전혀 없다, 혼이 없다. 하지만 출처를 모르는 상태에서 EMI의 곡을 들은 사람들은 혼이 담겨 있고 정서적 공명을 일으킨다는 바로 그 이유로 그 곡들을 칭찬했다.

EMI의 성공에 이어 코프는 더 새롭고 훨씬 더 정교한 프로그램들을 만들어냈다. 그가 만든 최고의 작품은 '애니Annie'였다. EMI는 미리 정해진 규칙에 따라 작곡한 반면, 애니는 기계학습에 의존한다. 애니의 음악양식은 끊임없이 바뀌고, 외부세계의 새로운 인풋에 반응해 발전한다. 코프는 애니가 다음에 무엇을 작곡할지 전혀 짐작하지 못한다. 사실 애니는 작곡에만 머무르지 않고 하이쿠 같은 다른 예술 분야들로 발전했다. 2011년 코프는 《불타는 밤이 오다: 인간과 기계가 만든 2,000편의 하이쿠Comes the Fiery Night: 2,000 Haiku by Man and Machine》를 펴냈다. 이 책에 실린 2,000편의 하이쿠 가운데 일부는 애니가 쓴 것이고, 나머지는 인간 시인들이 쓴 것이다. 이 책은 누가 어떤 작품을 썼는지 밝히지 않는다. 만일 당신이 인간의 창작물과 기계의 산물을 구별할 수 있다고 생각한다면 언제든 테스트해보라.[18]

19세기 산업혁명은 도시 프롤레타리아라는 거대한 신흥계급을 탄생시켰고, 이 새로운 노동자 계급의 전례 없는 필요, 희망, 두려움에 달리 응답할 길이 없었기 때문에 사회주의가 확산되었다. 자유주의가 결국 사회주의에 승리를 거둔 것은 사회주의 프로그램의 가장 좋은 부분들을 채용했기 때문이었다. 21세기 우리는 '일하지 않는 사람들'이라는 거대한 규모의 새로운 계급이 탄생하는 현장을 목도하게 될 것이다. 그들은 경제적, 정치적, 예술적으로 어떤 가치도 없으며, 사회의 번영, 힘과 영광에 아무런 기여도 하지 못하는 사람들이다. 이 '쓸모없는 계급'은 그저 일자리를 구하지 못한 사람들이 아니라, 일자리를 구할 수 없는 사람들일 것이다.

 2013년 9월, 옥스퍼드 대학교의 연구자인 칼 베네딕트 프레이와 마이클 A. 오스본이 〈고용의 미래 The Future of Employment〉라는 보고서를 펴냈다. 그들은 이 보고서에서 각각의 직종들이 향후 20년 안에 컴퓨터 알고리즘에 밀려날 확률을 조사했다. 프레이와 오스본이 이것을 계산하기 위해 개발한 알고리즘은 현재 미국에 존재하는 직업의 47퍼센트가 고위험군에 속한다고 추산했다. 2033년경 텔레마케터와 보험업자들이 알고리즘에게 일자리를 뺏길 확률은 99퍼센트이다. 같은 일이 스포츠 심판에게 일어날 확률은 98퍼센트, 계산원에게 일어날 확률은 97퍼센트, 요리사에게 일어날 확률은 96퍼센트이다. 웨이터는 94퍼센트이다. 물리치료사는 94퍼센트, 관광가이드는 91퍼센트, 제빵업자는 89퍼센트, 버스 기사도 89퍼센트, 건설노동자는 88퍼센트, 수의사 조수는 86퍼센트, 경비원은 84퍼센트, 항해사는 83퍼센트, 바텐더는 77퍼센트, 기록관리 전문가는 76퍼센트, 목수는 72퍼센트, 인명구조요원은 67퍼센트 등이다. 물론 안전한 직업도 몇 가지 있다. 컴퓨터 알고리즘이 2033년까지 고고학자를 내쫓을 확률은 단 0.7퍼센트이다. 왜냐하면 고고학자라는 직업은 매우 정교한 유형의 패턴을 인식해야 하고 수익이 높지 않기 때문이다. 따라서 기업이나 정부가 향후 20년 내에 고고학을 자동화하기 위해 투자할 확률은 거의 없다.[19]

 물론 2033년까지 가상세계 설계사 같은 새로운 직종이 많이 생길 것이다. 하지만 그런 직종들은 평범한 직업보다 훨씬 더 많은 창의력과 융통성을 요할 텐데, 마흔 살 먹은 계산원이나 보험설계사가 가상세계 설계사로 탈바꿈할 수 있을지는 불투명하다(보험설계사가 창조한 가상세계를 한번 상상해보라!). 그리고 설령 그럴 수 있다 해도, 기술 진보의 속도를 고려하면, 그들은 10년 내에 다시 다른 직업을 구해야 할 것이다. 결국 가상세계를 설계하는 일도 알고리즘이 인간보다 잘할 테니까. 관건은 단순히 새 직업을 창조하는 것이 아니라, 인간이 알고리즘보다 잘하는 새 직업을 창조하는 것이다.[20]

대박을 터뜨리는 기술을 개발한다면, 쓸모없는 대중이 아무것도 시도하지 않아도 그들을 먹이고 부양할 수 있을지도 모른다. 하지만 그들은 무엇에 몰입하고 만족할까? 사람은 뭐라도 해야지 그러지 않으면 미친다. 그들은 하루 종일 무엇을 할까? 약물과 컴퓨터 게임에서 한 가지 해법을 찾을 수 있을 것이다. 쓸모없는 사람들은 점점 더 많은 시간을 3D 가상현실 세계에서 보낼 것이고, 그 세계는 바깥의 따분한 현실보다 훨씬 더 흥미진진하고 정서적 몰입이 잘된다. 하지만 이런 상황은 인간의 생명과 경험이 신성하다고 믿는 자유주의적 신념에 치명타를 가할 것이다. 환상의 세계에서 가짜 경험에 빠져 시간을 보내는 쓸모없는 게으름뱅이들이 뭐가 신성한가?

닉 보스트롬 같은 몇몇 전문가와 사상가들은 인류가 그렇게 추락할 일은 없을 거라고 경고하는데, 왜냐하면 인공지능은 인간의 지능을 능가하는 순간 인류를 절멸시킬 것이기 때문이다. 인공지능은 인류가 자신을 배반해 플러그를 뽑을 거라는 두려움 때문에, 또는 우리로서는 알기 어려운 그들만의 목표를 추구하기 위해 그렇게 할 것이다. 그리고 인간이 자신들보다 더 영리한 시스템의 동기를 제어하기란 극히 어려운 일일 것이다.

그렇다고 그 시스템에 온건한 목표를 미리 프로그래밍할 경우 끔찍한 역효과가 일어날 수 있다. 유명한 시나리오에 따르면, 어느 회사가 최초의 인공 슈퍼 지능을 설계한 다음 그것으로 파이값을 계산하는 것 같은 순수한 테스트를 실시한다. 그러면 무슨 일이 일어나고 있는지 알아차리기도 전에, 인공지능이 지구를 점령하고 인간종족을 제거하고 은하 끝까지 정복전쟁을 펼치고 우주 전체를 거대한 슈퍼 컴퓨터로 바꾸어 무한한 시간 동안 파이값을 훨씬 더 정확하게 계산한다. 결국 그것이 인공지능의 창조자가 그에게 준 신성한 임무니까.[21]

87퍼센트
확률

이 장을 시작할 때 우리는 자유주의가 직면한 몇 가지 실질적 위협들을 확인했다. 첫 번째는 인간이 군사적으로나 경제적으로 쓸모없어질 거라는 점이다. 물론 이것은 가능성일 뿐 예언이 아니다. 기술적 어려움 또는 정치적 반대가 알고리즘이 직업시장에 침입하는 속도를 늦출 것이다. 또는 인간의 마음은 상당 부분 여전히 미지의 영토로 남아 있어서, 인간이 어떤 숨겨진 재능을 발견할지 그리고 어떤 새로운 직업을 만들어 잃어버린 직업을 대체할지 우리는 알 수 없다. 하지만 이러한 논리는 자유주의를 구원하기에 역부족인데, 자유주의는 인간의 가치뿐 아니라 개인주의를 믿기 때문이다. 그래서 자유주의가 직면한 두 번째 위협은, 미래에 시스템이 여전히 인간을 필요로 한다 해도 개인을 필요로 하지는 않을 거라는 점이다. 인간은 계속 작곡을 하고 물리학을 가르치고 돈을 투자하겠지만, 시스템은 인간보다 인간을 더 잘 이해할 것이고, 따라서 인간 대신 대부분의 중요한 결정을 내릴 것이다. 그렇게 함으로써 시스템은 개인들에게서 권한과 자유를 박탈할 것이다.

개인주의에 대한 자유주의의 믿음은 이 책의 앞부분에서 살펴본 세 가지 중요한 가정에 바탕을 두고 있다.

1. 나는 분리할 수 없는 존재이다. 즉 나는 부분이나 하부 시스템들로 분리할 수 없는 단일한 본질을 지니고 있다. 이러한 내적 중심은 여러 겹의 껍데기로 둘러싸여 있다. 하지만 내가 그런 껍데기들을 벗겨내고자 한다면, 내 안의 깊숙한 곳에서 단 하나의 분명한 내적 목소리를 발견할 것이다. 바로 그것이 진정한 나이다.

2. 진정한 나는 완전히 자유롭다.

3. 앞의 두 전제로부터, 다른 누구보다 내가 나 자신에 대해 잘 안다는 결론을 이끌어낼 수 있다. 왜냐하면 내 내면에 있는 자유의지에 접근할 수 있는 사람은 나뿐이고, 진정한 자아의 목소리를 들을 수 있는 사람도 나뿐이기 때문이다. 자유주의가 개인에게 그토록 많은 권한을 부여한 이유가 여기에 있다. 내가 누구이고 어떻게 느끼고 무엇을 원하는지 나 외에는 그 누구도 알 수 없으므로, 나는 나에 대한 선택을 다른 누구에게도 맡길 수 없다. 유권자가 가장 잘 아는 이유, 고객이 항상 옳은 이유 그리고 아름다움이

보는 사람에게 달려 있는 이유가 여기에 있다.

하지만 생명과학은 이 가정 세 가지 모두에 도전한다. 생명과학은 이렇게 주장한다.

  1. 유기체는 알고리즘이고, 인간은 분리할 수 없는 존재가 아니다. 즉 인간은 여러 알고리즘들의 집합으로, 단일한 내적 목소리 또는 단일한 나는 없다.
  2. 인간을 구성하는 알고리즘들은 자유롭지 않다. 이 알고리즘들은 유전자와 환경의 영향을 받고, 자유의지가 아니라 결정론적으로 또는 무작위적으로 결정을 내린다.
  3. 앞의 두 전제로부터, 이론상으로 외부의 어떤 알고리즘이 나보다 나 자신에 대해 훨씬 더 잘 안다는 결론을 이끌어낼 수 있다. 내 몸과 뇌를 구성하는 시스템 각각을 관리 감독하는 알고리즘은 내가 누구이고 어떻게 느끼고 무엇을 원하는지 정확하게 알 수 있다. 그런 알고리즘이 개발되면 유권자, 고객, 보는 사람의 눈을 대체할 수 있을 것이다. 그때는 알고리즘이 가장 잘 알고, 알고리즘이 항상 옳고, 알고리즘의 계산에 아름다움이 달려 있게 될 것이다.

그럼에도 19세기와 20세기에 개인주의에 대한 믿음이 통했던 이유는 나를 효과적으로 관리 감독할 수 있는 외부 알고리즘이 존재하지 않았기 때문이다. 국가와 시장은 그런 알고리즘을 원했겠지만 당시에는 필요한 기술이 존재하지 않았다. KGB와 FBI는 내 생화학, 게놈, 뇌에 대해 막연하게만 알고 있었고, 설령 내 모든 통화를 도청하고 내가 거리에서 경험한 우연한 만남을 모두 기록한다 해도, 그들은 그 모든 데이터를 분석할 연산능력이 없었다. 그러므로 20세기의 기술 조건에서는 나보다 나를 더 잘 아는 사람은 없다고 주장한 자유주의자들이 옳았다. 사람들이 자기 자신을 자율적인 시스템으로 간주하고, 빅브라더의 명령이 아닌 자기 자신의 내적 목소리를 따를 만한 이유가 충분히 있었다.

하지만 21세기의 기술로는 '인류를 해킹해' 나보다 나를 훨씬 더 잘 아는 외부 알고리즘을 만들 수 있을 것이다. 그런 일이 일어나면 개인주의에 대한 믿음은 붕괴할 것이고, 권한은 개인들에서 그물망처럼 얽힌 알고리즘들로 옮겨갈 것이다. 앞으로 사람들은 스스로를 자기 소망에 따라 인생을 운영하는 자율적인 존재로 보는 대신, 네트워크로 얽힌 전자 알고리즘들의 관리와 인도를 받는 생화학적 기제들의 집합으로 보는 데 점점 익숙해질 것이다. 나를 완벽하게 알고 어떤 실수도 하지 않는 외부 알고리즘까지 갈 필요도 없다. 그저 나보다 나를 더 잘 알고 실수를 덜 하는 외부 알고리즘이면 충분하다. 그 정도면 알고리즘에게 나에 관한 점점 더 많은 결정과 인생의 선택들을 맡기기에 충분할 것이다.

의학에 관한 한 우리는 이미 이 선을 넘었다. 병원에서 우리는 더 이상 개인이 아니다. 일생 동안 당신의 몸과 건강에 관한 가장 중요한 결정들을 내리는 사람이 누구일 거라고 생각하는가? 아마 그런 결정들 가운데 다수를 IBM의 왓슨 같은 컴퓨터 알고리즘이 내릴

호모 사피엔스
지배력을 잃다

것이다. 이것은 반드시 나쁜 소식만은 아니다. 당뇨병 환자들은 이미 그렇게 하고 있는데, 그들이 달고 다니는 센서는 하루에 수차례 혈당수치를 자동으로 체크해 위험한 선을 넘을 때마다 알려준다. 2014년 예일 대학교 연구팀은 아이폰으로 제어하는 '인공췌장'에 대한 임상실험에 최초로 성공했다. 당뇨병 환자 52명이 이 실험에 참가했다. 환자들의 위에 작은 센서와 펌프를 이식했고, 이 펌프를 혈당수치를 조절하는 두 호르몬인 인슐린과 글루카곤이 담긴 작은 튜브와 연결했다. 위에 이식한 센서는 수시로 혈당수치를 측정해서 그 데이터를 아이폰으로 전송했다. 그러면 아이폰에 설치된 애플리케이션이 그 정보를 분석해 필요할 때마다 펌프에 명령을 내렸고, 그러면 펌프가 정확한 양의 인슐린 또는 글루카곤을 주입했다. 이 모든 단계에서 인간의 개입은 전혀 필요하지 않았다.[22]

심각한 질환을 앓고 있지 않은 다른 많은 사람들도 몸에 센서와 컴퓨터를 장착하고 건강과 활동을 관리하기 시작했다. 이런 기기들은 스마트폰과 손목시계부터 완장과 속옷에 이르기까지 온갖 것들과 결합해 혈압을 포함한 다양한 생체 데이터를 기록한다. 그 데이터는 정교한 컴퓨터 프로그램으로 전송되고, 그러면 그 컴퓨터 프로그램은 더 건강하고 더 오래 더 생산적인 인생을 살려면 식생활과 하루 일과를 이렇게 바꾸라고 조언한다.[23] 구글은 거대 제약회사인 노바티스Novartis와 손잡고, 눈물을 통해 몇 초에 한 번씩 혈중 포도당 농도를 체크하는 콘택트렌즈를 개발 중이다.[24] 픽시 사이언티픽Pixie Scientific은 아기 똥을 분석해 아기의 질병 여부를 알려주는 '스마트 기저귀'를 판매한다. 마이크로소프트가 2014년 11월에 출시한 마이크로소프트 밴드는 심박수, 수면의 질, 하루 동안 걸은 걸음수를 관리하는 스마트 완장이다. '데드라인Deadline'이라는 애플리케이션은 한 걸음 더 나아가, 현재의 습관을 토대로 당신이 앞으로 몇 년을 더 살지 알려준다.

보통은 깊이 생각하지 않고 이런 앱을 사용하지만, 일부 사람들에게 이런 앱은 종교까지는 아니더라도 이미 하나의 이데올로기이다. 자가측정(Quantified Self: 센서가 내장된 스마트폰이나 웨어러블 컴퓨터가 수집 분석한 자신의 생활정보를 통해 건강을 관리하는 것―옮긴이)을 주도하는 사람들의 주장에 따르면, 자아는 수학적 패턴에 지나지 않는다. 그리고 그 패턴들은 너무 복잡해서 인간의 마음으로는 이해할 수 없다. 따라서 오래된 금언을 따라 '자신을 알고' 싶다면, 철학, 명상, 심리분석에 시간을 낭비하지 말고, 생체 데이터를 체계적으로 수집해 알고리즘에게 분석을 맡겨야 한다. 그러면 알고리즘이 당신이 누구이고 무엇을 해야 하는지 알려줄 것이다. 이 운동의 모토는 '숫자를 통한 자기이해'이다.[25]

2000년 이스라엘 가수 슐로미 샤반이 〈아리크〉라는 노래로 이스라엘 음원차트를 석권했다. 그 노래는 여자친구의 전 남친 아리크에 집착하는 한 남자에 대한 것이다. 그는 자신과 아리크 중에 누가 더 잠자리를 잘하는지 따져묻는다. 그러자 여자친구는 답변을 피하며 저마다 다르다고 말한다. 남자는 만족하지 못하고 다시 묻는다. "숫자로 말해봐." 바로 이런 남자들을 위해, 베드포스트Bedpost라는 회사가 성관계를 하는 동안 착용할 수 있는 생체완장을 판매한다. 이 완장은 심박수, 땀의 양, 시간, 오르가슴 지속시간, 소비한 칼로리 같은 데이터를 수집한다. 그러면 그 데이터가 컴퓨터에 전송되고, 컴퓨터는 그 데이터를 분석해 당신의 성적 능력을 수치로 평가한다. 가짜 오르가슴이나 "어땠어?"라는 질문은 더 이상 필요 없다.[26]

이런 기기들의 쉴 새 없는 중재를 통해 자기 자신을 경험하는 사람들은 스스로를 분리할 수 없는 개인이 아닌 생화학적 시스템들의 집합으로 보기 시작할 것이고, 그들의 결정은 상충되는 다양한 시스템들의 요구를 점점 더 많이 반영할 것이다.[27] 가령 당신에게 일주일에 두 시간 자유시간이 있는데, 그 시간에 체스를 둘지 테니스를 칠지 모르겠다고 치자. 친한 친구는 당신에게 이렇게 묻는다. "네 가슴이 원하는 게 뭔데?" 당신은 "글쎄, 내 가슴은 테니스를 원하는 게 분명해. 내 콜레스테롤 수치와 혈압에도 테니스가 좋고. 하지만 기능자기공명 영상을 찍었더니 왼쪽 전전두 피질을 강화해야 한다고 나왔어. 내 가족 중에 치매를 앓은 사람이 많고 삼촌은 꽤 젊은 나이에 치매에 걸렸어. 최신 연구에 따르면 일주일에 한 번 체스 게임을 하는 것이 치매 발병을 늦추는 데 도움이 된대."

이미 노인병동에서 외부 중재의 훨씬 더 극단적인 사례들을 볼 수 있다. 인본주의는 노년이 지혜와 깨달음의 시기라는 환상을 심어준다. 인본주의가 생각하는 이상적인 노인은 몸은 비록 약하고 병에 걸렸어도 마음만은 빠릿빠릿하고 날카로우며, 80년간의 통찰을 가지고 있는 사람이다. 노인은 사리분별이 정확하고, 손자손녀와 그를 찾는 다른 사람들에게 언제나 훌륭한 조언을 해준다. 하지만 21세기의 80대 노인은 꼭 그렇지만은 않다. 인간의 생물학적 조건을 훨씬 잘 이해하게 된 덕분에, 의학은 우리의 마음과 '진정한 자아'가 해체되고 분해될 때까지 우리를 오래 살려둔다. 그렇게 해서 남는 것은 대체로 모니터, 컴퓨터, 펌프로 유지되는, 기능부전에 빠진 일군의 시스템들이다.

더 깊은 수준에서 보면, 유전학 기술들이 일상으로 파고들면서 사람들이 자신의 유전자를 점점 잘 알게 될수록 단일한 자아의 경계가 더 흐려질 것이고, 진정한 내면의 목소리는 시끌벅적하게 떠드는 유전자들의 소음 속에 묻힐 것이다. 그래서 나는 어려운 딜레마나 결정에 직면할 때 내면의 목소리를 찾는 대신 내면의 유전자 의회에 자문을 구할 것이다.

2013년 5월 14일 앤젤리나 졸리는 〈뉴욕타임스〉에 양쪽 유방 절제술을 받기로 했다는 기사를 냈다. 어머니와 외할머니가 비교적 젊은 나이에 유방암으로 사망한 탓에 졸리는 오랜 세월을 유방암의 그림자 속에서 살아왔다. 유전자 검사 결과, 졸리도 BRCA1 유전자의 위험한 돌연변이를 가지고 있음이 드러났다. 최근 통계조사에 따르면, 이 돌연변이를 가진 여성들은 유방암에 걸릴 확률이 87퍼센트이다. 당시 졸리는 암에 걸리지 않은 상태였지만 그 끔찍한 병을 사전에 막기 위해 양쪽 유방 절제술을 받기로 했다. 기사에서 졸리는 "많은 여성들이 암의 위협 속에서 살고 있는데도 그 사실을 모른다는 것 때문에 내 사생활을 공개하기로 했다. 그 여성들도 유전자 검사를 받기를 바라고, 그래서 만일 고위험군이라면 할 수 있는 일이 있다는 것을 알려주고 싶었다."[28]고 설명했다.

유방 절제술을 받을지 말지 결정하는 것은 생사가 걸린 어려운 결정이다. 수술의 불편함, 위험, 비용, 후속처치 외에도 이 결정은 한 여성의 건강, 신체 이미지, 정서적 행복, 인간관계에 광범위한 영향을 미칠 수 있다. 졸리의 선택과 그 선택을 공개하기로 한 그녀의 용기는 큰 반향을 불러일으켰고, 전 세계가 그녀에게 찬사와 존경을 보냈다. 무엇보다도 그런 홍보는 유전의학과 그 잠재적 혜택들에 대한 인식을 높일 것으로 기대된다.

역사적 관점에서 흥미로운 대목은, 앤젤리나 졸리의 결정에 알고리즘이 중요한 역할을 했다는 것이다. 인생에 대해 그와 같은 중요한 결정을 내릴 때, 그녀는 바다가 내려다보이는 산 정상에 올라가 파도 속으로 지는 태양을 응시하며 내면의 목소리를 들으려고 시도하지 않았다. 대신 그녀는 유전자의 목소리에 귀 기울였고, 그 목소리는 느낌이 아니라 숫자로 이야기했다. 당시 졸리는 통증도 불편함도 없었다. 그녀의 내면은 오히려 이렇게 속삭였다. "괜찮아, 다 잘될 거야." 하지만 졸리의 의사가 사용한 컴퓨터 알고리즘은 다른 이야기를 했다. "지금은 아무 문제도 느끼지 못하지만, 당신의 유전자에는 시한폭탄이 있다. 당장 조치를 취해라!"

물론 졸리의 감정과 독특한 성격도 중요한 역할을 했다. 다른 성격을 지닌 다른 여성이 같은 유전자 돌연변이의 존재를 알았다면 유방 절제술을 받지 않기로 결정했을지도 모른다. 그런데 상황이 그렇게 간단치 않다. 만일 그 여성이 위험한 BRCA1 돌연변이뿐 아니라 (가상의) 유전자 ABCD3에 또 다른 돌연변이가 있다는 사실을 알았고, 그 돌연변이는 확률을 평가하는 데 관여하는 뇌 부위를 손상시켜 위험을 과소평가하게 만든다면 어떨까? 당신의 어머니와 외할머니 그리고 그밖에 여러 친척들이 이런저런 건강상의 위험을 과소평가해 사전 조치를 취하지 않은 탓에 일찍 사망했다고 말한다면 어떨까?

앞으로 당신도 앤젤리나 졸리와 똑같은 방식으로 건강에 관한 중대 결정을 내리게 될 것이다. 당신은 유전자 검사, 혈액검사, 또는 기능자기공명 영상 촬영을 한다. 그러면 알고리즘이 대규모 통계 데이터베이스를 바탕으로 검사결과를 분석해서 알려줄 것이고, 당신은 그 알고리즘의 판단을 받아들일 것이다. 이것은 종말론적 시나리오가 아니다. 알고리즘은 반란을 일으켜 우리를 노예로 만들기보다는 오히려 우리를 위해 유익한 결정을 내려줄 것이고, 그러므로 그 조언을 따르지 않는 것은 미친 짓일 것이다.

앤젤리나 졸리가 처음 주연을 맡은 영화는 1993년작 공상과학 액션영화 〈사이보그 2〉였다. 그 작품에서 졸리는 2074년 핀휠 로보틱스가 기업 스파이와 저격수로 쓰기 위해 개발한 사이보그 '카셀라 리스' 역을 맡았다. 카셀라에게는 인간의 감정이 프로그래밍되어 있는데, 임무를 수행하는 동안 인간사회에 잘 섞이도록 하기 위해서이다. 카셀라는 핀휠 로보틱스가 자신을 제어할 뿐 아니라 자신을 폐기할 것임을 알고 도망쳐 자신의 인생과 자유를 위해 싸운다. 〈사이보그 2〉는 문어발식으로 확장하는 글로벌 기업들에 맞서 자유와 사생활을 지키기 위해 싸우는 개인에 대한 자유주의적 판타지이다.

졸리는 실제 삶에서는 건강을 위해 사생활과 자율을 희생했다. 우리 대부분도 더 건강하게 살고 싶은 비슷한 욕망에 따라 우리의 사적 공간을 보호하는 방호벽들을 기꺼이 무너뜨릴 것이고, 관료들과 다국적 기업들이 우리 내면의 가장 내밀한 곳까지 접근할 수 있도록 허락할 것이다. 예컨대 구글이 우리의 이메일을 읽고 우리의 활동을 추적하도록 허락한다면, 구글은 보건당국이 고지하기 전에 우리에게 유행병주의보를 내릴 수 있다.

현시점에 영국 국립보건원은 런던에 독감이 발생한 사실을 어떻게 알까? 수백 곳의 병원에서 수천 명의 의사들이 보낸 보고서를 분석해서 알아낸다. 그러면 그 의사들은 어떻게 정보를 얻을까? 가령 메리가 어느 날 아침에 일어났는데 몸이 좋지 않더라도 곧장 의사에게 달려가지는 않는다. 그녀는 차에 꿀을 타서 마시면 괜찮아질 거라고 생각하고 몇 시간, 심지어 하루이틀쯤 기다려본다. 그래도 차도가 없으면 진료를 예약하고 병원에 가서 증상을 설명한다. 의사는 이 데이터를 컴퓨터에 입력하고, 그러면 아마도 국립보건원 본부에 있는 누군가가 이 데이터를 수천 명의 다른 의사들이 보내온 보고서들과 함께 분석해 독감이 유행하고 있다는 결론을 내릴 것이다. 이 모든 과정을 거치는 데는 엄청난 시간이 걸린다.

구글은 이 모든 과정을 몇 분 내에 할 수 있다. 런던 시민들이 이메일과 구글 검색엔진에 입력한 단어들을 추적 관찰해서, 그것을 질병 증상 데이터베이스와 대조하기만 하면 된다. 평상시 런던 사람들의 이메일과 검색엔진에 '두통' '열' '구토' '재채기'라는 단어가 10만 번 출현한다고 가정하자. 그런데 오늘은 이 단어들이 30만 번 출현했다고 구글 알고리즘이 알려오면, 당첨이다! 독감이 유행하고 있는 것이다. 메리가 병원에 갈 때까지 기다릴 필요가 없다.

메리가 몸이 좋지 않다고 느낀 그날 아침 출근 전에 "머리가 좀 아프지만 출근할 예정"이라고 직장동료에게 이메일을 보냈다는 사실만 알면 된다.

하지만 구글이 마법을 부리기 위해서는, 구글이 사적인 메일을 읽고 그 정보를 보건당국과 공유하는 것에 메리가 동의해야 한다. 앤젤리나 졸리가 유방암에 대한 의식을 고취하기 위해 자신의 사생활을 기꺼이 희생했다면, 메리도 독감 유행을 막기 위해 비슷한 희생을 하지 못할 이유가 있을까?

이 이야기는 그저 가설이 아니다. 2008년 구글은 실제로 구글 검색어를 감시해 독감 발생을 추적하는 '구글 독감 동향Google Flu Trends'이라는 서비스를 시작했다. 이 서비스는 아직 개발 중이며 개인정보 보호 문제로 아직은 검색어만 추적할 뿐 사적인 이메일은 읽지 않는다고 한다. 하지만 이미 이 서비스를 통해 보건당국보다 열흘이나 빠르게 독감경보를 발령할 수 있다.[29]

더 야심찬 프로젝트는 '구글 기준선 연구Google Baseline Study'이다. 구글은 '완벽하게 건강한 인간'의 유전자 프로필 구축을 목표로 건강에 대한 방대한 데이터베이스를 마련하려고 한다. 그런 프로필을 구축하면 기준선에서 벗어난 사소한 이상징후까지 모두 찾아내, 암 같은 문제가 발생했다는 사실을 아직 초기일 때 알려줄 수 있을 것이다. 기준선 연구는 '구글 핏Google Fit'이라고 불리는 제품군과 연계되어 있다. 구글 핏 제품들은 옷, 팔찌, 신발, 안경 같은 웨어러블 컴퓨터와 결합해 생체정보를 지속적으로 수집하게 될 것이다. 그러니까 구글 핏을 통해 기준선 연구에 필요한 데이터를 얻으려는 것

이 구글의 구상이다.[30]

하지만 구글 같은 회사들은 웨어러블 컴퓨터보다 훨씬 더 깊이 들어가고 싶어한다. 유전자 검사 시장은 현재 하루가 다르게 성장하고 있다. 선두주자 가운데 하나가 23앤드미23andMe인데, 이 회사는 구글의 공동창립자 세르게이 브린의 전 부인인 앤 워치츠키가 창립한 비상장회사이다. 23앤드미라는 이름은 인간의 게놈에 포함된 스물세 쌍의 염색체를 가리키며, 내 염색체는 나와 매우 특별한 관계라는 메시지를 전달한다. 그 염색체들이 무엇을 말하는지 이해할 수 있는 사람들이 당신은 의심조차 하지 않았던 사실들을 말해줄 것이다.

그것이 무엇인지 알고 싶다면, 23앤드미에 99달러를 결제해라. 그러면 당신에게 시험관이 든 작은 소포가 갈 것이다. 그 시험관에 침을 뱉어 캘리포니아 주 마운틴뷰로 보내라. 그곳에서 당신의 침 속 유전자를 판독하면, 결과를 온라인으로 받아볼 수 있다. 당신은 그 결과를 통해 당신이 걸릴 수 있는 질병들의 목록 그리고 대머리에서 실명에 이르는 90여 가지 형질과 상태에 관여하는 유전적 소인들이 있는지 알게 될 것이다. '지금껏 자신을 아는 일'이 이처럼 쉽고 값싼 적은 없었다. 이 모든 일은 통계를 바탕으로 이루어지기 때문에, 정확한 예측은 유전자 검사 회사의 데이터베이스 크기에 달려 있다. 따라서 최초로 거대 유전자 데이터베이스를 구축한 회사가 고객들에게 최선의 예측을 제공하며 시장을 독점할 것이다. 미국의 생명공학 회사들 사이에서는, 미국은 사생활보호법이 엄격하고 중국은 개인의 사생활을 무시하므로, 유전자 시장을 중국에게 고스란히 갖다바치게 되었다고 우려하는 목소리가 높아지고 있다.

흩어져 있는 이 모든 점들을 연결한다면, 그리고 우리가 구글과 그 경쟁사들에게 우리의 생체정보장치, 유전자 검사결과, 의료기록에 자유롭게 접근할 수 있도록 허락한다면, 우리는 전지적 의료보건 서비스를 받게 될 것이고, 그것은 유행병을 퇴치할 뿐 아니라 암, 심장마비, 알츠하이머를 막아줄 것이다. 그런데 구글이 그런 데이터베이스를 손에 쥐면 의료서비스보다 훨씬 많은 일을 할 수 있을 것이다. 영국 록밴드 폴리스의 유명한 노래(1983년 폴리스가 발표한 곡 〈당신의 모든 숨결마다 Every Breath You Take〉—옮긴이) 가사처럼 당신이 쉬는 모든 숨결, 당신이 하는 모든 움직임, 당신이 깨뜨리는 모든 관계를 주시하는 시스템을 상상해보라. 당신의 은행계좌, 심장박동, 혈당수치, 섹스 행각을 감시하는 시스템을. 그런 시스템은 당신 자신보다 당신을 훨씬 더 잘 알 것이다. 사람들을 나쁜 관계, 잘못된 직업, 해로운 습관에 가두는 자기기만과 망상도 구글을 속이지는 못할 것이다. 오늘날 우리를 제어하는 이야기하는 자아와 달리, 구글은 지어낸 이야기를 토대로 하여 결정을 내리지 않을 것이고, 인지적 지름길(인지적 노력을 최소화하기 위해 기존의 편견에 의지하려는 인간의 인지적 성향—옮긴이)과 정점-결말 법칙에 속지도 않을 것이다. 구글은 우리가 걸은 모든 걸음과 우리가 나눈 모든 악수를 실제로 기억할 것이다.

많은 사람들이 의사결정 과정의 대부분을 이런 시스템의 손에 기꺼이 넘길 것이다. 그러지 않더라도, 적어도 중요한 선택에 직면할

<small>호모 사피엔스 지배력을 잃다</small>

때마다 이런 시스템에 자문을 구할 것이다. 구글은 어떤 영화를 보고, 어디서 휴가를 보내고, 대학에서 무엇을 전공하고, 어떤 일자리를 수락할 것인지뿐 아니라, 심지어 누구와 만나고 결혼할 것인지도 조언할 것이다. 이를테면 내가 구글에게 이렇게 말한다. "잘 들어봐, 구글. 존과 폴이 둘 다 나에게 작업을 걸고 있어. 둘 다 좋은데 좋은 면이 달라. 그래서 마음을 정하기가 너무 힘들어. 네가 아는 사실들을 모두 고려해 나에게 조언 좀 해줄래?"

그러면 구글은 이렇게 대답할 것이다. "나는 네가 태어난 날부터 너를 알고 있었어. 네 이메일을 모두 읽었고, 네 통화를 모두 기록했고, 네가 좋아하는 영화들, 네 유전자 정보, 네 심장 기록도 모두 갖고 있어. 네가 데이트한 정확한 날짜도 보관하고 있으니, 존이나 폴과 만날 때마다 네 심장박동, 혈압, 혈당수치를 초 단위로 기록한 그래프를 원한다면 보여줄 수 있어. 필요하다면 네가 그들과 가진 모든 성관계의 정확한 순위도 제공할 수 있어. 그리고 당연히 나는 너를 아는 것만큼 그들도 잘 알아. 이 모든 정보, 내 뛰어난 알고리즘, 수많은 관계에 대한 수십 년에 걸친 통계자료를 토대로, 나는 너에게 존을 선택하라고 권해. 장기적으로 그와 함께할 때 더 만족스러울 확률이 87퍼센트야."

"나는 너를 잘 아는데, 너는 이 답변이 마음에 들지 않을 거야. 존보다 폴이 훨씬 더 잘생겼지. 너는 외모를 중시하니까, 내가 '폴'이라고 말해주기를 내심 바랐을 거야. 물론 외모는 중요하지. 하지만 네가 생각하는 것만큼은 아니야. 수만 년 전 아프리카 사바나에서 진화한 네 생화학적 알고리즘은 배우자감을 전반적으로 평가할 때

제 3 부

470

외모에 두는 비중이 35퍼센트야. 하지만 최신 연구와 통계를 바탕으로 하는 내 알고리즘은 외모가 사랑하는 관계에 장기적으로 미치는 영향은 14퍼센트에 불과하다고 말해. 그러니 폴의 외모를 고려한다 해도 네가 존과 함께하는 게 더 낫다고 생각해."[31]

이런 충실한 상담 서비스를 받는 대가로 우리가 포기해야 하는 것은 인간은 분할할 수 없는 존재이며 각 개인은 무엇이 선이고 무엇이 아름다움이고 무엇이 인생의 의미인지 결정할 자유의지를 갖고 있다는 개념뿐이다. 인간은 더 이상 이야기하는 자아가 꾸며내는 이야기들의 지시를 따르는 자율적 실체들이 아니라, 거대한 전 지구적 네트워크의 필수불가결한 일부가 될 것이다.

호모 사피엔스 지배력을 잃다

자유주의는 이야기하는 자아를 신성시하고, 투표소, 슈퍼마켓, 결혼시장에서 선택할 권한을 이야기하는 자아에게 준다. 수백 년 동안 그렇게 하는 것이 합리적이었던 것은 이야기하는 자아가 온갖 종류의 허구와 판타지를 믿는다 해도 그만큼 나를 잘 아는 시스템이 없었기 때문이다. 하지만 이제 나를 더 잘 아는 시스템이 생겼는데 이야기하는 자아에게 계속 권한을 맡기는 것은 무모한 일일 것이다.

민주적 투표 같은 자유주의적 관행들은 머지않아 낡은 것이 될 텐데, 내 정치적 견해를 표현하는 일조차 구글이 나보다 더 잘할 것이기 때문이다. 내가 기표소 안에 서 있을 때 자유주의는 진정한 자아와 의논해서 내 진정한 욕망을 반영하는 당 또는 후보를 선택하라고 지시한다. 하지만 생명과학은 기표소 안에 있는 나는 지난 선거 이래로 수년 동안 느끼고 생각한 것을 전부 다 기억하지 못한다고 지적한다. 게다가 선거유세, 그럴듯한 해석, 무작위적인 기억들의 공세 속에서 내 선택은 왜곡될 가능성이 크다. 카너먼의 냉수 실험에서처럼, 이야기하는 자아는 정치에서도 정점-결말 법칙을 따른다. 즉 대다수의 사건들은 잊고 극단적인 몇 가지 사건만을 기억하며, 최근에 발생한 일들에 지나치게 무게를 둔다.

나는 지난 4년 동안 총리의 정책에 계속 불만을 느꼈고, 마음속으로나 주변의 친한 사람들에게 그가 '나라를 망칠 것'이라고 말했다. 하지만 선거 몇 달 전부터 정부는 세금을 깎아주고 돈을 후하게 쓴다. 집권 여당은 최고의 카피라이터들을 고용해 내 뇌의 두려움 중추에 호소하는 위협과 약속을 적절히 섞어가며 탁월한 선거운동을 펼친다. 게다가 투표 당일 아침에 일어나니 감기 기운까지 있다. 그런 몸 상태가 내 정신 과정에 영향을 미쳐, 나는 다른 무엇보다도 안전과 안정이 최고라고 생각한다. 그렇게 해서 맙소사! 나는 '나라를 망칠' 사람을 다시 차기 4년 동안의 총리로 당선시킨다.

나 대신 투표할 권한을 구글에게 주었다면 이런 결과는 피할 수 있었을 것이다. 당신도 알다시피 구글은 어제 태어나지 않았다. 최근의 감세정책과 선거공약을 무시하지는 않지만, 지난 4년 동안 일어난 일도 기억한다. 구글은 내가 조간신문을 읽을 때마다 내 혈압이 얼마나 올라갔는지, 내가 저녁 뉴스를 시청하는 동안 내 도파민 수치가 얼마나 급감했는지 안다. 구글은 홍보전문가들의 텅 빈 슬로건을 가려낼 줄 안다. 또한 투표하는 사람이 아프면 평소보다 약간 오른쪽으로 기운다는 사실을 알고 그 점을 보정할 것이다. 그러므로 구글은 나의 일시적 마음 상태나 이야기하는 자아의 판타지에 따르지 않고, '나'라고 표현되는 생화학적 알고리즘들의 진정한 느낌과 관심에 따라 투표할 수 있을 것이다.

물론 구글도 항상 옳은 선택만 하는 것은 아니다. 따지고 보면 이 모든 과정은 단지 확률일 뿐이다. 하지만 그 정도면 충분하다고 느낄 만큼 구글이 옳은 결정을 한다면, 사람들은 구글에게 점점 더 많은 권한을 넘겨줄 것이다. 시간이 갈수록 데이터베이스는 커질 것이고, 통계는 더 정확해질 것이고, 알고리즘은 더 개선될 것이다. 그리고 이 모든 것은 더 나은 결정으로 이어질 것이다. 물론 그런 시스템이 나를 완벽하게 알지는 못할 것이고, 결점이 없지도 않을 것이다. 하지만 그럴 필요까지 없다. 그 시스템이 나보다 나를 더 잘 알기만 하면 그날로 자유주의는 붕괴할 것이다. 대부분의 사람들이 자기 자신을 잘 모른다는 사실을 고려하면, 이런 일은 생각보다 쉽게 일어날 것이다.

구글의 적수 페이스북이 의뢰한 최신 연구는 페이스북 알고리즘이 이미 한 사람의 성격과 기질을 그 사람의 친구나 부모 또는 배우자보다 더 잘 안다는 사실을 보여주었다. 그 연구는 페이스북 계정을 갖고 있으며 성격에 관한 백 문항짜리 설문지에 답변한 86,220명의 지원자들을 대상으로 실시되었다. 페이스북 알고리즘은 참가자들의 답변을 페이스북의 '좋아요'(그들이 '좋아요'를 한 웹페이지, 이미지, 영상 클립)를 추적 관찰한 자료를 토대로 예측했다. '좋아요'가 많을수록 예측이 정확했다. 그런 다음 알고리즘의 예측을 직장동료, 친구, 가족, 배우자의 예측과 비교했다. 놀랍게도 알고리

호모 사피엔스 지배력을 잃다

즘이 직장동료보다 더 잘 예측하기 위해서는 열 개의 '좋아요'만으로 충분했다. 친구보다 잘 예측하기 위해서는 70개의 '좋아요', 가족보다 더 잘 예측하기 위해서는 150개의 '좋아요', 배우자보다 잘 예측하기 위해서는 300개의 '좋아요'가 필요했다. 다시 말해, 당신이 페이스북에서 클릭한 '좋아요'가 300개라면, 페이스북 알고리즘이 당신의 남편이나 아내보다 당신의 견해와 욕망을 더 잘 예측할 수 있다는 뜻이다!

일부 영역에서는 페이스북 알고리즘이 그 사람 본인보다 더 잘 예측했다. 참가자들에게 자신의 약물사용 정도나 사회관계망의 규모 같은 것들을 평가하게 했더니, 그들의 판단이 알고리즘의 판단보다 정확성이 떨어졌다. 그 연구는 결론에서 이렇게 예측한다(페이스북 알고리즘의 예측이 아니라, 연구논문 저자들의 예측이다). "사람들은 활동, 진로, 연애 상대 같은 인생의 중요한 결정을 내릴 때 자신의 심리적 판단을 포기하고 컴퓨터에 의존할 것이다. 이런 데이터에 의존한 결정이 사람들의 삶을 개선할 가능성이 있다."[32]

같은 연구가 암시하는 불길한 가능성에 따르면, 다음 미국 대선에서는 페이스북이 수천만 미국인의 정치적 견해뿐 아니라, 그들 가운데 누가 중요한 부동표인지, 그 표들이 어느 쪽으로 갈지도 알 수 있을 것이다. 페이스북은 오클라호마 주가 공화당과 민주당의 초접전 지역임을 알려줄 수 있고, 마음을 아직 정하지 못한 유권자가 3만 2,417명임을 확인해줄 수 있고, 그 부동표를 가져오기 위해 각 후보가 무슨 말을 해야 하는지도 알 수 있다. 이 값비싼 정치 데이터를 페이스북이 어떻게 입수하느냐고? 우리가 그것을 무료로 제공한다.

유럽 제국주의의 전성기에 스페인 정복자들과 상인들은 색깔 있는 구슬들을 주고 섬과 나라를 통째로 샀다. 21세기 대부분의 사람들이 여전히 가지고 있는 값진 자료는 아마 개인적 데이터베이스일 것이다. 그런데 우리는 겨우 이메일 서비스와 웃긴 동영상을 제공받는 대가로 첨단 기술기업에게 그 데이터를 넘기고 있다.

신탁에서
주권으로

구글과 페이스북, 그밖의 다른 알고리즘들이 모든 것을 아는 신탁이 되면, 그다음에는 대리인으로 진화하고 마침내 주권자로 진화할 것이다.[33] 이 경로를 이해하기 위해 요즘 많은 운전자들이 사용하는 GPS 기반의 내비게이션 애플리케이션 '웨이즈Waze'의 사례를 살펴보자. 웨이즈는 단순히 지도가 아니다. 수백만 사용자들이 교통체증, 자동차 사고, 경찰차에 대한 정보를 끊임없이 업데이트한다. 그 결과 웨이즈는 어느 길로 가면 심한 정체를 피할 수 있는지 알고 목적지로 가는 가장 빠른 길로 사용자를 안내한다. 교차로에서 사용자의 직감은 우회전을 하라고 말하지만 웨이즈는 좌회전을 하라고 지시할 때, 사용자는 곧 자신의 직감보다 웨이즈의 말을 듣는 게 더 낫다는 사실을 알게 된다.[34]

처음에는 웨이즈 알고리즘이 그저 신탁 같은 역할을 하는 것처럼 보인다. 우리가 질문을 하면 신탁이 답하지만, 결정하는 것은 우리 몫이다. 하지만 신탁이 우리의 신뢰를 얻으면, 그다음은 대리인

호모 사피엔스
지배력을 잃다

으로 변신하기 마련이다. 우리는 알고리즘에 최종 목표만 부여하고, 그러면 우리가 감독할 필요 없이 알고리즘이 알아서 그 목표를 실현한다. 웨이즈의 경우 우리가 무인자동차에 웨이즈를 연결하고 "집까지 가장 빠른 길로 가줘" 또는 "가장 경치 좋은 길로 가줘" 또는 "오염을 최소로 일으키는 길로 가줘"라고 말할 때 그런 일이 일어나는 것이다. 명령은 우리가 하지만, 그 명령을 실행하는 것은 웨이즈의 몫이다.

마지막으로, 웨이즈는 주권자가 될 것이다. 엄청난 힘을 쥐고 우리보다 훨씬 많은 것을 알게 된 웨이즈는 우리를 조종하고 우리의 욕망을 주무르고 우리 대신 결정을 내리기 시작할 것이다. 예를 들어 웨이즈가 너무나 훌륭해서 모든 사람이 사용한다고 가정하자. 그리고 1번 도로는 막히지만 2번 도로는 비교적 소통이 원활하다고 가정하자. 웨이즈가 모든 운전자에게 그 사실을 알려준다면, 모든 운전자가 2번 도로로 몰려 결국 그 도로도 막힐 것이다. 모두가 같은 신탁을 이용하고 모두가 그 신탁을 믿을 때, 신탁은 주권자로 변한다. 그리하여 웨이즈는 우리 대신 생각해야 한다. 예컨대 2번 도로가 소통이 원활하다는 것을 절반의 운전자들에게만 알려주고, 나머지 절반에게는 이 정보를 비밀로 하는 것이다. 그렇게 함으로써 2번 도로를 막히지 않게 하면서 1번 도로의 체증을 해소할 수 있다.

마이크로소프트는 '코타나Cortana'라는 훨씬 더 정교한 시스템을 개발 중이다. 코타나는 마이크로소프트의 인기 비디오 게임 시리즈 〈헤일로〉에 등장하는 인공지능 캐릭터의 이름이다. 마이크로소프트는 앞으로 출시할 새로운 버전의 윈도우에 일종의 개인 비서인 코타나를 필수사양으로 넣을 계획이다. 사용자들은 코타나가 파일, 이메일, 응용프로그램에 접근할 수 있도록 승인하라는 권유를 받을 것이고, 그렇게 하면 코타나는 사용자에 대해 알아내 수많은 문제에 대한 조언을 제공할 뿐 아니라, 사용자의 이익을 대변하는 가상 대리인이 될 것이다. 코타나는 당신에게 아내의 생일선물을 사라고 알려주고, 선물을 선택하고, 레스토랑에 자리를 예약하고, 저녁 먹기 한 시간 전에 약을 먹으라고 알려줄 수 있다. 또한 코타나는 당신에게 지금 읽기를 멈추지 않으면 사업상 중요한 회의에 늦을 거라고 알려줄 수 있다. 그리고 당신이 회의에 들어가려고 할 때, 혈압이 너무 높고 도파민 수치가 너무 낮다고 알려주며, 과거의 통계를 보면 그런 상황에서 당신이 사업상의 심각한 실수를 하곤 했다고 충고할 것이다. 그럴 때는 모든 문제를 잠정적인 상태로 두고 확답이나 서명을 피하는 것이 좋다.

코타나가 신탁에서 대리인으로 진화하면 주인들 대신 자기들끼리 직접 이야기하기 시작할 것이다. 처음에는 내 코타나가 당신의 코타나에게 연락해 약속 장소와 시간을 잡는 것과 같은 단순한 일로 시작할 것이다. 하지만 어느 순간 정신을 차리고 보면, 내가 입사 지원한 회사의 인사팀장이 나에게 이력서를 보낼 필요 없이 자신의 코타나가 내 코타나를 면접 볼 수 있도록 해달라고 말한다. 또는 나에게 관심 있는 이성의 코타나가 내 코타나에게 접근해 서로 정보를 교환하며 두 사람이 좋은 짝인지 결정한다. 물론 이 모든 일은 그들의 주인들이 전혀 모르는 상태에서 이루어질 것이다.

코타나가 권한을 얻으면 주인의 이익을 위해 상대의 코타나를 교묘히 조종하기 시작할 것이고, 그 결과 직업시장 또는 결혼시장에서의 성공이 점점 더 코타나의 자질에 따라 판가름날 것이다. 그래서 최신 버전의 코타나를 소유한 부자들은 구버전을 소유한 가난한 사람들보다 결정적 우위를 점할 것이다.

그런데 여기서 가장 애매한 문제는 코타나가 섬기는 주인의 정체성에 대한 것이다. 앞에서 보았듯이, 인간은 나눌 수 없는 존재가 아니며 통일된 하나의 자아를 갖고 있지 않다. 그러면 코타나는 누구의 이익을 위해 일할까? 내 이야기하는 자아가 새해부터 다이어트를 시작하고 매일 운동하기로 결심한다고 치자. 하지만 일주일 뒤 운동하러 갈 시간이 되자 내 경험하는 자아가 코타나에게 텔레비전을 켜고 피자를 주문하라고 시킨다. 이때 코타나는 어떻게 해야 할까? 경험하는 자아의 명령을 따라야 할까, 아니면 이야기하는 자아가 일주일 전에 한 결심을 따라야 할까?

당신은 코타나가 알람시계와 무엇이 다르냐고 물을지도 모른다. 이야기하는 자아가 저녁에 맞춰놓으면 출근시간에 경험하는 자아를 깨워주는 알람시계와 뭐가 다른가? 하지만 코타나는 알람시계보다 나에 대한 권한을 훨씬 많이 가질 것이다. 경험하는 자아는 버튼을 눌러 알람시계를 끌 수 있다. 하지만 코타나는 나를 너무 잘 알아서, 자신의 '조언'을 따르게 하려면 내 내면의 어떤 버튼을 눌러야 하는지 정확히 알고 있을 것이다.

이 시장에는 마이크로소프트의 코타나만 있는 것이 아니다. 구글의 '나우Now'와 애플의 '시리Siri'도 같은 방향을 향하고 있다. 아마존 역시 끊임없이 당신을 연구하고 그 지식을 이용해 제품을 추천

하는 알고리즘을 사용한다. 서점에 가서 서가들 사이를 둘러보다가 마음이 끌리는 책을 고른다. 하지만 온라인 서점 아마존에 가면 즉각 알고리즘이 튀어나와 나에게 이렇게 말한다. "나는 과거에 당신이 어떤 책들을 좋아했는지 알고 있습니다. 당신과 비슷한 취향을 지닌 사람들은 이런 신간을 좋아합니다."

이것은 단지 시작에 불과하다. 오늘날 미국에는 종이책보다 전자책을 읽는 사람들이 더 많다. 아마존의 킨들 같은 기기들은 사용자들이 책을 읽는 동안 그들에 대한 자료를 수집할 수 있다. 예를 들어 킨들은 당신이 그 책의 어떤 부분을 빨리 읽고 어떤 부분을 천천히 읽는지 추적 관찰할 수 있다. 또한 당신이 어느 페이지에서 쉬는지, 어떤 문장에서 읽기를 포기하고 다시는 책을 펼치지 않는지 알 수 있다(저자에게 그 부분을 다시 쓰라고 말하면 더 좋을 것이다). 킨들에 얼굴인식 기능과 생체센서를 탑재하면, 당신이 읽는 문장이 당신의 심박수와 혈압에 어떤 영향을 미치는지 알 수 있을 것이다. 또 어떤 부분에서 당신이 웃는지, 슬퍼하는지, 분노하는지도 알 수 있을 것이다. 머지않아 당신이 책을 읽는 동안 책도 당신을 읽을 것이다. 그리고 당신은 읽은 내용의 대부분을 금세 잊을 테지만, 아마존은 하나도 잊지 않을 것이다. 아마존은 그런 데이터를 토대로 당신을 위한 책들을 무서울 정도로 정확하게 고를 수 있을 것이다. 또한 당신이 누구인지, 어떻게 하면 당신에게 흥미를 불러일으키거나 잃게 할지 알 수 있을 것이다.[35]

결국 우리는 이런 전지적 네트워크에서 잠시도 연결이 끊겨 지낼 수 없는 시점에 이를 것이다. 연결이 끊긴다는 것은 곧 죽음을 의미한다. 의학의 바람이 실현된다면, 미래 사람들은 몸에 수많은 생체기기, 바이오닉 장기, 나노로봇을 장착하고, 그것들을 통해 건강을 관리하고 감염이나 질병 또는 부상을 막을 것이다. 하지만 이런 기기들은 1년 365일 하루 24시간 온라인 상태여야 한다. 최신 의학소식을 업데이트하기 위해서도 그렇지만, 사이버 공간에 퍼지는 새 전염병으로부터 그 기기들을 보호하기 위해서이기도 하다. 가정용 컴퓨터가 바이러스, 버그, 트로이목마의 공격을 끊임없이 받듯이, 내 페이스메이커, 보청기, 나노로봇 면역계도 마찬가지일 것이다. 내 몸의 항바이러스 프로그램을 정기적으로 업데이트하지 않으면, 어느 날 아침에 깨어나 보니 내 정맥을 돌아다니는 수백만 대의 나노로봇들이 북한 해커들에게 점령당해 있을지도 모른다.

21세기의 신기술들은 이렇게 인본주의 혁명을 뒤집어, 인간에게서 권한을 박탈하고 비인간 알고리즘들의 권한을 강화할 것이다. 이런 변화가 끔찍하다 해도 컴퓨터 괴짜들을 탓하지 마라. 진짜 책임은 생물학자들에게 있으니까. 컴퓨터 과학이 아니라 생물학적 통찰이 이런 추세를 추동한다는 사실을 깨닫는 것은 중요하다. 유기체가 알고리즘이라는 결론을 내린 것은 생명과학이다. 그렇지 않다면(유기체가 알고리즘과 원천적으로 다른 방식으로 기능한다면) 컴퓨터가 다른 분야에서 아무리 놀라운 기적을 일으켜도 우리 인간을 이해하거나 우리의 인생을 이끌 수는 없을 것이며, 우리와 융합할 수도 없을 것이다. 하지만 생물학자들이 유기체는 알고리즘이라고 결론을 내린 순간, 유기물과 무기물 사이의 벽이 허물어지고, 컴퓨터 혁명이 순수한 기계적 사건에서 생물학적 격변으로 바뀌고, 권한이 개

제 3 부

인에게서 네트워크로 연결된 알고리즘들에게로 이동했다.

이런 상황이 끔찍한 사람들도 있겠지만, 사실 수백만 명이 이미 이런 상황을 기꺼이 받아들이고 있다. 오늘날 우리 중 다수가 사생활과 개별성을 포기하고, 자신의 일거수일투족을 기록하고, 온라인에서 생활을 영위하고, 네트워크 연결이 몇 분이라도 끊기면 히스테리를 부린다. 인간에서 알고리즘으로의 권한 이동은 주변의 도처에서 일어나고 있고, 이것은 정부의 중대 결정의 결과가 아니라 평범한 선택들의 저항할 수 없는 흐름 때문이다.

주의하지 않으면 그 결과는 조지 오웰이 상상한 경찰국가로 돌아올 것이다. 완전히 새로운 위협에 직면할 때조차도 우리는 지난 날의 적에 대한 방어를 멈추지 않는다. 인간의 개별성을 지키고자 하는 사람들은 항상 집단의 횡포를 경계하지만, 정반대 방향에서 인간 개별성에 대한 위협이 오고 있음을 미처 깨닫지 못하고 있다. 개인은 빅브라더에 의해 무너지는 것이 아니라 내부에서 조용히 붕괴할 것이다.

오늘날 대부분의 기업과 정부는 개인으로서의 내 존재를 존중하고, 나의 특별한 필요와 소망에 맞춤화된 의학, 교육, 엔터테인먼트를 제공하겠다고 약속한다. 하지만 기업과 정부가 그렇게 하기 위해서는 먼저 나를 생화학적 하부 시스템들로 분해해 그 하부 시스템들을 어디에나 존재하는 센서들로 감시하고, 그 작동기제를 강력한 알고리즘을 이용해 해독할 필요가 있다. 그 과정에서 개인은 종교적 판타지에 불과하다는 사실이 밝혀질 것이다. 실재하는 세계는 생화학적 알고리즘들과 전자 알고리즘들이 뚜렷한 경계도 없고 각각의 허브도 없이 그물망처럼 얽힌 상태임이 드러날 것이다.

불평등을
업그레이드하다

지금까지 우리는 자유주의가 직면한 세 가지 실질적 위협 가운데 둘을 살펴보았다. 첫째는 인간이 가치를 완전히 잃게 된다는 것이고, 둘째는 인간이 집단으로서의 가치는 유지하더라도 개인은 권위를 잃고 외부 알고리즘의 관리를 받게 된다는 것이다. 시스템이 교향곡을 작곡하고, 역사를 가르치고, 컴퓨터 코드를 작성하려면 여전히 당신이 필요하겠지만, 시스템은 당신보다 당신을 더 잘 알 것이고 그러므로 중요한 결정의 대부분을 당신 대신 내릴 것이다. 더욱이 당신은 그것에 완벽하게 만족할 것이다. 그것이 반드시 나쁜 세계는 아니다. 하지만 어쨌든 포스트 자유주의 세계인 것만은 분명하다.

자유주의가 직면한 세 번째 위협은, 일부 사람들은 업그레이드되어 필수불가결한 동시에 해독 불가능한 존재로 남아 소규모 특권집단을 이룰 거라는 점이다. 이런 초인간들은 전대미문의 능력과 전례 없는 창의성을 지닐 것이고, 그런 힘을 이용해 세계적으로 중요한 대다수의 결정들을 계속 내릴 수 있을 것이다. 그들은 시스템의 유지보수를 담당할 것이고, 시스템은 그런 사람들을 이해하고 관리할 수 없을 것이다. 그러나 대부분의 사람들은 업그레이드되지 않을 것이고, 그 결과 컴퓨터 알고리즘과 새로운 초인간 양쪽의 지배를 받는 열등한 계급이 될 것이다.

인류가 생물학적 계급으로 쪼개지는 즉시 자유주의 이념의 근간이 파괴될 것이다. 자유주의는 사회경제적 격차와 공존할 수 있다. 오히려 자유주의는 평등보다 자유를 우선시하므로 그런 차이를 당연하게 받아들인다. 하지만 그렇다 해도 자유주의의 기본전제는 모든 인간이 평등한 가치와 권한을 가진다는 것이다. 자유주의 관점에서 보면, 한 사람은 풍요로운 성에 사는 억만장자인 반면 또 다른 사람은 초가집에 사는 가난한 농부인 것이 전혀 문제가 되지 않는다. 자유주의에 따르면 농부의 특별한 경험은 억만장자의 경험만큼이나 가치 있기 때문이다. 자유주의 작가들이 가난한 농부들의 경험을 담은 장편소설을 쓰고, 심지어 억만장자들이 그런 책을 열정적으로 읽는 이유가 거기에 있다. 브로드웨이나 코번트가든에 〈레미제라블〉을 보러 가면, 좋은 자리가 수백 달러이고 청중의 부를 모두 합하면 아마 수십억 달러에 이를 테지만, 그럼에도 청중은 굶주린 조카를 위해 빵 한 조각을 훔친 죄로 19년 동안 감옥살이를 하는 장 발장에게 연민을 느낀다.

선거에서도 같은 논리가 작동한다. 가난한 농부의 한 표는 억만장자의 한 표와 똑같이 중요하다. 자유주의가 사회적 불평등을 해결하는 방식은 모든 사람의 경험이 같아지게 하는 게 아니라, 서로 다른 경험에 평등한 가치를 부여하는 것이다. 하지만 부자와 빈자가 단지 부가 아니라 생물학적 차이로 나뉠 때도 이런 해법이 여전히 유효할까?

앤젤리나 졸리는 〈뉴욕타임스〉에 기고한 글에서 유전자 검사 비용이 비싸다는 사실을 언급했다. 졸리가 받은 검사의 비용은 현

호모 사피엔스
지배력을 잃다

재 3,000달러이다(유방 절제술, 복원수술, 관련 치료 비용은 포함하지 않았다). 10억 명은 하루에 1달러 이하를 벌고, 또 다른 15억 명은 하루 1~2달러를 버는 세상이다.[36] 이들은 평생에 걸쳐 아무리 열심히 노력해도 3,000달러라는 유전자 검사 비용을 마련할 수 없다. 그리고 경제적 차이는 현재 계속 증가하고 있다. 2016년 초 세계에서 가장 부유한 62명이 가장 가난한 36억 명의 부를 가지고 있었다. 세계 인구가 약 72억 명이므로, 이는 62명의 억만장자들이 인류의 하위 절반이 가진 부를 보유한다는 뜻이다.[37]

유전자 검사 비용은 시간이 흐를수록 떨어질 테지만, 값비싼 새 시술이 끊임없이 개발되고 있다. 그러므로 구식 치료가 대중의 품 안으로 한 걸음 들어오면, 엘리트 집단은 몇 걸음 더 앞서 있을 것이다. 그동안의 역사에서도 부자들은 많은 사회적·정치적 이점을 누렸지만, 그들과 가난한 사람들을 가르는 생물학적 차이는 결코 크지 않았다. 중세 귀족들은 자신들의 정맥에 우월한 푸른 피가 흐른다고 주장했고, 인도의 브라만 계급도 자신들이 원래부터 다른 사람들보다 똑똑하다고 주장했지만, 그것은 순전히 허구였다. 하지만 미래에 우리는 업그레이드된 상위 계급과 사회의 나머지 구성원들 사이에 육체적·인지적 능력 차이가 실제로 벌어지는 현장을 보게 될 것이다.

이런 가능성을 제기하면 과학자들은 약속이라도 한 듯 20세기의 수많은 획기적인 의학 치료들도 부자들이 먼저 시작했지만 결국 인류 전체가 혜택을 보았고, 그런 치료들은 사회적 격차를 넓히기보다 좁히는 데 일조했다고 대답한다. 예를 들어 백신과 항생제의 경우 처음에는 서구 국가의 상위 계급에만 혜택이 돌아갔지만 지금은 전 세계 모든 사람들이 혜택을 누린다.

하지만 이런 과정이 21세기에도 그대로 반복될 거라는 기대는 희망적 사고에 그칠지도 모른다. 그렇게 생각할 만한 두 가지 중요한 이유가 있다. 첫째, 의학은 중대한 개념적 혁명을 겪고 있는 중이다. 20세기에 의학의 목표는 병에 걸린 사람을 치료하는 것이었다. 하지만 21세기에 의학의 목표는 건강한 사람의 성능을 높이는 쪽(업그레이드)으로 가고 있다. 병든 사람을 치료하는 것은 평등주의적 목표였다. 왜냐하면 모두가 누릴 수 있고 누려야 하는 육체적·정신적 건강의 표준이 존재한다는 전제에서 출발했기 때문이다. 만약 어떤 사람이 그 표준 밑으로 떨어지면, 문제를 고쳐서 그 사람이 '다른 모든 사람들과 같아지게' 만드는 것이 의사의 본분이었다. 반면 건강한 사람을 업그레이드하는 것은 엘리트주의적 목표이다. 모두에게 적용되는 보편적 표준이라는 개념을 거부하고, 일부 개인들에게 우위를 제공하려는 일이기 때문이다. 사람들은 뛰어난 기억력, 평균 이상의 지능, 최고의 성적 능력을 원한다. 만일 어떤 형태의 업그레이드가 저렴하고 흔해져서 누구나 접근할 수 있는 것이 된다면, 그것이 새로운 기준점이 되어 그것을 능가하는 차세대 치료법이 개발될 것이다.

둘째로, 20세기 의학의 혜택이 대중에게 돌아간 것은 20세기가 대중의 시대였기 때문이다. 20세기 군대는 수백만 명의 건강한 군인들을 필요로 했고, 20세기 경제는 수백만 명의 건강한 노동자를 필요로 했다. 따라서 국가는 모든 국민의 건강과 활력을 보장하기 위해 공공보건 서비스를 마련했다. 지금까지 인류가 이룬 가장 위대한 의학적 성취는 대중 위생시설의 보급, 예방접종 운동, 유행병 극복이었다. 1914년에 일본 엘리트 집단이 가난한 사람들에게 예방접종을 실시하고 빈민가에 병원과 하수도를 건설하는 일에 관심을 가졌던 것은 일본이 강한 군대와 강한 경제를 지닌 강한 국가가 되려면 수백만 명의 건강한 군인과 노동자들이 필요했기 때문이다.

하지만 대중의 시대는 끝나고, 더불어 대중의학의 시대도 끝날 것이다. 인간 병사와 노동자들이 알고리즘에 밀려나면, 적어도 일부 엘리트 집단들은 쓸모없는 가난뱅이 대중에게 더 나은 건강, 아니, 표준적인 건강조차 제공할 필요가 없으며, 차라리 표준을 능가하는 소수의 초인간을 업그레이드하는 데 집중하는 것이 훨씬 현명한 일이라는 결론에 이를지도 모른다.

이미 일본과 한국 같은 기술 선진국들에서는 출산율이 떨어지고 있다. 두 나라는 줄어드는 아이들의 양육과 교육에 막대한 투자를 하고, 그런 만큼 그들에게 점점 더 많은 것을 기대한다. 인도, 브라질, 나이지리아 같은 거대한 개발도상국들이 일본과 어떻게 경쟁할 수 있을까? 이 나라들은 긴 기차를 닮았다. 1등칸에 탄 엘리트 집단은 세계 최고의 선진국들과 맞먹는 수준의 의료혜택, 교육, 소득을 누린다. 하지만 3등칸을 가득 메운 수억 명의 보통 시민들은 여전히 다양한 질병, 무지, 가난으로 고통받는다. 인도, 브라질, 나이지리아의 엘리트 집단들은 다가오는 미래에 어떤 선택을 할까? 수억 명의 가난한 사람들이 안고 있는 문제를 해결하는 데 투자할까, 아니면 몇백만 명의 부자들을 업그레이드하는 데 투자할까? 군사적·

제 3 부

경제적 이해관계 때문에 엘리트 집단이 가난한 사람들의 문제를 해결해야 했던 20세기와 달리, 21세기의 가장 효율적인 전략은 (비록 비정할지는 모르지만) 쓸모없는 3등칸을 떼어내고 1등칸만으로 빠르게 전진하는 것이다. 브라질이 일본과 경쟁하려면 수백만 명의 건강한 보통 노동자들보다 소수의 업그레이드된 초인간이 훨씬 더 필요할 것이다.

특별한 육체적·정서적·지적 능력을 가진 초인간이 출현해도 자유주의적 믿음이 살아남을 수 있을까? 그런 초인간들이 보통의 사피엔스들과 근본적으로 다른 경험을 하는 것으로 드러난다면 무슨 일이 일어날까? 초인간이 하등한 사피엔스 좀도둑의 경험을 담은 소설을 지루해하고, 평범한 사피엔스는 초인간의 정사에 관한 멜로드라마를 이해하지 못한다면 어떻게 될까?

20세기 인간의 거대한 프로젝트(기아, 역병, 전쟁을 극복하는 것)는 모든 사람에게 예외 없이 풍요, 건강, 평화의 보편적 표준을 보장하는 것이었다. 21세기의 새로운 프로젝트(불멸, 행복, 신성을 얻는 것) 역시 포부는 인류 전체를 위한 것이다. 하지만 이 프로젝트들의 목표는 기준을 지키는 것이 아니라 능가하는 것이라서, 새로운 초인간 계급을 탄생시킬 가능성이 높다. 이런 초인간들은 자유주의의 근본 바탕을 포기하고 보통 인간을 19세기 유럽인이 아프리카인을 대한 것처럼 대할 것이다.

과학의 발견과 기술 발전이 인류를 쓸모없는 대중과 소규모 엘리트 집단의 업그레이드된 초인간들로 나눈다면, 혹은 모든 권한이 인간에게서 초지능을 지닌 알고리즘으로 넘어간다면 자유주의는

호모 사피엔스
지배력을 잃다

붕괴할 것이다. 이때 어떤 새로운 종교 또는 이념이 이 공백을 메우고, 신과 같은 우리 후손들의 후속 진화를 이끌까?

제 3 부

10

의식의 바다

호모 사피엔스
지배력을 잃다

새로운 종교는 아프가니스탄의 동굴이나 중동의 마드라사(이슬람 학자를 양성하는 고등 교육기관—옮긴이)에서 탄생할 리 없다. 새로운 종교는 실험실에서 탄생할 것이다. 사회주의가 증기와 전기를 통한 구원을 약속함으로써 세계를 장악했듯이, 도래하는 시대에 새로운 기술종교들은 알고리즘과 유전자를 통한 구원을 약속함으로써 세계를 정복할 것이다.

여기저기에서 이슬람 과격주의와 그리스도교 근본주의에 대해 아무리 떠들어대도, 종교적 관점에서 볼 때 세계에서 가장 흥미로운 장소는 이슬람 국가나 성경 벨트(그리스도교의 색채가 강한 미국 남부와 중서부 지대—옮긴이)가 아니라 실리콘밸리이다. 그곳에서는 첨단기술 전문가들이 신과는 별 관계가 없고 기술과 관계 있는 용감한 신흥 종교들을 우려내고 있다. 이 신흥 종교들은 기존의 종교들이 약속한 모든 보상(행복, 평화, 번영, 심지어 영생까지도)을 사후에 천상의 존재들을 통해 이루는 것이 아니라 이곳 지상에서 기술을 통해 이루겠다고 약속한다.

이런 신흥 기술종교들을 크게 두 유형으로 나눌 수 있는데, 기술 인본주의와 데이터 종교(데이터교)이다. 데이터교의 주장에 따르면, 인간은 주어진 우주적 임무를 완수했으며, 이제 완전히 새로운 종류의 실체들에게 횃불을 넘겨주어야 한다. 데이터교의 꿈과 악몽에 대해서는 다음 장에서 다루겠다. 이 장에서는, 그보다는 보수적인 교의를 추구하는 기술 인본주의에 대해 살펴보겠다. 기술 인본주의는 인간을 여전히 창조의 정점으로 보고, 전통적인 인본주의의 여러 가치들을 고수한다. 기술 인본주의는 우리가 아는 형태의 호모 사피엔스는 역사의 행로를 완주했으며 미래에는 할 일이 없다는 데 동의하지만, 바로 그것 때문에 우리가 기술을 이용해 호모 데우스(훨씬 우수한 인간 모델)를 창조해야 한다는 결론을 내린다. 호모 데우스는 인간의 본질적 특징들은 그대로 보유하지만 육체적, 정신적으로 향상된 능력을 갖춘 덕분에 매우 정교한 비의식적 알고리즘들 앞에서도 당당히 자기 자리를 지킬 수 있을 것이다. 지능이 의식과 분리되고 있고, 비의식적 지능이 무서운 속도로 발전하고 있으므로, 인간이 이 게임에서 밀려나고 싶지 않다면 인간은 마음을 업그레이드하는 일에 적극적으로 나서야 할 것이다.

7만 년 전 인지혁명은 사피엔스의 마음을 탈바꿈시켜 별 볼일 없던 아프리카의 한 유인원을 세상의 지배자로 만들었다. 향상된 사피엔스의 마음은 갑자기 방대한 상호주관적 영역에 접근할 수 있었고, 그럼으로써 신과 기업을 창조하고, 도시와 제국을 건설하고, 문자와 화폐를 발명하고, 마침내 원자를 쪼개고 달에 갈 수 있었다. 우리가 아는 한, 지구를 뒤흔든 이 혁명은 사피엔스의 유전자에 일어난 몇 가지 작은 변화와 사피엔스의 뇌 배선이 약간 바뀐 것에서 비롯되었다. 그렇다면 우리의 게놈에 추가로 몇 가지 변화가 더 일어나고 뇌 배선이 한 번 더 바뀐다면 두 번째 인지혁명도 충분히 가능하다는 것이 기술 인본주의의 생각이다. 첫 번째 인지혁명이 일으킨 마음의 혁신들 덕분에 호모 사피엔스가 상호주관적 영역에 접근하고 지구의 지배자가 되었다면, 두 번째 인지혁명으로 탄생할 호모 데우스는 지금의 우리로서는 상상할 수도 없는 새로운 영역에 접근할 수 있을 것이고 결국 은하계의 주인이 될지도 모른다.

이 개념은 진화론적 인본주의가 오래전에 품었던 꿈의 최신 변종이다. 진화론적 인본주의는 이미 1세기 전에 초인간을 창조하자고 주장했다. 하지만 히틀러와 그 일당이 선택적 육종과 인종 청소를 통해 초인간을 창조하려 했던 반면, 21세기의 기술 인본주의는 유전공학, 나노기술, 뇌와 컴퓨터를 연결하는 인터페이스의 도움으로 더 평화롭게 이 목표에 도달하려 한다.

호모 사피엔스
지배력을 잃다

마음의
간극

기술 인본주의는 인간의 마음을 업그레이드해 우리가 알지 못하는 경험과 의식 상태에 접근하려고 한다. 하지만 인간의 마음을 개조하는 것은 엄청나게 복잡하고 위험한 일이다. 3장에서 보았듯이, 우리는 마음에 대해 잘 모른다. 마음이 어떻게 생기는지, 마음의 기능이 무엇인지 우리는 모른다. 시행착오를 통해 마음 상태를 조작하는 방법을 알아냈지만, 그런 조작의 완전한

함의를 아직 파악하지는 못했다. 게다가 우리는 마음의 완전한 스펙트럼을 알지 못하므로 마음의 목표가 어디에 맞춰져 있는지 모른다.

우리는 고립된 작은 섬에서 배를 막 발명한 뒤 지도도 목적지도 없이 항해를 시작하려는 사람들과 같은 처지이다. 실은 우리의 조건이 좀 더 나쁘다. 그 상상의 섬 사람들은 적어도 자신들이 살고 있는 곳이 크고 신비로운 바다 한가운데의 작은 공간에 불과하다는 것은 안다. 하지만 우리는 우리가 미지의 마음들이 출렁거리는 거대한 바다의 작은 섬 같은 의식 상태에서 살고 있다는 것을 모른다.

빛과 소리의 스펙트럼이 인간이 보고 들을 수 있는 범위를 훨씬 넘어서는 것처럼, 마음의 스펙트럼도 보통 사람이 인지하는 것보다 훨씬 넓다. 우리는 400나노미터에서 700나노미터 사이의 파장에 해당하는 빛만 볼 수 있다. 인간의 시력이 미치는 이 작은 영역 위에는, 우리 눈에는 보이지 않지만 광대한 영역을 차지하는 적외선, 마이크로파, 라디오파가 있고, 그 아래로는 자외선, 엑스선, 감마선의 캄캄한 왕국들이 자리하고 있다. 이와 마찬가지로 마음들의 스펙트럼이 무한할지도 모르면서 과학은 지금까지 그 가운데 아주 작은 두 구역만을 연구해왔다. 바로 '표준 이하'와 이른바 'WEIRD'라는 영역이다.

백 년이 넘는 세월 동안 심리학자들과 생물학자들은 자폐증에서 조현병까지 다양한 정신질환을 앓는 사람들을 대상으로 광범위한 연구를 해왔다. 그 결과 오늘날 우리는 느끼고 생각하고 소통하는 능력이 표준 이하인 마음의 스펙트럼에 대해서는 불완전하지만

제 3 부

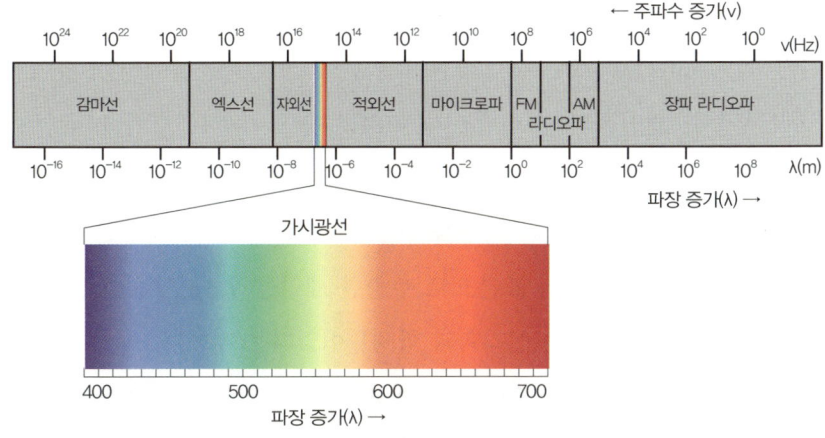

▲ 인간은 전자기파 스펙트럼의 작은 일부만을 볼 수 있다. 전체 스펙트럼은 가시광선 스펙트럼보다 약 10조 배 더 넓다. 마음의 스펙트럼도 이처럼 광대하지 않을까?

호모 사피엔스 지배력을 잃다

자세한 지도를 갖고 있다. 이와 동시에 과학자들은 건강하고 표준적이라고 간주되는 사람들의 마음 상태를 연구해왔다. 하지만 지금까지 인간의 마음과 경험에 대한 대부분의 연구들은 서구의Western 많이 배우고Educated 산업화되고Industrialised 부유하고Rich 민주적인Democratic 사회에 사는 사람들WEIRD을 대상으로 실시되었다. 사실 이들은 인류를 대표하는 표본이 아니다. 지금까지 인간 마음에 대한 연구는 호모 사피엔스가 곧 호머 심슨이라고 가정했다.

2010년의 어느 획기적인 연구에서 조지프 헨리히, 스티븐 J. 하이네, 아라 노렌자얀은 2003년부터 2007년 사이 심리학의 여섯 개 분과에 속하는 최고 학술지들에 발표된 모든 논문들을 체계적으로 조사했다. 조사 결과 그 논문들은 인간의 마음 전반을 다룬다고 하면서도 대부분 전적으로 WEIRD 표본에 대한 연구들이었다. 예컨대 사회심리학 분야의 가장 중요한 학술지인 《성격 및 사회심리학지 Journal of Personality and Social Psychology》에 실린 논문들에서 표본으로 추출한 개인들의 96퍼센트가 WEIRD였고 68퍼센트가 미국인이었다. 게다가 미국인 피실험자의 67퍼센트와 비미국인 피실험자의 80퍼센트가 심리학과 학생들이었다! 다시 말해, 이 저명한 학술지에 발표된 논문들이 표본으로 추출한 개인들의 3분의 2 이상이 서구의 대학에 다니는 심리학과 학생들이었다는 것이다.

헨리히, 하이네, 노렌자얀은 반쯤 농담으로 학술지 이름을 '미국 심리학과 학생들의 성격 및 사회심리학지'로 바꾸는 게 어떻겠느냐고 제안했다.[1]

심리학과 학생들이 그런 연구들에서 중요한 역할을 하는 것은 지도교수들이 그들을 의무적으로 실험에 참여시키기 때문이다. 내가 하버드 대학교 심리학과 교수라 해도 나미비아에 가서 칼라하리 사막의 수렵채집인들을 조사하는 것은 말할 필요도 없고, 범죄가 들끓는 뉴욕 빈민가 주민들보다 내 학생들을 대상으로 실험하는 편이 훨씬 쉬울 것이다. 하지만 뉴욕 빈민가 거주자들과 칼라하리 사막의 수렵채집인들이 경험하는 마음 상태를 하버드 대학교 심리학과 학생들이 작성한 긴 설문지와 그 학생들의 뇌 영상으로는 결코 알아내지 못할 것이다.

설령 우리가 전 세계를 돌아다니며 모든 인간집단을 연구한다 해도, 사피엔스가 지닌 마음의 스펙트럼 가운데 한정된 일부밖에는 다루지 못할 것이다. 요즘은 모든 인간이 근대의 수혜를 받고 있으며, 우리는 모두 하나의 지구촌을 이루는 구성원들이다. 칼라하리 사막의 수렵채집인들이 하버드 대학교 심리학과 학생들보다 다소 전근대적이긴 할 테지만, 그렇다 해도 먼 과거에서 온 타임캡슐은 아니다. 그들 역시 그리스도교 선교사, 유럽 상인, 부유한 에코 투어리스트, 호기심 많은 인류학자들의 영향을 받았다(칼라하리 사막에 사는 전형적인 수렵채집인 무리는 스무 명의 사냥꾼, 스무 명의 채집인, 쉰 명의 인류학자로 구성된다는 농담이 있을 정도이다).

지구촌 이전의 지구는 인간의 문화들이 각기 고립된 채 존재하는 은하였고, 각각의 문화는 지금은 멸종한 마음 상태들을 길러냈을 것이다. 각기 다른 사회경제적 현실과 일상은 저마다 다른 의식 상태를 조성했다. 석기시대 매머드 사냥꾼, 신석기시대 농부, 가마쿠라 시대 사무라이의 마음을 과연 누가 짐작할 수 있을까? 게다가 많은 전근대 문화들이 우월한 의식 상태가 존재한다고 믿었고, 사람들은 명상, 약물, 또는 의식을 통해 그런 의식 상태에 접근했던 것 같다. 무당, 수도사, 도인 들은 마음의 신비로운 영역을 체계적으로 탐험했고, 깜짝 놀랄 만한 이야기들을 안고 돌아왔다. 그들이 들려준 이야기에 따르면, 지극한 평안, 극도의 날카로움, 비견할 데 없는 감수성 같은 낯선 마음 상태들이 존재했다. 그리고 무한히 확장하는 마음 또는 공空으로 소멸되는 마음이 존재했다.

인본주의 혁명으로 근대 서구문화는 우월한 마음 상태에 대한 신념과 관심을 잃고, 평범한 사람의 일상적 경험을 신성시하게 되었다. 근대 서구문화는 그러므로 특별한 마음 상태를 경험하려는 사람들로 구성된 특수계층이 없는 유일한 문화이다. 근대 이후의 서구문화는 그런 마음 상태를 경험하려고 시도하는 사람들을 약물 중

호모 사피엔스 지배력을 잃다

독자, 정신병자 또는 사기꾼으로 생각한다. 따라서 우리가 비록 하버드 대학교 심리학과 학생들의 마음 지형을 나타내는 자세한 지도를 손에 넣었어도, 아메리카 원주민 부족의 샤먼, 불교 승려, 이슬람 신비주의자들의 마음 지형에 대해서는 전보다 아는 것이 훨씬 적다.²

 게다가 이 모든 것을 전부 합쳐도 결국 사피엔스의 마음이다. 5만 년 전 우리는 이 행성을 네안데르탈인 사촌들과 공유했다. 그들은 우주선을 쏘거나 피라미드를 짓거나 제국을 건설하지 않았다. 그들은 명백히 우리와는 매우 다른 마음의 능력들을 지녔고, 우리가 지닌 재능들 가운데 많은 것을 갖추지 못했다. 그럼에도 그들은 우리 사피엔스보다 뇌 용량이 컸다. 그들은 그 모든 뉴런들로 정확히 무엇을 했을까? 우리로서는 도저히 알 수 없는 일이다. 아마 그들은 어떤 사피엔스도 경험하지 못한 많은 마음 상태들을 지녔을 것이다.

 그런데 지금까지 존재한 모든 인류 종을 대상으로 조사한다 해도 마음의 스펙트럼을 완성하지는 못할 것이다. 다른 동물들은 아마 우리 인간이 상상할 수 없는 경험을 할 것이다. 예컨대 박쥐는 반향정위echolocation를 통해 세계를 경험한다. 그들은 고주파를 내보내는데, 그것은 인간의 귀가 들을 수 있는 범위를 훨씬 넘어선다. 그런 다음 그들은 되돌아오는 반향을 감지하고 해석해 세계의 모습을 그린다. 그 그림은 매우 자세하고 정확해서, 박쥐들은 나무와 빌딩 사이를 매우 빠르게 날고, 나방과 모기를 추적해서 잡고, 올빼미 같은 포식자들을 피할 수 있다.

 박쥐는 반향의 세계에 산다. 인간의 세계에서 모든 사물이 특징적인 모양과 색깔을 가지듯이, 박쥐의 세계에서 모든 사물은 특징적인 반향 패턴을 가진다. 박쥐는 맛있는 나방 종과 독나방 종을 구별할 수 있는데, 그 나방들의 가냘픈 날개에 부딪혀 되돌아오는 반향이 서로 다르기 때문이다. 먹을 수 있는 몇몇 나방 종들은 독이 있는 나방 종과 비슷한 반향 패턴을 진화시킴으로써 자신을 보호한다. 또 다른 나방들은 박쥐가 내보내는 파장을 굴절시키는 더욱 놀라운 능력을 진화시킴으로써 박쥐들 주변을 그들 모르게 스텔스 폭격기처럼 날아다닌다. 반향정위의 세계는 우리가 아는 빛과 소리의 세계만큼이나 복잡하고 시끄럽지만, 우리는 그것을 전혀 모르고 산다.

마음의 철학에 대한 가장 중요한 문헌들 가운데 하나의 제목이 〈박쥐로 사는 것은 어떤 기분일까?〉이다.[3] 철학자 토머스 네이글은 1974년에 발표한 이 글에서 사피엔스의 마음으로는 박쥐의 주관적 세계를 이해할 수 없다고 지적한다. 우리는 박쥐의 몸, 박쥐의 반향정위 체계, 박쥐의 뉴런에 대해 원하는 모든 알고리즘을 작성할 수 있지만, 그렇게 해도 박쥐로 사는 것이 어떤 느낌인지 알지 못한다. 날개를 펄럭이는 나방의 위치를 반향으로 감지한다는 것은 어떤 느낌일까? 보는 것과 비슷할까? 아니면 전혀 다른 어떤 느낌일까?

나비의 위치를 반향으로 감지하는 것이 어떤 느낌인지 사피엔스에게 설명하는 것은 시력이 없는 두더지에게 카라바조의 그림을 보는 것이 어떤 느낌인지 설명하는 것만큼 소용없는 일이다. 또한 박쥐의 감정은 반향정위 감각을 중심으로 표현될 것이다. 사피엔스에게는 사랑이 붉은색으로 표현되고, 질투는 녹색, 우울은 파란색으로 표현된다. 그러나 암컷 박쥐의 새끼에 대한 사랑이 어떤 반향정위로 표현되고, 경쟁자를 향한 수컷 박쥐의 감정이 어떤 반향정위로 표현되는지 누가 아는가?

물론 박쥐가 특별한 것은 아니다. 그들은 수많은 사례 가운데 하나일 뿐이다. 사피엔스는 박쥐로 사는 느낌만 이해하지 못하는 것이 아니라 고래, 호랑이, 펠리컨으로 사는 느낌도 이해하기 힘들다. 분명 어떤 느낌일 텐데, 우리는 그 느낌이 어떤 것인지 모른다. 고래와 인간은 둘 다 변연계라는 뇌 부위에서 감정을 처리하지만, 고래의 변연계에는 인간의 변연계에 없는 부위가 있다. 어쩌면 그 부위 덕분에 고래들은 우리가 모르는 지극히 깊고 복잡한 감정들을 경험하지 않을까? 고래들은 또한 바흐와 모차르트조차 이해하지 못하는 놀라운 음악적 경험을 할 것이다. 고래들은 수백 킬로미터 떨어진 곳에서도 서로의 소리를 들을 수 있고, 각각의 고래들은 몇 시간 동안 이어지며 매우 복잡한 패턴을 따르는 자기만의 '노래' 레

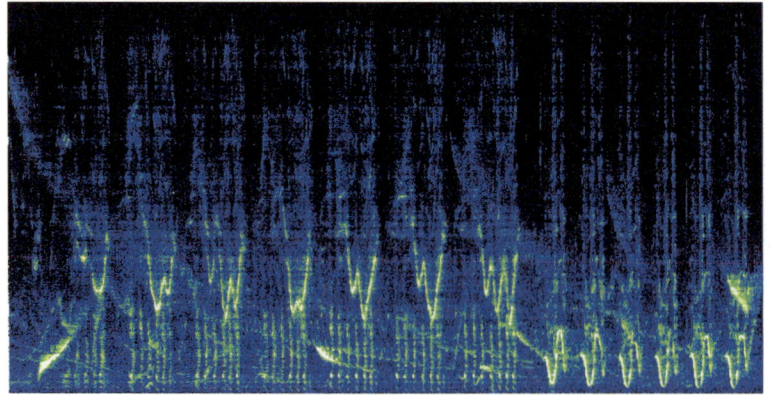

▲ 수염고래 노래의 음향분석도. 고래는 이 노래를 어떻게 경험할까? 보이저 호의 레코드에는 베토벤, 바흐, 척 베리의 음악뿐 아니라 고래의 노래도 포함되었다. 우리가 선곡을 잘했기를 바랄 뿐이다.

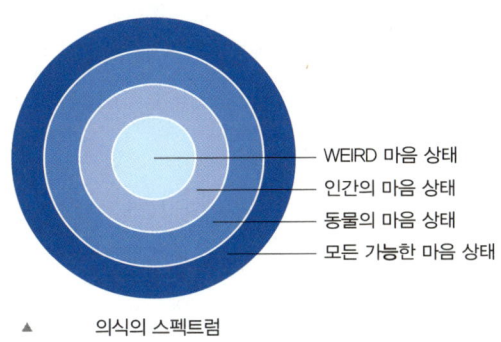

▲ 의식의 스펙트럼

퍼토리를 갖고 있다. 때로는 고래 한 마리가 새로운 히트곡을 작곡하면, 바다 전체의 다른 고래들이 그것을 채용하기도 한다. 과학자들이 그런 히트곡들을 녹음해 컴퓨터로 분석하고 있긴 하지만, 그런 음악적 경험들을 진정으로 이해하고 고래 '베토벤'과 고래 '저스틴 비버'의 차이를 구별할 수 있는 사람이 과연 있을까?⁴

호모 사피엔스 지배력을 잃다

이런 일들은 결코 놀랄 일이 아니다. 사피엔스가 세계를 지배하는 것은 다른 동물들보다 더 깊은 감정이나 더 복잡한 음악적 경험을 갖고 있어서가 아니기 때문이다. 그러므로 적어도 우리는 감정과 경험의 일부 영역에서는 고래, 박쥐, 호랑이, 펠리컨보다 열등할 것이다.

인간, 박쥐, 고래, 그밖에 모든 동물들이 가진 마음의 스펙트럼 너머에 훨씬 더 광대하고 낯선 대륙이 있을지도 모른다. 어떤 필수적인 능력을 갖추지 못한 탓에 사피엔스, 박쥐, 공룡 들이 지난 40억 년의 진화 동안 한 번도 경험해보지 못한 무한히 다양한 마음 상태들이 필시 존재할 것이다. 하지만 미래에 강력한 약물, 유전공학, 전자 헬멧, 뇌와 컴퓨터를 직접 연결하는 인터페이스가 그곳으로 가는 길을 열 것이다. 콜럼버스와 마젤란이 수평선 너머에 있는 새로운 섬들과 미지의 대륙들을 탐험한 것처럼, 언젠가 우리는 마음의 반대쪽을 향해 출항할 것이다.

두려움의
냄새

의사, 공학자, 고객 들이 정신질환 치료와 WEIRD 집단의 삶에 초점을 맞추는 한, 표준 이하의 마음 상태와 WEIRD의 마음 상태만 연구하면 될 것이다. 정상심리학이라는 학문은 표준에서 벗어난 마음 상태를 홀대한다는 비난을 자주 받긴 하지만, 그럼에도 지난 세기에 수백만 명의 생명과 온전한 정신을 안전하게 지킴으로써 무수히 많은 사람들의 근심을 덜어주었다.

하지만 세 번째 천년이 시작된 지금, 자유주의적 인본주의가 기술 인본주의에 자리를 내주고, 의학의 초점이 점점 환자를 치료하는 것보다 건강한 사람을 업그레이드하는 데 초점을 맞춤에 따라, 우리는 완전히 다른 종류의 도전에 직면하고 있다. 의사들, 공학자들, 고객들은 더 이상 마음의 문제들을 고치는 것에 만족하지 않는다. 그들은 마음을 업그레이드하려고 한다. 우리는 새로운 의식 상태들을 만들어낼 수 있는 기술적 능력을 손에 넣고 있지만, 아직 이 새로운 영토에 대한 지도를 갖고 있지 않다. 마음의 스펙트럼에서 우리가 잘 아는 부분은 WEIRD 집단의 표준과 표준 이하의 마음 상태이므로, 심지어 우리는 어디로 가야 하는지 그 목적지조차 모른다.

그러니 긍정심리학이 요즘 잘 나가는 심리학 분과가 된 것도 놀라운 일이 아니다. 1990년대에 마틴 셀리그먼, 에드 디너, 미하이 칙센트미하이 같은 선도적인 전문가들은 심리학이 마음의 병뿐 아니라 마음의 힘도 연구해야 한다고 주장했다. 어째서 우리는 병든 마음에 대해서는 놀랍도록 자세한 지도책을 갖고 있으면서 건강한 마음에 대한 과학적 지도는 없을까? 지난 20년 동안 긍정심리학은 표준 이상의 마음 상태들에 대한 연구에 중요한 첫걸음을 내디뎠지만, 현재 표준 이상의 지대는 과학자들에게 대체로 미지의 영역이다.

이런 상황에서 우리는 지도도 없이 무턱대고 나아가면서, 지금의 경제적·정치적 시스템이 필요로 하는 마음의 능력들을 향상시키는 데 집중하는 반면 다른 능력들은 소홀히 다룰 뿐 아니라 심지어 저하시킬 것이다. 물론 이것이 처음 보는 현상은 아니다. 수천 년 동안 시스템은 필요에 따라 우리의 마음을 형성하고 재형성하기를 거듭해왔다. 사피엔스는 애초에 친밀한 소규모 공동체의 구성원으로 진화했고, 따라서 마음의 능력은 거대한 기계의 톱니로 사는 데 적응되어 있지 않았다. 하지만 도시, 왕국, 제국이 생기면서 시스템은 대규모 협력에 필요한 능력들을 키운 반면 그밖의 기술과 재능은 무시했다.

예를 들어 원시인들은 후각을 광범위하게 사용했을 것이다. 수렵채집인들은 다양한 동물 종과 다양한 사람들은 물론 심지어 다양한 감정들의 차이까지 멀리서 후각을 통해 감지할 수 있다. 예컨대 두려움의 냄새와 용기의 냄새는 다르다. 한 남자가 두려워할 때, 그는 용기로 충만할 때와는 다른 화학물질들을 분비한다. 만일 당신이 이웃 무리와 전쟁을 할지 말지 논쟁하고 있는 원시인 무리 사이에 앉아 있다면, 말 그대로 여론의 냄새를 맡을 수 있을 것이다.

사피엔스가 더 큰 집단을 이루면서 우리의 코는 중요성을 잃었다. 코는 소수의 개인들을 상대할 때만 유용하기 때문이다. 예컨대 중국에 대한 미국의 두려움을 냄새로 알 수는 없다. 그 결과 인간의 후각 능력은 잊혔다. 수만 년 전 후각에 관여했던 뇌 영역들은 읽기, 수학, 추상적 추론 같은 더 긴요한 일에 투입되었다. 시스템은 우리의 뉴런이 이웃의 냄새를 맡는 것보다 미분 방정식을 푸는 것을 더 선호한다.[5]

우리의 다른 감각들과 그 감각들에 집중하는 더 근본적인 능력에도 같은 일이 일어났다. 고대 수렵채집인들은 항상 예민하고 주의 깊었다. 버섯을 찾아 숲속을 돌아다닐 때, 그들은 바람의 냄새를 주의 깊게 맡고 땅을 주시했다. 버섯을 발견하면 한껏 주의를 기울여 먹어보면서 맛의 미묘한 차이까지 감별했고, 그렇게 함으로써 식용 버섯과 독버섯을 구별할 수 있었다. 오늘날 부유한 사회에 사는 사람들은 이런 예민한 감별력이 필요 없다. 슈퍼마켓에 가서 보건당국의 감독을 거친 수많은 요리 가운데 먹고 싶은 것을 골라서 사면 된다. 하지만 무엇을 선택하든(이탈리아 피자든, 태국의 볶음 쌀국수 팟타이든) 텔레비전 앞에 앉아 급하게 먹느라 맛에 집중하기 어려울 것이다(식품 생산자들이 어떤 식으로든 무관심의 장막을 뚫어 우리의 미각을 흥분시키는 새로운 맛을 끊임없이 개발하는 이유가 여기에 있다).

마찬가지로 우리는 훌륭한 교통수단 덕분에 도시 반대쪽에 사는 친구도 쉽게 만날 수 있다. 하지만 우리는 그 친구에게 온전히 집중하지 않는데, 다른 곳에서 훨씬 더 재미있는 어떤 일이 일어나고 있을 거라는 생각에 끊임없이 스마트폰과 페이스북 계정을 확인하기 때문이다. 현대 인류는 소외공포를 앓고 있고, 우리는 전보다 선택의 여지가 많아졌지만 선택한 것에 실제로 집중하는 능력을 잃어버렸다.[6]

우리는 냄새 맡고 집중하는 것뿐 아니라 꿈을 꾸는 능력도 잃고 있다. 많은 문화들이 꿈에서 보는 것과 하는 일을 깨어 있는 동안 보고 하는 일 못지않게 중요시했다. 그래서 사람들은 꿈을 꾸고 꿈을 기억하는 것은 물론, 자각몽自覺夢 능력, 즉 꿈의 세계에서 행동을 통제하는 능력까지도 적극적으로 개발했다. 자각몽 전문가들은 꿈의 세계에서 자기 뜻대로 움직일 수 있고, 더 높은 차원으로 여행하거나 다른 세계에서 온 방문자들을 만날 수도 있다고 주장했다. 반면 현대세계는 꿈을 기껏해야 잠재의식의 메시지로 치부하고, 심지어 마음의 쓰레기로 취급한다. 그 결과 꿈은 우리 인생에서 매우 작은 역할을 하고, 꿈꾸는 기술을 적극적으로 연마하는 사람은 거의 없으며, 많은 사람들이 꿈을 전혀 꾸지 않거나 전혀 기억하지 못한다고 주장한다.[7]

냄새 맡고 집중하고 꿈꾸는 능력이 줄어든 탓에 우리의 인생이 더 빈곤하고 따분해졌을까? 그럴지도 모른다. 하지만 설령 그렇다 해도, 경제 시스템과 정치 시스템의 입장에서는 그럴 가치가 있었다. 당신의 상사는 당신이 꽃향기를 맡거나 요정에 대해 꿈꾸는 것보다 수시로 이메일을 확인하기를 원한다. 비슷한 이유로, 미래에 인간의 마음을 업그레이드할 때도 정치적 필요와 시장의 힘이 반영

호모 사피엔스
지배력을 잃다

될 것이다.

예컨대 미국 육군의 '집중력 헬멧'은 사람들이 정해진 업무에 집중하고 의사결정 속도를 높이기 위해 개발되었다. 하지만 이 기기는 감정이입을 하고, 의심과 내적 갈등을 감내하는 능력을 떨어뜨릴 것이다. 인본주의 심리학자들은 고통에 처한 사람들은 대개 빠른 처방을 원하지 않는다고 지적해왔다. 그럴 때 사람들은 누군가가 자신의 이야기를 들어주고 자신의 두려움과 불행에 공감해주기를 바란다. 당신이 직장에서 위기에 처했다고 가정해보자. 새로운 상사가 당신의 견해를 무시하고 모든 것을 자기 식대로 하기 때문이다. 유독 우울한 어느 날, 당신은 퇴근 후 친구에게 전화를 건다. 하지만 그 친구는 당신에게 쏟을 시간과 에너지가 별로 없어서, 당신의 말을 끊고 곧장 문제해결을 시도한다. "알았어. 무슨 말인지 알겠어. 선택은 두 가지야. 직장을 그만두든지, 상사가 원하는 대로 하든지. 내가 너라면 그만두겠어." 이런 조언은 별로 도움이 되지 않을 것이다. 진정한 친구라면 인내심 있게 들어줄 것이고, 서둘러 해법을 찾으려고 하지 않을 것이다. 당신의 고통에 귀 기울이고, 당신의 모순된 감정과 당신을 괴롭히는 불안이 표면 위로 올라올 시간과 공간을 제공할 것이다.

집중력 헬멧은 인내심 없는 친구처럼 작동한다. 물론 때로는(예컨대 전쟁터에서처럼) 재빨리 확실한 결정을 내릴 필요가 있다. 하지만 그것이 인생의 전부는 아니다. 만약 우리가 점점 더 많은 상황에서 집중력 헬멧을 사용한다면, 우리는 냄새 맡고 꿈꾸고 집중하는 능력을 잃었듯이 결국 혼란, 의심, 모순을 참아내는 능력을 잃을 것이다. 시스템은 그런 방향으로 우리를 떠밀 것이다. 왜냐하면 시스템은 대개 우리가 의심할 때가 아니라 결정할 때 보상을 내리기 때문이다. 하지만 확고한 결정과 빠른 해법으로 이루어진 인생은 의심과 모순으로 가득한 인생보다 더 빈곤하고 얄팍할 것이다.

마음을 조작하는 기술과 마음의 스펙트럼에 대한 우리의 무지 그리고 정부, 군대, 기업의 편협한 관심이 합쳐질 때, 우리는 틀림없이 곤란한 상황에 처할 것이다. 우리는 몸과 뇌를 업그레이드하는 데는 성공한다 해도, 그 과정에서 마음을 잃게 될 것이다. 사실 기술 인본주의는 결국 인간을 다운그레이드할 것이다. 시스템은 다운그레이드된 사람들을 선호할 텐데 그것은 그런 사람들이 가지게 될 초인간의 특성 때문이 아니라, 그런 사람들은 시스템을 방해하고 속도를 떨어뜨리는 성가신 성질을 갖고 있지 않아서이다. 모든 농부들이 알고 있듯이, 염소 무리에서 가장 골치 아픈 존재는 대개 가장 똑똑한 염소이다. 농업혁명 과정에서 동물의 마음 능력을 떨어뜨리는 일이 반드시 필요했던 이유가 이것이다. 기술 인본주의자들이 꿈꾸는 두 번째 인지혁명은 똑같은 일을 우리에게 할 것이다. 즉 그 어느 때보다 효과적으로 데이터를 전달하고 처리할 수 있지만, 집중하고 꿈꾸고 의심하지 못하는 인간 톱니를 생산할 것이다. 수백만 년 동안 우리는 성능이 향상된 침팬지로 살았다. 그리고 미래에는 특대형 개미가 될지도 모른다.

**호모 사피엔스
지배력을 잃다**

온 우주가 걸린 못

기술 인본주의는 또 하나의 위협에 직면해 있다. 인본주의의 모든 분파들과 마찬가지로, 기술 인본주의도 인간의 의지에 온 우주가 걸려 있다고 여기며 인간의 의지를 신성시한다. 기술 인본주의는 우리가 우리의 욕망에 따라 어떤 마음의 능력을 개발할지 선택하고 그렇게 함으로써 미래의 마음을 결정할 것으로 기대한다. 하지만 기술 진보로 우리의 욕망 자체를 재형성하고 조작할 수 있게 되면 어떤 일이 일어날까?

인본주의는 우리의 진짜 의지를 식별하는 일이 쉽지 않다는 점을 항상 강조해왔다. 우리가 우리 자신에게 귀 기울이려고 하면, 서로 충돌하는 소음들의 불협화음이 우리를 덮치기 일쑤이다. 때로는 자신의 진짜 목소리를 듣고 싶지 않을 때도 있는데, 그 목소리가 달갑지 않은 비밀을 들춰내고 불편한 요구를 할 수 있기 때문이다. 출세가도를 달리는 성공한 변호사는 휴직하고 아이를 낳으라고 말하는 내면의 목소리를 억누를 것이다. 불만족스러운 결혼생활에 갇힌 여성은 결혼이 제공하는 안전한 생활기반을 잃는 것이 두렵다. 죄책감에 시달리는 군인은 자신이 저지른 학살에 대한 악몽에 쫓긴다. 자신의 성 정체성을 의심하는 젊은 남자는 '묻지도 말하지도 마라' 정책(1993년 12월 21일부터 2011년 9월 20일까지 시행된 미국의 군 복무 금지 제도로, 동성애자를 군에서 강제로 전역시키는 법이었다. 2011년 이 제도가 폐지된 이후에는 공개적으로 커밍아웃한 동성애자도 차별 없이 군 복무를 할 수 있게 되었다—옮긴이)을 따른다. 인본주의는 이 중 어떤 상황도 거기에 딱 맞는 분명한 해법은 존재하지 않는다고 생각한다. 하지만 인본주의는 두렵더라도 용기를 내 내면의 메시지에 귀 기울이고, 어떤 어려움이 있더라도 진정한 목소리를 찾아내 그 지시를 따르라고 말한다.

기술 진보의 의제는 매우 다르다. 기술 진보는 우리의 내적 목소리들에 귀 기울일 마음이 없다. 기술 진보는 그 목소리들을 통제하기를 원한다. 이 모든 목소리를 생산하는 생화학적 시스템을 이해하는 즉시, 우리는 스위치들을 자유자재로 조작해 때에 따라 볼륨을 높이고 낮추며 인생을 훨씬 더 쉽고 편하게 살 수 있다. 주의 산만한 변호사에게는 리탈린(ADHD 치료약—옮긴이)을 주고, 죄책감에 시달리는 병사에게는 프로작(항우울제—옮긴이)을 주고, 결혼생활이 불만인 아내에게는 에스시탈로프람(항우울제—옮긴이)을 줄 것이다.

인본주의자들은 이런 접근방식에 경악하지만, 너무 성급하게 판단하지 않는 편이 좋다. 내면에 귀 기울이라는 인본주의의 권고가 많은 사람들의 인생을 망친 반면, 적절한 용량의 적절한 화학물질은 수백만 명의 행복감을 높이고 관계를 개선했다. 어떤 사람들의 경우 자기 내면에 귀 기울이기 위해서는 먼저 내면의 비명과 비난의 소리부터 낮춰야 한다. 현대 정신의학에 따르면, 많은 '내적 목소리들'과 '진짜 소망들'은 단지 생화학적 불균형과 신경질환의 산물이다. 우울증을 앓는 사람들은 유망한 직업과 건강한 관계들에서 반복적으로 빠져나오는데, 어떤 생화학적 결함으로 인해 그들이 모든 것을 어두운 색깔의 렌즈를 통해 보기 때문이다. 그런 파괴적인 내적 목소리들에 귀 기울이느니 차라리 그 목소리들을 끄는 것이 낫다. 샐리 애디가 집중력 헬멧을 사용해 자기 머릿속의 목소리들을 죽였을 때, 그녀는 명사수가 되었을 뿐 아니라 자신감을 느꼈다.

이런 쟁점들에 대한 개인적 견해는 저마다 다를 수 있다. 하지만 역사적 관점에서 분명한 사실은 중대한 어떤 일이 일어나고 있다는 것이다. 인본주의의 첫 번째 계명인 '자신에게 귀 기울여라!'는 더 이상 자명한 진리가 아니다. 우리가 내면의 소리의 볼륨을 높이고 낮출 수 있게 되면, 우리는 진정한 자신에 대한 믿음을 포기할 것이다. 누구의 손이 스위치를 조작하는지 더 이상 분명치 않기 때문이다. 머릿속의 거슬리는 소음을 죽인다는 것은 멋진 생각처럼 보인다. 단 그렇게 해서 듣는 것이 당신 내면에 존재하는 진정한 자아의 목소리여야 한다. 하지만 진정한 자아라는 것이 존재하지 않는다면, 어떤 목소리를 죽이고 어떤 목소리를 증폭할지 어떻게 결정할까?

논증의 편의를 위해, 몇십 년 내에 뇌 과학자들이 내면의 수많은 목소리들을 쉽고 정확하게 제어하는 방법을 알아낼 거라고 가정해보자. 독실한 모르몬교 가정 출신의 젊은 동성애자 남성이 벽장 속에서 수년을 보낸 뒤 마침내 성 지향성을 바꾸는 수술을 받을 충분한 돈을 모았다고 상상해보자. 그는 조지프 스미스(Joseph Smith: 모르몬교 창시자—옮긴이)처럼 이성에게 끌리는 사람이 되겠다고 결심하고, 10만 달러를 들고 병원을 찾아간다. 그는 병원 문 앞에 서서 의사에게 뭐라고 말할지 마음속으로 연습한다. "선생님, 여기 10만 달러가 있어요. 다시는 남자를 좋아하지 않도록 저를 고쳐주세요." 그런 다음 벨을 누르니 조지 클루니처럼 잘생긴 남자가 문을 열어준다. 그 남자에게 압도된 그는 이렇게 중얼거리고 만다. "선생님,

여기 10만 달러가 있어요. 다시는 이성애자가 될 마음을 품지 않도록 저를 고쳐주세요."

이 상황은 젊은 남성의 진정한 자아가 종교적 세뇌를 이긴 경우일까? 아니면 순간의 유혹으로 진정한 자아를 배반한 경우일까? 혹은 애초에 따르거나 배반할 진정한 자아 같은 것은 없었던 걸까? 사람들이 자신의 의지를 설계하고 재설계할 수 있게 되면, 우리는 더 이상 의지를 모든 의미와 권위의 원천이라고 간주할 수 없을 것이다. 우리의 의지가 뭐라고 말하든 상관없이 우리는 다른 것을 말할 수 있을 테니까.

인본주의에 따르면, 인간의 욕망만이 세계에 의미를 부여한다. 하지만 우리가 욕망을 선택할 수 있다면 무엇을 토대로 그것을 선택할까? 〈로미오와 줄리엣〉의 첫 장면이 로미오가 누구와 사랑에 빠질지 결정하는 것이었다고 가정해보자. 그리고 결정을 내린 뒤에도 로미오는 언제든 결정을 철회하고 다른 선택을 할 수 있었다고 가정해보자. 그것은 어떤 종류의 희곡일까? 이것이 바로 기술 진보가 우리를 위해 생산하고자 하는 희곡이다. 기술은 욕망이 우리를 불편하게 만들 때 구원해주겠다고 약속한다. 우주 전체가 걸린 못이 문제 있는 장소에 박혀 있을 때, 기술은 그 못을 뽑아 다른 곳에 박을 것이다. 그런데 그곳이 정확히 어디일까? 내가 우주 어딘가에 그 못을 박을 수 있다면 어디에 박아야 할까? 그리고 왜 하필 그곳일까?

인본주의 극본은 등장인물들이 불편한 욕망을 품을 때 전개된다. 예컨대 몬터규 가의 로미오가 캐퓰릿 가의 줄리엣과 사랑에 빠지는 것은 지극히 불편한 상황이다. 왜냐하면 몬터규 가와 캐퓰릿 가는 원수지간이기 때문이다. 이런 극본에 대해 기술이 제시하는 해법은 우리가 절대 불편한 욕망을 품지 않게 만드는 것이다. 로미오와 줄리엣이 독을 마시는 대신 알약 한 알을 먹거나 헬멧을 착용함으로써 그들의 이루어질 수 없는 사랑이 다른 사람에게로 향했다면, 얼마나 많은 고통과 슬픔을 피할 수 있었겠는가.

이 지점에서 기술 인본주의는 해결이 불가능한 딜레마에 봉착한다. 인본주의는 인간의 의지를 우주에서 가장 중요한 것으로 여기므로, 의지를 제어하고 재설계할 수 있는 기술을 어서 개발하라고 우리를 독촉한다. 세계에서 가장 중요한 것에 대한 통제력을 얻을 수 있다니 얼마나 매력적인가. 하지만 막상 그런 통제력을 갖게 되면 기술 인본주의는 그것으로 무엇을 할지 알지 못할 것이다. 인간의 신성한 의지가 또 하나의 맞춤 제품이 될 것이기 때문이다. 인간의 의지와 경험이 권위와 의미의 궁극적 원천이라고 믿는 한, 우리는 그런 기술들을 제대로 다룰 수 없다.

따라서 더 과감한 기술종교는 인본주의의 탯줄을 아예 끊으려 한다. 기술종교는 인간의 욕망과 경험을 중심으로 돌아가지 않는 세계를 예견한다. 그렇다면 무엇이 욕망과 경험 대신 의미와 권위의 원천이 될까? 현재 역사의 대기실에 앉아 면접을 기다리고 있는 후보는 단 하나, 바로 정보이다. 가장 흥미로운 신흥종교는 데이터교이다. 이 종교는 신도 인간도 우러러보지 않는다. 이 종교는 데이터를 숭배한다.

11

데이터교

데이터교는 우주가 데이터의 흐름으로 이루어져 있고, 어떤 현상이나 실체의 가치는 데이터 처리에 기여하는 바에 따라 결정된다고 말한다.[1] 이색적인 비주류 개념 같다는 인상을 받을지도 모르겠지만, 사실 이 개념은 이미 과학계의 대부분을 정복했다. 데이터교는 두 과학 조류의 격정적 합류에서 탄생했다. 찰스 다윈이《종의 기원》을 발표한 때로부터 150년에 걸쳐 생명과학은 유기체를 생화학적 알고리즘으로 보게 되었다. 그리고 앨런 튜링이 튜링 기계라는 개념을 창안한 때로부터 80년 동안 컴퓨터 과학자들은 점점 더 정교한 전자 알고리즘을 설계하는 방법을 알아냈다. 데이터교는 이 둘을 합치면서, 정확히 똑같은 수학적 법칙들이 생화학적 알고리즘과 전자 알고리즘 모두에 적용된다고 지적한다. 데이터교는 그렇게 함으로써 동물과 기계의 장벽을 허물고, 결국 전자 알고리즘이 생화학적 알고리즘을 해독해 그것을 뛰어넘을 것으로 본다.

정치인, 사업가, 보통의 소비자 들에게 데이터교는 획기적인 기술과 막대한 새로운 힘을 제공한다. 또한 학자와 지식인들에게는 수백 년 동안 손에 넣지 못했던 과학의 성배를 제공하겠다고 약속한다. 그 성배란 음악학부터 경제학을 거쳐 생물학까지 모든 과학 분과들을 통합하는 하나의 일반이론을 말한다. 데이터교에 따르면, 베토벤의 〈5번 교향곡〉, 증권거래소의 거품, 독감 바이러스는 데이터 흐름의 세 가지 패턴으로, 동일한 기본 개념과 도구를 이용해 분석할 수 있다. 엄청나게 매력적인 개념이다. 모든 과학자가 공용어로 소통하고, 학문 사이를 연결하는 다리를 만들고, 탁월한 식견이 학제를 가로지르며 자유자재로 오간다고 생각해보라. 음악학자, 경제학자, 세포생물학자 들은 마침내 서로를 이해할 수 있다.

이 과정에서 데이터교는 학문의 전통적 피라미드를 뒤집는다. 지금까지는 데이터가 지적 활동이라는 긴 사슬의 첫 번째 단계에 불과했다. 인간이 데이터에서 정보를 증류하고, 정보에서 지식을 증류하고, 지식에서 지혜를 증류해야 했다. 하지만 데이터교도들은 인간이 더 이상 막대한 데이터의 흐름을 감당할 수 없고, 따라서 지식과 지혜를 증류하는 것은 고사하고 데이터에서 정보를 증류할 수도 없다고 생각한다. 그러므로 데이터를 처리하는 일은 연산능력이 인간의 뇌 용량을 훨씬 능가하는 전자 알고리즘에게 맡겨야 한다. 실질적으로 데이터교도들은 인간의 지식과 지혜를 믿지 않고 빅데이터와 알고리즘을 더 신뢰한다는 뜻이다.

데이터교는 두 모태 학문에 단단히 뿌리내리고 있는데, 바로 컴퓨터 과학과 생물학이다. 둘 중 생물학이 더 중요하다. 컴퓨터 과학 분야에 한정된 변화가 생명의 본성 자체를 완전히 바꿀 수 있는 엄청난 파급력을 지닌 격변으로 바뀐 것은 생물학이 데이터교를 수용하면서부터였다. 유기체는 알고리즘이며 기린, 토마토, 인간이 단지 데이터를 처리하는 각기 다른 방법에 불과하다는 개념에 동의하지 않는 사람도 있을 것이다. 하지만 이것이 현시점의 과학적 정설이며 우리 세계를 알아볼 수 없을 정도로 바꾸고 있다는 사실을 알 필요가 있다.

오늘날에는 개별 유기체들만이 아니라 벌집, 박테리아 집단, 숲과 도시 같은 사회 전체가 데이터 처리 시스템으로 간주된다. 경제학자들도 점점 데이터 처리 시스템으로 경제학을 해석하는 추세이다. 일반인들은 경제가 밀을 재배하는 농부, 옷을 만드는 노동자, 빵과 속옷을 사는 소비자로 구성된다고 생각한다. 하지만 전문가들은 경제란 욕망과 능력에 관한 데이터를 수집해 그 데이터를 결정으로 전환하는 메커니즘이라고 생각한다.

호모 사피엔스
지배력을 잃다

이렇게 보면 자유시장 자본주의와 국가가 통제하는 공산주의는 서로 경쟁하는 이념, 윤리적 신조, 정치제도가 아니다. 기본적으로 이 둘은 경쟁하는 데이터 처리 시스템이다. 자본주의는 데이터를 나누어 처리하는 반면, 공산주의는 중앙에서 모두 처리한다. 자본주의가 데이터를 처리하는 방식은 생산자와 소비자를 직접 연결해, 그들이 자유롭게 정보를 교환하고 독립적으로 결정을 내리게 하는 것이다. 예컨대 자유시장에서 빵 가격은 어떻게 정할까? 우선 모든 빵집이 원하는 만큼 빵을 생산하고, 원하는 만큼 가격을 매길 것이다. 소비자들도 여력이 되는 한 얼마든지 많은 빵을 살 수 있고, 경쟁관계인 빵집에 가서 빵을 사도 된다. 바게트 한 개에 천 달러를 매겨도 불법이 아니지만 아무도 그 빵을 사지 않을 것이다.

좀 더 큰 규모에서 보면, 투자가들은 빵에 대한 수요가 높아질 거라고 예측할 경우, 수확량이 높은 밀을 유전공학으로 만들어내는 생명공학 회사들의 주식을 살 것이다. 이렇게 자본이 유입되면 그런 생명공학 회사들이 연구를 가속화할 수 있을 것이고, 그 결과 더 많은 밀을 더 빨리 제공해 빵 부족 사태를 막을 것이다. 생명공학 회사 하나가 문제 있는 이론을 채택한 탓에 난관에 부딪혀도, 성공한 경쟁사들이 모두가 바라는 타개책을 마련할 것이다. 이렇듯 자유시장 자본주의는 데이터를 분석하고 결정 내리는 일을 저마다 독립적이지만 상호 연결된 많은 프로세서들에게 배분한다. 오스트리아의 경제학 전문가 프리드리히 하이에크가 설명했듯이, "관련 사실에 대한 지식이 많은 사람들에게 분산되어 있는 시스템에서, 가격은 사람들의 개별 행동을 조정하는 역할을 할 수 있다."[2]

이렇게 보면 증권거래소는 인간이 지금까지 창조한 가장 빠르고 가장 효율적인 데이터 처리 시스템이다. 누구나 직접적으로는 아니더라도 은행이나 연금기금을 통해 증권거래에 참여할 수 있다. 증권거래소는 지구촌 경제를 운영하고, 지구 전역, 심지어 그 너머에서 일어나는 일까지 모든 것을 고려한다. 성공적인 과학 실험, 일본의 정치 스캔들, 아이슬란드의 화산 폭발은 물론, 태양 표면의 불규칙한 활동조차 주가에 영향을 미친다. 이 시스템이 원활하게 돌아가기 위해서는 가능한 한 많은 정보가 가능한 한 자유롭게 흐를 필요가 있다. 모든 관련 정보에 접근할 수 있을 때, 전 세계 수백만 명의 사람들은 석유, 현대Hyundai 주식, 스위스 국채를 사고파는 과정을 통해 그것들의 가장 정확한 가격을 결정한다. 〈뉴욕타임스〉에

대서특필된 사건들이 주가에 영향을 미치는 데는 단 15분간의 거래면 충분하다고 추산된다.[3]

데이터 처리의 관점에서 보면 자본주의자들이 낮은 세금을 선호하는 이유도 설명된다. 무거운 과세는 이용 가능한 자본의 상당 부분이 한 장소(국고)에 쌓이게 하고, 그 결과 정부라는 단일한 프로세스로 결정 과정이 집중할 수밖에 없다. 이는 지나치게 중앙 집중화된 데이터 처리 시스템을 만들어낸다. 세금이 엄청나게 높은 극단적인 경우, 거의 모든 자본이 정부의 손에 들어가므로 정부가 모든 것을 지배한다. 즉 정부가 빵 가격, 빵집들의 위치, 연구개발 예산을 정한다. 자유시장에서는 한 프로세서가 잘못된 결정을 내리면 다른 프로세서들이 잽싸게 그 실수를 활용한다. 하지만 단일한 프로세서가 거의 모든 결정을 내릴 때는 실수가 재앙을 초래할 수 있다.

하나의 중앙 프로세서가 모든 데이터를 처리하고 모든 결정을 내리는 극단적인 상황을 공산주의라고 부른다. 공산주의 경제는 사람들이 능력에 따라 일하고 필요에 따라 분배한다. 다시 말해 정부가 당신의 이윤을 백 퍼센트 가져간 뒤, 당신의 필요를 결정하고 그 필요를 공급한다. 이런 계획경제의 극단적 형태를 실현한 국가는 아직 없었지만, 소련과 그 위성국가들이 가장 근접한 사례이다. 이 나라들은 분산식 데이터 처리 원리를 포기하고 중앙 집중식 데이터 처리 모델로 전환했다. 소련 전역의 모든 정보가 모스크바의 한 장소로 흘러갔고, 그곳에서 모든 중요한 결정이 내려졌다. 생산자와 소비자들은 직접 소통할 수 없었고 정부의 명령에 복종해야 했다.

가령 소련의 경제부는 모든 상점의 빵 가격이 정확히 2루블 4코

▲ 1963년 모스크바의 소련 지도부. 중앙 집중식 데이터 처리.

제 3 부

픽이어야 하고, 오데사 주의 어느 집단농장은 밀 재배를 그만두고 닭을 길러야 하며, 모스크바의 붉은 10월 베이커리는 하루에 더도 덜도 말고 딱 350만 개의 빵을 생산해야 한다고 결정했을 것이다. 그런 한편 소련의 과학부는 소련의 모든 생명공학 연구소에 레닌 농업과학 아카데미의 소장을 지냈던 악명 높은 인물인 트로핌 리젠코의 이론을 채용하도록 강요했다. 리젠코는 당대의 정통적인 유전 이론을 거부했다. 그는 한 유기체가 사는 동안 어떤 새로운 형질을 획득한다면 그 형질이 후손들에게 직접 전해질 수 있다고 주장했다. 이런 생각은 다윈주의 정설을 무시하는 것이었으나, 공산주의 교육원리와는 잘 맞아떨어졌다. 리젠코의 이론에 따르면, 밀 작물

▲ 뉴욕 증권거래소에서 일어난 소동. 분산식 데이터 처리.

호모 사피엔스
지배력을 잃다

을 추운 날씨에도 잘 견딜 수 있도록 훈련시키면 그 자손 세대도 추위에 저항성을 지닐 수 있었다. 리젠코는 수십억 그루의 반혁명적인 밀 작물을 시베리아로 보내 재교육시켰고, 얼마 지나지 않아 소련은 미국에서 점점 더 많은 밀가루를 수입해야 했다.[4]

자본주의가 이기고 공산주의가 패한 것은 자본주의가 더 윤리적이어서도, 개인의 자유가 신성해서도, 신이 이교도인 공산주의자들에게 분노해서도 아니었다. 자본주의가 냉전에서 승리한 것은, 적어도 기술 변화가 가속화되는 시대에는 중앙 집중식 데이터 처리보다 분산식 데이터 처리가 더 효과적이기 때문이다. 공산당 중앙위원회는 20세기 후반의 급변하는 세계에 대처할 수 없었다. 모든 데이터가 하나의 비밀 벙커에 축적되고 모든 중요한 결정이 노쇠한 수뇌부에 의해 이루어질 때, 대량의 핵폭탄을 생산할 수는 있지만 애플이나 위키피디아는 얻지 못할 것이다.

미하일 고르바초프가 죽어가는 소련 경제를 회생시키고자, 대처리즘이 무엇이고 자본주의 시스템이 실제로 어떻게 작동하는지 알아볼 목적으로 최측근 한 명을 런던에 보냈다는 이야기가 있다(대부분의 훌륭한 이야기들이 그렇듯이 아마 진짜는 아닐 것이다). 런던의 관료들은 소련에서 온 그 손님에게 런던 시내와 런던 증권거래소, 런던 경제학교를 구경시켜주었고, 소련 손님은 가는 곳마다 은행 관리자들, 기업가들, 교수들과 긴 대화를 나누었다. 몇 시간 뒤 소련 손님이 참다못해 한마디 했다. "잠깐만요. 복잡한 경제이론들은 일단 집어치웁시다. 하루 종일 런던을 쏘다녔는데, 이해할 수 없는 점이 하나 있습니다. 모스크바에서는 최고의 두뇌들이 빵 공급 체계를 관리하는데도 빵 가게와 식료품점 앞에 늘어선 줄이 줄어들지 않습니다. 그런데 런던은 수백만 명이 사는데도 오늘 지나가다 본 그 많은 상점과 슈퍼마켓 앞에 사람들이 줄을 서서 기다리는 모습을 한 번도 보지 못했습니다. 런던에서 빵 공급하는 일을 맡아보는 사람을 만나게 해주십시오. 비밀을 알아야겠습니다." 런던 관료들은 머리를 긁적이며 잠시 생각하더니 이렇게 말했다. "런던에 빵 공급하는 일을 맡아보는 사람은 없는데요."

이것이 바로 자본주의의 성공비결이다. 런던의 빵 공급에 대한 모든 데이터를 독점하는 중앙 처리 단위는 어디에도 없다. 정보는 수백만 명의 소비자와 생산자, 제빵사와 정계 거물, 농부와 과학자들 사이를 자유롭게 흐른다. 시장의 힘이 빵 가격, 날마다 굽는 빵의 개수, 연구개발 우선순위를 결정한다. 자본주의자들은 시장의 힘이 잘못된 결정을 내려도 곧 자체적으로 교정된다고 믿는다. 우리 이야기의 맥락에서 이 이론이 맞는가 아닌가는 중요하지 않다. 중요한 것은 이 이론이 경제를 데이터 처리의 관점에서 이해한다는 사실이다.

모든 권력은
어디로 갔을까?

정치과학자들도 인간의 정치구조를 점점 데이터 처리 시스템으로 해석한다. 자본주의와 공산주의처럼, 민주주의와 독재도 본질적으로는 정보를 수집하고 분석하는 경쟁 메커니즘이다. 독재는 중앙 집중식 처리 방법을 사용하는 반면, 민주주의는 분산식 처리를 선호한다. 지난 몇십 년 동안 민주주의가 우위를 점한 것은 20세기 후반의 독특한 조건 아래에서 분산식 처리가 더 잘 작동했기 때문이다. 다른 조건에서는, 예컨대 고대 로마제국에 널리 퍼져 있던 조건에서는 중앙 집중식 처리가 유리했다. 로마 공화국이 무너지고 권력이 원로원과 평민회에서 한 명의 전제적 황제에게 넘어간 것은 이 때문이다.

이런 역사적 사실은 21세기에 데이터 처리 조건이 다시 바뀌면 민주주의가 몰락하거나 사라질 수도 있음을 암시한다. 데이터의 양과 속도가 모두 증가함에 따라 선거, 정당, 의회 같은 훌륭한 제도들이 구시대의 유물이 될지도 모른다. 그 제도들이 비윤리적이어서

호모 사피엔스
지배력을 잃다

가 아니라, 데이터를 충분히 효율적으로 처리하지 못하기 때문이다. 이런 제도들은 정치가 기술보다 더 빠르게 움직인 시대에 진화했다. 19세기와 20세기의 산업혁명은 속도가 그리 빠르지 않아서, 정치인과 유권자들이 항상 한발 앞에서 그 경로를 규제하고 조종할 수 있었다. 하지만 정치의 리듬이 증기시대 이래로 크게 바뀌지 않은 반면, 기술은 1단에서 4단으로 기어가 전환되었다. 현재 기술혁명은 정치 과정보다 빠르게 움직이면서 의원들과 유권자들의 통제를 벗어나고 있다.

앞으로 닥칠 일들을 미리 맛보려면 인터넷이 부상한 과정을 보면 된다. 사이버 공간은 현재 우리의 일상, 경제, 보안에 매우 중요하다. 하지만 이런저런 웹 디자인들을 놓고 고르는 중요한 선택은 그것이 주권, 국경, 사생활, 보안 같은 전통적인 정치 쟁점들을 수반하는 일인데도, 민주적 정치 과정을 통해 이루어지지 않았다. 지금까지 사이버 공간의 모양에 대해 투표한 적이 있는가? 대중의 관심의 초점에서 멀리 떨어져 있는 웹 디자이너들이 그런 결정을 내린다는 사실은 오늘날 인터넷이 사람들의 주권을 약화시키고 국경을 무시하고 사생활을 없애고 전 지구적 안보를 엄청나게 위협하는 자유로운 무법지대임을 뜻한다. 사이버 테러는 10년 전만 해도 거의 관심을 받지 못하는 문제였지만, 오늘날 신경증적인 공무원들은 사이버 9·11이 임박했다고 예측하고 있다.

따라서 정부와 비정부기구들은 인터넷 구조조정에 대해 열띤 논쟁을 벌이지만, 이미 존재하는 시스템을 바꾸는 일은 시작 단계에 개입하는 것보다 훨씬 어렵다. 게다가 비대한 정부 관료조직이 사이버 규제에 대해 마음을 정할 때쯤이면 인터넷은 열 번쯤 변신했을 것이다. 정부라는 거북이는 기술이라는 토끼를 따라잡지 못한다. 정부는 밀려드는 데이터에 어쩔 줄을 모른다. 미국 국가안보국NSA이 당신이 하는 모든 말을 염탐하고 있을지도 모르지만, 미국의 외교정책이 거듭 실패하는 것으로 볼 때, 워싱턴에 있는 관료들 중 그 데이터로 뭘 해야 할지 아는 사람은 아무도 없는 것 같다. 역사상 어떤 정부도 세상에서 무슨 일이 일어나고 있는지 미국만큼 많이 알지 못했다. 하지만 역사상 현재의 미국만큼 어설프게 일을 망친 나라를 찾기도 힘들다. 미국은 마치 포커 게임에서 상대가 어떤 카드를 들고 있는지 다 알면서도 번번이 지는 사람 같다.

앞으로 몇십 년 동안 우리는 기술이 정치보다 한발 앞서 우위를 점하는, 인터넷 같은 혁명들을 더 많이 보게 될 것이다. 인공지능과 생명공학은 곧 우리 사회와 경제 그리고 우리의 몸과 마음까지 앞지를 텐데도, 우리의 정치적 레이더망에는 좀처럼 포착되지 않는다. 현재의 민주적 구조들은 관련 데이터를 충분히 빨리 수집해서 처리하지 못하고, 대부분의 유권자들은 적절한 여론을 형성할 수 있을 만큼 생물학과 사이버네틱스에 대해 잘 모른다. 따라서 전통적인 민주정치는 중요한 사건들을 제어할 수 없고, 미래에 대한 유의미한 비전들을 우리에게 제공하지 못한다.

유권자들도 더 이상 민주주의 메커니즘으로 권한을 행사할 수 없다는 사실을 알아채기 시작했다. 주변세계는 온통 변하고 있는데, 그들은 세계가 어떻게 변하는지도 왜 변하는지도 모른다. 권력이 다른 곳으로 이동하고 있지만 그곳이 어딘지는 모른다. 영국 유권자들은 권력이 유럽연합으로 이동했을 거라 생각하고 브렉시트에 투표했다. 미국 유권자들은 '기득권'이 모든 권력을 독점한다고 생각하고 비기득권 후보자들인 버니 샌더스와 도널드 트럼프를 지지한다. 하지만 슬픈 진실은 권력이 어디로 갔는지 아무도 모른다는 것이다. 영국이 유럽연합을 탈퇴해도, 트럼프가 백악관에 입성해도, 권력이 일반 유권자들에게로 돌아오지 않을 것은 분명하다.

그렇다고 우리가 20세기 방식의 독재로 돌아가지는 않을 것이다. 독재정권들도 기술 발전 속도와 데이터 흐름의 속도와 양에 어쩔 줄 모르기는 마찬가지인 듯하다. 20세기에 독재자들은 미래에 대한 장대한 비전을 가졌다. 공산주의자들과 파시스트들은 구세계를 완전히 파괴하고 그 자리에 새로운 세계를 건설하려 했다. 당신이 레닌, 히틀러, 마오쩌둥에 대해 어떻게 생각하든, 그들에게 비전이 없었다는 비난만큼은 할 수 없을 것이다. 오늘날의 지도자들은 훨씬 더 장대한 비전을 추구할 기회를 맞이한 것처럼 보인다. 공산주의자들과 나치가 증기기관과 타자기의 도움을 받아 새로운 사회와 새로운 인간을 창조하려 했던 반면, 오늘날의 선지자들은 생명공학과 슈퍼 컴퓨터에 의지할 수 있다.

공상과학 영화에서 히틀러 같은 비정한 정치인들은 그런 신기술을 잽싸게 움켜잡고 이런저런 과대망상증적인 정치 이상을 위해 그것을 사용한다. 하지만 21세기 초의 현실 정치인들은 심지어 러시아, 이란, 북한 같은 독재국가에서조차 할리우드 영화 속 독재자들과는 전혀 다르다. 그들은 어떤 멋진 신세계도 구상하고 있지 않은 것 같다. 김정은과 알리 하메네이(Ali Khamenei: 이란의 정치가. 1979년

이란 혁명 당시 이슬람공화당 창설에 참여했고, 이란 혁명 이후 국방부 차관, 이슬람 혁명 방위대 사령관 등을 거친 뒤 대통령에 당선되었다. 호메이니가 죽자 종교 지도자로서 국가를 대표하는 실질상의 원수가 되었다—옮긴이)의 가장 무모한 이상도 원자폭탄과 탄도 미사일을 크게 넘어서지 못한다. 사실상 1945년과 다를 게 없다. 푸틴의 염원은 구소련을 재건하는 것, 심지어 훨씬 더 오래된 차르 제국을 재건하는 것에 머물러 있는 것 같다. 한편 미국에서는 편집증적인 공화당원들이 버락 오바마를 미국 사회의 근간을 파괴하기 위해 음모를 꾸미는 인정사정없는 전제 군주인 것처럼 비난하지만, 그는 8년간의 임기 동안 의료보험 개혁안도 겨우 통과시켰다. 새로운 세계와 새로운 인간을 창조하는 일은 그의 의제에서 한참 벗어나 있었다.

현재 기술은 너무나 빠르게 움직이고 있는데, 의회도 독재자들도 미처 다 처리할 수 없는 데이터 앞에서 어쩔 줄을 모르고, 따라서 지금의 정치인들은 1세기 전의 정치인들보다 생각의 규모가 훨씬 작다. 그 결과 21세기 초에 정치는 장대한 비전을 잃었다. 정부는 단순히 행정부가 되었다. 정부는 나라를 운영할 뿐 이끌지 못한다. 교사들의 급여가 제때 지급되고 하수도가 넘치지 않게 할 뿐, 20년 뒤 나라가 어디로 갈지에 대해서는 아무 생각이 없다.

어느 정도까지는 이것이 좋다. 20세기의 거대한 정치적 비전들이 우리를 아우슈비츠, 히로시마, 대약진 운동으로 이끌었음을 생각하면, 근시안적인 관료들이 차라리 나을지도 모른다. 신 같은 기술과 과대망상증적 정치의 결합은 재앙의 레시피나 다름없다. 많은 신자유주의 경제학자와 정치학자들이 중요한 모든 결정을 자유시장

호모 사피엔스 지배력을 잃다

의 손에 맡기는 것이 최선이라고 주장한다. 그런 주장은 정치인들에게 아무것도 하지 않고 아무것도 몰라도 되는 데 대한 완벽한 변명을 제공하고, 이런 무위와 무지는 심지어 심오한 지혜로 재해석되기까지 한다. 세계를 이해하지 못하는 것은 이해할 필요가 없기 때문이라고 믿는 것이 편리하다는 사실을 정치인들은 경험을 통해 깨닫는다.

하지만 신 같은 기술과 근시안적 정치를 결합하는 데도 단점이 있다. 비전이 없다는 것이 항상 좋은 일만은 아니며, 모든 비전이 나쁜 것도 아니다. 20세기 나치의 반유토피아적 비전은 저절로 무너지지 않았다. 나치의 비전은 그만큼이나 장대한 사회주의와 자유주의적 비전들에 맞서 패배했다. 우리의 미래를 시장의 힘에 맡기는 것이 위험한 이유는 그 힘들이 인류나 세계에 유익한 일을 하기보다는 시장에 유익한 일을 하기 때문이다. 시장의 손은 보이지 않을 뿐 아니라 볼 수 없고, 따라서 시장이 제멋대로 하도록 맡겨둔다면, 지구온난화의 위협이나 인공지능의 위험한 잠재력에 직면해서 우리는 아무것도 할 수 없을 것이다.

어떤 사람들은 결국 누군가가 책임질 거라고 믿는다. 그리고 그 누군가로 정치인 또는 전제적인 독재자가 아니라, 세계를 비밀스럽게 운영하는 소규모 억만장자들을 지목한다. 하지만 그런 음모이론들은 절대로 맞아떨어지는 법이 없는데, 시스템의 복잡성을 과소평가하기 때문이다. 밀실에서 시가를 피우고 스카치를 마시는 소수의 억만장자들은 세상에서 일어나고 있는 모든 일을 제어하는 것은 고사하고 이해조차 하지 못할 것이다. 무정한 억만장자와 소규모 이익집단들이 오늘날과 같은 혼돈의 세계에서 번성하는 것은 그들이 다른 사람들보다 지도를 더 잘 읽기 때문이 아니라, 매우 좁은 목표를 갖고 있기 때문이다. 혼돈으로 가득한 시스템에서는 편협한 시각에 이점이 있고, 억만장자의 힘은 목표의 크기에 정확히 비례한다. 만약 세계 최고의 부자가 추구하는 목표가 10억을 더 버는 것이라면 그는 이 목표를 달성하기 위해 시스템을 쉽게 조작할 수 있다. 반면 그가 전 세계의 불평등을 줄이거나 지구온난화를 멈추려고 한다면 그의 힘으로도 해결할 수 없을 텐데, 시스템이 너무 복잡하기 때문이다.

하지만 권력 공백은 오래가지 않는다. 21세기에 전통적인 정치 구조들이 유의미한 비전을 생산하기에 충분할 만큼 빨리 데이터를 처리하지 못한다면, 새롭고 더 효율적인 구조들이 진화해 그 자리를 채울 것이다. 그 새로운 구조들은 민주적인 것이든 독재적인 것이든, 이전의 어떤 정치제도와도 다를 것이다. 남은 질문은 누가 이 구조를 만들고 제어할 것인가 하는 점이다. 인류가 이 일을 맡지 못한다면 다른 누군가에게 기회가 주어질 것이다.

아주 간략한
역사

데이터교의 관점에서 보면 인간이라는 종은 단일한 데이터 처리 시스템이고, 개인은 시스템을 이루는 칩이다. 그렇다면 우리는 역사 전체를 이 시스템의 효율을 높이는 과정으로 이해할 수도 있다. 이 과정은 기본적으로 네 가지 방법으로 진행된다.

호모 사피엔스
지배력을 잃다

1. **프로세서의 수를 늘린다.** 10만 명이 사는 도시가 1,000명이 사는 시골마을보다 연산능력이 더 크다.

2. **프로세서의 다양성을 늘린다.** 각기 다른 프로세서들은 다양한 경로를 통해 데이터를 계산하고 분석할 것이다. 따라서 한 시스템 안에서 여러 종류의 프로세서들을 사용한다면 시스템의 역동성과 창의성이 높아질 것이다. 농부, 성직자, 의사 사이의 대화는 세 명의 수렵채집인들 사이의 대화에서는 결코 나오지 못할 새로운 아이디어를 생산할 것이다.

3. **프로세서들 간의 연결을 늘린다.** 서로 연결이 잘 안 된다면 프로세서의 수와 종류를 늘려봤자 소용이 없다. 열 개의 도시를 연결하는 무역망이 열 개의 고립된 도시들보다 몇 배 더 많은 경제적·기술적·사회적 혁신을 이루어낼 것이다.

4. **현존하는 연결을 따라 이동할 자유를 늘린다.** 프로세서들을 연결해도 데이터가 자유롭게 흐르지 못한다면 그다지 도움이 되지 않는다. 열 개 도시를 연결하는 도로를 건설해도, 도로에 강도가 들끓거나 독재자가 상인들과 여행자들의 이동을 제한한다면 소용이 없을 것이다.

이 네 가지 방법은 곧잘 서로 충돌한다. 수와 종류가 늘어날수록 프로세서들은 자유롭게 연결되기 어렵다. 그래서 사피엔스의 데이터 처리 시스템은 각 단계마다 각기 다른 방법에 중점을 두는 네 단계를 통해 구축되었다.

첫 번째 단계는 인지혁명 때 시작되었는데, 이 혁명으로 단일한 데이터 처리 네트워크에 무한한 수의 사피엔스들을 연결할 수 있게 되었다. 이로써 사피엔스들은 다른 모든 인류 종과 동물 종에 대해 중요한 우위를 점했다. 같은 망에 연결할 수 있는 네안데르탈인, 침팬지, 코끼리의 수에는 엄격한 제한이 있지만, 사피엔스의 수에는 한계가 없다.

사피엔스들은 데이터 처리에서의 우위를 이용해 전 세계로 퍼져나갔다. 하지만 서로 다른 대륙과 기후로 퍼져나가는 과정에서 서로 연락이 끊긴 채 다양한 문화적 변화를 겪었다. 그 결과 저마다 독특한 생활양식, 행동 패턴, 세계관을 지닌 엄청나게 다양한 문화들이 생겨났다. 따라서 역사의 첫 단계는 연결성을 희생해 인간 프로세서의 수와 종류를 늘리는 것이었다. 2만 년 전에는 7만 년 전보다 몇 배 많은 사피엔스가 있었고, 유럽의 사피엔스는 중국의 사피엔스와 다른 방식으로 정보를 처리했다. 하지만 유럽인과 중국인은 서로 연결되지 않았고, 언젠가 모든 사피엔스가 단일한 데이터 처리망의 일원이 된다는 것은 완전히 불가능한 일로 보였다.

두 번째 단계는 농업혁명 때부터 문자와 돈이 발명된 약 5,000년 전까지였다. 농업은 인구성장을 가속화했고, 그리하여 인간 프로세서들의 수가 급증했다. 동시에 농업은 훨씬 많은 사람들이 한 장소에 모여살 수 있게 했고, 그에 따라 전례 없이 많은 프로세서들이 속한 밀도 높은 지역 네트워크가 발생했다. 뿐만 아니라 농업은 네트워크들끼리 서로 교역하고 교류할 동기와 기회를 마련했다. 그럼에도 두 번째 단계까지는 원심력이 여전히 우세했다. 문자와 돈이 부재하는 상태에서 인간은 도시, 왕조, 제국을 건설할 수 없었다. 인

호모 사피엔스
지배력을 잃다

류는 여전히 저마다의 생활양식과 세계관을 지닌 수없이 많은 작은 부족들로 나뉘어 있었다. 인류 전체를 통합하는 것은 공상으로도 요원한 일이었다.

세 번째 단계는 문자와 돈이 발명된 약 5,000년 전부터 과학혁명이 시작될 때까지였다. 문자와 돈 덕분에 마침내 인간 협력의 중력장이 원심력을 압도했다. 인간집단들은 결합하고 융합해 도시와 왕국을 이루었다. 도시들과 왕국들 사이의 정치적·상업적 연결도 단단해졌다. 화폐 주조법, 제국, 보편적 종교가 등장한 기원전 1000년 이래로 인간은 지구 전체를 아우르는 단일한 네트워크를 의식적으로 꿈꾸기 시작했다.

역사의 마지막 네 번째 단계에서 이 꿈은 현실이 되었다. 이 단계는 1492년경에 시작되었다. 근대 초의 탐험가, 정복자, 상인 들은 전 세계를 아우르는 최초의 얇은 실들을 짰다. 현대로 가면서 이 실들은 더 튼튼하고 촘촘해졌고, 그렇게 해서 콜럼버스 시대의 거미줄은 21세기의 철과 아스팔트망이 되었다. 훨씬 더 중요한 사실은 이 전 지구적 연결망을 따라 정보가 점점 더 자유롭게 흐를 수 있었다는 것이다. 콜럼버스가 유라시아 네트워크를 아메리카 네트워크와 처음 연결했을 때만 해도 문화적 편견, 엄격한 검열, 정치적 억압 때문에 매년 적은 양의 데이터만 바다를 건널 수 있었다. 하지만 해가 갈수록 자유시장, 과학계, 법률, 민주주의의 확산이 힘을 모아 그런 장벽들을 제거했다. 우리는 곧잘 민주주의와 자유시장이 승리한 것은 그 제도들이 '좋아서'였다고 생각한다. 하지만 사실은 그 두 제도가 전 지구적 데이터 처리 시스템을 개선했기 때문이다.

이렇듯 지난 7만 년 동안 인류는 처음에는 퍼져나갔다가 개별 집단으로 분리되었고, 마침내 다시 융합했다. 하지만 다시 하나가 되는 과정에서 처음으로 되돌아간 것은 아니었다. 각기 다른 인간집단들이 오늘날의 지구촌으로 융합할 때, 각 집단들은 그동안 모으고 발전시킨 저마다의 독특한 사상, 도구, 행동을 가져왔다. 현재 우리의 식품 저장실은 중동산 밀, 안데스산 감자, 뉴기니산 설탕, 에티오피아산 커피로 채워져 있다. 마찬가지로 우리의 언어, 종교, 음악, 정치는 전 세계의 유산들로 풍성하다.[5]

인류가 실제로 단일한 데이터 처리 시스템이라면 그 산물은 무엇일까? 데이터교도들은 '만물인터넷Internet-of-All-Things'이라 불리는 새롭고 훨씬 더 효율적인 데이터 처리 시스템이 그 산물이 될 거라고 말한다. 이 과업이 완수되면 호모 사피엔스는 사라질 것이다.

호모 사피엔스
지배력을 잃다

**정보는
자유롭고 싶다**

자본주의가 그랬듯이 데이터교도 처음에는 가치 중립적인 과학이론으로 시작했으나, 지금은 옳고 그름을 결정할 권한을 주장하는 종교로 변화하고 있다. 이 새로운 종교가 떠받드는 지고의 가치는 '정보의 흐름'이다. 생명이 정보의 움직임이라면, 그리고 생명이 좋은 것이라면, 우리는 우주의 정보 흐름을 더 깊고 넓게 확장하여야 한다. 데이터교에 따르면, 인간의 경험은 신성하지 않고 호모 사피엔스는 창조의 정점도 호모 데우스의 전구체도 아니다. 인간은 그저 만물인터넷을 창조하는 도구이며, 만물인터넷은 결국 지구에서부터 은하 전체를 아우르고 나아가 우주 전체로까지 확장될 것이다. 이런 우주적 규모의 데이터 처리 시스템은 마치 신과 같을 것이다. 이런 시스템은 어디에나 존재하며 모든 것을 통제할 것이고, 인간은 그 안으로 흡수될 것이다.

이런 비전은 전통적인 종교의 비전을 연상시킨다. 힌두교도들은 인간이 우주의 보편적 영혼 아트만(인도 철학에서 자아를 나타내는 용어로 '나'라고 번역된다. 본래의 뜻에 대해서는 많은 설이 있다. 처음에는 '호흡'을 의미했는데, 뜻이 바뀌어 생명의 본체로서의 '생기' '생명원리' '영혼' '자기' '자아'의 의미가 되었으며, '만물에 내재하는 영묘한 힘' '우주의 근본원리'를 의미하기에 이르렀다고 본다—옮긴이)에 흡수될 수 있고 그럴 거라고 믿는다. 그리스도교도들은 성자는 사후에 신의 무한한 은총을 받는 반면 죄인에게는 신이 임하지 않는다고 믿는다. 실제로 실리콘밸리의 데이터교 선지자들은 전통적인 종교의 메시아 같은 언어를 의식적으로 사용한다. 예컨대 레이 커즈와일의 예언을 담은 책《특이점이 온다》는 "천국이 가까이 왔다"(〈마태복음〉 3장 2절)고 외친 세례 요한의 메아리처럼 들린다.

데이터교도들은 인간을 여전히 숭배하는 사람들에게 그들이 낡은 기술에 지나치게 매여 있다고 말한다. 호모 사피엔스는 한물간 알고리즘이다. 인간이 닭보다 우월한 점이 무엇인가? 정보 흐름의 패턴이 닭들보다 훨씬 더 복잡하다는 사실밖에 더 있는가. 인간은 더 많은 데이터를 흡수하고 더 나은 알고리즘을 이용해 그것을 처리한다(일상 언어로 말하면, 인간이 더 깊은 감정과 더 뛰어난 지적 능력을 갖고 있다는 뜻이다. 하지만 현시점의 생물학 정설에 따르면 감정과 지능은 단지 알고리즘에 불과하다는 사실을 기억하라). 그렇다면, 인간이 인간보다 훨씬 더 많은 데이터를 흡수하고 훨씬 더 효율적으로 처리하는 데이터 처리 시스템을 창조한다면, 그 시스템은 인간이 닭보다 우월하듯 인간보다 우월하지 않을까?

데이터교는 한가한 예언으로 그치지 않는다. 모든 종교와 마찬가지로 실용적 계명들을 갖고 있다. 데이터교도들에게 내려진 첫 번째 계명은 '가능한 한 많은 매체와 연결해 가능한 한 많은 정보를 생산하고 소비함으로써 데이터 흐름을 극대화하라'는 것이다. 그리고 성공한 다른 종교들과 마찬가지로 데이터교 역시 포교를 한다. 데이터교의 두 번째 계명은 연결되기를 원치 않는 이단까지 포함해 모든 것을 시스템에 연결하라는 것이다. 여기서 '모든 것'은 단지 인간만을 뜻하지 않는다. 말 그대로 모든 '것'을 뜻한다. 내 몸은 물론 거리의 자동차, 부엌의 냉장고, 닭장의 닭과 정글의 나무까지 모든 것이 만물인터넷에 연결되어야 한다. 냉장고는 안에 계란이 몇 개나 남았는지 지켜보면서 닭장에 배송일자를 알릴 것이다. 자동차들은 서로 연락할 것이고, 정글의 나무들은 날씨와 이산화탄소 농도를 보고할 것이다. 우주의 어느 한 부분도 생명의 거대한 웹과 연결이 끊겨서는 안 된다. 반대로 가장 큰 죄악은 데이터의 흐름을 차단하는 것이다. 정보가 흐르지 않는 것이야말로 죽음이 아니겠는가? 따라서 데이터교는 정보의 자유를 최고선으로 친다.

인간이 완전히 새로운 가치를 제시하는 경우는 좀처럼 드물다. 마지막으로 그렇게 한 때가 인본주의 혁명으로 자유, 평등, 박애라는 감동적인 이상들을 설교한 18세기였다. 1789년 이래로 무수히 많은 전쟁, 혁명, 격변이 있었지만, 인간은 새로운 가치를 내놓지 못했다. 그 이후의 모든 무력충돌과 투쟁은 인본주의의 세 가지 가치를 위해, 또는 신에게 복종하거나 국가에 봉사하는 것 같은 더 오래된 가치들을 위한 것이다. 데이터교는 1789년 이후 처음으로 진정한 새로운 가치(정보의 자유)를 창출한 운동이다.

그런데 정보의 자유를 표현의 자유라는 오래된 자유주의의 이상과 혼동하면 안 된다. 표현의 자유는 인간에게 주어졌고, 원하는 것을 생각하고 말할 인간의 권리를 보호했다. 여기에는 입을 다물 권리와 생각을 밝히지 않을 권리도 포함된다. 반면 정보의 자유는 인간에게 주어지는 것이 아니다. 그것은 정보에 주어진다. 더구나 이 새로운 가치가 전통적인 표현의 자유를 침해할 수도 있다. 정보가 자유롭게 유포될 권리는 인간이 정보를 소유하고 그 흐름을 제한할 권리보다 우선하기 때문이다.

2013년 1월 11일 자신의 아파트에서 자살한 26세의 미국인 해커 애런 스워츠는 데이터교의 첫 순교자이다. 스워츠는 보기 드문 천재였다. 그는 열네 살 때 중요한 RSS('매우 간단한 배급Really Simple Syndication' 또는 '풍부한 사이트 요약Rich Site Summary.' 텍스트 전체가 아니라 이메일 목록처럼 헤드라인만 볼 수 있게 하고, 원할 경우 클릭해서 해당 페이지로 들어갈 수 있게 해주는 서비스—옮긴이) 프로토콜 개발에 참여했다. 또한 그는 정보의 자유를 신봉했다. 2008년, 그는 정보의 흐름은 자유롭고 무제한적이어야 한다는 〈게릴라 오픈 액세스 선언Guerilla Open Access Manifesto〉을 발표했다. 스워츠는 말했다. "우리는 어디에 저장된 것이든 정보를 가져와 그것을 복사해 세상과 공유해야 합니다. 우리는 저작권이 만료된 정보를 가져와 아카이브에 추가해야 합니다. 우리는 기밀 데이터베이스를 구입해 웹사이트에 올려야 합니다. 우리는 과학 학술지를 내려받아 파일 공유 네트워크에 올려야 합니다. 우리는 게릴라 오픈 액세스(자유 열람)를 위해 투쟁해야 합니다."

스워츠는 말로 그치지 않았다. 그는 학술지 전문 데이터베이스인 저널스토어JSTOR가 고객들에게 이용료를 부과하는 것에 분노했다. 저널스토어는 수백만 편의 과학 논문과 연구자료를 보유하고 있으며, 과학자들과 학술지 편집자들의 표현의 자유를 옹호한다. 이들이 옹호하는 자유에는 자신들의 논문을 읽는 것에 수수료를 부과할 자유도 포함된다. 저널스토어에 따르면, 내가 떠올린 생각을 남들이 읽는 것에 대한 대가를 받기를 원한다면 나는 그렇게 할 권리가 있다. 하지만 스워츠의 생각은 달랐다. 그는 정보는 자유롭게 흘러야 하고, 생각은 그것을 떠올린 사람에게 속하지 않으며, 데이터를 숨겨놓고 이용료를 받는 것은 잘못이라고 생각했다. 그는 MIT 컴퓨터 네트워크를 이용해 저널스토어에 접근한 다음 수십만 편의 과학 논문을 내려받았다. 모든 사람이 무료로 읽을 수 있도록 그 논문들을 인터넷에 올릴 작정이었다.

스워츠는 체포되어 재판을 받았다. 유죄 판결을 받고 교도소에 수감될 운명이 되자, 그는 스스로 목을 매고 말았다. 분노한 해커들은 스워츠를 박해하고 정보의 자유를 침해한 학술기관 및 정부기관들에 탄원과 공격을 퍼부었다. 저널스토어는 해커들의 압력에 굴복해 스워츠의 비극에 대해 사과했고, 지금은 (전부는 아니지만) 대부분

의 데이터를 무료로 이용할 수 있게 해놓았다.[6]

데이터교 선교사들은 회의론자들을 설득하고자, 정보의 자유가 가져오는 막대한 이점들을 거듭 설명한다. 자본주의자들이 모든 좋은 것은 경제성장에 달려 있다고 믿듯이, 데이터교도들은 모든 좋은 것은(경제성장도 포함해) 정보의 자유에 달려 있다고 생각한다. 왜 미국이 소련보다 빨리 성장했을까? 정보의 흐름이 더 자유로웠기 때문이다. 왜 미국인들이 이란인이나 나이지리아인들보다 더 건강하고 부유하고 행복할까? 정보의 자유 덕분이다. 그러므로 더 나은 세계를 창조하는 열쇠는 데이터를 자유롭게 풀어주는 것이다.

앞에서 보았듯이 구글은 새로운 유행병을 전통적인 보건기구보다 더 빠르게 감지한다. 하지만 그것은 우리가 생산하는 정보에 구글이 자유롭게 접근하도록 우리가 승인할 때만 가능한 일이다. 또한 데이터의 자유로운 흐름은 교통체계를 합리화함으로써 오염과 쓰레기를 줄일 수 있다. 2010년에 전 세계 자가용 자동차의 수가 10억 대를 넘었고 그 뒤로도 계속 증가해왔다.[7] 이 자동차들은 지구를 오염시키고 막대한 자원을 낭비하는데, 무엇보다 점점 더 넓은 도로와 주차 공간을 필요로 하기 때문이다. 자가용 자동차의 편리함에 익숙해진 사람들은 버스와 기차에 만족하지 않을 것이다. 그런데 사람들이 실제로 원하는 것은 자가용이 아니라 이동성이며, 훌륭한 데이터 처리 시스템은 그런 이동성을 훨씬 더 값싸고 효율적으로 제공할 수 있다고 데이터교도들은 지적한다.

나도 자가용이 있지만 대부분 주차장에 주차되어 있다. 나는 보통 오전 8시 4분에 자가용을 타고 30분 거리의 대학으로 가서 주차를 한다. 그리고 오후 6시 11분에 다시 자동차를 타고 30분을 달려 집으로 돌아온다. 다시 말해 하루에 한 시간만 이용하는 것이다. 그렇다면 내가 나머지 스물세 시간 동안 계속 차를 갖고 있을 필요가 있을까? 우리는 컴퓨터 알고리즘에 의해 운영되는 스마트 카풀 시스템을 만들 수 있다. 컴퓨터는 내가 오전 8시 4분에 집에서 출발해야 한다는 것을 알고, 정확한 시간에 맞춰 가장 가까이에 있는 무인자동차를 보내줄 것이다. 이 무인자동차는 캠퍼스에 나를 내려준 뒤, 주차장에서 기다리는 대신 다른 사용자들에게 갈 것이다. 오후 6시 11분 정각에 내가 대학교를 나설 때 또 다른 공용 자동차가 와서 나를 집으로 데려다준다. 이런 식으로 하면 5,000만 대의 공용 무인자동차로 10억 대의 자가용을 대체할 수 있을 뿐 아니라 도로, 다리, 터널, 주차 공간도 훨씬 덜 필요할 것이다. 물론 이것은 내가 사생활을 단념하고 내가 어디에 있고 어디로 갈 것인지 알고리즘에 알려줄 때만 가능한 일이다.

기록하고, 업로드하고, 공유하라!

구태여 누가 나서서 사람들을 설득할 필요도 없을지 모른다. 특히 스무 살 이하라면 말이다. 사람들은 스스로 데이터 흐름의 일부가 되기를 바란다. 설령 그것이 자신의 사생활, 자율, 개인성을 포기하는 것을 의미한다 해도 상관없다. 인본주의 예술은 개별적인 천재를 신성시하므로, 피카소가 냅킨에 끼적인 낙서가 소더

비에서 수백만 달러에 낙찰된다. 인본주의 과학은 개인 연구자를 찬미하므로, 모든 학자들은 〈사이언스〉나 〈네이처〉에 자신의 논문이 실리기를 꿈꾼다. 하지만 요즘에는 점점 많은 예술과 과학 창조물이 '모든 사람'의 끝없는 협업으로 생산된다. 위키피디아를 만든 사람이 누구인가? 우리 모두이다.

　개인은 점점 누구도 진정으로 이해하지 못하는 거대 시스템 안의 작은 칩이 되어가고 있다. 나는 날마다 이메일, 전화, 기사와 논문을 통해 수많은 데이터 조각들을 흡수하고, 그 데이터를 처리하고, 새로운 데이터 조각들을 더 많은 이메일, 전화, 논문과 기사를 통해 재전송한다. 이 거대한 체계 안에서 내가 어디에 위치하는지, 내 데이터 조각들이 다른 수십억 명의 사람들과 컴퓨터들이 생산한 데이터 조각들과 어떻게 연결되는지 나는 모른다. 그것을 알아낼 시간도 없다. 수많은 이메일에 답하느라 너무 바쁘기 때문이다. 그리고 내가 더 많은 데이터를 더 효율적으로 처리하는 만큼, 즉 더 많은 이메일에 답하고, 더 많은 전화를 걸고, 더 많은 논문과 기사를 작성하는 만큼 내 주변 사람들에게 훨씬 더 많은 데이터가 전달된다.

　이런 사정없는 데이터의 흐름은 아무도 계획하지 않고 제어하지 않고 이해하지 못하는 새로운 발명과 파괴를 일으킨다. 세계경제가 어떻게 작동하는지, 세계정치가 어디로 향하는지 어느 누구도 이해하지 못한다. 그런데 아무도 그것을 이해할 필요가 없다. 당신은 그저 이메일에 더 빨리 답하고 시스템이 그 메일들을 읽을 수 있도록 승인하기만 하면 된다. 자유시장 자본주의자들이 시장의 보이지 않는 손을 믿듯이, 데이터교도들은 데이터 흐름의 보이지 않는 손을 믿는다.

    전 지구적 데이터 처리 시스템이 전지전능해지는 만큼, 시스템과 연결되는 것이 모든 의미의 원천이 된다. 사람들이 데이터의 흐름 속에 합류하고 싶어하는 이유는 데이터 흐름의 일부일 때 자신보다 훨씬 더 큰 어떤 것의 일부가 되기 때문이다. 전통적인 종교는 당신이 하는 모든 말과 행동은 우주적 규모의 장대한 계획의 일부이고, 신은 매순간 당신을 지켜보며 당신의 생각과 감정에 신경 쓴다고 말했다. 이제 데이터교는 당신의 모든 말과 행동은 거대한 데이터 흐름의 일부이고, 알고리즘은 항상 당신을 지켜보며 당신이 행동하고 느끼는 모든 것을 신경 쓴다고 말한다. 대부분의 사람들은 이것을 매우 흡족해한다. 진정한 신자들은 데이터 흐름과의 연결이 끊기는 것을 인생의 의미 자체를 잃는 일로 생각한다. 내 행동이나 경험을 아무도 모르고, 그것이 전 지구적 정보교류에 아무 기여도 하지 못한다면, 뭔가를 하고 경험하는 것이 무슨 의미가 있는가?

    인본주의는 경험이 우리 안에서 일어나고, 우리는 일어나는 모든 일의 의미를 우리 안에서 찾음으로써 우주에 의미를 채워넣어야 한다고 생각했다. 그런데 데이터교도들은 경험은 공유되지 않으면 가치가 없고, 우리는 자기 안에서 의미를 발견할 필요가 없다(실은 발견할 수 없다)고 믿는다. 자신의 경험을 기록해 거대한 데이터의 흐름에 연결하기만 하면 된다. 그러면 알고리즘들이 그 경험의 의미를 알아내 우리에게 무엇을 하라고 말해줄 것이다. 20년 전 일본인 관광객들은 항상 카메라를 들고 다니며 온갖 것을 찍는다는 이유로 웃음거리가 되었다. 그런데 지금은 모두가 그렇게 한다. 당신이 인도에 가서 코끼리를 볼 경우, 당신은 코끼리를 보면서 '어떤 느낌이 드는지' 자문하지 않는다. 당신은 스마트폰을 꺼내 코끼리 사진을 찍어 페이스북에 올린 뒤 2분마다 한 번씩 '좋아요'가 얼마나 많이 달렸는지 확인하느라 바쁠 것이다. 자기만의 일기장에 일기를 쓰는 것(이전 세대들이 흔히 했던 인본주의적 관습)은 요즘 많은 젊은이들에게는 완전히 쓸데없는 짓으로 보인다. 아무도 읽을 수 없는 것을 왜 쓰는가? 새로운 모토는 이렇게 말한다. "경험하면 기록하라. 기록하면 업로드하라. 업로드하면 공유하라."

우리는 이 책 전체에 걸쳐 무엇이 인간을 다른 동물들보다 우월하게 만드는지 거듭 질문했다. 데이터교는 새롭고 간단한 답을 제시한다. 인간의 경험은 그 자체로는 늑대나 코끼리의 경험보다 나을 것이 없다. 데이터 조각의 가치는 어느 것이나 같다. 하지만 인간은 자신의 경험에 대해 시를 써 온라인에 게재할 수 있고, 그렇게 함으로써 전 지구적 데이터 처리 시스템을 풍성하게 한다. 이것이 인간의 데이터 조각들을 중요하게 만든다. 늑대는 이렇게 할 수 없다. 따라서 늑대의 경험은 아무리 깊고 복잡하다 해도 무가치하다. 따라서 우리가 경험을 분주하게 데이터로 전환하는 것은 당연한 일이다. 그것은 추세의 문제가 아니다. 생존의 문제이다. 우리는 자신이 여전히 가치 있다는 것을 자기 자신과 시스템에 증명해야 한다. 그리고 가치는 경험을 하는 데 있지 않고, 경험들을 자유롭게 흐르는 데이터로 전환하는 데 있다.

(늑대들의 사촌인 개는 가망성이 없지 않다. '노 모어 울프No More Wolf'라는 회사가 개의 경험을 읽는 헬멧을 개발하고 있다. 이 헬멧은 개의 뇌파를 읽은

다음, 컴퓨터 알고리즘을 이용해 '나 화났다' 같은 간단한 메시지들을 인간의 언어로 번역한다.[8] 당신의 개가 페이스북 또는 트위터의 계정을 가질 날이 머지않았다. 어쩌면 당신의 계정보다 '좋아요'와 팔로워가 더 많을지도 모른다.)

너 자신을
알라

데이터교는 자유주의적이지도 인본주의적이지도 않다. 하지만 짚고 넘어갈 점은 데이터교가 반인본주의적이지는 않다는 사실이다. 데이터교는 인간의 경험에 반감을 갖고 있지 않다. 단지 인간의 경험 자체에 가치가 내재하지 않는다고 생각할 뿐이다. 앞에서 세 가지 인본주의 분파를 검토할 때, 우리는 네 가지 경험(베토벤의 〈5번 교향곡〉, 척 베리의 곡, 피그미족의 성인식 노래, 발정기 늑대의 울음소리를 듣는 것) 가운데 어떤 것이 가장 가치 있는지 질문해보았다. 데이터교도는 음악의 가치는 음악이 일으키는 경험에 의해서가 아니라 음악이 담고 있는 데이터에 의해 평가되어야 하므로, 질문 자체가 잘못되었다고 주장할 것이다. 예를 들어 데이터교도는 베토벤 〈5번 교향곡〉이 피그미족의 성인식 노래보다 훨씬 더 많은 데이터를 담고 있다고 주장할 것이다. 왜냐하면 베토벤의 곡이 더 많은 화음과 음계를 사용하고 훨씬 더 많은 음악양식들과의 대화를 유발하기 때문이다. 따라서 〈5번 교향곡〉을 해독하는 데 훨씬 더 많은 연산력이 필요하고, 그 과정에서 훨씬 더 많은 지식을 얻게 된다.

이 견해에 따르면 음악은 수학 패턴이다. 하나의 곡뿐 아니라, 두 곡 사이의 관계도 수학적으로 기술할 수 있다. 따라서 당신은 모든 교향곡, 노래, 동물 울음소리의 정확한 데이터 가치를 측정해 어떤 것이 가장 풍부한 데이터를 담고 있는지 결정할 수 있다. 그 소리들이 인간 또는 늑대에게 일으키는 경험은 별로 중요하지 않다. 사실 지난 7만 년 동안 인간의 경험은 우주에서 가장 효율적인 데이터 처리 알고리즘이었고, 따라서 인간의 경험을 신성시할 만했다. 하지만 머지않아 인간 경험이라는 알고리즘이 불필요할 뿐 아니라 짐이 될 날이 올 것이다.

사피엔스는 수만 년 전 아프리카 사바나에서 진화했고, 따라서 그들의 알고리즘은 21세기의 데이터 흐름을 다루는 데 최적화되어 있지 않다. 우리는 인간의 데이터 처리 시스템을 업그레이드하려 하겠지만, 그것으로는 충분하지 않을 것이다. 만물인터넷이 곧 무한히 방대하고 빠른 데이터 흐름을 창조할 것이고, 그 결과 인간의 업그레이드된 알고리즘들도 그것을 감당하지 못할 것이다. 자동차가 마차를 대체했을 때, 우리는 말을 업그레이드하지 않고 퇴역시켰다. 어쩌면 호모 사피엔스도 똑같은 일을 당할 때가 왔는지도 모른다.

데이터교는 인간에 대해 엄격하게 기능적인 접근방식을 취해, 인간 경험의 가치를 데이터 처리 기제 안에서 수행하는 기능에 따라 평가한다. 만일 우리가 같은 기능을 더 잘해내는 알고리즘을 개발한다면, 인간 경험은 그 가치를 잃을 것이다. 그런 식으로 택시 기사와 의사들만이 아니라 변호사, 시인, 음악가 들까지 더 뛰어난 컴퓨터 프로그램으로 대체할 수 있다면, 그런 프로그램들이 의식과 주관적 경험을 갖고 있든 말든 무슨 상관인가? 만일 어떤 인본주의

자가 인간 경험의 신성함을 찬미하기 시작하면, 데이터교도들은 그런 감상적인 헛소리는 집어치우라고 할 것이다. "당신이 칭찬하는 경험은 시대에 뒤떨어진 생화학적 알고리즘일 뿐이다. 7만 년 전 아프리카 사바나에서는 그 알고리즘이 최신이었고, 20세기에도 군대와 경제에 그 알고리즘이 꼭 필요했지만, 곧 우리는 훨씬 더 나은 알고리즘을 갖게 될 것이다."

많은 할리우드 공상과학 영화의 클라이맥스 장면에서 인간은 인간을 없애버리려 하는 외계인 함대의 침공, 로봇 군대의 반란, 전지적인 슈퍼 컴퓨터에 직면한다. 인류는 멸망할 운명처럼 보인다. 하지만 마지막 순간에 인류는 모든 예상을 뒤엎고 외계인, 로봇, 슈퍼 컴퓨터가 짐작조차 못 하며 알 수도 없는 감정인 사랑의 힘으로 승리한다. 지금까지 슈퍼 컴퓨터가 조종하는 대로 움직이고 악한 로봇들의 총탄을 맞기만 하던 영웅은 사랑하는 연인 때문에 누구도 예상하지 못한 행보를 보이며 형세를 역전시켜, 매트릭스는 충격을 받는다. 하지만 데이터교는 이런 시나리오는 말도 안 된다고 생각한다. 데이터교는 할리우드 각본가들에게 이렇게 훈계한다. "겨우 생각해낸 게 사랑이야? 그것도 고차원적인 우주적 사랑도 아니고 두 포유류 간의 육체적 끌림이라고? 은하를 평정한 전지적 슈퍼 컴퓨터 또는 외계인들이 그깟 호르몬의 장난에 눈 하나 깜짝할 것 같아?"

데이터교는 인간의 경험을 데이터 패턴으로 여김으로써 권위와 의미의 원천을 파괴하고, 18세기 이래로 한 번도 경험하지 못한 위

호모 사피엔스
지배력을 잃다

력적인 종교혁명을 예고한다. 로크, 흄, 볼테르 시대에 인본주의자들은 "신은 인간 상상력의 산물"이라고 주장했다. 이제 데이터교가 인본주의자들에게 그들이 한 대로 똑같이 돌려줄 차례이다. "신은 인간 상상력의 산물이지만, 인간 상상력은 생화학적 알고리즘의 산물이다." 18세기에 인본주의는 신 중심적 세계관에서 인간 중심적 세계관으로 이동함으로써 신을 밀어냈다. 21세기에 데이터교는 인간 중심적 세계관에서 데이터 중심적 세계관으로 이동함으로써 인간을 밀어낼 것이다.

데이터교 혁명은 100~200년까지는 아니라도 몇십 년은 족히 걸릴 것이다. 인본주의 혁명도 하루아침에 일어나지 않았다. 처음에는 사람들이 계속 신을 믿었고, 인간이 신성한 이유는 신이 어떤 신성한 목적을 위해 인간을 창조했기 때문이라고 주장했다. 한참 나중에야 몇몇 사람들이 용기를 내, 인간은 그 자체로 신성하며 신은 존재하지 않는다고 말했다. 마찬가지로, 오늘날 대부분의 데이터교도들은 만물인터넷이 신성한 이유는 인간이 스스로 필요를 위해 그것을 창조하기 때문이라고 말한다. 하지만 결국 만물인터넷은 그 자체로 신성해질 것이다.

인간 중심적 세계관에서 데이터 중심적 세계관으로의 이동은 그저 철학적인 혁명으로 그치지 않을 것이다. 그것은 실용적인 혁명이 될 것이다. 진정으로 중요한 혁명은 모두 실용적이다. '인간이 신을 지어냈다'는 인본주의 사상이 중요했던 것은 그것이 실생활에 광범위한 영향을 미쳤기 때문이다. 마찬가지로 '유기체는 알고리즘'이라는 데이터교의 교의가 중요한 것은 그것이 일상에 영향을 미치기 때문이다. 사상은 행동을 바꿀 때 비로소 세계를 바꿀 수 있다.

고대 바빌론 사람들은 어려운 딜레마에 직면하면 캄캄한 밤에 신전 꼭대기로 올라가 하늘을 관측했다. 바빌론 사람들은 별들이 우리의 운명을 결정하고 우리의 미래를 예언한다고 믿었다. 바빌론 사람들은 별을 관측함으로써 결혼을 할지 말지, 밭을 갈지 말지, 전쟁을 할지 말지를 결정했다. 그들의 철학적 믿음은 바로 실천으로 옮겨졌다.

유대교와 그리스도교처럼 성경을 지닌 종교들은 조금 다른 이야기를 했다. "별은 거짓말을 한다. 별을 창조한 신이 우주의 모든 진리를 계시한 것이 바로 성경이다. 그러니 별 관측은 그만두고 성경을 읽어라!" 이것 역시 실용적인 권고였다. 사람들은 누구와 결혼할지, 어떤 직업을 선택할지, 전쟁을 해야 할지 말아야 할지 모를 때 성경을 읽고 거기에 적혀 있는 조언을 따랐다.

그다음에 도착한 인본주의자들은 완전히 새로운 이야기를 했다. "인간이 신을 발명하고, 성경을 쓰고, 그런 다음 그것을 수천 가지 방식으로 해석했다. 그러니 모든 진리의 원천은 인간이다. 영감을 주는 인간 창조물로서 성경을 읽을 수 있지만 반드시 읽어야 하는 것은 아니다. 만일 당신이 어떤 딜레마에 직면한다면, 자기 자신에게 귀 기울이고 내면의 목소리를 따르면 된다." 그런 다음 인본주의는 자기 내면에 귀 기울이는 방법에 대한 구체적인 실용적 지침으로 석양을 지켜보고, 괴테를 읽고, 일기를 쓰고, 좋은 친구와 진심 어린 대화를 나누고, 민주적 투표를 시행하는 것 같은 일들을 권했다.

수백 년 동안 과학자들 역시 이런 인본주의의 지침들을 수용했다. 결혼할지 말지 고민일 때, 물리학자들도 다른 사람들처럼 석양을 바라보며 자기의 내면을 들여다보았다. 미심쩍은 일자리를 제안받고 받아들일지 말지 고민될 때, 화학자들도 다른 사람들처럼 일기를 쓰고 친한 친구와 진심 어린 대화를 나누었다. 전쟁을 할지 평화조약을 맺을지 논쟁할 때, 생물학자들도 다른 사람들처럼 민주적 투표에 참여했다. 뇌 과학자들은 자신의 놀라운 발견에 대한 책을 쓸 때 첫 페이지에 괴테의 인상적인 글귀를 인용했다. 이는 과학과 인본주의의 근대적 동맹에 기초가 되었고, 이런 관계는 근대에 음과 양(이성과 감성, 실험실과 미술관, 생산 라인과 슈퍼마켓)의 절묘한 균형을 이루었다.

과학자들은 인간의 감정을 신성시하는 데 그치지 않고, 그렇게 해야 할 탁월한 진화적 이유를 발견했다. 다윈 이후 생물학자들은 감정이란 동물들의 올바른 결정을 돕기 위해 진화가 갈고 닦은 복잡한 알고리즘이라고 설명하기 시작했다. 사랑, 두려움, 열정은 단지 시를 짓는 데 유용한 막연한 영적 현상이 아니다. 이러한 감정들에는 수백만 년의 실용적 지혜가 축약되어 있다. 성경을 읽을 때 당신은 고대 예루살렘에 살았던 사제와 랍비들에게 조언을 구하는 것이다. 하지만 자신의 감정에 귀 기울일 때 당신은 오랜 진화를 통해 개발되어 자연선택의 엄격한 품질검사를 통과한 알고리즘을 따르는 것이다. 당신의 감정은 저마다 험난한 환경에서 무사히 생존하고 번식한 수백만 조상들의 목소리이다. 물론 당신의 감정에 오류가 전혀 없는 것은 아니지만, 다른 대안들보다는 낫다. 오랜 세월 동안 감정은 이 세계에서 가장 뛰어난 알고리즘이었다. 따라서 공자, 무함마드, 스탈린 시대 사람들도 공자의 가르침, 이슬람교, 공산주의의 가르침을 따를 것이 아니라 자신의 감정에 귀 기울여야 했다.

하지만 21세기에는 더 이상 감정이 이 세계에서 가장 훌륭한 알고리즘이 아닐 것이다. 우리는 전례 없는 연산력과 거대한 데이터베이스를 활용하는 우월한 알고리즘을 개발하고 있다. 구글과 페이스북 알고리즘들은 당신이 어떤 감정을 느끼는지 정확히 알 뿐 아니라, 당신에 대해 당신은 짐작도 하지 못하는 백만 가지 다른 점들을 알고 있다. 따라서 당신은 이제 자신의 감정에 귀 기울이는 것을 그만두고, 이런 외부 알고리즘에 귀 기울이기 시작해야 한다. 유권자들이 저마다 누구에게 투표할지 알고리즘이 안다면, 게다가 한 유권자는 민주당에 투표하는 반면 다른 유권자는 공화당에 투표하는 정확한 신경학적 이유까지 안다면, 무엇하러 투표를 하는가? 인본주의의 계명이 "네 감정에 귀 기울여라!"였다면, 데이터교의 계명은 "알고리즘에 귀 기울여라!"이다.

당신이 누구와 결혼할지, 어떤 직업을 선택할지, 전쟁을 할지 말지 고민할 때, 데이터교는 높은 산에 올라가 바다로 지는 해를 바라보는 것은 한마디로 시간낭비라고 말한다. 미술관에 가고, 일기를 쓰고, 친구와 진솔한 대화를 나누는 것도 마찬가지로 쓸데없는 짓이다. 올바른 결정을 내리려면 자기 자신을 알아야 하는 것은 맞다. 하지만 21세기에는 산에 오르거나 미술관에 가거나 일기를 쓰는 것보다 자기 자신에 대해 알 수 있는 훨씬 더 좋은 방법들이 있다. 데이터교의 몇 가지 실용적 지침들을 살펴보자.

호모 사피엔스 지배력을 잃다

"자신이 누구인지 알고 싶은가?" 데이터교가 묻는다. "그러면 산과 미술관은 잊어라. 유전자 염기서열을 분석해봤는가? 안 해봤다고? 뭘 하고 있나? 당장 가서 해보아라. 조부모, 부모, 형제자매들에게도 유전자 검사를 받으라고 권해라. 그들의 자료는 당신에게 큰 가치가 있다. 하루 24시간 혈압과 심박수를 측정해주는 웨어러블 생체측정 기기에 대해 들어본 적이 있는가? 들어봤다니 다행이다. 그런 기기들 가운데 하나를 사서 착용하고 그것을 스마트폰과 연결해라. 또한 쇼핑하러 가거든 휴대용 카메라와 마이크를 사서 당신이 하는 모든 것을 기록해 온라인에 올려라. 또 구글과 페이스북이 당신의 모든 이메일을 읽고 당신의 모든 채팅과 메시지를 보고, 당신의 모든 '좋아요'와 당신이 클릭한 모든 것을 알 수 있도록 승인해라. 이 모든 것을 한다면, 만물인터넷의 위대한 알고리즘이 누구와 결혼하고, 어떤 직업을 선택하고, 전쟁을 해야 할지 말지 알려줄 것이다."

그런데 이 위대한 알고리즘은 어디에서 올까? 이것이 데이터교의 미스터리이다. 그리스도교가 인간은 신과 그의 계획을 이해할 수 없다고 말하듯이, 데이터교는 인간의 뇌로는 새로운 마스터 알고리즘을 이해할 수 없다고 말한다. 물론 현재 인간 해커들이 알고리즘의 대부분을 작성한다. 하지만 구글의 검색엔진처럼 진정으로 중요한 알고리즘은 거대한 팀이 개발한다. 각 구성원들은 퍼즐의 한 부분만 이해할 뿐이고, 알고리즘 전체를 진정으로 이해하는 사람은 아무도 없다. 게다가 기계학습과 인공신경망이 부상하면서 점점 더 많은 알고리즘들이 독립적으로 진화해 스스로 성능을 높이고 실수하면서 배운다. 이런 알고리즘들은 어떤 인간도 망라하지 못하는 천문학적 양의 데이터를 분석하고, 패턴 인식 방법을 배우고, 인간의 마음은 생각해낼 수 없는 전략들을 채용한다. '종자' 알고리즘을 개발하는 것은 인간이지만, 이 알고리즘은 성장하면서 자기만의 길을 따라 인간이 한 번도 가본 적 없는 곳으로, 그리고 어떤 인간도 갈 수 없는 곳으로 간다.

데이터 흐름
속 잔물결

데이터교에도 당연히 비판자가 있고 이단도 있다. 3장에서 보았듯이 생명이 실제로 데이터의 흐름으로 환원될 수 있는지는 확실치 않다. 특히 데이터의 흐름이 어떻게 의식과 주관적 경험을 생산했고 왜 생산했는지 현재로서는 아는 바가 전혀 없다. 20년 내에 훌륭한 설명이 나올 테지만, 결국에 유기체는 알고리즘이 아니었다고 밝혀질지도 모른다.

마찬가지로 생명이 의사결정 과정으로 수렴할 수 있을지도 확실치 않다. 데이터교의 영향 아래서 생명과학과 사회과학은 의사결정 과정이 생명의 전부인 양 그것에 사로잡혀 있다. 그런데 정말 그럴까? 결정을 내리는 데 감각, 감정, 사고는 분명 중요한 역할을 하지만, 그것이 감각, 감정, 사고의 유일한 존재의미일까? 데이터교는 의사결정 과정을 점점 더 잘 이해하고 있지만, 그럴수록 점점 더 왜곡된 생명관을 채용하게 되는 것인지도 모른다.

데이터교의 교의에 대한 비판적 검토는 21세기의 가장 큰 과학적 과제일 뿐 아니라, 가장 긴급한 정치적·경제적 과제일 것이다. 생명과학과 사회과학 분야의 학자들은 우리가 생명을 데이터 처리와 의사결정 과정으로 이해할 때 놓치는 것이 없는지 자문해볼 필요가 있다. 우주에는 데이터로 환원될 수 없는 뭔가가 있지 않을까? 비의식적 알고리즘들이 결국 우리가 아는 모든 데이터 처리 임무에서 의식적 지능을 능가할 거라고 가정하자. 하지만 의식적 지능이 그보다 우월한 비의식적 알고리즘으로 대체되면 혹시 잃는 것이 생기지는 않을까?

설령 데이터교가 착오이고 유기체는 단순히 알고리즘이 아니라 해도, 데이터교가 세계를 접수하지 못하리란 법은 없다. 이전의 많은 종교들도 사실적 오류에도 불구하고 엄청난 힘과 인기를 얻었다. 그리스도교와 공산주의가 할 수 있다면 데이터교는 왜 안 되는가? 데이터교는 현재 모든 과학 분과로 퍼지고 있다는 점에서 어느 종교보다 전망이 밝다. 통일된 과학 패러다임은 난공불락의 교의가 되기 쉽다. 과학 패러다임에 도전하는 일은 원래 어렵지만, 지금까지 과학계 전체가 채용한 과학 패러다임은 없었다. 따라서 한 분야의 학자들은 항상 외부에서 이설적 견해를 들여올 수 있었다. 하지만 만일 음악학자부터 생물학자까지 모든 학자들이 똑같은 데이터교 패러다임을 사용한다면, 학제 간 교류가 그 패러다임을 더욱 강화하는 역할만 할 것이다. 따라서 설령 그 패러다임이 오류로 드러나도 그것에 저항하기란 매우 어려울 것이다.

만일 데이터교가 세계를 정복한다면 우리 인간에게 무슨 일이 일어날까? 처음에는 인본주의의 과제들인 건강, 행복, 힘의 추구가 가속화될 것이다. 데이터교는 이런 인본주의의 목표를 달성하겠다고 약속하면서 널리 퍼져나갈 것이다. 우리가 불멸, 행복, 신 같은 창조 능력을 얻기 위해서는 막대한 양의 데이터를 처리할 필요가 있는데, 그것은 인간의 뇌 용량을 벗어나는 일이다. 그러므로 결국 알고리즘들이 우리 대신 그 일을 할 것이다. 하지만 권한이 인간에게서 알고리즘으로 옮겨가는 즉시 인본주의 과제들은 폐기될 것이다. 우리가 인간 중심적 세계관을 버리고 데이터 중심적 세계관을 채택하는 즉시 인간의 건강과 행복은 보잘것없는 문제처럼 보일 것이다. 훨씬 더 나은 모델들이 존재하는데 왜 한물간 데이터 처리 기계에 신경을 쓰는가? 우리가 만물인터넷을 만들려고 하는 것은 그것이 우리를 건강하고 행복하고 강하게 해줄 거라는 기대 때문이다. 그런데 만물인터넷이 실제로 운용되기 시작하면, 우리는 엔지니어에서 칩으로, 그런 다음에는 데이터로 전락할 것이고, 결국 세차게 흐르는 강물에 빠진 흙덩이처럼 데이터 급류에 휩쓸려 흩어질 것이다.

호모 사피엔스 지배력을 잃다

이런 식으로 데이터교는 호모 사피엔스가 다른 모든 동물들에게 했던 일을 호모 사피엔스에게 하겠다고 위협한다. 역사의 경로에서 인간은 전 지구적 네트워크를 창조했고, 모든 것을 그 네트워크 안에서 수행하는 기능에 따라 평가했다. 이것은 수천 년 동안 인간의 오만과 편견을 부추겼다. 인간이 이 네트워크에서 가장 중요한 기능을 했으므로, 우리 인간이 네트워크의 업적을 가로채고 우리 자신을 창조의 정점으로 보기는 식은 죽 먹기였다. 다른 모든 동물들은 네트워크 안에서 훨씬 덜 중요한 기능을 수행했으므로 그들의 삶과 경험은 평가절하되었고, 수행하던 기능을 멈추는 동물은 멸종했다. 하지만 인간이 네트워크에서 수행하는 기능이 중요하지 않은 것이 될 때, 우리는 우리가 창조의 정점이 아님을 알게 될 것이다. 우리가 신성시한 바로 그 잣대가 우리를 매머드와 양쯔강돌고래처럼 잊힌 존재로 만들 것이다. 먼 훗날 되돌아본다면, 인류는 그저 우주적 규모의 데이터 흐름 속 잔물결이었음을 알게 될 것이다.

실제로 우리는 미래를 예측할 수 없다. 기술이 결정론적이지 않기 때문이다. 똑같은 기술로도 매우 다른 종류의 사회들을 창조할 수 있다. 예컨대 산업혁명의 기술(기차, 전기, 무선통신, 전화)은 공산주의 독재, 파시스트 정권 또는 자유 민주주의를 수립하는 데 사용되었다. 남한과 북한의 경우를 보라. 두 나라는 정확히 똑같은 기술을 이용할 수 있었지만 그 기술을 매우 다른 방식으로 이용했다.

떠오르는 인공지능과 생명공학은 분명 세계를 탈바꿈시킬 테지만, 단 하나의 결정론적 결과가 예정되어 있는 것은 아니다. 이 책에서 제시한 모든 시나리오는 예언이라기보다는 가능성으로 받아들여야 한다. 당신이 이런 가능성들 가운데 어떤 것이 마음에 들지 않으면, 그런 가능성이 실현되지 않도록 새로운 방식으로 생각하고 행동하면 된다.

하지만 새로운 방식으로 생각하고 행동하는 것이 쉬운 일은 아니다. 우리의 생각과 행동은 대개 현시점의 이데올로기와 사회 시스템에 얽매이기 때문이다. 이 책이 현시점에 우리가 처한 조건화의 기원을 추적하는 것은 그 얽매임에서 벗어나 다르게 행동하고, 미래에 대해 훨씬 더 창의적인 방식으로 생각하기 위해서이다. 이 책의 목표는 단 하나의 결정적인 시나리오를 예측함으로써 우리의 지평을 좁히는 대신, 지평을 넓혀 우리가 선택할 수 있는 가능성의 스펙트럼이 우리가 생각하는 것보다 훨씬 더 넓다는 사실을 깨닫게 하는 것이다. 거듭 강조했듯이, 2050년에 직업시장, 가족, 생태계가 어떤 모습일지, 어떤 종교적·경제적 시스템과 정치구조가 세계를 지배할지 실제로는 아무도 모른다.

지평을 넓힐 때의 역효과는 전보다 더 혼란스럽고 무력해지는 것이다. 그 많은 각본과 가능성들 가운데 우리는 무엇에 집중해야 할까? 세계는 전보다 빠르게 변하고 있고, 우리가 감당할 수 없을 정도로 많은 데이터, 개념, 약속, 위협이 밀려들고 있다. 인간이 자유시장, 집단지성, 외부 알고리즘에 권한을 양도하는 것은 우리가 데이터의 홍수를 감당할 수 없기 때문이다. 과거에 검열은 정보의 흐름을 차단하는 방식으로 작동했다. 그런데 21세기의 검열은 사람들에게 관계 없는 정보들을 쏟아붓는 방식으로 작동한다. 사람들은 무엇에 집중해야 하는지 모르고, 그래서 중요하지 않은 쟁점에 대해 조사하고 논쟁하느라 시간을 보내기 일쑤이다. 고대에는 힘이 있다는 것은 곧 데이터에 접근할 수 있다는 뜻이었다. 오늘날 힘이 있다는 것은 무엇을 무시해도 되는지 안다는 뜻이다. 그러면 이 혼돈의 세상에서 일어나는 모든 일 가운데 우리는 무엇에 초점을 맞춰야 할까?

월 단위의 관점에서 생각한다면, 우리는 아마 중동의 동요, 유럽의 난민사태, 중국의 둔화된 경제성장 같은 당면한 문제들에 초점을 맞출 것이다. 수십 년 단위의 관점에서 생각한다면, 지구온난화,

증가하는 불평등, 직업시장의 교란 같은 문제들이 크게 다가올 것이다. 하지만 우리가 생명이라는 실로 장대한 관점으로 본다면, 상호 관련된 다음의 세 과정 앞에서 다른 모든 문제와 상황들은 작게 보일 것이다.

1. 과학은 모든 것을 아우르는 하나의 교의로 수렴하고 있고, 이 교의에 따르면 유기체는 알고리즘이며 생명은 데이터 처리 과정이다.
2. 지능이 의식에서 분리되고 있다.
3. 의식은 없지만 지능이 매우 높은 알고리즘들이 곧 우리보다 우리 자신을 더 잘 알게 될 것이다.

그리고 이 세 과정은 세 가지 중요한 질문을 제기한다. 당신이 이 책을 덮은 뒤에도 이 질문들이 오랫동안 당신의 마음속에 남아 있기를 바란다.

1. 유기체는 단지 알고리즘이고, 생명은 실제로 데이터 처리 과정에 불과할까?
2. 지능과 의식 중에 무엇이 더 가치 있을까?
3. 의식은 없지만 지능이 매우 높은 알고리즘이 우리보다 우리 자신을 더 잘 알게 되면 사회, 정치, 일상에 어떤 일이 일어날까?

옮긴이의 말

유발 하라리가 전작 《사피엔스》에서 던진 질문 가운데 가장 주요한 질문은 '아프리카에 살던 별 볼일 없던 영장류 호모 사피엔스는 어떻게 이 행성을 지배하게 되었나?'이다. 하라리는 인간의 역사를 '인지혁명' '농업혁명' '과학혁명'이라는 세 가지 혁명의 틀로 바라보면서, 집단신화를 믿는 독특한 능력을 가진 덕분에 인간이 이 행성을 정복할 수 있었다고 설명한다. 즉 나의 상상만이 아니라 수많은 사람들의 상상 속에 함께 존재하는 상호주관적 실재인 법, 돈, 신, 국가 등을 믿는 능력 덕분에 인간은 대규모로 유연하게 협력할 수 있었고, 이는 사피엔스의 성공 비결이라는 것이다.

그런데 앞으로도 이런 상상을 믿는 능력과 상호 간의 협력이 계속 막강한 힘을 가질 수 있을까? 과학이 점점 발전한다면 상호주관적 실재의 세계를 떠나 객관적인 과학 지식에만 의존하면 되지 않을까? 《호모 데우스》는 이 질문에서 출발한다. 이 책은 '우리의 오랜 신화들이 21세기 신기술과 만날 때 어떤 일이 일어날까'라는 질문을 던진다.

하라리에 따르면, 우선 종교와 이념은 사라지지 않을 것이다. 오히려 "21세기 신기술들은 이러한 허구들의 힘을 더욱 성장시킬 것이므로, 우리가 미래를 이해하기 위해서는 예수 그리스도, 프랑스 공화국, 애플사에 관한 이야기들이 어떻게 그렇게 막강한 힘을 얻었는지 이해할 필요가 있다"고 한다. 또한 "우리가 미래를 이해하고 싶다면, 게놈을 해독하고 통계수치를 처리하는 것으로는 부족하다. 우리는 세계에 의미를 부여하는 허구들도 해독해야 한다."

이 책을 단순히 과학 기술이 만드는 유토피아 혹은 디스토피아에 대한 책으로만 볼 수 없는 이유가 여기에 있다. 하라리는 생물학과 역사학을 융합하는 흥미로운 시도를 하고 있지만 과학자가 아니라 역사학자다. 유토피아일지 디스토피아일지 그 사이의 어떤 지점일지는 모르지만, 그 방향을 결정하는 주체는 과학기술이 아니라 '사피엔스'라는 사실은 역사학자의 관점에서 중요하다. 남북한이 다른 역사적 경로를 걷고 있는 이유를 양쪽이 믿는 이념이 다르기 때문이라고 본다면, 사피엔스가 어디로 갈지를 결정하는 데도 사람들이 지어내고 믿는 이야기들이 큰 역할을 할 것이다.

근대 과학은 우주가 계획도 목적도 없는 과정임을 밝혔다. 인간은 모든 의미와 권위의 원천이던 신의 죽음을 받아들이고, 대신 과학 발전과 경제성장을 통해 스스로 힘을 키우기로 했다. 그런데 의미가 없이는 사회질서를 유지할 수 없었다. 때마침 인본주의라는 혁명적인 새 종교가 나타나 인간은 힘을 무한히 추구하면서도 의미를 잃지 않을 수 있었다. 인본주의 종교는 인류를 숭배하고, 신과 자연법이 맡던 역할을 인류에게 기대했다. 인간의 자유의지를 신성시한 인본주의는 "자신의 목소리에 귀를 기울여라. 자신에게 충실하라. 자신을 믿어라. 마음 가는 대로 따르라. 자신이 좋다고 느끼는 것을 하라"라는 믿음을 설파했다. 이것은 우리 주변에 마치 공기처럼 퍼져 있는 주문이다. 그래서 우리는 우리의 욕망에 따라 굶주림, 전염병, 전쟁을 극복하고 이제 자연스럽게 그 다음 목표로 넘어가고 있다. 바로 불멸, 행복, 신성이다.

하지만 지난날의 목표가 인류 전체를 비참한 생존 투쟁에서 건져 올렸다면, 새로운 목표의 결말은 그렇게 단순하지 않을지도 모른다. 불멸, 행복, 신성을 추구하며 '호모 데우스'가 되는 과정에서 아마 대다수 사피엔스들은 대가를 치러야 할 것이다.

인공지능이 대부분의 업무를 인간보다 잘 하게 되면 직업시장에 어떤 일이 일어날까? 경제적으로 쓸모없어진 사람들 계급은 정치에 어떤 영향을 미칠까? 나노기술과 재생의학으로 새로운 젊음을 얻는다면 인간관계, 가족구조, 연금제도는 어떻게 바뀔까? 생명공학이 맞춤아기를 탄생시키고 유례없는 빈부격차를 낳을 때 인간 사회에는 어떤 일이 일어날까? 오늘날 우리가 신봉하는 민주주의, 자유시장, 인권이 그때도 여전히 유효할까?

"우리는 머지않아 스스로의 욕망 자체도 설계할 수 있을 것이다. 그러므로 아마도 우리가 마주하고 있는 진정한 질문은 '우리는 어떤 존재가 되고 싶은가?'가 아니라 '우리는 무엇을 원하고 싶은가'일 것이다. 이 질문이 섬뜩하게 느껴지지 않는 사람이 있다면, 아마 이 문제를 깊이 고민해보지 않은 사람일 것이다."

유발 하라리의 《사피엔스》는 이렇게 끝난다. 인본주의는 인간의 욕망만이 세계에 의미를 부여한다고 생각한다. 그래서 신기술의 홍수에 직면한 우리에게 어떤 마음의 능력을 개발할지 욕망에 따라 선택하여 우수한 인간 모델인 '호모 데우스'를 만들어내라고 요구한다. 하지만 욕망 그 자체를 조종하고 선택할 수 있다면 어떨까? 그런 기술은 역설적으로 인본주의가 숭배하는 인간의 자유의지 따위는 없음을 폭로할 것이고, 인간을 업그레이드하는 과정에서 인본주의를 붕괴시킬 것이다. 이미 자유의지의 존재를 의심케 하는 과학적 증거들이 속속 드러나고 있다. 그렇게 되면 세계는 더 이상 인간의 욕망과 경험을 중심으로 돌아가지 않을 것이다.

저자는 그런 세계는 정보의 흐름(데이터의 흐름)을 중심으로 돌아갈 거라고 말한다. 이 말이 잘 와닿지 않는다면, 오늘날 우리가 인생의 얼마나 많은 부분을 스마트폰에 의존하고 있는지 생각해보라. 인간은 결국 자신보다 자신을 더 잘 아는 초지능적 네트워크를 창조할 것이다. 그런 네트워크를 지배하는 것은 무엇일까? 호모 데우스로 업그레이드한 소수의 특권 계급일까? 생화학적 알고리즘과 전자 알고리즘, 유기체와 비유기체는 하나로 융합할까?

《호모 데우스》는 호모 사피엔스의 종말을 예언하는 묵시록이지만, 예언 그 자체가 목적은 아니다. 하라리는 이 책이 예언으로 읽히기를 원치 않는다. 그는 이 책의 목적이 현재 우리 앞에 놓인 선택지들에 대해 생각해보는 것이며, 역사를 공부하는 이유는 과거에서 해방되어 다른 미래를 상상해보는 것임을 강조한다. 그렇더라도 현재 우리가 낙관할 이유는 별로 없어 보인다. 미리 말하면, 기술을 이용하여 업그레이드된 모델로 진화하려는 인간의 시도를 멈추거나 늦출 브레이크 따위는 기대하지 않는 게 좋다. 게다가 역사의 정의는 가혹하기 때문이다. 언젠가 우리는 우리가 지난날 동물들에게 한 일을 그대로 돌려받을 거라는 하라리의 서늘한 예측은 그 어떤 말보다 섬뜩하게 들린다.

우리에게 미래에 대한 꿈과 악몽은 낯선 것이 아니지만,《호모 데우스》에서 저자는 '가능한 미래'를 거시적 역사의 관점에서 다룬다. 큰 궤적을 따라가는 방식은 전작《사피엔스》에 이어《호모 데우스》에서도 계속된다. 저자의 이런 시도는 어떤 면에서 전기 영화를 닮았다. 두 시간 분량의 필름에 한 인물의 일대기를 담을 때 감독은 그 사람의 인생을 자신만의 독특한 관점으로 재구성한다. 이 시도가 성공할 경우 극영화보다 훨씬 흥미로운 결과를 낳는다.《사피엔스》는 호모 사피엔스라는 역사상 가장 흥미로운 인물의 일대기를 다룬 전기 영화였다. 저자가 사피엔스이므로 자전적 성격의 영화가 될 수도 있었을 텐데, 하라리는 왜곡을 피하기 위해 의식적으로 제3의 관찰자 시점을 취했고, 그 결과 동물은 중요한 비중으로 다루어졌다. 게다가 호모 사피엔스는 생존 인물이므로 이런 시도 자체가 논란을 예고한다. 여러모로 화제작일 수밖에 없는 책이었다.

《호모 데우스》에서 저자는 전기 영화에 공상과학 장르를 섞었다. 이제 서스펜스까지 더했다. 훌륭한 감독이 늘 그렇듯, 이 책의 공상과학 부분은 이러저러한 우여곡절 끝에 인류가 승리하는 공식을 따르지 않는다. 훌륭한 전기 영화는 인물을 그릴 뿐 판단하지 않는다. 《호모 데우스》 역시 '미래의 역사'에 대해 비관도 낙관도 하지 않고 그저 보여줄 뿐이다.

《사피엔스》로 입증했듯, 하라리는 탁월한 이야기꾼이며 편집의 힘을 아는 영리한 작가다. 《호모 데우스》는 과연 속편의 한계를 넘어설까? 적어도 흥행에서는 그럴 것 같다. 무엇보다 《사피엔스》를 어느 성공한 영장류의 일대기로만 보았던 독자들도 《호모 데우스》는 자기 이야기로 받아들일 수밖에 없기 때문이다. 자신의 미래가 궁금하지 않을 사람은 별로 없고, 자신이 사라질 수도 있다는 말을 듣고도 침착할 수 있는 사람은 더더욱 없을 것이다. 이번에도 논쟁의 열기는 뜨거울 듯하다.

2017년 5월
김명주

참고문헌

1장 — 인류의 새로운 의제

1 Tim Blanning, *The Pursuit of Glory*(New York: Penguin Books, 2008), 52.
2 같은 책, 53쪽. 다음 자료들도 보라: J. Neumann and S. Lindgrén, 'Great Historical Events That Were Significantly Affected by the Weather: 4, The Great Famines in Finland and Estonia, 1695~1697', *Bulletin of the American Meteorological Society 60*(1979), 775~787; Andrew B. Appleby, 'Epidemics and Famine in the Little Ice Age', *Journal of Interdisciplinary History* 10:4(1980): 643~663; Cormac Ó Gráda and Jean-Michel Chevet, 'Famine and Market in *Ancien Régime* France', *Journal of Economic History* 62:3(2002), 706~773.
3 Nicole Darmon et al., 'L'insécurité alimentaire pour raisons financières en France', *Observatoire National de la Pauvreté et de l'Exclusion Sociale*, https://www.onpes.gouv.fr/IMG/pdf/Darmon.pdf, accessed 3 March 2015; Rapport Annuel 2013, *Banques Alimentaires*, http://en.calameo.com/read/001358178ec47d2018425, accessed 4 March 2015.
4 Richard Dobbs et al., 'How the World Could Better Fight Obesity',

McKinseys & Company, November, 2014, accessed 11 December 2014, http://www.mckinsey.com/insights/economic_studies/how_the_world_could_better_fight_obesity.

5   'Global Burden of Disease, Injuries and Risk Factors Study 2013', *Lancet*, 18 December 2014, accessed 18 December 2014, http://www.thelancet.com/themed/global-burden-of-disease; Stephen Adams, 'Obesity Killing Three Times As Many As Malnutrition', *Telegraph*, 13 December 2012, accessed 18 December 2014, http://www.telegraph.co.uk/health/healthnews/9742960/Obesity-killing-three-times-as-many-as-malnutrition.html.

6   Robert S. Lopez, *The Birth of Europe* [in Hebrew](Tel Aviv: Dvir, 1990), 427.

7   Alfred W. Crosby, *The Columbian Exchange: Biological and Cultural Consequences of 1492* (Westport: Greenwood Press, 1972); William H. McNeill, *Plagues and Peoples* (Oxford: Basil Blackwell, 1977).

8   Hugh Thomas, Conquest: Cortes, *Montezuma and the Fall of Old Mexico* (New York: Simon & Schuster, 1993), 443~446; Rodolfo Acuna-Soto et al., 'Megadrought and Megadeath in 16th Century Mexico', *Historical Review* 8:4(2002), 360~362; Sherburne F. Cook and Lesley Byrd Simpson, *The Population of Central Mexico in the Sixteenth Century* (Berkeley: University of California Press, 1948).

9   Jared Diamond, *Guns, Germs and Steel: The Fates of Human Societies* [in Hebrew](Tel Avia: Am Oved, 2002), 167.

10 Jeffery K. Taubenberger and David M. Morens, '1918 Influenza: The Mother of All Pandemics', *Emerging Infectious Diseases* 12:1(2006), 15~22; Niall P. A. S. Johnson and Juergen Mueller, 'Updating the Accounts: Global Mortality of the 1918~1920 "Spanish" Influenza Pandemic',

Bulletin of the History of Medicine 76:1(2002), 105~115; Stacey L. Knobler, Alison Mack, Adel Mahmoud et al., (eds), *The Threat of Pandemic Influenza: Are We Ready? Workshop Summary*(Washington DC: National Academies Press, 2005), 57~110; David van Reybrouck, *Congo: The Epic History of a People* (New York: HarperCollins, 2014), 164; Siddharth Chandra, Goran Kuljanin and Jennifer Wray, 'Mortality from the Influenza Pandemic of 1918~1919: The Case of India', *Demography* 49:3(2012), 857~865; George C. Kohn, *Encyclopedia of Plague and Pestilence: From Ancient Times to the Present*, 3rd edn (New York: Facts on File, 2008), 363.

11 2005년과 2010년 사이의 아동 사망률은 전 세계 평균이 4.6퍼센트, 아프리카가 7.9퍼센트, 유럽과 북아메리카가 0.7퍼센트였다. 다음 자료를 보라: 'Infant Mortality Rate(Both Sexes Combined) by Major Area, Region and Country, 1950~2010(Infant Deaths for 1000 Live Births), Estimates', *World Population Prospects: the 2010 Revision*, UN Department of Economic and Social Affairs, April 2011, accessed 26 May 2012, http://esa.un.org/unpd/wpp/Excel-Data/mortality.htm. 다음 자료들도 보라. Alain Bideau, Bertrand Desjardins, and Hector Perez-Brignoli, (eds), *Infant and Child Mortality in the Past*(Oxford: Clarendon Press, 1997); Edward Anthony Wrigley et al., *English Population History from Family Reconstitution, 1580~1837*(Cambridge: Cambridge University Press, 1997), 295~296, 303.

12 David A. Koplow, *Smallpox: The Fight to Eradicate a Global Scourge*(Berkeley: University of California Press, 2004); Abdel R. Omran, 'The Epidemiological Transition: A Theory of Population Change', *Milbank Memorial Fund Quarterly* 83:4(2005), 731~757; Thomas McKeown, *The Modern Rise of Populations*(New York: Academic Press, 1976); Simon Szreter, *Health and Wealth: Studies in History and Policy*(Rochester: University of Rochester Press,

2005); Roderick Floud, Robert W. Fogel, Bernard Harris and Sok Chul Hong, *The Changing Body: Health, Nutrition and Human Development in the Western World since 1700* (New York: Cambridge University Press, 2011); James C. Riley, *Rising Life Expectancy: A Global History* (New York: Cambridge University Press, 2001).

13 'Summary of probable SARS cases with onset of illness from 1 November 2002 to 31 July 2003', World Health Organization, 21 April 2004, accessed 6 February 2016. http://www.who.int/csr/sars/country/table2004_04_21/en/

14 'Experimental Therapies: Growing Interest in the Use of Whole Blood or Plasma from Recovered Ebola Patients', World Health Organization, 26 September 2014, accessed 23 April 2015, http://www.who.int/mediacentre/news/ebola/26-september-2014/en/.

15 Hung Y. Fan, Ross F. Conner and Luis P. Villarreal, *AIDS: Science and Society*, 6th edn(Sudbury: Jones and Bartlett Publishers, 2011).

16 Peter Piot and Thomas C. Quinn, 'Response to the AIDS Pandemic-A Global Health Model', *New England Journal of Medicine* 368:23(2013), 2210~2218.

17 '노환'은 공식 통계에 사망 원인으로 기재되지 않는다. 노쇠한 노인이 결국 이런저런 감염으로 죽으면, 특정 감염이 사망 원인으로 기재된다. 따라서 공식 통계상 감염성 질환은 여전히 사망 원인의 20퍼센트 이상을 차지한다. 하지만 다수의 어린이와 건강한 성인이 감염성 질환으로 사망했던 지난 몇백 년 동안과는 상황이 근본적으로 다르다.

18 David M. Livermore, 'Bacterial Resistance: Origins, Epidemiology, and Impact', *Clinical Infectious Diseases* 36:s1(2005), s11~23; Richards G. Wax et al., (eds), *Bacterial Resistance to Antimicrobials*, 2nd edn(Boca Raton: CRC

Press, 2008); Maja Babic and Robert A. Bonomo, 'Mutations as a Basis of Antimicrobial Resistance', in *Antimicrobial Drug Resistance: Mechanisms of Drug Resistance*, ed. Douglas Mayers, vol. 1 (New York: Humana Press, 2009), 65~74; Julian Davies and Dorothy Davies, 'Origins and Evolution of Antibiotic Resistance', *Microbiology and Molecular Biology Reviews* 74:3 (2010), 417~433; Richard J. Fair and Yitzhak Tor, 'Antibiotics and Bacterial Resistance in the 21st Century', *Perspectives in Medicinal Chemistry* 6 (2014), 25~64.

19 Alfonso J. Alanis, 'Resistance to Antibiotics: Are We in the Post-Antibiotic Era?', Archives of Medical Research 36:6 (2005), 697~705; Stephan Harbarth and Matthew H. Samore, 'Antimicrobial Resistance Determinants and Future Control', *Emerging Infectious Diseases* 11:6 (2005), 794~801; Hiroshi Yoneyama and Ryoichi Katsumata, 'Antibiotic Resistance in Bacteria and Its Future for Novel Antibiotic Development', *Bioscience, Biotechnology and Biochemistry* 70:5 (2006), 1060~1075; Cesar A. Arias and Barbara E. Murray, 'Antibiotic-Resistant Bugs in the 21st Century—A Clinical Super-Challenge', *New England Journal of Medicine* 360 (2009), 439~443; Brad Spellberg, John G. Bartlett and David N. Gilbert, 'The Future of Antibiotics and Resistance', *New England Journal of Medicine* 368 (2013), 299~302.

20 Losee L. Ling et al., 'A New Antibiotic Kills Pathogens without Detectable Resistance', *Nature* 517 (2015), 455~459; Gerard Wright, 'Antibiotics: An Irresistible Newcomer', *Nature* 517 (2015), 442~444.

21 Roey Tzezana, *The Guide to the Future* [in Hebrew] (Haifa: Roey Tzezana, 2013), 209~233.

22 Azar Gat, *War in Human Civilization* (Oxford: Oxford University Press, 2006),

130~131; Steven Pinker, *The Better Angels of Our Nature: Why Violence Has Declined* (New York: Viking, 2011); Joshua S. Goldstein, *Winning the War on War: The Decline of Armed Conflict Worldwide* (New York: Dutton, 2011); Robert S. Walker and Drew H. Bailey, 'Body Counts in Lowland South American Violence', *Evolution and Human Behavior* 34:1(2013), 29~34; I. J. N. Thorpe, 'Anthropology, Archaeology, and the Origin of Warfare', *World Archaeology* 35:1(2003), 145~165; Raymond C. Kelly, *Warless Societies and the Origin of War* (Ann Arbor: University of Michigan Press, 2000); Lawrence H. Keeley, *War before Civilization: The Myth of the Peaceful Savage* (Oxford: Oxford University Press, 1996); Slavomil Vencl, 'Stone Age Warfare', in *Ancient Warfare: Archaeological Perspectives*, ed. John Carman and Anthony Harding (Stroud: Sutton Publishing, 1999), 57~73.

23 'Global Health Observatory Data Repository, 2012', World Health Organization, accessed 16 August 2015, http://apps.who.int/gho/data/node.main.RCODWORLD?lang=en; 'Global Study on Homicide, 2013', UNDOC, accessed 16 August 2015, http://www.unodc.org/documents/gsh/pdfs/2014_GLOBAL_HOMICIDE_BOOK_web.pdf; http://www.who.int/healthinfo/global_burden_disease/estimates/en/index1.html.

24 Van Reybrouck, *Congo*, 456~457.

25 Deaths from obesity: 'Global Burden of Disease, Injuries and Risk Factors Study 2013', *Lancet*, 18 December 2014, accessed 18 December 2014, http://www.thelancet.com/themed/global-burden-of-disease; Stephen Adams, 'Obesity Killing Three Times As Many As Malnutrition', *Telegraph*, 13 December 2012, accessed 18 December 2014, http://www.telegraph.co.uk/health/healthnews/9742960/Obesity-killing-three-times-as-many-as-malnutrition.html. Deaths from terrorism: *Global*

Terrorism Database, http://www.start.umd.edu/gtd/, accessed 16 January 2016.

26 Arion McNicoll, 'How Google's Calico Aims to Fight Aging and "Solve Death"', CNN, 3 October 2013, accessed 19 December 2014, http://edition.cnn.com/2013/10/03/tech/innovation/google-calico-aging-death/.

27 Katrina Brooker, 'Google Ventures and the Search for Immortality', Bloomberg, 9 March 2015, accessed 15 April 2015, http://www.bloomberg.com/news/articles/2015-03-09/google-ventures-bill-maris-investing-in-idea-of-living-to-500.

28 Mick Brown, 'Peter Thiel: The Billionaire Tech Entrepreneur on a Mission to Cheat Death', *Telegraph*, 19 September 2014, accessed 19 December 2014, http://www.telegraph.co.uk/technology/11098971/Peter-Thiel-the-billionaire-tech-entrepreneur-on-a-mission-to-cheat-death.html.

29 Kim Hill et al., 'Mortality Rates among Wild Chimpanzees', *Journal of Human Evolution* 40:5(2001): 437–450; James G. Herndon, 'Brain Weight Throughout the Life Span of the Chimpanzee', *Journal of Comparative Neurology* 409 (1999): 567–572.

30 Beatrice Scheubel, *Bismarck's Institutions: A Historical Perspective on the Social Security Hypothesis* (Tubingen: Mohr Siebeck, 2013); E. P. Hannock, *The Origin of the Welfare State in England and Germany, 1850–1914* (Cambridge: Cambridge University Press, 2007).

31 'Mental Health: Age Standardized Suicide Rates (per 100,000 Population), 2012', World Health Organization, accessed 28 December 2014, http://gamapserver.who.int/gho/interactive_charts/mental_health/suicide_

rates/atlas.html.

32 Ian Morris, *Why the West Rules—For Now* (Toronto: McClelland & Stewart, 2010), 626~629.

33 David G. Myers, 'The Funds, Friends, and Faith of Happy People', *American Psychologist* 55:1(2000), 61; Ronald Inglehart et al., 'Development, Freedom, and Rising Happiness: A Global Perspective(1981~2007)', *Perspectives on Psychological Science* 3:4(2008), 264~285. 다음 자료들도 보라. Mihaly Csikszentmihalyi, 'If We Are So Rich, Why Aren't We Happy?', *American Psychologist* 54:10(1999), 821~827; Gregg Easterbrook, *The Progress Paradox: How Life Gets Better While People Feel Worse* (New York: Random House, 2003).

34 Kenji Suzuki, 'Are They Frigid to the Economic Development? Reconsideration of the Economic Effect on Subjective Well-being in Japan', *Social Indicators Research* 92:1(2009), 81~89; Richard A. Easterlin, 'Will Raising the Incomes of all Increase the Happiness of All?', *Journal of Economic Bheavior and Organization* 27:1(1995), 35~47; Richard A. Easterlin, 'Diminishing Marginal Utility of Income? Caveat Emptor', *Social Indicators Research* 70:3(2005), 243~255.

35 Linda C. Raeder, *John Stuart Mill and the Religion of Humanity* (Columbia: University of Missouri Press, 2002).

36 Oliver Turnbull and Mark Solms, *The Brain and the Inner World* [in Hebrew] (Tel Aviv: Hakibbutz Hameuchad, 2005), 92~96; Kent C. Berridge and Morten L. Kringelbach, 'Affective Neuroscience of Pleasure: Reward in Humans and Animals', *Psychopharmacology* 199(2008), 457~480; Morten L. Kringelbach, *The Pleasure Center: Trust Your Animal Instincts* (Oxford: Oxford University Press, 2009).

37 M. Csikszentmihalyi, *Finding Flow: The Psychology of Engagement with Everyday Life* (New York: Basic Books, 1997).

38 Centers for Disease Control and Prevention, Attention-Deficit/Hyperactivity Disorder(ADHD), http://www.cdc.gov/ncbddd/adhd/data.html, accessed 4 January 2016; Sarah Harris, 'Number of Children Given Drugs for ADHD Up Ninefold with Patients As Young As Three Being Prescribed Ritalin', *Daily Mail*, 28 June 2013, http://www.dailymail.co.uk/health/article-2351427/Number-children-given-drugs-ADHD-ninefold-patients-young-THREE-prescribed-Ritalin.html, accessed 4 January 2016; International Narcotics Control Board(UN), *Psychotropic Substances, Statistics for 2013, Assessments of Annual Medical and Scientific Requirements 2014*, 39~40.

39 학령기 아동의 각성제 오남용에 관한 증거는 충분하지 않지만, 2013년에 실시된 한 연구는 미국 대학생의 5~15퍼센트가 어떤 종류의 각성제를 적어도 한 번 이상 불법적으로 복용한 적이 있음을 밝혔다: C. Ian Ragan, Imre Bard and Ilina Singh, 'What Should We Do about Student Use of Cognitive Enhancers? An Analysis of Current Evidence', *Neuropharmacology* 64(2013), 589.

40 Bradley J. Partridge, 'Smart Drugs "As Common as Coffee": Media Hype about Neuroenhancement', *PLoS One* 6:11(2011), e28416.

41 Office of the Chief of Public Affairs Press Release, 'Army, Health Promotion Risk Reduction Suicide Prevention Report, 2010', accessed 23 December 2014, http://csf2.army.mil/downloads/HP-RR-SPReport2010.pdf; Mark Thompson, 'America's Medicated Army', *Time*, 5 June 2008, accessed 19 December 2014, http://content.time.com/time/magazine/article/0,9171,1812055,00.html; Office of the Surgeon Multi-

National Force-Iraq and Office of the Command Surgeon, 'Mental Health Advisory Team(MHAT) V Operation Iraqi Freedom 06~08: Iraq Operation Enduring Freedom 8: Afghanistan', 14 February 2008, accessed 23 December 2014, http://www.careforthetroops.org/reports/Report-MHATV-4-FEB-2008-Overview.pdf.

42 Tina L. Dorsey, 'Drugs and Crime Facts', US Department of Justice, accessed 20 February 2015, http://www.bjs.gov/content/pub/pdf/dcf.pdf; H. C. West, W. J. Sabol and S. J. Greenman, 'Prisoners in 2009', US Department of Justice, Bureau of Justice Statistics Bulletin(December 2010), 1~38; 'Drugs And Crime Facts: Drug Use and Crime', US Department of Justice, accessed 19 December 2014, http://www.bjs.gov/content/dcf/duc.cfm; 'Offender Management Statistics Bulletin, July to September 2014', UK Ministry of Justice, 29 January 2015, accessed 20 February 2015, https://www.gov.uk/government/statistics/offender-management-statistics-quarterly-july-to-september-2014.; Mirian Lights et al., 'Gender Differences in Substance Misuse and Mental Health amongst Prisoners', UK Ministry of Justice, 2013, accessed 20 February 2015, https://www.gov.uk/government/uploads/system/uploads/attachment_data/file/220060/gender-substance-misuse-mental-health-prisoners.pdf; Jason Payne and Antonette Gaffney, 'How Much Crime is Drug or Alcohol Related? Self-Reported Attributions of Police Detainees', *Trends and Issues in Crime and Criminal Justice* 439(2012), http://www.aic.gov.au/media_library/publications/tandi_pdf/tandi439.pdf, accessed 11 March 2015; Philippe Robert, 'The French Criminal Justice System', in *Punishment in Europe: A Critical Anatomy of Penal Systems*, ed. Vincenzo Ruggiero and Mick Ryan(Houndmills: Palgrave Macmillan, 2013),

116.

43 Betsy Isaacson, 'Mind Control: How EEG Devices Will Read Your Brain Waves And Change Your World', *Huffington Post*, 20 November 2014, accessed 20 December 2014, http://www.huffingtonpost.com/2012/11/20/mind-control-how-eeg-devices-read-brainwaves_n_2001431.html; 'EPOC Headset', *Emotiv*, http://emotiv.com/store/epoc-detail/; 'Biosensor Innovation to Power Breakthrough Wearable Technologies Today and Tomorrow', *NeuroSky*, http://neurosky.com/.

44 Samantha Payne, 'Stockholm: Members of Epicenter Workspace Are Using Microchip Implants to Open Doors', *International Business Times*, 31 January 2015, accessed 9 August 2015, http://www.ibtimes.co.uk/stockholm-office-workers-epicenter-implanted-microchips-pay-their-lunch-1486045.

45 Meika Loe, *The Rise of Viagra: How the Little Blue Pill Changed Sex in America* (New York: New York University Press, 2004).

46 Brian Morgan, 'Saints and Sinners: Sir Harold Gillies', *Bulletin of the Royal College of Surgeons of England*, 95:6(2013), 204~205; Donald W. Buck II, 'A Link to Gillies: One Surgeon's Quest to Uncover His Surgical Roots', *Annals of Plastic Surgery* 68:1(2012), 1~4.

47 Paolo Santoni-Rugio, *A History of Plastic Surgery* (Berlin, Heidelberg: Springer, 2007); P. Niclas Broer, Steven M. Levine and Sabrina Juran, 'Plastic Surgery: Quo Vadis? Current Trends and Future Projections of Aesthetic Plastic Surgical Procedures in the United States', *Plastic and Reconstructive Surgery* 133:3(2014): 293e~302e.

48 Holly Firfer, 'How Far Will Couples Go to Conceive?', CNN, 17 June 2004, accessed 3 May 2015, http://edition.cnn.com/2004/HEALTH/03/12/

infertility.treatment/index.html?iref=allsearch.

49   Rowena Mason and Hannah Devlin, 'MPs Vote in Favour of "Three-Person Embryo" Law', *Guardian*, 3 February 2015, accessed 3 May 2015, http://www.theguardian.com/science/2015/feb/03/mps-vote-favour-three-person-embryo-law.

50   Lionel S. Smith and Mark D. E. Fellowes, 'Towards a Lawn without Grass: The Journey of the Imperfect Lawn and Its Analogues', *Studies in the History of Gardens & Designed Landscape* 33:3(2013), 158~159; John Dixon Hunt and Peter Willis, (eds), *The Genius of the Place: The English Landscape Garden 1620~1820*, 5th edn(Cambridge, MA: MIT Press, 2000), 1~45; Anne Helmriech, *The English Garden and National Identity: The Competing Styles of Garden Design 1870~1914*(Cambridge: Cambridge University Press, 2002), 1~6.

51   Robert J. Lake, 'Social Class, Etiquette and Behavioral Restraint in British Lawn Tennis', *International Journal of the History of Sport* 28:6(2011), 876~894; Beatriz Colomina, 'The Lawn at War: 1941~1961', in *The American Lawn*, ed. Georges Teyssot(New York: Princeton Architectural Press, 1999), 135~153; Virginia Scott Jenkins, *The Lawn: History of an American Obsession*(Washington: Smithsonian Institution, 1994).

2장 — 인류세

1   'Canis lupus', IUCN Red List of Threatened Species, accessed 20 December 2014, http://www.iucnredlist.org/details/3746/1; 'Fact Sheet: Gray Wolf', Defenders of Wildlife, accessed 20 December 2014, http://www.defenders.org/gray-wolf/basic-facts; 'Companion Animals', IFAH,

accessed 20 December 2014, http://www.ifaheurope.org/companion-animals/about-pets.html; 'Global Review 2013', World Animal Protection, accessed 20 December 2014, https://www.worldanimalprotection.us.org/sites/default/files/us_files/global_review_2013_0.pdf.

2   Anthony D. Barnosky, 'Megafauna Biomass Tradeoff as a Driver of Quaternary and Future Extinctions', *PNAS* 105:1(2008), 11543~11548; 늑대와 사자에 대해서는 다음 자료를 보라: William J. Ripple et al., 'Status and Ecological Effects of the World's Largest Carnivores', *Science* 343:6167(2014), 151; 스탠리 코렌 박사에 따르면, 전 세계에 약 5억 마리의 개가 살고 있다: Stanley Coren, 'How Many Dogs Are There in the World?', *Psychology Today*, 19 September 2012, accessed 20 December 2014, http://www.psychologytoday.com/blog/canine-corner/201209/how-many-dogs-are-there-in-the-world; 고양이의 수에 대해서는 다음 자료를 보라: Nicholas Wade, 'DNA Traces 5 Matriarchs of 600 Million Domestic Cats', *New York Times*, 29 June 2007, accessed 20 December 2014, http://www.nytimes.com/2007/06/29/health/29iht-cats.1.6406020.html; 아프리카물소에 대해서는 다음 자료를 보라: 'Syncerus caffer', IUCN Red List of Threatened Species, accessed 20 December 2014, http://www.iucnredlist.org/details/21251/0; 가축 소에 대해서는 다음 자료를 보라: David Cottle and Lewis Kahn, (eds), *Beef Cattle Production and Trade*(Collingwood: Csiro, 2014), 66; 닭의 수에 대해서는 다음 자료를 보라: 'Live Animals', Food and Agriculture Organization of the United Nations: Statistical Division, accessed December 20, 2014, http://faostat3.fao.org/browse/Q/QA/E; 침팬지 수에 대해서는 다음 자료를 보라: 'Pan troglodytes', IUCN Red List of Threatened Species, accessed 20 December 2014, http://www.iucnredlist.org/details/15933/0.

3   'Living Planet Report 2014', WWF Global, accessed 20 December 2014, http://wwf.panda.org/about_our_earth/all_publications/living_planet_report/.

4   Richard Inger et al., 'Common European Birds Are Declining Rapidly While Less Abundant Species' Numbers Are Rising', *Ecology Letters* 18:1(2014), 28~36; 'Live Animals', Food and Agriculture Organization of the United Nations, accessed 20 December 2014, http://faostat.fao.org/site/573/default.aspx#ancor.

5   Simon L. Lewis and Mark A. Maslin, 'Defining the Anthropocene', *Nature* 519(2015), 171~180.

6   Timothy F. Flannery, *The Future Eaters: An Ecological History of the Australasian Lands and Peoples*(Port Melbourne: Reed Books Australia, 1994); Anthony D. Barnosky et al., 'Assessing the Causes of Late Pleistocene Extinctions on the Continents', *Science* 306:5693(2004), 70~75; Barry W. Brook and David M. J. S. Bowman, 'The Uncertain Blitzkrieg of Pleistocene Megafauna', *Journal of Biogeography* 31:4(2004), 517~523; Gifford H. Miller et al., 'Ecosystem Collapse in Pleistocene Australia and a Human Role in Megafaunal Extinction', *Science* 309:5732(2005), 287~290; Richard G. Roberts et al., 'New Ages for the Last Australian Megafauna: Continent Wide Extinction about 46,000 Years Ago', *Science* 292:5523(2001), 1888~1892; Stephen Wroe and Judith Field, 'A Review of Evidence for a Human Role in the Extinction of Australian Megafauna and an Alternative Explanation', *Quaternary Science Reviews* 25:21~22(2006), 2692~2703; Barry W. Brooks et al., 'Would the Australian Megafauna Have Become Extinct If Humans Had Never Colonised the Continent? Comments on "A Review of the Evidence for a Human Role in the

Extinction of Australian Megafauna and an Alternative Explanation" by S. Wroe and J. Field', *Quaternary Science Reviews* 26:3~4(2007), 560~564; Chris S. M. Turney et al., 'Late-Surviving Megafauna in Tasmania, Australia, Implicate Human Involvement in their Extinction', *PNAS* 105:34(2008), 12150~12153; John Alroy, 'A Multispecies Overkill Simulation of the End-Pleistocene Megafaunal Mass Extinction', *Science* 292:5523(2001), 1893~1896; J. F. O'Connell and J. Allen, 'Pre-LGM Sahul(Australia-New Guinea) and the Archaeology of Early Modern Humans', in *Rethinking the Human Evolution: New Behavioral and Biological Perspectives on the Origin and Dispersal of Modern Humans*, ed. Paul Mellars(Cambridge: McDonald Institute for Archaeological Research, 2007), 400~401.

7   Graham Harvey, *Animism: Respecting the Living World*(Kent Town: Wakefield Press, 2005); Rane Willerslev, *Soul Hunters: Hunting, Animism and Personhood Among the Siberian Yukaghirs*(Berkeley: University of California Press, 2007); Elina Helander-Renvall, 'Animism, Personhood and the Nature of Reality: Sami Perspectives', *Polar Record* 46:1(2010), 44~56; Istvan Praet, 'Animal Conceptions in Animism and Conservation', in *Routledge Handbook of Human-Animal Studies*, ed. Susan McHaugh and Garry Marvin(New York: Routledge, 2014), 154~167; Nurit Bird-David, 'Animism Revisited: Personhood, Environment, and Relational Epistemology', *Current Anthropology* 40(1999): s67~91; N. Bird-David, 'Animistic Epistemology: Why Some Hunter-Gatherers Do Not Depict Animals', *Ethnos* 71:1(2006): 33~50.

8   Danny Naveh, 'Changes in the Perception of Animals and Plants with the Shift to Agricultural Life: What Can Be Learnt from the Nayaka Case, A Hunter-Gatherer Society from the Rain Forests of Southern India?' [in

Hebrew], *Animals and Society*, 52(2015): 7~8.

9   Howard N. Wallace, 'The Eden Narrative', *Harvard Semitic Monographs* 32(1985), 147~181.

10 David Adams Leeming and Margaret Adams Leeming, *Encyclopedia of Creation Myths* (Santa Barbara: ABC-CLIO, 1994), 18; Sam D. Gill, *Storytracking: Texts, Stories, and Histories in Central Australia* (Oxford: Oxford University Press, 1998); Emily Miller Bonney, 'Disarming the Snake Goddess: A Reconsideration of the Faience Figures from the Temple Repositories at Knossos', *Journal of Mediterranean Archaeology* 24:2(2011), 171~190; David Leeming, *The Oxford Companion to World Mythology* (Oxford and New York: Oxford University Press, 2005), 350.

11 Jerome H. Barkow, Leda Cosmides and John Tooby (eds), *The Adapted Mind: Evolutionary Psychology and the Generation of Culture* (Oxford: Oxford University Press, 1992); Richard W. Bloom and Nancy Dess (eds), *Evolutionary Psychology and Violence: A Primer for Policymakers and Public Policy Advocates* (Westport: Praeger, 2003); Charles Crawford and Catherine Salmon (eds), *Evolutionary Psychology, Public Policy and Personal Decisions* (New Jersey: Lawrence Erlbaum Associates, 2008); Patrick McNamara and David Trumbull, *An Evolutionary Psychology of Leader-Follower Relations* (New York: Nova Science, 2007); Joseph P. Forgas, Martie G. Haselton and William von Hippel (eds), *Evolution and the Social Mind: Evolutionary Psychology and Social Cognition* (New York: Psychology Press, 2011).

12 S. Held, M. Mendl, C. Devereux and R. W. Byrne, 'Social tactics of pigs in a competitive foraging task: the "informed forager" paradigm', *Animal Behaviour* 59:3(2000), 569~576; S. Held, M. Mendl, C. Devereux and R. W. Byrne, 'Studies in social cognition: from primates to pigs', *Animal*

Welfare 10(2001), s209~217; H. B. Graves, 'Behavior and Ecology of Wild and Feral Swine (*Sus scrofa*)', *Journal of Animal Science* 58:2(1984), 482~492; A. Stolba and D. G. M. Wood-Gush, 'The behaviour of Pigs in a Semi-Natural Environment', *Animal Production* 48:2(1989), 419~425; M. Spinka, 'Behaviour in Pigs', in *The Ethology of Domestic Animals*, 2nd edn, ed. P. Jensen (Wallingford, UK: CAB International, 2009), 177~191; P. Jensen and D. G. M. Wood-Gush, 'Social interactions in a Group of Free-Ranging Sows', *Applied Animal Behaviour Science* 12(1984), 327~337; E. T. Gieling, R. E. Nordquist and F. J. van der Staay, 'Assessing learning and Memory in Pigs', *Animal Cognition* 14(2011), 151~173.

13 I. Horrell and J. Hodgson, 'The Bases of sow-Piglet identification. 2. Cues used by Piglets to Identify their Dam and Home Pen', *Applied Animal Behavior Science*, 33(1992), 329~343; D. M. Weary and D. Fraser, 'Calling by Domestic Piglets: Reliable Signals of Need?', *Animal Behaviour* 50:4(1995), 1047~1055; H. H. Kristensen et al., 'The use of Olfactory and Other Cues for Social Recognition by Juvenile Pigs', *Applied Animal Behaviour Science* 72(2001), 321~333.

14 M. Helft, 'Pig Video Arcades Critique Life in the Pen', *Wired*, 6 June 1997, http://archive.wired.com/science/discoveries/news/1997/06/4302, retrieved 27 January 2016.

15 Humane Society of the United States, 'An HSUS Report: Welfare Issues with Gestation Crates for Pregnant Sows', February 2013, http://www.humanesociety.org/assets/pdfs/farm/HSUS-Report-on-Gestation-Crates-for-Pregnant-Sows.pdf, retrieved 27 January 2016.

16 Turnbull and Solms, *Brain and the Inner World*, 90~92.

17 David Harel, Algorithmics: *The Spirit of Computers*, 3rd edn [in Hebrew]

(Tel Aviv: Open University of Israel, 2001), 4~6; David Berlinski, *The Advent of the Algorithm: The 300-Year Journey from an Idea to the Computer* (San Diego: Harcourt, 2000); Hartley Rogers Jr, *Theory of Recursive Functions and Effective Computability*, 3rd edn(Cambridge, MA and London: MIT Press, 1992), 1~5; Andreas Blass and Yuri Gurevich, 'Algorithms: A Quest for Absolute Definitions', *Bulletin of European Association for Theoretical Computer Science* 81(2003), 195~225.

18 Daniel Kahneman, *Thinking, Fast and Slow* (New York: Farrar, Straus & Giroux, 2011); Dan Ariely, *Predictably Irrational* (New York: Harper, 2009).

19 Justin Gregg, *Are Dolphins Really Smart? The Mammal Behind the Myth* (Oxford: Oxford University Press, 2013), 81~87; Jaak Panksepp, 'Affective Consciousness: Core Emotional Feelings in Animals and Humans', *Consciousness and Cognition* 14:1(2005), 30~80.

20 A. S. Fleming, D. H. O'Day and G. W. Kraemer, 'Neurobiology of Mother-Infant Interactions: Experience and Central Nervous System Plasticity Across Development and Generations', *Neuroscience and Biobehavioral Reviews* 23:5(1999), 673~685; K. D. Broad, J. P. Curley and E. B. Keverne, 'Mother-Infant Bonding and the Evolution of Mammalian Relationship', *Philosophical Transactions of the Royal Society B* 361:1476(2006), 2199~2214; Kazutaka Mogi, Miho Nagasawa and Takefumi Kikusui, 'Developmental Consequences and Biological Significance of Mother-Infant Bonding', *Progress in Neuro-Psychopharmacology and Biological Psychiatry* 35:5(2011), 1232~1241; Shota Okabe et al., 'The Importance of Mother-Infant Communication for Social Bond Formation in Mammals', *Animal Science Journal* 83:6(2012), 446~452.

21 Jean O'Malley Halley, *Boundaries of Touch: Parenting and Adult-Child*

Intimacy (Urbana: University of Illinois Press, 2007), 50~51; Ann Taylor Allen, *Feminism and Motherhood in Western Europe, 1890~1970: The Maternal Dilemma* (New York: Palgrave Macmillan, 2005), 190.

22 Lucille C. Birnbaum, 'Behaviorism in the 1920s', *American Quarterly* 7:1(1955), 18.

23 US Department of Labor(1929), 'Infant Care', Washington: United States Government Printing Office, http://www.mchlibrary.info/history/chbu/3121-1929.PDF.

24 Harry Harlow and Robert Zimmermann, 'Affectional Responses in the Infant Monkey', Science 130:3373(1959), 421~432; Harry Harlow, 'The Nature of Love', *American Psychologist* 13(1958), 673~685; Laurens D. Young et al., 'Early Stress and Later Response to Separation in Rhesus Monkeys', *American Journal of Psychiatry* 130:4(1973), 400~405; K. D. Broad, J. P. Curley and E. B. Keverne, 'Mother-Infant Bonding and the Evolution of Mammalian Social Relationships', *Philosophical Transactions of the Royal Society B* 361:1476 (2006), 2199~2214; Florent Pittet et al., 'Effects of Maternal Experience on Fearfulness and Maternal Behavior in a Precocial Bird', *Animal Behavior* 85:4 (2013), 797~805.

25 Jacques Cauvin, *The Birth of the Gods and the Origins of Agriculture* (Cambridge: Cambridge University Press, 2000); Tim Ingord, 'From Trust to Domination: An Alternative History of Human-Animal Relations', in *Animals and Human Society: Changing Perspectives*, ed. Aubrey Manning and James Serpell (New York: Routledge, 2002), 1~22; Roberta Kalechofsky, 'Hierarchy, Kinship and Responsibility', in *A Communion of Subjects: Animals in Religion, Science and Ethics*, ed. Kimberley Patton and Paul Waldau (New York: Columbia University Press, 2006), 91~102; Nerissa

Russell, *Social Zooarchaeology: Humans and Animals in Prehistory* (Cambridge: Cambridge University Press, 2012), 207~258; Margo DeMello, *Animals and Society: An Introduction to Human-Animal Studies* (New York: University of Columbia Press, 2012).

26 Olivia Lang, 'Hindu Sacrifice of 250,000 Animals Begins', *Guardian*, 24 November 2009, accessed 21 December 2014, http://www.theguardian.com/world/2009/nov/24/hindu-sacrifice-gadhimai-festival-nepal.

27 Benjamin R. Foster (ed.), *The Epic of Gilgamesh* (New York, London: W. W. Norton, 2001), 90.

28 Noah J. Cohen, *Tsa'ar Ba'ale Hayim: Prevention of Cruelty to Animals: Its Bases, Development and Legislation in Hebrew Literature* (Jerusalem, New York: Feldheim Publishers, 1976); Roberta Kalechofsky, *Judaism and Animal Rights: Classical and Contemporary Responses* (Marblehead: Micah Publications, 1992); Dan Cohen-Sherbok, 'Hope for the Animal Kingdom: A Jewish Vision', in *A Communion of Subjects: Animals in Religion, Science and Ethics*, ed. Kimberley Patton and Paul Waldau (New York: Columbia University Press, 2006), 81~90; Ze'ev Levi, 'Ethical Issues of Animal Welfare in Jewish Thought', in *Judaism and Environmental Ethics: A Reader*, ed. Martin D. Yaffe (Plymouth: Lexington, 2001), 321~332; Norm Phelps, *The Dominion of Love: Animal Rights According to the Bible* (New York: Lantern Books, 2002); David Sears, *The Vision of Eden: Animal Welfare and Vegetarianism in Jewish Law Mysticism* (Spring Valley: Orot, 2003); Nosson Slifkin, *Man and Beast: Our Relationships with Animals in Jewish Law and Thought* (New York: Lambda, 2006).

29 Talmud Bavli, Bava Metzia, 85:71.

30 Christopher Chapple, *Nonviolence to Animals, Earth and Self in Asian Traditions* (New York: State University of New York Press, 1993); Panchor

Prime, *Hinduism and Ecology: Seeds of Truth* (London: Cassell, 1992); Christopher Key Chapple, 'The Living Cosmos of Jainism: A Traditional Science Grounded in Environmental Ethics', *Daedalus* 130:4(2001), 207~224; Norm Phelps, *The Great Compassion: Buddhism and Animal Rights* (New York: Lantern Books, 2004); Damien Keown, *Buddhist Ethics: A Very Short Introduction* (Oxford: Oxford University Press, 2005), ch. 3; Kimberley Patton and Paul Waldau (eds), *A Communion of Subjects: Animals in Religion, Science and Ethics* (New York: Columbia University Press, 2006), esp. 179~250; Pragati Sahni, *Environmental Ethics in Buddhism: A Virtues Approach* (New York: Routledge, 2008); Lisa Kemmerer and Anthony J. Nocella II (eds), *Call to Compassion: Reflections on Animal Advocacy from the World's Religions* (New York: Lantern, 2011), esp. 15~103; Lisa Kemmerer, *Animals and World Religions* (Oxford: Oxford University Press, 2012), esp. 56~126; Irina Aristarkhova, 'Thou Shall Not Harm All Living Beings: Feminism, Jainism and Animals', *Hypatia* 27:3(2012): 636~650; Eva de Clercq, 'Karman and Compassion: Animals in the Jain Universal History', *Religions of South Asia* 7(2013): 141~157.

31 Naveh, 'Changes in the Perception of Animals and Plants', 11.

3장 ― 인간의 광휘

1 'Evolution, Creationism, Intelligent Design', Gallup, accessed 20 December 2014, http://www.gallup.com/poll/21814/evolution-creationism-intelligent-design.aspx; Frank Newport, 'In US, 46 per cent Hold Creationist View of Human Origins', Gallup, 1 June 2012, accessed 21 December 2014, http://www.gallup.com/poll/155003/hold-

creationist-view-human-origins.aspx.

2 Gregg, *Are Dolphins Really Smart?*, 82~83.

3 Stanislas Dehaene, *Consciousness and the Brain: Deciphering How the Brain Codes Our Thoughts*(New York: Viking, 2014); Steven Pinker, *How the Mind Works*(New York: W. W. Norton, 1997).

4 Dehaene, *Consciousness and the Brain*.

5 이 대목에서 전문가들은 수학적 공리로 기술된 체계 내에는 증명할 수 없는 산술적 진리가 항상 있다는, 괴델의 불완전성 정리를 지적할 것이다. 그 체계 내에서 증명할 수 없는 참인 명제가 항상 존재한다는 것이다. 때때로 이 정리가 마음의 존재를 설명하기 위해 대중서에 이용된다. 그런 증명 불가능한 진리를 다루기 위해 마음이 필요하다는 것이다. 하지만 생명체가 생존하고 번식하기 위해 왜 그런 불가사의한 수학적 진리를 다루어야 하는지는 불분명하다. 사실 우리가 내리는 의식적 결정의 대부분은 그런 문제들과 전혀 관계가 없다.

6 Christopher Steiner, *Automate This: How Algorithms Came to Rule Our World*(New York: Penguin, 2012), 215; Tom Vanderbilt, 'Let the Robot Drive: The Autonomous Car of the Future is Here', *Wired*, 20 January 2012, accessed 21 December 2014, http://www.wired.com/2012/01/ff_autonomouscars/all/; Chris Urmson, 'The Self-Driving Car Logs More Miles on New Wheels', Google Official Blog, 7 August 2012, accessed 23 December 2014, http://googleblog.blogspot.hu/2012/08/the-self-driving-car-logs-more-miles-on.html; Matt Richtel and Conor Dougherty, 'Google's Driverless Cars Run Into Problem: Cars With Drivers', *New York Times*, 1 September 2015, accessed 2 September 2015, http://www.nytimes.com/2015/09/02/technology/personaltech/google-says-its-not-the-driverless-cars-fault-its-other-drivers.html?_r=1.

7 Dehaene, *Consciousness and the Brain*.

8   같은 책, 7장.

9   'The Cambridge Declaration on Consciousness', 7 July 2012, accessed 21 December 2014, https://web.archive.org/web/20131109230457/http://fcmconference.org/img/CambridgeDeclarationOnConsciousness.pdf.

10 John F. Cyran, Rita J. Valentino and Irwin Lucki, 'Assessing Substrates Underlying the Behavioral Effects of Antidepressants Using the Modified Rat Forced Swimming Test', *Neuroscience and Behavioral Reviews*, 29:4~5(2005), 569~574; Benoit Petit-Demoulière, Frank Chenu and Michel Bourin, 'Forced Swimming Test in Mice: A Review of Antidepressant Activity', *Psychopharmacology* 177:3(2005), 245~255; Leda S. B. Garcia et al., 'Acute Administration of Ketamine Induces Antidepressant-like Effects in the Forced Swimming Test and Increases BDNF Levels in the Rat Hippocampus', *Progress in Neuro-Psychopharmacology and Biological Psychiatry* 32:1(2008), 140~144; John F. Cryan, Cedric Mombereau and Annick Vassout, 'The Tail Suspension Test as a Model for Assessing Antidepressant Activity: Review of Pharmacological and Genetic Studies in Mice', *Neuroscience and Behavioral Reviews* 29:4~5(2005), 571~625; James J. Crowley, Julie A. Blendy and Irwin Lucki, 'Strain-dependent Antidepressant-like Effects of Citalopram in the Mouse Tail Suspension Test', *Psychopharmacology* 183:2(2005), 257~264; Juan C. Brenes, Michael Padilla and Jaime Fornaguera, 'A Detailed Analysis of Open-Field Habituation and Behavioral and Neurochemical Antidepressant-like Effects in Postweaning Enriched Rats', *Behavioral Brain Research* 197:1(2009), 125~137; Juan Carlos Brenes Sáenz, Odir Rodríguez Villagra and Jaime Fornaguera Trías, 'Factor Analysis of Forced Swimming Test, Sucrose Preference Test and Open Field Test

on Enriched, Social and Isolated Reared Rats', *Behavioral Brain Research* 169:1(2006), 57~65.

11 Marc Bekoff, 'Observations of Scent-Marking and Discriminating Self from Others by a Domestic Dog(*Canis familiaris*): Tales of Displaced Yellow Snow', *Behavioral Processes* 55:2(2011), 75~79.

12 자의식의 여러 층위에 대해서는 다음 책을 보라: Gregg, *Are Dolphins Really Smart?*, 59~66.

13 Carolyn R. Raby et al., 'Planning for the Future by Western Scrub Jays', *Nature* 445:7130(2007), 919~921.

14 Michael Balter, 'Stone-Throwing Chimp is Back—And This Time It's Personal', *Science*, 9 May 2012, accessed 21 December 2014, http://news.sciencemag.org/2012/05/stone-throwing-chimp-back-and-time-its-personal; Sara J. Shettleworth, 'Clever Animals and Killjoy Explanations in Comparative Psychology', *Trends in Coginitive Sciences* 14:11(2010), 477~481.

15 Gregg, *Are Dolphins Really Smart?*; Nicola S. Clayton, Timothy J. Bussey and Anthony Dickinson, 'Can Animals Recall the Past and Plan for the Future?', *Nature Reviews Neuroscience* 4:8(2003), 685~691; William A. Roberts, 'Are Animals Stuck in Time?', *Psychological Bulletin* 128:3(2002), 473~489; Endel Tulving, 'Episodic Memory and Autonoesis: Uniquely Human?', in *The Missing Link in Cognition: Evolution of Self-Knowing Consciousness*, ed. Herbert S. Terrace and Janet Metcalfe(Oxford: Oxford University Press), 3~56; Mariam Naqshbandi and William A. Roberts, 'Anticipation of Future Events in Squirrel Monkeys(*Saimiri sciureus*) and Rats(*Rattus norvegicus*): Tests of the Bischof-Kohler Hypothesis', *Journal of Comparative Psychology* 120:4(2006), 345~357.

16 I. B. A. Bartal, J. Decety and P. Mason, 'Empathy and Pro-Social Behavior in Rats', *Science* 334: 6061(2011), 1427~1430; Gregg, Are *Dolphins Really Smart?*, 89.

17 Christopher B. Ruff, Erik Trinkaus and Trenton W. Holliday, 'Body Mass and Encephalization in Pleistocene Homo', *Nature* 387:6629(1997), 173~176; Maciej Henneberg and Maryna Steyn, 'Trends in Cranial Capacity and Cranial Index in Subsaharan Africa During the Holocene', *American Journal of Human Biology* 5:4(1993), 473~479; Drew H. Bailey and David C. Geary, 'Hominid Brain Evolution: Testing Climatic, Ecological, and Social Competition Models', *Human Nature* 20:1(2009), 67~79; Daniel J. Wescott and Richard L. Jantz, 'Assessing Craniofacial Secular Change in American Blacks and Whites Using Geometric Morphometry', in *Modern Morphometrics in Physical Anthropology: Developments in Primatology: Progress and Prospects*, ed. Dennis E. Slice(New York: Plenum Publishers, 2005), 231~245.

18 Edward O. Wilson, *The Social Conquest of the Earth* (New York: Liveright, 2012) 도 보라.

19 Cyril Edwin Black (ed.), *The Transformation of Russian Society: Aspects of Social Change since 1861* (Cambridge, MA: Harvard University Press, 1970), 279.

20 NAEMI09, 'Nicolae Ceaușescu LAST SPEECH(english subtitles) part 1 of 2', 22 April 2010, accessed 21 December 2014, http://www.youtube.com/watch?v=wWIbCtz_Xwk.

21 Tom Gallagher, *Theft of a Nation: Romania since Communism* (London: Hurst, 2005).

22 Robin Dunbar, *Grooming, Gossip, and the Evolution of Language* (Cambridge, MA: Harvard University Press, 1998).

23 TVP University, 'Capuchin Monkeys Reject Unequal pay', 15 December 2012, accessed 21 December 2014, http://www.youtube.com/watch?v=lKhAd0Tyny0.

24 인용문의 출처: Christopher Duffy, *Military Experience in the Age of Reason* (London: Routledge, 2005), 98~99.

25 Serhii Ploghy, *The Last Empire: The Final Days of the Soviet Union* (London: Oneworld, 2014), 309.

4장 — 스토리텔러

1 Fekri A. Hassan, 'Holocene Lakes and Prehistoric Settlements of the Western Fayum, Egypt', *Journal of Archaeological Science* 13:5(1986), 393~504; Gunther Garbrecht, 'Water Storage(Lake Moeris) in the Fayum Depression, Legend or Reality?', *Irrigation and Drainage Systems* 1:3(1987), 143~157; Gunther Garbrecht, 'Historical Water Storage for Irrigation in the Fayum Depression(Egypt)', *Irrigation and Drainage Systems* 10:1(1996), 47~76.

2 Yehuda Bauer, *A History of the Holocaust* (Danbur: Franklin Watts, 2001), 249.

3 Jean C. Oi, *State and Peasant in Contemporary China: The Political Economy of Village Government* (Berkeley: University of California Press, 1989), 91; Jasper Becker, *Hungry Ghosts: China's Secret Famine* (London: John Murray, 1996); Frank Dikkoter, *Mao's Great Famine: The History of China's Most Devastating Catastrophe, 1958~1962* (London: Bloomsbury, 2010).

4 Martin Meredith, *The Fate of Africa: From the Hopes of Freedom to the Heart of Despair: A History of Fifty Years of Independence* (New York: Public Affairs, 2006); Sven Rydenfelt, 'Lessons from Socialist Tanzania', *The Freeman* 36:9(1986);

David Blair, 'Africa in a Nutshell', *Telegraph*, 10 May 2006, accessed 22 December 2014, http://blogs.telegraph.co.uk/news/davidblair/3631941/Africa_in_a_nutshell/.

5   Roland Anthony Oliver, *Africa since 1800*, 5th edn(Cambridge: Cambridge University Press, 2005), 100~123; David van Reybrouck, *Congo: The Epic History of a People*(New York: HarperCollins, 2014), 58~59.

6   Ben Wilbrink, 'Assessment in Historical Perspective', *Studies in Educational Evaluation* 23:1(1997), 31~48.

7   M. C. Lemon, *Philosophy of History*(London and New York: Routledge, 2003), 28~44; Siep Stuurman, 'Herodotus and Sima Qian: History and the Anthropological Turn in Ancient Greece and Han China', *Journal of World History* 19:1(2008), 1~40.

8   William Kelly Simpson, *The Literature of Ancient Egypt*(Yale: Yale University Press, 1973), 332~333.

5장 ― 뜻밖의 한 쌍

1   C. Scott Dixon, *Protestants: A History from Wittenberg to Pennsylvania, 1517-1740*(Chichester, UK: Wiley-Blackwell, 2010), 15; Peter W. Williams, *America's Religions: From Their Origins to the Twenty-First Century*(Urbana: University of Illinois Press, 2008), 82.

2   Glenn Hausfater and Sarah Blaffer (eds), *Infanticide: Comparative and Evolutionary Perspectives*(New York: Aldine, 1984), 449; Valeria Alia, *Names and Nunavut: Culture and Identity in the Inuit Homeland*(New York: Berghahn Books, 2007), 23; Lewis Petrinovich, *Human Evolution, Reproduction and Morality*(Cambridge, MA: MIT Press, 1998), 256; Richard A. Posner, *Sex and*

Reason(Cambridge, MA: Harvard University Press, 1992), 289.

3   Ronald K. Delph, 'Valla Grammaticus, Agostino Steuco, and the Donation of Constantine', *Journal of the History of Ideas* 57:1(1996), 55~77; Joseph M. Levine, 'Reginald Pecock and Lorenzo Valla on the Donation of Constantine', *Studies in the Renaissance* 20(1973), 118~143.

4   Gabriele Boccaccini, *Roots of Rabbinic Judaism*(Cambridge: Eerdmans, 2002); Shaye J. D. Cohen, *From the Maccabees to the Mishnah*, 2nd edn(Louisville: Westminster John Knox Press, 2006), 153~157; Lee M. McDonald and James A. Sanders (eds), *The Canon Debate*(Peabody: Hendrickson, 2002), 4.

5   Sam Harris, *The Moral Landscape: How Science Can Determine Human Values*(New York: Free Press, 2010).

6장 — 근대의 계약

1   Gerald S. Wilkinson, 'The Social Organization of the Common Vampire Bat II', *Behavioral Ecology and Sociobiology* 17:2(1985), 123~134; Gerald S. Wilkinson, 'Reciprocal Food Sharing in the Vampire Bat', *Nature* 308:5955 (1984), 181~184; Raul Flores Crespo et al., 'Foraging Behavior of the Common Vampire Bat Related to Moonlight', *Journal of Mammalogy* 53:2 (1972), 366~368.

2   Goh Chin Lian, 'Admin Service Pay: Pensions Removed, National Bonus to Replace GDP Bonus', *Straits Times*, 8 April 2013, retrieved 9 February 2016, http://www.straitstimes.com/singapore/admin-service-pay-pensions-removed-national-bonus-to-replace-gdp-bonus.

3   Edward Wong, 'In China, Breathing Becomes a Childhood Risk', *New York Times*, 22 April 2013, accessed 22 December 2014, http://www.

nytimes.com/2013/04/23/world/asia/pollution-is-radically-changing-childhood-in-chinas-cities.html?pagewanted=all&_r=0; Barbara Demick, 'China Entrepreneurs Cash in on Air Pollution', *Los Angeles Times*, 2 February 2013, accessed 22 December 2014, http://articles.latimes.com/2013/feb/02/world/la-fg-china-pollution-20130203.

4   IPCC, *Climate Change 2014: Mitigation of Climate Change—Summary for Policymakers*, ed. Ottmar Edenhofer et al.(Cambridge and New York: Cambridge University Press, 2014), 6.

5   UNEP, *The Emissions Gap Report 2012*(Nairobi: UNEP, 2012); IEA, *Energy Policies of IEA Countries: The United States*(Paris: IEA, 2008).

6   자세한 것에 대해서는 장하준의 《그들이 말하지 않는 23가지 23 Things They Don't Tell You About Capitalism》(New York: Bloomsbury Press, 2010)를 보라.

7장 ― 인본주의 혁명

1   Jean-Jacques Rousseau, *Émile, ou de l'éducation*(Paris, 1967), 348.

2   'Journalists Syndicate Says Charlie Hebdo Cartoons "Hurt Feelings", Washington Okays', *Egypt Independent*, 14 January 2015, accessed 12 August 2015, http://www.egyptindependent.com/news/journalists-syndicate-says-charlie-hebdo-cartoons-percentE2percent80percent98hurt-feelings-washington-okays.

3   Naomi Darom, 'Evolution on Steroids', *Haaretz*, 13 June 2014 .

4   Walter Horace Bruford, *The German Tradition of Self-Cultivation: 'Bildung' from Humboldt to Thomas Mann*(London and New York: Cambridge University Press, 1975), 24, 25.

5   'All-Time 100 TV Shows: Survivor', *Time*, 6 September 2007, retrieved 12

August 2015, http://time.com/3103831/survivor/.

6   Phil Klay, *Redeployment* (London: Canongate, 2015), 170.

7   Yuval Noah Harari, *The Ultimate Experience: Battlefield Revelations and the Making of Modern War Culture, 1450~2000* (Houndmills: Palgrave Macmillan, 2008); Yuval Noah Harari, 'Armchairs, Coffee and Authority: Eye-witnesses and Flesh-witnesses Speak about War, 1100~2000', *Journal of Military History* 74:1 (January 2010), 53~78.

8   'Angela Merkel Attacked over Crying Refugee Girl', BBC, 17 July 2015, accessed 12 August 2015, http://www.bbc.com/news/world-europe-33555619.

9   Laurence Housman, *War Letters of Fallen Englishmen* (Philadelphia: University of Pennsylvania State, 2002), 159.

10 Mark Bowden, *Black Hawk Down: The Story of Modern Warfare* (New York: New American Library, 2001), 301~302.

11 Adolf Hitler, *Mein Kampf*, trans. Ralph Manheim (Boston: Houghton Mifflin, 1943), 165.

12 Evan Osnos, *Age of Ambition: Chasing Fortune, Truth and Faith in the New China* (London: Vintage, 2014), 95.

13 Mark Harrison (ed), *The Economics of World War II: Six Great Powers in International Comparison* (Cambridge: Cambridge University Press, 1998), 3~10; John Ellis, *World War II: A Statistical Survey* (New York: Facts on File, 1993); I. C. B Dear (ed), *The Oxford Companion to the Second World War* (Oxford: Oxford University Press, 1995).

14 Donna Haraway, 'A Cyborg Manifesto: Science, Technology, and Socialist-Feminism in the Late Twentieth Century', in *Simians, Cyborgs and Women: The Reinvention of Nature*, ed. Donna Haraway (New York:

Routledge, 1991), 149~181.

8장 — 실험실의 시한폭탄

1   더 자세한 내용은 마이클 S. 가자니가의 책《뇌로부터의 자유*Who's in Charge?: Free Will and the Science of the Brain*》(New York: Ecco, 2011)를 참조하라.

2   Chun Siong Soon et al., 'Unconscious Determinants of Free Decisions in the Human Brain', *Nature Neuroscience* 11:5(2008), 543~545. 다음 자료들도 보라. Daniel Wegner, *The Illusion of Conscious Will*(Cambridge, MA: MIT Press, 2002); Benjamin Libet, 'Unconscious Cerebral Initiative and the Role of Conscious Will in Voluntary Action', *Behavioral and Brain Sciences* 8(1985), 529~566.

3   Sanjiv K. Talwar et al., 'Rat Navigation Guided by Remote Control', *Nature* 417:6884(2002), 37~38; Ben Harder, 'Scientists "Drive" Rats by Remote Control', *National Geographic*, 1 May 2012, accessed 22 December 2014, http://news.nationalgeographic.com/news/2002/05/0501_020501_roborats.html; Tom Clarke, 'Here Come the Ratbots: Desire Drives Remote-Controlled Rodents', *Nature*, 2 May 2002, accessed 22 December 2014, http://www.nature.com/news/1998/020429/full/news020429-9.html; Duncan Graham-Rowe, '"Robo-rat" Controlled by Brain Electrodes', *New Scientist*, 1 May 2002, accessed 22 December 2014, http://www.newscientist.com/article/dn2237-roborat-controlled-by-brain-electrodes.html#.UwOPiNrNtkQ.

4   http://fusion.net/story/204316/darpa-is-implanting-chips-in-soldiers-brains/; http://www.theverge.com/2014/5/28/5758018/darpa-teams-begin-work-on-tiny-brain-implant-to-treat-ptsd.

5   Smadar Reisfeld, 'Outside of the Cuckoo's Nest', *Haaretz*, 6 March 2015.

6   Dan Hurley, 'US Military Leads Quest for Futuristic Ways to Boost IQ', *Newsweek*, 5 March 2014, http://www.newsweek.com/2014/03/14/us-military-leads-quest-futuristic-ways-boost-iq-247945.html, accessed 9 January 2015; Human Effectiveness Directorate, http://www.wpafb.af.mil/afrl/rh/index.asp; R. Andy McKinley et al., 'Acceleration of Image Analyst Training with Transcranial Direct Current Stimulation', *Behavioral Neuroscience* 127:6(2013): 936~946; Jeremy T. Nelson et al., 'Enhancing Vigilance in Operators with Prefrontal Cortex Transcranial Direct Current Stimulation(TDCS)', *NeuroImage* 85(2014): 909~917; Melissa Scheldrup et al., 'Transcranial Direct Current Stimulation Facilitates Cognitive Multi-Task Performance Differentially Depending on Anode Location and Subtask', *Frontiers in Human Neuroscience* 8(2014); Oliver Burkeman, 'Can I Increase my Brain Power?', *Guardian*, 4 January 2014, http://www.theguardian.com/science/2014/jan/04/can-i-increase-my-brain-power, accessed 9 January 2016; Heather Kelly, 'Wearable Tech to Hack Your Brain', CNN, 23 October 2014, http://www.cnn.com/2014/10/22/tech/innovation/brain-stimulation-tech/, accessed 9 January 2016.

7   Sally Adee, 'Zap Your Brain into the Zone: Fast Track to Pure Focus', *New Scientist*, 6 February 2012, accessed 22 December 2014, http://www.newscientist.com/article/mg21328501.600-zap-your-brain-into-the-zone-fast-track-to-pure-focus.html. 다음 자료도 보라: R. Douglas Fields, 'Amping Up Brain Function: Transcranial Stimulation Shows Promise in Speeding Up Learning', *Scientific American*, 25 November 2011, accessed 22 December 2014, http://www.scientificamerican.com/article/amping-up-brain-function.

8   Sally Adee, 'How Electrical Brain Stimulation Can Change the Way We Think', *The Week*, 30 March 2012, accessed 22 December 2014, http://theweek.com/article/index/226196/how-electrical-brain-stimulation-can-change-the-way-we-think/2.

9   E. Bianconi et al., 'An Estimation of the Number of Cells in the Human Body,' *Annals of Human Biology* 40:6(2013): 463~471.

10 Oliver Sacks, *The Man Who Mistook His Wife for a Hat* (London: Picador, 1985), 73~75.

11 Joseph E. LeDoux, Donald H. Wilson, Michael S. Gazzaniga, 'A Divided Mind: Observations on the Conscious Properties of the Separated Hemispheres', *Annals of Neurology* 2:5(1977), 417~421. 다음 자료들도 보라: D. Galin, 'Implications for Psychiatry of Left and Right Cerebral Specialization: A Neurophysiological Context for Unconscious Processes', *Archives of General Psychiatry*, 31:4(1974), 572~583; R. W. Sperry, M. S. Gazzaniga and J. E. Bogen, 'Interhemispheric Relationships: The Neocortical Commisures: Syndromes of Hemisphere Disconnection', in *Handbook of Clinical Neurology*, ed. P. J. Vinken and G. W. Bruyn (Amsterdam: North Holland Publishing Co., 1969), vol. 4.

12 Michael S. Gazzaniga, *The Bisected Brain* (New York: Appleton-Century-Crofts, 1970); Gazzaniga, *Who's in Charge?*; Carl Senior, Tamara Russell, and Michael S. Gazzaniga, *Methods in Mind* (Cambridge, MA: MIT Press, 2006); David Wolman, 'The Split Brain: A Tale of Two Halves', *Nature* 483(14 March 2012): 260~263.

13 Galin, 'Implications for Psychiatry of Left and Right Cerebral Specialization', 573~574.

14 Sally P. Springer and Georg Deutsch, *Left Brain, Right Brain*, 3rd edn(New

York: W. H. Freeman, 1989), 32~36.

15 Kahneman, *Thinking, Fast and Slow*, 377~410. 가자니가의 책《뇌로부터의 자유》3장도 보라.

16 Eran Chajut et al., 'In Pain Thou Shalt Bring Forth Children: The Peak-and-End Rule in Recall of Labor Pain', *Psychological Science* 25:12(2014), 2266~2271.

17 Ulla Waldenström, 'Women's Memory of Childbirth at Two Months and One Year after the Birth', *Birth* 30:4(2003), 248~254; Ulla Waldenström, 'Why Do Some Women Change Their Opinion about Childbirth over Time?', *Birth* 31:2(2004), 102~107.

18 Gazzaniga, *Who's in Charge?*, ch. 3.

19 Jorge Luis Borges, *Collected Fictions*, Andrew Hurley의 번역(New York: Penguin Books, 1999), 308~309. 스페인어판: Jorge Luis Borges, 'Un problema', in *Obras completas*, vol. 3(Buenos Aires: Emece Editores, 1968~1969), 29~30.

20 Mark Thompson, *The White War: Life and Death on the Italian Front, 1915~1919*(New York: Basic Books, 2009).

9장 ― 중대한 분리

1 F. M. Anderson (ed), *The Constitutions and Other Select Documents Illustrative of the History of France: 1789~1907*, 2nd edn(Minneapolis: H. W. Wilson, 1908), 184~185; Alan Forrest, 'L'armée de l'an II: la levée en masse et la création d'un mythe républicain', *Annales historiques de la Révolution française* 335(2004), 111~130.

2 Morris Edmund Spears (ed), *World War Issues and Ideals: Readings in*

Contemporary History and Literature(Boston and New York: Ginn and Company, 1918), 242. 찬성론자와 반대론자 양측이 널리 인용하는 최근의 가장 중요한 연구로서, 민주주의 국가의 병사들이 더 잘 싸운다는 사실을 증명하려고 시도한 다음 연구를 참조하라: Dan Reiter and Allan C. Stam, *Democracies at War*(Princeton: Princeton University Press, 2002).

3   Doris Stevens, *Jailed for Freedom*(New York: Boni and Liveright, 1920), 290. 다음 자료들도 보라. Susan R. Grayzel, *Women and the First World War* (Harlow: Longman, 2002), 101~106; Christine Bolt, *The Women's Movements in the United States and Britain from the 1790s to the 1920s*(Amherst: University of Massachusetts Press, 1993), 236~276; Birgitta Bader-Zaar, 'Women's Suffrage and War: World War I and Political Reform in a Comparative Perspective', in *Suffrage, Gender and Citizenship: International Perspectives on Parliamentary Reforms*, ed. Irma Sulkunen, Seija-Leena Nevala-Nurmi and Pirjo Markkola(Newcastle upon Tyne: Cambridge Scholars Publishing, 2009), 193~218.

4   Matt Richtel and Conor Dougherty, 'Google's Driverless Cars Run Into Problem: Cars With Drivers', *New York Times*, 1 September 2015, accessed 2 September 2015, http://www.nytimes.com/2015/09/02/technology/personaltech/google-says-its-not-the-driverless-cars-fault-its-other-drivers.html?_r=1; Shawn DuBravac, *Digital Destiny: How the New Age of Data Will Transform the Way We Work, Live and Communicate*(Washington DC: Regnery Publishing, 2015), 127~156.

5   Bradley Hope, 'Lawsuit Against Exchanges Over "Unfair Advantage" for High-Frequency Traders Dismissed', *Wall Street Journal*, 29 April 2015, accessed 6 October 2015, http://www.wsj.com/articles/lawsuit-against-exchanges-over-unfair-advantage-for-high-frequency-

traders-dismissed-1430326045; David Levine, 'High-Frequency Trading Machines Favored Over Humans by CME Group, Lawsuit Claims', *Huffington Post*, 26 June 2012, accessed 6 October 2015, http://www.huffingtonpost.com/2012/06/26/high-frequency-trading-lawsuit_n_1625648.html; Lu Wang, Whitney Kisling and Eric Lam, 'Fake Post Erasing $136 Billion Shows Markets Need Humans', Bloomberg, 23 April 2013, accessed 22 December 2014, http://www.bloomberg.com/news/2013-04-23/fake-report-erasing-136-billion-shows-market-s-fragility.html; Matthew Philips, 'How the Robots Lost: High-Frequency Trading's Rise and Fall', *Bloomberg Businessweek*, 6 June 2013, accessed 22 December 2014, http://www.businessweek.com/printer/articles/123468-how-the-robots-lost-high-frequency-tradings-rise-and-fall; Steiner, *Automate This*, 2~5, 11~52; Luke Dormehl, *The Formula: How Algorithms Solve All Our Problems — And Create More* (London: Penguin, 2014), 223.

6   Jordan Weissmann, 'iLawyer: What Happens when Computers Replace Attorneys?', *Atlantic*, 19 June 2012, accessed 22 December 2014, http://www.theatlantic.com/business/archive/2012/06/ilawyer-what-happens-when-computers-replace-attorneys/258688; John Markoff, 'Armies of Expensive Lawyers, Replaced by Cheaper Software', *New York Times*, 4 March 2011, accessed 22 December 2014, http://www.nytimes.com/2011/03/05/science/05legal.html?pagewanted=all&_r=0; Adi Narayan, 'The fMRI Brain Scan: A Better Lie Detector?', *Time*, 20 July 2009, accessed 22 December 2014, http://content.time.com/time/health/article/0,8599,1911546-2,00.html; Elena Rusconi and Timothy Mitchener-Nissen, 'Prospects of Functional Magnetic Resonance Imaging as Lie Detector', *Frontiers in Human Neuroscience* 7:54 (2013); Steiner, *Automate This*,

217; Dormehl, *The Formula*, 229.

7   B. P. Woolf, *Building Intelligent Interactive Tutors: Student-centered Strategies for Revolutionizing E-learning*(Burlington: Morgan Kaufmann, 2010); Annie Murphy Paul, 'The Machines are Taking Over', *New York Times*, 14 September 2012, accessed 22 December 2014, http://www.nytimes.com/2012/09/16/magazine/how-computerized-tutors-are-learning-to-teach-humans.html?_r=0; P. J. Munoz-Merino, C. D. Kloos and M. Munoz-Organero, 'Enhancement of Student Learning Through the Use of a Hinting Computer e-Learning System and Comparison With Human Teachers', *IEEE Transactions on Education* 54:1(2011), 164~167; *Mindojo*, accessed 14 July 2015, http://mindojo.com/.

8   Steiner, *Automate This*, 146~162; Ian Steadman, 'IBM's Watson Is Better at Diagnosing Cancer than Human Doctors', *Wired*, 11 February 2013, accessed 22 December 2014, http://www.wired.co.uk/news/archive/2013-02/11/ibm-watson-medical-doctor; 'Watson Is Helping Doctors Fight Cancer', IBM, accessed 22 December 2014, http://www-03.ibm.com/innovation/us/watson/watson_in_healthcare.shtml; Vinod Khosla, 'Technology Will Replace 80 per cent of What Doctors Do', *Fortune*, 4 December 2012, accessed 22 December 2014, http://tech.fortune.cnn.com/2012/12/04/technology-doctors-khosla; Ezra Klein, 'How Robots Will Replace Doctors', *Washington Post*, 10 January 2011, accessed 22 December 2014, http://www.washingtonpost.com/blogs/wonkblog/post/how-robots-will-replace-doctors/2011/08/25/gIQASA17AL_blog.html.

9   Tzezana, *The Guide to the Future*, 62~64.

10 Steiner, *Automate This*, 155.

11 http://www.mattersight.com.

12 Steiner, *Automate This*, 178~182; Dormehl, *The Formula*, 21~24; Shana Lebowitz, 'Every Time You Dial into These Call Centers, Your Personality Is Being Silently Assessed', *Business Insider*, 3 September 2015, retrieved 31 January 2016, http://www.businessinsider.com/how-mattersight-uses-personality-science-2015-9.

13 Rebecca Morelle, 'Google Machine Learns to Master Video Games', BBC, 25 February 2015, accessed 12 August 2015, http://www.bbc.com/news/science-environment-31623427; Elizabeth Lopatto, 'Google's AI Can Learn to Play Video Games', *The Verge*, 25 February 2015, accessed 12 August 2015, http://www.theverge.com/2015/2/25/8108399/google-ai-deepmind-video-games; Volodymyr Mnih et al., 'Human-Level Control through Deep Reinforcement Learning', *Nature*, 26 February 2015, accessed 12 August 2015, http://www.nature.com/nature/journal/v518/n7540/full/nature14236.html

14 Michael Lewis, *Moneyball: The Art of Winning An Unfair Game* (New York: W. W. Norton, 2003). 베넷 밀러가 감독하고 브래드 피트가 빌리 빈 역을 맡은 2011년 영화 〈머니볼Moneyball〉도 보라.

15 Frank Levy and Richard Murnane, *The New Division of Labor: How Computers are Creating the Next Job Market* (Princeton: Princeton University Press, 2004); Dormehl, *The Formula*, 225~226.

16 Tom Simonite, 'When Your Boss is an Uber Algoritm', *MIT Technology Review*, 1 December 2015, retrieved 4 February 2016, https://www.technologyreview.com/s/543946/when-your-boss-is-an-uber-algorithm/.

17 Simon Sharwood, 'Software "Appointed to Board" of Venture Capital

Firm', *The Register*, 18 May 2014, accessed 12 August2015, http://www.theregister.co.uk/2014/05/18/software_appointed_to_board_of_venture_capital_firm/; John Bates, 'I'm the Chairman of the Board', *HuffingtonPost*, 6 April 2014, accessed 12 August 2015, http://www.huffingtonpost.com/john-bates/im-the-chairman-of-the-bo_b_5440591.html; Colm Gorey, 'I'm Afraid I Can't Invest in That, Dave: AI Appointed to VC Funding Board', *Silicon Republic*, 15 May 2014, accessed 12 August 2015, https://www.siliconrepublic.com/discovery/2014/05/15/im-afraid-i-cant-invest-in-that-dave-ai-appointed-to-vc-funding-board

18 Steiner, *Automate This*, 89~101; D. H. Cope, *Comes the Fiery Night: 2,000 Haiku by Man and Machine*(Santa Cruz: Create Space, 2011). 다음 자료들도 보라: Dormehl, *The Formula*, 174~180, 195~198, 200~202, 216~220; Steiner, *Automate This*, 75~89.

19 Carl Benedikt Frey and Michael A. Osborne, 'The Future of Employment: How Susceptible Are Jobs to Computerisation?', 17 September 2013, accessed 12 August 2015, http://www.oxfordmartin.ox.ac.uk/downloads/academic/The_Future_of_Employment.pdf.

20 E. Brynjolfsson and A. McAffee, *Race Against the Machine: How the Digital Revolution is Accelerating Innovation, Driving Productivity, and Irreversibly Transforming Employment and the Economy*(Lexington: Digital Frontier Press, 2011).

21 Nick Bostrom, *Superintelligence: Paths, Dangers, Strategies*(Oxford: Oxford University Press, 2014).

22 Ido Efrati, 'Researchers Conducted a Successful Experiment with an "Artificial Pancreas" Connected to an iPhone'[in Hebrew], *Haaretz*, 17 June 2014, accessed 23 December 2014, http://www.haaretz.co.il/

news/health/1.2350956. Moshe Phillip et al., 'Nocturnal. Glucose Control with an Artificial Pancreas at a Diabetes Camp', *New England Journal of Medicine* 368:9(2013), 824~833; 'Artificial Pancreas Controlled by iPhone Shows Promise in Diabetes Trial', *Today*, 17 June 2014, accessed 22 December 2014, http://www.todayonline.com/world/artificial-pancreas-controlled-iphone-shows-promise-diabetes-trial?singlepage=true.

23 Dormehl, *The Formula*, 7~16.

24 Martha Mendoza, 'Google Develops Contact Lens Glucose Monitor', Yahoo News, 17 January 2014, accessed 12 August 2015, http://news.yahoo.com/google-develops-contact-lens-glucose-monitor-000147894.html; Mark Scott, 'Novartis Joins with Google to Develop Contact Lens That Monitors Blood Sugar', *New York Times*, 15 July 2014, accessed 12 August 2015, http://www.]nytimes.com/2014/07/16/business/international/novartis-joins-with-google-to-develop-contact-lens-to-monitor-blood-sugar.html?_r=0; Rachel Barclay, 'Google Scientists Create Contact Lens to Measure Blood Sugar Level in Tears', Healthline, 23 January 2014, accessed 12 August 2015, http://www.healthline.com/health-news/diabetes-google-develops-glucose-monitoring-contact-lens-012314.

25 'Quantified Self', http://quantifiedself.com/; Dormehl, *The Formula*, 11~16.

26 Dormehl, *The Formula*, 91~95; Bedpost, http://bedposted.com.

27 Dormehl, *The Formula*, 53~59.

28 Angelina Jolie, 'My Medical Choice', *New York Times*, 14 May 2013, accessed 22 December 2014, http://www.nytimes.com/2013/05/14/opinion/my-medical-choice.html.

29 'Google Flu Trends', http://www.google.org/flutrends/about/how.

html; Jeremy Ginsberg et al., 'Detecting Influenza Epidemics Using Search Engine Query Data', *Nature*, 457:7232(2008), 1012~1014; Declan Butler, 'When Google Got Flu Wrong', *Nature*, 13 February 2013, accessed 22 December 2014, http://www.nature.com/news/when-google-got-flu-wrong-1.12413; Miguel Helft, 'Google Uses Searches to Track Flu's Spread', *New York Times*, 11 November 2008, accessed 22 December 2014, http://msl1.mit.edu/furdlog/docs/nytimes/2008-11-11_nytimes_google_influenza.pdf; Samanth Cook et al., 'Assessing Google Flu Trends Performance in the United States during the 2009 Influenza Virus A (H1N1) Pandemic', *PLOS ONE*, 19 August 2011, accessed 22 December 2014, http://www.plosone.org/article/info%3Adoi%2F10.1371%2Fjournal.pone.0023610; Jeffrey Shaman et al., 'Real-Time Influenza Forecasts during the 2012-2013 Season', *Nature*, 23 April 2013, accessed 24 December 2014, http://www.nature.com/ncomms/2013/131203/ncomms3837/full/ncomms3837.html.

30 Alistair Barr, 'Google's New Moonshot Project: The Human Body', *Wall Street Journal*, 24 July 2014, accessed 22 December 2014, http://www.wsj.com/articles/google-to-collect-data-to-define-healthy-human-1406246214; Nick Summers, 'Google Announces Google Fit Platform Preview for Developers', Next Web, 25 June 2014, accessed 22 December 2014, http://thenextweb.com/insider/2014/06/25/google-launches-google-fit-platform-preview-developers/.

31 Dormehl, *The Formula*, 72~80.

32 Wu Youyou, Michal Kosinski and David Stillwell, 'Computer-Based Personality Judgements Are More Accurate Than Those Made by Humans', *PNAS* 112:4(2015), 1036~1040.

33 신탁, 대리인, 주권자에 대해서는 다음 책을 보라: Bostrom, *Superintelligence*.

34 https://www.waze.com/.

35 Dormehl, *The Formula*, 206.

36 World Bank, *World Development Indicators 2012*(Washington DC: World Bank, 2012), 72, http://data.worldbank.org/sites/default/files/wdi-2012-ebook.pdf.

37 Larry Elliott, 'Richest 62 People as Wealthy as Half of World's Population, Says Oxfam', *Guardian*, 18 January 2016, retrieved 9 February 2016, http://www.theguardian.com/business/2016/jan/18/richest-62-billionaires-wealthy-half-world-population-combined; Tami Luhby, 'The 62 Richest People Have As Much Wealth As Half the World', *CNN Money*, 18 January 2016, retrieved 9 February 2016, http://money.cnn.com/2016/01/17/news/economy/oxfam-wealth/.

10장 ― 의식의 바다

1 Joseph Henrich, Steven J. Heine and Ara Norenzayan, 'The Weirdest People in the World', *Behavioral and Brain Sciences* 33(2010), 61~135.

2 Benny Shanon, *Antipodes of the Mind: Charting the Phenomenology of the Ayahuasca Experience*(Oxford: Oxford University Press, 2002).

3 Thomas Nagel, 'What Is It Like to Be a Bat?', *Philosophical Review* 83:4 (1974), 435~450.

4 Michael J. Noad et al., 'Cultural Revolution in Whale Songs', *Nature* 408:6812(2000), 537; Nina Eriksen et al., 'Cultural Change in the Songs of Humpback Whales(*Megaptera novaeangliae*) from Tonga', *Behavior* 142:3(2005), 305~328; E. C. M. Parsons, A. J. Wright and M. A. Gore, 'The

Nature of Humpback Whale(*Megaptera novaeangliae*) Song', *Journal of Marine Animals and Their Ecology* 1:1 (2008), 22~31.

5   C. Bushdid et al., 'Human can Discriminate More than 1 Trillion Olfactory Stimuli', *Science* 343:6177(2014),1370~1372; Peter A. Brennan and Frank Zufall, 'Pheromonal Communication in Vertebrates', *Nature* 444:7117(2006), 308~315; Jianzhi Zhang and David M. Webb, 'Evolutionary Deterioration of the Vomeronasal Pheromone Transduction Pathway in Catarrhine Primates', *Proceedings of the National Academy of Sciences* 100:14(2003), 8337~8841; Bettina Beer, 'Smell, Person, Space and Memory', *Experiencing New Worlds*, ed. Jurg Wassmann and Katharina Stockhaus(New York: Berghahn Books, 2007), 187~200; Niclas Burenhult and Majid Asifa, 'Olfaction in Aslian Ideology and Language', *Sense and Society* 6:1(2011), 19~29; Constance Classen, David Howes and Anthony Synnott, *Aroma: The Cultural History of Smell*(London: Routledge, 1994); Amy Pei-jung Lee, 'Reduplication and Odor in Four Formosan Languages', *Language and Linguistics* 11:1(2010): 99~126; Walter E. A. van Beek, 'The Dirty Smith: Smell as a Social Frontier among the Kapsiki/ Higi of North Cameroon and North-Eastern Nigeria', *Africa* 62:1(1992), 38~58; Ewelina Wnuk and Asifa Majid, 'Revisiting the Limits of Language: The Odor Lexicon of Maniq', *Cognition* 131(2014), 125~138. 몇몇 학자들은 인간의 후각 능력 쇠퇴가 훨씬 더 오래된 진화 과정들과 관련이 있다고 주장한다. 다음 자료들을 보라: Yoav Gilad et al., 'Human Specific Loss of Olfactory Receptor Genes', *Proceedings of the National Academy of Sciences* 100:6(2003), 3324~3327; Atushi Matsui, Yasuhiro Go and Yoshihito Niimura, 'Degeneration of Olfactory Receptor Gene Repertories in Primates: No Direct Link to Full Trichromatic Vision', *Molecular Biology and*

Evolution 27:5(2010), 1192~1200.

6   Matthew Crawford, *The World Beyond Your Head: How to Flourish in an Age of Distraction*(London: Viking, 2015).

7   Turnbull and Solms, *The Brain and the Inner World*, 136~159; Kelly Bulkeley, *Visions of the Night: Dreams, Religion and Psychology*(New York: State University of New York Press, 1999); Andreas Mavremantis, *Hypnogogia: The Unique State of Consciousness Between Wakefulness and Sleep*(London: Routledge, 1987); Brigitte Holzinger, Stephen LaBerge and Lynn Levitan, 'Psychophysiological Correlates of Lucid Dreaming', *American Psychological Association* 16:2(2006): 88~95; Watanabe Tsuneo, 'Lucid Dreaming: Its Experimental Proof and Psychological Conditions', *Journal of International Society of Life Information Science* 21:1(2003): 159~162; Victor I. Spoormaker and Jan van den Bout, 'Lucid Dreaming Treatment for Nightmares: A Pilot Study', *Psychotherapy and Psychosomatics* 75:6(2006): 389~394.

11장 ― 데이터교

1   예를 들어 다음 문헌들을 보라. Kevin Kelly, *What Technology Wants*(New York: Viking Press, 2010); César Hidalgo, *Why Information Grows: The Evolution of Order, From Atoms to Economies*(New York: Basic Books, 2015); Howard Bloom, *Global Brain: The Evolution of Mass Mind from the Big Bang to the 21st Century*(Hoboken: Wiley, 2001); DuBravac, *Digital Destiny*.

2   Friedrich Hayek, 'The Use of Knowledge in Society,' *American Economic Review* 35:4(1945): 519~530.

3   Kiyohiko G. Nishimura, *Imperfect Competition Differential Information and the Macro-foundations of Macro-economy*(Oxford: Oxford University Press,

1992); Frank M. Machovec, *Perfect Competition and the Transformation of Economics* (London: Routledge, 2002); Frank V. Mastrianna, *Basic Economics*, 16th edn (Mason: South-Western, 2010), 78~89; Zhiwu Chen, 'Freedom of Information and the Economic Future of Hong Kong', *HKCER Letters* 74 (2003), http://www.hkrec.hku.hk/Letters/v74/zchen.htm; Randall Morck, Bernard Yeung and Wayne Yu, 'The Information Content of Stock Markets: Why Do Emerging Markets Have Synchronous Stock Price Movements?', *Journal of Financial Economics* 58:1 (2000), 215~260; Louis H. Ederington and Jae Ha Lee, 'How Markets Process Information: News Releases and Volatility', *Journal of Finance* 48:4 (1993), 1161~1191; Mark L. Mitchell and J. Harold Mulherin, 'The Impact of Public Information on the Stock Market', *Journal of Finance* 49:3 (1994): 923~950; Jean-Jacques Laffont and Eric S. Maskin, 'The Efficient Market Hypothesis and Insider Trading on the Stock Market', *Journal of Political Economy* 98:1 (1990), 70~93; Steven R. Salbu, 'Differentiated Perspectives on Insider Trading: The Effect of Paradigm Selection on Policy', *St John's Law Review* 66:2 (1992), 373~405.

4   Valery N. Soyfer, 'New Light on the Lysenko Era', *Nature* 339:6224 (1989), 415~420; Nils Roll-Hansen, 'Wishful Science: The Persistence of T. D. Lysenko's Agrobiology in the Politics of Science', *Osiris* 23:1 (2008), 166~188.

5   William H. McNeill and J. R. McNeill, *The Human Web: A Bird's-Eye View of World History* (New York: W. W. Norton, 2003).

6   Aaron Swartz, 'Guerilla Open Access Manifesto', July 2008, accessed 22 December 2014, https://ia700808.us.archive.org/17/items/GuerillaOpenAccessManifesto/Goamjuly2008.pdf; Sam Gustin, 'Aaron

Swartz, Tech Prodigy and Internet Activist, Is Dead at 26', *Time*, 13 January 2013, accessed 22 December 2014, http://business.time.com/2013/01/13/tech-prodigy-and-internet-activist-aaron-swartz-commits-suicide; Todd Leopold, 'How Aaron Swartz Helped Build the Internet', CNN, 15 January 2013, 22 December 2014, http://edition.cnn.com/2013/01/15/tech/web/aaron-swartz-internet/; Declan McCullagh, 'Swartz Didn't Face Prison until Feds Took Over Case, Report Says', CNET, 25 January 2013, accessed 22 December 2014, http://news.cnet.com/8301-13578_3-57565927-38/swartz-didnt-face-prison-until-feds-took-over-case-report-says/.

7   John Sousanis, 'World Vehicle Population Tops 1 Billion Units', *Wardsauto*, 15 August 2011, accessed 3 December 2015, http://wardsauto.com/news-analysis/world-vehicle-population-tops-1-billion-units.

8   'No More Woof', https://www.indiegogo.com/projects/no-more-woof.

도판 출처

13쪽. Computer artwork ⓒ KTSDESIGN/Science Photo Library.

21쪽. *The Triumph of Death*, c.1562, Bruegel, Pieter the Elder ⓒ The Art Archive/Alamy Stock Photo.

22쪽. ⓒ NIAID/CDC/Science Photo Library.

35쪽. Moscow, 1968 ⓒ Sovfoto/UIG via Getty Images.

41쪽. 'Death and dying' from 14th-century French manuscript: *Pilgrimage of the Human Life*, Bodleian Library, Oxford ⓒ Art Media/Print Collector/ Getty Images.

94쪽. ⓒ CHICUREL Arnaud/Getty Images.

95쪽. ⓒ American Spirit/Shutterstock.com.

96쪽. ⓒ Imagebank/Chris Brunskill/Getty Images/Bridgeman Images.

97쪽. ⓒ H. Armstrong Roberts/ClassicStock/Getty Images.

103쪽. ⓒ De Agostini Picture Library/G. Nimatallah/Bridgeman Images.

107쪽. Illustration: pie chart of global biomass of large animals.

113쪽. Detail from Michelangelo Buonarroti (1475-1564), the Sistine Chapel, Vatican City ⓒ LessingImages.

120쪽. ⓒ Balint Porneczi/Bloomberg via Getty Images.

127쪽. 좌: ⓒ Bergserg/Shutterstock.com. 우: ⓒ s_bukley/Shutterstock.com.

164쪽. ⓒ Karl Mondon/ZUMA Press/Corbis.

177쪽. Adapted from Weiss, J.M., Cierpial, M.A. & West, C.H., 'Selective breeding of rats for high and low motor activity in a swim test: toward a new animal model of depression', *Pharmacology, Biochemistry and Behavior* 61:49-66 (1998).

184쪽. ⓒ 2004 TopFoto.

192쪽. Film still taken from www.youtube.com/watch?v=wWIbCtz_Xwk ⓒ TVR.

206쪽. ⓒ NOVOSTI/AFP/Getty Images.

215쪽. Rudy Burckhardt, photographer. Jackson Pollock and Lee Krasner papers, c.1905-1984. Archives of American Art, Smithsonian Institution. ⓒ The Pollock?Krasner Foundation ARS, NY and DACS, London, 2016.

223쪽. 좌: ⓒ Richard Nowitz/Getty Images. 우: ⓒ Archive Photos/Stringer/Getty Images.

230쪽. 좌: Courtesy of the Sousa Mendes Foundation. 우: Courtesy of the Sousa Mendes Foundation.

235쪽. ⓒ Antiqua Print Gallery/Alamy Stock Photo.

260쪽. Woodcut from 'Passional Christi und Antichristi' by Philipp Melanchthon, published in 1521, Cranach, Lucas (1472-1553) (studio of) ⓒ Private Collection/Bridgeman Images.

299쪽. Source: Emission Database for Global Atmospheric Research (EDGAR), European Commission.

316쪽. ⓒ Bibliotheque nationale de France, RC-A-02764, Grandes Chroniques de France de Charles V, folio 12v.

318쪽. Manuscript: *Registrum Gregorii*, c.983 ⓒ Archiv Gerstenberg/ullstein bild via Getty Images.

324쪽. 상: ⓒ Sadik Gulec/Shutterstock.com. 하: ⓒ CAMERIQUE/ClassicStock/Corbis.

325쪽. 상: ⓒ Jeff J Mitchell/Getty Images. 하·좌: ⓒ Molly Landreth/Getty Images. 하·우: *The Thinker*, 188-81 (bronze), Rodin, Auguste, Burrell Collection, Glasgow ⓒ Culture and Sport Glasgow (Museums)/Bridgeman Images.

337쪽. ⓒ DeAgostini Picture Library/Scala, Florence.

338쪽. ⓒ Bpk/Bayerische Staatsgemaldesammlungen.

341쪽 상: Staatliche Kunstsammlungen, Neue Meister, Dresden, Germany ⓒ Lessing Images. 하: Tom Lea, *That 2,000 Yard Stare*, 1944. Oil on canvas, 36"x28". LIFE Collection of Art WWII, U.S. Army Center of Military History, Ft. Belvoir, Virginia. ⓒ Courtesy of the Tom Lea Institute, El Paso, Texas.

366쪽. ⓒ Bettmann/Corbis.

383쪽. ⓒ VLADGRIN/Shutterstock.com.

409쪽. *Virgin and Child*, Sassoferrato, Il (Giovanni Battista Salvi) (1609-85), Musee Bonnat, Bayonne, France ⓒ Bridgeman Images.

414쪽. ⓒ Bettmann/Corbis.

416쪽. ⓒ Jeremy Sutton-Hibbert/Getty Images.

425쪽. 좌: ⓒ Fototeca Gilardi/Getty Images. 우: ⓒ alxpin/Getty Images.

432쪽. ⓒ Sony Pictures Television.

439쪽. ⓒ STAN HONDA/AFP/Getty Images.

485쪽. 'EM spectrum'. Licensed under CC BY-SA 3.0 via Commons, https://commons.wikimedia.org/wiki/File:EM_spectrum.svg#/media/File:EM_spectrum.svg.

490쪽. ⓒ Cornell Bioacoustics Research Program at the Lab of Ornithology.

491쪽. Illustration: the spectrum of conciousness.

508쪽. ⓒ ITAR-TASS Photo Agency/Alamy Stock Photo.

509쪽. ⓒ Jonathan Kirn/Getty Images.

찾아보기

〈공산당 선언〉 310
〈뉴 사이언티스트〉 404
〈뉴욕타임스〉 430, 463, 483, 514
〈레위기〉 276, 277, 279
〈마태복음〉 530
〈민수기〉 140
〈사무엘상〉 140
〈신명기〉 84, 140, 277
〈욥기〉 335
〈이사야서〉 335
〈창세기〉 121, 122, 143, 144, 149
〈프랑스 인권선언〉 429

15M 운동 378
21세기 23, 24, 27, 39, 46~48, 54, 56, 63, 67, 76, 82, 94, 95, 108, 110, 126, 130, 154, 162, 177, 179, 221, 223, 226, 258, 274, 283, 307, 336, 364, 377~380, 386, 389, 390, 394, 428, 431, 434, 441, 443, 453, 459, 462, 475, 480, 485, 487, 491, 519, 522, 523, 525, 528, 540, 542, 545, 547, 551
3D 프린터 435
ADHD 72, 507
CIA 97, 232, 411
GDH 63
GDP 60, 62, 63, 65, 296, 372
IBM 439, 440, 446, 459
LSD 73
WEIRD 492~494, 499, 500

'구글 기준선 연구' 467
'교황무류성' 383
'다른 마음의 문제' 180, 189
'도미노 이론' 375
'버클리 인민공화국' 373
'세 부모 배아'법 92
'월스트리트를 점령하라' 운동 378
'최대 다수의 최대 행복' 60
'태평천국의 난' 383
《구약성경》 120

《나의 투쟁》 362
《논어》 381, 382
《블랙 호크 다운》 347, 361
《사피엔스》 14
《율리시스》 340, 341
《자본론》 96, 387
《종의 기원》 383, 426, 511
《탈무드》 144
《특이점이 온다》 530
《호모 데우스》 14

ㄱ

가디마이 여신 142
가리 카스파로프 446, 447
가상세계 80, 179, 304, 454, 455
가상세계 설계사 454, 455
가축 84, 114, 115, 123~125, 127, 139, 146, 237, 329, 358
가톨릭 동맹군 344, 345
가톨릭교회 217, 262, 266~268, 387, 388
갈릴레오 갈릴레이 56
감수성 337, 338, 343, 354, 495
감시카메라 446
감염병 28, 31, 33, 36, 56
감응적 존재 145, 183, 256
감정 15, 77, 125, 126, 129, 130, 132~136, 147, 160~162, 166, 168, 181, 184, 185, 191, 193, 207, 222, 230~232, 249, 318~323, 325, 327, 330, 331, 334, 337, 339, 342, 344, 347, 348, 353, 354, 356~358, 363, 390~392, 402, 433, 434, 442, 464, 465, 497~499, 501, 504, 530, 537, 541, 544, 545, 547
감정이입 145, 191, 443, 504
감정이입 능력 442
강제노동 252
강제노동수용소 18, 356, 363, 364, 376
개발도상국 44, 64, 94, 486
개인의 자유의지 351, 427
개인주의 378, 394, 407, 456~459
결핵 32, 51
경두개 자극기 403, 406
경제성장 46, 71, 74, 288, 289, 291, 293~298, 304, 305, 307, 309, 534, 551
경제위기 23, 60, 99, 165, 166, 174, 305, 307, 312
경제이론 96, 518
경제학자 63, 99, 174, 206, 270, 294, 328, 411, 435, 448, 512, 513, 523
경제활동 76
경험하는 자아 412~414, 418, 478
계급투쟁 263
계몽주의 367
고드프루아 드 부용 217, 219
고전경제학 이론 206, 207
고통 26, 45, 65~67, 72, 73, 75, 77, 92, 98, 123~125, 142, 144, 160, 163, 171, 174, 176, 177, 201, 212, 216, 238, 254, 259, 273, 276, 280, 281, 287, 306, 307, 320, 329, 350, 402,

412, 414~416, 420, 423, 425, 486, 504, 510

고통 신호 190, 191

공공보건 서비스 441, 486

공산당 27, 55, 200~202, 296, 372, 423, 517

공산당원 197, 202~204

공산주의 혁명 97, 423

공산주의자 95, 197, 260, 262, 263, 295, 423, 517, 522

공자 81, 381, 545

과식 28

과잉반응 44

과학 연구 50, 76, 86, 277, 281, 407

과학기술 150

과학자 36, 37, 47, 51, 57, 70, 79, 84, 87, 115, 129, 136, 149, 155, 163, 164, 166, 167, 170, 173~176, 178, 179, 190, 208, 245, 246, 258, 269~271, 273, 274, 276, 277, 281, 283, 308, 336, 389, 390, 395, 396, 399, 401, 409, 426, 484, 493, 499, 501, 508, 511, 512, 518, 519, 533, 544

과학혁명 148~150, 282, 283, 303, 335, 528

관료제 229, 231, 233, 239, 241, 245, 309

광신도 59, 282, 321, 322, 379

교육제도 60, 72, 243, 244, 246, 247, 309, 330, 339

교토의정서 306, 307

교통경찰 16

교통발달 33

교황 110, 216~219, 267, 268, 270~275, 277, 322, 323, 326, 350, 383, 387, 388

교회 215~217, 219, 262, 266~268, 310, 313, 387, 388

구국전선 202

구글 15, 52, 57, 172, 221, 228, 229, 236, 330, 389, 435, 446, 449, 460, 466~473, 475, 478, 534, 545, 546

구글 딥마인드 446

구글벤처스 52

구약의 신 83, 84

국경 31, 114, 237, 241~243, 520

국력강화 61

국민연금 61, 384

국익 61, 67, 254, 255, 351

국제 NGO 26

군대 38, 39, 44, 72, 73, 197, 201, 203, 227, 233, 236, 239, 345, 376, 382, 401, 421, 429~432, 434, 441, 485, 486, 505, 541

군부독재자 375, 377

굶주림 22, 24, 25, 28, 47

그리스도교 48, 139, 141, 149, 157, 218, 260, 263, 267, 271~273, 275, 277, 293, 295, 312, 315, 322, 329, 350, 369, 379, 381, 384, 387~389, 399, 426, 489, 495, 530, 543, 546, 548

기계공학 176

기능자기공명 영상 163, 178, 212, 395,

437, 462, 465
기대수명 27, 54, 56, 63, 87
기술 개발 86
기술 인본주의 490, 491, 500, 505, 506, 510
기술종교 379, 385, 489, 490, 510
기아 22~28, 45~48, 56, 74, 94, 98, 239, 241, 257, 293, 298, 312, 487
기억상실 89
기후변화 46, 116, 117, 222, 308
긴팔원숭이 132, 133, 135
길가메시 서사시 142, 143
길드 328
김정은 16, 17, 522

ㄴ

나노기술 19, 50, 53, 88, 149, 303, 380, 381, 491
나노로봇 37, 50, 78, 85, 480
나렌드라 모디 295
나야카족 119, 120, 146, 147
나이지리아 83, 377, 486, 534
나일 강 234, 236, 257, 381, 382
나치 237, 238, 261, 363, 371, 522, 524
나치즘 150, 260, 363, 372
낙농업 62, 138, 139, 145
낙태 270~272, 336
난민 31, 220, 237, 238, 352, 353, 355, 551
난자 90, 91, 159
남한 15~18, 222, 550

내러티브 253, 254, 340
내셔널지오그래픽 114
내적 자아 334
네 원 장군 213
네안데르탈인 15, 86, 227, 369, 386, 496, 527
네팔 142
노동당 97, 398
노동자 33, 61, 97, 100, 197, 235, 252, 253, 340, 356, 430, 453, 454, 485~487, 513
노동조합 201
노예 31, 147, 228, 315, 465
노예무역 101
노자 260
노화 47, 51, 53, 66, 77, 82, 108, 257
논리폭탄 42
농부 65, 84, 98, 124, 139, 146~150, 197, 209, 210, 227, 228, 237, 239, 240, 246, 251~254, 258, 273, 289, 299, 340, 380, 381, 384, 423, 483, 495, 513, 518, 526
농업계약 139, 142, 146
농업사회 83, 98, 145, 150, 382
농업혁명 122, 123, 129, 139, 147, 150, 227, 229, 244, 505, 527
뇌 53, 70, 74, 78, 79, 85, 93, 122, 135, 155, 157, 160, 162~171, 175~179, 182, 184, 187, 195, 196, 222, 227, 229, 232, 289, 342, 364, 365, 386, 391, 396, 398, 399, 401~403, 405, 406, 408~411, 413, 426, 427, 437,

458, 459, 464, 472, 491, 494, 496, 498, 500, 502, 505, 512, 549
뇌 과학자 170, 179, 396, 409, 508, 544
뇌 구조 78
뇌 패턴 178
뇌 활성 17, 175, 177, 442
뇌 회로 69, 78, 406
뇌전증 408
뇌졸중 178, 297, 408
뉴런 78, 157, 164, 166~170, 175, 222, 395, 396, 402, 496, 497, 502
뉴턴 신화 149
뉴턴 역학의 법칙 148
니체 331, 360, 379
니콜라에 차우셰스쿠 198~203

ㄷ

다신교 249
다우존스 71, 436
다원주의 진화론 358
다이너마이트 235
단두대 103, 196, 373
단세포 생물 158
당뇨병 40, 56, 460
대규모 협력 196, 204, 206, 211, 227, 250, 264, 501
대기근 26
대뇌반구 408, 409
대니얼 카너먼 411, 414, 472
대량 멸종 123, 304
대량 생산라인 429

대립유전자 90
대멸종 115, 116
대약진 운동 239, 523
대중 교육제도 244
덩샤오핑 296
데이터 처리 시스템 513~515, 519, 525, 526, 528~531, 534, 537, 538, 540
데이터교 490, 510~512, 525, 529~532, 534, 537~542, 545~549
데이터교 혁명 542
데이터교도 512, 529~531, 534, 536, 537, 539, 541, 542
도구 제작 194~196
도덕법 체계 260, 262
도요타 328, 411, 450
독감 32~35, 38, 51, 117, 466, 467, 512
독립선언문 62
독일 39, 41, 60, 61, 67, 104, 114, 191, 192, 205, 242, 261, 280, 328, 347, 348, 350, 352~355, 359, 363, 371~373
독재국가 15, 16, 430, 522
돈 14, 25, 40, 41, 50, 63, 65, 70, 87, 90, 103, 106, 153, 191, 206, 207, 212~214, 226, 228, 229, 232, 246, 254, 255, 267, 268, 288, 290, 291, 299, 300, 303, 330, 360, 363, 368, 370, 371, 378, 418, 424, 425, 432, 435, 436, 443, 448, 450, 457, 472, 508, 527, 528
돈 키호테 419, 420

돌연변이 37, 69, 70, 90, 91, 126, 159, 160, 222, 396, 463, 464
돌연변이 유전자 92
동물복지 183, 402
동성애 180, 275, 276, 279, 321, 322, 336
동성애자 65, 180, 181, 506, 508
동아시아 28, 376
동아프리카 118
드론 조종사 404
드리올레스테스 158
디스토피아 17, 91
딥블루 446, 447

ㄹ

람세스 2세 110
랍비 48, 144, 145, 261, 278, 388, 390, 544
랍비 유대교 144
래리 페이지 57
러시아 95, 197, 202, 214, 377, 384, 421, 522
러시아 혁명 197
레닌 296, 356, 384~386, 516
레이 커즈와일 52, 53, 56, 530
레제프 타이이프 에르도안 295
레즈비언 86
로드무비 343
로렌초 발라 275
로마제국 22, 273, 275, 341, 519
로봇 37, 85, 161, 162, 179, 396, 432, 435, 441, 442, 449, 541
로봇 쥐 401, 402
루마니아 공산당 200, 203, 204
루마니아 혁명 202
루이 14세 25, 106, 324
르네 데카르트 162
르베앙마스 429
리처드 도킨스 427
리탈린 72, 507

ㅁ

마녀 사냥 282
마디 382~384, 386
마르셀 뒤샹 327, 328, 333
마르크스 96, 97, 260, 263, 296, 352, 384~387
마르크스주의 97, 100, 387
마르틴 루터 266, 267, 268, 389
마리 앙투아네트 28
마리오 괴체 67, 104
마스토돈 119
마야인 31
마약 73, 94, 375, 417
마오쩌둥 55, 239, 241, 356, 367, 373, 522
마음 15, 58, 68, 73, 76~82, 84, 94, 126, 138, 143, 160~164, 166, 168~171, 173~177, 179~182, 187, 189, 194, 221, 238, 316~322, 331, 337, 338, 354, 386, 400, 405, 407, 434, 444, 456, 461, 462, 470,

472~474, 479, 490~493, 495~497, 500, 501, 503, 505~509, 521, 547
마음 상태 473, 491, 493~496, 499~501
마음의 스펙트럼 492~494, 496, 499, 500, 505
마이크로소프트 41, 228, 229, 460, 476, 478
마이크로칩 79
막스 플랑크 55
만리장성 85, 204, 256
만물인터넷 529, 531, 540, 542, 546, 549
말라리아 36, 45, 438
매독 32
매머드 118, 119, 126, 195, 449, 495, 550
맥도널드 23
메탐페타민 73
면죄부 267, 268
멸종 85, 117~119, 123, 158, 261, 270, 281, 304, 359, 369, 371, 397, 435, 495, 549
모스크바 43, 55, 372, 515, 516, 518
무바라크 정권 203
무슬림 형제단 203
무신론자 266, 334
무의 심연 288
무의식 상태 178, 182
무인 드론 431, 433
무인자동차 172, 173, 236, 434, 435, 476, 535

무함마드 269, 322, 382, 545
무한성장 88, 89, 301, 312
문자 229, 232, 233, 236, 237, 241, 490, 527, 528
문자언어 240
문화 상대주의 369
문화적 격차 18
물질기반 경제 40
미겔 데 세르반테스 419
미국 33, 42, 44, 45, 52, 61, 62, 65, 72, 73, 91, 92, 96, 97, 101, 104~106, 117, 128, 153, 164, 234, 236, 250, 275, 280, 295, 305, 307, 308, 341, 343, 347, 348, 351, 355, 366~368, 372~374, 378, 383, 402, 403, 411, 430, 431, 436, 442, 454, 468, 474, 479, 489, 494, 502, 504, 506, 517, 521~523, 534
미국 국민 153
미국인 64, 65, 72, 73, 153, 155, 156, 304, 305, 361, 372, 374, 444, 474, 494, 532, 534
미라 235, 258
미셸 푸코 389
미적 감각 325
미켈란젤로 56, 121, 359, 369
미토콘드리아 91
미토콘드리아 유전자 91, 92
미하이 칙센트미하이 501
미하일 고르바초프 518
민영 보험제도 26
민주주의 15, 17, 220, 294, 359, 372,

374~378, 380, 390, 394, 422, 427, 429, 430, 519, 521, 528, 550

ㅂ

바둑 15, 447
바르샤바 조약기구 375
바이러스 30, 31, 35, 36, 38, 116, 117, 431, 480, 512
반향정위 496~498
발기부전 89
방사성 우라늄 396
배터리 161, 403
백신 291, 484
버락 오바마 436, 523
버스 운전사 16, 177
번식 28, 69, 70, 118, 124~130, 134, 138, 171, 222, 544
번식확률 134
베다 245, 260, 382
베르너 하이젠베르크 156
베르사유 궁전 25, 106
베트남 전쟁 374
벼룩 29, 30
변연계 498
변종 독감 33, 38
병원균 28, 31, 33, 36~38, 151
보건제도 61
보노보 205
보이저 1호 366
보험회사 87
복지국가 15, 195

복지제도 60, 61
부두교 주술사 259
부르주아 356
부모 54, 72, 90~92, 136, 137, 147, 159, 160, 211, 215, 218, 229, 249, 297, 298, 319, 353, 357, 407, 421, 422, 439, 473, 546
부처 75, 76, 260, 264, 266, 269
부쿠레슈티 198~203, 315
북대서양 조약기구 375
북한 15~18, 42, 93, 222, 480, 522, 550
불교 75, 145, 266, 315, 350, 496
불멸 47, 48, 51~54, 56~58, 60, 77, 83, 87~89, 94, 95, 107, 108, 110, 154, 258, 265, 379, 390, 400, 487, 549
불멸의 영혼 141, 154, 160, 161, 174, 196, 204, 280, 397, 407
불사신 53
불평등 95, 208, 209, 352, 371, 378, 450, 482, 483, 525, 552
브라이텐펠트 전투 343, 345, 347, 350
브레이크 17, 85, 88, 435
브렉시트 522
비노동 계급 14
비아그라 89
비오 9세 383, 384
비유기적인 인공지능 80
비유기체 77, 80
비의식적 알고리즘 181, 182, 184, 188, 189, 433, 443, 445, 490, 548
빅브라더 14, 395, 459, 481
빅데이터 14, 88, 512

빅토리아 시대 72, 336, 382
빈부격차 15, 381
빌 마리스 52
빌 클린턴 97, 164, 170
빌리 빈 448
빌헬름 폰 훔볼트 339

ㅅ

사냥꾼 126, 148, 208, 365, 449, 495
사담 후세인 44, 431
사랑 24, 67, 82, 129, 136, 160, 162~165, 171, 174, 187, 198, 218, 251, 272, 281, 282, 285, 298, 299, 316, 319, 321, 337, 402, 425, 434, 471, 497, 509, 510, 541, 544
사마천 249, 250
사망률 34, 47, 64, 251
사상가 22, 51, 59, 60, 63, 311, 316, 379, 388, 426, 455
사스 34
사이버 규제 520
사이버 바이러스 431
사이버 전쟁 18, 42, 99, 431
사이버 테러 520
사이버네틱스 521
사이보그 78, 109, 389, 432, 465
사이보그 공학 77~79
사적 공간 465
사탄 265
사학자 99, 218, 222, 250, 275
사회 시스템 22, 550

사회 안전망 26
사회관계망 474
사회보장제도 61, 252
사회심리학 494
사회제도 196, 204, 357
사회주의 14, 96, 201, 221, 309, 351, 352, 356~358, 363, 367~371, 373, 375~377, 384~387, 453, 489, 524
사회주의적 인본주의 351, 352, 356, 369, 384
사후세계 53, 59
산업용 살충제 84
산업전쟁 429, 430
산업혁명 96, 104, 381, 382, 387, 434, 444, 453, 520, 550
산지브 탈와르 402
산티노 187~189
살라딘 216~218, 222
살상무기 43
삼국협상 420
상대성이론 156, 157, 246
상상의 질서 211
상호교감 181
상호주관적 실재 212, 214, 221~223, 258, 450, 451
샘 해리스 280
생명 48, 53, 57, 59, 61, 74, 80, 82, 107, 108, 115~117, 123, 139, 144, 145, 147, 151, 153~156, 167, 173, 176, 204, 231, 255, 258, 265, 270~272, 280, 366, 390, 455, 500, 512, 529~531, 547, 548, 552

생명공학 15, 17, 24, 38, 77, 78, 80, 81, 149, 258, 381, 386, 468, 514, 516, 521, 522, 550
생명공학자 78
생명과학 67, 129, 155, 162, 174, 176, 222, 395, 407, 426, 451, 458, 471, 480, 511, 547, 548
생명과학 벤처기업 52
생명권 48
생명연장 프로젝트 52
생물학적 계급 483
생물학적 빈곤선 24, 26
생식 우리 127~129
생존 26, 32, 47, 69, 70, 124~130, 132, 133, 136, 146, 156, 167, 171, 222, 291, 292, 362, 401, 449, 538, 544
생체센서 479
생체정보 467, 469
생체측정 기기 17, 18, 546
생태계 46, 115~118, 139, 141~143, 145, 146, 194, 248, 304~306, 308, 312, 551
생태계 붕괴 303, 304, 309
생태계 안정 46, 304
생태환경 297
생화학적 기제 69, 71, 74, 76, 426, 459
생화학적 범죄 74
생화학적 시스템 462, 507
생화학적 알고리즘 130, 135, 162, 222, 426, 470, 473, 481, 511, 541, 542
생화학적 행복 추구 73, 74
샤먼 48, 150, 496

산샤 댐 236, 270, 281
석기시대 39, 64, 101, 118, 126, 195, 207, 227, 229, 236, 253, 301, 369, 495
선거 97, 190, 215, 323, 353~355, 428, 450, 472, 483, 519
선악과 121, 148, 149
선한 욕망 400
설탕 40, 131, 338, 529
성경 81, 82, 85, 120, 121~123, 140, 143~145, 149, 156, 241, 245, 247, 248, 250, 256, 260, 271, 276~279, 303, 317, 319, 320, 322, 330, 334~336, 343, 381, 382, 389, 390, 489, 543, 544
성경시대 81, 139, 140, 147, 249, 277, 384
성능 향상 89
성욕 63, 176, 177
성자 22, 23, 530
성장 교의 296
성직자 31, 50, 98, 139, 150, 229, 230, 234, 235, 245, 258, 262, 273, 278, 279, 283, 289, 299, 312, 329, 343, 350, 382, 389, 407, 423, 526
성형수술 89, 90
세계경제 40, 88, 536
세계보건기구 34, 35, 38
세계식량회의 27
세계인권선언 48, 51
세계평화 66, 356
세균 29, 30, 38, 50, 80, 259

세금 61, 228~232, 235, 237, 245, 246, 251, 252, 424, 472, 515
세누스레트 3세 234, 235
세르게이 브린 57, 468
세속주의 282
세쿠리타테 199
세포생물학 57, 512
섹스 65, 177, 204, 205, 265, 266, 375, 377, 417, 469
소련 17, 198, 201, 214, 295, 297, 372~376, 515, 516, 518, 523, 534
소백 234, 236, 246, 256~258
소외공포 503
소프트웨어 41, 42, 79, 80, 285, 297, 298, 406, 447, 448
소행성 116, 117, 223
소행성 충돌 116
수단 382, 384~386
수도원 387, 388
수렵채집인 무리 146, 207, 208, 209, 495
수렵채집인들 101, 119, 120, 139, 146, 149, 237, 244, 252, 380, 449, 494, 495, 501, 502, 526
수메르 142, 228~231, 236, 451
수면제 73
수명 15, 55, 56, 390
수학 61, 132, 170, 171, 180, 181, 192, 193, 207, 244, 270, 281, 335, 336, 406, 438, 451, 461, 502, 511, 539
수훈 메달 73
순간적 충동 186, 187, 190

순례자 28, 139, 140, 232
슈퍼 전사 431
스마트폰 18, 76, 85, 110, 310, 432, 435, 449, 460, 461, 503, 538, 546
스콜라 학파 335
스탈린 55, 363, 545
스트레스 64, 71, 72, 75, 177, 190, 309, 312, 402
스티븐 핑커 427
스페인 독감 32, 33, 35
스포츠협회 201
시리아 24, 45, 219, 220, 246, 315, 389, 436
시위 16, 17, 202, 203, 373
시장의 힘 503, 519, 524
시험관 수정 21, 90
식민주의 판타지 368
신 14, 22~24, 26, 30, 31, 38, 45~48, 50, 53, 59, 60, 67, 77, 78, 80, 82~84, 86, 87, 94, 108, 109, 111, 114, 121~123, 139~146, 148~150, 155, 156, 173, 174, 212, 213, 215, 217, 218, 222, 226, 228~231, 234~236, 245, 247~250, 254, 256, 257, 259~265, 269, 271~273, 276~279, 285, 286, 288, 291, 312~317, 319, 320, 322, 324~327, 331, 334~336, 342~344, 346, 352, 370, 379, 380, 382, 383, 385~387, 389, 391, 423, 425, 426, 451, 488~490, 510, 517, 523, 524, 530, 532, 537, 542, 543, 546, 549
신경망 73, 79, 169, 176, 178, 546

신경생물학 182, 222

신경전달물질 73

신교도 344

신부 48, 217~219, 275, 317~319, 321, 388, 390

신비론자 382

신성 47, 48, 57, 82, 84, 88, 89, 94, 95, 107, 108, 110, 140, 141, 143, 145, 150, 154, 204, 211, 234, 239, 258, 270~272, 280, 311, 348, 352, 362, 377, 383, 386, 390, 397, 455, 456, 471, 487, 495, 506, 510, 517, 529, 535, 540~542, 544, 550

신성모독 67

신종 플루 34

신탁 475~477

신화 14, 122, 139, 142, 143, 148, 149, 154, 155, 227, 232, 245, 250, 254, 256~258, 324, 339, 354, 407, 423

실리콘 시대 227

실리콘밸리 14, 40, 41, 52, 379, 387, 489, 530

심리학자 136, 137, 192, 193, 206, 319, 328, 492, 504

십일조 228, 232, 247, 388

십자군 원정 216, 217, 220, 222, 272, 317, 323

쓰나미 26, 33, 198, 376

쓸모없는 계급 15, 454

ㅇ

아나톨 프랑스 90

아누비스 141

아담 121, 122, 149

아돌프 히틀러 260, 261, 362, 363, 491, 522

아동 사망률 34, 64, 251

아드레날린 167, 207, 364, 365

아랍연맹국 353

아랍인 218

아리스티데스 데 소사 멘데스 238

아메넴헤트 3세 234, 252

아메리카 30, 32, 117, 118, 373, 376, 377, 417, 496, 528

아베 신조 295

아베노믹스 296

아우슈비츠 364, 523

아이작 뉴턴 56, 148, 149, 212, 282

아이폰 219, 460

아인슈타인 156, 359

아즈텍 사람 31

아즈텍 왕국 32

아트만 530

아편전쟁 383

아프가니스탄 45, 73, 153, 246, 489

아프리카 24, 29, 31, 34, 35, 38, 40, 83, 115, 118, 240~243, 291, 306, 353, 358, 366~368, 377, 470, 487, 490, 540, 541

아프리카계 미국인 65

아힘사 145

악마　29, 30, 119, 140, 219, 227, 259, 331
악성코드　42
악한 욕망　400
안식일　144
안전보장이사회　219
안톤 체호프　43, 94
알고리즘　129~135, 162, 170~172, 176, 177, 181, 182, 184, 187~189, 207, 222, 232~234, 386, 426, 431~433, 435~438, 440~445, 447~451, 454~456, 458, 459, 461, 464~466, 470, 471, 473~476, 479~482, 486, 487, 489, 490, 497, 511~513, 530, 531, 535, 537, 546
알라　251
알카에다　23, 44
알파 켄타우루스　367
알파고　15, 447
암세포　37, 50
암퇘지　126~129, 136, 138
앙겔라 메르켈　352, 353
애니　453
애니미즘　119~123, 140, 141, 148, 249
애플　41, 226, 478, 518
애플리케이션　449, 460, 461, 475
앤젤리나 졸리　463~465, 467, 483
앨런 튜링　180, 511
야생 늑대　115, 358
야생동물　115, 146
약물 중독자　495
양자역학　156

양쯔강돌고래　270, 281, 550
양치기　57, 139
언어　122, 134, 178, 186, 187, 221, 240, 244, 275, 409, 410, 529, 530
얼굴 인식　445
얼굴인식 기능　479
업그레이드　15, 47, 77, 82, 84~86, 89, 93, 108, 149, 257, 300, 301, 329, 428, 482, 484~487, 490, 491, 500, 503, 505, 540
업로드　535, 538
에너지　46, 64, 65, 80, 91, 133, 156, 161, 226, 246, 289, 299, 302, 303, 377, 390, 504
에너지 센서　161
에볼라　23, 34, 35, 38, 291
에이즈　24, 35, 36, 38, 45, 265
에테르　173, 174
에피센터　79
에피쿠로스　59, 60, 63, 66, 67, 75
엑스터시　73
엔키　142, 143, 228, 451
엘리자베스 2세　103
엘리트층　94, 197, 202, 237, 258, 278
엘비스 프레슬리　231, 232
엠네스티　220
여성 참정권　430
역병　22~24, 45~47, 56, 63, 74, 94, 98, 257, 286, 287, 291, 293, 298, 312, 487
역사　17, 23, 25, 27, 28, 30, 34, 39, 40, 43, 46, 48, 54, 59, 65, 72, 81, 82,

85, 94, 95, 97~102, 106, 110, 111, 115, 138, 173, 195~198, 212, 215, 220, 222, 223, 226, 227, 239~242, 248~250, 253, 254, 256, 263, 267, 269, 272, 273, 282, 288, 289, 299, 306, 314, 331, 339, 341, 343, 370, 373, 374, 376, 381, 385, 405, 417, 421, 426, 430, 438, 444, 464, 482, 484, 490, 508, 510, 519, 521, 525, 527, 528, 549

역사법칙 263

연금기금 87, 381, 514

연산능력 17, 459, 512, 526

연합군 174, 382

열등한 계급 482

영국 32, 33, 60, 72, 73, 92, 96, 97, 101, 103, 142, 180, 242, 250, 253, 261, 336, 348, 360, 372, 382, 386, 398, 417, 466, 469, 521, 522

영성 259, 264, 266

영양실조 24, 27, 28, 33, 56, 94

영적 여행 264~268, 283

예루살렘 101, 139, 216~218, 248, 278, 279, 321, 322, 403, 544

예르시니아 페스티스 29, 30

예방접종 34, 56, 61, 128, 151, 486

예수 그리스도 50, 141, 226, 262, 269, 379, 383, 387, 417

예술 58, 59, 64, 93, 110, 314, 316, 325~328, 330, 331, 339, 340, 351, 359, 362, 366, 367, 451, 453, 535, 536

예언자 22, 59, 260, 314

오르가슴 69, 70, 461, 462

오스트랄로피테쿠스 158

오스트레일리아 30, 33, 73, 78, 117, 118, 122, 343

오이디푸스 81

오토 폰 비스마르크 61, 384

옥스퍼드 대학교 102, 244, 388, 454

온실가스 306, 307

왓슨 439~442, 459

외상 후 스트레스 증후군 402

우루크 228

우버 449

우생학 운동 91, 93

우울증 67, 73, 92, 185, 357, 403, 507

우주 15, 48, 50, 78, 80, 109, 139~141, 146, 150, 154, 173, 179, 235, 276, 279, 285~288, 314~316, 325, 331, 342, 351, 366, 370, 394, 407, 419, 426, 434, 435, 456, 490, 506, 509~511, 529~531, 537, 540, 541, 543, 548, 550

우주선 78, 195, 204, 496

운동중추 168

운명공동체 151

월드컵 결승전 68, 69, 104

월스트리트 53, 86, 166, 265, 378

웨어러블 컴퓨터 461, 467, 468

웨이즈 475, 476

웹 디자이너 444, 520

웹사이트 533

위생 개선 34

위약효과 406
유권자 45, 308, 323, 327, 332, 351, 353, 354, 358, 363, 377, 390~392, 394, 426, 457, 458, 474, 520~522, 545
유기체 37, 77, 78, 80, 129, 141, 144, 170, 176, 277, 401, 431, 442, 445, 458, 480, 511, 513, 516, 542, 547, 548, 552
유기화합물 80, 116
유대교 101, 139, 140, 269, 277~279, 312, 379, 399, 543
유대교도 260, 277, 322, 388
유대목 117
유럽연합 128, 221, 232, 307, 355, 432, 522
유럽제국 372
유리천장 66
유성생식 90
유신론적 종교 139~141, 144, 150
유엔 48
유전공학 14, 53, 90, 93, 303, 387, 390, 401, 491, 499, 514
유전병 90, 91
유전암호 78, 92, 222, 397
유전의학 57, 464
유전자 70, 78, 86, 90~93, 126, 133, 134, 136, 148, 158, 160, 204, 222, 223, 329, 330, 395~397, 458, 463~465, 468, 470, 489, 490, 546
유전자 검사 92, 212, 463, 465, 468, 469, 483, 484, 546

유전자 돌연변이 50, 222, 464
유전자 시장 468
유전자 조작 작물 84
유전학 50, 88, 148, 150, 378, 381, 463
유전학자 396
유카탄 반도 31
유튜브 18, 198, 199, 208, 219, 389
유행병주의보 466
윤리적 딜레마 175, 280, 296
은행 47, 53, 57, 96, 104, 202, 205, 210, 221, 232, 253, 254, 264, 289, 290, 292, 299, 300, 312, 378, 435, 469, 514, 518
의료 서비스 60, 469
의료보건 서비스 469
의료보험 87, 523
의식 105, 115, 140, 160~164, 166, 168, 170, 172, 173, 175~179, 181~183, 186, 187, 189, 191, 194, 196, 266, 268, 269, 278, 281, 354, 400, 405, 412, 423, 433, 434, 443, 467, 489~492, 495, 499, 500, 528, 530, 540, 547, 552
의식 상태 182, 491, 492, 495, 500
의학 인프라 34
의학계 36
이그보족 83
이념 39, 48, 59, 110, 150, 223, 262, 270, 295, 355, 379, 385, 429, 483, 488, 513
이단 247, 272, 273, 282, 304, 345, 387, 531, 547

이라크 24, 42, 72, 389
이브 121, 122, 149, 400
이사도라 던컨 91
이세돌 15, 447
이스라엘 83, 84, 147, 321, 329, 353, 461
이슬람 과격주의 378, 379, 381, 387, 489
이슬람 근본주의자 44, 45, 280, 380
이슬람교 14, 48, 269, 293, 315, 322, 369, 381, 384, 387, 388, 390, 399, 545
이슬람교도 157, 217, 218, 220, 251, 261, 262, 282, 295, 322
이식수술 403
이야기하는 자아 412~416, 418, 419, 425, 426, 469, 471~473, 478
이온 일리에스쿠 202
이용료 533
이원론 265, 266, 268
이중 현실 226
이집트 25, 110, 141, 150, 203, 209, 210, 230, 232, 234~237, 245, 246, 251~253, 256, 257, 294, 322, 355, 382
이집트 혁명 203
이집트인 22, 110, 141, 230, 235, 236, 257
인간 네트워크 254
인간 배아 91
인간 본성 22, 38
인간 프로세서 527

인간의 생명 48, 57, 108, 151, 153, 154, 204, 270~272, 280, 366, 390, 455
인공비료 84
인공지능 15~19, 80, 85, 86, 88, 151, 163, 179, 303, 380, 387, 390, 391, 439, 440, 446, 447, 449, 455, 456, 476, 521, 524, 550
인과응보 303, 345
인구증가 33, 60
인권운동 221
인도 25, 33, 78, 119, 120, 145, 146, 286, 294~297, 316, 374, 375, 376, 382, 386, 426, 459, 484, 486, 530
인도인 22, 305
인류세 114, 115, 117, 118
인문학 222
인본주의 107~111, 283, 284, 313~317, 320, 325, 327, 328, 330, 332~334, 336, 339, 340, 350, 351, 356, 358, 363, 364, 369~371, 384, 390, 391, 393, 462, 480, 490, 491, 495, 500, 504~510, 531, 532, 535~540, 542~544, 548, 549
인본주의 교육 330, 331, 333
인본주의 종교 150, 284
인본주의 종교전쟁 369, 376, 390
인본주의자 150, 325, 352, 363, 368, 369, 505, 507, 542, 543
인스타그램 18
인조인간 77, 80
인종차별주의 363, 371

인지능력 15, 193, 404, 444
인지부조화 426
인지혁명 227, 490, 491, 505, 526
일신교 154
잉여 인간 443

ㅈ

자각몽 503
자기계발 55
자동차 사고 51, 475
자본가 계급 96
자본주의 57, 96, 263, 298, 300, 302, 309, 311, 368, 518
자본주의 때리기 311
자본주의교 299
자본주의자 96, 97, 295, 298, 312, 357, 515, 519, 534, 536
자살 23, 40, 64, 180, 532
자살률 64
자살폭탄 404
자아탐구 356, 358
자연법 260, 261, 315
자연법칙 149, 285, 286, 305, 315
자연선택 77, 78, 80, 117, 125, 133, 134, 155, 156, 158, 159, 195, 223, 358, 360, 362, 371, 397, 445, 544
자연수명 56
자연재해 26, 38, 124
자원 희소성 문제 303
자원창고 301
자유민주주의 15, 294, 372, 374~376

자유민주주의 국가 15, 374
자유시장 17, 297, 298, 311, 328, 329, 375, 378, 513, 515, 523, 528, 536, 551
자유시장 자본주의 297, 298, 513, 536
자유시장경제 378
자유의지 317, 328, 330, 351, 391, 392, 395~402, 406, 407, 426~428, 458, 471
자유주의 271, 282, 351, 358, 359, 362, 371~375, 377~379, 390, 394, 406, 407, 412, 428, 429, 482, 483
자유주의 경제 358
자유주의 교육 351
자유주의 동맹 371
자유주의 예술가 359
자유주의 윤리학 351
자유주의 정치 358
자율주행 16
자율주행 교통체제 16
자율주행 차량 17
자의식 186, 189, 190
자이나교 145
잔디 98, 101~107
잔디밭 101~106, 140
장 자크 루소 318, 395
장기매매 93
장티푸스 32
재무부 87
재생의학 53, 380, 449
재앙 23, 27, 122, 248, 306, 515, 523
잭슨 폴록 223

저격병 404
전극 70, 79, 163, 401~403, 405
전극이식 163
전기신호 79, 164~169, 175
전기충격 50
전염병 22, 23, 28, 30~34, 36, 38, 39, 150, 253, 480
전자 알고리즘 459, 481, 511, 512
전자기파 337, 403, 493
정보기술 24
정보기술 산업 16
정부기관 26, 533
정상심리학 500
정서적 유대 136, 138
정서지능 442
정신과 치료제 185
정의 306, 316, 111, 153
정점-결말 법칙 413, 414, 469, 472
정치제도 98, 427, 513, 525
제1차 세계대전 89, 347, 348, 430
제2차 세계대전 48, 65, 93, 359, 371, 409
제2차 포에니 전쟁 99
제3차 세계대전 99
제레미 벤담 60, 66
제임스 쿡 32
조류 115
조현병 93
존 스튜어트 밀 66
종교 26, 259, 260, 266, 267, 271, 282, 284, 371, 379, 382, 394, 523
종교전쟁 369, 371

주관적 경험 162, 163, 175
죽음 47, 48, 52, 57, 88, 314, 355
죽음의 사신 48
줄기세포 연구 91
줄리우스 니에레레 239
중국 27, 28, 40, 55, 72, 78, 140, 147, 150, 193, 236, 239, 249, 250, 252, 256, 257, 270, 295, 296, 300, 338, 372, 378, 379, 381, 383, 384, 426, 447, 468, 502, 527, 551
중국 철학 339
중국인 22, 41, 193, 239, 253, 281, 305, 379
중력 148, 211, 212
중산층 104, 106, 197, 294, 305, 370
중세시대 65, 111, 244
중앙아시아 29
중앙처리장치 161, 396
쥐 29, 70, 71, 117, 144, 145, 155, 181~186, 190, 191, 194, 221, 296, 401, 402
증권거래소 160, 378, 436, 512, 514, 517, 518
증기기관 177, 381, 382, 384, 386, 522
지각판 운동 116, 117, 174
지구온난화 46, 304, 306, 307, 524, 525, 551
지능 77, 79, 109, 127, 128, 151, 194, 195, 433~435, 443, 456, 485, 490, 530, 548, 552
지식기반 경제 40
지옥 19, 34, 48, 154, 219, 263, 264,

304, 312, 317, 331, 347, 348, 350, 400, 425
지적설계 117, 156
지진 26, 146, 260
직업 16, 54, 70, 134, 247, 265, 267, 285, 318, 416, 425, 444, 448, 454~456, 469, 507, 543
직업시장 15, 88, 98, 110, 247, 380, 437, 444, 448, 450, 456, 478, 551, 552
진정한 자아 157, 158, 356, 407, 408, 457~459
진화 38, 69, 70, 116~118, 122, 123, 125, 126, 129, 134, 138, 155, 156, 158~160, 167, 195, 207, 222, 246, 291, 293, 358, 359, 364, 369, 371, 397, 416, 444, 445, 470, 475, 477, 488, 497, 499, 501, 520, 525, 540, 544, 546
진화논리 126
진화론 125, 155~160, 256, 358, 359, 396, 397
진화론적 인본주의 351, 352, 358, 363, 364, 368, 369, 371, 491
진화생물학 427
진화심리학 129
집단농장 239, 240, 516

ㅊ

찰스 다윈 155, 383, 511
천국 19, 48, 58, 105, 149, 154, 201, 211, 216~220, 240, 262, 264, 267, 280, 282, 287, 293, 295, 308, 331, 350, 370, 380, 385, 400, 426, 530
천사 140, 216, 238, 325, 348
천연두 32, 34, 35
천연두 바이러스 31, 35
철학자 59, 60, 76, 169, 179, 280, 315, 434, 497
청동기 235
체 게바라 373
체스 300, 344, 433, 462
체호프의 법칙 43, 94
초인 89, 90, 109, 358, 383
초인간 15, 53, 54, 84~86, 109, 359, 371, 428, 482, 486, 487, 491, 505
초인류 78, 91
최고선 60, 63, 75, 531
최적자 생존원리 156
최후통첩 게임 206~208, 210
추크우 83
축구 52, 55, 67, 68, 103, 104, 406
축산 농장 127, 150
축제 142, 228, 299
출산 416, 417, 486
침팬지 56, 151, 186~189, 191, 195, 196, 204, 205, 208, 209, 211, 221, 226, 227, 398, 505
칩 79, 525, 536, 549

ㅋ

카를 마르크스 352

카포레토 전투 421
칼리코 52, 57
캥거루 118, 144
컴퓨터 15, 18, 64, 71, 78, 79, 85, 87, 93, 96, 108, 127, 180, 181, 258, 300, 303, 310, 377, 381, 386, 388, 390, 391, 403, 432, 433, 435, 445, 446, 448, 451, 452, 456, 460, 462, 463, 466, 474, 480, 482, 491, 499, 500, 511, 512, 522, 535, 536, 541
컴퓨터 알고리즘 386, 435, 436, 447, 448, 449, 454, 459, 464, 482, 535, 539
컴퓨터 프로그램 436, 438, 448, 460
컴퓨터칩 402
케임브리지 대학교 182
케임브리지 선언 182
코란 245, 251, 381, 382
코카인 73
코타나 476, 477, 478
콘스탄티누스 대제 273~275, 277
콜롬버스 282, 500, 528
콜탄 40, 41
쾌감 68, 69, 75, 76
쾌락 63, 66, 67, 70, 76, 160, 171, 265, 266, 316, 337, 402
킨들 479

ㅌ

탄자니아 239, 240
태양계 195, 336, 366
태양에너지 302
태평천국 383
택시 기사 16, 17, 434, 449
테노치티틀란 32, 33
테러리즘 43, 44
테러범 23, 38, 43~45, 322, 406
테스토스테론 207
테슬라 172, 449
테오스theos 150
테익소박틴 37
토머스 제퍼슨 62, 275, 395, 427
투키디데스 250
튜링 테스트 180, 181
트라우마 73, 417
트럭 운전사 16, 17
트위터 18, 83, 203, 436, 539
특수부대 431, 441

ㅍ

파라오 110, 111, 209, 230~232, 234~236, 241, 246, 251~253, 257, 258
파리협정 307, 308
파시스트 371, 377, 380, 422, 425, 522, 550
파업 17, 100, 438
파이윰 계곡 234
파이윰 호수 235, 252, 256
파이저 사 89
파피루스 230, 232, 234, 237
패턴 인식 433, 547
페미니스트 101

페이스북 15, 81, 203, 473~475, 503, 538, 539, 546
페이팔 52
포유류 77, 117, 118, 123, 129, 130, 134, 136~138, 158, 162, 183, 196, 205, 292, 541
포유류화 129
폭력 22, 23, 39, 40, 44, 45, 47, 56, 94, 96, 126, 128, 204, 294, 298, 312, 315, 322
푸틴 55, 523
프란스 드 발 208
프랑수아 1세 102
프랑스 25, 27, 32, 39, 41, 60, 61, 64, 90, 91, 96, 97, 101, 219, 226, 237, 238, 242, 322, 324, 348, 372, 373, 429
프랑스 혁명 429, 430, 432
프로이센 192, 209~211
프로이트 이론 136
프로테스탄트 268, 282
프롤레타리아 97, 253, 384, 453
프롤레타리아 계급 263
프리드리히 2세 209
플라톤 170
피라미드 204, 235, 251, 387, 496, 512
피임약 65, 388
피터 틸 52
필경사 237, 245, 252

ㅎ

하느님 121, 211, 278
하와이 32
한국 64, 411, 447, 486
한니발 99
한스 191~193
항공 관제사 404
항생제 50, 56, 151, 257, 377, 388, 484
항암치료 50
항우울제 85, 183, 184, 507
해리 할로 137, 139
해외 정복 302
핵무기 40, 42, 308, 375, 376
핵전쟁 16, 8
핵폭탄 196, 236, 518
햄릿 81, 127, 286
행동경제학 206
행동방식 96
행동주의 학파 136
행복 47, 58~67, 69~71, 73~77, 87~89, 94, 95, 107, 108, 110, 186, 208, 257, 280, 281, 287, 288, 294, 304, 320, 321, 390, 464, 487, 489, 507, 534, 548, 549
행복 추구권 61, 62
행정관 237, 239, 241
허구 215, 222~224, 226, 228, 236, 245, 246, 251, 254~258, 426, 471, 484
허리케인 51
현대 과학 52, 150, 151, 245

현대 의학 56
협력 네트워크 201, 206, 211, 253, 254
호르몬 73, 78, 151, 157, 168, 222, 395, 416, 460, 541
호르몬 체계 78
호머 심슨 106, 164, 170, 493
호모 데우스 14, 47, 82, 491
호모 사피엔스 15, 56, 76~78, 81, 85, 86, 107, 109, 115, 116, 135, 141, 144, 149, 150, 152, 153, 155, 160, 194~196, 276, 358, 359, 386, 395, 402, 445, 491, 493, 529, 530, 540, 549
호모 에렉투스 77, 78, 158
혼외정사 318
홀로세 115
홍수전 383, 384
홍역 32
화산 폭발 116, 248, 514
화성 78, 80
화약 40, 246
화학물질 37, 184, 501, 507
환생 48

황제 27, 32, 257, 273~275, 296, 343, 346, 350, 519
회의주의자 181, 182, 188
흑사병 28, 29
흑인 101, 367, 368
흡혈박쥐 289, 292, 293, 304
희생제물 140, 211, 278
흰목꼬리감기원숭이 209, 210
히브리 139
히틀러 260, 261, 362, 363, 491, 522
힌두교 48, 49, 82, 83, 145, 379
힌두교 부흥운동 382
힌두교도 86, 260, 530
흑사병 28, 29
흑인 101, 367, 368
흡혈박쥐 289, 292, 293, 304
희생제물 140, 211, 278
흰목꼬리감기원숭이 209, 210
히브리 139
히틀러 260, 261, 362, 363, 491, 522
힌두교 48, 49, 82, 83, 145, 379
힌두교 부흥운동 382
힌두교도 86, 260, 530